KB061951

새로 쓰는
조선의 차 문화

새로 쓰는 조선의 차 문화

지은이_ 정민

1판 1쇄 발행_ 2011. 4. 15.
1판 6쇄 발행_ 2021. 6. 1.

발행처_ 김영사
발행인_ 고세규

등록번호_ 제406-2003-036호
등록일자_ 1979. 5. 17.

경기도 파주시 문발로 197(문발동) 우편번호 10881
마케팅부 031)955-3100, 편집부 031)955-3200, 팩스 031)955-3111

값은 뒤표지에 있습니다.
ISBN 978-89-349-5033-2 03900

홈페이지_ http://www.gimmyoung.com   블로그_ blog.naver.com/gybook
인스타그램_ instagram.com/gimmyoung   이메일_ bestbook@gimmyoung.com

좋은 독자가 좋은 책을 만듭니다.
김영사는 독자 여러분의 의견에 항상 귀 기울이고 있습니다.

새로 쓰는
조선의 차 문화

다산·추사·초의가 빚은 아름다운 차의 시대

정민 지음

김영사

　차에 대해서는 문외한이었다. 2006년 가을, 강진을 찾았다. 강진군에서 개최한 다산 선생 유물특별전에 출품되었던 친필 편지를 직접 보려는 것이 방문의 주된 목적이었다. 월출산 옥판봉 아래 백운동 계곡을 물어물어 찾아갔다. 곡절 끝에 펼쳐 든 다산의 친필에는 떡차 제조 방법이 자세히 적혀 있었다.

　열람을 마치고 나서려는데, 주인이 필사본 한 권을 꺼냈다.『강심(江心)』이란 알 듯 모를 듯한 표제의 책이었다. 그 가운데 차에 관해 쓴「기다(記茶)」란 글이 있었다. 초서여서 대뜸 눈에 들어오지 않았다. 복사본 한 부를 얻어 왔다. 그중 한 구절이 아무래도 낯이 익었다. 찾아보니 초의의『동다송』에 인용된『동다기』의 한 단락이 아닌가. 다산의 저작으로 알려졌을 뿐 실물이 전하지 않는다던 책이었다. 깜짝 놀라 서둘러 논문으로 발표했다. 차계가 들썩이는 큰 사건이 되었다.

　차에 대한 본격적인 관심은 이 일이 계기가 되었다. 처음엔 다산의 떡차 관련 논의와 새로 찾은『동다기』를 주제로 몇 차례쯤 써볼 요량이었다. 조선 후기 차 문화를 더듬어보는 일이 이처럼 긴 여정이 될 줄은 생각지 못했다. 글을 쓰려고 기존 연구 성과를 찬찬히 검토했다. 자료는 많지 않았고, 오류가 적지 않았다. 오류는 수십 년째 답습 누적되고 있었다. 막상 없다던 자료가 찾기 시작하니 쏟아져 나왔다. 후손가를 방문해 자료를 열람하고, 소장가를 만나 공개를 요청했다. 문집을 뒤져 감춰져 있던 기록들을 하나하나 찾아냈다. 그렇게 해서 새롭게 만난 우리 차 문화의 기록은 결코 빈약하지 않았다.

신라와 고려 때 흥성했던 우리 차 문화는 조선조로 접어들며 거의 멸절의 수준으로 내몰렸다. 차는 배탈이 났을 때 먹는 상비약이었을 뿐, 기호음료와는 애초에 거리가 멀었다. 역대 문집 속에 차에 관한 시문이 실려 있긴 해도, 연행 길에 사 온 중국차를 마시는 호사 취미에 지나지 않았다. 공물로 바쳐지는 차는 일반에게 차례가 돌아올 만큼 생산되지 않았다.

조선 후기 차 문화는 다산과 초의, 추사에 의해 다시 일어났다. 이 책은 이 세 사람을 중심에 두고 집필되었다. 대부분의 기록은 다산에서 출발하여 초의로 수렴된다. 그 사이에 추사의 존재가 없었다면 초의차의 명성은 그다지 높아지지 않았을 것이다. 이들의 탁월한 안목과 실천이 명맥이 다 끊어진 차 문화의 불씨를 되지펴놓았다.

이들이 마신 차는 대개 떡차였다. 잎차가 없지 않았지만 소량이었다. 고기를 즐겨 먹지 않는 식습관으로 인해, 차의 강한 성질을 눅이기 위해 구증구포 또는 삼증삼쇄의 제다법이 발달한 것도 새롭게 확인했다. 이들이 마신 차는 오늘날 우리가 마시는 녹차와는 다른 차다. 이런 것은 이 책 속에 수없이 많은 용례가 나오니, 옳다 그르다 시비할 일조차 못 된다.

이 책은 사적 계통과 맥락을 정연하게 갖춘 차 문화사가 아니다. 주제 별로 분석하여 부분이 모여 전체를 이루는 방식으로 기술하였다. 『부풍향차보』와『동다기』외에 수많은 차 관련 1차 자료들을 발굴해 학계에 처음으로 소개한 일에 큰 보람을 느낀다. 편지글과 문집 자료로 퍼즐을 맞추듯 하나하나 빈 공간을 채워가는 과정은 괴롭고도 즐거웠다. 다산과 추사의 차 관련 친필 편지와 만난 기쁨, 박영보의 수십 권 문집과 마주했을 때의 설렘을 잊지 못한다. 그 밖에 초의와 황상, 신위와 신헌 등 주요 인물들의 글 속에서 차와 관련된 금싸라기 같은 정보를 얻게 될 때마다 신나고 기뻤다.

소중히 간직해온 유물의 열람을 기꺼이 허락하고 학술적으로 사용할 수 있도록 배려해준 소장자 여러 분에게 깊은 고마움을 표한다. 책을 보다가 차 이야기만 나오면 누구보다 먼저 내게 알려주어 이 책을 쓸 수 있도록 해준 동학들에게도 감사를 드린다.『차의 세계』최석환 선생의 성원도 잊을 수 없다. 척박한 우리 차 문화의 정착과 확산을 위해 헌신해온 수많은 차인들에게 이 책을 삼가 바친다. 부족한 점이 없지 않을 것이다. 대방의 질정을 바란다.

2011년 봄날, 정민

은성했던 차 문화의 기억을 찾아서

조선 후기 차 문화 개황

경주 남산 바위에 새겨진 조각에서 부처님께 찻잔을 올리는 신라 스님의 모습을 보았다. 월명사는 삼화령 부처님께 차 공양을 하고 돌아오는 길에 임금과 만났다. 화랑도의 수련 중에도 차는 늘 따라다녔다. 한 송정 터에서 발견된 다조는 당시 차 문화의 성황을 잘 보여준다. 19세기 후반 대원군이 아버지 남연군의 산소를 이장하려고 고려 때 절인 가야사의 5층 석탑을 무너뜨렸다. 이때 탑 속에서 700년 묵은 송나라 때 용단승설차 네 덩이가 나와 세상을 놀라게 했다. 황제에게 바쳐졌던 귀한 물건이 어떻게 고려 땅까지 건너와서 탑 속에 봉안되었을까? 이 밖에 고려 때 여러 문인들의 문집에 실린 수백 수의 차시는 당시 흥성했던 차 문화의 저변을 잘 보여준다. 차는 이들에게 일상이었고, 생활 그 자체였다.

송나라가 멸망하고, 조선으로 접어들며 차 문화는 급격한 쇠락을 맞는다. 중국을 통한 차 보급의 통로가 막힌 데다, 국내 생산은 저조했다. 세종은 중국의 차 전매제도에 대해 신하들과 얘기하다가 이런 말을 했다. "중국에서는 어찌 차를 좋아하면서 엄히 금하는가? 우리나라는 궐내에서도 차를 쓰지 않는다. 좋아하는 것이 또한 저마다 이처럼 다르단 말이냐." 『조선왕조실록』에 보인다. 이미 조선 초기에 왕실에서조차 차 문화는 시들해졌던 것이다.

조선 시대로 접어들며 차는 고약처럼 고아 연고로 만들어 상비의 구급약으로 썼을 뿐, 일상의 기호음료로서의 지위는 더 이상 찾을 수가 없었다. 생산량 자체가 적었고, 관용의 납공(納貢) 외에 별다른 수요가 없었다. 이후 오랜 기간 동안 우리 산야의 야생 차밭은 아무도 거들떠보지 않은 채 방치되었다. 『부풍향차보』를 쓴 이운해의 기록이나, 이덕리가 『동다기』에서 한 언급을 통해 알게 되듯 차는 덤불 속에 버려진 잡목이었을 뿐이다. 차는 모두의 관심 밖에 있었다.

절집에서조차 차 문화의 전통은 제대로 이어지지 않았다는 것이 필자의 생각이다. 흔히 대둔 다맥을 말하며 절집의 다풍이 엄연히 존재해왔다고 주장한다. 문헌 근거로는 도대체 확인이 안 된다. 아니, 그런 것은 있지도 않았다. 이따금 차시가 한두 수 보인다고 침소봉대해서 없던 사실을 만들어내는 것은 곤란하다. 초의는 지리산 칠불선원에 갔다가 그곳 승려들이 탕국 끓이듯이 무식한 방법으로 차를 끓이는 것을 보고 경악했다. 그곳에 있던 『만보전서』에 이미 차를 만드는 방법과 끓여 마시는 방법에 대한 자세하고 친절한 설명이 있었는데도 그랬다. 그가 이 책을 베껴 『다신전』이란 제목의 책자로 묶은 것은 다른 승려들에게도 차 만드는 법을 제대로 가르쳐야겠다는 절박한 마음에서였다. 그런데도 막상 초의의 제자였던 범해 각안은 설사병으로 다 죽어가다가, 막판에야 차를 끓여 마시고 묵은 병이 나았다. 차의 효능에 새삼 놀란 그는 「차약설」을 지었다. 진작부터 절집에 다풍이 보편화되어 있었다면, 지리산 승려가 국 끓이듯 차를 끓이고, 초의의 제자가 이렇듯이 뒤늦게 차 가지고 호들갑을 떠는 일은 없었을 것이다.

조선 전기 이래로 후기에 이르는 동안, 조선의 차 문화는 거의 와해 상태에 놓여 있었다 해도 지나치지 않다. 간혹 문집을 통해 볼 때, 수십 수의 차시를 남긴 문인들이 없지는 않다. 하지만 이들이 마신 차는 중국 연행 길에 구해온 중국차가 대부분이었다. 그나마도 대놓고 마실 형편이 못 되었다. 이들이 마셨다는 차가 오늘날 우리가 말하는 개념의 차였는지조차 분명치가 않다.

『부풍향차보』에서 『동다송』까지

잊혀졌던 차 문화는 18세기로 접어들며 비로소 새롭게 되살아났다. 그 시작은 우연한 계기에서였다. 부안현감 이운해는 고창 선운사 차밭의 존재를 알고서, 이곳의 찻잎을 따와 7종 향차로 만들었다. 그러고는 그 방법을 『부풍향차보』란 기록으로 남겼다. 하지만 이것은 고창 사람 황윤석의 일기에 잠깐 기록되고 말았을 뿐 이어지지 못한 채 그대로 잊혀졌다. 그로부터 40년 뒤, 진도로 귀양 온 죄인 이덕리가 『동다기』를 지었다. 그는 역모에 관련된 죄인이었으므로, 저술을 남기고도 자기 이름 석 자조차 떳떳하게 밝히지 못했다. 이후 이 책은 오랫동안 다산 정약용의 저술로 잘못 알려져 실물도 없이 고전이 되었다.

이덕리가 『동다기』에서 펼친 차 무역 주장은 지금 안목으로 보더라도 참으로 놀랍다. 이전에도 이후에도 이처럼 명쾌하고 실천 가능한 차 무역 주장은 누구에게서도 나온 적이 없다. 차 무역에 관한 논의는 우리에게서보다 임진왜란 때 이여송이나, 개화기 때 원세개 같은 중국인들의 입에서 늘 먼저 거론되었다. 이 좋은 자산을 왜 그저 썩히느냐는 것이 그들의 한결같은 생각이었다. 하지만 그뿐이었다. 이덕리의 이 참신한 주장도 한낱 유배 죄인의 반향 없는 메아리로 흩어지고 말았다. 그의 차에 대한 이해는 지금에 와서 보면 충분하지 못했다. 하지만 그는 스스로 차를 만들어 마셨고, 차의 효능과 가치에 대해 분명한 인식을 지니고 있었다.

조선 후기 차 문화사의 출발점은 『부풍향차보』에서 『동다기』에 이르는 시기를 꼽는다. 이 두 저술의 존재는 까맣게 잊혀진 차 문화의 재발견을 알리는 신호탄이었다. 조선 후기 백과전서적 지식 경영의 열기는 웰빙의 흐름을 타고 차에 관한 관심을 고조시켰다. 여기에 다시 디딤돌을 놓아 차 문화의 꽃을 활짝 피운 이가 다산 정약용이다. 다산은 중국 역대의 차 전매제도를 연구해서 「각다고」라는 논문을 작성했다. 하지만 이때만 해도 그는 『동다기』를 읽지 못했던 듯, 적극적인 각다 주장으로까지 발전시키지는 못했다. 그 제자 초의는 홍현주의 요청에 따라 『동다송』을 지었다. 차에 대한 학술적 관심이 점차 확산되는 형편을 알려준다. 너나 없이 차 공부의 필요성을 느끼게 된 것이다. 이것은 대단히 의미 있는 변화였다.

서유구는 자신의 『임원경제지』 안에 중국 역대 차서를 망라하여 차에 관한 정보를 집대성했다. 이덕무의 손자 이규경은 『오주연문장전산고』 안에 「도차변증설」이란 논문을 발표했다. 이 시기 성행한 백과전서적 학문 경향이 차의 영역으로까지 확산된 결과였다. 그 밖에 전후 시기 여러 사람이 차에 관한 논설을 여럿 남겼다. 차와 함께 오간 편지와 시는 하나의 신드롬이 되어 날로 확산되었다. 차에 대한 기호는 이제 문화인임을 나타내는 징표로까지 위치가 격상되었다.

다산의 차 문화 중흥과 제다법

차에 관한 저술들이 잇달아 나왔어도, 차 문화 중흥의 기폭제가 된 것은 역시 다산 정약용이었다. 귀양지의 척박한 환경에서 그는 건강을 많이 상했다. 늘 틀어박혀 공부만 하는 생활은 신체 기능의 저하를 불러왔다. 답답한 현실로 울화가 쌓여 어쩌다 고기 몇 점만 먹어도 체증이 되었다. 부실한 영양 상태로 학질을 달고 살았다. 나중에는 빈혈과 중풍까지 왔다. 차를 마셔야만 해결될 문제였다.

기존의 논의에서 다산이 초의에게 차를 배운 것으로 적은 글이 뜻밖에 많은 데 놀랐다. 그도 아니면 아암 혜장에게서 차를 배웠다고 한다. 그 반대다. 다산은 귀양 오기 전에도 차에 대해 식견이 높았다. 내려와서 병 때문에 차를 찾았는데, 1805년 우연히 만덕산 백련사로 놀러 갔다가 주변에 야생 차가 많이 자라는 것을 보고, 아암 혜장 등 백련사 승려들에게 차 만드는 방법을 알려주었다. 아암 혜장과 그 제자 수룡 색성 등이 다산이 일러준 제법에 따라 차를 만들어 다산께 드렸다. 차가 떨어지면 다산은 「걸명소」와 같은 애교 섞인 글을 보내 차를 이어 보내줄 것을 요청했다. 이후 다산의 제다법은 백련사에서 보림사와 대둔사의 승려들에게까지 퍼져 나갔다. 이는 이규경의 「도차변증설」, 이유원이 쓴 장시 「죽로차」와 『임하필기』 중의 「호남사종」 외 여러 기록에서 한결같이 증언하고 있는 바다.

다산은 1808년 다산초당으로 거처를 옮기면서 아예 차를 자급자족하는 시스템을 갖추어 나갔다. 잇달아 발견된 다산의 차시와 차 편지는 그러한 정황을 세세하게 잘 알려준다. 다산초당에는 약천뿐 아니라 차 맷돌과 차 바구니, 차 화로와 다조 등 각종 차 도구들이 두루 갖추어져 있었다. 강진을 떠날 때 제자들과 맺은 「다신계절목」에는, 제자들과 합심하여 찻잎을 따서 덖고, 노동력이 부족할 경우 수고비를 주어 동네 아이들의 노동력을 빌려 찻잎을 따오게 한 평소 정황이 짐작된다. 다산은 1810년에 이미 다른 사람에게 자신이 만든 차를 선물한다. 1815년에 호의 스님에게 떡차 10개를, 1816년에 우이도로 떡차 50개를 보낸 내용의 편지가 친필로 남아 있다. 남에게 받은 것을 다시 선물한 것이 아니다. 읍내 시절 「걸명소」를 쓴 이후, 다산의 글에서 추사가 초의에게 그랬던 것처럼 차를 청하는 편지가 전혀 발견되지 않는 것은 자신이 차를 직접 만들고 있었기 때문이다.

다산에게 차는 체증을 내리는 데 쓰는 약용이었지, 기호음료가 아니었다. 1810년 장흥 정수칠에게 보낸 편지를 보면 차가 원기를 손상시키므로 절대로 많이 마시면 안 된다고 두 번 세 번 주의를 주고 있다. 다산은 차에 정기를 고갈케 하는 강한 성질이 있음을 잘 알고 있었다. 하지만 체증을 뚫어주는 신통한 약효 때문에 차를 늘 아껴 마셨다.

다산이 마셨던 차는 어떤 형태였을까? 다산차는 일반적으로 떡차였다. 1830년 다산이 제자 이시헌에게 보낸 편지에 떡차 만드는 방법이 자세하게 나온다. 삼증삼쇄, 즉 찻잎을 세 번 찌고 세 번 말려 곱게 빻아 가루를 낸 후, 돌샘물에 반죽해서 진흙처럼 짓이겨 작은 크기의 떡차로 만들었다. 다산은 유배 이전에 지은 시에서 이미 차의 독한 성질을 눅게 하려고 구증구포한다고 말한 적이 있다. 구증구포든 삼증삼쇄든 다산차가 찻잎을 쪄서 말리는 과정을 여러 차례 반복해서 차의 독성을 중화시키고, 가는 분말로 빻아 반죽해 말린 떡차였음은 분명하다. 우리나라 사람들은 중국 사람처럼 기름기 많은 음식을 선호하지 않는다. 채식 위주의 담백한 식단이었다. 독한 차를 그대로 마시면 위장에 큰 부담을 주었다. 다산은 차의 독성을 눅여서 우리나라 사람에게 맞게끔 구증구포 또는 삼증삼쇄의 떡차 제조법을 개발했다.

「다신계절목」에는 곡우날 어린 차를 따서 잎차 한 근을 만들고, 입하 전에 늦차를 따서 떡차 두 근을 만든다고 했다. 잎차와 떡차를 다 만들었지만, 잎차는 만물차로 극히 소량만 만들어 그 즉시 마셨고, 나머지 대부분은 떡차를 마셨다. 포장술과 보관 방법이 마땅치 않았던 당시에 떡차가 아니고는 여름철을 넘길 수가 없었기 때문이다.

초의차의 실체와 그 주변

초의는 다산의 손때 묻은 제자다. 초의가 다산초당을 처음 찾은 것은 1809년이었다. 당시 다산이 48세, 초의가 24세였다. 초의가 차를 배운 것은 물론 다산에게서였다. 15세 때 출가한 이후, 초의는 근 9년 가까이 영호남을 주유하며 선지식을 찾아 참구했다. 결과는 실망스러웠다. 대단하다는 명성을 듣고 찾아가 보면 모두 가짜였다. 그러던 그가 다산을 만나 급속도로 그 학문과 인품에 빨려들어가는 과정은 초의의 시집 속에 너무도 생생하게 그려져 있다.

초의가 초당을 드나들 당시, 다산은 이미 차를 만들고 있었으므로 그 제법이 초의에게 그대로 이어졌다. 하지만 초의는 환속을 염려한 대둔사 승려들의 견제로 다산초당 출입이 뜸해졌다. 이후로는 절의 여러 소임을 맡아 동분서주했다.

초의차가 처음으로 세상에 알려진 것은 1830년의 일이다. 그 이전 초의 관련 기록에서는 차와 관련된 언급이 거의 보이지 않는다. 초의는 1830년에 스승 완호의 사리탑 기문을 받기 위해 상경했다. 그때 예물로 준비한 것이 보림백모 떡차였다. 우연히 벗을 통해 이 차의 맛을 보게 된 박영보가 「남차병서」시를 지어 사귐을 청하고, 초의가 이에 화답함으로써 초의차가 세상에 처음으로 알려졌다. 여기에 그의 스승 신위가 다시 「남차시」를 지어 그 차 맛을 격찬하며 전다박사로 추켜세우자, 초의의 명성은 경향 간에 드높게 퍼져 나갔다.

중국에서 연행 길에 비싼 값을 주고 사 온 형편없는 품질의 가짜 차만 마시던 경화세족들에게 초의차는 신선한 충격이었다. 이후 초의는 1834년과 1838년에 잇달아 상경하여 차를 선물하였다. 이를 계기로 부쩍 차에 관심이 생긴 홍현주의 요청에 따라 초의가 『동다송』을 지으면서 우리 차는 이론 방면에서도 깊이를 갖추게 되었다. 초의는 이 한 편의 장시에서 차의 역사와 우리 차의 효용, 그리고 차를 마시는 절차와 방법에 이르기까지의 내용을 일목요연하게 정리하였다. 다만 1828년 지리산 칠불선원에서 『다신전』을 베껴 온 데서 보듯, 초의의 본격적인 제다는 다산과의 만남 이후 1820년대 후반부터 본격적으로 시작된 듯하다.

초의차는 다산차와 제법이 같았다. 초의는 떡차를 만들었고, 그 모양도 떡살에 네모지고 둥글게 찍어낸 작은 것부터, 큰 덩어리의 떡차와 벽돌차까지 만들었다. 그는 대껍질로 차를 단단히 포장해서 여러 가지 이름을 붙여 선물했다. 초의는 『다경』과 『만보전서』 등 각종 차 이론서를 두루 섭렵하고 있었다. 이를 실제에 적용하여 다양한 시도를 했다. 찻잎을 짓찧어 가루 내지 않고 머리카락처럼 엇짜인 형태로 뭉쳐 떡차를 만들기도 했다. 덖을 때는 댓잎을 함께 섞어 그 향이 스미게 하는 실험도 했다. 그가 '다신'의 개념을 내세워 차 마시는 일을 인격 도야의 문제와 일치시킨 점은 참으로 놀라운 발견이 아닐 수 없다. 이 책에서 수없이 인용된 초의차에 관한 여러 사람의 시를 종합하면, 제다 방법뿐 아니라 포장법, 차 이름까지도 거의 선명하게 복원된다.

지금도 초의차를 오늘날 우리가 마시는 녹차와 같았다고 하는 주장을 종종 본다. 착각일 뿐 아니라 희망 사항에 지나지 않는다. 일부 잎차를 만들기는 했어도 이 또한 오늘날 우리가 마시는 차와는 전혀 다르다. 끓이는 방법도 덩이차를 맷돌에 갈아 잘게 가루를 내어 뜨거운 물에 함께 끓여 마시는 방식이었지, 지금처럼 우려내는 방식이 아니었다.

추사의 차 애호와 차 문화 확산

초의차가 경향 각지에 유명해진 데는 누구보다 추사의 역할이 절대적이었다. 추사는 24세 때 연행에 참여하여 완원의 태화쌍비지관을 방문해 그가 끓여 내온 용단승설차를 맛보았다. 그는 이 차의 맛을 평생 잊지 못했다. 하지만 그런 차는 쉬 구할 수 있는 것이 아니었다. 그러다가 초의차를 맛본 그는 이 차에 깊이 매료되었다. 추사가 초의에게 보낸 수십 통의 편지는 차 이야기를 빼고 나면 남는 것이 별로 없을 정도다. 그는 끊임없이 회유하고 협박하고 구슬러서 초의에게서 차를 뺏어냈다. 차를 얻기 위해 글씨를 써주고 그림을 그려주었다. 호들갑스럽기까지 한 그 편지들을 읽다 보면 추사의 차 애호가 어떠했는지 절로 알게 된다. 당대 예단에서 추사가 차지한 비중 때문에 초의차의 명성 또한 덩달아 대단해졌다. 추사는 초의뿐 아니라 그의 제자 향훈과 지리산의 여러 승려들에게서도 차를 구해 마셨다.

제주도에 유배 가서 차가 떨어지자 빈랑 잎으로 황차를 만들어 마시기까지 했다. 초의에게는 제발 장마철에는 차를 보내지 말고, 보내더라도 항아리에 밀봉해서 보내줄 것을 요청할 정도였다. 그가 마신 차의 양은 결코 적지 않았다. 그는 차에 대한 답례로 많은 글씨를 써서 선물했다. 추사가 이들 승려에게 써준 편지와 글씨는 우리 차 문화사에 잊지 못할 아름다운 장면으로 기억된다. 그는 앞장서서 우리 차의 예찬자가 되었고, 다른 사람들에게도 이 점을 강조했다. 여기에 박영보와 신위 등이 한몫 거들고, 정조의 외동 사위였던 홍현주까지 가세하자, 초의차의 명성은 하늘을 찔렀다.

한번 일어난 차에 대한 열기는 들불처럼 번져갔다. 경향 각지에서 무슨 큰일이라도 난 듯이 초의차에 대한 예찬이 이어졌다. 이런저런 요청에 응하려면 아무리 부지런히 만들어도 부족할 지경이었다. 최근 공개된 초의가 받은 여러 편지들을 보면 초의는 서울뿐 아니라 해남 인근의 벼슬아치와 아전들에게서까지 끊임없는 차 요구에 시달려야만 했다.

초의뿐 아니라 호의나 향훈, 색성 같은 승려들도 차를 만드는 데 일가견이 있었다. 다산의 두 아들이 호의에게 보낸 수십 통의 편지 또한 차에 관한 얘기를 빼고는 말하기가 어렵다. 정학유는 자신이 먹는 차의 양이 1년에 수십 근이 넘을 것이라고 말했을 정도다. 차에 대한 관심의 고조는 찻물이나 차 도구에 대한 관심으로 이어졌다. 이들은 좋은 물을 찾아 여행을 떠나곤 했다. 추사의 동생 김명희는 「다법수칙」 같은 글을 통해 제다법을 향훈에게 귀띔해주었다. 초의와는 「사차」 시를 주고받으며 차에 대한 벽을 피력했다. 여기에 신헌과 신헌구, 이상적과 이유원 등이 가세했고, 범해 각안이 「차약설」과 「차가」를 짓는 등 실로 조선 후기 차 문화는 전에 없던 성황을 이룩했던 것이다.

이유원은 아예 다옥을 마련하고 차를 즐겼고, 보이차와 일본 차에 대해서도 귀중한 기록을 남겼다. 이상적은 백두산에서 나는 백산차와 가야사 5층탑에서 나온 용단승설차에 관한 증언을 남겼다. 각 지역에서 나는 차와 샘물에 관한 기록도 이 시기에 이르러 부쩍 늘어난다.

하지만 추사와 초의가 차례로 세상을 뜨자, 차 문화의 열기 또한 언제 그랬더냐는 듯이 싸늘히 식었다. 이후로 절집에서 다풍이 이어지긴 했어도 힘찬 중흥의 고동을 알렸던 차 문화의 성황은 자취 없이 사라졌다. 일제강점기 이후 일본 차와 일본식 다도의 도입이 있은 뒤에야 차는 다시 우리의 관심권에 들어오게 된다. 🏵

차례

1

잇혀진 차 문화의 기억을 깨우다

일곱 가지 향차 이야기

최초의 다서茶書 『부풍향차보扶風鄉茶譜』

    조선 후기 차 문화사의 첫 출발을 이운해(李運海, 1710-?)의 『부풍향차보(扶風鄉茶譜)』로 시작한다. 『부풍향차보』는 1755년에 지어진 우리나라 최초의 다서다. 그 내용은 부안현감으로 있던 이운해가 고창 선운사 인근의 차를 따서 약효에 따라 7종의 향약(香藥)을 가미해 만든 약용차의 제법에 관한 것이다.

    우리나라 차에 관한 최초의 저술로 흔히 1837년에 지은 초의(1786-1866)의 『동다송(東茶頌)』을 꼽는다. 필자가 2006년 발굴해 공개한 이덕리(李德履, 1728-?)의 『동다기(東茶記)』는 그보다 50년가량 앞선 1785년을 전후하여 지어졌다.[1] 『부풍향차보』는 『동다기』보다 다시 30년이나 앞서는 명실 공히 우리나라 최초의 다서다. 우리 차 문화사의 편년을 앞당기는 중요한 자료가 아닐 수 없다. 이 글에서는 저자 이운해와 『부풍향차보』의 구체적 내용, 차 문화사적 의의 등을 차례로 살펴보겠다.

저자 이운해에 대하여

『부풍향차보』는 황윤석(黃胤錫, 1729-1791)의 일기인 『이재난고(頤齋
亂藁)』에 그림과 함께 인용되어 있다.[2] 분량은 두 쪽밖에 되지 않는다.
더 자세한 내용을 담은 별도의 책자가 있었고, 여기 실린 것은 그 핵심
내용만 간추려 소개한 것으로 보인다. 『부풍향차보』는 1757년 6월 26
일 자 일기 끝에 실려 있다. 원본은 현재 전하지 않는다. 이 자료는 18세
기 당시 조선의 음다 풍속과 실상을 이해하는 데 더없이 중요한 정보를
제공한다.

『이재난고』에 수록된 『부풍향차보』는 서문과 「차본(茶本)」·「차명(茶
名)」·「제법(製法)」·「차구(茶具)」의 네 항목으로 구성되어 있다. 끝에는
이 일기를 쓴 지 19년 뒤에 황윤석이 적은 저자 이운해에 관한 추기(追
記)가 있다.

본문 분석에 앞서 먼저 저자 이운해에 대해 알아본다. 다음은 저자의
인적 사항에 관해 기술한 황윤석의 추기다.

> 필선(弼善) 이운해는 부안현감으로 있었다. 막내 아우인 전(前) 정언(正
> 言) 이중해(李重海) 및 종숙(從叔)과 함께 한천(寒泉)의 문하에서 노닐었
> 고, 『상확보(商確譜)』를 만든 사람이다. 내가 또한 쓸모가 있다고 여겨 기
> 록해둔 것이 벌써 20년인데, 여태도 보자기에 싸여 있다. 하지만 필선 형
> 제는 모두 고인이 되고 말았으니 슬프다. 잠시 아래 적어두어 자식들에
> 게 보인다. 병신년(1776) 5월 14일 이옹(頤翁). *그 종숙의 아들 일해(一海)
> 진사는 조유숙(趙裕叔)과 동문이라고 한다.[3]

저자는 필선이란 자를 가진 이운해였고, 그는 당시 부안현감이었다.

고창에 있는 황윤석의 생가.

한천이란 호를 가진 학자의 문하에서 수학했다. 한천의 호를 쓴 사람은 여럿이어서 특정하기 어렵다. 이운해는 『부풍향차보』 외에 『상확보』란 책도 지었다. 황윤석은 그 쓸모를 인정하여 이를 함께 베껴두었다. 하지만 『상확보』는 일기에 초록해두지 않아서 어떤 내용인지 알 수 없다. 일기는 1757년에 썼고, 이 추기는 1776년에 썼다.

『사마방목(司馬榜目)』에 보면 이운해는 1710년생이고, 본관은 전주(全州), 자는 자용(子用)이다. 아버지는 이현상(李鉉相)이다. 1740년(영조 16)에 증광시 병과로 급제했다. 뒤에 이름을 심해(心海)로 개명했다. 『승정원일기』와 『왕조실록』을 통해 그의 벼슬 이력을 추적해보면, 1741년 가주서(假注書)가 되고, 1746년 전적(典籍), 1747년 경상도사(慶尙都事), 1752년 장령(掌令)과 지평(持平)을 거쳤다. 1753년 정언(正言)에 올랐고, 1754년 10월 3일 부안현감으로 부임한다. 2년 뒤인 1756년 10월

9일 다시 장령으로 서울로 올라갔다.

1752년 1월 3일 충군죄인(充軍罪人) 이시번(李時蕃)이 이운해의 종족이라 하여 대망(臺望)에서 삭제할 것을 청한 박치문(朴致文)의 상소가 있었다. 이에 대해 장령 유현장(柳顯章)은 "이운해는 인망과 문벌과 문행(文行)이 동류들 가운데서 칭송받고 있는 사람이니, 대선(臺選)에 통망(通望)된 것 또한 늦었다고 할 수 있습니다. 그런데 이제 충군(充軍)시킨 죄인 이시번의 시복친(緦服親)이 되는 소족(疎族)이라는 것으로 경솔하게 낙점(落點)에 하자를 제기하였으니, 이렇게 한다면 자못 장차 세상에 완전한 사람이 없게 될 것입니다."⁴라고 하며 그 부당함을 논했다. 이천보(李天輔)도 적극 두둔하는 글을 올린 것으로 보아, 당시 상당한 명망이 있었던 인물임을 짐작할 수 있다. 하지만 애석하게도 그의 문집은 물론 그가 지은『부풍향차보』와『상화보』의 원본 모두 전하지 않는다.

『부풍향차보』는 어떤 책인가?

『부풍향차보』는 서문과「차본(茶本)」·「차명(茶名)」·「제법(製法)」·「차구(茶具)」의 네 항목으로 구성되었다. 먼저 서문을 본다.

> 부풍(扶風, 전북 부안의 옛 이름)은 무장(茂長)과 3사지(舍地) 떨어져 있다. 들으니 무장의 선운사(禪雲寺)에는 이름난 차가 있다는데, 관민(官民)이 채취하여 마실 줄을 몰라 보통 풀처럼 천하게 여겨 부목(副木)으로나 쓰니 몹시 애석하였다. 그래서 관아의 하인을 보내서 이를 채취해 오게 했다. 때마침 새말 종숙께서도 오셔서 함께 참여하였다. 바야흐로 새 차를 만드는데, 제각기 주된 효능이 있어, 7종의 상차(常茶)를 만들었다. 또 지

『이재난고』 표지. 제2책의 표제에 '부풍차보(扶風茶譜)'라고 쓴 목차가 보인다.

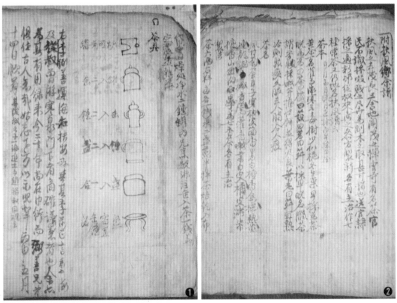

『부풍향차보』 원문.

선운사의 샘물.

명을 인하여 『부풍보(扶風譜)』라 하였다. 10월부터 11월과 12월에 잇달아 채취하는데, 일찍 채취한 것이 좋다.[5]

이운해가 부안에 부임한 것이 1754년 10월 3일이고 보면, 오자마자 바로 차를 땄을 수는 없었을 테고, 서문을 쓴 것은 서서히 주변 사정을 알게 된 1755년의 일일 것이다. 또한 황윤석이 자신의 『이재난고』에 이를 초록한 것이 1757년 6월이다. 황윤석은 고창에 살고 있었으므로, 자신의 고장과 관련된 내용을 적은 이 기록에 흥미를 가졌다.

이운해는 부풍, 즉 지금의 전북 부안(扶安)에 부임해 와서, 근처 무장(지금의 고창) 선운사에 좋은 차가 난다는 말을 들었다. 하지만 그곳 사람들은 관민 할 것 없이 차에 대해 무지하여 보통 잡목처럼 보아 부목감으로나 쓰기 일쑤였다. 이를 안타깝게 여긴 이운해가 관노를 고창 선운사로 보내 그곳의 작설차를 채취해 오게 하였다.

때마침 부안에 들른 이운해의 종숙도 새 차를 만드는 일에 합세하였다. 모두 7종의 상용차를 만들었다. 그런데 각 차별로 주치(主治)가 있는, 즉 특정 증상에 약효가 있는 향약차(香藥茶)로 만들었다. 차를 만든 곳이 부풍이었으므로 책 이름을 『부풍향차보』라 한다고 적었다.

서문이 알려주는 사실은 이렇다. 첫째, 이운해는 부안현감으로 오기 전에 이미 차에 대해 상당한 식견과 조예가 있었다. 둘째, 선운사에서 좋은 차가 많이 났지만 관민 누구나 할 것 없이 차에 대해 무지해서 차나무 보기를 잡목 보듯 하여 땔감으로 썼다. 셋째, 차를 만들었는데, 그냥 차가 아니라 주치의 효능이 있는 약초를 배합해 7종 상용차를 만들었다. 넷째, 부안의 옛 지명이 부풍이므로, 책 이름을 『부풍향차보』라 하였다. 다섯째, 찻잎 채취 시기를 이른 봄이 아닌 겨울로 잡고 있다.

본문을 살펴보자. 먼저 차에 대해 기술한 「차본(茶本)」이다.

고차(苦茶), 즉 쓴 차는 일명 작설(雀舌)이라고 한다. 조금 찬 성질이 있지만 독성은 없다. 나무가 작아 치자(梔子)와 비슷하다. 겨울에 잎이 난다. 일찍 따는 것을 '차(茶)'라 하고, 늦게 따는 것은 '명(茗)'이 된다. 차(茶)와 가(櫃), 설(䓯)과 명(茗)과 천(荈) 등은 채취 시기의 빠르고 늦음을 가지고 이름 붙인다. 납차(臘茶), 즉 섣달차는 맥과차(麥顆茶)라 한다. 여린 싹을 따서 짓찧어 떡을 만들고 불에 굽는다. 잎이 쇤 것은 천(荈)이라 한다. 뜨겁게 마시는 것이 좋다. 차가우면 가래가 끓는다. 오래 먹으면 기름기를 없애 사람을 마르게 한다.[6]

고차의 이름을 작설이라 하고, 약간 냉하나 독은 없는 차의 성질을 말했다. 크기는 치자나무만 하다고 적었다. 겨울에도 잎이 나는데, 일찍 채취한 것을 '차'라 하고, 늦게 딴 차는 '명'이라 한다. 그 밖에 육우(陸羽)의 『다경(茶經)』 첫머리에서 적고 있는 차·가·설·명·천 등의 이칭을 소개한 후 모두 채취 시기에 따른 구분이라고 설명했다.

납차, 즉 섣달에 딴 찻잎으로 만든 차를 따로 맥과차라 한다는 설명이 이채롭다. 맥과차는 갓 나온 차 싹이 꼭 보리알처럼 생겼대서 붙인 이름이다. 일창일기(一槍一旗) 이전 상태의 처음 나온 잎이다. 또 차를 만들 때는 여린 싹을 채취해서 짓찧어 떡을 만들고, 마실 때는 불에 굽는다고 했다. 당시 마시던 작설차 또한 찻잎 채취 후 증배(蒸焙)하여 절구에 찧어 덩이 짓는 떡차 방식으로 만들었음이 확인된다.

쉰 잎차는 천차(荈茶)라 한다. 뜨겁게 마셔야 하고, 차게 마시면 가래가 끓어오르는 부작용이 있다. 또 차를 오래 마시면 몸의 기름기를 제거해 사람이 수척해진다는 지적도 남겼다. 이 내용은 당나라 때 기모경(綦母㬎)이 「벌다음서(伐茶飮序)」에서 차의 폐해를 지적하면서 한 말이다. 이운해의 차에 대한 이해가 상당한 수준이었음을 알려준다.

다음은 「차명(茶名)」이다.

풍 맞았을 때〔風〕: 감국(甘菊), 창이자(蒼耳子)

추울 때〔寒〕: 계피(桂皮), 회향(茴香)

더울 때〔暑〕: 백단향(白檀香), 오매(烏梅)

열날 때〔熱〕: 황련(黃連), 용뇌(龍腦)

감기 들었을 때〔感〕: 향유(香薷), 곽향(藿香)

기침할 때〔嗽〕: 상백피(桑白皮), 귤피(橘皮)

체했을 때〔滯〕: 자단향(紫檀香), 산사육(山查肉)

표점 찍은 글자를 취해 칠향차(七香茶)로 삼으니 각각 주치가 있다.[7]

앞서 서문과 「차본」에는 계속 작설차 이야기를 하고, 「차명」에는 약초 또는 향초의 이름만 나온다. 내용을 보면 풍(風)·한(寒)·서(暑)·열(熱)·감(感)·수(嗽)·체(滯) 등의 7자 아래 각각 두 가지씩의 약초명을 적었다. 앞의 낱글자는 뒤에 나오는 차를 마셔야 할 증세다. 서문에서 말한 각각 주치가 있다는 것이 이 뜻이다. 이 중 표점 찍은 글자를 취해 칠향차로 삼는다고 했다. 원본을 살펴보면 국(菊)·계(桂)·매(梅)·황련(黃連)·유(薷)·귤(橘)·사(查) 자 위에 표점이 찍혀 있는 것을 볼 수 있다.

풍증이 있을 때는 감국차 또는 창이자차를 마시고, 추울 때는 계피차나 회향차를 마신다. 더울 때는 오매차와 백단향차, 열날 때는 황련차와 용뇌차가 좋다. 감기가 들었을 때는 향유차, 즉 목이버섯차와 곽향차가 제격이다. 기침이 날 때는 귤피차나 상백피차가 좋고, 체했을 때는 산사육, 즉 산사 열매로 만든 차나 자단향차라야 한다.

앞서 서문에서 말한 칠종상차(七種常茶)는 작설차에 일곱 가지 약초를 가미해서 각종 증상에 맞춰 마시도록 한 상비차(常備茶)란 뜻이다. 그렇다면 이 칠종상차는 어떻게 만들어 마셨을까? 다음 「제법(製法)」에 구체적 설명이 나온다.

차 6냥과 위 재료 각 1돈〔錢, 3.75그램〕에 물 2잔을 따라 반쯤 달인다. 차와 섞어 불에 쬐어 말린 후 포대에 넣고 건조한 곳에 둔다. 깨끗한 물 2종(鍾)을 차관 안에서 먼저 끓인다. 물이 몇 차례 끓은 뒤 찻그릇〔缶〕에 따른다. 차 1돈을 넣고, 반드시 진하게 우려내어 아주 뜨겁게 마신다.[8]

설명이 소략하지만 이렇게 정리된다. 먼저 6냥 되는 덩이차에 위에서 제시한 약초 각 1돈씩을 함께 넣고 물 2잔을 붓는다. 그러고는 물이 반쯤 줄어들 때까지 졸인다. 그러면 떡차가 풀어지면서 약초의 향이 밴다. 이때 차와 향료를 고루 섞어 불에 쬐어 말린다. 차가 바싹 마르면 포대에 넣고 건조한 곳에 놓아둔다. 여기까지가 향차 제조법이다.

이어지는 설명은 음다법에 관한 것이다. 깨끗한 물 2종을 차관(茶罐)에 부어 먼저 끓인다. 몇 차례 끓고 나면 끓은 물을 차부(茶缶)에 따른다. 그 물에 차 1전을 넣어 우린다. 차는 짙게 우려서 뜨거울 때 마신다.

그렇다면 물의 분량이나 차의 양은 정확히 얼마나 될까? 그래서 저자

「부풍향차보」에 실린 각종 차구의 그림.

는 「차구(茶具)」 항목을 따로 두어 각종 차구의 이름과 생김새와 용량을 따로 표시해두었다.

차로(茶爐)는 차관을 안칠 수 있어야 한다.
차관(茶罐)은 2부(缶)가 들어간다.
차부(茶缶)는 2종(鍾)이 들어간다.
찻종(茶鍾)은 2잔(盞)이 들어간다.
찻잔(茶盞)은 1홉(合)이 들어간다.
찻반(茶盤)은 차부와 찻종, 찻잔을 놓을 수 있다.[9]

차 끓이는 데 소용되는 차구는 모두 6종류다. 차로·차관·차부·찻종·찻잔·차반이 그것이다. 먼저 차로는 차관을 안칠 수 있는 크기라야 한다. 중간에 숯불을 넣는 구멍이 있고, 위쪽에 차관을 얹는 구멍이 있다. 뒤쪽에는 손잡이가 달렸다. 차관은 꼭지 달린 뚜껑이 있고 양옆에 손잡이가 달린 그릇이다. 차관 하나는 2부(缶)들이다. 차부는 차관과 생김새가 비슷하다. 다만 크기가 그 반만 하고, 체형이 조금 날씬하다. 차관에서 끓인 물을 부어 차를 우려내는 도구다. 찻종은 차부의 절반들이다. 1부에는 2종이 들어간다. 손잡이가 한쪽만 달린 큰 컵이다. 찻잔은 1홉들이 용량의 개인 잔이다. 2잔이 1종이다. 그러니까 1차부로 4잔의 차를 만들 수 있다. 차관에 한번 끓일 때 2부의 물을 부으니까, 두 차례 우려내면 모두 8잔의 차가 된다. 두 차례 우리고 나면 『다신전(茶神傳)』에 적혀 있는 대로 차부를 찬물로 행궈 씻어낸 후 다시 끓인다. 그리고 마지막으로 차반은 차로와 차관을 제외한 나머지 차부, 찻종, 찻잔 등을 함께 올려놓을 수 있는 크기의 찻상이다.

『부풍향차보』와 향약차

『부풍향차보』는 전체 내용이 과연 이것뿐이었을까? 황윤석은 『이재난고』 속에 자신이 읽은 다른 사람의 저술 중 중요한 대목을 자주 베껴놓았는데, 대부분 필요한 부분만 발췌하는 방식이었다.[10] 따라서 『부풍향차보』 또한 여기에 실린 내용 외에 비교적 풍부한 다른 설명이 있는, 보다 완성된 형태의 저술이었을 것으로 생각된다.

현재 남아 있는 내용만으로도 저자인 이운해의 차에 대한 해박한 이해 수준이 십분 파악된다. 차의 특징과 성질에서부터, 증세에 따른 향차 처방, 향차 제조법, 향차 음다법을 차례대로 조목조목 설명한 흥미로운 저작이다.

그렇다면 순수한 찻잎만이 아닌, 향을 가미한 차를 차라 할 수 있을까? 이에 대해서는 다산 정약용이 『아언각비(雅言覺非)』의 「차」 조목에서 자세히 말한 바 있다.

> 차는 겨울에도 푸른 나무다. 육우의 『다경』에 첫째는 '차(茶)'라 하고, 둘째는 '가(檟)'라 하며, 셋째는 '설(蔎)'이라 하고, 넷째는 '명(茗)'이라 하며, 다섯째는 '천(荈)'이라 한다고 했다. 본시 초목의 이름이지, 음료인 음청(飮淸)의 이름이 아니다. *『주례(周禮)』에 육음(六飮)과 육청(六淸)이 있다. 우리나라 사람들은 차(茶)란 글자를 환(丸)이나 고약 같은 것을 끓여 마시는 종류로 생각하여, 약물을 한 가지만 넣고 끓이는 것은 모두 차

라고 말한다. 생강차·귤피차·모과차·상지차(桑枝茶)·송절차(松節茶)·오과차(五果茶) 같은 말이 익숙해서 늘상 이렇게 말하는데 이는 잘못이다. 중국에는 이 같은 법이 없는 듯하다. 이동(李洞)의 시에 "나무 계곡 은자 부름 기약하면서, 시 읊으며 백차(柏茶)를 끓이는도다.(樹谷期招隱, 吟詩煮柏茶)"라 했고, 송시에서는 "한 잔의 창포차를 마시는 동안, 사탕떡 몇 개를 먹어 치웠네.(一盞菖蒲茶, 數箇沙糖粽)"라 했다. 육우의 시에서도 "찬 샘물 스스로 창포수로 바뀌니, 활화(活火)로 한가로이 감람차를 달인다.(寒泉自換菖蒲水, 活火閒煮橄欖茶)"고 했다. 이는 모두 찻덩이 가운데 잣잎이나 창포, 감람 등을 섞은 까닭에 차 이름을 이렇게 붙인 것이지, 한 가지 다른 물건만 달이면서 차라고 이름 붙인 것이 아니다. * 소동파가 대야장로에게 도화차재(桃花茶裁)를 청하면서 부친 시가 있는데, 이 또한 차나무의 별명일 뿐 복사꽃에다 차 이름을 붙인 것이 아니다.[11]

다산의 주장은 이렇다. 오직 차나무 잎을 법제하여 뜨거운 물에 우린 것만 차다. 그런데 우리나라 사람들은 그냥 맹물에 어떤 것을 넣고 끓이기만 하면 다 차라고 말한다. 귤껍질을 넣고 달이면 귤피차라 하고, 모과를 넣은 것은 모과차라 한다. 보리를 넣으면 보리차가 되고, 유자를 넣으면 유자차가 된다. 하지만 중국에서 백차니 창포차니 감람차니 하는 것은 잣잎이나 창포, 감람만 따로 넣고 끓인 것이 아니라, 찻덩이를 넣으면서 이것을 함께 넣어 가미한 것을 가리킨다. 우리나라 사람들이 말하는 차 아닌 차, 즉 대용 차는 엄밀한 의미에서 차라고 말해서는 안 된다고 본 것이다.

이런 다산의 주장을 뒷받침하기라도 하듯, 『부풍향차보』의 칠종상차는 찻덩이에 약물을 섞어 끓인 향차다. 그저 이름만 차인 일반 대용 차와는 확연히 구분된다.

황윤석 고가의 뒤뜰.

이제 『부풍향차보』가 갖는 차 문화사적 의의를 간략히 정리한다.

첫째, 『부풍향차보』는 1755년, 또는 1756년에 지어진 우리나라 최초의 전문 차서다. 초의의 『동다송』보다 80년, 이덕리의 『동다기』보다 30년 앞선다.

둘째, 우리나라 최초로 처방에 따라 주치를 두어 작설차에 7가지 약재(藥材)를 조제해서 만든 기능성 향차다.

셋째, 지금까지 차 산지로 부각된 적이 없는 전북 고창과 부안 지역에서 비교적 이른 시기에 만들어진 차로 우리나라의 차 산지와 향유 공간을 확장시켰다.

넷째, 찻그릇의 크기와 명칭을 명확히 규정하여 도량적 기준을 제시함으로써, 당시 음다풍의 실상을 구체적으로 이해할 수 있게 해준다.

본 자료의 발굴 소개를 계기로 향후 전북 부안 지역을 중심으로 부풍향차의 복원과 대중화가 이루어져, 효능 및 맛과 향기가 각각 다른 다양한 차를 일반인들이 기호에 따라 마실 수 있는 길이 열리게 되기 바란다.

02

마침내 찾은 우리 차 문화 고전

이덕리와 『동다기東茶記』

『동다기(東茶記)』는 이덕리가 지은 차에 관한 문헌이다. 『동다기』는 초의 스님의 『동다송』의 주석에 한 대목이 인용되면서 세상에 알려졌다. 다만 실물이 전하지 않아, 그간 엉뚱하게 다산 정약용의 저작으로 잘못 알려져왔다. 2006년 9월 필자는 전남 강진군 성전면 백운동의 이효천 선생 댁에서 『강심(江心)』이란 표제의 필사본에 수록된 「기다(記茶)」가 바로 초의가 인용한 『동다기』의 원본임을 확인했다.[1]

「기다」인가 『동다기』인가?

먼저 책의 정확한 명칭에 관해 따져보자. 우선 『동다송』에 인용된 책 이름은 『동다기』다. 1992년 용운 스님이 발굴 소개한 법진본 『다경(茶

「기다」가 수록된 『강심』의 표지.

「기다」의 첫 면.

經)』속에는 그냥 『다기(茶記)』로 되어 있다. 필사본 『강심』에 수록된 글은 거꾸로 「기다」라고 했다. 이덕리는 자신의 다른 저술인 『상두지(桑土志)』에서 자신이 「다설(茶說)」을 지었다고 했다. '전의리(全義李) 저(著)'로 표기된 법진본 『다기』는 「기다」와 내용이 같지만, 원문의 뒷부분 절반가량이 떨어져 나간 불완전한 사본이다.

정리하면 이렇다. '동다기' 또는 '다기'란 명칭이 있었다. 이덕리 문집의 전사본에서는 '기다'로 표기하였고, 다른 책에서는 스스로 '다설'을 지었다 하여, 같은 자료를 두고 모두 네 가지 다른 명칭이 존재한다.

먼저 따져볼 것은 초의 스님이 『동다송』에서 말한 『동다기』가 이덕리의 「기다」 또는 법진본 『다기』와 같은 것인가 하는 점이다. 『동다송』에서 초의는 "동국에서 나는 것도 원래 서로 같나니, 색과 향, 기운과 맛이 중국과 한가질세. 육안차의 맛에다 몽산차의 약효 지녀, 옛사람은 두 가지를 아울렀다 평가했지.(東國所產元相同, 色香氣味論一功. 陸安之味蒙山藥, 古人高判兼兩宗)"라고 노래했다. 그러고는 위 시의 구절 아래 단 주석에서 고인의 이 말이 『동다기』에 나온다면서 그 근거가 된 한 구절을 인용했다.

정작 이덕리의 저술을 그대로 베낀 것으로 보이는 『강심』에서는 「기다」라고 했는데, 왜 초의는 책 이름을 『동다기』라고 했을까? 법진본의 『다기』 또한 제명이 다르고, 내용에도 상당한 누락이 있다. 이덕리의 이 저술은 여러 사람들에 의해 베껴져서 유통되었고, 베껴 쓰는 과정에서 제목도 필사자에 따라 조금씩 차이가 있었던 듯하다. 동다기와 다기 및 기다는 그래도 계열성이 있어 보이는 이칭인 데 반해, 자신이 『상두지』에서 밝힌 다설은 다르다. 이는 책 제목으로 쓴 것이 아니라 차에 관한 논설이 있다는 정도의 의미로 쓴 듯하다.

이 책의 공식 제명은 「기다」 또는 『동다기』 둘 중의 하나로 해야 옳다.

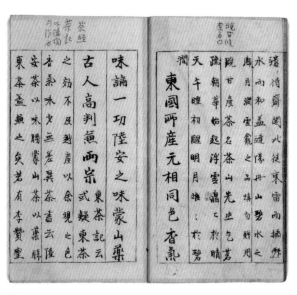

「동다송」에 「동다기」가 인용된 면. 아모레퍼시픽미술관 소장.

이에 있어 『동다송』에 인용된 『동다기』란 명칭이 오래 사용되어왔고 문
헌 근거가 있으며, 『동다송』이란 명칭과도 세트를 이루고, '동(東)'이란
접두어에서 차 일반론이 아닌 우리 차에 대한 기록이란 의미를 강조할
수 있으므로, 공식 명칭은 「기다」보다는 『동다기』로 하는 것이 나을 성
싶다. 이후 표기는 『동다기』로 통일한다.

이덕리는 누구인가?

『동다기』의 저자는 누구인가? 근대 이능화나 최남선, 문일평 같은 쟁
쟁한 학자들은 입을 맞추기라도 한 듯 이 책이 다산 정약용 선생의 저작
이라고 했다. 초의는 『동다기』의 저자를 그저 '고인(古人)'으로 적었다.

『동다기』가 다산 정약용의 저작이었다면 초의가 살아 있는 스승을 두고 이렇게 표현했을 리가 없다. 고인이라고 적은 것은 자신과 시간적 거리가 상당하다는 뜻이고, 이름을 밝히지 않은 것은 그럴 만한 사정이 있어서였다. 법진본『다기』에서도 저자를 '전의리'라고만 했지 이름을 밝히지 않았다. 왜 그랬을까? 반면『강심』에 수록된「기다」에는 끝 부분에 필사자 이시헌(李時憲, 1803-1860)이 남긴 다음과 같은 기록이 있다.

'강심'의 의미는 분명치 않다. 이 한 책에 적힌 사(辭)와 문 및 시는 바로 이덕리가 옥주(沃州)에서 귀양 살 때 지은 것이다.[2]

이 책의 저자가 이덕리이고, '옥주적중(沃州謫中)'에서 이 책을 저술했다고 했다. 옥주는 진도(珍島)의 별호다. 이덕리가 죄를 지어 진도에

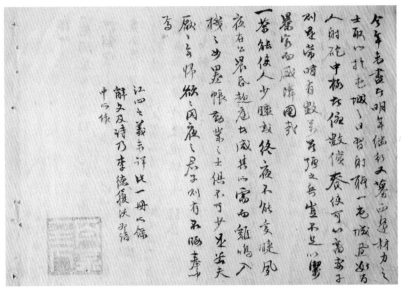

「기다」마지막 면에 지은이를 밝힌 기록. 끝에 '백매주인(百梅主人)'이라 한 이시헌의 인장이 찍혀 있다.

유배 와 있으면서 지은 것이다. 당시 죄인 신분이었던 그는 이 때문에 자신의 저서에 이름을 밝히지 않고 본관만 밝혔다. 이것이 필사되어 유통되면서 법진본의 '전의리 저'로 세상에 알려졌다. 이시헌은 이 책의 저자가 이덕리임을 알고 있었기에 필사 후 위의 언급을 남겨두었다.

여러 문헌 자료를 통해 볼 때, 이덕리의 본관은 전의이고, 자는 수지(綏之)였다. 그는 숙종조 조선 최고의 무인이었던 장한상(張漢相, 1656-1724)의 외손이며, 어영대장과 훈련대장을 거쳐 영조 때 병조판서에 올랐던 무신 이삼(李森, 1677-1735)의 처조카였다. 그는 무인 계통의 명망 있는 집안의 후손이었다. 1749년에는 성균관 생원(生員), 1759년에는 진사(進士) 신분이었고, 1763년에는 조선통신사의 자제군관으로 일본을 다녀왔다. 1772년 정3품 당상관인 절충장군에 가좌되었다. 1774년 9월에는 도성 경비의 책임을 맡은 종2품 창경위장(昌慶衛將)이 되었다.

이덕리의 문장은 윤광심(尹光心, 1751-1817)이 당대 뛰어난 문인의 시문을 모아 엮은 선집인 『병세집(幷世集)』에도 실려 있다. 이 중 「제고이헌납중해시(祭告李獻納重海詩)」 9수가 수록되었다. 1775년 이덕리 48세 때 쓴 글인데, 헌납 벼슬을 지낸 이중해(李重海)와 평소 절친한 사이였음이 확인된다. 그런데 이 이중해가 누군고 하니, 앞 절에서 살핀 『부풍향차보』의 저자 이운해의 친동생이다. 이렇게 본다면 이덕리는 이운해의 『부풍향차보』를 동생 이중해를 통해 진작에 보았을 가능성이 있고, 이를 계기로 차에 대해 일정한 안목을 갖게 된 계기가 되었을 것으로 보인다. 말하자면 최초의 다서라 할 『부풍향차보』와 『동다기』 사이에 일말의 연결점이 시사되는 것이다.

『병세집』은 당대 최고의 문장이었던 박지원과 이덕무 등의 글 가운데 문집에 수록되지 않은 작품이 실려 있을 만큼 현장성이 강한 엔솔로지다. 이 책의 시권과 문권 모두에 이덕리의 이름이 올라 있는 것을 보면,

이덕리는 당대 문명이 꽤 높았던 문인이었음이 분명하다.

막상 전의이씨 대동보에는 이덕리의 이름이 전혀 나오지 않는다. 이는 그가 진도에 장기간 유배되었다가 세상을 뜬 일과 관련이 있다. 또 그가 일관되게 자신의 이름을 밝히지 않았고, 족보에 이름마저 지워진 것을 보면, 그의 죄는 역모죄나 이에 준하는 것이었을 것으로 짐작된다.

다산 정약용은 『경세유표(經世遺表)』와 『대동수경(大東水經)』에 이덕리의 다른 저술인 『상두지』를 각각 한 차례씩 인용하였다. 『상두지』는 국가 경제와 지리 등의 내용을 담은 실학 계통의 서적이다. 이 책 또한 『동다기』와 마찬가지로 현재 다산의 저술로 오인되어 1973-74년에 다산학회가 편찬하여 간행한 『여유당전서보유(與猶堂全書補遺)』(경인문화사) 제3권에 버젓이 올라 있다.

『상두지』의 서문에는 '계축정월상간서(癸丑正月上澣序)'라고 했으니, 이 책은 1793년(정조 17)에 지은 것이다. 저자가 밝혀져 있지 않고 서문 끝에 "공은 야인으로 이름을 칭탁코자 했으므로 권도(權道)로 이 서문을 써서 스스로를 감추었다.(公欲托名野人, 權爲此序以自晦)"고 적었다. 이 글 역시 이덕리가 자신의 이름을 감추고 지은 것이다. 다산이 이 책을 두 차례나 인용하면서 분명하게 이덕리가 지었다고 했으니, 『상두지』는 결코 다산의 저술일 수 없다.

『강심』에 수록된 「실솔부(蟋蟀賦)」란 작품에는 이덕리 자신의 신상과 관련된 한 가지 단서가 더 있다.

나는 병신년(1776년, 영조 52) 4월 은혜를 입어 옥주로 유배 왔다. 성 밖 통정리(桶井里)에 있는 윤가(尹家)에서 살았다. (중략) 3년 만에 통정리 서쪽 이가(李家)로 옮겼다.[3]

이로 보아 이덕리는 49세 때인 1776년 3월 영조가 승하하고 정조가 즉위한 직후인 4월 초에 사도세자 복권 움직임과 관련해서 일어난 상소 사건에 연루되어 역모죄로 진도로 유배 온 듯하다. 전후의 자세한 정황은 남은 기록만으로는 알기 어렵다. 진도에 유배 온 지 10년 정도 지난 1785년을 전후해서 『동다기』를 저술했고, 66세 때인 1793년에는 국방에 관한 중요한 제안을 담은 『상두지』란 책을 잇달아 발표했다. 하지만 그는 역모죄에 연루된 유배 죄인의 신분이었기에 자신의 이름을 감추고 익명으로 이들 저술을 세상에 공개했다. 그간 저자 문제에 대한 논란이 끊이지 않았던 까닭이 여기에 있다.

『동다기』는 어떤 책인가?

이제 『동다기』의 내용을 살펴보자. 『동다기』는 서설 5단락과 본문 15항목, 그리고 '다조(茶條)' 7항목으로 구성되어 있다. 전체 분량이라야 모두 14쪽에 불과하다. 더욱이 이시헌이 이덕리의 원고 『강심』을 필사할 당시 원본은 서문도 없고 체재도 갖추어지지 않은 난고(亂藁) 상태였던 듯하다. 필사자 이시헌은 다산이 아꼈던 강진 시절의 막내 제자였다. 뒤에 살펴볼 다산 떡차론 관련 항목에 인용된, 다산이 삼증삼쇄 떡차의 제조법을 자세히 일러주며 차를 보내줄 것을 청했던 편지의 수신인이기도 하다. 본문 15항목의 끝 부분에는 이덕리의 다음과 같은 메모가 적혀 있다.

앞의 십여 조목은 모두 차에 관한 일을 떠오르는 대로 적은 것이다. 하지만 국가에 보탬이 되고 민생을 넉넉하게 하는 큰 이로움에는 미치지 못

하였다. 이제 바야흐로 본론으로 들어가려 한다.[4]

그리고 이 메모 아래 필사자인 이시헌이 작은 글씨로 "이하 10조목은 지금 책이 흩어져서 적을 겨를이 없다.(以下十條, 今散帙, 不暇錄)"고 부기하였다. 이덕리가 『동다기』를 한 번에 저술한 것이 아니라 두 차례에 나눠 썼고, 앞쪽은 차에 관한 이런저런 이야기를, 뒤쪽은 차가 국가 경제와 민생에 어떤 도움을 줄 수 있는지에 대해 쓴 것임도 알 수 있다. 용운 스님이 발견 소개한 법진본 『다기』가 앞쪽만 싣고 뒤쪽은 싣지 않았던 것은 원본의 어지러운 상태와도 무관치 않다.

이어 『강심』의 맨 뒤쪽에 「다조」란 제목 아래 다시 4쪽 7항목의 글이 이어진다. "마땅히 앞의 「다설」아래 놓여야 한다.(當在上茶說下)"라고 부기되어 있다. 이 「다조」가 앞서 말한 「기다」의 속편임을 밝힌 것이다. 이 7항목이 법진본에는 모두 빠져 있다. 또 앞부분에서도 법진본은 백운동본의 서설 3단락 일부와 4단락 전체가 탈락되어 있고, 본문의 11단락도 누락되어 있다. 그러니까 현재 남은 분량으로 보면 법진본은 백운동본의 절반가량만 남아 있는 셈이다. 특별히 여기서 앞부분의 글을 「다설」이라 한 것이 주목되는데, 혹 다른 필사에서는 앞쪽 글을 '다설'이라 했을 가능성도 있다.

이덕리는 무슨 의도로 『동다기』를 저술했을까? 서설 다섯 단락을 검토하여, 저술 동기를 살펴보자. 다섯 단락의 내용을 간추리면 다음과 같다.

첫 단락은 도입 서설로, "황량한 들판의 구석진 땅에 절로 피고 지는 평범한 초목에서 얻어 이것으로 국가를 돕고 민생을 넉넉하게 할 수만 있다면, 어찌 그 일이 재물의 이익과 관련되어 있다 하여 말하지 않을 수가 있겠는가?"라고 하여, 아무도 거들떠보지 않는 차가 국부 창출의 자원이 될 수 있음을 말했다.

둘째 단락에서는 중국 차의 역사를 간략히 서술하고, 역대 중국 왕조가 차를 미끼로 북방 민족을 제어한 일을 적었다. 북방인은 육식만 하므로 차를 마시지 않으면 배열병(背熱病)에 걸린다. 그런 까닭에 비싼 값을 주고서라도 남방의 차를 사 마시지 않을 수 없음을 말해, 그 수요의 일부를 우리 차로 감당할 수 있음을 암시했다.

셋째 단락은 차에 무지한 조선의 실정과, 발상 전환을 통한 차 무역 제안을 담았다. 이 부분은 전체 단락을 함께 읽어보겠다.

우리나라에서는 호남과 영남의 여러 고을에서 차가 난다. 『동국여지승람 (東國輿地勝覽)』과 『고사찰요(故事撮要)』 등에 실려 있는 것은 다만 열 곳 백 곳 중에 하나일 뿐이다. 우리나라 풍습이 비록 작설을 사용하여 약에 넣기는 해도, 대부분 차와 작설이 본래 같은 물건인 줄은 모른다. 때문에 예전부터 차를 채취하거나 차를 마시는 자가 없었다. 혹 호사가가 중국 시장에서 사 가지고 올망정, 가까이 나라 안에서 취할 줄은 모른다. 경진 년(1760년, 영조 36)에 배편으로 차가 오자, 온 나라가 비로소 차의 생김 새를 알게 되었다. 10년간 실컷 먹고, 떨어진 지 이미 오래되었는데도 또한 따서 쓸 줄은 모른다. 우리나라 사람에게 차는 또한 그다지 긴요한 물건이 아니어서, 있고 없고를 따질 것이 못 됨이 분명하다. 비록 물건을 죄다 취한다 해도 이익을 독점한다는 혐의는 없을 것이다.

배로 서북 지역에 시장이 열리는 곳으로 운반하여, 차를 은과 바꾸면 주제(朱提)와 종촉(鍾燭) 같은 양질의 은이 물길로 잇달아 들어와 지역마다 배당할 수 있다. 차를 말과 바꾼다면 기주(冀州) 북쪽 지방의 준마와 양마가 바깥 관문에 가득하고 교외 목장에 넘쳐날 수가 있다. 차를 비단과 맞바꾸면 서촉(西蜀) 지방에서 짠 고운 비단을 사녀(士女)들이 나들이옷으로 걸치고, 깃발의 천도 바꿀 수가 있다. 나라의 재정이 조금 나아지면 백성의 힘도 절로 펴질 것은 두말할 필요가 없다. 그럴진대 앞서 황량한 들판 구석진 땅에서 절로 피고 지는 평범한 초목을 얻어서 나라에 보탬이 되고 백성의 생활을 넉넉하게 할 수 있다고 말한 것이 결코 지나친 말은 아닐 것이다.[5]

우리나라는 영남과 호남 각처에서 차가 생산된다. 하지만 우리나라 사람들은 작설을 고약처럼 달이고 고아서 약용으로 쓸 줄만 알지 애초에 차와 작설이 같은 물건인지조차 모른다. 1760년에 차를 가득 실은 중국 무역선이 전라도 섬 지역에 표류한 일이 있었다. 이 표류선에서 흘러나온 차가 호남 지역에 널리 유통되면서 온 나라가 비로소 차의 생김새를 처음으로 알게 되었다. 그때 중국 배에서 유통된 차를 전체 조선이 10년간 실컷 마셨다. 그 차가 떨어진 지가 벌써 오래되었는데도 여전히 주변에 널려 있는 차를 따서 마실 생각은 못 한다. 애초에 우리나라 사람들에게 있어 차란 있어도 그만 없어도 그만인 긴요하지 않은 물건이었던 것이다.

실제 1760년에 표류해온 중국차를 가득 실은 배 이야기는 박제가의 『북학의』에도 나온다. 「통강남절강상박의(通江南浙江商舶議)」에서 "나는 황차(黃茶)를 실은 배 한 척이 표류하여 남해에 정박한 것을 본 적이 있다. 온 나라가 그 황차를 10여 년 동안 사용하였는데 지금도 여전히 남아 있다."[6]고 한 것이 이것이다. 이 선박의 표류를 계기로 호남 지역에서 차에 대한 관심이 일어나게 된 듯하다. 이덕리가 차에 대해 관심을 갖게 된 것도 이 일과 무관치 않다.

그렇다면 이 있어도 그만이고 없어도 상관없는 차란 물건을 국가에서 모두 취해 그 이익을 독점한다고 해도 달리 탓할 사람은 없을 것이다.

청대 중국 선박의 일반적 모습.
일본 화가 이시자키 유시(石崎融思)의 그림.

이 차를 서북 개시(開市)로 가져가서 북방의 은이나 말 또는 비단과 맞바꾼 다면, 온 나라에 질 좋은 은이 넘쳐나게 되고, 준마와 양마의 수효가 급증할 것이며, 모든 백성이 귀한 비단옷을 입을 수 있게 될 것이다. 우리에게는 있으나 마나 한 차를 팔아서, 없어서는 안 될 귀한 물건을 풍족하게 얻을 수 있다. 나라 살림에 큰 힘이 되고, 다급한 민생에도 획기적 개선이 이루어질 터이니, 그야말로 누이 좋고 매부 좋은 격이 아니겠는가?

넷째 단락은 재물을 버는 방법에 대해 논했다. 그 핵심은 근원을 틔워 흐름을 끌어오는 것이다. 교역과 효율적인 정책의 시행을 통해 천하의 패권을 장악했던 월나라와 진나라, 그리고 관중(管仲) 등의 예를 통해 부국의 방법을 설명했다. 여기서 이덕리가 통상의 원리로 제안한 것은 일종의 국가 전매 정책의 강화를 통한 유통 구조 개선과 가격 조절 정책이다.

마지막 다섯째 단락은 당국자에 대한 차 무역 정책의 건의로 글을 맺었다. 전체 원문을 보자.

중국의 차는 아득히 먼 만 리 밖에서 난다. 그런데도 오히려 취해서 나라를 부유하게 하고 오랑캐를 방어하는 기이한 재화로 삼는다. 우리나라는 차가 울타리 가나 섬돌 옆에서 나는데도 마치 아무짝에 쓸데없는 토탄 (土炭)처럼 본다. 뿐만 아니라 그 이름조차 잊어버렸다. 그래서 차에 관한 글 한 편을 지어 차에 대한 일을 다음과 같이 조목별로 구분하였다. 이것으로 당국자가 시행해볼 것을 건의한다.[7]

구체적 방안 제시에 들어가기 앞서 지금까지의 논의를 수렴하고, 당국자의 정책 입안을 건의한 내용이다. 중국은 만 리 밖 남방에서 나는 차를 가지고 나라를 부강하게 하고 외적을 막는 수단으로 삼는다. 우리도 호남과 영남 각지에 차나무가 중국 못지않게 많이 자란다. 하지만 우리는 중국과는 달리 아무도 차를 거들떠보지 않을 뿐 아니라, 차가 무엇에 쓰는 물건인지조차 알지 못한다. 이덕리는 자신이 차에 관한 논설 한 편을 지어 차를 소개하고, 차 무역의 구체적 방법을 제시하려는 것은 이런 현실이 안타까워서라고 하면서, 부디 눈 밝은 당국자가 자신의 이 글을 읽고 실행에 옮겨줄 것을 당부했다.

여기까지 전체 글의 서론이 마무리된다. 이 글을 통해 볼 때, 당시 조선 사람들은 차에 대해 거의 무지한 수준이었다. 아는 경우라 해도 고약처럼 고아서 급할 때 약으로 쓰는 정도였다. 차를 일상의 기호음료로 생각하는 인식은 전혀 없었다고 해도 지나친 말이 아니다. 때로 지식인 가운데 차를 즐긴 사람이 없지 않았으나, 대부분 중국 사행 길에 연경에서 구해온 차를 가지고 시늉이나 하는 정도였고, 그나마도 대어놓고 마실 형편은 못 되었다. 이는 앞서 살펴본 『부풍향차보』의 기술을 통해서도 분명하게 확인된다. 신라와 고려 때 우리나라에서 차 문화가 대단히 성행했던 것은 엄연한 사실이다. 하지만 조선 후기에 이르러 우리의 차 문화는 명맥이 거의 끊어지고 말았다.

이런 척박한 상황에서 이덕리는 차의 국가 전매와 국제 무역을 통한

국부 창출을 과감하게 주장했다. 기호품인 차가 국제 교역 시장에서 갖는 상품 가치를 꿰뚫어 보고 국가적 차원에서 차를 관리하고 전매해서 그 이익으로 국방을 강화시킬 것을 주장하면서 그 실행 방법과 단계까지 구체적으로 제시했다. 그 방법 또한 대단히 현실적이고 실현 가능한 방식이었다.

03

18세기 차 문화의 실상은 어땠나?

『동다기』의 차 이해

이 글에서는 이덕리의 『동다기』에 보이는 18세기 당시 조선의 차 문화 실상과 차 이해의 수준에 대해 살펴보겠다. 당시 조선의 차 문화는 어떤 상황이었을까? 그리고 『동다기』에서 피력되고 있는 차론은 어떤 수준이었던가? 관련 내용은 서설에 이은 본문 14항목에 집중적으로 보인다.

18세기 조선의 차 문화 실상

1755년 이운해가 쓴 『부풍향차보』에서는 "무장의 선운사에는 이름난 차가 있는데, 관민이 채취하여 마실 줄을 몰라 보통 풀처럼 천하게 여겨 부목으로나 쓰니 몹시 애석하다."고 적었다. 이덕리는 1785년을 전후해

선운사 만세루의 다실.

서 지은 『동다기』에서 "우리나라는 차가 울타리 가나 섬돌 옆에서 나는데도 마치 아무짝에 쓸데없는 토탄처럼 본다."고 하고, 또 "우리나라 풍습이 비록 작설을 사용하여 약에 넣기는 해도, 대부분 차와 작설이 본래 같은 물건인 줄은 모른다. 때문에 예전부터 차를 채취하거나 차를 마시는 자가 없었다."고 증언했다. 그는 또 "우리나라 사람에게 차는 또한 그다지 긴요한 물건이 아니어서, 있고 없고를 따질 것이 못 됨이 분명하다."고 까지 말했다. 이를 이어 초의는 1837년에 지은 『동다송』에서 지리산 화개동 칠불선원 승려들이 다 쇤 잎을 따서 볕에 말린 차를 나물국 삶듯 솥에서 끓여 내오는 무지함을 개탄했다.

이로 보면 『부풍향차보』에서 『동다송』에 이르는 근 80년간 차에 관한 모든 기록에서 당시 조선 사람이 차에 대해 전혀 알지 못했던 사정이 분명하게 확인된다. 혹 안다 해도 음료가 아닌 약용으로 일부 사용했을 뿐이다. 18세기에서 19세기 초반에 이르는 기간에 조선의 차 문화는 명맥이 거의 끊어진 상태였다는 뜻이다.

이덕리는 『동다기』의 본문 제11조에서 당시 조선인의 차에 대한 무지를 이렇게 적었다.

동복(同福)은 작은 고을이다. 지난번에 들으니 한 수령이 여덟 말의 작설을 따서 이것을 사용하여 고약으로 달이게 했다고 한다. 대저 여덟 말의 작설을 차가 되기를 기다려 땄다면 차 수천 근을 만들 수 있었을 것이다. 또 여덟 말을 따는 수고로움이라면 족히 수천 근을 쪄서 말리는 일을 하기에 충분하다. 그 많고 적음과 어렵고 쉬움의 차이가 아득하다. 그런데도 이를 활용하여 나라에 이롭게 하지 않으니 어찌 애석하지 않겠는가?[1]

동복현감의 일화를 소개했다. 그는 백성들을 동원해서 여덟 말이나 되는 작설차 잎을 따오게 해 이를 달여 고약으로 만들었다. 이덕리는 여덟 말의 찻잎을 시기에 맞춰 채취했더라면 몇 천 근의 차가 되었을 테고, 여덟 말을 고약으로 만드는 노력이면 몇 천 근의 차를 쪄서 말릴 수 있을 것이라고 탄식했다. 더욱이 이것을 외국에 내다 팔 때 국가 경제에 크나큰 보탬이 된다는 점에 생각이 미친다면, 우리나라 사람의 차에 대한 이러한 무지는 실로 안타깝기 짝이 없다는 것이다.

또 본문 제4조에서는 예전 서울의 한 권세 있는 집안의 잔치 자리에서 차를 꿀에 타서 내온 일이 있었는데, 참석했던 모든 사람이 입으로는 찬송했지만 정작 마실 수가 없었다고 한 내용이 실려 있다. 참으로 촌스럽기 짝이 없는 일이라고 개탄한 내용을 덧붙였다.[2] 잔치 자리에서 중국에서 구해온 차를 내왔는데, 마시는 방법을 몰라 차 달인 물에 꿀을 타서 내온 웃지 못할 일화를 소개한 것이다. 이 또한 당시 조선의 음다 문화가 어떤 열악한 상황에 놓여 있었는지를 잘 보여주는 예화다.

이덕리는 파탄 난 국가 경제를 회생시킬 고부가가치 상품인 차에 대해 무지하여 아무도 거들떠보지 않는 현실을 이렇듯 개탄했다. 그래서 『동다기』를 저술하여, 차를 국부 창출에 적극 활용할 구체적 방안을 제안하기에 이르렀던 것이다.

정작 이덕리 자신은 차에 대해 어떻게 알게 되었을까? 본문 제7조에 관련 언급이 있다.

> 계해년(1743, 영조 19) 봄에 내가 상고당(尙古堂)에 들렀다가, 요양(遼陽)
> 의 사인(士人) 임(任) 아무개가 부쳐 온 차를 마셨다. 잎이 작고 창(槍)이
> 없었으니, 생각건대 손초(孫樵)가 말한 우렛소리를 들으며 딴 것인가 싶
> 었다. 당시는 한창 봄날이어서 뜨락에 꽃이 아직 시들지 않았었다. 주인
> 은 자리를 펴고 소나무 아래서 손님을 접대하였다. 곁에 차 화로를 놓아
> 두었다. 화로와 차관은 모두 해묵은 골동품 그릇이었다. 각자 한 잔씩을
> 다 마셨다.[3]

이덕리는 1743년 상고당에서 처음으로 차를 맛보았다. 16세 때의 일
이다. 또 이덕리는 『부풍향차보』를 지은 이운해의 동생 이중해와 절친
한 사이였다. 이로 본다면 이덕리가 1755년에 이운해가 만든 부풍향차
에 대해서도 잘 알고 있었을 가능성이 높다. 한편, 이덕리는 앞서 보았
듯이 『동다기』의 여러 곳에서 1760년 진라도 해안에 표류했던 중국 선
박에서 나온 차 이야기를 적고 있다. 정작 자신이 진도로 귀양 온 것은
1776년이었다.

이덕리가 차를 처음 마셨다는 상고당은 조선 후기의 유명한 골동품
수장가였던 김광수(金光遂, 1699-1770)의 당호다. 그는 이조판서를 지
낸 김동필의 둘째 아들로 사마시에 합격하였으나 과거 공부를 그만두
고 골동품 수집으로 일생을 보낸 인물이다. 집 안에는 온통 고서화와
진귀한 그릇들로 가득했는데 모두 천하의 명품이었다고 한다.[4] 차에도
조예가 깊어서, 박제가(朴齊家)는 "차 끓임은 오직 다만 김성중(金成仲)
을 허락하니, 송풍성(松風聲)과 회우성(檜雨聲)을 알아듣기 때문일
세.(煎茶獨許金成仲, 解聽松風檜雨聲)"라고 노래한 바 있다.[5] 그의 집 와룡

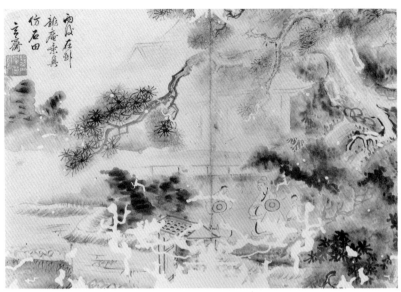

심사정의 「와룡암소집도」. 와룡암은 상고당의 다른 이름이다. 간송미술관 소장.

암(臥龍庵)에서 열린 찻자리를 겸한 아집(雅集)을 그린 심사정(沈師正, 1707-1769)의 그림 「와룡암소집도(臥龍庵小集圖)」가 남아 있다. 그림에 붙은 김광국(金光國, 1727-1797)의 발문에 "갑자년(1744) 여름, 내가 상고자(尙古子)를 와룡암으로 찾아가서 향을 사르고 차를 마시면서 서화를 평하였다."는 내용이 있다.[6] 앞서 이덕리가 상고당에 들러서 차를 마신 이듬해의 일이다.

이덕리가 상고당에서 마신 차는 요양에서 보내온 중국차로, 잎이 작고 줄기가 없는 고급 차였다. 봄날 솔 그늘 아래 자리를 깔고, 자리 옆에 차 화로를 두었다. 또 화로와 차관은 모두 골동품이어서, 각별한 운치와 격을 갖춘 자리였다. 하지만 이는 당시 서울의 경화세족 사이에 유행한 중국풍의 한 모방이었을 뿐이다. 차나 찻그릇 모두 중국제였다.

차의 산지와 채다採茶

먼저 『동다기』 중에 차의 산지와 채다 시기 등에 대한 언급을 살펴
본다.

> 차는 산중에 돌 많은 곳에서 많이 난다. 들으니 영남 지방은 집 둘레에
> 대숲이 곳곳에 있다고 한다. 대숲 사이에서 나는 차는 특히나 효험이
> 있다. 또한 계절이 늦은 뒤에도 딸 수가 있는데, 해를 보지 않았기 때문
> 이다.**7**

본문 제10조의 내용이다. 차는 돌밭에서 나는 것을 상품으로 친다. 대
숲차는 따로 죽로차(竹露茶)라 한다. 대숲은 햇볕이 잘 들지 않아 대숲
아래서 자라는 차는 잎이 늦게까지 쇠지 않는다. 또 대숲의 이슬을 받아
자라므로 특별히 더 효험이 있다. 또 대나무 뿌리는 옆으로 뻗어가는 데
반해, 차나무의 뿌리는 직근(直根)으로 곧장 아래쪽을 향해 내려간다.
대나무와 차나무는 이래저래 서로에게 좋은 작용을 한다. 이덕리는 특
히 영남 지방 집 둘레 대숲에서 나는 차가 특별히 더 좋다고 지적했다.
『다신전』의 「채다론」에서는 "골짜기 가운데서 나는 것이 상품이고,
대숲 아래 것이 그다음이다. 자갈밭 가운데서 나는 것은 또 그다음이고,
모래밭에서 나는 것은 또 그다음이다.(產谷中者爲上, 竹林下者次之. 爛石中
者又次之, 黃沙中又次之)"라고 한 바 있다.
차 따기에 가장 좋은 날씨에 대해서는 본문 제12조에서 이렇게 말
했다.

> 차는 비 갠 뒤에 따는 것이 좋다. 잎이 여리고 깨끗하기 때문이다. 소동

파의 시에 이렇게 말했다. "보슬비 넉넉할 때 차 농사꾼 기뻐하네."**8**

채다에 알맞은 날씨는 비가 갠 뒤이다. 찻잎이 보드랍고 깨끗하기 때문이다. 하지만 이 언급은 다소 논란의 여지가 있다. 『다신전』에서 "밤새 구름이 없고, 이슬에 젖은 것을 따는 것이 상품이고, 한낮에 딴 것이 그다음이며, 비가 음산히 내릴 때는 따지 않는다.(徹夜無雲, 把露採者爲上. 日中採者次之. 陰雨下, 不宜採.)"고 적고 있는 까닭이다. 본문 중에 인용한 시는 소동파의 「신성도중(新城道中)」 두 수 중 제2수의 제5구이다. 소동파가 시에서 말한 본뜻은 봄철 보슬비가 촉촉이 내리면 찻잎을 딸 때가 되므로 기뻐한다는 것이지, 바로 이때 딴다는 의미는 아니었다.

송나라 때 조여려(趙汝礪)는 『북원별록(北苑別錄)』의 「채다」조에서 이렇게 말했다. "차를 채취하는 법은 모름지기 이른 새벽에 작업해서 해를 보게 하면 안 된다. 새벽에는 밤이슬이 아직 마르지 않아 찻잎이 살지고 촉촉하다. 해를 보게 되면 양기(陽氣)에 빼앗겨 기름진 싹이 안으로 소모되므로, 물에 넣어도 선명하지가 않다. 때문에 날마다 늘 5경에 북을 두드려 무리를 모은다."**9** 해 뜨기 전 새벽에 이슬 젖은 찻잎이 상품이라고 말해, 『다신전』의 언급과 일치한다.

채다의 적기는 언제일까? 『동다기』 본문 제1조에서는 이렇게 적고 있다.

차에는 우전(雨前)와 우후(雨後)의 명칭이 있다. 우전이란 것은 작설을 말한다. 우후는 바로 명설(茗蕺)이다. 차란 물건은 움은 일찍 돋지만 싹은 뒤늦게 튼다. 때문에 곡우(穀雨) 때에는 찻잎이 아직 자라지 않는다. 모름지기 소만(小滿)이나 망종(芒種)이 되어야만 바야흐로 싹이 크게 된다. 대개 섣달 이후에서 곡우 이전까지, 곡우 이후에서 망종 때까지 모두 채취할 수가 있다. 어떤 이는 잎이 크고 작은 것으로 진짜와 가짜를 구별하기도 한다. 어찌 구방고(九方皐)가 말을 알아보던 것에 견줄 수 있겠는가?[10]

채다 시기에 따라 우전차와 우후차로 구분했다. 우전차는 곡우 이전 갓 나온 여린 눈을 따서 만든 차다. 곡우가 지나 소만이나 망종 때가 되면 잎이 쇠어 명설이 된다. 이것은 우후차로 따로 구분해 부른다고 했다.

그런데 이 둘을 구분하는 기준은 단순히 찻잎의 크기가 아니다. 구방고는 중국에서 명마를 감별하는 데 있어 백락(伯樂)과 함께 가장 이름이 높았던 전설적인 인물이다. 그의 명마 감별법은 독특했다. 보통 사람들은 말의 털 빛깔이나 암컷인지 수컷인지 등 말의 외관을 보고 말을 골랐다. 하지만 그는 그런 것에는 전혀 관심을 두지 않고, 말이 지닌 내면적 자질을 한눈에 간파해서 고르는 안목을 지녔던 인물이다. 이덕리는 이 구방고의 고사를 끌어와, 우전차와 우후차의 감별은 단지 잎의 크기만 가지고 판별할 수는 없고, 오식 그 안에 깃든 맛으로만 감별할 수 있음을 말했다.

『다신전』의 「채다론」에서도 "차를 채취하는 시기는 때에 맞게 하는 것이 중요하다. 너무 이르면 향이 온전치 않고, 늦으면 다신(茶神)이 흩어져버린다. 곡우 전 5일이 상품이고, 곡우 후 5일이 그다음이다. 다시 5일 뒤는 또 그다음이다.(採茶之候, 貴及其時. 太早則香不全. 遲則神散. 以穀雨前五日爲上, 後五日次之. 再五日又次之.)"라고 적었다.

이덕리는 돌밭, 그것도 대숲에서 나는 차가 가장 상품이고, 채취는 비 갠 뒤 잎이 여리고 깨끗할 때 따라고 했다. 또 곡우 이전에 딴 것이 좋고, 망종 때까지도 채취할 수 있다고 보았다.

중국 강남 지역 차밭의 채다 모습.

차의 별칭

『동다기』에는 차의 용어나 별칭에 관한 항목도 여럿 있다. 정리해
본다.

차에는 일창일기(一槍一旗)의 호칭이 있다. 창(槍)은 가지를 말하고, 기
(旗)는 잎을 가리킨다. 만약 첫 잎 외에 따서는 안 된다고 한다면, 형주
(荊州) 옥천사(玉泉寺)에서 나는 차는 크기가 손바닥만 해서 희귀한 물건
이 되었다. 무릇 초목의 갓 나온 첫 잎은 보통의 한 잎보다는 크다. 점차
크게 된다 해도 어찌 첫 잎이 문득 손바닥만 하게 자랄 수야 있겠는가?
또 중국 배에서 파는 차를 보니, 줄기에 몇 치쯤 되는 긴 잎이 너댓 개씩
이나 잇달아 매달린 것이 있었다. 대개 일창이라는 것은 갓 싹튼 첫 가지
이고, 일기란 그 첫 가지에 달린 잎이다. 이후 가지 위에 또 가지가 돋으
면 그제서는 쓰지 못한다.[11]

본문 제2조다. 일창일기는 찻잎이 처음 움터 나온 여린 첫 잎을 가리
키는 말이다. 차의 딱딱한 줄기 끝에서 새 줄기가 싹터 나오면 그 끝에
도르르 말린 첫 움이 마치 깃대에 깃발이 매달린 듯 펴진다. 이 상태가
바로 일창일기다. 조금 지나면 두 번째 잎과 세 번째 잎이 차례로 펴진
다. 이것은 일창이기, 일창삼기라 한다. 최상품의 차는 바로 이 일창일
기를 따서 만든 것이다.

하지만 찻잎의 크기만 가지고 진짜 가짜를 따지고, 상품과 하품을 논
하는 것은 구방고의 예에서 보듯 하수(下手)의 감별법이다. 사람들은 일
창일기만이 최고라고 하지만, 꼭 그런 것만은 아니다. 형주 옥천사에서
나는 선인장차(仙人掌茶)는 이백의 시 때문에 천하에 널리 알려진 유명

일창일기의 상태.　　　　　　　　　일창이기의 상태.

한 차다. 초의의 『동다송』에도 나온다. 그 모양이 사람 손바닥과 비슷하다고 했으니, 찻잎이 대단히 컸음을 알 수 있다. 그렇다면 저 유명한 선인장차는 일창일기의 여린 잎으로 만든 것이 아니다. 또 표류선에서 팔던 차를 봐도 한 줄기에 잎 서너 개가 줄달아 매달려 있는 것이 많았다. 그러니 찻잎 채취에서 말 그대로 일창일기만을 고집해서는 그 수량도 얼마 되지 않을 뿐 아니라, 맛 또한 깊이 배지 않아서, 좋은 차 맛을 기대하기 힘들다.

이덕리는 이에 일창일기의 개념을 새롭게 정의할 것을 주장했다. 새 가지에 한 잎만 돋은 것을 일창일기라 하지 말고, 새 가지에 돋은 잎 전체를 일창일기로 보자는 것이다. 만일 새로 돋은 가지 위에 다시 새 가지가 뻗어나가면 그때는 잎이 너무 쇠서 더 이상 차로 만들 수가 없다. 일창일기에 대한 교조적 해석에 얽매여 차의 실상을 잃게 되는 폐단을 경계한 내용으로 음미할 만한 가치가 있다.

다시 본문 제3조에서는 고구사(苦口師)와 만감후(晚甘侯)란 차의 별칭에 대해 말했다.

차에는 고구사니 만감후니 하는 이름이 있다. 또 천하의 단것에 차만 한 것이 없는지라 이를 일러 감초(甘草), 즉 단풀이라고도 한다. 차가 쓴 것은 사람들이 저마다 능히 말한다. 차를 달다고 하는 것은 내 생각에 이를 즐기는 자의 주장이다. 근래 채취하던 중에 여러 종류의 잎을 두루 맛보았다. 유독 찻잎만은 혀로 핥으면 마치 묽은 꿀물에 혀를 잠깐 적신 듯하였다. 그제야 옛사람들이 사물에 이름을 붙이는 뜻이 억지가 아님을 믿게 되었다. 차는 겨울에도 푸르다. 10월 사이에는 수분이 많아져서 장차 이것으로 추위를 막는다. 그래서 잎 표면의 단맛이 더욱 강해진다. 내 생각에 이때 찻잎을 따서 달여 연고차로 만들면, 우전이든 우후든 상관없을 듯한데 어떨지 모르겠다. 달여 연고차로 만드는 것은 실로 우리나라 사람이 억탁으로 생각해서 무리하게 한 것인데, 맛이 써서 단지 약용으로나 쓸 수 있다 한다. *일본의 향차고(香茶膏)는 마땅히 따로 논해야 한다. 우리나라에서 만든 것이 가장 형편없다.[12]

차 맛은 단가 아니면 쓴가? 고구사와 만감후란 말을 보면 그 대답이 나온다. 정답은 '혀에 닿는 첫맛은 쓰고 이뿌리에 남는 뒷맛은 달다.'이다. 첫맛을 본 사람들은 누구나 차는 맛이 쓰다고 말한다. 특히 우리나라처럼 고약으로 만들어 약용으로 마시는 경우는 그 쓴맛이 말로 할 수 없을 정도다. 하지만 차를 즐기는 사람들은 모두 차 맛이 달다고 하면서 차의 별명을 감초로 부르기까지 한다. 고구사는 당나라 때 피광업(皮光業)이 차에 벽이 있어 차를 고구사로 부른 데서 나온 말이다. 만감후는 손초가 초형부(焦刑部)에게 차를 보내면서 보낸 편지에서 차를 의인화하여 "만감후 15인을 보내 계시는 거처에서 모시게 하옵니다. 이들은 모두 우렛소리를 들으며 따서 물에 절 올리고 타서 만든 것입니다."라고 한 데서 나왔다. 명나라 때 육수성(陸樹聲)이 지은 『다료기(茶寮記)』에 보인다.

이덕리는 자신의 체험에 비추어 볼 때, 10월경이 되면 겨울을 나기 위해 찻잎에 수분이 많아진다고 했다. 이때 찻잎에 혀를 대면 단맛이 느껴진다. 단물이 오른 찻잎을 보고 그는 문득 떠오른 아이디어를 제안했다. 이렇게 단맛이 느껴진다면 이때 잎을 채취해서 졸여 연고로 만들면 어떻겠느냐는 것이다. 10월의 잎은 이미 너무 쇠어 찻잎으로는 쓸 수 없는 상태다. 하지만 찻잎에 단맛이 있는 것을 보면 고약으로 만드는 차 재료로는 충분히 쓸 수 있겠다는 것이다.

일반적으로 연고차를 만드는 법은 불에 졸여 진액을 고약처럼 굳히는 방식이다. 먼저 찻잎에 물을 붓고 졸인다. 한동안 졸인 뒤에 찻잎을 건져내고 다시 물과 새 찻잎을 넣고 졸인다. 이렇게 여러 차례를 반복해서 찻잎이 다 우러났을 때 찌꺼기를 버리고, 은근한 불로 달여 고아 농축된 엑기스를 만든다. 최종적으로 남은 고약 상태의 차는 쓴맛이 말로 할 수 없을 정도다. 일본 사람들도 이런 차를 만들기는 하지만, 그들의 향차고는 일반 찻잎에 다른 향기가 나는 향초를 섞어서 차 안에 다른 향기가 배어들게 하는 것일 뿐이어서, 소태처럼 쓴 우리나라 차와는 전혀 다르다. 조선 사람들이 약용으로 고약처럼 만든 차는 일본의 향차고에 견주면 수준이 너무 형편없다고 했다.

차서(茶書)에 또 편갑(片甲)이란 것이 있는데 이른 봄에 딴 황차다. 차 파는 배가 오자 온 나라 사람들이 황차라고 일컬었다. 하지만 창처럼 뾰족

이른 봄 노란 꽃을 피운 생강나무. 글 속의 황매가 바로 이 나무다. ⓒ박상진

뫼산 자 모양으로 생긴 생강나무 잎. ⓒ박상진

한 가지가 이미 자라, 결코 이른 봄에 딴 것이 아니었다. 그 당시 표류해 온 사람들이 과연 그 이름을 이같이 전했는지는 모르겠다. 흑산도에서 온 사람이 있었다. 그는 정유년(1777. 정조 1) 겨울에 바다로 표류해온 사 람이 아차(兒茶) 나무를 가리켜 황차라고 했다고 말했다. 아차는 서울 지 방에서 이른바 황매(黃梅)라고 하는 것이다. 황매는 꽃이 노란데, 진달래 보다 먼저 핀다. 잎은 삼각형으로 산(山) 자 모양처럼 세 줄기의 잎이 달 렸다. 모두 생강 맛이 난다. 산골 사람들이 산에 들어가면 쌈을 싸서 배 불리 먹는다. 각 고을에서는 그 여린 가지를 따서 달여 손님을 대접한다. 그 가지를 꺾어 취함은 두 줌쯤 되는 것을 주재료로 한다. 차에 섞어 달 여 마시면 며칠 묵은 감기나 상한(傷寒) 및 이름 모를 질병도 땀이 나면 서 반드시 신통한 효과가 있다. 어찌 또한 일종의 별다른 차이겠는가?[13]

본문 제14조다. 편갑이라고도 불리는 황차와 황매를 가리키는 아차 의 명칭이 서로 혼동되는 것에 대해 살폈다. 아차를 서울에서 황매라 한 다고 하고, 잎 모양이 뫼산 자 모양으로 세 가닥으로 갈라졌다고 적었 다. 생강 맛이 나므로, 산골 사람들이 쌈을 싸서 먹기도 하고, 여린 가지 를 달여 차로 끓여 내오기도 한다. 차와 함께 섞어서 달이면 감기나 상 한병(傷寒病)에 신통한 효과가 있다. 하지만 진달래보다 먼저 피고 생강 맛이 난다고 한 것으로 보아 이 황매 나무는 남쪽 지방에서 노란 꽃을 피우는 황매 나무가 아니라 생강나무를 가리키는 것으로 보인다. 잎이 세 갈래이고 생강 냄새가 나며 개화 시기도 일치한다. 강원도에서는 동 백나무로 부른다. 김유정의 소설 「동백꽃」이 바로 이 꽃이다.

황차는 약간 발효시킨 반발효차다. 일반적으로 편갑이라고 하면 이른 봄에 갓 나온 노란 싹을 따서 만든 차를 말한다. 잎이 마치 갑옷의 비늘 처럼 서로 포개져 있는 모양을 가리켜 하는 말이다. 『속다경(續茶經)』에

"편갑이란 것은 이른 봄 노란 싹을 잎이 갑옷 비늘처럼 서로 감싸고 있는 것이다. 선익(蟬翼)이란 것은 잎이 보드랍고 얇기가 매미 날개와 같다. 모두 산차(散茶) 중에 최상급의 것이다."라고 한 언급이 있다. 하지만 이덕리는 중국 표류선에서 파는 차를 직접 보니 찻잎이 쇠어 이른 봄에 딴 것이 아니었다고 했다. 이덕리는 『속다경』에 나오는 편갑의 개념과 중국 사람들이 말하는 황차의 개념이 서로 혼동되는 것을 보고 이상하게 여겨 이 단락을 쓴 것이다. 또 다른 중국 표류민은 아차 나무를 보고 황차라고 말했다는 전문까지 함께 적어, 황차의 개념을 두고 상당한 혼선이 빚어졌음을 보였다. 하지만 아차와 황차는 엄연히 다른 것이므로 이 둘을 혼동할 것은 없다고 결론지었다. 다만 황차에 대한 이덕리의 이해는 다소 부족한 점이 있는 듯하다.

이덕리는 『동다기』에서 일창일기, 고구사와 만감후, 그리고 편갑 등 차와 관련된 용어와 별칭 등을 차례로 소개했다. 차에 대한 그의 공부가 상당했음을 보여준다.

04

떡차 마시는 법과 우리 차의 우수성

『동다기』의 떡차론과 차 효용론

이제 『동다기』에 나오는 향차 및 떡차와 관련된 내용과 차의 효용에 관한 언급을 살펴보기로 한다. 당시에 만들어 마신 떡차의 제조 방법을 가늠해볼 수 있을 뿐 아니라, 앞 시기 『부풍향차보』에서 제시한 향차와의 관련성도 함께 검토해보겠다.

떡차와 엽차

앞서 이덕리와 『부풍향차보』를 지은 이운해의 동생 이중해가 가까운 사이였음을 말한 바 있다. 『부풍향차보』의 차는 일반 작설차에 향약(香藥)을 가미한 향차였다. 『동다기』에서도 떡차 형태로 만들어진 향차를 언급하였다. 관련 언급을 살펴본다. 먼저 읽을 것은 본문 제4조다.

옛사람은 "먹빛은 검어야 하고, 차 빛깔은 희어야 한다."고 했다. 색이 흰 것은 모두 떡차에 향약을 넣고 만든 것을 말한다. 월토(月兎)니 용봉 단(龍鳳團)이니 하는 따위가 이것이다. 송나라 때 제현이 노래한 것은 모두 떡차다. 하지만 옥천자(玉川子) 노동(盧仝)의 「칠완차가(七椀茶歌)」에 나오는 차는 엽차다. 엽차의 효능은 이미 대단했다. 떡차는 맛과 향이 더 나은 데 지나지 않았다. 또 앞쪽의 정위(丁謂)와 뒤쪽의 채양(蔡襄)이 이 때문에 나무람을 받았다. 그럴진대 굳이 그 방법을 찾아서 만들 필요가 없다.[1]

차 빛깔이 모름지기 희어야 한다는 것은 송나라 때 채양이 『다록(茶 錄)』에서 한 말이다. 그는 이렇게 말했다. "차의 빛깔은 흰색을 귀하게 친다. 하지만 떡차는 흔히 그 표면이 기름진 것을 귀하게 친다. 그래서 청황(青黃)과 자흑(紫黑)의 구별이 있다. 차를 잘 알아보는 사람은 관상 쟁이가 사람의 낯빛을 살피는 것처럼 가만히 내면을 살펴, 육리(肉理), 즉 살결이 윤기 나는 것을 상품으로 친다. 이미 가루로 낸 뒤에 황백(黃 白)색을 띤 것은 물에 넣으면 어둡고 무거운데, 청백(青白)색을 띤 것은 물에 넣으면 선명하다. 그래서 건안(建安) 사람들이 다투어 시험하여 청 백을 황백보다 낫게 여겼다."[2] 그러니까 차의 빛깔이 희다는 것은 향약 을 넣고 만든 떡차를 차 맷돌에 갈아서 가루로 낸 뒤에 흰빛을 띠는 것 을 가리키는 말이다. 여기에도 청백과 황백의 구분이 있고, 청백을 더 높이 쳤다.

또 청나라 때 육정찬(陸廷燦)이 지은 『속다경(續茶經)』에서는 "차는 빛 깔이 희고 맛은 달고 신선하며, 향기가 코를 찌르는 것을 정품(精品)으 로 친다. 차 중에 좋은 것은 묽어도 희고 진해도 희다. 처음 우려낸 것도 희고, 오래 담가둔 것도 희다."[3]고 하여 흰 빛깔의 차를 상품으로 쳤다.

송나라 때 유송년(劉松年)의 그림으로 전하는 「찬차도(攢茶圖)」(부분).
당시에 차를 마시는 일은 이렇듯 많은 도구와 비용이 드는 일이었다.

또 같은 책에서 "끓여낸 차의 빛깔은 순백색을 상등으로 치고, 청백색
은 그다음이다. 회백(灰白)은 그다음이고 황백(黃白)은 또 그다음이다."
라고 한 대목도 있다.

이덕리는 월토와 용봉단 등 송대의 전설적 떡차들이 모두 향약을 넣
고 만든 떡차였다고 했다. 명나라 문진형(文震亨)의 『장물지(長物志)』 권
12 「품다(品茶)」에는 또 이렇게 적고 있다. "당시의 방법은 차 맷돌을
써서 가루를 낸 까닭에 명칭에 용봉단(龍鳳團)·소룡단(小龍團)·밀운룡

(密雲龍) · 서운상룡(瑞雲翔龍) 등이 있다. 선화(宣和) 연간에 들어서야 비로소 차의 빛깔이 흰 것을 귀하게 쳤다. 조신(漕臣) 정가문(鄭可聞)이 처음으로 은사빙아(銀絲氷芽)를 만들었다. 차의 잎을 발라내어 줄기를 취해 맑은 샘물에 담궈 용뇌향을 제거하고, 다만 새로 작은 용을 그 위에 찍어 용단승설(龍團勝雪)이라 일컬었다. 당시에는 바꿀 수 없는 최고의 방법으로 여겼다."[4]

하지만 당나라 때 옥천자 노동이 「칠완차가」에서 마신 차는 송대와 달리 엽차였다. 송대의 떡차는 이 엽차보다 맛과 향이 훨씬 더 우수했다. 그렇지만 정위와 채양 등은 북원(北苑)의 떡차를 처음으로 만들어 황제께 바쳤다. 명나라 정백이(程百二)가 지은 『품다요록보(品茶要錄補)』에는 이런 내용이 나온다. "다품(茶品)은 용봉단보다 귀한 것이 없다. 무릇 떡차 8개의 무게가 한 근이다. 경력(慶曆) 연간에 채군모가 복건운사(福建運使)가 되어 처음으로 작은 조각의 용차(龍茶)를 만들었다. 그 품질이 아주 뛰어났는데 이를 소룡단이라 하였다. 무릇 떡차 24개의 무게가 한 근이었다. 그 값은 황금 2냥이었다. 하지만 황금이 있어도 차를 얻을 수가 없었다. 매번 남교(南郊)에서 치재(致齋)할 때면 중서성과 추밀원에 각각 떡차 하나씩을 내려 네 사람이 이를 나눠 가졌다. 궁인(宮人)들은 종종 금을 그 위에 아로새기기까지 했으니 귀중하게 여겨짐이 이와 같았다. 용단(龍團)은 정진공(丁晉公)에게서 시작되어 채군모가 완성했다. 구양영숙(毆陽永叔)이 탄식하여 말하기를, '채군모는 선비인데, 어찌 이런 일을 하기에 이르렀는가?'라고 하였다."[5] 이덕리가 본문에서 이 때문에 나무람을 받았다고 한 것은 바로 위 구양수의 언급을 두고 말한 것이다.

정리한다. 송나라 때 마신 차는 모두 떡차였다. 이때의 떡차는 용뇌향과 같은 향약을 넣고 만든 향차였다. 하지만 오늘날은 굳이 송나라 때 떡차 만들던 방법을 따라 비싼 비용을 들여가며 향약을 넣은 떡차를 만들 필요가 없다.

떡차 마시는 법

차 맛은 황정견(黃庭堅)의 「영차사(詠茶詞)」에서 다 말했다고 할 만하다. 떡차는 향약을 가지고 합성한 뒤에 맷돌로 가루를 내어 끓는 물에 넣는다. 특별한 맛이어서 엽차에 견줄 바가 아닌 성싶다. 하지만 옥천자가 "두 겨드랑이에서 스멀스멀 맑은 바람이 나온다."고 한 것이 또한 어찌 일찍이 향약을 써서 맛을 보탠 것이겠는가? 당나라 사람들 또한 생강과 소금을 사용한 자가 있어 소동파가 비웃은 일이 있다. 예전 한 귀가 집의 잔치 자리에 차에 꿀을 타서 내오자, 온 좌중이 찬송했지만 마실 수가 없었다. 참으로 이른바 촌티가 끈적끈적하다는 것이니, 오중태수를 지냈던 육자우(陸子羽)의 사당을 헐어 없앨 만하다.[6]

다시 이어지는 본문 제5조다. 떡차를 마시는 방법에 대해 설명했다. 본문에서 말한 시는 송나라 때 시인 황정견의 「품령(品令)·영차(詠茶)」를 가리킨다. 전문을 소개하면 이렇다.

바람 춤추듯 둥근 떡차를	風舞團團餅
나누어 쪼개어서	恨分破
따로 떨굼 안타깝다.	教孤另
쇠맷돌을 깨끗이 씻어	金渠體淨
외바퀴로 천천히 빻자	隻輪慢碾

금은으로 도금한 당나라 때의 화려한 차 맷돌.

옥가루가 빛나누나.	玉塵光瑩
끓는 소리 솔바람에	湯響松風
술병이 이분(二分)쯤 덜어진 듯.	早減二分酒病
맛 진하고 향 오래가	味濃香永
취향(醉鄕)의 길에서	醉鄕路
가경(佳境)을 이뤘구나.	成佳境
흡사 마치 등불 앞에 옛 벗이	恰如燈下故人
만 리 길을 돌아와 마주하니,	萬里歸來對影
입으로는 말 못 해도	口不能言
마음이 통쾌하여 스스로를 돌아보는 것만 같네.	心下快活自省

떡차를 끓이는 과정과 떡차의 효용, 찻자리의 분위기까지 단계별로 잘 묘사했다. 처음 떡차를 갈라 쇠맷돌에 빻아 가루차를 만들어 끓인다. 그 진한 맛과 향은 술보다 결코 못하지 않다. 잘 끓인 차를 마주하고 앉은 흐뭇함을 만 리 길을 돌아온 벗과 등불 앞에 말없이 앉아 있는 느낌

이라고 했다.

이덕리는 향약을 넣은 떡차가 당대에 마시던 엽차보다 맛과 향은 훨씬 뛰어나지만, 사실 차는 향약을 써서 맛을 보태지 않은 것이 더 낫다고 생각했다. 당송 대에는 소금이나 생강을 차에 넣어 함께 끓이는 방식도 유행했다. 차의 성질이 냉하여 오래 먹으면 몸의 양기를 빼앗아 가므로 황산곡도 이런 방식으로 차를 마셨다. 관련 내용이 『농정전서(農政全書)』에 보인다.

인용된 소동파의 이야기는 『속다경』 하권에 자세하다. 당나라 설능(薛能)의 「차시(茶詩)」에 "소금을 덜고 더함을 늘 조심하고, 생강을 알맞게 넣기 뽐내네.(鹽損添嘗戒, 薑宜著更誇)"라고 한 것이 있고, 소동파는 「기다(寄茶)」에서 "늙은 아내 어린 아들 아낄 줄도 모르고, 반 토막 생강 소금 벌써 넣고 끓이네.(老妻稚子不知愛, 一半已入薑鹽煎)"라고 했다. 이렇듯 생강과 소금을 넣고 차를 끓이는 일이 보편적이었는데, 소동파는 바른 방법이 아니라고 생각했던 듯하다. 우리나라에서도 차에 생강이나 인삼을 넣고 함께 달여 마신 경우가 적지 않았다. 서거정(徐居正)도 「야음(夜吟)」 시에서 "병든 뒤 마른 창자 우렛소리 같으니, 생강 인삼 손수 잘라 차를 끓여 마시네.(枯腸病後如雷吼, 手切薑蔘點小茶)"라 한 것이 있다.

이어 이덕리는 예전 우리나라 귀족이 잔치를 열어 손님에게 차를 대접하면서 찻물에 꿀을 타서 내온 일화를 소개했다. 좌중이 입으로는 참으로 훌륭하다고 칭찬했지만 차마 입을 대고 마실 수가 없었다. 이런 것은 모두 차에 대해 너무 무지했기 때문에 생긴 일이다. 이런 식으로 무식하게 차를 마실 바에는 차라리 『다경』을 쓴 육우의 사당을 헐어버리고, 차를 마시지 않는 것이 더 낫겠다고 말했다. 요컨대 이덕리는 향약을 넣은 떡차는 제작에 힘과 비용이 너무 많이 들므로 아무것도 가미하지 않은 순수한 차만으로 만든 떡차를 마시고, 차를 끓일 때는 소금이나 생강 등을 가미해서는 안 된다고 주장했다.

우리 차의 우수성과 차의 효능

차의 효능을 두고 어떤 이는 우리 차가 중국 남쪽 지방의 차만 못하다고 의심한다. 내가 보건대 빛깔과 향, 기운과 맛이 조금도 차이가 없다. 『다서』에 이르기를, "육안차(陸安茶)는 맛이 좋고, 몽산차(蒙山茶)는 약용으로 좋다."고 했다. 우리나라 차는 대개 이 두 가지를 겸하였다. 이찬황(李贊皇)과 육자우(陸子羽)가 있더라도 그들은 반드시 내 말이 옳다고 여길 것이다.[7]

본문 제6조의 내용이다. 우리나라 차의 우수한 점을 높이 평가했다. 뒤에 초의가 『동다송』에서 바로 이 부분을 인용해서 『동다기』란 책의 존재를 처음으로 세상에 알렸다. 필자가 이덕리의 「기다」가 바로 『동다기』임을 확인할 수 있었던 것도 바로 이 단락 덕분이다.

이덕리는 우리나라에서 나는 차도 빛깔과 향, 기운과 맛 등 모든 면에서 중국 남방에서 생산되는 차에 조금도 못하지 않다고 주장했다. 그는 여기서 한 걸음 더 나아가, 우리 차는 맛과 약용을 겸하고 있어, 맛으로 마시는 차와 약용으로 마시는 차를 구분하는 중국보다 오히려 더 낫다고까지 말했다. 실제로 우리 차를 만들어서 맛보지 않고서는 하기 힘든 자신감 넘치는 주장이다. 차에 벽이 있었던 이찬황이나 육우가 지금 세상에 나와서 우리나라 차 맛을 보게 된다면 반드시 자기의 말에 동의할 것이라고 덧붙여, 우리나라에서 나는 차의 품질에 대한 자부심을 강조했다.

육안차와 몽산차를 언급한 『다서』는 어느 책인지 아직 확인하지 못했다. 이찬황(787-849)은 당나라 때 이덕유(李德裕)를 가리킨다. 자가 문요(文饒), 호가 찬황이다. 그는 차에 벽이 있어 차에 얽힌 이런저런 에피소드를 많이 남겼던 인물이다.

이제 이덕리가 『동다기』에서 밝히고 있는 차의 약효와 효능에 관한 언급들을 정리해본다. 본문 제7조의 뒷부분이다. 앞쪽의 내용은 상고당 김광수의 집에 가서 처음 차를 마셨던 일을 적은 것으로 앞에서 이미 소개했다.

그때 마침 늙은 하인이 감기를 앓는 자가 있었다. 주인이 몇 잔 마실 것을 명하며 말했다. "이것으로 감기를 치료할 수가 있다." 벌써 40여 년 전의 일이다. 그 뒤 배로 차가 들어오자, 사람들은 또 설사를 치료하는 약제로 여겼다. 지금 내가 딴 것으로는 겨울철 여름철 감기에 두루 시험해보았을 뿐 아니라, 식체(食滯)나 주육독(酒肉毒), 흉복통(胸腹痛)에도 모두 효험이 있었다. 설사병 걸린 자가 소변이 잘 안 나와 지리려 하는 것에 효과가 있으니 차가 수도(水道)를 조화롭게 해주어서이다. 학질 걸린 자가 두통도 없이 잠시 후 병이 뚝 떨어지니, 차가 머리와 눈을 맑게 해주기 때문이다. 마지막으로 염병을 앓는 자도 이제 막 하루 이틀 앓은 경우라면 뜨겁게 몇 잔만 마시면 병이 마침내 멈춘다. 염병을 앓은 날짜가 오래되었는데도 땀을 내지 못한 자가 마시면 그 즉시 땀이 난다. 이는 고금의 사람이 논하지 않았던 바로 내가 몸소 시험해본 것이다.[8]

차의 일반적 효능에 대해 허준은 『동의보감』에서 이렇게 적었다. "차는 정신을 안정시켜주고 소화를 돕는다. 머리와 눈을 맑게 하고, 소변이 잘 나오게 한다. 소갈증을 멈춰주며, 잠을 적게 한다. 또 뜸 뜨다 데인

독을 풀어준다."

이덕리가 적고 있는 차의 효능은 이렇다. 첫째, 감기에 신통한 효험이 있다. 몇 잔만 마시면 웬만한 감기는 뚝 떨어진다. 둘째, 설사병을 낫게 한다. 셋째, 식체나 주육독, 흉복통에 두루 효과가 있다. 차가 체하고 막힌 것을 뚫어주기 때문이다. 넷째, 학질도 금세 낫게 해준다. 차는 머리와 눈을 맑게 하는 약효가 있다. 다섯째, 염병도 걸린 지 얼마 안 된 경우는 즉시 낫고, 오래되었는데 땀을 내지 못했을 때는 뜨거운 차를 마시면 바로 땀이 난다.

특별히 주목되는 것은 이 글에서 이덕리가 자신이 직접 찻잎을 따서 차를 만들었다고 적은 사실이다. 그는 이런저런 다서(茶書)를 읽어 이론으로만 안 것이 아니라, 직접 차를 만들어 각종 증상에 실험을 해보았다. 처음 그가 차를 접한 것은 앞서 보았듯 16세 때 상고당 김광수의 집에서였다. 이후 그는 표류선에서 흘러나온 차를 마시게 되면서 차에 대해 본격적인 관심을 갖게 된 듯하다. 그는 진도에 귀양 와서 예전에 마셨던 차가 자신의 주변에 지생하는 식물과 같은 것임을 알았고, 이후 다서를 구해 연구하면서 직접 차를 만들게 되었다. 그는 이 과정에서 다음 절에 살펴볼 차 무역에 관한 구상을 구체화할 수 있었다.

명나라 고원경(顧元慶)이 지은 『다보(茶譜)』에 「차효(茶效)」란 항목이 있다. 그 내용은 이렇다. "사람이 좋은 차를 마시면 능히 갈증을 멈추게 하고 음식을 소화시키며, 가래를 없애주고 잠을 적게 한다. 수도(水道)를 순하게 하고, 눈이 밝아져서 사고를 증진시킨다. 번잡함을 덜어주고, 기름기를 제거해준다. 사람이 진실로 하루라도 차가 없을 수 없다."고 원경이 적고 있는 차의 여러 가지 효능은 위에서 이덕리가 적은 내용과도 일치한다.

다시 본문 제9조의 내용을 읽어본다.

지운영의 「청계자명(淸溪煮茗)」, 간송미술관 소장.

차는 능히 사람의 잠을 적게 한다. 혹 밤새도록 눈을 붙일 수 없게 한다. 책 읽는 사람이나 부지런히 길쌈하는 사람이 차를 마시면 한 가지 도움이 될 만하다. 참선하는 자 또한 이것이 적어서는 안 된다.[9]

차의 각성 효과에 대해 말했다. 차를 마시면 잠이 잘 오지 않는다. 밤잠을 안 자고 일을 해야 하는 글 읽는 선비와 길쌈하는 아낙, 그리고 수행하는 승려들은 차를 많이 마시는 것이 좋다.

차의 별명 중에 '불야후(不夜侯)'가 있다. 호교(胡嶠)의 「음다(飮茶)」 시에 "함초롬 젖은 싹은 옛 성이 여감씨(餘甘氏)요, 잠 깨우니 마땅히 불야후로 봉하리라.(沾芽舊姓餘甘氏, 破睡當封不夜侯)"라 하였다. 여감씨라 한 것은 차를 마신 후 이뿌리에 남는 단맛을 지칭한 내용이고, 불야후란 차가 밤에 잠이 오지 않게 하는 것을 두고 붙인 이름이다.

이덕리는 『동다기』 끝에 실린 차 무역에 대한 구체적 시행 방법을 적은 「다조(茶條)」의 끝 항목에서도 차의 효능에 대한 내용을 반복했다. 위 본문 9조의 내용을 부연한 것인데, 혹 전후 맥락으로 보아서는 제9조의 내용을 이것으로 대체하는 것이 더 나을 성싶다.

차는 능히 잠을 적게 하여, 혹 밤새도록 눈을 붙이지 못하게 한다. 새벽부터 밤까지 공무에 있거나, 혼정신성(昏定晨省)하며 어버이를 봉양하는 사람에게는 모두 필요한 것이다. 닭이 울자마자 물레에 앉는 여자나, 한 묵(翰墨)의 장막 아래서 학업에 힘 쏟는 선비도 모두 이것이 적어서는 안 된다. 만약 성대히 돌아보지 않고 쉬지 않고 밤을 새우는 군자라면 즉시 받들어 받아들여야 할 것이다.[10]

잠을 자지 않고 길쌈이나 공부 등의 일을 해야 하는 사람에게 차는 더

없이 중요한 물건이라는 점을 강조했다. 이 밖에 공사로 밤낮 눈코 뜰 새 없이 바쁜 사람이나, 어버이를 봉양하는 사람도 늘 맑은 정신을 유지하기 위해 차의 도움이 필요하다고 보았다.

한편, 냉차의 해독을 언급한 항목이 있다. 본문 제8조에 실린 내용이다.

> 내가 지난번 막걸리 몇 잔을 마신 뒤에 곁에 냉차가 있는 것을 보고 반잔을 벌컥 마시고 잠이 들었더니, 바로 목에 가래가 끓어올랐다. 가래를 뱉은 지 십여 일이 지나서야 겨우 나았다. 그래서 찬 차가 도리어 가래를 끓게 할 수 있다는 주장을 더욱 믿게 되었다. 듣자니 표류인이 왔을 때, 병 속에서 따라 내어 손님에게 권했다고 하니, 어찌 찬 것이 아니겠는가? 또 들으니 중국 역관 서종망(徐宗望)이 애저구이를 먹을 때 한 손으로 작은 차호(茶壺)를 붙들고서, 먹으면서 또 마셨다고 한다. 이것은 반드시 냉차였을 것이다. 내 생각에 뜨거운 음식을 먹은 뒤에는 찬 차가 또한 큰 문제가 되지 않는 모양이다.[11]

냉차를 마셨더니 바로 가래가 끓어오르더라는 직접 체험한 내용을 소개했다. 아울러 표류선에서 차를 팔던 사람이 물병에서 차를 따라 손님에게 권했다는 전문(傳聞)을 통해 중국 사람들은 냉차도 그냥 마시는 듯하다고 했다. 또 중국 역관 서종망이 애저구이를 먹으면서 한 손에 찻주전자를 들고, 돼지고기를 먹으면서 연신 차를 마시더라는 이야기를 적어, 더운 음식을 먹은 뒤에는 냉차를 마셔도 다른 탈이 나지 않는 모양이라고 적었다.

이상 『동다기』의 본문 중에서 향차와 떡차에 관한 내용, 그리고 떡차를 마시는 방법에 관해 기술한 부분, 이어 차의 효용과 해독에 관한 언급 등을 차례로 살폈다. 이덕리는 자신이 직접 차를 만들어보아 차의 여러 가지 효용을 체험한 바탕 위에서, 맛과 향뿐 아니라 효능이 뛰어난 우리 차의 우수성을 자신 있게 주장하였다. 그는 이러한 바탕 위에서 우리 차를 상품화하여 중국에 수출함으로써 막대한 국부를 창출하는 자원으로 삼을 것을 주장한 차 무역론을 개진했다.

05

차 무역의 구상과 운용 계획

『동다기』의 차 무역론

이덕리가 『동다기』에서 가장 역점을 두었던 것은 차 무역에 관한 주장이다. 그는 차를 국가 차원에서 관리하고, 국제 무역을 통해 국부 창출의 중요한 재원으로 활용할 것을 주장하면서, 그 구체적 시행의 세부 절차와 방법을 제시했다. 온 나라가 차의 가치에 눈을 돌리지 못하던 당시 상황에서 우리의 예상을 훨씬 뛰어넘는 과감하면서도 획기적인 주장을 담았다.

『동다기』의 저술 목적

이덕리의 다른 저술에 『상두지(桑土志)』가 있다. 상두(桑土)는 『시경』 「빈풍(豳風)」의 「치효(鴟鴞)」에서 "장맛비가 오기 전에 저 뽕나무 뿌리를 가져다가 둥지를 얽었거늘.(逮天之未陰雨, 徹彼桑土, 綢繆牖戶)"이라 한데서 나온다. 상두는 뽕나무 뿌리다. 새는 비가 오기 전에 미리 뽕나무 뿌리를 물어다가 둥지의 새는 곳을 막는다. 그래서 환난을 미연에 방지하는 유비무환의 의미로 쓴다. 이덕리의 『상두지』는 변경에 둔전(屯田)을 설치하고, 성(城)의 제도를 정비하며, 외적의 침입을 예방하는 각종 대비책을 세세하게 제시한 국방 관련 저술이다.

이러한 계책을 시행하자면 엄청난 비용이 요구되는데, 그 재원 마련에 뾰족한 방법이 없었다. 이덕리는 아무도 관심을 갖지 않지만, 실제로 엄청난 부가가치를 지닌 차를 국가가 전매함으로써 국방에 소요되는 재원을 충분히 마련할 수 있다고 생각했다. 그래서『상두지』 저술과 함께 재원 마련을 위한 방법으로 따로『동다기』를 지어 차 무역론을 제안했다. 이러한 집필 의도는『상두지』에 나오는 이덕리의 다음 언급을 통해서 확인된다.

차는 천하가 똑같이 즐기는 것이다. 우리나라만 유독 잘 몰라 비록 죄다 취하여도 이익을 독점한다는 혐의가 없다. 국가로부터 채취를 시작하기에 꼭 알맞다. 영남과 호남에는 곳곳에 차가 있다. 만약 한 말의 쌀을 한 근의 차로 대납하고, 10근의 차로 군포를 대납하게 허락한다면, 수십만 근을 힘들이지 않고 모을 수가 있다. 배로 서북관의 개시(開市)에 운반해서 월차(越茶)에 인쇄해 붙인 가격에 따라 한 냥의 차에서 2전 은을 받으면, 10만 근의 차로 2만 전의 은을 얻을 수 있고, 돈으로는 60만 전이 된다. 이 돈이면 한두 해가 못 되어 45개 둔전을 설치할 수 있다. 따로「다설」이 있는데, 아래에 첨부해 보인다.[1]

『상두지』의 서문에 '계축정월상간서(癸丑正月上澣序)'라고 되어 있어,

이 책이 1793년(정조 17)에 저술되었음을 말해준다. 서문 끝에 필사자는 "공은 야인으로 이름을 칭탁코자 했으므로 권도로 이 서문을 써서 스스로를 감추었다.(公欲托名野人, 權爲此序以自晦)"고 적었다. 당시 이덕리는 죄인 신분이었으므로 자신의 이름을 밝히지 않았다. 이 구절에 대한 오해로 인해 그간 『상두지』는 다산의 저작으로 잘못 알려져서 엉뚱하게 『여유당전서보유』에 수록되기까지 했다.

위 글에서 이덕리는 쌀을 차로 대납케 하고, 군포 또한 차로 대납케 한다면 수십만 근의 차를 쉽게 얻을 수 있다고 했다. 차는 배로 서북 개시로 운송해서, 표류선에서 팔던 차 값을 기준해서 차 한 냥에 2전의 은만 받아도 10만 근의 차로 2만 전의 은을 얻는다. 이는 돈으로 환산해서 60만 전에 해당하는 거금이었다. 이를 재원으로 해서 둔전을 설치한다면 한두 해 만에 45개의 둔전 설치가 가능하다. 그 구체적 시행 세칙을 따로 「다설」을 지어 제시한다고 했는데, 이 「다설」이 바로 『동다기』다.

『동다기』의 서설 첫 단락은 이 책의 저술 목적을 천명한 글이다.

베와 비단, 콩과 조는 땅에서 나는 것으로, 절로 일정한 수량이 있다. 관가에 달린 것이 아니라 반드시 백성에게 달려 있다. 적게 거두면 나라에서 쓸 것이 부족하고, 많이 거두면 백성의 삶이 고달파진다. 금은과 주옥은 산택(山澤)에서 나는 것이니, 태초에 지닌 것에서 줄어들 뿐 늘어나는 법은 없다. 진한(秦漢) 시절에 상으로 하사하던 것을 보면, 황금을 백 근 또는 천 근씩 내렸다. 송나라나 명나라 시절에 이르러서는 황금 아닌 백금을 냥(兩) 단위로 헤아렸다. 고금의 빈부 차이를 여기에서 볼 수가 있다. 지금 만약 베나 비단, 콩과 조처럼 백성들이 중요하게 여기는 것이 아니면서 금은이나 주옥처럼 나라를 부유하게 하는 것이 있다고 치자. 황량한 들판의 구석진 땅에 절로 피고 지는 평범한 초목에서 얻어 이것

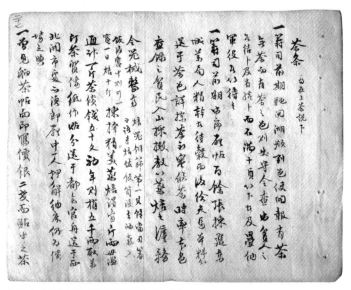

「다조」는 『동다기』 중 차 무역론을 펼친 내용이다.

으로 국가를 돕고 민생을 넉넉하게 할 수만 있다면 어찌 그 일이 재물의
이익과 관련되어 있다 하여 말하지 않을 수가 있겠는가?²

아무도 그 가치에 대해 주목하지 않는 차나무로 국가 경제에 보탬이
되고, 민생에 크게 기여할 수 있다면 그것이 비록 재물의 이익과 관련된
문제라 해도 거론하지 않을 수가 없다. 이덕리는 이렇게 야생 차밭에서
찻잎을 채취하여 제품으로 만들고, 이를 다시 외국에 내다 팔아 엄청난
국익을 창출하는 구체적 방안을 제시하기 위해 『동다기』를 지었다. 그
근거는 무엇인가? 이어지는 둘째 단락이다.

차는 남쪽 지방의 좋은 나무다. 가을에 꽃이 피고, 겨울에 싹이 튼다. 싹
이 여린 것은 참새 혀 같다 하여 작설(雀舌)이라 하고, 새의 부리와 비슷

한지라 조취(鳥嘴)라고도 한다. 나온 지 오래되어 쇤 잎은 명설(茗設) 또는 가천(檟荈)이라고 한다. 신농씨(神農氏) 때 세상에 알려져, 주관(周官)에 그 이름이 올라 있다. 후대로 내려와 위진(魏晉) 시대부터 성행하였다. 당나라를 거쳐 송나라에 이르자 사람들의 솜씨가 점차 교묘해져서, 천하의 맛 가운데 이보다 나은 것이 없게 되었다. 또한 천하에서 차를 마시지 않는 나라가 없게 되었다. 북쪽 오랑캐는 차가 생산되는 고장에서 가장 멀리 떨어져 있다. 하지만 북쪽 오랑캐만큼 차를 즐기는 사람도 없다. 그들은 늘상 고기만 먹고 살기 때문에 배열, 즉 등에서 열이 나는 것을 견디지 못하기 때문이다. 이로 말미암아 송나라가 요하(遼夏)를 견제하고, 명나라가 삼관(三關)을 누를 때도 모두 차를 써서 미끼로 삼았다.[3]

차의 생태와 이칭(異稱), 역대 중국의 차의 역사를 간략하게 설명한 내용이다. 이어 북방 오랑캐가 차를 즐기게 된 까닭과 그것을 이용해서 역대 중국에서 차를 북방 오랑캐를 견제하는 수단으로 활용해온 사실을 지적했다.

차는 남방에서 나는 식물인데, 아이러니컬하게도 차를 가장 즐기는 것은 차 산지에서 가장 멀리 떨어져 있는 북방 오랑캐들이다. 그들은 늘 고기와 버터만 먹기 때문에 차를 지속적으로 마시지 않으면 등에서 열이 나는 배열병을 시름시름 앓다가 죽는다. 차를 계속 마시면 배열병은 염려하지 않아도 된다. 그들에게 차는 생존을 위한 필수품이다. 그들은 차를 구하기 위해 어쩔 수 없이 중국에게 순순히 복종하지 않을 수 없었다. 송나라가 요하의 금나라를 견제하고, 명나라 때 후금(後金)의 삼관을 억제할 수 있었던 것도 모두 차를 미끼로 삼았기에 가능했던 일이다.

이어지는 단락에서 이덕리는 우리나라가 영호남에 차 산지가 널려 있

차마고도로 차를 운반하는 모습. 대껍질에 싼 떡차를 지게에 지고 걸어서 날랐다.

는데도 차를 마실 줄 모르니, 차를 중국의 은이나 말 또는 비단과 교역한다면 국용(國用)이 넉넉해지고, 민력(民力)이 펴져서 나라 살림이 넉넉해질 것이라고 지적했다.

차 채취 방법과 예상 수익

이제 7개 항목으로 구성된 『동다기』의 「다조」 내용을 축조 분석하여 이덕리가 제안한 차 무역 방법을 구체적으로 알아보겠다. 먼저 준비 절차에 관한 내용이다.

> 주사(籌司)에서는 전기(前期)에 호남과 영남의 여러 고을에 공문을 보내, 차가 있는지 없는지를 보고하게 한다. 차가 있는 고을은 수령으로 하여금 가난한 자 가운데 집 없는 자와, 집이 있더라도 식구가 10명을 채우지 못하는 자 및 군역을 중첩해서 바치는 자를 조사해서 대령하게 한다.[4]

주무 관청은 주사, 즉 비변사(備邊司)다. 조선 시대 일반 행정 전반을 관장하던 중앙 관청이다. 비변사는 먼저 호남과 영남 각 고을마다 차 생산 유무를 보고케 한다. 이후 차 생산지의 수령에게 가난해서 집 없는 사람이나, 집이 있어도 식구 수가 10인 이하인 사람, 또는 한 집에서 군역을 여럿 바치는 사람 등을 가려서 장차 있을 차 부역에 예비케 한다.

다음은 차 채취에 따른 인력 동원 계획과 작업 진행 과정, 그리고 이들에 대한 금전 보상에 관한 내용이다.

> 주사에서는 전기에 낭청첩(郎廳帖) 1백여 장을 내서 서울의 약국에 있는

사람 중에 일 처리를 잘하는 사람을 가려 뽑는다. 곡우가 지나기를 기다려 마부와 말, 초료(草料) 등을 지급하여 차가 나는 고을로 나누어 보내, 차가 나는 곳을 꼼꼼히 살피게 한다. 절후를 살펴 차를 딸 때는 본 읍에서 미리 조사하여 기록해둔 가난한 백성을 인솔하여 산으로 들어가 찻잎을 채취해 모은다. 찻잎을 찌고 덖는 방법을 가르쳐주되 힘써 기계를 가지런히 정돈하도록 한다. *덖는 그릇은 구리로 만든 체가 가장 좋다. 그 나머지는 마땅히 발(簾)을 쓴다. 여러 절에서는 밥 소쿠리로 덖는 것을 돕는데, 밥을 담아 기름기를 제거한 뒤에 부뚜막에 넣으면, 부뚜막 하나에서 하루 열 근을 덖을 수가 있다. 찻잎은 아주 좋은 것만 가려내어 알맞게 찌고 덖되 근량을 넘치게 하면 안 된다. 한 근의 차를 통틀어 계산하여 돈 50문으로 쳐서 보상해준다. 첫해에는 5천 냥으로 한정해서 1만 근의 차를 취한다. 일본 종이를 사 와서 포장하여 도회지로 나누어 보낸다. 관용 배로 서북 개시로 보내는데, 또한 낭청 가운데 한 사람이 압해관(押解官)이 되어 창고에 봉납하고, 인하여 수고를 보상하는 은전을 베푼다.[5]

비변사는 낭청첩을 발부해서 경성의 각급 약국에서 차에 대해 잘 아는 사람을 차출한다. 국가는 이들에게 말과 마부, 그리고 말에게 먹일 사료 값을 지급해서, 앞서 조사해둔 차가 생산되는 고을로 파견한다. 이들은 해당 지역에 가서, 해당 고을에서 미리 차출해둔 가난한 백성들을 이끌고 산에 들어가 찻잎을 채취한다. 찻잎 채취뿐 아니라 차를 쪄서 덖는 과정도 직접 관리 감독한다.

찻잎을 쪄서 덖으려면 필요한 도구를 갖추어야 한다. 가장 좋은 것은 구리로 만든 체다. 이것을 구하기 힘들 경우 발이나 밥 담는 대그릇을 대용해도 괜찮다. 만일 대나무에 기름기가 남아 있으면 차 맛을 변하게 하므로 사용하기 전에 반드시 대나무의 기름기를 제거해야 한다. 이렇게 하면 한 집에서 하루에 열 근씩 덖을 수가 있다. 찻잎은 상품(上品)만 골라서 알맞게 쪄서 덖는다. 욕심을 내서 적정 분량 이상 작업을 하면 품질이 떨어지므로 이를 금지시킨다.

이렇게 해서 차가 만들어지면 품질 검사를 거쳐 한 근에 50문씩 쳐서 구입한다. 첫해에는 5천 냥을 풀어 1만 근의 차를 구입한다. 구입한 차는 고급스런 일본 종이에 포장해서 상품 가치를 높인 후 큰 도시로 나눠보낸다. 그러면 각 지역에서 보내온 차를 수합해서 이를 나라의 배로 서북 개시에 보낸다. 비변사에서는 이 일을 전담할 낭청 1인을 두어 생산된 차를 창고에 넣고, 차등에 따라 수고를 위로하는 상여금을 준다.

예전에 배에서 팔던 차를 보니, 겉면에 찍어서 써 붙인 가격은 은 2전이었고, 첩으로 포장한 차는 1냥이었다. 하물며 압록강 서쪽 지역은 연경과의 거리가 수천 리나 된다. 두만강 북쪽의 경우 심양과의 거리가 또 수천 리다. 그럴진대 한 첩에 2전씩 받는다면 가격이 너무 저렴해서 우습게 보일까 염려될 정도다. 다만 한 첩에 2전씩 쳐서 가격을 받는다 해도, 1만 근의 차 값은 은으로는 3만 2천 냥에 해당하고, 돈으로는 9만 6천 냥이나 된다. 해마다 더 많이 채취해서 1백만 근을 딴다면 50만 냥의 돈을 들여 국가의 경비로 삼아 조금이나마 백성의 힘을 덜어줄 것이니, 어찌 큰 이익이 아니겠는가?[6]

이제 차의 적정 판매 가격과 차 판매로 예상되는 수익 규모를 따져보기로 한다. 차 한 첩에 2전씩 쳤을 때, 1만 근의 차가 은 3만 2천 냥이라고 했다. 은 3만 2천 냥이 돈으로 치면 9만 6천 냥이 된다고 했으니, 당시 은과 화폐의 환산 가치는 1:3이었다. 이때 1냥은 동전 100전이다. 당시 중국 표류선에서 팔던 차는 은 2전의 가격표가 붙었다. 그런데 한

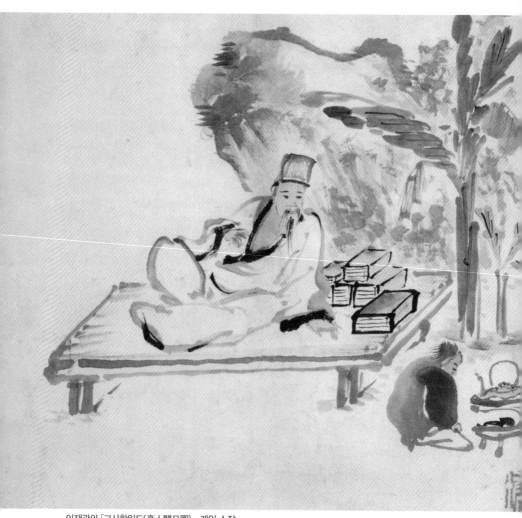

이재관의 「고사한일도(高士閑日圖)」. 개인 소장.

첩에 은 1냥씩 받았다. 만약 중국의 남쪽 상선이 수천 리 떨어진 연경이나 심양까지 차를 운반해서 판다면 유통 마진을 포함해 실질 판매 가격은 이보다 훨씬 비싸지는 것이 당연하다. 그러니 우리가 만든 차의 가격을 중국 상선 판매가의 5분의 1 수준인 한 첩에 2전씩 붙인다면 북방 사람들이 오히려 품질을 의심할 정도로 지나치게 싼 가격이 될 것이다.

한 첩에 2전만 받는다 쳐도 1만 근의 차를 팔면 은으로 3만 2천 냥, 화폐로는 9만 6천 냥의 수입이 생긴다. 1만 근의 차를 채취해서 공납한 빈민들에게 국가가 준 돈이 5천 냥이고, 그 밖에 포장과 운송 경비, 관리 인원 및 창고 비용 등의 물류비와 인건비를 포함하더라도 적어도 화폐로 5만 냥 이상의 순이익이 발생한다. 만약 점차 규모를 확대해서 1년에 1백만 근의 차를 생산한다면, 순 수익금은 500만 냥으로 늘어날 것이다. 그나마 이는 중국에서 파는 차 값의 5분의 1 가격으로 판매가를 책정했을 때 이야기이고 보면, 순 수익금은 시장 규모의 확대에 따라 1천만 냥이나 2천만 냥까지 치솟을 수도 있다는 이야기다.

실제로 당시 국내에서 차의 수요는 거의 없는 상태여서, 가난한 백성들은 아직 농사가 시작되지 않았을 때 야생 찻잎을 따서 생계에 보탬이 되어 좋고, 국가는 이를 북방에 팔아서 엄청난 수익을 올릴 수 있어 좋다. 북방 사람들은 중국 남방에서 올라온 차 값보다 훨씬 저렴한 가격에 차를 안정적으로 공급받을 수 있게 되니 모두에게 윈윈(win-win)의 게임이 되는 것이다.

차시茶市 운영 방법과 수익금 활용 방안

이제 차 무역으로 인해 혹시 야기될 수 있는 문제와 차시의 구체적 운영 방법, 그리고 수익금의 활용 방안에 대한 논의를 살펴보자.

의논하는 자들은 저들 중국이 만약 우리나라에 차가 있는 것을 알게 되면 반드시 공물로 차를 바칠 것을 요구할 것이라고 하면서 후대에 두고 두고 폐단을 열게 될 것을 염려한다. 하지만 이는 고을 관리가 날마다 잡아오라고 닦달하는 것이 두려워 어리석은 백성이 고기가 있는 연못을 메워 미나리를 심는 것과 무엇이 다르겠는가? 이제 만약 수백 근의 차를 실어다 주어 천하로 하여금 우리나라에도 차가 있다는 것을 환히 알게 한다면, 연나라 남쪽과 조나라 북쪽의 장사꾼들이 온통 수레를 삐걱대고 말을 달려 책문을 넘어 동쪽으로 몰려들 것이다. 앞서 1만 근의 차로 한정했던 것은 진실로 먼 지역인지라 이목이 잘 닿지 않고 한 모퉁이의 재화가 미처 모이지 않을까 걱정되고, 물건이 정체될 염려가 있기 때문이었다. 만약 장사를 해서 재고가 쌓이지 않게 한다면, 비록 1백만 근이라도 쉽게 처리할 수가 있을 것이다. 숭양(崇陽) 땅의 종자를 또한 장차 뽑지 않고서도 나라에 보탬이 될 것이니, 이는 실로 쉬 얻을 수 없는 기회가 아닐 수 없다. 어찌 이것으로 한정을 삼을 수 있겠는가?[7]

만약 우리나라에서 차가 생산되는 것을 알면, 이에 대한 중국의 공물 요구가 거세져서 오히려 긁어 부스럼이 되지 않겠느냐는 우려에 대한 대답이다. 이덕리는 이런 걱정이야말로 이는 구더기가 무서워 장을 못 담그겠다는 것이나 다를 바 없다고 잘라 말한다.

처음부터 너무 많은 양의 차를 풀면 혹 소문이 나지 않은 상태여서 재고가 남을 수 있고, 자체의 유통망도 정리되지 않아 생산에 차질을 빚을 수도 있다. 이렇게 되면 재화가 발이 묶이게 되어, 부정적 인식이 싹틀 소지가 있다. 그러므로 처음에는 1만 근 정도의 작은 양으로 시작해서 점차 늘려 1백만 근까지 확장시켜나간다면, 예전 중국의 장충정공(張忠正公)이 숭양 땅의 차 재배 백성에게 차를 뽑고 뽕나무를 심게 한 것처럼 하지 않더라도 문제없이 큰 수익을 낼 수 있으리라는 주장이다.

다음은 차시의 운영 방법에 관한 언급이다.

> 기왕 차시를 연다면 모름지기 감시어사(監市御史)와 경역관(京譯官), 압해관(押解官) 등을 따로 뽑아야 한다. 수행인에 이르러서는 모두 일 맡는 자에게 차등을 정하되, 이전처럼 해서는 안 된다. 다만 용만(龍灣) 사람이 시장에 오는 것만 허락한다. 대개 난하(灤河)의 풍속이 포악하고 개같아서 저들에게 실정이 알려지면 믿을 수 없는 점이 있기 때문이다. 또 차시가 파한 뒤에는 상급(賞給)을 더욱 낮게 주어서 마치 자기 일을 보듯하게 한 뒤라야 바야흐로 오래 행하여도 폐단이 없다. 향기로운 먹이 아래 반드시 죽는 고기가 있다고 하는 것은 바로 이를 두고 하는 말이다.[8]

서북 개시에 차시를 개장하면 국가에서는 이곳에 시장을 감독하는 감시어사를 파견하고, 만인(灣人)과의 원활한 거래를 위한 경역관과 창고 관리 등 제반 업무를 처리하는 압해관을 보낸다. 이들을 보좌할 인력도 맡은 역할에 따라 임금에 차별을 두어 결정하되, 이들이 자기 일처럼 열심히 할 수 있도록 성과에 따른 보상 방안을 넉넉하게 마련하는 것이 좋다. 시장에는 만인, 즉 의주 상인들만 출입을 허용하여, 국가가 북방 오랑캐와 직접 상대하지 않는다. 이쪽의 실정이 저쪽으로 알려지는 것을 차단하기 위해서다. 이렇게 한다면 책임을 맡은 사람들은 더 많은 이익을 내기 위해 더욱 열심히 할 테고, 시스템이 차츰 안정되면 큰 문제 없이 시장을 운영할 수 있을 것이다.

검소하던 우리나라가 갑자기 세금 외에 수백만 냥이 생기게 된다면 무슨 일이든 못 하겠는가? 다만 재용(財用)이 넉넉해지면 여기저기서 빼앗아 가서 막힘이 많아지게 마련이다. 만약 상하가 마음을 합쳐서 본전과 잡비, 종잇값과 뱃삯 등과 수고한 사람에게 주는 상여금 외에는 한 푼도 다른 데 가져다 쓸 수 없게 하여, 비록 쓰는 바가 서로 관련은 없다 해도 단지 서변(西邊)에 성읍(城邑)을 수축하게 한다. 연못과 길가 양편의 5리 안에 사는 백성들에게 토지세 절반을 감면해주어, 그들로 하여금 성관(城館)을 쌓고 도랑을 파는 데 힘을 쏟게 한다. 천 리의 길을 누에 치는 방처럼 잇다르게 하고, 길가의 봇도랑을 촘촘한 그물 같게 만든다. 금년에 못다 한 것은 내년에 이어 시행한다. 또 서변의 재주 있고 힘 있는 인재를 모집하여 이를 선발해서 성에 주둔케 하여 날마다 활쏘기를 익히게 하고, 둔성(屯城) 하나마다 수백 명을 두어 대포를 쏘게 한다. 잘 적중시키는 자는 특별히 상금을 내리고, 처자와 함께 생활할 수 있게 한다. 이렇게 한다면 평상시에도 수만 명의 막강한 군대를 보유하는 셈이 되니, 어찌 난폭한 외적을 막고 이웃 나라에 위엄을 보이기에 충분하지 않겠는가?[9]

차 무역으로 벌어들인 수익금은 어떻게 쓸 것인가? 이덕리가 가장 역점을 둔 부분이다. 그는 국가에 생각지 않은 재원이 마련되면 지체 없이 중국과 맞닿은 서쪽 변경에 성읍을 고쳐 짓고, 건물을 세우고 도랑을 파서 변경에서 서울까지 그물망처럼 도로망과 수로망을 구축해야 한다고 주장했다. 그러고는 변경 군사들을 지원해서 군사훈련을 시키고, 우수한 병사들은 아예 가족까지 이주해서 함께 살 수 있도록 지원해준다면 비상 체제가 아닌 상시 가동 체제를 갖춘 수만의 막강한 군대를 보유할 수 있게 되는 셈이다. 국가의 위엄을 바로 세울 수 있게 된다.

이덕리는 그의 이러한 구상을 『상두지』라는 별도의 저술에서 세세히 입안하여 구체적 방안으로 제출하였다. 워낙 비용이 많이 드는 일인데, 차 무역은 이런 제반 비용 문제를 일거에 해결할 수 있는 묘책일 뿐 아니라, 국가 경쟁력 강화에도 관건이 되는 국가 기획 프로젝트로 파악한 것이다.

지금까지 네 꼭지에 걸쳐 『동다기』의 내용과 의의를 살폈다. 다음과 같이 정리한다. 첫째, 『동다기』는 『부풍향차보』에 이은 가장 이른 차 관련 전문 저작의 하나다. 둘째, 18세기 당시 조선의 열악한 차 문화 실상을 다양한 예시를 통해 증언했다. 셋째, 차의 효능과 맛, 별칭 등을 정리해서 차에 대한 이해도를 높였다. 넷째, 단순한 기호품으로서가 아닌 국부 창출의 재원(財源)으로 차를 다루었다. 다섯째, 최초로 차 전매제도의 시행을 건의하고, 외국과의 무역 방법을 구체적으로 제시하여, 차에 대한 인식을 획기적으로 바꾸었다. 하지만 그의 이 실효성 높은 놀라운 주장은 아무에게도 주목받지 못한 채 이제까지 묻히고 말았다. 참으로 안타까운 일이다.

2

우리 차의 중흥조

다산

—

06

역대 중국의 차 전매제도

다산의 「각다고榷茶考」론

이덕리의 차 무역론에 이어 다산의 「각다고(榷茶考)」를 살펴보겠다. 각다(榷茶)의 각(榷)은 도거리한다는 뜻이다. 국가에서 차를 전매(專賣)하여 그 이익을 전유함을 말한다. 다산은 『경세유표』권 11, 지관(地官) 수제(修制) 부공제(賦貢制) 5에 「각다고」란 논문을 실었다. 역대 중국에서 시행한 술, 소금, 철 등 각종 전매제도를 검토한 일련의 논문 가운데 하나다. 이를 통해 각다에 대한 다산의 생각을 알아보기로 한다.

전대의 각다 논의

다산에 앞선 각다 논의는 앞 절에서 살펴본 이덕리의 논의 외에는 이렇다 할 만한 것이 없다. 먼저 볼 것은 『세종실록』 12년(1430) 12월 8일조의 기사다.

경연에 납시어 강(講)하다가 차를 전매하는 법[榷茶法]에 이르러 말씀하셨다. "중국에서는 어찌 차를 좋아하면서 엄히 금하는가? 우리나라는 궐 내에서도 차를 쓰지 않는다. 좋아하는 것이 각각 다르기가 또한 이와 같구나." 시강관(侍講官) 김빈(金鑌)이 아뢰었다. "중국 사람은 모두 기름진 고기를 먹는 까닭에 차를 마셔서 기운을 내려가게 합니다. 또 손님을 접 대할 때면 반드시 먼저 차를 낸 뒤에 술을 내옵니다."[1]

세종은 중국에서 역대로 각다법을 시행한 것을 의아해했다. 우리는 대궐에서도 차를 마시지 않는데, 중국은 어째서 국가가 법으로 금하지 않으면 안 될 만큼 차를 좋아하느냐고 물었다. 시강관 김빈은 중국인들이 즐겨 먹는 기름진 음식을 차를 즐겨 마시는 이유로 들었다. 벌써 조선 초만 해도 고려 때 흥성했던 차 문화는 이렇듯 퇴조해버렸던 것이다. 이 글은 각다에 대한 언급이기보다는 중국에서 그토록 차 문화가 흥성한 데 대한 왕의 의문을 적고 있어, 당시 우리 차 문화의 실상을 증언한다.

이후 『선조실록』 29년(1596) 11월 4일 자 기사에 호마(胡馬) 무역에 대한 사복시(司僕寺)의 언급이 있다.

이제 제주목사의 보고를 보니 도체찰사(都體察使)가 요청한 말 50필은 구해 뽑아내기가 어렵다고 하였습니다. 근년 들어 제주의 마필은 많은 숫자를 반출해 와서 그 형세가 그러한 것입니다. 이제 비록 다시 공문을 보내 숫자를 더해 뽑아내게 해도 반드시 쓸 만한 말이 없을 것입니다. 전대에 중국에서는 차를 가지고 오랑캐의 말과 교역하였고, 지금 중국 조

차마고도를 넘어 차를 운반하는 모습.

정 또한 개시에서 무역으로 교환하니, 진실로 우리에게 쓸모없는 물건을
가지고 저들의 날랜 말과 바꾼다면 전장(戰場)에 보탬이 되고 무공(武功)
을 거둘 수 있을 것입니다.[2]

군사력 강화를 위해 꼭 필요한 말을 제주 목장의 말로는 더 이상 충당
할 수 없게 되자 이를 보충할 방법으로 호마(胡馬) 무역 방안을 제안한
내용이다. 중국에서는 차와 말을 교환했다. 이와 마찬가지로 우리에게
그다지 쓸모없는 물건을 말과 바꿔 무역할 것을 제안한 내용이다. 이어
지는 글에서는 단천(端川) 지역에서 나는 은자(銀子)나 인삼(人蔘) 등과
말을 교역할 것을 말했다. 이때만 해도 우리 땅에서 나는 차를 제품으로
만들어 말과 바꿀 생각까지는 미처 하지 못했던 것이다.

그러던 것이 이덕리에 의해 최초로 각다 주장이 구체적 세부 지침과

함께 본격적으로 펼쳐졌고, 이를 이어 다산이 중국 역대의 각다 정책을 검토하는 논문을 제출했다. 다산은 「각다고」에 앞서 『경세유표』 권 2, 「동관공조(冬官工曹)」 중 임형시(林衡寺) 항목에서 이렇게 말했다.

> 살펴건대, 남쪽 여러 고을에서 나는 차는 매우 좋다. 내가 본 바로는 해남과 강진, 영암과 장흥 등 바닷가 여러 고을에는 차가 나지 않는 곳이 없다. 나는 말한다. 무릇 차가 나는 산은 지방관으로 하여금 다른 것을 심지 못하게 하고 백성들이 나무하지 못하게 한다. 이윽고 무성해지기를 기다려 해마다 차 몇 근씩을 임형시로 옮겨, 만하성(滿河省)에 보내 좋은 말을 사와 목장에 나눠주게 한다면 또한 나라에서 쓰기에 충분할 것이다.[3]

이른바 차 무역 제안을 한 셈인데, 앞서 본 이덕리의 차 무역론에 비해서는 구체성이 떨어진다. 다산이 차 무역의 효용성에 대해 인식한 것만은 분명한데, 『경세유표』를 적을 당시까지 다산은 아직 이덕리의 『동다기』를 접하지 못했던 것이 틀림없다. 만일 다산이 이때 『동다기』를 읽었다면, 「각다고」 등에서 이를 구체적으로 언급하지 않았을 리가 없다. 다산은 『경세유표』와 『대동수경』에서 이덕리의 다른 저작인 『상두지』를 한 차례씩 인용한 바 있다.

「각다고」의 내용

「각다고」는 『경세유표』 지관 부공제 속에 들어 있다. 국가에서 관장하는 각종 세수(稅收)와 관련된 내용을 논하면서 중국 역대 왕조에서 각다, 즉 차 전매 정책을 어떤 방식으로 운영해왔으며, 그 규모와 이익, 그리고 폐해는 어떠했는지에 대해 살핀 것이다. 내용은 먼저 왕조별로 시기와 법령 시행 내용을 밝힌 본문이 있고, 본문 아래 보충 설명을 역대 문헌의 인용으로 추가했다. 그리고 중간 중간에 이에 대한 자신의 안설(按說)을 제시하였다. 본문은 모두 10조목이다. 당대(唐代) 3조목, 송대(宋代) 4조목, 원대(元代) 1조목, 명대(明代) 2조목으로 되어 있다.

먼저 당대의 각다 정책을 정리해보자. 본문 3조목 4단락의 내용을 간추리면 다음과 같다.

1. 덕종(德宗) 건중(建中) 원년(780)에 차와 칠(漆), 대나무 등에 10분의 1 세금을 거두어 상평본전(常平本錢)을 삼음. 과도한 군비 충당을 위해 시행했으나 얼마 못 가 혁파함.
2. 덕종 정원(貞元) 9년(793)에 차세(茶稅)를 복원시킴.
3. 목종(穆宗, 820-823) 때 천하 차세의 비율을 100전(錢)에서 50전씩 증액하고, 차는 근량을 더해 20냥까지 이름.
4. 문종(文宗, 827-839) 때 각다를 재설치해 직접 관장함. 백성의 차나무를 관장(官場)으로 옮겨 심고, 그동안 저축한 것을 전매하자 천하가 크게 원망함.

최초로 각다 정책이 시행된 것은 당 덕종 원년(780)의 일이다. 군비(軍費)의 갑작스런 증가로 경상세(經常稅)로는 도저히 비용을 감당할 수 없게 되자, 차와 칠, 그리고 대나무와 재목에 10분의 1씩 세금을 거두어 상평본전으로 삼은 것이 그 출발이다. 덕종은 이 제도의 시행을 바로 후회하고 철회했다. 하지만 덕종은 13년 뒤에 염철사(鹽鐵使) 장방(張滂)의 건의를 받아들여 차세를 복구시켰다. 이를 통해 해마다 40만 관(貫)의 세수를 거두었다. 그 방법은 차가 생산되는 고장과 차 상인이 왕래하

『다경』을 지어 차 문화를 본격적으로 알린 다성 육우의 동상.

는 길목에서 10분의 1의 세금을 거두는 방식이었다.

이를 이어 목종은 차세를 50퍼센트나 인상했다. 차의 부가가치가 높아지자 약탈과 각종 간사한 범죄가 연이어 일어났다. 문종 때 정승 왕애(王涯)는 이사(二使)를 맡고 다시 각다사를 설치했다. 차와 관련된 범죄를 처벌하는 각종 법률이 만들어져 백성의 원성이 높았다. 그래도 이익이 워낙 컸으므로 사매(私賣)의 범죄가 끊이지 않았다. 육우는 이 시기에 『다경』 3책을 써서 차 마시는 법을 전국적으로 보급하는 데 큰 공을 세웠다.

이렇게 볼 때 당나라는 처음 차에 차세를 매긴 이후 불과 50년도 되지 않아, 이를 통한 세금 수입이 40만 관에 이르렀고, 차에 대한 일반의 인식도 크게 달라져 사매가 횡행하고, 차 마시는 법이 보급되는 등 순식간에 큰 변화가 일어났다.

다음은 송·원 대를 합쳐 각다 정책에 대한 본문 5조목, 6항목의 정리다.

1. 송 태조 건덕(乾德) 2년(964)에 세금으로 내는 차 외에는 모두 관에서 수매하고, 감춰두거나 사사로이 판매하는 자는 몰수하고 죄 주는 조처를 취함. 관리가 관차(官茶)를 일정량 이상 사무역하거나 판매하다가 적발되면 사형에 처함.

2. 순화(淳化) 3년(992) 관차를 10관 이상 훔쳐 팔다 적발되면 얼굴에 자자(刺字)하고, 감옥에 보내는 조서를 내림.

3. 인종(仁宗) 초년(1022)에 차에 대한 업무 규정을 두고 해마다 크고 작은 용봉차를 제조함. 정위(丁謂)가 시작해서 채양(蔡襄)이 완성함.

4. 신종(神宗) 희령(熙寧) 7년(1074)에서 원풍(元豊) 8년(1085)까지 촉도(蜀道)에 다장(茶場) 41개소, 경서로(京西路) 금주(金州)에 6개소, 섬서

(陝西)에 332개소가 있었음. 이직(李稷) 때에는 세수가 50만 냥이 되고, 육사민(陸師閔) 때에는 100만 냥에 이름.

5. 남송 효종(孝宗) 건도(乾道, 1165-1173) 말년부터 이전까지 거친 차와 오랑캐의 말과 교역하던 것을 바꿔 처음으로 세차(細茶)를 줌. 성도(成都) 이주로(利州路)의 12개 고을에서만 좋은 차가 2,102만 근이나 생산됨.

6. 원 세조(元世祖) 지원(至元) 17년(1280)에 강주(江州)에 각다도전운사(榷茶都轉運司)를 설치하여, 강·회·형·남·복·광(江淮荊南福廣) 지방의 세(稅)를 총괄케 하니, 말차(末茶)와 엽차(葉茶)가 있었음.

송대로 들어와서도 차의 국가 전매는 더욱 강화되었다. 관리도 엄격해져서 각종 규제와 처벌이 까다로워졌다. 다산의 안설은 이렇다.

송나라 제도는 차를 전매함에 강릉(江陵)과 기주(蘄州) 등에 6무(務)를 두고, 기주와 황주(黃州) 등에 13장(場)을 두며 차 수매처(收買處)를 강남(江南)·호남(湖南)·복건(福建) 등 모두 수십 곳에 두었다. 산장(山場)의 제도는 원호(園戶)를 통솔하여 그 세금을 거두고, 나머지는 모두 관에서 사들였다. 또 따로 민호절세과(民戶折稅課)란 것이 있었다.[4]

당시 국가의 차 관리가 한층 세부 조직을 갖춰나가고 있었음을 보여준다. 또 송대에는 차의 종류도 당대와는 달리 다양하게 발전했다. 다산의 설명을 보자.

무릇 차는 두 종류가 있는데 편차와 산차가 그것이다. 편차는 쪄서 만든다. 모양 틀에 채워서 가운데를 꿴다. 다만 건주(建州)와 검주(劍州)에서는 찐 뒤에 갈아서, 대로 엮어 격자를 만들어 건조실 안에 두므로 가장 정결하다. 다른 곳에서는 만들지 못한다.[5]

차를 쪄서 모양 틀에 넣어 가운데 구멍을 뚫어 꿴 편차와 가루차인 산차의 두 종류 차를 설명하고, 이어지는 글에서는 이들 차가 생산되는 대표 지역을 상세하게 나열하였다. 이로 볼 때 각 지역마다 생산되는 차의 종류가 달랐고, 품질에 따른 등급도 복잡하게 매겨졌음을 알 수 있다. 각다로 인한 수익 규모도 당 덕종 때 40만 관 수준이던 것이 지도(至道) 말년(997)에는 무려 285만 2,900여 관으로 늘어났다. 다시 천희(天禧) 말년(1021)에는 여기서 45만여 관이 증가되었다. 이제 차는 국가 경제의 기반이 되는 중요 재원으로 떠오르게 된 것이다.

인종 초년(1022)에 다무(茶務)를 세우고, 해마다 크고 작은 용봉차를 제조해서 고급 차의 생산에 들어갔다. 정위와 채양이 만들어낸 용봉단 떡차는 차 문화사에서 오래도록 수많은 이야깃거리를 만들어냈다. 이후 차에 대한 국가의 통제는 정책 담당자에 따라 바짝 조이고 느슨하게 풀어주기를 되풀이했다. 가우(嘉祐) 4년(1059)에 인종은 조서로 차금

예전 떡차를 만들어 차마고도를 통해 운반하던 모습.

(茶禁)을 늦추어, 차로 인해 백성이 피해를 입지 않은 것이 60~70년이 었다.

신종 희령 7년(1074)에서 원풍 8년(1085)까지 촉도에 다장 41개소, 경서로 금주에 6개소, 섬서에 332개소가 개설되어, 차는 최대의 극성기를 맞았다. 이때부터 말차가 성행하여 차호(茶戶)들의 말차 제조를 법령으로 금지시켜야 할 정도였고, 심지어 부족한 양을 늘리기 위해 차에 쌀과 팥을 섞어 파는 자까지 있었다. 차가 백성에게 끼치는 폐단도 점차 커져갔다.

오랑캐의 말과 차를 맞바꾸는 교역이 본격적으로 시작된 것은 남송 효종 건도(1165-1173) 말년의 일이다. 이전에는 차를 주더라도 품질이 낮은 것만 주었는데, 이때 와서 처음으로 고급의 세차를 그들에게 주었다. 차의 생산량이 비약적으로 늘어나, 유통되는 차의 양이 그만큼 늘어났기에 가능한 일이었다. 성도 이주로의 열두 고을에서만 좋은 차가 2,102만 근이나 생산되었을 정도였다. 다산은 중국에서 차마사(茶馬司)를 두어 오랑캐와의 말 교역을 관장케 한 연유를 구준(丘濬)의 말을 인용하여 이렇게 적었다.

후세에 차로 오랑캐의 말과 교역한 것은 여기서 처음 보인다. 대개 당나라 때 회흘(回紇)이 입공(入貢)하면서부터 이미 말과 차를 교역했었다. 대개 오랑캐 사람들은 유락(乳酪)을 많이 마신다. 유락은 체증을 유발하는데, 차의 성질은 순조롭게 통하게 해서 깨끗하게 씻어주기 때문이다. 송나라 사람이 처음으로 차마사를 만들었다.[6]

원 세조 지원 17년(1280)에도 강주에 각다도전운사를 설치해서, 강·회·형·남·복·광 지방의 세를 총괄케 하였다. 당시 차의 종류로는

중국 사천성 명산현(名山縣)에 있는 옛 차마사(茶馬司).

말차와 엽차가 있었다.

이렇듯 당송을 거쳐 원나라에 이르는 동안 차는 일용의 필수품이 되어 천하가 차 없이는 하루도 살 수 없을 만큼 소중한 물건이 되었다. 차의 제조법에도 많은 변화와 발전이 있었다. 당송 시절의 차는 모두 가늘게 가루 내어 반죽해서 떡 조각처럼 만들었다가, 마실 때 다시 차 맷돌에 갈아서 끓였다. 원나라 때도 말차, 즉 가루차가 있었다. 이후로는 온 중국이 모두 잎이 그대로 살아 있는 엽차를 마시게 되었다. 다산은 이러한 내용을 구준의 글을 인용하여 상세하게 설명했다.

다음은 명 대 각다 정책에 대한 2조목이다.

1. 명 대에는 각다 관련 사무와 첩사(貼射)와 교인(交引), 차전(茶田) 등 각종 명색을 모두 혁파함. 다만 사천(四川)에 차마사 한 곳, 섬서에 차

청나라 왕승패(汪承霈)의 「군선집축도(群仙集祝圖)」 중 투차(鬪茶) 모습.

마사 4곳을 설치함.

2. 『대명률(大明律)』에, 사사로이 차를 만들어 법을 범한 자는 소금을 사제(私製)한 것과 같은 죄로 논한다고 되어 있음.

이로 보면 명대에는 각다 정책이 없어지고, 단지 차와 말의 교역을 담당하는 차마사만 몇 곳에 존치되었다. 국가에서 생산과 판매를 독점 관리하기에는 시장 규모가 너무 커졌기 때문이다. 이에 이르러 각다는 없고 차마 무역만 국가의 관리 대상이 되었다.

이렇듯 당대에서 명대에 이르는 각다에 관한 역사 사실 기록은 말 그대로 간추린 차 문화사이기도 하다. 다산은 중국의 역사 기록에서 이와 같이 각다와 관련된 기록을 추출해서, 관련 문헌의 인용을 통해 앞뒤 맥락을 설명하는 방식으로 「각다고」를 정리해냈다.

역대 각다 정책에 대한 다산의 태도

중국 역대 왕조의 각다 정책에 대한 다산의 생각은 어떠했던가? 먼저 다산이 당나라 목종조의 기사를 소개한 후, 끝에 붙인 안설을 읽어 보자.

생각건대, 차란 물건은 처음에는 약초 중에 미미한 것이었다. 그것이 오래되자 나르는 수레가 연잇고, 배가 잇달았다. 그리하여 현관(縣官)이 세금을 매기지 않을 수 없었다. 하지만 이 또한 장사해서 판매하는 한 가지 물건이니, 마땅하게 헤아려 세금을 거두면 충분하다. 어찌하여 관청이 직접 장사를 하면서 백성들이 사사로이 매매하는 것을 금하고, 베어 죽여도 그만두지 않기에 이르렀단 말인가?[7]

교역량이 폭발적으로 증가하면서 국가에서 차에 대해 세금을 매기는 것은 당연한 일이다. 하지만 국가가 판매를 독점하는 각다 정책에 대해 다산은 매우 부정적인 견해를 지녔다. 다산은 「각다고」의 끝에 붙인 글에서 다음과 같이 결론을 맺었다.

내가 예전에 재부(財賦)의 제도를 두루 살펴보니, 비록 그 손익과 득실이 시대마다 각기 달랐다. 크게 보면 도가 있는 세상에서는 세금 거두는 것은 박한데도 재용(財用)은 반드시 넉넉했다. 도가 없는 세상에서는 세금을 거두는 것이 반드시 무겁고, 재용은 반드시 부족했다. 이는 이미 지나온 자취만 보더라도 분명한 것이다. 이로 말미암아 볼진대, 재정을 넉넉하게 하는 방법은 한 가지뿐이 아니지만, 큰 이익은 박하게 거두는 것보다 나은 것이 없다. 재용이 결핍되는 방법도 한 가지뿐은 아니지만, 큰 해로움은 무겁게 거두는 것보다 더한 것이 없다.

아아! 천하의 재원은 한정이 있고, 쓰임에는 한정이 없다. 한정 있는 재물로 한정 없는 쓰임에 부응하니, 무엇으로 이를 견디겠는가? 그런 까닭에 성인께서 법을 제정하시어 "수입을 헤아려서 지출하라."고 하셨던 것이다. 수입이란 것은 재물이고, 지출이란 것은 쓰임이다. 유한한 것을 헤아려서 무한한 것을 절제하는 것은 성인의 지혜요, 흥하여 융성하는 방법이다. 무한한 것을 멋대로 해서 유한한 것을 고갈시키는 것은 어리석은 사내의 미혹함이요, 패망의 꾀이다. 무릇 세금을 거두는 법을 제정할 때는 먼저 나라의 쓰임새를 헤아리지 말고, 오직 백성의 힘을 가늠하고 하늘의 이치를 헤아려야 한다. 무릇 백성의 힘으로 감당치 못하는 것과 하늘 이치가 허락하지 않을 것은 터럭만큼이라도 감히 더하지 못한다.

이에 1년의 수입을 모두 계산해서 3분의 2는 1년의 비용으로 지출하고, 3분의 1은 남겨 내년의 비축으로 삼는다. 이른바 3년을 밭 갈면 1년 양식이 있다는 것이다. 만약 부족하게 되면 제사나 손님 접대로부터 아래로 수레와 복식에 이르기까지 필요한 물건들을 모두 줄여 검소하게 해서, 서로 알맞게 되기를 기약한 뒤에 그만둔다. 이것이 옛날의 도이니, 다른 방법은 없다.[8]

결론에서도 다산은 각다는 백성의 세금을 가중시키기만 하고, 국가의 재용이 넉넉해져도 백성에게 혜택이 돌아가는 것이 아니라고 하여, 반대의 뜻을 분명히 했다. 오히려 수입과 지출을 규모에 맞게 하고, 없을 때는 절약하고 남을 때는 저축하는 상평(常平)의 방법으로 천리를 따르고 백성의 힘을 펴주는 정책을 시행할 것을 주장했다.

지금까지의 논의를 바탕으로 「각다고」의 자료 가치와 의의를 정리한다.

첫째, 「각다고」는 중국 역대의 차 전매 정책을 통해 중국의 차 문화사를 살핀 최초의 저작이다.

둘째, 「각다고」는 본문 아래 관련 문헌을 섭렵하여 호인(胡寅)·마단림(馬端臨)·진부량(陳傅良)·구준(丘濬) 등의 언급을 통해 각다의 이면을 소상하게 보충한 기사본말(紀事本末)의 형식을 갖춘 저술이다.

셋째, 「각다고」는 역대 중국에서 차가 국용(國用)의 마련에 한 기여와 구체적 차 산지의 이름, 제도 시행상의 세부 내용 및 백성들에게 끼친 질고까지를 조대별로 제시하여, 차 문화의 실상을 일목요연하게 파악할 수 있도록 했다.

넷째, 「각다고」는 산차와 편차, 그리고 말차 등 시대 변화에 따른 차의 제법과 특성, 음다법 등을 제시하여 차 문화의 변천을 이해할 수 있게 하였다. 아울러 육우의 『다경』이 출현한 문화 배경 및 의의 등을 밝혀, 사적 맥락을 짚을 수 있게 하였다.

다섯째, 그럼에도 「각다고」는 앞서 이덕리가 『동다기』에서 펼친 차마(茶馬) 무역론의 구체적 제안을 발전적으로 계승하지 못하고 무역의 당위만 원론 수준에서 확인한 채, 전반적으로 각다에 대해 부정적 견해를 피력한 한계를 지닌다.

07

아홉 번 찌는 구증구포의 제다법

다산의 떡차론과 구증구포설

우리 전통 수제차가 오늘날 우리가 마시는 덖음 녹차였을 것으로 생각하는 경향이 보편화되어 있다. 하지만 지금처럼 진공 포장술도 없고 냉장 보관도 어려운 상태에서 덖음 녹차를 장마철이 지나도록 맛이 변하지 않게 보관하기란 쉬운 일이 아니다. 다산 선생이 마셨던 차는 어떤 차였을까? 잎차였을까, 떡차였을까?

다산이 마신 차는 떡차

2005년 7월 30일, 강진군이 개최한 「다산정약용선생유물특별전」에 흥미로운 내용을 담은 다산 선생의 친필 편지 한 통이 출품되었다. 이효천 선생 소장 유묵으로, 다산이 69세 나던 1830년 강진 백운동 이대아

(李大雅)에게 보낸 편지다. 편지 속에는 떡차 제조 방법에 대한 다산 자신의 친절한 설명이 나와 있다. 전문을 소개한다.

잠깐 눈 돌리는 사이에 세 해가 문득 지났구나. 생각건대, 효성스런 마음이 드넓어 내가 미칠 바가 아닐세. 소식 끊겨 생각만 못내 아득할 뿐 안타까운 마음을 펼 길이 없네. 그간 편히 지냈는가? 또 과거 시험을 보는 해를 맞으니, 비록 영화로운 이름에 뜻이 없다고는 하나 마땅히 글쓰기에 마음을 두고 있겠지. 어떤 공부를 하고 있는가? 나는 나이가 들어 병으로 실로 괴롭기 짝이 없네. 기운이 없어 문밖에도 나갈 수가 없다네. 정신의 진액은 온통 소모되어 남은 것이라고는 실낱같군. 이래서야 어찌 살아 있다 하겠는가.

지난번 보내준 차와 편지는 가까스로 도착하였네. 이제야 감사를 드리네. 올 들어 병으로 체증이 더욱 심해져서 잔약한 봄뚱이를 지탱하는 것은 오로지 떡차[茶餠]에 힘입어서일세. 이제 곡우 때가 되었으니, 다시금 이어서 보내주기 바라네. 다만 지난번 부친 떡차는 가루가 거칠어 썩 좋지가 않더군. 모름지기 세 번 찌고 세 번 말려 아주 곱게 빻아야 할 걸세. 또 반드시 돌샘물로 고루 반죽해서 진흙처럼 짓이겨 작은 떡으로 만든 뒤라야 찰져서 먹을 수가 있다네. 알겠는가?

시험 보는 고을은 어디인가? 경과(慶科) 때에는 틀림없이 올라올 테니 직접 줘도 좋겠고, 그렇지 않으면 여름이나 가을에 연지(蓮池) 사는 천총(千摠) 김인권(金仁權)의 집으로 보내주게나. 즉각 내게 전해 올 걸세. 이현(泥峴) 사는 조카는 청양(靑陽)에 고을 원이 되어 나간지라, 서울 안에는 부탁할 만한 곳이 없어 인편에 전하는 것은 마땅치가 않을 걸세. 잠시 줄이고 다 적지 않네. 삼가 쓰네.

경인년(1830) 3월 15일 먼 친척 아무개 돈수.[1]

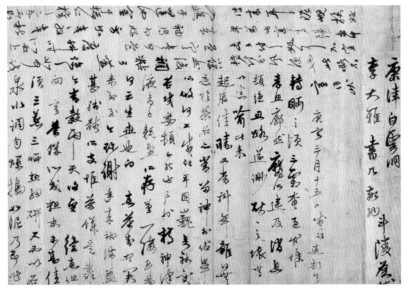

다산이 1830년 3월 15일에 제자 이시헌에게 떡차 만드는 법을 설명한 친필 편지. 이효천 소장.

　겉봉에는 '강진백운동(康津白雲洞) 이대아서궤경납(李大雅書幾敬納)'이라 적혀 있다. 발신인에는 '두릉후장(斗陵侯狀)'으로 적었다. 수신인 이대아는 다산이 강진 시절에 직접 가르쳤던 막내 제자 이시헌을 가리킨다. '척기(戚記)'라 한 것으로 보아 사제 간에 앞서, 먼 친척뻘 되는 사이였음을 짐작할 수 있다.

　1817년 이시헌의 아버지인 이덕휘(李德輝, 1759-1828)에게 보낸 다산의 또 다른 편지에는, "그대와 아드님의 공부가 모두 아주 근실하고 도타워 더 권면할 필요가 없습니다. 다만 먹는 것이 너무 박해서 병에 걸릴까 염려되니, 이것이 걱정입니다."라고 한 내용이 있고, 보내준 닭과 죽순, 그리고 여러 가지 반찬과 약유(藥油) 등에 대해 감사하는 언급이 있다.[2] 두 편지로 볼 때 다산은 강진 시절에는 이덕휘의 집에서 보내온 이런저런 먹을거리를, 해배(解配)되어 서울로 올라간 뒤에는 백운동에

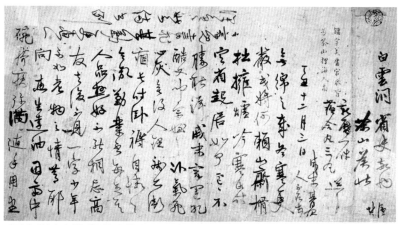
1817년 다산이 이시헌의 부친 이덕휘에게 보낸 친필 편지. 이효천 소장.

서 부쳐 온 차를 받아서 마셨음을 알 수 있다.

편지에서 시선을 끄는 대목은 바로 떡차 제조에 대해 언급한 부분이다. 보내준 떡차를 한참 만에 어렵게 받아 잘 먹었다는 말, 떡차로 겨우 몸을 버텨 살고 있으니, 햇차를 따면 새로 만들어 더 보내달라는 부탁을 했다. 배달 사고라도 날까봐 전달하는 방법까지 시시콜콜히 적은 것을 보면, 차에 대한 다산의 강한 집착이 느껴진다. 이때 다산은 강진 다신계(茶信契)에서 매년 보내는 차 양식도 받아서 먹던 터였다.

편지에서 다산이 적고 있는 떡차 제조법은 이렇다.

1. 찻잎을 딴다.
2. 삼증삼쇄, 즉 세 번 쪄서 세 번 볕에 말린다.
3. 아주 가늘게 빻는다.
4. 돌샘물로 반죽한다.
5. 진흙처럼 완전히 뭉크러지게 찧는다.
6. 작은 떡으로 만든다.

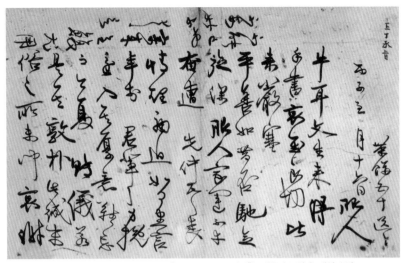

다산이 우이도의 누군가에게 보낸 편지. 끝에 "떡차 50개를 보낸다"는 내용이 보인다. 개인 소장.

이러한 방식은 기존에 알려진 떡차 제조법과 하나도 다를 게 없다. 다만 다산은 여기서 세 번 쪄서 세 번 볕에 말리는 삼증삼쇄를 말하고, 가루가 고와야지 거칠면 안 된다는 점을 특별히 강조했다. 또 석천수(石泉水), 즉 돌샘물로 진흙처럼 뭉크러지게 짓찧어 작은 떡으로 만들라고 했다.

다산의 여러 편지글에도 떡차와 관련된 언급이 나온다. 1815년 3월 10일에 호의(縞衣)에게 보낸 편지에 "떡차 열 덩이로 애오라지 늙은이의 마음을 표시하네.(茶餠十錠, 聊表老懷)"라 하여 자신이 만든 떡차를 호의에게 선물로 보내는 기록이 보인다.[3] 또 2006년 10월에 역시 강진군에서 열린 제2회 「다산정약용선생유물특별전」에도 1816년 다산이 우이도(牛耳島)의 누군가에게 보낸 편지가 출품되었다. 편지에서 다산은 그해 세상을 뜬 중씨 정약전(丁若銓, 1760-1816)의 죽음을 애통해하며, 상대의 후의에 감사하는 내용을 전했다. 그리고 보내준 전복에 대한 답례

로 "다병오십송료(茶餠五十送了)"라 하여 떡차 50개를 보내고 있다.[4]

다산의 떡차에 대한 다른 증언들

이규경(李圭景, 1788-?)의 『오주연문장전산고(五洲衍文長箋散稿)』 중
「도차변증설(荼茶辨證說)」에 다산의 떡차에 관한 또 다른 흥미로운 증언
이 있다.

오늘날 차로 이름난 것은 영남의 대밭에서 나는 것을 죽로차(竹露茶)라
하고, 밀양부 관아 뒷산 기슭에서 나는 차를 밀성차(密城茶)라 한다. 교
남(嶠南) 강진현에는 만불사(萬佛寺)에서 나는 차가 있다. 다산 정약용이
귀양 가 있을 때, 쪄서 불에 말려 덩이를 지어 작은 떡으로 만들게 하고,
만불차(萬佛茶)라 이름 지었다. 다른 것은 들은 바가 없다. 우리나라 사
람이 차를 마시는 것은 체증을 해소하기 위해서이다.[5]

영남 대밭에서 나는 죽로차, 밀양의 밀성차와 함께 다산의 만불차를
조선의 명차로 꼽았다. 우리나라 사람들은 모두 체증을 내리기 위한 약
용으로 차를 마신다고 한 대목이 중요하다. 앞서 편지에서 다산도 체증
이 심해져서 떡차가 아니고는 살 수가 없다고 직접 말했다.
만불사는 다산초당이 있던 강진 만덕산 백련사를 가리킨다. 다산은
증배(蒸焙)하여, 즉 찌고 말려 덩이로 지어 작은 떡을 만들게 했다고 했
다. 다산의 차가 소단차(小團茶), 즉 작은 크기의 떡차였음이 다시 한 번
입증된다.
물론 다산이 떡차만 마셨던 것은 아니다. 조재삼(趙在三)의 『송남잡지

（松南雑識）』「화약류(花藥類)」의 「황차(黃茶)」 항목에 이런 기사가 실려 있다.

> 신라 역사에, 흥덕왕 때 재상 대렴(大廉)이 당나라에서 차나무 씨를 얻어 지리산에 심었다. 향과 맛이 당나라보다 낫다고 한다. 또 해남에는 옛날에 황차가 있었는데, 세상에 아는 사람이 없었다. 다만 정약용이 이를 알았으므로, 이름을 정차(丁茶) 또는 남차(南茶)라고 한다.[6]

작은 크기의 떡차. ⓒ이정애

이 언급에 보이는 황차는 떡차인지 잎차인지가 분명치 않다. 다만 황차라 한 것으로 보아 정차 또는 남차로도 불린 해남황차(海南黃茶)는 가마솥 덖음차가 아닌 발효차가 분명하다.

한편, 다산이 강진을 떠나면서 제자들과 맺은 「다신계절목(茶信契節目)」에 이런 내용이 보인다.

> 곡우일에 여린 잎을 따서 볶아 1근을 만든다. 입하 전에 늦차를 따서 떡차 2근을 만든다. 이 잎차 1근과 떡차 2근을 시 원고와 함께 동봉한다.[7]

여린 첫 싹은 볶아 잎차를 만들고, 곡우 이후 입하 사이에 딴 늦차로는 떡차를 만들었음을 정확하게 말했다. 이는 1823년 다산이 마재로 찾아온 제자 윤종삼(尹鍾參)과 윤종진(尹鍾軫)에게 기념으로 써준 친필 글씨 속의 다음 대목으로도 확인된다.

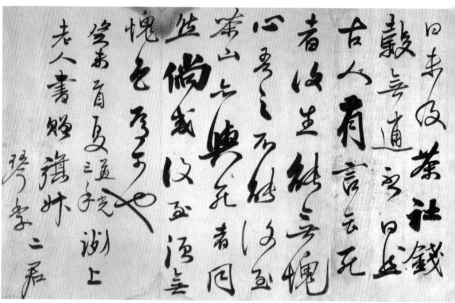

다산이 여유당으로 찾아온 제자에게 써준 친필 글씨. 윤영상 소장.

"올 적에 이른 차를 따서 말려두었느냐?"

"아직 못했습니다."[8]

이른 차를 따서 볕에 말려두었느냐고 묻고 있는 것으로 보아, 다산이 마신 잎차는 햇볕으로 자연 건조 발효시킨 반발효차였다. 하지만 이것은 극히 소량이어서 바로 마시는 용도였고, 1년의 차 양식은 대부분 떡차로 해결했다. 더구나 잎차의 경우는 삼증삼쇄나 구증구포의 찌고 말리는 과정을 거치지 않은, 약한 불에 찌거나 햇볕에 말려 반발효시킨 것이었다.

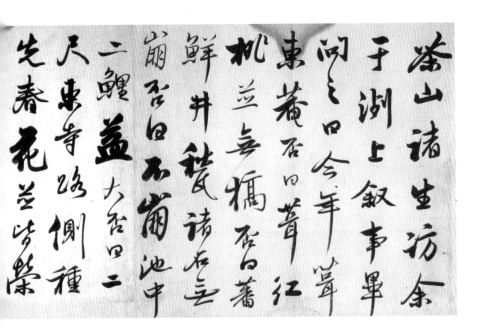

茶山諸生訪余
于渚上叙事畢
問之曰今年笋
東菴否曰菁紅
桃益無橋否曰著
鮮井�諸在否
崩品日不崩池中
二鯉益大否曰二
尺束寺路側種
先春花益歲榮

구증구포九蒸九曝의 실체

다산의 제다법과 관련해 끊임없이 논란이 되고 있는 구증구포의 실체
는 무엇일까? 구증구포는 오늘날 다산의 권위를 등에 업고 하나의 신화
가 된 듯하다. 다산은 앞서 본 이시헌에게 보낸 편지에서 구증구포를 줄
여 삼증삼쇄로 말했다. 그렇다면 다산이 만년에 주장을 바꾼 것인가?
이 문제는 좀 더 면밀한 검토가 필요하다.

구증구포란 말 그대로 아홉 번 쪄서 아홉 번 말린다는 말이다. 구증구
포는 인삼이나 숙지황 등 한약재의 강한 성질을 누그러뜨려 약성을 알
맞게 발휘시키기 위해 쓰는 방법이다. 이를 차에다 적용하는 것은 중국
에서도 달리 예를 찾기 힘들다. 다산의 구증구포나 삼증삼쇄는 덖음 녹

차가 아닌, 곱게 빻아 가루를 내 돌샘물로 반죽해 빚는 떡차에 해당하는 제법이다. 그런데 오늘날은 덖음 녹차를 만들면서 다산의 이 구증구포를 적용하고, 이를 마치 절대의 비전(秘傳)인 양 떠받드는 경우가 적지 않다.

어째서 다산은 그 여린 찻잎을 아홉 번이나 쪄서 말려 차를 법제해야 한다고 했을까? 구증구포에 대한 다산의 최초 언급은 「범석호의 병오서회(丙午書懷) 10수를 차운하여 송옹(淞翁)에게 부치다(次韻范石湖丙午書懷十首簡寄淞翁)」라는 시의 둘째 수에 나온다.

보슬비가 뜨락 이끼 초록 옷에 넘치기에	小雨庭苔漲綠衣
느지막이 밥 하라고 여종에게 얘기했지.	任教屛婢日高炊
게을러져 책을 덮고 자주 아일 부르고	懶抛書冊呼兒數
병으로 의관 벗어 손님맞이 더뎌진다.	病却巾衫引客遲
지나침을 덜려고 차는 구증구포 거치고	洩過茶經九蒸曝
번다함을 싫어해 닭은 한 쌍만 기른다네.	厭煩鷄畜一雄雌
시골의 잡담이야 자질구레한 것 많아	田園雜話多卑瑣
당시(唐詩) 점차 물려두고 송시를 배우노라.[9]	漸閣唐詩學宋詩

1구의 '녹의(綠衣)'는 마당에 깔린 이끼다. 아침부터 조찰이 내린 비로 뜨락의 이끼 옷이 자박자박 젖었다. 오늘 같은 날은 마냥 게으름을 부리고 싶다. 갑자기 책을 덮으니 무료하다. 공연히 이래라저래라 아이를 불러 심부름을 시킨다. 의관을 풀어헤친 채 지내다 갑자기 손님이 오면 허둥지둥 의관을 정제하느라 손님맞이가 늦어진다.

5구에 구증구포가 나온다. 직역을 하면 "지나침을 줄이기 위해 차는 구증구포를 거친다."는 말이다. '설과(洩過)'는 『좌전(左傳)』에 "부족함을 건져서 지나침을 줄인다.(濟其不足, 以洩其過)"란 표현이 있는 데서도 그 의미를 알 수 있다. 차의 성질이 지나치게 강한 것을 감쇄시키려고 구증구포, 즉 아홉 번 찌고 아홉 번 말리는 과정을 거친(經)다고 했다. 6구에서는 조촐한 살림이라 닭도 두 마리만 기른다는 이야기를 대구로 얹고, 쓸데없는 잡담에 마음 쓰지 않고, 지금까지 보던 당시를 접어두고 송시를 더 읽겠노라는 다짐을 적었다.

차를 법제할 때 구증구포하는 이유를 '설과'에 둔 것이 흥미롭다. 지나치게 강한 차의 성질을 감쇄시키기 위해서라고 말한 것이다. 다산의 구증구포설은 이유원(李裕元, 1814-1888)의 『임하필기(林下筆記)』 가운데 「호남사종(湖南四種)」이란 항목에 한 번 더 나온다.

강진 보림사의 죽전차(竹田茶)는 열수 정약용이 얻었다. 절의 승려들에게 구증구포의 방법으로 가르쳐주었다. 그 품질이 보이차에 밑돌지 않는다. 곡우 전에 딴 것을 더욱 귀하게 치니, 이를 일러 우전차(雨前茶)라 해도 괜찮다.[10]

중요한 기록이다. 보림사의 죽전차를 처음 개발한 사람이 정약용이라고 밝혔다. 다산이 보림사에 갔다가 절 둘레의 야생 차를 보고, 구증구포의 방식으로 차를 법제하는 법을 알려주었다는 것이다. 그 품질도 중국의 보이차만 못지않다고 했다. 곡우 전에 딴 것을 더욱 귀하게 쳤다는 것은 앞서 다산이 백운동에 보낸 편지에서 곡우 때가 되었으니 서둘러 따서 떡차를 만들어 보내달라고 한 언급과 일치한다.

구증구포 떡차인 보림사 죽로차

이유원은 「호남사종」외에도 자신의 문집인 『가오고략(嘉梧藁略)』에 「죽로차」란 장시를 지어 보림사 차에 대해 아주 구체적인 기록을 남겼다. 여기서도 다산의 구증구포설은 반복적으로 언급된다. 뿐만 아니라, 차의 법제 과정 및 차 맛까지 자세히 적었다.

보림사는 강진 고을 자리 잡고 있으니	普林寺在康津縣
호남 속한 고을이라 싸릿대가 공물일세.	縣屬湖南貢楛箭
절 옆에는 밭이 있고 밭에는 대가 있어	寺傍有田田有竹
대숲 사이 차가 자라 이슬에 젖는다오.	竹間生草露華濺
세상 사람 안목 없어 심드렁히 보는지라	世人眼眵尋常視
해마다 봄이 오면 제멋대로 우거지네.	年年春到任蒨蒨
어쩌다 온 해박한 정열수 선생께서	何來博物丁洌水
절 중에게 가르쳐서 바늘 싹을 골랐다네.	教他寺僧芽針選
천 가닥 가지마다 머리카락 엇짜인 듯	千莖種種交織髮
한 줌 쥐면 움큼마다 가는 줄이 엉켰구나.	一掬團團縈細線
구증구포 옛 법 따라 안배하여 법제하니	蒸九曝九按古法
구리 시루 대소쿠리 번갈아서 방아 찧네.	銅甑竹篩替相碾
천축국 부처님은 아홉 번 정히 몸 씻었고	天竺佛尊肉九淨
천태산 마고선녀 아홉 번 단약을 단련했지.	天台仙姑丹九煉
대오리 소쿠리에 종이 표지 붙이니	筐之筥之籤紙貼
'우전'이란 표제에다 품질조차 으뜸일세.	雨前標題殊品擅
장군의 창 세운 문, 왕손의 집안에서	將軍戟門王孫家
기이한 향 어지러이 잔치 자리 엉긴 듯해.	異香繽紛凝寢燕

보림사 경내의 쌍탑.

뉘 말했나 정 옹(丁翁)이 골수를 씻어냄을	誰說丁翁洗其髓
산사에서 죽로차를 바치는 것 다만 보네.	但見竹露山寺薦
호남 땅 귀한 보물 네 종류를 일컫나니[11]	湖南希寶稱四種
완당 노인 감식안은 당세에 으뜸일세.	阮髥識鑑當世彦
해남 생달(柱樏), 제주 수선, 빈랑 잎 황차러니	海樏耽蒜檳榔葉
더불어 서로 겨뤄 귀천을 못 가르리.	與之相垺無貴賤
초의 스님 가져와서 선물로 드리니	草衣上人齎以送
산방에서 봉한 편지 양연(養硯) 댁에 놓였었지.[12]	山房緘字尊養硯
내 일찍이 어려서 어른들을 좇을 적에	我曾眇少從老長
은혜로이 한 잔 마셔 마음이 애틋했네.	波分一椀意眷眷
훗날 전주 놀러 가서 구해도 얻지 못해	後遊完山求不得
여러 해를 임하(林下)에서 남은 미련 있었다네.	幾載林下留餘戀

131

고경(古鏡) 스님 홀연히 차 한 봉지 던져주니[13] 　鏡釋忽投一包裹

둥글지만 엿 아니요, 떡인데도 붉지 않네. 　圓非蔗糖餅非茜

끈에다 이를 꿰어 꾸러미로 포개니 　貫之以索疊而疊

주렁주렁 달린 것이 일백열 조각일세. 　累累薄薄百十片

두건 벗고 소매 걷어 서둘러 함을 열자 　岸幘褰袖快開函

상 앞에 흩어진 것 예전 본 그것이라. 　床前散落曾所眄

돌솥에 끓이려고 새로 물을 길어오고 　石鼎撐煮新汲水

더벅머리 아이 시켜 불부채를 재촉했지. 　立命童豎促火扇

백 번 천 번 끓고 나자 해안(蟹眼)이 솟구치고 　百沸千沸蟹眼湧

한 점 두 점 작설이 풀어져 보이누나. 　一點二點雀舌揀

막힌 가슴 뻥 뚫리고 이뿌리가 달콤하니 　胸膈淸爽齒根甘

마음 아는 벗님네가 많지 않음 안타깝다. 　知心友人恨不遍

황산곡은 차시(茶詩) 지어 동파 노인 전송하니[14] 　山谷詩送坡老歸

보림사 한 잔 차로 전별했단 말 못 들었네. 　未聞普茶一盞餞

육우의 『나경』은 도공(陶公)이 팔았으나 　鴻漸經爲瓷人沽

보림사 차를 넣어 시 지었단 말 못 들었네. 　未聞普茶參入撰

심양 시장 보이차는 그 값이 가장 비싸 　潘肆普茶價最高

한 봉지에 비단 한 필 맞바꿔야 산다 하지. 　一封換取一疋絹

계주(薊州) 북쪽 낙장(酪漿)과 기름진 어즙(魚汁)은 　薊北酪漿魚汁胈

차를 불러 종이라 하며 함께 차려 권한다네. 　呼茗爲奴俱供膳

가장 좋긴 우리나라 전라도의 보림사니 　最是海左普林寺

운각(雲脚)에 유면(乳面)이 모여듦 걱정 없다.[15] 　雲脚不憂聚乳面

번열(煩熱)과 기름기 없애 세상에 꼭 필요하니[16] 　除煩去膩世固不可無

보림차면 충분하여 보이차가 안 부럽네.[16] 　我產自足彼不羨

동전 모양으로 만들어 꿰미에 꿴 떡차.

죽로차는 앞서 「호남사종」에서 말한 보림사 죽전차의 다른 이름이다. 보림사 대밭에 차가 많이 자라는데 세상 사람들은 그게 차인 줄도 모르고 잡풀 보듯 한다고 했다. 그것을 다산이 와서 보고 절의 승려들에게 차 만드는 방법을 알려주어 비로소 보림사 죽전차가 세상에 빛을 보게 되었다. 곡우 이전의 일창일기의 여린 잎만 골라 딴 것을 구리 시루로 찌고 대소쿠리로 말려 구증구포를 거쳤다. '아침(芽鍼)'만을 골라 뭉쳐 쥐면 마치 머리카락이 엇짜인 듯하다고 한 것으로 보아, 다산처럼 방아를 찧어 가루로 만든 것은 아니다. 한 점 두 점 작설이 풀어져 보인다고 한 데서, 구증구포한 일창일기 여린 찻잎을 쪄낸 후 그대로 뭉쳐 만들었음을 알 수 있다. 이유원이 마신 보림사의 죽로차는 대나무 발로 짠 그릇에 담아 '우전'이란 상표까지 붙인 최고급의 떡차였다.

이유원은 젊은 시절 자하 신위의 집에서 초의가 자하에게 선물로 준 보림사 죽로차를 마신 적이 있었다. 그 후 백방으로 그 차를 구했으나 다시는 마셔볼 기회를 갖지 못했다. 그런데 어느 날 고경 스님이 찾아와 차 한 봉지를 선물하였다. 둥근 떡을 실로 꿰어 꾸러미로 만들었는데, 세어 보니 떡차가 110개였다. 차를 마신 소감은 막힌 가슴이 뻥 뚫리고 이뿌리에 단맛이 감돌더라고 했다. 효능은 번열과 기름기를 제거해준다고 적었다. 이유원은 『임하필기』에서 중국의 보이차에 대해서도 자세한 언급을 남긴 바 있다. 그는 자신이 직접 마셔본 결과 보림사의 죽로차가 결코 중국의 고급 보이차에 못지않은 품질을 지녔다고 단언하였다. 그래서 그 맛을 기려 후대의 증언을 위해 보림사의 죽로차를 기록으로 남긴다고 했다.

증쇄를 거듭할수록 차의 독성이 눅는다. 냉한 성질이 따습게 변한다. 향과 맛이 부드러워진다. 다산은 이러한 약리를 잘 알았다. 이러한 제다법은 확실히 약용으로 차를 음용하던 습관에서 나온 것이다. 위 시를 통해 이유원이 「호남사종」에서 말한 구증구포로 법제한 보림사의 죽전차, 또는 죽로차는 잎차가 아닌 떡차임이 더 확실해졌다. 또 다산이 처음 제다법을 알려주었다는 보림사 죽로차를 초의가 그 방식대로 만들었다는 것으로 보아, 초의차 또한 다산에게서 배운 것임을 알 수 있다.

일제강점기로 이어진 떡차 제법

보림사의 구증구포 죽로차가 떡차였다는 사실은 조선의 차에 관심이 많았던 모로오카 다모츠(諸岡 存, 1879-1946)와 이에이리 가즈오(家入一雄, 1900-1982)가 1938년 전남 나주군 다도면 불회사와 장흥 보림사 등을 직접 답사하여 조사한 결과와도 정확하게 일치한다. 이 답사기에 수록된 불회사의 전차(磚茶) 제다 방법에 대한 설명은 다음과 같다.

차를 만드는 기본은 순을 딴 뒤의 남은 잎을 채취해서 이것을 하루 안에 3, 4회 찐(찐 것을 방 안에 얇게 펴서 식히는 정도로 하여 찌며, 찌는 횟수가 많을수록 향기와 맛이 좋다) 것을 절구에 넣고 끈적끈적하게 충분히 찧은 뒤, 지름 아홉 푼(약 2.3센티미터), 두께 두 푼(약 0.5센티미터)이 되게 손으로 눌러 덩어리 모양으로 굳히고, 복판의 작은 구멍에 새끼를 꿰어서 그늘에 말린다. 될 수 있는 대로 짧은 기간에 만들어 사용한다.[17]

몇 번을 찌더라도 찻잎을 딴 그날 낮과 밤 안에 여러 번을 찌는데, 찌는 횟수가 많을수록 향기와 맛이 좋아진다고 언급한 사실이 흥미롭다. 또한 완전히 건조시키지 않고, 찐 것을 방 안에 얇게 펴서 뜨거운 기운을 식히는 정도로만 말린다. 이렇게 여러 번 찌고 말리는 일을 반복하는 이유는 향과 맛을 더 좋게 하기 위해서다. 여러 차례 찌고 말리기를 되풀이한 뒤에 비로소 절구에 넣고 끈적끈적해질 때까지 찧는다. 찌는 횟수를 3, 4회 정도라고 했는데, 앞서 본 이시헌에게 보낸 편지에서 말한 다산의 떡차 제조법과 한 치의 차이가 없다.

또 당시 보고서에는 보림사의 청태전(青苔錢) 제조 방법도 보인다.

이(보림사) 부근에서는 청태전을 보통 차라고 하여, 1919년경까지 부락 사람들이 만들었으나, 그 뒤 작설차를 마시게 되면서 만들지 않는다. (중략) 가져온 날잎차는 곧장 가마에 넣고 쪄서 잎이 연하게 되면 잎을 꺼내(찻잎이 누런 빛깔을 띨 무렵) 절구에 넣고 손공이로 찧는다. 찧을 때는 떡을 만드는 것처럼 잘 찧는다. 이때 물기가 많으면 펴서 조금 말리고, 굳히기에 알맞게 되었을 무렵, 두꺼운 널빤지 위에서 내경 두 치(6센티미

일본의 이에이리 가즈오가 쓴
『조선의 차와 선』에 실린
보림사 청태전 떡차 사진.

터), 두께 5리(0.15센티미터), 높이 1푼 6리(0.48
센티미터)가량의 대나무 테에 될 수 있는 대로
짜임새가 촘촘한 얇은 천(무명)을 물에 적셔서
손으로 잘 짜서 펴고, 그 안에 찧은 차를 넣고,
가볍고 평평하게 엄지손가락으로 눌러 붙인다.
그것이 조금 굳어갈 때에 꺼내서 자리 위 또는
평평한 대바구니 위에 얹고 햇볕에 쬐어 절반
쯤 말랐을 무렵에 대나무 꼬치로 복판에 구멍
을 뚫는다. 잘 마른 다음 꼬치를 꿰면 차가 부서
지므로, 연할 때에 하나씩 꿴다. 그리고 될 수
있는 대로 그날 안에 말리도록 한다.[18]

찐 찻잎을 절구에 찧고 말리는 과정 또한 다산의 방법과 같다. 대나무
통을 얇게 잘라 찻잎을 담을 틀을 만들고, 거기에 찧은 차를 눌러 담아
말렸다. 당시 보고서에는 50년도 더 된 청태전이 이 마을의 집에서 발견
되었다는 언급도 있다. 다산 이래로 초의가 만들고 이유원이 마셨던 죽
로차를 거쳐, 보림사 인근에서 생산된 청태전, 즉 떡차는 지속적으로 생
산되었던 셈이다.

다산은 구증구포가 차의 강한 성질을 감쇄시키기 위함이라고 했고,
위 글에서는 차의 향과 맛을 더 좋게 해주기 때문이라고 했다. 증포를
거듭하면 강한 성질이 감쇄되면서 향과 맛이 순하고 부드러워진다. 이
유원은 위 시에서 차를 마시자 막힌 가슴이 뻥 뚫리고 이뿌리에 단맛이
감돌더라고 해서 이를 뒷받침했다.

구증구포는 여러 차례 되풀이한다는 의미이지, 꼭 숫자를 세어 아홉
번 하란 말이 아니다. 9는 만수(滿數)이므로, 여러 번의 뜻으로 흔히 쓴

다. 이렇게 본다면 다산이 이시헌에게 보낸 편지에서 '삼증삼쇄'로 횟수를 줄여 말한 것도 이해가 된다. 다산이 말한 구증구포는 꼭 숫자를 헤아려 아홉 번을 말한 것은 아니었고, 3회 이상 여러 차례 찌고 말리는 과정을 되풀이한다는 의미로 보아 무리가 없겠다. 즉, 다산이 만년에 횟수를 줄이는 쪽으로 견해를 수정한 것이 아니라는 뜻이다. 이를 오늘날의 구증구포설처럼 교조적으로 받아들인다면 다산이 직접 말한 증거가 나왔으니 구증구포는 마땅히 삼증삼쇄로 바뀌어야 옳다. 하지만 찌는 횟수가 몇 번이냐는 큰 의미가 없다. 더군다나 이때 구증구포는 녹차 아닌 떡차를 전제로 한 언급이 아닌가?

이제껏 다산의 떡차론과 구증구포설을 살폈다. 다산이 통상 마신 차는 잎차 아닌 떡차였고, 구증구포로 법제한 차 또한 덖음 잎차가 아닌 떡차였다. 다산이 중국에서도 쓰지 않는 구증구포의 방법을 도입한 것은 당시 조선에서 차가 약용으로 사용된 것과 관련이 깊다. 또한 기름진 음식을 많이 먹지 못하는 당시 조선의 식습관에 비추어 녹차는 성질이 너무 강해 위장에 강한 자극을 주고, 정기를 손상시킨다. 차의 냉한 성질을 감쇄시키고 떫은맛을 부드럽게 하며 단맛을 강화시키는 데 구증구포의 제다법은 상당한 효과가 있었으리라고 본다. 이 부분에 대해서는 전문 연구자들의 과학적인 검토를 요청한다.

필자는 다산 선생께서 마신 차가 떡차였으니, 오늘날 우리가 마시는 차도 떡차로 돌아가자고 주장하려는 것이 아니다. 떡차는 진공 포장이나 냉장 보관을 생각조차 할 수 없던 당시에, 잎차를 덖을 경우 장마철을 넘기기도 전에 차가 발효되어 맛이 변해버리는 상황에서 나온 제다 방법이었다. 떡차가 잎차보다 맛이 더 좋아 그랬던 것이 아니었다. 시대가 다르고 기술이 발전하면 제다법도 바뀌는 것이 마땅하다.

연암 박지원은 법고이지변(法古而知變)과 창신이능전(創新而能典)을 말했다. 옛것을 본받되 변화할 줄 알고, 새것을 만들더라도 능히 법도에 맞아야 한다는 말이다. 과거의 자취를 함부로 왜곡해서는 안 되겠지만, 그렇다고 무조건 과거로 돌아가는 것이 전통을 지키는 길이라고 생각하는 것은 더더욱 곤란하다.

08

스님! 차 좀 보내주소

다산의 걸명乞茗 시문

다산은 명실 공히 우리 차 문화의 중흥조다. 그는 아득히 잊혀져 사라진 우리 차 문화에 새 빛을 던졌다. 혜장과 초의의 제다법 또한 다산에게서 나왔다.[1] 그렇다면 다산은 언제부터, 왜 차를 마셨을까. 이 글에서는 다산이 혜장에게 차를 청하며 보낸 걸명 시문을 통해 이 물음에 답해보기로 한다.

다산의 초기 차 생활

다산은 유배 이전에도 차를 마셨다. 21세 나던 임인년(1782) 봄에 지은 「춘일체천잡시(春日棣泉雜詩)」의 앞쪽에 이런 내용이 있다.

백아곡의 새 차가 새잎을 막 펼치니	鴉谷新茶始展旗
마을 사람 내게 주어 한 포 겨우 얻었네.	一包纔得里人貽
체천의 물맛은 맑기가 어떠한가	棣泉水品淸何似
은병에 길어다가 조금 시험해본다네.[2]	閒就銀瓶小試之

백아곡(白鴉谷)은 경기도 광주 검단산(黔丹山) 북쪽으로, 이곳에서 작설차가 난다는 원주가 실려 있다. 백아곡은 다산의 집이 있던 여유당에서 배만 건너면 닿는 가까운 거리에 있다. 당시 검단산 인근에서도 채다가 이루어졌음을 알 수 있다. 체천은 당시 다산이 살고 있던 남대문 근처 창동의 지명이다. 20대 초반에 다산은 이미 차를 가까이하고 있었다. 또 「미천가(尾泉歌)」의 뒷부분에도 차 마시는 일에 관한 언급이 있다.

시험 삼아 용단차로 고질병을 다스리니	爲試龍團治癖疾
해맑기 수정이요 달기는 꿀맛일세.	瑩如水精甘如蜜
육우가 온다 하면 어디서 샘 찾을까	陸羽若來何處尋
원교의 동쪽이요 학령의 남쪽이리.[3]	員嶠之東鶴嶺南

이 또한 20대 서울 시절의 작품이다. 용단차를 말한 것으로 보아 당시 다산이 단차(團茶), 즉 떡차를 마셨음을 알 수 있고, 약용으로 마신 것이 확인된다. 이런 시의 존재는 다산의 음다(飮茶)가 20대 초반부터 시작되었음을 잘 보여준다. 서울 생활에서 차 마시는 일을 언급한 몇 수의 시가 더 있지만 차의 효용에 대한 언급이나 구체적인 예찬은 따로 보이지 않는다. 차에 대한 관심이 있었다 해도 당시 서울에서 차를 구해 상음하기는 쉽지 않았을 터, 고질병을 다스린다는 언급으로 보아 당시의 음다는 떡차로 소량을 상비해두었다가 이따금 약용으로 마시는 정도였을 것

백련사 전경. ⓒ차벽

이다. 이 밖에도 다산의 시문 속에는 음다 생활과 관련된 많은 언급이 보인다.[4]

다산과 혜장의 만남과 걸명시

다산이 본격적으로 차를 마시기 시작한 것은 강진으로 유배 온 지 4년 후, 백련사에서 아암(兒菴) 혜장(惠藏, 1772-1811) 선사와 교유를 갖게 되면서부터다. 그간 울화가 쌓여 맺힌 답답한 체증을 치료하기 위해서였다. 1801년 말에 강진으로 귀양 온 다산은 처음에 동문 밖 샘물 곁 주막집 뒷방에 옹색한 거처를 정했다. 이곳을 다산은 동천여사(東泉旅舍)로 불렀다. 막상 혜장선사와의 첫 만남은 그로부터 4년 뒤인 1805년 여름에 이루어졌다.

다산은 혜장이 대흥사에서 백련사로 건너와 머물며 다산을 만나려고 애를 쓴다는 소문을 들었다. 다산은 어느 날 슬쩍 신분을 감추고 백련사로 놀러 가 혜장과 한나절간 대화를 나누었다. 혜장은 그가 다산인 줄을 감쪽같이 몰랐다. 이윽고 작별하고 오는데 뒤늦게 다산임을 안 혜장이 헐레벌떡 뒤쫓아 와서 말했다. "공께서는 어찌 사람을 이렇듯 속이십니까? 공은 정대부 선생이 아니십니까? 저는 밤낮으로 공을 사모해왔는데, 공께서 어찌 차마 이렇게 하십니까?" 혜장이 막무가내로 붙드는 바람에 다산은 하는 수 없이 그의 방에서 묵어 자며 『주역』에 대한 토론을 벌였다. 제자들이 지켜보는 가운데 다산 앞에서 만장의 기염을 토하던 혜장은 밤중에 잠자리에서 다산이 던진 단 한 차례의 질문에 압도되어 마침내 그 앞에 무릎을 꿇고 사제의 인연을 맺는다. 이날은 1805년 4월 17일이었다.[5]

다산이 한때 머물며 혜장과 교유를 이어갔던 고성사의 현재 모습. 당시는 산비탈에 쓰러져가는
작은 암자 하나뿐이었다. 사진의 두 건물 사이에 키 작은 소나무가 있는 곳이 옛 암자 터다.

고성사 보은산방 현판. 보(寶)를 보(報)로 잘못 써놓았다.

이후 다산과 혜장은 급격히 의기가 투합해서 서로 왕래가 잦았다. 두 사람은 수십 수의 시를 서로 주고받았다.[6] 혜장은 다산의 후원자 노릇을 자처하며 보은산(寶恩山) 고성암(高聲菴)의 보은산방에 거처를 마련해주었고, 오가다가 일부러 들러 함께 며칠씩 머물다 가곤 했다. 이들은 『주역』을 공통 관심사로 삼아 토론을 거듭했다. 시를 지을 때조차 『주역』의 괘사(卦辭)를 운자로 삼았을 정도였다.

다음 시는 다산이 혜장과 처음 만난 지 얼마 되지 않은 시점인 1805년 4월에 혜장에게 보낸 걸명시다. 원제목은 「혜장 상인에게 차를 청하며 부치다(寄贈惠藏上人乞茗)」이다. 최초의 걸명시다.

들자니 석름봉 바로 아래서	傳聞石廩底
예전부터 좋은 차가 난다고 하네.	由來產佳茗
지금은 보리 말릴 계절인지라	時當曬麥天
기(旗)도 피고 창(槍) 또한 돋아났겠네.	旗展亦槍挺
궁한 살림 상재(長齋)함이 습관이 되어	窮居習長齋
누리고 비린 것은 비위가 상해.	羶腥志已冷
돼지고기 닭죽 같은 좋은 음식은	花猪與粥鷄
호사로워 함께 먹기 정말 어렵지.	豪侈邈難竝
더부룩한 체증이 아주 괴로워	秖因痃癖苦
이따금씩 술 취하면 못 깨어나네.	時中酒未醒
스님의 숲 속 차 도움을 받아	庶藉己公林
육우의 차솥을 좀 채웠으면.	少充陸羽鼎
보시하여 진실로 병만 나으면	檀施苟去疾
뗏목으로 건져줌과 무에 다르리.	奚殊津筏拯
모름지기 찌고 말림 법대로 해야	焙曬須如法

우렸을 때 빛깔이 해맑으리라.⁷　　　　　　　　浸漬色方澄

　석름봉은 만덕산 백련사 서편 봉우리의 이름이다.⁸ 당시 다산은 섭생
이 좋지 않았고 마음의 울결로 체증이 얹혀 고생이 심했다. 다산은 백련
사 석름봉에 차나무가 많아 산 이름도 다아산(茶兒山) 또는 다산(茶山)
이라 불린다는 말을 들었다. 이에 혜장에게 그곳에서 나는 차를 좀 구해
줄 것을 부탁했다. 당시 다산은 비위가 약해 기름진 음식은 소화를 못
시키고 술을 마시면 좀체 깨지도 않았다. 속이 늘 더부룩하여 불쾌했다.
다산은 혜장에게 차를 보시해서 이 묵은 체증을 쑥 내려가게 해달라고
부탁했다. 때가 마침 햇차가 날 시기였던 것이다.
　끝의 두 구절에서는 '배쇄(焙曬)', 즉 불에 익혀 햇볕에 말리는 절차
를 반드시 방법에 따라 해야 나중에 차를 우렸을 때 빛깔이 해맑다고 했
다. 다산이 혜장에게 차를 청하면서 차를 만드는 방법까지 꼼꼼하게 일
러준 것이다. 앞서 본 여러 문헌이 한결같이 증언하고 있는 대로 보림사
의 죽로차뿐 아니라 강진의 만불차를 구증구포의 제다법으로 처음 알려
준 것이 다산이었음을 상기한다면, 혜장에게 구체적인 제다법을 알려준
것 역시 다산이었음이 분명하다. 혜장은 당시 차가 많이 나는 백련사로
건너와 머문 지 얼마 되지도 않던 시점이었다.
　『다산시문집』에 잇따라 실린 다음 시 또한 위 시와 같은 운자로 지은
걸명시다. 전후 사정이 재미있다. 긴 제목의 내용은 이렇다.「혜장이 나
를 위해 차를 만들어놓고, 마침 그 문도인 색성이 내게 차를 주자 마침
내 그만두고 주지 않았다. 그래서 원망하는 글을 보내, 줄 것을 요구하
였다. 앞의 운을 쓴다.(藏旣爲余製茶. 適其徒賾性有贈, 遂止不予. 聊致怨詞, 以
徼卒惠. 用前韻)」

옛날에 문여가(文與可)는 대를 탐했고	與可昔饞竹
오늘날 탁옹(籜翁)은 차에 빠졌네.	籜翁今饕茗
하물며 그대는 다산(茶山)에 사니	況爾捿茶山
온 산에 자순(紫筍)이 돋아났으리.	漫山紫筍挺
제자의 마음 씀은 저리 후한데	弟子意雖厚
선생의 예법은 매정도 해라.	先生禮頗冷
백 근을 준대도 마다 않을 터	百觔且不辭
두 꾸러미 주는 게 뭐가 어때서.	兩苞施宜竝
만약에 술이 달랑 한 병뿐이면	如酒只一壺
어이해 깨지 않고 길이 취하리.	豈得長不醒
유언충(劉彦沖)의 찻그릇 이미 비었고	已空彦沖瓷
미명(彌明)의 돌솥도 쓸데가 없네.9	辜負彌明鼎
이웃에 설사병 걸린 이 많아	四隣多霍㾮
찾아오면 무엇으로 고쳐주리오.	有乞將何拯
오직 다만 벽간월(碧澗月)로 부응하여서	唯應碧澗月
구름 속 맑은 모습 토해내시게.10	竟吐雲中澄

이때 다산의 지도로 혜장과 그 제자 색성 등이 찻잎을 따서 각자 차를 만들었던 모양이다. 제목에서 '혜장이 나를 위해 차를 만들어놓고'라고 했다. 다산의 요청을 받고 혜장이 일부러 찻잎을 따서 만든 것이다. 하지만 혜장은 제자인 색성이 차 한 포를 다산에게 주었다는 말을 듣고, 자신이 만든 차를 아까워하며 내놓지 않았다. 다산은 너무 야박한 것이 아니냐며 당초 약속대로 마저 내놓으라고 으름장을 놓았다. 화려한 도자기 그릇이건 질박한 돌솥이건 차가 있어야 끓일 게 아니냐고 하면서, 다산은 차를 좀 넉넉하게 나눠주어야 설사병에 걸린 이웃의 병 고치는

데도 쓸 수 있을 테니, 어서 차를 내놓으라고 윽박질렀다.

15구의 '벽간월(碧澗月)'은 혜장이 만든 차에 붙인 이름인 듯하다. 초의 스님의 『동다송』에 보이는 "건양과 단산은 푸른 물의 고장인데, 품제 (品題)는 특별히 운간월(雲澗月)을 꼽는다네.(建陽丹山碧水鄉, 品題特尊雲澗月)"라고 한 '운간월'과 비슷한 명칭이다.

한편, 차를 보내준 색성에게는 고맙다는 뜻을 담아 따로 시 한 수를 지어주었다. 원제목은 「색성이 차를 부쳐준 것에 감사하며(謝賾性寄茶)」이다.

장공의 여러 명 제자 중에서	藏公衆弟子
색성이 제일로 기특하다네.	賾也最稱奇
화엄의 가르침을 이미 깨치고	已了華嚴敎
겸하여 두보 시를 배우는구나.	兼治杜甫詩
초괴(草魁)를 볶아내는 솜씨가 좋아	草魁頗善焙
고맙게도 나그네를 위로하였네.	珍重慰孤羈

5구의 초괴는 서초괴(瑞草魁)의 줄인 표현이다. 상서로운 풀 가운데서 으뜸이란 뜻이다. 차의 별칭으로 쓴다. 당나라 때 두목(杜牧)이 지은 「제 다산(題茶山)」의 첫 두 구절, "산은 실로 동오 땅이 아름다운데, 차를 일러 서초괴라 부르는구나.(山實東吳秀, 茶稱瑞草魁)"라 한 구절에서 따왔다. 색성이 만든 차가 품질이 좋고, 고단한 나그네에 대한 마음 씀이 도타워 고맙다고 치하한 내용이다. 당시 색성은 『화엄경』을 다 읽고 나서 다산에게 왕래하며 두시(杜詩)를 배우고 있었던 모양이다.

다산의 「걸명소」

다산은 이렇게 해서 혜장과 색성 등에게서 차례로 차를 얻어 마셨다. 같은 해인 1805년 겨울에 다산은 다시 한 번 혜장에게 차를 청하는 글을 보낸다. 앞서 초여름에 얻은 차가 진작에 동이 났던 것이다. 이번엔 장난스럽게 상소문의 형식을 빌렸다. 이것이 유명한 「걸명소」다. 변려투의 문식(文飾)이 두드러진 글이다. 현행 『다산시문집』에는 어찌 된 셈인지 빠져 있다. 현재의 통용본에는 원문에 미심쩍은 곳이 적지 않다. 제목만 하더라도 「걸명소(乞茗疏) 을축동(乙丑冬) 증아암선사(贈兒菴禪師)」로 된 것과 「이아암선자걸명소(貽兒菴禪子乞茗疏) 을축동재강진(乙丑冬在康津)」 두 가지로 전한다.[11] 뿐만 아니라 본문의 글자나 배열도 조금씩 차이가 난다. '계호(泊乎)'가 '박호(泊乎)'로 된다든지, '효효(皛皛)'가 '정정(晶晶)'으로 바뀌거나, '서초지괴(瑞草之魁)'가 '초단지괴(草端之魁)'로 된 것 같은 경우가 그렇다.

이 글은 안팎으로 촘촘한 대우(對偶)를 이루고 있어, 안짝과 바깥짝의 대구가 삼엄하다. 구절의 차례가 뒤엉킨 것은 이것으로 대부분 바로잡을 수가 있다. 이에 몇 가지 통용본을 교감하여 다음과 같이 원문을 정리하고 새로 번역해본다.

○貽兒菴禪子乞茗疏

乙丑冬在康津作

旅人近作茶饕 兼充藥餌
書中妙解 全通陸羽之三篇
病裏雄吞 遂竭盧仝之七椀
雖浸精瘠氣 不忘綦母㷡之言
而消壅破瘢 終有李贊皇之癖
朝華始起 浮雲皛皛於晴天
午睡初醒 明月離離乎碧澗
細珠飛雪 山爐飄紫箏之香
活火新泉 野席薦白菟之味
花瓷紅玉 繁華雖遜於潞公
石鼎青煙 澹素庶近於韓子
蟹眼魚眼 昔人之玩好徒深
龍團鳳園 內府之珍頒已罄
玆有采薪之疾 聊伸乞茗之情
竊聞苦海津梁 最重檀那之施
名山膏液 仰酬艸瑞之魁
宜念渴希 毋慳波惠

「열수문황(列水文簧)」에 실린 다산이 혜장에게 보낸 「걸명소」.

나그네는 요즘 들어 다도(茶饕), 즉 차 욕심쟁이가 된 데다, 겸하여 약용 (藥用)에 충당하고 있다네. 글 가운데 묘한 깨달음은 육우의 『다경』세 편과 온전히 통하니, 병든 숫누에는 마침내 노동(盧仝)의 일곱 사발 차를 다 마셔버렸다오. 비록 정기를 고갈시킨다는 기모경의 말을 잊지는 않았으나, 마침내 막힌 것을 뚫고 고질을 없앤다고 한 이찬황의 벽(癖)을 얻었다 하겠소. 아침 해가 막 떠오르매 뜬구름은 맑은 하늘에 환히 빛나고, 낮잠에서 갓 깨어나자 밝은 달빛은 푸른 냇가에 흩어진다. 잔 구슬 같은 찻가루를 날리는 눈발처럼 흩어, 산 등불에 자순(紫筍)의 향을 날리고, 숯불로 새 샘물을 끓여, 야외의 자리에서 백토(白菟)의 맛을 올린다. 꽃 무늬 자기와 붉은 옥으로 만든 그릇의 번화함은 비록 노공(潞公)만 못하고, 돌솥 푸른 연기의 담박함은 한자(韓子)보다 많이 부족하다네. 해안어 안(蟹眼魚眼)은 옛사람의 즐김이 한갓 깊은데, 용단봉단(龍團鳳團)은 내부 (內府)에서 귀하게 나눠줌을 이미 다했다. 게다가 몸에는 병이 있어 애오라지 차를 청하는 마음을 편다오. 들으니 고해(苦海)를 건너가는 비결은 단나(檀那)의 보시를 가장 무겁게 치고, 명산의 고액(膏液)은 서초(瑞草) 의 으뜸인 차만 한 것이 없다고 들었소. 애타게 바람을 마땅히 헤아려, 아낌없이 은혜를 베풀어주기 바라오.[12]

글의 서두에서 스스로를 다도(茶饕)라 한 것이 재미있다. 도(饕)는 고대 상상의 동물인 도철(饕餮)이다. 탐욕이 많고 흉포한 성질을 가졌다. 천하에 맛보지 않은 차가 없다고 자부했던 청나라 때 원매(袁枚)도 자신의 별호를 '다도'라 한 바 있다. 차에 욕심이 많은 사람이란 뜻이다. '서중묘벽(書中妙癖)'은 공부를 하면서 느끼는 삼매의 경계가 육우가 『다경』에서 말한 경지와 상통한다는 뜻인 듯하다. 『대장경』 가운데 『공 작왕주경(孔雀王呪經)』 1권에 『묘벽인당다라니경(妙癖印幢陀羅尼經)』이 있다. 묘벽이란 오묘한 깨달음이다.

'병리웅잠(病裏雄蠶)'은 누에가 뽕잎을 먹고 최면기에 들어 한잠 자고 나서 다시 깨어난 상태다. 이때 누에의 몸은 극도로 쇠약하여 특별히 주의를 기울이지 않으면 안 된다. 한잠에서 깨어난 숫누에는 욕심 사납게 다시 뽕잎을 갉아 먹는데, 여기서는 다산 자신이 마치 갓 깨어난 숫누에가 뽕잎 찾듯 차를 갈급한다는 의미로 썼다. 노동(盧仝)의 칠완(七椀)은 흔히 「칠완차가(七椀茶歌)」로 널리 알려진 「붓을 달려 맹간의가 햇차를 보내온 데 감사하다(走筆謝孟諫議寄新茶)」란 시의 내용을 두고 이른 말이다.

기모경은 당나라 때 우보궐(右補闕)의 벼슬을 한 사람이다. 차를 싫어해 '척기모정(瘠氣耗精)'으로 차의 폐해를 지적하고 차에 지나치게 빠지는 것을 경계하는 「벌다음서(伐茶飮序)」란 글을 남겼다.[13] 이찬황은 본명이 이덕유다. 당나라 때 재상을 지냈고, 차에 남다른 조예가 있었다. 그는 특히 차를 끓일 때 혜산천(惠山泉) 물만을 고집해 역말을 이어 달려 혜산천의 물을 실어 날라 당시에 '수체(水遞)'란 말이 생겨날 만큼 차에 벽이 있단 말을 들었던 인물이다. 또 그는 촉 땅에 들어가 몽산의 떡차를 얻어 고깃국에 넣고, 이튿날 열게 하여 고깃덩어리가 다 녹은 것을 보여주며 차가 지닌 소옹(消壅), 즉 체기를 내리는 효과를 증명해 사람들을 놀라게 한 일도 있다.[14] 기모경의 경계에도 불구하고 다산 자신이 체기를 내리는 신통한 효과 때문에 이찬황이 그랬던 것처럼 차에 벽이 들었음을 말한 것이다.

'세주비설(細珠飛雪)'과 '활화신천(活火新泉)', '해안어안(蟹眼魚眼)'은 모두 소동파의 「시원전다(試院煎茶)」시에서 따왔다. 특히 '세주비설'은 단차를 차 맷돌에 갈아 찻가루가 눈가루처럼 흩날리는 형상을 묘사한 것이다. 다산이 당시 즐겨 마신 차가 주로 떡차였음을 다시 한 번 증언한다. '자순'과 '백토'는 차의 이름이다. 자순차는 육우가 『다경』에서 이미 천하 제일의 명차로 일컬은 바 있다. 백토차는 월토차(月兎茶)를 변려문의 대우에 맞춰 색채어로 달리 표현한 것이다. 송나라 때 노공(潞公) 문언박(文彦博)에 얽힌 고사도 같은 시에 나온다. 문언박은 서촉(西蜀)에서 차 달이는 법을 배워 와서 정주(定州) 땅의 홍옥(紅玉)을 쪼아 만든 호사스런 화자(花瓷)로 차를 달여 마셨다. '석정'과 '한자' 운운한 것은 앞서 걸명시에서 본 한유(韓愈)의 「석정연구시서(石鼎聯句詩序)」에서 따온 말이다. 자신이 문언박의 도자기 찻잔의 호사스러움이나 한유의 돌솥의 담백함에는 못 미치지만 차를 아끼는 마음만큼은 그들에 못지않음을 말한 것이다.

정작 혜장선사의 『아암집(兒菴集)』에는 차에 관한 언급이 많지 않다. 다산과 만난 후 그와 『주역』을 논하며 주고받은 화답시인 「삼가 동천께 곤괘 육효의 운으로 화답하며(奉和東泉坤卦六爻韻)」란 시에서 처음으로 "패엽(貝葉) 불경 광주리에 가득하거니, 찻잎을 주머니에 담아 두었지.(貝葉曾盈篋, 茶芽更貯囊)"라 한 구절이 있다. 동천(東泉)은 앞서도 말했듯 당시 다산이 머물던 강진 읍내 동문 밖 우물 옆 주막집을 가리키는 말이다.

이상 살펴본 차를 청하는 다산의 걸명 시문을 통해, 다산이 차에 관한 전문 지식이 상당히 깊었고, 생활화된 음차 습관은 물론, 차 제조에 대해서도 대단한 관심이 있었음을 본다. 또 한 가지, 당시 차의 용도가 단순히 기호 식품이 아닌 체증과 설사 등의 치료약으로서의 쓰임이 컸음을 이들 시문들은 한결같이 증언한다.

다산이 혜장에게 보낸 걸명 시문은 훗날 추사가 초의에게 보낸 일련의 걸명서(乞茗書)와 함께 우리 차 문화사의 특별한 장면을 보여준다. 이는 당시 차를 만드는 사람이 거의 없던 조선의 특수한 상황이 빚어낸

독특한 문화 현상이다. 다산의 걸명 시문 이래 걸명의 풍조는 하나의 유
행처럼 번져갔던 듯하다. 이들 시문 속에는 선인들의 차 사랑과 풍류와
해학이 오롯이 살아 있다.

09

우리 차 문화 중흥의 산실

다산초당과 다산의 차 생활

이 글에서는 다산초당에서 이루어진 다산의 차 생활에 대해 살펴보겠다. 「다산사경첩(茶山四景帖)」과 「다암시첩(茶盦詩帖)」 및 처음으로 공개하는 「이산창수첩(二山唱酬帖)」에 실린 두 편의 차시와 차 관련 편지 세통 등을 중심으로 검토키로 한다. 다산초당의 공간 배치와 세부 구성에 대해서는 다른 글에서 상세히 살핀 바 있어 여기서는 생략한다.[1]

다산초당의 다조와 약천

『다산시문집』에 초당 정착 이후인 1811년부터 해배되던 1818년까지 8년간의 시가 한 수도 남아 있지 않은 점은 이상하다. 초당 생활 이후 다산이 비로소 정신적 안정을 찾아 작업에 몰두한 것으로 볼 때, 이 시

青石磨平赤字鐫　烹茶小竈艸堂前
魚喉半翕濃色火　獸耳雙穿細出煙
松子拾來辜替炭　梅花拂去晚調
泉優精瘵氣終須弄且心丹爐
學做仙

茶竈在池亭之前

『다산사경첩』 중 차 부뚜막을 노래한 「다조」시. 윤영상 소장.

기에 시작(詩作) 또한 활발했을 것이 틀림없다. 그런데 이 시기 시를 묶은 책이 무슨 사정에서인지 통째로 빠지고 말았다. 하지만 이때 지은 다산의 시는 각종 시첩의 형태로 상당수가 전해진다. 시문이 온전히 남았더라면 차 생활과 관련된 직접적인 내용을 지금보다 훨씬 더 풍부하게 알 수 있었을 것이다.[2]

이제 문집에 누락된 자료들에 보이는 차와 관련된 시만을 간추려 읽어본다. 우선 살필 것은 「다산사경첩」이다. 다산은 다산초당의 4경으로 다조(茶竈)·약천(藥泉)·석병(石屛)·석가산(石假山) 네 가지를 꼽았다. 이 가운데 다산의 차 생활과 직접 관련이 있는 것은 다조와 약천이다.

반반하게 청석 갈아 붉은 글자 새기니	靑石磨平赤字鐫
차 달이는 부뚜막이 초당 앞에 놓였네.	烹茶小竈艸堂前
반쯤 닫은 고기 입에 불길 깊이 스미고	魚喉半翕深包火
짐승 두 귀 쫑긋 뚫려 가늘게 연기 나네.	獸耳雙穿細出煙
솔방울 주워 와서 새로 숯과 교체하고	松子拾來新替炭
매화는 불어 없애 늦게 샘물 조절한다.	梅花拂去晚調泉
정기를 삭게 함은 끝내 경계해야 하니	侵精瘠氣終須戒
단약 화로 만들어서 신선 됨을 배우리라.	且作丹爐學做仙

4경 중 제1경으로 꼽은 것이 바로 이 다조, 즉 차 끓이는 부뚜막이다. 지정(池亭) 앞에 이것이 있다고 했다. 초당 앞에 놓여 있던 것이다. 2구에서 '소조(小竈)'라 한 것으로 보아 작은 크기의 청석(靑石)을 평평히 갈아 만든 화덕이었다. 여기에 붉은 글씨로 '다조'란 두 글자를 새겨 넣었다고 했다. 현재 초당 앞에는 꽤 큰 평평한 돌 하나가 놓여 이것을 다조로 설명한다. 다산의 1, 2구 진술로 볼 때 어림없는 딴 물건이다.

다산초당 앞의 반석. 현재는 이것을 다조로 설명하고 있다.

생김새는 어떠했을까? 숯을 넣는 구멍은 물고기가 목구멍을 반쯤 열어 빼끔대는 모양이고, 위쪽 양옆으로 짐승의 귀처럼 삐쭉 솟은 곳에 작은 구멍이 있어 그리로 연기가 빠져나가게 되어 있었다. 이것은 육우가 『다경』에서 그려 보인 화로와 부뚜막의 모양을 하나로 합친 모양에 가깝다. 그러니까 속은 텅 비고 숯을 넣는 구멍은 반쯤 벌린 물고기 입 모양이며, 찻주전자를 안칠 자리에는 구멍이 뚫렸고, 양옆 손잡이 부분이 봉긋 솟아 여기에 연기를 배출하는 작은 구멍을 뚫은 소박한 형태의 화덕이었다.

다산은 처음에 숯을 넣어 찻물을 끓이다가 불기운이 세지면 숯을 꺼내고 솔방울을 넣어 화후(火候)를 조절했다. 6구에서 매화를 불어 없앤다 함은 물 위에 뜬 유화(乳花)를 걷어낸다는 뜻인 듯하다. 유화는 떡차를 가루 내어 끓일 때 생기는 거품이다. 7구에서는 기모경이 「벌다음서」

에서 말한 차가 정기를 삭게 한다는 '침정척기(侵精瘠氣)'의 경계를 환기했다. 내친 김에 단약을 끓이는 화로를 만들어 신선술을 배울까 싶다고 말하며 시상을 맺었다.

다산의 12승(勝)을 노래한 「다암시첩」의 제5수도 바로 이 다조를 읊은 것이다. 잇달아 읽어본다.

마른 벽돌 쌓아 만든 작은 다조는	壘墼小茶竈
이화(離火)와 손풍(巽風)의 형상이라네.	離火巽風形
차 익을 제 산 머슴은 졸고 있는데	茶熟山僮睡
하늘하늘 연기만 홀로 푸르다.	裊煙猶自靑

1구에서 다조의 모양을 '누격(壘墼)'이라 한 것이 흥미롭다. '격(墼)'은 불에 굽지 않은 생벽돌이다. 이 말대로라면 다산의 다조는 벽돌을 포개 쌓아 만들었다는 의미가 된다. 앞서 본 시에서 청석을 평평히 갈아 붉은 글자를 새겼다는 언급과 겹쳐보면, 아래쪽은 벽돌을 포개 쌓고 위쪽 덮개 부분은 청석을 갈아 평평하게 만들어 회반죽으로 빈틈을 메운 것이다. 아래쪽 숯을 넣는 구멍은 물고기가 입 벌린 모양으로 내고, 위에는 양옆에 연기 나가는 구멍 두 개를 짐승 귀처럼 봉긋하게 뚫은 형태였다.

2구는 다조에 뚫린 구멍의 형상에 대한 설명이다. '이화'와 '손풍'은 모두 『주역』의 괘상과 관련이 있는 말이다. 육우는 『다경』의

「다암시첩」에 수록된 다조를 노래한 다산 친필 시.

157

육우의 『다경』에 나오는 차 화로 펼침 그림.

「로(爐)」 항목에서 구리쇠로 만든 세발솥의 한쪽 발에 '감상손하리우중(坎上巽下離于中)'이란 글을 새겼다고 했는데, 그 의미는 '위에는 물, 아래는 바람, 가운데는 불'을 둔다는 의미였다. '리(離)'[☲]는 『주역』8괘(卦)의 하나로 두 양(陽)의 한가운데 음(陰)이 있어 모든 사물이 잘 통과하는 형상이고, '손(巽)'[☴]은 위로 두 양이 있고 맨 아래 음이 있는 형태로 사물을 잘 받아들이는 덕을 상징한다. 결국 2구의 '이화손풍형(離火巽風形)'이란 불을 잘 빨아들이고 바람을 잘 들게 하는 형태를 갖춘 풍로를 말한다. 이는 위 「다조」시에서 물고기 입 같고 짐승의 쫑긋한 두 귀 같다는 표현의 다른 설명이다. 이로 보아 다산이 다조를 만들 때 육우의 『다경』을 십분 참고하여 아래쪽 숯 넣는 구멍을 뚫고 위쪽의 두 손잡이 부분은 연기가 빠져나가는 쫑긋한 구멍으로 대체하여 책 속의 설명에 가깝게 제작했음을 짐작할 수 있겠다. 다산이 다조의 위치를 '지정'의 앞이라고 특정한 것으로 미루어 볼 때, 다조는 그때그때 들어 위치를 옮길 수 있는 이동식이 아니라, 바닥에 장치된 고정식이었던 듯하다. 현재 다산초당 앞에 놓인 바위는 다산 당시의 다조와는 애초에 거리가 멀다. 오히려 다탁으로는 쓸 수가 있겠다.

다산 4경 중 두 번째로 꼽은 것이 약천이다. 차를 끓이려면 차에 못지않게 물도 중요하다. 이 약천에 대해 다산은 "약천은 지정의 서북쪽 모

玉井無泥只利沙一瓢斟取来

餐霞初尋石裏漿穴遂此中

煉藥家弱虺蔭蹊斜汎葉小桃當

頂倒芊花泬瘵破癖功堪錄作子

宜碧碗茶

藥泉在汕亭西北隔始唯洄
汕余鑿之清泉自石中迸出

서리에 있다. 처음에는 그저 웅덩이였는데, 내가 이를 파자 맑은 샘물이 돌 가운데로부터 솟아났다.(藥泉在池亭西北隅, 始唯沮洳. 余鑿之, 淸泉自石中迸出)"고 적었다.

옥우물 뻘은 없고 다만 모래 깔려 있어	玉井無泥只刮沙
한 바가지 떠 마시면 찬하(餐霞)인 듯 상쾌하다.	一瓢斟取爽餐霞
처음에 돌 틈에서 승장혈(承漿穴)을 찾았더니	初尋石裏承漿穴
마침내 산속의 약 달이는 집 되었네.	遂作山中煉藥家
여린 버들 길을 덮어 빗긴 잎이 물에 뜨고	弱柳蔭蹊斜汎葉
이마 닿는 어린 도화 거꾸로 꽃이 폈다.	小桃當頂倒開花
담 삭이고 고질 나음 그 공 기록할 만하니	消痰破癖功堪錄
틈날 때 벽간차(碧澗茶)를 끓이기에 알맞다오.	餘事兼宜碧澗茶

첫 수 「다조」의 7구에서는 '침정척기'를 경계한다 해놓고, 「약천」의 7구 같은 자리에서는 '소담파벽(消痰破癖)', 즉 가래를 삭여주고 고질을 낫게 하는 차의 효능을 말했다. 이 두 대목은 다산이 「걸명소」에서 "비록 정기를 고갈시킨다는 기모경의 말을 잊지는 않았으나, 마침내 막힌 것을 뚫고 고질을 없앤다고 한 이찬황의 벽을 얻었다 하겠소."라 한 대목의 부연 설명인 셈이다. 8구에서는 이 맑고 시원한 약샘물로 일의 여가에 벽간차를 끓여 마시겠다고 했다.

「다암시첩」 제4수도 바로 이 약샘물을 노래했다.

담장 아래 구멍 하나 샘물 솟는데	牆根一眼泉
돌의 정기 천 년 지나 액체가 됐네.	石髓千年液
사슴 마셔 새롭게 난 흔적이 있고	鹿飮有新痕

범이 후빈 옛 자취는 찾을 수 없네.   虎跑無古跡

약샘을 석수영액(石髓靈液)에 견주었다. 사슴이 밤마다 와서 마시고
가서 샘물 가엔 사슴 발자국이 있고, 예전 범이 와서 긁어 팠던 묵은 자
취는 찾을 수가 없다고 했다. 석수(石髓)의 약천이라 영물들도 알아본다
는 뜻을 행간에 담았다.

새로 찾은 다산의 차시와 차 편지

초당 정착 이후 다산은 혜장 등에게 손 벌리지 않고도 차를 자급자족
하게 되었던 것으로 보인다. 초당에 정착한 지 6년째 되던 1814년 3월 4
일에 문산(文山) 이재의(李載毅, 1772-1839)와 주고받은 「이산창수첩」에
다산의 차 생활을 짐작할 수 있는 차시 두 수가 남아 있다.[3]

곡우 지나 새 차가 비로소 기(旗)를 펴자   雨後新茶始展旗
차 바구니 차 맷돌을 조금씩 정돈한다.   茶籝茶碾漸修治
동방엔 예로부터 다세(茶稅)가 없었거니   東方自古無茶稅
앞마을에 개 짖어도 염려하지 않는도다.   不怕前村犬吠時

따로 붙은 제목은 없다. 곡우가 지나서야 햇차가 도르르 말려 있던 새
잎을 편다. 일창일기는 우전차의 대명사다. 2구는 갓 펴진 새잎을 보고,
찻잎을 따서 담을 차 바구니와, 차 끓일 때 떡차를 가루 낼 차 맷돌을 꺼
내 정돈하는 정황 설명이다. 차 맷돌을 말한 것에서 다산이 주로 마신
차가 떡차였음을 거듭 확인한다. 다산은 혜장에게 준 「제장상인병풍(題

雨後新茶如展旗殘茶籏茶
碾漸修治事有自古之茶
稅不怕前村犬吠時

「이산창수첩」에 수록된 다산 친필 차시.

藏上人屛風)」에서도 "볕 드는 창가 책상에서 독루향(篤褸香)을 사르고, 소룡단(小龍團) 떡차를 달인다.(燒篤褸香, 點小龍團)"고 적은 바 있다.⁴ 3, 4구는 차를 딴다 해도 우리나라에서는 차 세금을 매기는 법이 없어, 앞마을에 개 짖는 소리가 들려도 아전이 세금을 독촉할까봐 걱정을 하지 않는다는 말이다. 앞서 「각다고」에서 중국 역대의 각다 정책에 대해 비판적 시각을 견지했던 것과 맥락이 서로 통한다.

다산의 초당 생활이 6년째로 접어들던 안정기에 지어진 시다. 이 시가 중요한 것은 다산은 이 무렵 이미 직접 차를 따서 만들어 마시고 있었음을 알 수 있기 때문이다. 차 바구니와 차 맷돌을 갖춰두고 채다에서 제다까지의 모든 공정을 자체 소화하고 있었던 것이다. 이런 제다의 경험과 품다의 누적에 바탕하여 다음과 같은 시도 지었다. 역시 「이산창수첩」에 실린 문산 이재의에게 차운하여 준 작품이다. 제목은 「삼연 김창흡의 만덕사 시에 차운하여(次韻三淵萬德寺之作)」이다.

흰 자갈 언덕 머리 외나무 성근 다리   犖确坡頭略彴橋
다산의 동쪽과는 백궁(百弓)도 채 못 되네.   茶山東不百弓遙

162

次韻三淵萬德寺之作

荸确坡頭略约橋茶山東不百弓

遙山含雨力舒春　樹海濛雲根

作晚潮癡欲品茶　追陸羽清

誰畫蘺配參寥年、花事禪

樓上归馬金鞍憶早朝　茶山

「이산창수첩」에 실린 다산 친필 차시. 안백순 소장.

빗기운 머금은 산 봄 나무는 잎을 펴고	山含雨力舒春樹
구름 뿌리 바다 젖어 저녁 조수 일어난다.	海浸雲根作晚潮
바보같이 품다(品茶)하여 육우를 따르고저	癡欲品茶追陸羽
뉘 맑게 연꽃 그려 참료(參寥)와 짝 지을꼬.	淸誰畵藕配參寥
해마다 선루(禪樓) 위에 꽃 소식 들려오면	年年花事禪樓上
금안장에 내마(內馬) 타던 조정 시절 떠오르네.	內馬金鞍憶早朝

만덕사와 다산 동암의 거리가 가까워 백궁, 즉 백 걸음도 안 된다고 했다. 봄비에 젖은 새잎은 고사리손을 펴고, 구름 자욱한 바다에는 저녁 조수가 밀려든다. 5구에서 다산은 바보같이 품다로 다성 육우의 경지를 따라보려고 한다고 했다. 안 될 줄 알면서도 하려 하니 바보 같다고 했지만, 차를 따서 덖고 떡차를 만들어 끓여 마시는 과정에서 얻은 깨달음의 경지를 은연중 육우에 견준 것이다. 꽃 소식을 따라 멀리서 찾아온 벗을 만나니 예전 조정에 있을 적의 화려한 봄날이 더 그립다는 말로 시를 맺었다.

필자가 구해 본 세 통의 미공개 편지에도 다산의 차에 관한 생각이 잘 드러나 있다. 차례로 읽어보기로 한다.[5] 개인 소장의 이 간찰 세 통은 다산이 동일한 수신자에게 보낸 편지로 보인다. 두 통은 피봉이 있고, 한 통은 없다. 피봉에는 '예려(汭旅)'와 '관성(冠城)'을 수신자로 적었다. 관성은 관산(冠山), 즉 지금의 전남 장흥(長興)의 고호다. 예려는 장흥 읍내를 관통하여 흐르는 탐진강(耽津江)을 장흥 지역에서 예양강(汭陽江)이라 부르므로, 이 또한 장흥 지역을 가리킨다. 세 통의 편지에서 다산은 자신을 '척(戚)' 또는 '병척(病戚)'으로 적고 있어, 상대가 먼 집안사람이었음을 알 수 있다. 편지를 보낸 시기는 명시하지 않았다.

이렇게 볼 때 수신자는 장흥 반산(盤山), 지금의 장흥군 장동면(長東

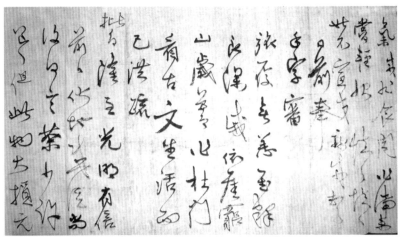

다산이 차의 음용에 주의를 당부한 내용의 편지. 개인 소장.

面)에 세거했던 정수칠(丁修七)로 보인다. 다산은 문집 권 17에 「반산 정수칠에게 주는 말(爲盤山丁修七贈言)」을 써준 바 있고, 권 19에도 「반산 정수칠에게 주는 편지(與盤山丁修七書)」가 실려 있다. 또 「반산정씨세고서(盤山丁氏世稿序)」와 「반곡 정공의 난중일기에 제함(題盤谷丁公亂中日記)」 등을 남기고 있어, 먼 집안인 장흥 반곡의 정수칠과 빈번한 왕래가 있었음을 말해준다.

먼저 읽을 편지에는 피봉이나 수신자, 그리고 보낸 시기 등이 전혀 보이지 않는다.

일전에 손수 쓰신 글월을 받자옵고, 객지 생활에 별고 없으신 줄 알게 되어 아주 마음이 놓였습니다. 저는 변함없이 궁벽한 산속에서 세모에 문을 닫아걸고서 고문을 보는 생활을 하고 있을 뿐입니다. 홍소(洪疏)에 비지(批旨)가 두터이 이르니, 광명이 전날에 배나 됩니다. 땅에 엎드려 감읍할 뿐 다시 무슨 말을 하겠습니까? 차를 조금 보냅니다. 다만 이 물건은 원기를 크게 손상시키므로, 저도 고기를 먹어 체했을 때가 아니면 함부로 먹지 않습니다. 조심하고 조심하시기 바랍니다. 잠시 다 갖추어 적지 못합니다. 병든 친척이 삼가 드림.⁶

시기를 추정할 만한 단서는 홍소에 비지가 두터이 이르렀다는 내용뿐이다. 다산의 「자찬묘지명」에 "경오년(1810) 봄, 아들 학연이 징을 울려 원통함을 호소하자, 형조판서 김계락(金啓洛)이 주상의 재가를 청하여 향리로 방축할 것을 명하였다. 홍명주(洪命周)가 상소하여 안 된다고 하고, 또 이기경(李基慶)이 대계(臺啓)를 발론하는 바람에 끝내 놓여나지 못했다."고 한 내용이 나온다. 위 편지 속의 '홍소'는 홍명주의 상소문을 가리킨다. 내용은 『조선왕조실록』 순조 10년 9월 28일자 기사에 자세하다. 이때 교리 홍명주가 다산을 향리로 추방하라는 명을 정지시켜 줄 것을 요청했다. 왕은 이에 다음과 같은 비답을 내렸다. "아뢰어 올린 정약용의 일은 이미 옥당의 차자에 대한 비답에서 유시하였다. 사도(邪徒)를 임히 배척하는 것을 내가 어찌 모르겠는가만, 만약 이러한 죄에 관계되지 않았다는 것을 분명히 알았다면 또한 온통 사도로 몰아붙일 것이 뭐가 있겠는가? 이후에 만일 날뛰는 흔적이 있으면 나라에 금석 같은 법이 있으니 반드시 전일의 일보다 열 배나 더 엄히 벌을 줄 것이다. 정약용 하나쯤 무슨 어려움이 있겠는가? 그리고 이렇게 한 후에도 삿된 무리가 예전처럼 함부로 날뛰면서 엿보려고 꾀한다면 조정에 자연 공론이 있을 것인데, 내가 왜 말을 허비할 것이 있겠는가?"라고 하며 그 요청을 허락하지 않았다. 위 다산의 편지에서 홍소에 비지가 융성하게 이르렀다는 말은 바로 이 일을 두고 말한 것이다. 하지만 이기경 등이 잇달아 대계를 올리는 바람에 당시 다산은 끝내 석방되지 못했다.

그러니까 위 편지는 1810년 세모에 쓴 것이 된다. 다산은 당시 석방

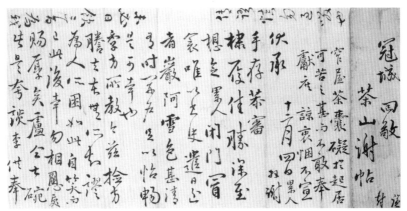

장흥의 정수칠에게 보낸 것으로 보이는 다산의 친필 편지. 개인 소장.

의 기대에 잔뜩 부풀어 있는 상태였다. 그는 편지의 수신자에게 차를 조금 보내면서 차가 원기를 크게 손상시키니, 함부로 먹으면 안 된다고 주의를 주었다. 자신도 고기를 먹어서 체했을 때가 아니면 잘 먹지 않는다고 했다.

짧은 편지이지만 다산의 차 생활과 관련하여 다음과 같은 중요한 사실을 알려준다. 첫째, 다산은 1810년에는 이미 자신이 차를 자급자족했을 뿐 아니라, 남에게까지 조금 나눠줄 정도가 되었다. 둘째, 차에 원기를 손상시키는 해독이 있음을 알고 있었다. 셋째, 상시로 음용한 것이 아니라 어디까지나 체기를 내리는 약용으로만 마셨다.

다산은 1804년 4월에 「혜장 상인에게 차를 청하며 부치다(寄贈惠藏上人乞茗)」란 시의 9-12구에서 "더부룩한 체증이 아주 괴로워, 이따금씩 술 취하면 못 깨어나네. 스님의 숲 속 차 도움을 받아, 육우의 차솥을 좀 채웠으면.(秪因痃癖苦, 時中酒未醒. 庶藉己公林, 少充陸羽鼎)"이라고 노래한 바 있다. 혜장에게 보낸 「걸명소」에서도 "비록 정기를 고갈시킨다는 기모경의 말을 잊지는 않았으나, 마침내 막힌 것을 뚫고 고질을 없앴다고

한 이찬황의 벽을 얻었다 하겠소."라고 하여, 정기를 손상시키는 독성에
도 불구하고 체증을 뚫어주는 약효 때문에 차를 약용으로 마신다는 말
을 언급한 바 있다.

다산이 떡차를 만들 때 삼증삼쇄 또는 구증구포를 요구했던 것도 차
의 독성을 누그러뜨리기 위한 것임은 앞선 글에서 이미 상세히 밝힌 바
있으므로, 여기서 재론하지 않는다.

두 번째로 읽을 편지는 피봉에 "관성회경(冠城回敬) 다산사첩(茶山謝
帖)"이라고 적혀 있다. 앞서 말한 것처럼 관성은 관산, 즉 장흥을 가리
킨다.

삼가 손수 적으신 글을 받자옵고, 삼가 근황이 편안하심을 알게 되니 깊
이 마음이 놓입니다. 저는 문을 닫고 이불을 뒤집어쓴 채 다만 서사(書
史)로 날을 보내고 있습니다. 근래 들어 바위 언덕에 눈빛이 몹시 맑아,
때로 방문을 열어 기쁘게 마음을 펴기에 족하므로 이것이 다행이라 하겠
습니다. 아우님께서 부탁한 것은 이제야 약방문을 찾아서 베껴 써서 보
냅니다. 본시 아는 것이 없는데도 잘못 알려져 남에게 이처럼 곤경을 당
하는 바가 되니, 혼자 웃을 뿐입니다. 이후로는 서로 난처하게 하지 않았
으면 좋겠습니다. 보내주신 것이 많습니다. 노동이 차 일곱 사발을 말한
것은 과장된 얘기입니다. 이공봉(李供奉)도 날마다 술을 300잔씩 마시지
는 않았을 테지요. 날 위해 말을 전해, 조심해서 너무 많이 마시지는 말
라고 하십시오. 좁은 집이라 차 주머니가 기거에 거추장스러워 괴롭기
짝이 없을 테니, 감히 받들어 드리지 않습니다. 속마음을 헤아려주십시
오. 이만 줄입니다. 12월 4일, 누인(累人)이 절하며 답장합니다.[7]

편지를 보낸 시기는 알 수가 없다. 앞서 읽은 첫 번째 편지 이후에 같

은 수신자에게 보낸 듯하다. 상대의 편지를 받고 그리운 마음을 표시한 후, 자신의 근황을 적었다. 자신을 누인으로 칭했는데, 죄인이란 뜻이다. 추운 겨울 문을 닫아걸고 이불을 뒤집어써서 추위를 막고는 서사를 읽으며 소일하고 있다고 적었다. 눈이 소복이 내려서 이따금 방문을 열어 내다보면 마음이 시원해진다고 했다. 당시 수신자가 다산에게 어떤 질병에 쓸 약방문을 청했던 모양이다. 다산은 의서를 찾아 약방문을 적어 보내주면서, 의학에 조예도 없는데 잘못 알려져 곤혹스러우니, 다시는 이런 부탁을 하지 말아달라고 적었다.

이때 아마 상대가 병세를 호전시키기 위해 차를 많이 마시면 어떻겠느냐고 말했던 모양이다. 이에 다산은 앞서의 편지와 같은 취지로 차를 지나치게 마시면 안 된다는 뜻으로 대답했다. 당나라 노동의 칠완차는 과장된 이야기일 뿐이고, 이태백이 하루에 300잔의 술을 마셨다고 한 것도 허풍일 따름이니, 절대로 차를 과도하게 마셔서는 안 된다고 했다. 차를 더 보내달라는 상대의 요청에도, 좁은 집에 차 주머니를 걸어두면 기거에 거추장스러워 괴로울 터라 보내지 않는다는 뜻을 적었다.

이 편지는 차를 과도하게 마시면 원기를 손상하게 된다는 다산의 평소 생각을 다시 한 번 확인시켜준다. 또한 차 주머니[茶囊]가 좁은 기거에 괴롭다고 한 대목을 통해, 평소 다산이 차를 천으로 된 차 주머니에 담아 바람이 잘 통하도록 천장에 매달아두는 방식으로 보관하였음을 알 수 있다. 다른 곳에서 볼 수 없는 매우 중요한 언급이다. 앞서 조금 차를 주었는데 다시 차를 더 청하자, 차를 줄 여유가 없다는 뜻을 완곡하게 돌려 말한 것으로 보인다.

이어지는 세 번째 편지다. 피봉에 "봉사예려(奉謝汭旅) 다산수첩(茶山手帖)"이라고 적었다. 예려는 예양(汭陽)의 여사(旅舍)란 말인데, 수신자가 나그네 생활을 해서였다기보다는 지상의 삶이란 것이 잠시 부쳐 살

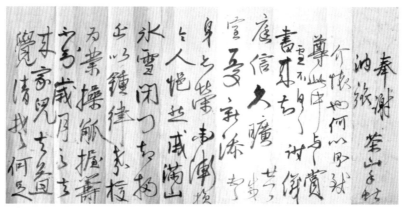

장흥으로 보낸 다산의 친필 편지. 개인 소장.

다 가는 나그네 삶이란 뜻에서 붙인 말로 보인다.

　편지가 오고서야 소식이 오랫동안 없었음을 알았습니다. 집 걱정이 새로
보태진 데다 몸 또한 건강을 점차 잃어 걱정스럽습니다. 저는 산 가득한
빙실 속에 문을 닫고 바깥일을 물리치고 지냅니다. 근자에는 종률(鍾律)
을 살피고 교정하는 것으로 일을 삼아 붓 놀리며 산대를 잡고서 세월이
오가는 것도 알지 못합니다. 가아(家兒)가 떠나고 나니 더욱 텅빈 듯한
데, 어찌 마음에 두겠습니까? 어찌해야 이곳에 그대를 모셔다가 함께 눈
구경을 하는지요. 갖추지 않고 답장합니다. 21일, 친척 돈수.[8]

　편지를 쓴 연대는 따로 적지 않았다. 다만 근자에 종률, 즉 황종율관
(黃鐘律管)을 살피고 교정하는 작업에 몰두하고 있다고 했고, 아들이 다
녀간 뒤라고 한 것으로 보아, 『악서고존(樂書孤存)』의 편찬에 골몰하던
1815년 겨울에 쓴 편지로 보인다. 1815년 가을에 정학연이 근친(觀親)
와서 강진에 머물고 있었고, 1816년에 『악서고존』이 완성되었기 때문이

다. 겨울에 아들이 귀경한 후 눈 속에 문을 닫아걸고 허전한 마음을 달랠 길 없었는데, 정수칠의 편지를 받고 반가운 마음을 토로한 내용이다.

이상 살펴본 세 통 모두 장흥 반산의 정수칠에게 보낸 것으로 보인다. 이 중 두 통의 편지에 차의 독성을 들어 차가 원기를 손상시키므로, 주육(酒肉)으로 인한 체기를 내리는 약용으로 마실 뿐 지나치게 많이 마시면 안 된다는 내용이 보인다. 다산에게 있어 차는 어디까지나 약용 위주였지, 상음(常飮)하는 음료는 아니었다. 또한 편지는 차 주머니에 차를 담아 천장에 매달아두는 다산식의 차 보관법도 알려주고 있어 흥미롭다. 1810년 당시 다산은 이미 차의 자급자족 체제를 이뤄, 자신의 차를 남에게 조금 나눠줄 수 있는 정도가 되었다는 점도 이 편지의 분석을 통해 확인된다. 다산의 차 생활을 보다 구체적으로 이해할 수 있게 해준다는 점에서 대단히 가치가 높다.

다산의 소실 정씨 모녀와 자족적 차 생활

이 시기 다산의 차 생활에서 간과하지 못할 부분이 하나 더 있다. 당시 다산초당에는 강진군 동면 석교리(石橋里) 또는 남당포(南塘浦) 출신의 과수댁 정씨(鄭氏)가 머물며 살림을 맡아 했다. 다산은 정씨와의 사이에 홍임(弘任)이란 딸까지 두었다.[9]

그간 다산의 소실인 홍임 모녀에 관한 이야기는 선생의 덕에 누가 될까 하여 함구해왔으나 굳이 그럴 일이 아니다. 초당 생활 초기에는 혜장이 보내준 백련사 승려가 초당에 머물며 다산의 먹을거리 마련과 살림살이를 도왔다. 하지만 몇 해가 지나면서 강학과 연찬이 본격화되고 살림의 규모도 커짐에 따라 살림살이를 전담할 일손이 없을 수 없었다. 다산과 10여 명에 달하는 제자들이 온종일 작업을 계속하고 있었으므로, 이들의 식사 문제만 해도 보통 일이 아니었다. 처음 정씨를 들인 것은 이러한 필요에서였던 듯하다.

홍임 모녀는 다산이 해배되어 상경하면서 함께 따라갔다. 하지만 어찌 된 일인지 모녀는 다산의 집에서 소박을 맞아 다시 강진의 다산초당으로 내려와 머물게 된다. 이 여인의 기구한 운명과 소박 맞아 쫓겨온 심정, 그리고 애타게 낭군을 그리는 마음을 담은 실명씨의 시 「남당사(南塘詞)」16수가 현재 전한다.[10] 짐작건대 다산의 아내 윤씨와의 갈등이 원인이었던 듯하다.[11]

「남당사」에서 서울에서 쫓겨온 홍임이가 "아비를 부르고 울먹이며 어째서 돌아오시지 않느냐(喚爺啼問盍歸歟)"고 묻고 있는 것으로 보아, 다산이 정씨를 소실로 들인 것은 다산초당으로 옮긴 두어 해 뒤의 일로 여겨진다. 위의 각주에서 홍임 모녀에 관한 편지를 증언했던 윤재찬 옹은 임형택 교수의 논문에서 다시 이 같은 증언을 남겼다.

다산 선생이 해배되어 돌아가신 뒤에까지 홍임이 모는 초당에 남아 있으면서 해마다 찻잎이 새로 돋아나면 따서 정성스럽게 차를 제조해서 경기도 마현으로(강진의 경주인(京主人) 편을 이용해서) 보내드리곤 했다 한다. 다산 선생이 그 차를 받아 보시고 지은 시구가 전해온다면서 윤옹은 읊었다.

기러기 끊기고 잉어 잠긴 천 리 밖에   雁斷魚沈千里外
매년 오는 소식 한 봉지 차로구나.[12]   每年消息一封茶

미주 9에서 언급한 윤 옹이 벽에서 수습했다는 다산의 친필 편지는 유감스럽게도 세상에 공개된 적이 없고, 현재는 소재조차 알 길이 없다. 모녀를 그리는 다산의 참담하고 안타까운 심정이 단 두 구절로 남은 시구 속에 절절하다. 이 시는 또한 우리에게 초당 시절 다산의 차 생활의 일단을 희미하게 증언하는 또 하나의 소중한 자료다.

다산은 처음 혜장과 색성 스님 등에게 걸명시를 지어 보내며 차를 얻어 마셨다. 하지만 다산초당 정착 이후 다산은 제자들을 시키거나 직접 따서 차를 만들어 마셨다. 추사처럼 지속적으로 걸명 시문이 보이지 않는 것은 이 때문이다. 초의는 초당 정착 이듬해인 1809년에 다산에게 처음 인사를 올린 이후 사제의 인연을 맺고 지속적으로 왕래했다. 초의가 다산에게서 제다법을 배운 것도 이때가 틀림없다.

이러한 자족적 차 생활의 일단을 가장 극명하게 보여주는 자료가 바로「다신계절목」이다. 이 글은 다산이 해배되어 떠나면서 제자들과 차로 맺은 계의 절목을 적은 글이다. 워낙에 널리 알려진 내용이어서 상세한 인용은 피한다. 내용을 보면, 곡우날 어린 차를 따서 잎차 한 근을 만들고, 입하 전에 늦차를 따서 떡차 두 근을 만든다고 했다. 다산이 이른 차로 잎차를 만들고, 늦차로 떡차를 만들어 마신 일을 이를 통해 알 수 있다. 주로 마신 것은 떡차였지만, 소량이나마 잎차도 만들어 마셨다. 또 찻잎 따는 일은 각자 일정량을 맡아 하되, 사정이 여의치 않을 경우는 귤동 마을 어린이의 놉을 얻어 차를 따게 했다. 이런 방식은 다산이 초당에 머무는 동안에도 그대로 행해졌을 것이다. 즉, 다산의 해배에 즈음하여 새삼스럽게 다신계를 결성한 것이 아니라, 상호 결속과 유대를 다지면서 그전부터 해오던 채다와 제다를 계속하여, 안정적으로 차를 공급받기 위한 방편이 바로 다신계였던 것이다.[13]

이는 앞서 본 대로 다산이 마재로 찾아온 제자에게 준 친필 글에서, 올라올 때 이른 차를 따서 말렸느냐고 묻고 있는 데서도 거듭 확인된다.

이미 다산의 제자들은 차를 직접 따서 말리고 떡차로 만드는 전 공정을 충분히 소화해내고 있었던 것이다.

1828년 5월 5일에 지은 「단오일차운육방옹초하한거팔수(端午日次韻陸 放翁初夏閑居八首)」시의 제6수 4구에 "남녘 선비 정 깊어 매번 차를 부쳐 오네.(南士情深每寄茶)"라고 한 것으로 보아 다신계의 약속은 그 후로도 오래도록 변함없이 지켜졌다.[14]

10

주머니에 담아둔 찻잎

아암 혜장의 차시

　아암 혜장은 다산이 걸명시와 「걸명소」를 지어 보내며 차를 청했던 학승이었다. 정작 그의 문집인 『아암집』에는 차에 관한 시를 거의 찾아볼 수 없어 아쉬웠다. 그런데 이번에 『연파잉고(蓮坡剩稿)』란 혜장의 다른 시집이 담정(薄庭) 김려(金鑢, 1766-1821)가 엮은 『담정총서(薄庭叢書)』 속에서 발견되었다. 여기에는 『아암집』에 누락된 시 58수가 실려 있다. 다산과 관련된 시가 적지 않고, 무엇보다 그의 차 생활을 살필 수 있는 차시 몇 수가 수록되어 있다. 필자는 다산이 혜장에게 준 시문과, 혜장이 다산에게 준 편지를 모아 다산과 아들 정학연이 각각 친필로 써서 엮은 두 개의 『견월첩(見月帖)』을 소개한 바 있다.[1] 여기에도 차와 관련된 혜장의 편지 한 통이 실려 있다.

다산과 혜장의 교유시

다산과 혜장의 교유는 앞서 다산의 걸명 시문을 검토하면서 살폈다. 다산이 혜장에게 보낸 걸명시와 「걸명소」도 앞에서 꼼꼼히 읽었다. 새로 공개된 『연파잉고』에는 다산에게 준 혜장의 시가 11편이나 새롭게 실려 있어 둘 사이의 교유상을 더욱 생생히 복원할 수 있게 되었다. 처음 다산이 아암을 찾아갔을 때 아암은 한나절을 얘기를 나누고서도 그가 다산인 줄을 몰랐다. 하지만 돌아가는 다산을 뒤쫓아가 붙들어 하룻밤을 함께 묵은 뒤로 두 사람은 의기가 투합해서 하루가 멀다 하고 시를 주고받으며 왕래하였다.

혜장의 시를 한 수 읽어보자. 제목은 「탁옹이 돌아간 뒤 시를 몹시 부지런히 요구하므로 또 한 편을 보낸다(蘀翁歸後, 索詩甚勤, 又寄一篇)」이다. 탁옹은 다산의 별호다.

육안으로 그대를 못 알아봄 탄식하니	深嗟肉眼不知君
태산북두 높은 명성 다만 귀로 들었었네.	山斗高名耳但聞
불지(佛地)에는 이제 와 용상회(龍象會)가 없느니	佛地今無龍象會
예전엔 궁궐 연못 봉황의 무리셨지.	宮池舊是鳳凰群
외론 자취 멀리 이곳 금릉 바다 닿았어도	孤蹤遠抵金陵海
꿈속에선 언제나 한수(漢水) 구름 돌아가리.	一夢長歸漢水雲
방외의 우정이 다시금 난만한데	方外交情還爛漫
시 속의 경계의 말 참으로 은근하다.	詩中戒語正殷勤

자신이 첫눈에 다산을 알아보지 못했던 일을 부끄러워하며, 둘 사이 방외의 교정(交情)을 기꺼워한 내용이다. 태산북두와 같은 명성으로 대

궐의 봉황 같은 존재였던 다산이 멀리 강진 바닷가로 귀양 와서 외로이 지내는 슬픔을 위로했다. 다산은 그를 시벗으로 여겨 걸핏하면 혜장에게 시를 지어 보낼 것을 요구했던 모양이다. 다음 시는 다산이 원래 혜장에게 보낸 시다. 『다산시문집』에는 누락되고 없다.

긴 날을 평상에서 대나무와 마주하니	長日藜牀對竹君
여섯 때의 종경 소리 멀어서 들리잖네.	六時鐘磬杳難聞
유순지(由旬地) 가까워서 흥 나면 갈 만하고	由旬地近堪乘興
도솔천(兜率天) 높다지만 어이 닿지 못하리오.	兜率天高奈絶群
약초 언덕 조금씩 병 속 물로 적시다가	藥塢細沾瓶裡水
임단(林壇)에서 지팡이 끝 구름 더디 놓아주네.	林壇徐放杖頭雲
하안거(夏安居)라 계율을 엄히 지님 아노니	情知結夏嚴持律
경거(瓊琚)를 줄줄이 꿰 부지런히 하시게나.	聯綴瓊琚也自勤

때마침 혜장이 하안거에 들어 계율을 지키느라 바깥 걸음을 하지 못하자, 그를 만나지 못해 서운한 마음을 이렇게 노래해서 보냈다. 절집에서 들려오는 종소리가 멀어 들리지 않는다고 한 데서도 혜장을 향한 그리움이 애틋하다. 8구에서는 시작(詩作)을 부지런히 하라고 했고, 위 시의 8구에서 이 당부에 대해 혜장은 고마운 뜻을 표했다.

다시 혜장이 다산에게 준 시 「차운하여 탁옹에게 드리다(次韻呈籜翁)」를 읽어본다.

대현(大賢)께서 오래도록 불우하시니	大賢久轉蓬
사람에게 긴 탄식 하게 하누나.	令人長歎息
비록에 강해(江海)의 선비 되셔도	雖爲江海士

성대한 이름만은 끝 간 데 없네.	盛名終不極
한묵(翰墨)이야 이제 와 쓸쓸하지만	翰墨今蕭條
높은 재주 한 나라의 영웅이라네.	高才雄一國
맑은 절조 서리 눈에 끄떡도 않고	雅操凌霜雪
좋은 시구 향과 색을 아울렀구려.	佳句兼香色
어이 다만 문장만 아름다울까	可但文章美
경술(經術)이야 평소에 익힌 것일세.	經術素所熟
남쪽에 와 세상일 많지가 않아	南來少塵事
한 몸을 글 쓰는 데 부치셨다네.	一身寄硯北
술 마셔 춥고 여윔 모두 다 잊고	中酒忘寒瘦
시를 지어 속마음을 펴 보이셨지.	題詩寫肝臆
얻고 잃음 어느새 무심하거니	得喪已無心
외물이 어이 감히 핍박하리오.	外物敢相逼
세상 길 험하기 양장(羊腸)과 같아	世路險羊腸
명백히 알면서도 가만 지켰네.	知白竟守黑
아아! 나는 혼자서 서지 못하니	嗟我不自立
아직 날지 못하는 새와 같아라.	如鳥未奮翼
향대(香臺)는 여태도 진보 없거늘	香臺未進步
어이해 밤 가시를 삼키겠는가.	何當吞栗棘
사람됨은 권면함에 달린 것이니	成人在勸獎
불어주는 힘을 다만 기다린다네.	只待吹噓力

다산의 불우를 깊이 탄식하며, 우뚝한 문장과 경술을 흠모했다. 자신은 혼자서는 설 수 없는 날지 못하는 새와 같다며, 자신을 북돋워 잘 권장하여 줄 것을 부탁했다. 두 사람은 이렇듯 애틋한 마음을 시로 나누었다.

혜장의 걸명 답시

다산이 혜장과 마음
을 나눈 뒤, 대뜸 혜장
에게 걸명시를 보내 차
를 청했던 것은 앞선 글
에서 살펴보았다. 이에
대한 혜장의 답장이
『아암집』에 없는데, 『연
파잉고』 속에 그 답시
가 실려 있다. 뿐만 아
니라, 최근 공개된 『견
월첩』에 실린 혜장의
편지 한 통도 다산의

『견월첩』에 실린 다산의 차 요청에 답장한 혜장의 편지.

걸명시에 대한 답신의 성격을 띠고 있다. 차례로 살펴보자. 먼저 『견월
첩』에 실린 「답동천(答東泉)」이다.

아껴 돌아보심이 과분한데, 편지로 또 안부를 물으시고 필묵까지 내리시
니, 보배로워 아껴 감상할 만합니다. 지극한 감사를 이길 수 없습니다.
저는 그전처럼 게으르고 제멋대로인지라 두터운 뜻에 부응할 것이 없습
니다. 늦물 차는 벌써 쇠었을까 염려됩니다. 다만 덖어 말리기가 잘되면
삼가 받들어 올리겠습니다. 이만 줄입니다.[2]

다산이 1805년 4월에 혜장에게 보낸 시 「혜장 상인에게 차를 청하며
부치다」와 편지를 받고 답장으로 쓴 편지다. 다산은 백련사 서편 석름봉

에서 좋은 차가 난다는 사실을 적은 뒤, 배쇄를 법도에 따라 해서 우려 냈을 때 빛깔이 해맑게 나오도록 해야 한다고 주문한 바 있다. 혜장은 답장에서 이미 4월도 지나 5월이 가까워 찻잎이 이미 쇠어 차를 따기에 제철이 아님을 말하고, 그렇지만 정성껏 덖어서 볕에 잘 말려 괜찮은 차가 만들어지면 받들어 올리겠다고 했다.[3]

하지만 제자 색성이 다산을 위해 차를 드린 것을 알게 된 혜장은 다산 시의 운을 차운해서 다음과 같은 답시를 보냈다. 제목은「탁옹께서 내게 시를 보내시어 좋은 차를 구하셨다. 마침 색성 상인이 먼저 드렸으므로 다만 그 시에 화답만 하고 차는 함께 보내지 않는다(籜翁貽余詩, 求得佳 茗. 適賾上人先獻之, 只和其詩, 不副以茗)」이다.

층봉의 꼭대기로 간신히 올라　　　　　　　　登頓層峯頂

천중(天中)의 찻잎을 조금 따왔지.　　　　　　薄採天中茗

차 따는 사람에게 얘기 들으니　　　　　　　　聞諸採茶人

대숲에서 나는 것이 가장 좋다고.　　　　　　　最貴竹裡挺

이 맛은 세상에 드문 것인데　　　　　　　　　此味世所稀

마실 때 차갑게 하면 안 되네.　　　　　　　　飮時休敎冷

석화(石花)를 어이 족히 이에 견줄까　　　　　石花何足比

명월도 나란히 서기 어렵네.　　　　　　　　　明月亦難竝

질병을 낫게 함은 잠깐 사이고　　　　　　　　去疾在須臾

잠들어 깨지 못함 근심 않누나.　　　　　　　　豈愁眠不醒

맑은 밤 은병에 물을 길어서　　　　　　　　　淸宵汲銀瓶

대낮에 돌솥에다 삶아낸다네.　　　　　　　　　長日鬻石鼎

고해(苦海)에서 배 저을 일 내야 없으니　　　　我無苦海航

가라앉음 어이해 건질 수 있나.　　　　　　　　沈淪詎可拯

「연파잉고」 중에 수록된 혜장이 다산에게 보낸 시편들.

색성이 나누어 드리었으니   頤也有分施
또한 족히 맑게 함에 도움되시리.   亦足助淸澄

층봉의 꼭대기는 석름봉 정상을 말하는 것일 테고, 2구의 '천중명(天中茗)'은 햇볕에 노출된 상태의 차나무를 말한다. 혜장은 다산의 말을 듣고 석름봉으로 차를 따러 갔던 것이다. 하지만 막상 산꼭대기에서는 찻잎을 충분하게 딸 수가 없었다. 찻잎을 채취하는 사람을 만나 묻고 나서야 대숲 속에서 난 차가 가장 좋다는 말을 들었다. 그러고 나서 차는 차게 마시면 안 되고, 그 효능은 질병을 낫게 하고, 정신을 맑게 하여 잠을 가시게 해준다는 내용을 적었다. 차 끓이는 방법도 설명했다. 한밤중에 은병에 물을 떠 와서 하룻밤 재웠다가 낮 시간에 돌솥에다 넣고 끓인다. 이 시로 볼 때, 혜장은 다산의 부탁 이전에는 따로 차를 따서 만들어본

경험이 없었고, 다산의 부탁과 다산이 일러준 방법에 따라 차를 채취했던 듯하다.

이 시를 받고 다산은 즉시 「혜장이 나를 위해 차를 만들어놓고, 마침 그 문도인 색성이 내게 차를 주자 마침내 그만두고 주지 않았다. 그래서 원망하는 글을 보내, 줄 것을 요구하였다. 앞의 운을 쓴다」라는 시를 지어 보내, 제자의 마음 씀은 후한데 스승의 예법은 매정하기 그지없다며, 그러지 말고 만들어둔 차를 마저 내놓으라고 으름장을 보냈다.

혜장의 이 시는 다산의 걸명시에 대한 답시의 발견이라는 점에서 특별히 주목된다. 아울러 차에 대한 혜장의 인식이 잘 드러나 있다. 그 의미는 다음과 같다. 첫째, 차 중에서 대숲에서 나는 차가 가장 좋다고 하여 죽로차의 우수성을 강조한 점이다. 둘째, 병을 낫우고 잠을 적게 하는 차의 치병과 각성 효과에 대해 뚜렷히 인식했다. 셋째, 차를 차게 마시면 안 된다고 한 것은 마시는 방법을 말한 내용이다. 넷째, 밤중에 은병에 물을 길어, 낮에 돌솥에다 차를 끓인다 하여, 취수(取水)와 전다(煎茶)에 필요한 다구(茶具)에 대한 충분한 인식이 있었다.

혜장의 차시

『연파잉고』에는 이 밖에 혜장의 차 생활을 엿볼 수 있는 몇 수의 시가 실려 있다. 차례로 살펴본다. 먼저 「진일(盡日)」이란 작품이다.

사는 곳 온종일 송문(松門)을 닫아거니	幽棲盡日閉松門
돌샘은 변함없는 율리(栗里)의 마을일세.	石泉依然栗里邨
온 언덕 구름 속에 세월을 다 잊었고	一塢雲中忘甲子

두 상자의 경전 속에 아침저녁 보낸다네.	兩函經上度朝昏
대숲 사이 찻잎은 장차 혀를 펴려 하고	竹間茶葉將舒舌
울 밖의 매화 가지 이미 애를 끊누나.	墙外梅枝已斷魂
숲 아래 가까이 와 적막함을 이루니	林下邇來成寂寞
새도 지조 있음을 뉘 있어 논하리오.	禽鳥志操有誰論

소나무로 얽어 세운 사립문은 온종일 닫혀 있다. 돌샘에서 퐁퐁 샘물이 솟는다. 언덕은 늘 구름에 잠겨 책력(册曆)을 잊었다. 그저 하는 일이라고는 책상 위에 얹힌 두 상자의 경서를 아침부터 저녁까지 읽는 일뿐이다. 5구에서 대숲 사이에 찻잎이 장차 혀를 펴려 한다고 했다. 매화 시절이니 일창일기의 작설이 이제 막 그 여린 혀를 펼칠 때다.

다음 시는 「가리포 절제 김종환 공에게 주다(贈加里浦節制金公宗煥)」란 작품이다.

여관에서 서로 만나 적료함 깨뜨리고	旅館相逢破寂寥
여울 바위 배를 매고 함께 소요했었네.	繫舟灘石共逍遙
가을 깊은 옛 섬에 산 모습 수척하고	秋深古島山容瘦
바람 많은 평호에는 물의 형세 넉넉하다.	風積平湖水勢饒
다탕(茶湯)을 갖춰놓고 반나절을 더디 놀다	已具茶湯遲半日
다시금 등촉 밝혀 한밤까지 얘기하네.	更將燈燭話中宵
잔경(殘經) 대한 견해는 애초에 실이 없어	殘經見解元無實
여러 해를 가는 길만 묻고 있음 부끄럽다.	憨愧多年但問橋

가리포 첨사 김종환과 만나 포구의 가을 풍광을 바라보며 노닌 하루 일을 적은 내용이다. 5구에서 다탕을 갖춰놓고 반나절을 더디 지나 보

낸 일을 말했다. 종일 고금도의 가을 산 풍경과 평호의 넘실대는 물을 보면서, 차 도구를 갖춰놓고 잔경에 대한 해석을 놓고 긴 토론을 벌였던 것이다. 차 한 잔을 마시고, 다시 우려내고 하는 동안 해는 어느새 기울어 깊은 밤중이 되었다. 두 사람은 어쩌면 끝도 없을 경전 이야기로 이렇게 또 밤을 지새울 눈치다.

다음은 「장춘동 잡흥. 이사군 태승에게 드림(長春洞雜興呈李使君台升十二首)」12수 중 제8수다. 이태승은 혜장이 가장 가까이 지냈던 술친구였다. 혜장의 시명(詩名)이 서울까지 널리 퍼지게 된 것은 이태승 때문이었고, 혜장이 술로 일찍 세상을 뜬 것도 그의 탓이 없지 않았다.

금당포 물길 형세 감돌아 흘러드니	金塘潤勢自濚洄
수양버들 풀 욱은 곳 골짝 하나 열렸구나.	芳草垂楊一洞開
봄이 든 구름 산서 나올 줄을 모르는데	春入雲山長不出
인간으로 흐르는 물 돌아오는 법이 없네.	水流人間定無回
길 떠나도 연갑(硯匣) 지녀 때로 붓을 적셨고	行持硯匣時濡筆
차 화로 끼고 앉아 재에 획을 긋곤 했지.	坐擁茶爐試畵灰
예전에 금호(琴湖)와 함께 이 기슭에 놀면서	昔與琴湖游此岸
몇 년을 현관(玄觀)으로 도화 감상 왔었네.	幾年玄觀賞桃來

6구에 '다로(茶爐)'가 나온다. 장춘동은 해남 대흥사 어귀의 골짝이다. 바랑에 벼루갑을 넣어두고 틈틈이 시를 쓰고, 앉아서는 차 화로를 끼고 앉아, 화로의 재 위에다 괘획을 긋는다.

다시 「탁옹의 곤괘 육효의 시운에 삼가 화운하다(奉和籜翁坤卦六爻韻)」를 읽는다.

험난한 인간의 세상 위에는	嶮巇人世上
걸음마다 서리처럼 오싹하구나.	步步凜如霜
집 지어 세 갈래 길 만들어놓고	置屋成三逕
몸 편안히 한 귀퉁이 부치어 있네.	安身著一方
푸른 창엔 옛 유적 바라보이고	碧牕看古蹟
깊은 골목 새 노래를 읊조리노라.	幽巷詠新章
패엽 불경 광주리를 가득 채웠고	貝葉曾盈篋
찻잎은 주머니에 담아두었지.	茶芽更貯囊
안개 노을 내 걸음을 뒤따라오고	烟霞隨杖屨
바람과 달 옷 위로 가득하구나.	風月滿衣裳
이것으로 몸 위하는 계책 삼으니	卽此爲身計
어이해 황금 비단 부러워하리.	何須羨綺黃

7, 8구에 패엽에 쓴 불경은 광주리에 가득하고, 찻잎을 다시금 주머니
에 담아두었다는 언급이 있다. 불경을 읽다가 차를 달여 마시고, 안개
노을과 바람과 달을 벗 삼아 지내는 무욕의 삶을 노래했다. 찻잎을 주머
니에 담아 보관한 것은 다산의 방법과 같다.

「산거잡흥(山居雜興)」 20수의 제2수와 제14수에도 차를 노래한 내용
이 보인다.

주렴 가득 산 빛이 고요 속에 신선한데	一簾山色靜中鮮
푸른 나무 붉은 노을 눈에 가득 곱구나.	碧樹丹霞滿目妍
사미를 시켜서 차를 끓여내게 하니	叮囑沙彌須瀹茗
머리맡에 원래부터 지장(地漿) 샘이 있다네.	枕頭原有地漿泉

대흥사에 있는 아암 혜장의 비석. 비문을 다산이 지었다.

엷은 노을 남은 볕이 절집을 비추이니	澹靄殘陽照上方
반쯤은 붉은빛에 반쯤은 황금빛.	半含紅色半含黃
맑은 차 한 사발이 다만 내 분수거니	清茶一椀唯吾分
누린내 나는 세상 온종일 바쁘구나.	羶臭人間盡日忙

암자 위쪽으로 지장천(地漿泉)이 있다고 했으니, 좋은 샘물을 길어와 사미승을 시켜 차를 달여 마시는 전아한 운치를 말했다. 또 제14수에서는 맑은 차 한 사발이 다만 내 분수라고 하여, 붉은 노을 지는 해를 보며 한 사발 맑은 차로 하루를 마무리 짓는 조촐한 삶을 예찬했다.

마지막으로 『아암집』에 수록된 「화중봉낙은사(和中峰樂隱詞)」 16수 연작 중 제3수를 소개한다.

산마루 올라가 차를 따고서	登嶺採茶
냇물을 끌어다 꽃에 물 주네.	引水灌花
문득 고개 돌려보면 해는 뉘엿해.	忽回首山日已斜
그윽한 암자엔 풍경이 울고	幽菴出磬
해묵은 나무엔 까마귀 있네.	古樹有鴉
기쁘다 이처럼 한가롭고 즐겁고 아름다움이.	喜如此閒如此樂如此嘉

산마루 비탈에서 햇차를 딴다. 대통으로 물을 끌어와 꽃밭에 물을 준다. 그러다 보면 하루해가 또 다 간다. 암자에서 들려오는 풍경 소리, 잘 준비를 마치고 고목나무 위에 모여 앉은 갈까마귀 떼. 모든 것이 넉넉하고 아름답다. 그는 이런 삶이 참 한가롭고 기쁘고 즐겁다고 담백하게 말한다. 다산을 통해 차를 깊이 알게 된 이후, 철 따라 차를 따서 만드는 것이 혜장의 일상이 되었음을 잘 보여준다.

이상 새로 공개된 『연파잉고』를 중심으로, 혜장의 알려지지 않았던 차시를 소개하고 감상했다. 이들 차시는 채다와 제다, 그리고 차 끓이고 마시는 일련의 과정을 생활 속에 녹여 즐길 줄 알았던 혜장의 차 생활을 잘 보여준다. 뿐만 아니라 대숲 차를 으뜸으로 꼽는다든지, 차게 마시면 안 된다거나, 차의 치병과 각성 효과에 대해 분명히 인식하고 있었던 점, 은병과 석정(石鼎) 등의 다구를 구비하고 있었고, 샘물을 하룻밤 재워 차를 끓인다거나, 차를 덖어 볕에 말려 주머니 속에 담아두고 마시는 차 보관 방법까지 알려주고 있는 점 등은 이번에 전혀 새롭게 확인된 사실이다.

11

차 맷돌을 빙글빙글 돌려

『육로산거영六老山居詠』에 보이는 차시

『육로산거영』은 1818년, 원나라 승려 석옥(石屋) 청공(淸珙, 1272-1352)의 「산거(山居)」시 24수를 다산과 수룡(袖龍) 색성(賾性, 1777-?), 철경(鐵鯨) 응언(應彦, ?-?), 침교(枕蛟) 법훈(法訓, ?-1813), 철선(鐵船) 혜즙(惠楫, 1791-1858) 등 다섯 사람이 차운하여 함께 묶은 시집 이름이다. 금명(錦溟) 보정(寶鼎, 1861-1930) 스님의 『백열록(栢悅錄)』에도 같은 글이 다소 다른 방식으로 전재되어 있다. 이 밖에 다산이 친필로 초의 의순에게 적어준 시첩과 서문이 별도로 전한다.[1] 『육로산거영』에는 차시가 여러 수 실려 있어, 당대 승려들의 차 생활을 살펴볼 수 있다. 특히 여기 실린 다산의 시 24수는 『다산시문집』에도 빠져 있는 작품이어서 자료 가치가 높다.[2]

당시 백련사의 여러 승려들이 경쟁하듯 원나라 승려 석옥 청공의 시를 차운한 것은 흥미로운 현상이다. 석옥 청공을 거쳐 태고(太古) 보우

(普愚, 1301-1382)로 이어진 선종의 법맥에서 정통성 문제와도 관련이 있어, 이들 자료는 우리나라 선맥(禪脈)의 계보와 종통(宗統) 의식을 헤아리는 데 매우 중요한 함의를 담고 있다. 자세한 내용은 앞선 글에 미루고, 이 글에서는 『육로산거영』에 수록된 차와 관련된 시만을 간추려 소개하겠다.

『육로산거영』의 구성과 차시

『육로산거영』은 36장으로 된 필사본 1책이다. 첫 면에 철경 응언이 1818년 7월 16일에 쓴 「석옥선사율시봉화서(石屋禪師律詩奉和序)」가 실려 있어 앞뒤 경과가 짐작된다. 그 글은 다음과 같다.

「육로산거영」 표지.

우리나라 선종의 계통은 여러 번 이어졌다 끊어지곤 했다. 고려 말에 태고 보우 화상이 직접 중국에 들어가 청공에게서 법을 얻었다. 이를 이어 이후 7대 동안 이어져서 부용(芙蓉) 영관(靈觀, 1485-1571)에 이르러 두 가지가 나란히 나와 마침내 이처럼 번성하게 되었으니, 어찌 아름답지 않겠는가? 내가 외전(外典)을 보니 근본에 보답하는 제사는 그 조상이 나온 곳으로 하였다. 태고 스님이 이미 승가의 큰 조상이시라면 석옥도 제사를 올림이 마땅치 않겠는가? 예법이 같다고 말하자는 것이 아니라 이치가 그렇다는 것이다. 장주(長洲) 고사립(顧嗣立)이 석옥의 시 30여 수를 가려 뽑아 해외에까지 흘러 전하였다. 그 「산거잡시」에 율시와 절구

가 각 12수인데, 마음의 운치가 맑고도 아
득하고 음조가 해맑아 밝았다. 하루는 다산
을 뵙고 함께 이 시에 화답할 것을 의논하였
다. 다산께서 말씀하셨다. "나와 자네는 모
두 산에서 사는 사람일세. 산에 사는 즐거움
은 사는 사람만 아는 법이지." 이렇게 해서
차운하여 한 질을 이루었다. 학인으로 암자
에 있던 자가 따라서 이를 화답하고, 그중
좋은 것을 가려서 또 약간 편을 기록한다.
무인년(1818) 가을 7월 16일,
아암 문인 철경이 적는다.[3]

石屋禪師詩奉和序
吾東禪系屢續屢斷高麗之末太古普
愚和尚身入中國得法於清珙嗣
降七葉蟬聯以至於芙蓉雙技駢出遂
如是發覺豈不休哉余見外與報本之
稀其祖之所自出太古既僧家之大祖
則石屋非所安稀予非曰禮同理則然

「육로산거영」 서문.

이와 별도로 다산은 1818년 1월 5일에 쓴
호암(葫菴)을 수신자로 하는 친필 편지에서
근래 석옥의 시 수십 편을 차운하였다는 언급을 남겼다.[4] 고려 말 태고
보우가 원나라로 가서 석옥 청공의 의발을 전수받았고, 이후 7대를 내
려와 부용 영관 스님 대에 이르러, 선맥은 청허(清虛) 휴정(休靜, 1520-
1604) 스님과 부휴(浮休) 선수(善修, 1543-1615) 스님으로 크게 나뉘었
다. 철경을 비롯하여 석옥 화상의 시에 차운한 승려들은 모두 휴정과 소
요(逍遙) 태능(太能)을 거쳐 아암 혜장으로 이어진 법계에 속한다. 이들
은 석옥의 시에 차운함으로써 보본(報本), 즉 자신들의 근본을 잊지 않
는다는 뜻을 보였고, 이는 나아가 선종의 정맥이 자신들에게로 이어지
고 있음을 드러내 천명하는 의미도 있다.
    서문에 이어, 「석옥화상산거잡영장률십이수(石屋和尚山居雜詠長律十二
首)」를 싣고, 이후 다산 · 수룡 · 철경 · 침교 · 철선 순으로 각각 차운작

다산이 친필로 쓴 석옥 청공 차운시와 서문. 「육로산거영」과는 계통이 다른 시집이다. 개인 소장.

12수씩을 수록했다. 철선의 경우는 차운시를 두 번에 걸쳐 모두 24수를 실었다. 이 밖에도 그는 「차운증초의이수(次韻贈草衣二首)」, 「차운증하의 (次韻贈荷衣)」, 「차해종암운(次海宗庵韻)」, 「송도원지연사(送道圓之蓮寺)」, 「증별서어(贈別鉏漁)」, 「차증달호(次贈達湖)」 2수 등 승려들과의 차운작 6제 8수를 수록하였다. 이어 「석옥선사절구십이수(石屋禪師絶句十二首)」 가 다시 나오고, 이를 차운한 다산과 침교의 시 12수를 실었다. 끝에는 「철선대사산거잡음오수(鐵船大師山居雜吟五首)」와 「금강행류관대가서순 (金剛行留觀大駕西巡)」시를 실었다.

『육로산거영』에 수록된 석옥 화상의 차시

『육로산거영』에 수록된 작품들은 대부분 산속 생활의 한적한 아취를 구가하는 내용이다. 이 가운데 석옥의 원시 중 율시 3수와 절구 1수에 차와 관련된 내용이 보인다. 차운작에서는 다산이 율시 2수와 절구 1수, 수룡이 율시 2수, 침교가 율시 1수와 절구 1수, 철선이 율시 5수를 남겼다. 차가 언급된 시가 원시를 포함해 모두 16수나 된다. 이들 차시는 지금까지 한 번도 언급된 적이 없다. 먼저 석옥 화상의 차시 4수를 읽어본다.

유거(幽居)가 세상과는 절로 나뉘어지니	幽居自與世相分
깊은 숲 두터운 이끼 초목조차 향기롭다.	苔厚林深艸木薰
비 개인 산 빛을 언제나 볼 수 있고	山色雨晴常得見

아침저녁 저자 소리 들리는 법이 없네.　　　　　市聲朝暮罕曾聞

누르 시든 잎을 태워 와조(瓦竈)에 차 달이니　　煮茶瓦竈燒黃葉

바위 누대 옷 깁느라 흰 구름을 마르잰다.　　　補衲巖臺剪白雲

사람 나이 백 년 채움 만나기가 드물거니　　　人壽希逢年滿百

명리(名利)로 어이 괴로이 바삐 달림 다투리오.　利名何苦競趨奔

　석옥 화상의 「산거시」 율시 제3수다. 세상과 절연된 채 사는 산거(山居)의 자재로움을 예찬했다. 비 개면 산 빛이 더욱 푸르러 눈을 씻어주고, 티끌세상의 잡다한 소리는 아예 들리지 않는다. 그 속에서 지내는 삶은 어떤가? 기왓장을 쌓아 삼 면을 막은 와조에 낙엽을 태워 차를 끓인다. 납의(衲衣)가 낡아 해지면 흰 구름을 잘라 깁는다고 한 표현이 멋스럽다. 백 년도 못 되는 인생을 어찌 저 명리(名利)의 장(場)에서 다투며 소진한단 말인가. 스님의 조촐한 차 생활이 선하게 그려진다.

산속에 들고부터 온갖 근심 맑아지니　　　　　自入山來萬慮澄

한 종류 평소 마음 멋대로 떠다닌다.　　　　　平懷一種任騰騰

뜰 앞의 나무 빛은 가을 들어 줄어들고　　　　庭前樹色秋來減

난간 밖 냇물 소리 비 온 뒤에 커지누나.　　　檻外泉聲雨後增

냉이 뜯고 차 달이며 들 나그네 맞이하고　　　挑薺煮茶延野客

화분 사서 국화 심어 이웃 스님 선물한다.　　買盆移菊送隣僧

비단옷에 좋은 음식 공경(公卿) 되어 누린대도　錦衣玉食公卿子

산승의 이 같은 정에 미치진 못하리라.　　　　不及山僧有此情

　율시 제8수다. 티끌세상을 멀리하고 산으로 들어오니, 온갖 염려가 해맑게 씻겨진다. 마음은 평온하여 걸림이 없다. 가을 되면 단풍 들고,

비 오면 시냇물이 불어난다. 자연스럽지 않은가. 봄이면 들 손님을 맞이하여 냉이 뜯어 국 끓이고, 차를 달여 함께 마신다. 가을에는 국화를 화분에 옮겨 심어 이웃 암자의 스님에게 선물한다. 공경도 누리지 못할 호사를 나 혼자 누리며 산다. 부러울 것이 없다.

뜬 인생 찬찬히 사물 이치 따져보니	細把浮生物理推
승패 정하기 어려움 한판 바둑 다름없다.	輸贏難定一盤碁
푸른 산에 사는 중은 한가로움 좋건만	僧居靑嶂閑方好
티끌세상 사람들은 늙도록 모르누나.	人在紅塵老不知
흩날리는 차 연기는 대평상 위로 뜨고	風颭茶煙浮竹榻
꽃잎은 물에 흘러 푸른 못에 지는구나.	水流花瓣落靑池
어이해야 3만하고 6천이나 되는 날에	如何三萬六千日
몸과 마음 놓지 않고 한때라도 고요할까.	不放身心靜片時

율시 제11수다. 세상의 이기고 지는 싸움은 한판의 바둑과 다를 게 없다. 이기면 어떻고 지면 또 어떤가. 그런데도 사람들은 이 뜻 없는 승부에 목숨을 건다. 사생결단을 한다. 산중의 이런 한갓진 생활을 세상 사람들은 잘 모른다. 바람이 불어 차 연기가 흩날린다. 대나무 평상이 자욱하다. 문득 내다보면 상류에서 흘러 내려온 꽃잎이 뜰 연못 위로 떠다닌다. 꽃잎이야 부산스러워도 내 마음은 고요하다. 인생이 길대야 고작 백 년이다. 이 3만 6천 일 동안 내가 내 몸과 마음의 주인이 되어 사는 일, 나는 여기에만 관심이 있다. 세상의 승패 따윈 내 관심사가 아니다.

산엔 가득 죽순 고사리, 동산 가득 차나무라	滿山筍蕨滿園茶
한 그루엔 붉은 꽃이, 사이사이 흰 꽃일세.	一樹紅花間白花

네 계절에 봄철이 그중 가장 좋으니	大抵四時春最好
나아가기 더욱 좋긴 산속의 집이라네.	就中尤好是山家

석옥의 절구 제1수다. 봄이 왔다. 산자락 비탈마다 죽순이 우쩍우쩍
돋아나고, 고사리가 작은 손가락을 편다. 동산 가득 차나무에 새싹이 돋
는다. 그 사이로 심심할까봐 붉고 흰 꽃들이 무더기로 피어나 무늬를 만
든다. 이 화창하고 아름다운 봄날을 어디서 누릴까? 이 조촐한 산속 집
보다 더 호사스런 곳은 세상 어디에도 없다.

이상 네 수의 시에서 보듯, 석옥 청공은 자신의 산거 생활의 동반자로
늘 차와 함께 지냈다. 와조를 갖춰 낙엽으로 차를 달이고, 손님을 청해
차를 대접하며, 대나무 평상 위에서 차를 즐기면서 산속 삶의 한갓진 운
치를 깊이 호흡했다. 산거의 주변은 온통 차나무로 둘러싸여 있었다.

다산의 차시

다산의 차운시에도 모두 3수에서 차 관련 언급을 볼 수 있다. 차례로
읽어본다. 먼저 율시 제4수다.

비 개인 산 뜨락에 흰 모래가 드러나고	雨歇山庭露白沙
낮은 처마 절반쯤 송라(松蘿)가 드리웠네.	矮簷一半裊垂蘿
꽃가루 딸 마음 급해 꿀벌은 잉잉대고	採黃心急看蜂沸
이끼 위에 남은 자국 노루가 지난 게지.	籍碧痕留覺麝過
집 뒤란 동산 둘러 새 죽순 빽빽하고	屋後巡園新筍密
시냇가 자리 옮겨 지는 꽃잎 많구나.	溪邊移席落花多

次韻 茶山先生詩 [自此以下十二首]

竹閣蕭蕭蓮寺西　書香墨色枕寒溪
坡地急開庭窄瀜　海風多結屋低圍設
石槽通暗水階雷　木展待春泥一年榮
悼菴時物行且花濃百鳥喧
世既多雙眼大著書今廢一身閒谷淺
去任悠悠夢覺關故鄉雖在不求閒
愛有摩天地癬欣着頂雪山已道春
聲承臘味白鷗飛下綠波間
一自卷居与世分本然清絕新薰書
中大訢欣初決塵裡交爭利不聞閒起
竹聲收夜雨山嘘花依春雲團團美
睡朝慵起何苦泥靴盡日奔
雨歇山庭露白沙矮簷一半梟亞薦抹

『육로산거영』의 다산 시가 시작되는 면.

바위 사립 손님 가자 아무런 할 일 없어	岩扉客去渾無事
차 맷돌을 빙글빙글 손수 직접 갈아본다.	茶碾旋旋手自磨

다산초당의 고즈넉한 풍경을 노래했다. 비가 개자 뜨락에 흰 모래가 드러난다. 키 작은 처마에는 송라 넝쿨이 반쯤 드리워 하늘댄다. 꽃가루를 탐낸 꿀벌들은 공연히 조바심이 나서 잉잉댄다. 이끼 위에 또렷이 찍힌 건 노루 발자국. 집 뒤편 동산 둘레에선 여기저기 죽순이 돋는다. 우후죽순이라더니 기세가 자못 장하다. 나는 냇물에 떠내려오는 지는 꽃잎을 보려고 냇가로 자리를 옮겨 가서 앉는다. 적막하던 산집에 손님마저 떠나고, 나는 멍하니 앉아 있다. 공연히 마음이 스산스러워, 차나 한 잔 해야지 싶어 떡차를 꺼내 차 맷돌에 직접 갈아본다. 가루로 날리는 덩이

차를 보노라니 마음속에 맺혔던 공연한 생각들도 뭉글뭉글 풀어진다.

갯버들 울, 토란 구덩이 규모에 꼭 맞으니	杞籬芋坎盡規模
한암(寒岩)의 소은도(小隱圖)를 누가 그려놓았나.	誰作寒岩小隱圖
메마른 흙 오래 만져 비옥한 땅 되어 있고	墝土舊治成沃壤
돌샘물 새로 파니 부엌에 가깝구나.	石泉新鑿近香廚
산중에 땅 얼어도 솔방울을 외려 따고	山中地凍松猶摘
동지라 무서리에 국화가 시드누나.	冬至霜深菊始枯
두 뜨락을 다 치워서 물건 하나 없는데	清掃兩庭無一物
담장 밑엔 차 화로만 꽂아서 앉혔다네.	牆根安插煮茶鑪

이어 율시 제12수를 읽어보자. 갯버들을 쪼롬이 심어 울을 삼았다. 움푹 패인 습지엔 토란을 심었다. 한암소은도(寒岩小隱圖)의 풍경이 이곳과 다를 게 없다. 거칠어 쓸모없던 흙은 오래 거름을 주어 기름진 땅이 되었다. 부엌 곁에는 돌샘물을 새로 팠다. 달고 찬 샘물이 생글생글 솟는다. 산중이라 추위에 땅이 꽁꽁 얼어도, 솔방울을 따서 땔감으로 쓴다. 동지 무서리에 국화도 더는 못 견뎌 차게 얼었다. 양편의 뜨락은 이제 빗자루로 쓴 듯이 아무것도 없다. 봄에서 가을까지 피고 지던 꽃들도 자취가 없다. 다만 담장 아래 앉혀둔 차 달이는 화로만 그대로 꽂힌 채 자리를 지키고 있구나.

다산이 다산 4경 중에 하나로 꼽았던 다조를 언급한 내용이다. 지금 다산초당 마당에 덩그러니 놓인 반석은 애시당초 다조와는 아무 상관도 없는 넓적돌이다. 다산의 차 화로는 물고기 입처럼 아래쪽에 구멍이 우멍하게 뚫린, 벽돌로 쌓아 담장 밑에 붙박아둔 물건이었다. 그 위에 차 솥을 안쳐 물을 끓였다.

다산초당의 연못. 차 화로는 연못 앞쪽 담장 아래 붙박여 있었다. ⓒ차벽

유차(油茶)가 다 지고서 찻잎이 기(旗)를 펴니	落盡油茶始展茶
우전차가 눈 속 꽃을 인하여 이었도다.	雨前因繼雪中花
봄 오자 바다 위엔 생선회가 풍족하여	春來海上饒魚膾
술자리가 육식(肉食)하는 집과 진배없고녀.	淸飮麤同肉食家

위는 다산의 절구 제1수다. 유차는 동백이다. 동백꽃이 다 지고 나니, 그제서야 차는 일창일기의 깃발을 펴기 시작한다. 눈 속에 피던 동백을 이어 우전차의 시절이 돌아온 것이다. 봄철 바다에선 향기 밴 생선들이 잡혀 올라온다. 은빛 회를 실실이 치자, 맑은 술 한잔에 고기 안주가 부럽지 않다.

다산의 시 세 수는 차 맷돌로 떡차를 갈아 마시던 정황과, 담장 밑에 붙박아둔 차 화로, 그리고 차나무를 가꿔 찻잎을 직접 따던 차 생활을 증언하고 있다는 점에서 자료 가치가 크다.

수룡 색성과 침교 법훈의 차시

다음은 수룡 색성과 침교 법훈의 차시 네 수를 차례로 읽겠다. 먼저 수룡의 차시를 읽어보자. 수룡은 아암 혜장의 상좌로 있으면서 실제로 다산에게 차를 만들어 드렸던 기록이 『다산시문집』에 보인다. 다음은 그의 율시 제2수다.

병으로 누웠어도 백운관(白雲關)을 뉘 찾으리	病居誰訪白雲關
봄바람만 변함없이 잊지 않고 돌아왔네.	唯有春風依舊還
달리는 말 티끌 많아 마음이 다급해도	走馬塵多情刺促

벙어리 양(羊) 가만 앉아 뜻이 정녕 한가롭다.	啞羊禪坐意幽閑
일천 겹의 늙은 넝쿨 붉은 폭포 감추어도	千重老蔓藏紅瀑
일백 꿰미 향차가 푸른 산서 나는도다.	百串香茶產碧山
슬프다 저 식전(食前)의 방장의 음식들	哀彼食前方丈饌
몇 차례나 빚 원망이 인간에 쌓였던가.	幾廻寃債積人間

흰 구름이 잠긴 산속 암자에 병들어 누웠다. 아무도 안 찾고 봄바람만 와서 문안을 한다. 사람들은 달리는 말처럼 정신이 없지만, 산속의 나는 벙어리 양처럼 마음이 한갓지다. 넝쿨은 겹겹이 붉은 폭포를 가리워 숨긴다. 제6구가 흥미롭다. 1백 꿰미나 되는 향차가 이 산에서 난다고 했다. 꿰미에 꿰었으니 떡차임이 분명하고, 1백 꿰미나 되는 향차를 백련사에서 채취한다고 한 것은 이곳의 차밭 규모가 상당했다는 의미다. 향차는 향기로운 차일까, 아니면 향을 가미한 차일까? 이 또한 알 수 없다. 1백 꿰미의 향차는 관용적으로 많다는 의미인지, 실제 생산량을 적은 것인지 분명치 않다. 어쨌든 이곳의 차 생산이 상당한 규모였던 것만큼은 분명하다. 7, 8구는 무슨 말인지 모르겠다.

치수 민수 두 물은 서로 분간 안 되는데	淄澠二水莫相分
누린 풀 어이 버려두고 홀로 향초 취하리.	何必揖猶獨取薰
못 아래 노는 고기 밝은 곳서 보이고	潭底魚遊明處見
대숲 사이 새소리는 고요 속에 듣누나.	竹間鳥語靜中聞
채소는 돼기 땅서 능히 밭을 이루고	蔬從隙地能成圃
차는 새 연기 풀어 멀리 구름 드는도다.	茶放新煙遠入雲
세상일 아득하기 봄 꿈속 한가진데	世事杳茫春夢裡
파도 같은 명리를 어이해 말하는가.	云何名利若波奔

수롱 색성의 율시 제3수다. 제1구는 제환공 때 요리사인 역아(易牙)가 치수와 민수를 물맛만 보고도 알아맞혔다는 고사에서 따왔다. 누린 풀과 향초가 있으면 누구든 향초를 취하듯, 티끌세상의 명리를 멀리하고 대숲 속의 고요를 택하겠다는 뜻을 피력했다. 못에는 물고기가 놀고, 대숲에는 새가 노래한다. 채마밭을 일궈 채소를 가꾸고, 차 달이는 새 연기는 하늘하늘 구름 위로 솟는다. 한 모금 머금어 내리면 산 아래 사바 세상은 봄 꿈인 양 아득하다.

침교 법훈 또한 다산의 가르침을 받았던 제자 중 하나다. 그는 두 수의 차시를 남겼다. 먼저 율시 제7수를 읽어보자.

들쭉날쭉 바위에 구멍도 층층인데	參差石角穴多層
멧비둘기 나눠 날며 각자 절로 능하도다.	蒲鴿分飛各自能
밤마다 빗소리에 잠자기 난감하고	攪睡難堪連夜雨
늙은 몸 해묵은 등나무 지팡이 짚었네.	扶衰猶賴古年藤
우연히 지리 깔고 기친 땅 차지하어	偶從藉艸班荊地
차를 덖고 토란 베는 스님네를 기뻐 본다.	欣見焙茶剪芋僧
승려로 모욕받음 괴이타 하지 말라	休怪頭陀受人侮
더러운 연못에서 연꽃이 나오니라.	汚池自古出荷菱

2구의 포합(蒲鴿)은 두보의 시에 "광주리 기울이자 포합이 푸르러, 눈 가득 낯빛이 화안하구나.(傾筐蒲鴿靑, 滿眼顏色好)"라고 한 데서 보듯 흔히 청참외의 별칭으로 쓴다. 하지만 여기서는 글자대로 멧비둘기로 푼다. 벼랑에 숭숭 뚫린 구멍에 멧비둘기가 둥지를 틀었다. 그 험한 곳을 아무렇지도 않게 오르내리는 모습을 노래한 것이 1, 2구다. 빗소리는 잠을 자꾸 깨우고, 쇠한 몸은 등나무 지팡이에 기대고야 바깥 걸음을 한

다. 봄을 맞아 차를 덖고 토란대를 자르는 스님을 보면서 문득 차오르는 기쁨을 노래했다. 승려로 천대받고 모욕을 당하지만, 더러운 진흙 뻘을 뚫고 청정한 연꽃이 떠오르듯, 승려의 삶도 그와 같은 법이라고 스스로를 위로했다.

잠 깨어 때때로 맷돌에 차를 가니	睡起時時要磑茶
봄이 와 곳곳마다 꽃 찾을 수 있겠구나.	春來處處可尋花
이 세상 몸 편히 할 물건 무엇인지 알겠나니	已知此世安身物
다만 산속 한 채의 초가집이 그것일세.	只是山中一艸家

침교 법훈의 절구 제1수다. 잠 깨어 일어나 정신이 돌아오지 않으면 문득 맷돌에 차를 간다. 봄 흥을 주체치 못해 꽃구경하러 이 골 저 골을 헤맨다. 산속에 오두마니 선 초가집 한 채, 이곳만이 내 삶을 편안히 내려놓을 수 있는 복지와 낙원이다.

수룡 색성과 침교 법훈은 아암 혜장의 고제(高弟)로 다산에게서도 배운 바 있는 이른바 전등계(傳燈契)의 일원이다. 다산이 이들에게 써준 글이 여러 편 남아 있다. 수룡은 1백 꿰미의 향차에 대해 적어, 당시 마시던 떡차의 보관 형태와 백련사 차밭의 차 생산량을 가늠할 수 있는 중요한 언급을 남겼다. 침교 또한 승려들이 차 덖는 모습과 차 맷돌에 직접 차를 가는 정황을 기록하여 당시의 차 생활을 증언했다.

철선 혜즙의 차시

수룡 색성과 침교 법훈이 아암 혜장의 고제였다면, 철선 혜즙은 항렬이 하나 아래인 시승(詩僧)이다. 그는 율시 12수를 두 차례 차운하여 24수를 남겼고, 그중 차시가 5수나 된다.

한 부의 『능엄경』에 온갖 번뇌 맑아지니	一部楞嚴万慮澄
경계도 해맑아라 기운도 불끈 솟네.	境寥寥處氣騰騰
구화(謳和)의 청벽(淸癖)이야 어느 때나 줄어들리	謳和淸癖何時減
묘희(妙喜)의 풍아(風痾)만 날마다 늘어난다.	妙喜風痾逐日增
사주향(麝炷香) 가운데서 야객(野客)을 맞이하고	麝炷香中延野客
용단(龍團) 연기 속에서 이웃 스님 전송한다.	龍團烟裡送隣僧
홍진 길 밟지 않음 이미 알고 있거니	已知不踏紅塵路
이런 맘 함께 나눌 사람 없음 슬프다.	怊恨無人會此情

철선 혜즙의 율시 제8수다. 『능엄경』을 소리 높여 읽으니 아랫배에서 기운이 불끈 솟는다. 들끓던 번뇌가 흔적도 없다. 3구의 '구화(謳和)'는 원문에는 '구화(漚和)'라 했으나 바로잡는다. 노래로 화답한다는 말이다. 시 짓는 벽만큼은 불법 공부에도 불구하고 어찌할 수가 없다는 뜻이다. 묘희는 유마거사(維摩居士)의 국토를 가리킨다. 불법에의 향념이 나날이 깊어짐을 말했다. 향 피워 손님을 맞고, 용단차를 대접한 후 손님을 배웅한다. 하지만 그나마 찾는 이 없어 내 이러한 깨달음을 나눌 수 없음이 때로 서운하다는 말이다.

다음은 철선 혜즙의 두 번째 율시 제4수다.

꽃 캐자고 시내 모래 밟은 적 아예 없어　　　　　採芳曾不踏溪沙

그윽한 길 벽라(碧蘿) 넝쿨 하나 되어 막혔으리.　　幽徑還應合翠蘿

지척 안개 얼룩 표범 감추기에 충분하고　　　　尺霧堪容斑豹隱

긴 바람은 이따금 대붕(大鵬) 맞게 변화하네.　　長風時化大鵬適

동봉 달빛 거문고 향해 마음을 비추이고　　　　東峰月向琴照心

북원(北苑) 차는 새 혓바닥 많이도 머금었다.　　北苑茶含鳥舌多

천취(天趣)를 이제껏 뉘와 함께 말하리오　　　　天趣從來誰與說

청광(淸狂)으로 이를 홀로 다 써서 없애리라.　　清狂獨此可消磨

　　냇가로 내려온 적이 없으니, 그 사이에 소롯길은 벽라 덩굴로 막혀 있
겠지. 자욱한 안개는 표범을 감추고, 긴 바람은 큰 붕새가 날아가며 일
으키는 것처럼 시원하다. 달빛은 거문고 위에 내려앉아 내 마음을 비춘
다. 이맘때면 차밭에는 새 혓바닥 같은 일창일기 첫 잎들이 많이도 올라
왔겠구나. 내면 깊은 곳에서부터 차오르는 이 유현한 기쁨을 함께 나눌
사람이 없으니, 청광으로 혼자 한세상 건너갈밖에.

　　　채마밭에 아침 되니 이슬이 해맑은데　　　　茱圃朝來沆瀣澄

육수삼(六銖衫)이 얇아도 기운이 솟는구나.　　六銖衫薄氣騰騰

찬비가 시내 지나가자 꽃다움도 이우는데　　澗過寒雨芳隨歇

엷은 서리 내린 대는 빛깔 더욱 짙어지네.　　竹受輕霜色轉增

현석(玄石) 장로께선 유질(幽帙)에 평 청하고　　幽帙請評玄石老

백련사 스님은 여린 차 싹 시험한다.　　　　嫩芽見試白蓮僧

푸른 하늘 밖에서 반평생 질탕하니　　　　　半生跌宕青天外

구구한 명리에는 마음 쓰지 않으리.　　　　　名利區區不用情

명나라 전곡(錢穀)의 「혜산자천(惠山煮泉)」(부분). 대만 국립고궁박물원 소장.

두 번째 율시의 제8수다. 채마밭에 이슬 맑고, 찬비에 초록이 시들며, 서리 맞아 대나무가 더 푸르러지는 가을의 풍경이다. 5구의 현석 장로는 누구인지 알 수 없다. 6구에서는 백련사의 승려가 여린 차 싹으로 차를 끓이는 광경을 노래했다. 푸른 하늘을 닮은 마음, 구구한 명리 따위는 들일 구석이 없다.

이 밖에 철선 혜즙의 「차운증초의(次韻贈草衣)」 2수의 두 번째 시에도 차 따는 모습이 보인다.

한쪽 어깨 저물도록 꽃다운 숲에 앉아	一肩壞色坐芳林
꽃 물고 지나가는 기이한 새 바라본다.	時見含花過異禽
소매 잡고 차를 따서 야객(野客)을 맞이하고	執袵採茶延野客
우물 파서 달을 담아 선심(禪心)을 인(印) 찍누나.	鑿池貯月印禪心
한가한 자취 삼생석을 저버리지 않았거니	閑蹤不負三生石
고운 시구 백련금(百鍊金)을 마침내 이뤘구나.	佳句終成百鍊金
등나무 향안(香案) 안에 흰 종이 펼쳐내니	白拂紅藤香案裡
다른 사람 지은 시에 백호광(白毫光)이 난만하다.	毫光爛慢別人吟

넋 놓고 숲에 앉아 신록을 바라본다. 어여쁜 새가 꽃잎을 물고 지나간다. 날도 어느새 뉘엿하다. 정신을 차리고 소매를 여며 찻잎을 딴다. 이것으로 차를 덖어 손님 대접을 해야지. 연못엔 달빛을 모셔다가 월인천강(月印千江)의 선심을 노래해야겠다. 삼생석은 당나라 때 승려 원관(圓觀)이 재생하여 이원(李源)과 천축사(天竺寺) 뒷산의 바위에서 다시 만나자고 약속했다는 고사에서 나온 말이다. 시는 조탁을 거듭해서 마치 백번 단련한 무쇠 같다. 그 시를 꺼내 읽으니 백호광이 뻗쳐나온다.

끝으로 철선의 「차운증하의(次韻贈荷衣)」를 읽어본다.

땅 쓸고 향을 살라 그윽한 뜻 점검하고	掃地焚香點發微
승상(繩床)에서 차 사발로 편안히 기대었네.	繩牀茶碗漫相依
구름아 뉘 널 보내 처마 밑에 와서 자나	雲誰送汝來簷宿
학은 기심(機心) 다 잊고 정수리 떨쳐 날아간다.	鶴領忘機拂頂飛
작별하고 염부(閻浮)로 돌아감 어이 한하리오	何恨閻浮隨別轉
도솔천에 함께 가길 다만 기약할 뿐일세.	維期兜率會同歸
도(道)의 사귐 담박하고 가난은 병 아니니	道交澹泊貧非病
이 잡으며 현담(玄談)하다 저녁볕과 마주하네.	捫蝨談玄對夕暉

마당을 쓸며 마음을 쓴다. 향을 피우자 잡념이 사라진다. 새끼 꼬아 얽은 평상에 차 사발 들고 앉았다. 구름 따라 학이 논다. 이승을 떠나 염부제로 돌아가는 것은 안타깝지가 않다. 다만 도솔천에 들기만을 꿈꿀 뿐이다. 이를 잡으며 나누는 현담에 하루해 저무는 것도 잊었다.

철선의 시에는 용단차와 북원의 작설차, 백련사 승려의 차 맛 감상, 소매를 여며 따는 찻잎 채취, 평상에 앉아 마시는 차의 흥취 등 차 생활의 여러 모습이 잘 소묘되어 있다.

이상 『육로산거영』에 나오는 15수의 차시를 차례로 읽었다. 다산의 시는 문집에 누락된 것이고, 다른 스님들의 차시도 여태껏 알려진 바 없던 작품들이다. 또 이들 작품 속에는 석옥 청공에서 태고 보우를 거쳐 자신들에게까지 이어진 해동 선맥(禪脈)의 정통성을 내세우는 자부도 깃들어 있어, 선종사의 맥락에서도 음미해볼 여지가 크다.

12

적막히 스님 하나 찾아오누나

다산과 초의

다산과 초의, 이 두 사람이 있어 조선 후기 차 문화사가 빛났다. 어느 한 사람뿐이었다면 생각할 수 없는 일이었다. 다산과 초의는 애초에 사제로 만났다. 다산은 초의에게 『주역』과 『논어』 등의 유교 경전을 가르쳤다. 흔히 다산과 초의를 교유 관계로까지 표현하는 경우를 자주 보는데, 명확히 말해 초의는 다산의 손때 묻은 제자다. 초의가 본격적으로 차를 알게 된 것도 다산을 통해서였다. 두 사람의 만남과 교감, 그 아름다운 인연을 살핀다.

다산과 초의의 첫 만남

다산과 초의의 첫 만남은 1809년의 일이다. 초의가 초당으로 다산을 찾아와 배움을 청했다. 첫 만남의 장면에 대해 따로 이렇다 할 기록은 없다. 당시 다산이 48세, 초의가 24세였다. 초의는 출가 이후 그때까지 여러 해 동안 영호남을 주유하며 대덕석학(大德碩學)을 찾아 깨달음을 참구했으나 실망에 실망을 거듭하여 답답해하던 터였다. 그런 그가 다산을 처음 만나, 그 높고 깊은 학문에 단번에 빨려 들어갔을 것은 짐작이 어렵지 않다. 당시 대둔사에서 강백(講伯)으로 명성이 자자하던 혜장을 단 한 차례의 질문으로 격침시켰던 다산이 아니었던가? 초의는 이후 대둔사와 초당을 왕래하며 다산을 모시고 공부를 했다. 아마도 혜장의 당부로 다산을 찾았을 초의는 이후 다산의 인간과 학문에 빠져들어 그의 곁을 떠나려 들지 않았다.

『일지암시고(一枝菴詩稿)』 권 1 앞머리에 실린 「탁옹 선생께 받들어 올리다(奉呈籜翁先生)」는 1809년에 지었다. 다산과 처음 만나 곁에서 모시면서 가르침을 받다가 대둔사로 돌아가며 작별의 예물로 올린 시다.

부사는 남에게 재물을 주고	富送人以財
어진 이는 남에게 말을 준다네.	仁送人以言
이제 장차 선생님을 떠나려 하니	今將辭夫子
올리는 예물이 어이 없으리.	可無攸贈旃
공경스레 비루한 맘 펼쳐 보여서	先敬舒陋腹
선생님 책상맡에 펼치나이다.	請陳隱幾前
참된 풍도 아득히 떠난 지 오래	眞風遠告逝
큰 허위가 이를 따라 일어났다네.	大僞斯興焉
골목마다 글 하는 이 차고 넘쳐도	閭巷滿章甫
천 리에 한 사람의 어진 이 없네.	千里無一賢
고을마다 모두 다 근심 찌드니	州里旣愁愁

오랑캐 땅 이치가 그럴 수밖에.	蠻貊理固然
이러한 때를 만나 내 태어나니	我生當此時
바탕 또한 공부감이 아니었어라.	質亦非堪研
그래서 제 길을 가려고 해도	所以行已道
장차 향해 물어볼 곳 하나 없었네.	將向問無緣
이름난 학자들을 두루 만나도	歷訪芝蘭室
마침내는 냄새 나는 어물전이라.	竟是鮑魚廛
남쪽 땅 주유하며 백 고을 누벼	南遊窮百城
아홉 차례 청산의 봄 어긋났구나.	九違靑山春
어이해 바다 굽이 다했다 하리	豈謂窮海曲
하늘이 이웃에 스승 내셨네.	天降孟母隣
덕업은 온 나라에 으뜸 되시고	德業冠邦國
문질(文質)이 모두 다 빈빈하시네.	文質兩彬彬
계시는 곳 언제나 의(義) 붙드시고	燕居恒抱義
경행(經行)은 항상 인(仁)을 놓지 않았지.	經行必戴仁
가득 차도 넘치지는 아니하시니	旣滿如不盈
언제나 마음 비워 포용하시네.	常以虛受人
군자는 때와 만남 귀하다지만	君子貴遇時
못 만나도 찡그림은 전혀 없어라.	不遇亦不嚬
도가 크면 용납되지 않는 법이라	道大本不容
유락(流落)해도 또한 장차 편안하시네.	流落且闇闇
내가 이 도리를 구하기 위해	我爲求此道
멀리서 와 정성을 모두 쏟았지.	遠來致恂恂
또한 장차 모시다가 떠나가면서	且將違座側
옷깃 걷고 가르침을 청하는도다.	攝衣請諄諄

작별하는 말씀을 혹 내리시면   儻贈謝車言

깊이 새겨 허리띠에 써 넣으리라.[1]   鏤肝復書紳

  9년간 남녘 땅 1백 고을을 주유하며 큰 학자들을 찾아다녔다. 소문을 듣고, 막상 가서 만나보면 어물전의 생선 비린내를 풍기는 가짜들뿐이었다. 참된 풍도는 땅에 떨어지고 큰 허위가 판을 치는 이 천박한 오랑캐의 풍토 속에서 뜻을 세워 학문의 길로 나아가려 해도 막막히 물을 곳 없던 절망을 그는 시 속에 표현했다.

  다행히 하늘이 훌륭한 스승을 이웃에 내리시어 큰 도로 일깨우시므로 멀리서 한걸음에 달려와 온 정성을 쏟아 가르침을 받았다. 이제 다시 절집으로 돌아가면서 안타까운 마음에 작별의 예물을 올리며 가르침을 청한다. 만일 일깨움의 말씀을 주신다면 허리띠에 써 넣고 깊이 새기겠노라고 했다. 오랜 갈망 끝에 스승을 만나 해갈한 기쁨이 문면에 숨김없이 드러나 있다. 다산 또한 초의의 간절한 여망에 부응하여 두고두고 그를 위해 많은 글을 써주었다.

다산초당에서의 강학

  문집 외에 다산과 초의의 왕래와 훈학에 관한 중요한 증언을 담은 자료가 전한다. 신헌(申櫶, 1811-1884)의 『신대장군집(申大將軍集)』 권 5에 수록된 「금당기주(琴堂記珠)」가 그것이다.[2] 「금당기주」는 금당 신헌이 주옥같은 시문을 옮겨 기록했다는 뜻으로, 내용의 상당 부분이 초의와 다산에 관계된 것들이다. 이 밖에 당시 서울의 경화세족들이 초의를 위해 지어준 글들이 가득 실려 있다. 내용을 살펴보면 당시 초의가 간직했던 여러 두루마리를 빌려 옮겨 적은 것임을 알 수 있다.³ 이 속에는『다산시문집』에 빠져 있는 초의에게 준 다산의 여러 글들이 그대로 수록되어 있다. 자신의 문집에 누락된 글도 적지 않다. 초의의 여러 생애 사실을 확인하는 데 있어서 간과치 못할 중요한 자료다.

다산은 당시 초의에게 무엇을 가르쳤을까? 이들의 공부는『주역』과 『논어』등 유가 경전과 시문 학습 중심으로 이루어졌다. 당시 다산은 초당에 정착하면서 윤씨 집 자제들을 데려다『주역』을 강의하고 있었고, 이 공부 자리에 초의도 참여했다. 초의에 대한 다산의 애정은 각별했다. 다산에게 오기 전 초의의 공부는 이미 일정한 수준에 올라 있었다. 시도 잘 짓고, 그림에도 뛰어난 솜씨가 있었다. 그리고 무엇보다 사람이 무겁고 신실했다.

1812년 9월 12일 제자 윤동(尹峒, 1793-1853)과 함께 월출산 백운동에 놀러 갔을 때도 초의가 동행했다. 다산은 백운동의 풍광을 13수의 시로 읊었다. 윤동과 초의가 시 몇 수를 옮겨 썼다. 다산은 그림에 능했던 초의를 시켜 백운동과 다산초당을 그림으로 그리게 했다. 이때 만든『백운첩(白雲帖)』이 현재 남아 전한다.

1813년에 초의가 지은 시에「비에 막혀 다산초당에 가지 못하고(阻雨未往茶山草堂)」란 작품이 있다.

내 항상 자하동을 그리워하니	我思紫霞洞
꽃나무들 지금 한창 우거졌겠다.	花木正紛繽
장맛비가 괴롭게 길을 막아서	淫雨苦相防
봇짐 묶고 20일을 지나 보냈네.	束裝踰二旬
어른의 분부가 특별하여도	深孤長者命
진정을 호소할 방법 없었지.	無由訴情眞

「백운첩」에 실려 있는 「다산도」. 다산의 지시에 따라 초의가 그렸다. 개인 소장.

달과 별이 한밤중에 훤히 보이고	星月露中宵
구름장은 맑은 새벽 흩어지누나.	屯雲散淸晨
기쁜 마음 길 떠날 작정을 하니	欣然起長策
물색은 참으로 신선도 해라.	物色正鮮新
옷자락 걷고서 시내를 건너	褰裳涉幽澗
고개 숙여 깊은 대숲 뚫고 나섰네.	俛首穿深筠
발걸음 만폭교에 이르렀는데	行至萬瀑橋
날씨가 문득 다시 찌푸리누나.	天容忽更顰
골바람 숲 흔들며 일어나더니	谷風動林起
빗 기운 산속을 온통 적신다.	流氣被嶙峋
물방울 수면 위로 튀어올라서	飛沫跳水面
가는 무늬 비늘처럼 일어나누나.	細紋起鱗鱗
가다 말고 혼자 다시 되돌아서니	中行成獨復
구슬픈 맘 말로는 다할 수 없네.	惆悵難具陳
60리 길 오히려 이와 같다면	由旬尙如此
무엇으로 세상 끝을 가본단 말가.	何以窮八垠
슬프다 일곱 자의 몸뚱이로는	哀哉七尺身
가벼이 날아올라 갈 수가 없네.4	輕擧諒無因

자하동은 다산초당이 있던 골짜기 이름이다. 초당에 머물며 공부를 하다가 대둔사로 돌아왔다. 스승과 약속한 날짜가 되어 다시 다산초당으로 가려 하는데, 장맛비에 냇물이 불어 길을 나설 수가 없었다. 20여 일을 그렇게 발이 묶여 있다가, 모처럼 달이 뜨고 새벽하늘이 맑게 개어 오는 것을 보고 초의는 두말 없이 진작에 싸둔 봇짐을 지고 잰걸음으로 길을 나선다. 그러나 웬걸, 절 숲을 지나 발걸음이 만폭교에 이르자 다

시 폭우가 쏟아지기 시작한다. 고작 60리 밖에 계신 스승을 뵈러 가는 걸음이 이렇게 어려우니 안타깝다고 했다. 차라리 날개라도 있다면 훨훨 날아 스승 계신 곳으로 날아갈 텐데 말이다.

다산의 「상심락사첩(賞心樂事帖)」과 「다암시첩」에는 초의를 두고 읊은 시 한 수가 실려 있다.

송라(松蘿)가 드리워진 좁은 돌길은   垂蘿細石徑
구불구불 서대(西臺)와 가까이 있네.   紆曲近西臺
이따금 짙은 초록 그늘 속으로   時於綠陰裡
적막히 스님 하나 찾아오누나.   寂寞一僧來

다산이 초의에게 준 시. 같은 시를 쓴 친필이 세 종류나 남아 있다.

서대(西臺)는 다산초당을 말한다. 좁은 돌길은 초당 아래쪽 귤동에서 올라오는 길이다. 적막한 그 길을 따라 이따금씩 찾아오는 스님이 한 사람 있다. 4구에서 왈칵 끼쳐오는 반가움과 기다림의 심사를 읽을 수 있다. 이 스님이 바로 초의였다.[5] 시로 보면 초의는 백련사 쪽 길로 초당을 찾지 않고 귤동 쪽에서 올라온 것을 알겠다. 대둔사에서 직접 초당으로 온 것이다. 초당 생활 당시 초의가 지은 시를 보더라도 초의의 시재(詩才)는 이미 범상치가 않았다. 역시 1813년에 지은 「못 가운데 새끼 물고기를 시로 짓다(賦得池中魚苗)」라는 시다.

맑은 안개 못에 비쳐 햇빛이 해맑은데	晴霞映沼日華淸
조그만 송사리들 수면 위로 쏘다니네.	小小魚兒水面行
녀석들도 지혜 있어 장난치며 노니니	亦有靈明作遊戲
천기(天機)가 흘러넘쳐 생기 솟음 어여쁘다.	天機潑潑憐含生
푸른 산 그림자는 물결 쳐도 끄떡없고	吹浪未搖山影碧
못 속 바위 낚시 던져 숨어 살 뜻을 푸네.	投竿解隱池中石
목을 걸어 정다울 젠 친구처럼 다정터니	交頸相靡親似友
꼬리 나눠 흩어지자 손님처럼 새초롭다.	分尾各散疎如客
어이 알리 훗날에 한 번 내달아 용문의 봄에 곧장 다다라	
	安知異日不能一蹴直到龍門春
꼬리 비늘 상해가며 삼층 절벽 통과할 줄.	透過三層燒尾鱗
네가 만약 옛 연못 물결 생각지 않으면	爾若不思故淵漣漪水
내가 너를 맑은 강물 속에다 옮기리라.[6]	吾爲移汝淸江裏

다산초당의 연못에 새로 풀어놓은 치어(稚魚)들이 떼를 지어 몰려다
니는 정경을 묘사한 내용이다. 하지만 행간의 뜻이 깊다. 연못 속에서
떼 지어 노니는 새끼 고기들은 다름 아닌 다산초당에 모여든 어린 생도
들이다. 훗날 용문의 절벽으로 타고 올라 어변성룡(魚變成龍) 할 것을 말
한 것도 이렇게 읽을 때 맥락이 살아난다. 지금 우리는 송사리같이 미약
하지만 부지런히 갈고 닦아 훗날 용문을 차고 올라 큰 학문을 일구자고
다짐한 내용이다.

이 시를 보고 다산은 초의의 기백을 높이 사서, "어여뻐라 도림(道林)
에 의지했어도, 빼어난 그 자태 사랑스럽네.(粲粲支道林, 自愛神俊姿)"라는
평을 내려 칭찬을 아끼지 않았다.

나무 홈통으로 물줄기를 끌어와 조성한 다산초당의 연못.

다산의 가르침과 내면 갈등

앞의 시에서 보듯, 다산을 만난 이후 초의는 온통 유가의 경전을 학습하고 시를 짓는 일에 몰두했다. 잠시 다니러 절집에 왔다가도 금세 스승에게 돌아가지 못해 조바심을 치곤 했다. 다산 또한 그런 초의를 깊은 애정을 가지고 훈도하였다. 「금당기주」에 실린 여러 글에서 다산은 틈날 때마다 초의에게 유학의 도리를 가르치고 불교의 허망함을 지적하여, 초의를 유학으로 이끌려는 뜻을 피력하곤 했다. 그중 한 대목을 본다.

> 내가 불서(佛書)를 보니, 예컨대 개는 불성(佛性)이 없다거나, 조사(祖師)가 서쪽에서 온 뜻이라거나, 뜰 앞의 잣나무라거나, 서강의 물을 다 마셔버렸다는 등의 여러 가지 화두는 사람으로 하여금 의심을 일으키지 않을 수 없게 한다. 그 구경(究竟)의 법이란 온통 적멸(寂滅)로 돌아가는 것뿐이다. 어찌 몸과 마음에 보탬이 있겠는가? 의심이 없는 곳에서 의문이 있고, 의심이 있는 데로부터 의문이 없기를 기필한 뒤라야 독서라 할 수 있다. 이것이 유교와 불교가 갈라지는 까닭이다.[7]

유교와 불교의 차이를 독서 방식의 차이로 설명한 내용이다. 다산은 유학이 수기(修己)로 자아를 세워 의심이 없게 된 후에 의문을 일으키는 공부라면, 불교는 스스로 의심을 일으켜서 의심 없는 데로 나아가는 공부라고 했다. 그러면서 불가에서는 자신을 미처 세우기도 전에, '이 뭣꼬?'의 화두로 의심을 일으켜 마침내 허무적멸로 돌아갈 뿐임을 비판했다. 주체 없는 의문은 주체를 도리어 혼란에 빠뜨릴 뿐으로 본 것이다.

또 「시의순독서법(示意洵讀書法)」은 당시 다산이 초의에게 독서를 권

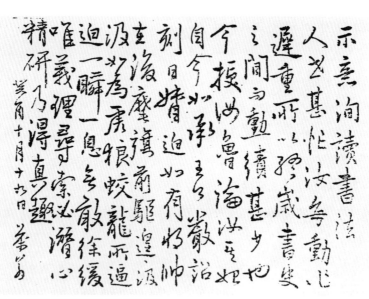

示意洵讀書法
人之其忙沒等勤心
遲重所以碍歲書史
之間句動讀甚少也
今撥洲魯論汲汲如
自今晝迫汲以有奸帥
刻日魯前驅邊過逐
走後麼頃猋較龍而逼
迎汲為庚猋較龍徐緩
唯一瞬一息壹敏徐緩
義理尋索必潛心
精研乃得真趣
荼有十月十九日 荼 �

다산이 초의에게 독서의 방법에 대해 써준 친필.

면하며 준 글이다. 역시 『다산시문집』에 빠져 있다.

인간 세상은 몹시도 바쁜데, 너는 늘 동작이 느리고 무겁다. 그래서 1년 내내 시사(書史)의 사이에 있더라도 거둘 보람은 매우 적다. 이제 내가 네게 『논어』를 가르쳐주겠다. 너는 지금부터 시작하도록 하되, 마치 임금의 엄한 분부를 받들듯 날을 아껴 급박하게 독책(督責)하도록 해라. 마치 장수는 뒤편에 있고, 깃발은 앞에서 내몰아 황급한 것처럼 해야 한다. 호랑이나 이무기가 핍박하는 듯이 해서 한순간도 감히 늦추지 말아야 할 것이다. 오직 의리만을 찾아 헤매고, 반드시 마음을 쏟아 정밀하게 연구해야만 참된 맛을 얻을 것이다.[8]

초의와 『논어』 공부를 시작하면서 진취(眞趣)를 얻으려면 의리를 깊이 탐구하여 잠심정연(潛心精硏)하지 않으면 안 된다고 다짐을 두었다. 다급한 마음으로 스스로를 다그쳐서 마음의 고삐를 잠시도 늦추지 말라고 했다. 여기서 말한 진취는 다름 아닌 유학의 진취다.

황효수와 녹효수 사이에 울창한 산이 허공에 솟았으니, 이것이 용문이다. 용문의 북쪽에 만학천봉이 마치 소의 처녑 같다. 그 감돌아 안은 것이 주밀하여 마치 무릉도원처럼 들어갈 수 없는 것을 두고 미원(米原) 옛 고을이라 한다. 옛 고을에 산이 있는데, 빼어난 빛이 허공에 서렸으니 이것이 소설봉이다. 소설봉은 태고 보우 화상이 일찍이 숨어 살던 곳이다. 옛날에는 절집이 있었는데, 지금은 퇴락하였다. 초의거사는 마땅히 수리하여 이엉을 얹고 정갈한 가람 한 구역을 만들어 길이 마칠진저. 소설암에서 시내를 따라 몇 리쯤 내려오면 녹효수와 만난다. 작은 배를 타고 강물을 따라 20여 리 내려오면 두 물줄기가 서로 합쳐지는 곳에 이른다. 이곳이 바로 유산별서(酉山別墅)다. 그 사이의 물빛과 산 빛, 삼각주와 모래톱의 자태는 모두 뼈에 저미듯 해맑아, 깨끗함이 눈길을 빼앗는다. 매년 3월 복사꽃이 활짝 피면 강물을 따라 오르내리면서 시를 짓고 거문고를 타면서 이 맑고 한가로운 경계에서 노니니, 이 또한 인간 세상의 지극한 즐거움이다. 선남자(善男子)야! 뜻이 있는가? 만약 뜻이 있다면 나를 따르라. 다산 노초는 쓰노라.[9]

양수리 근처 미원촌(米原村) 부근과 자신의 유산별서 주변의 풍경을 먼저 그려 보였다. 가까운 소설봉(小雪峯)에 보우 스님이 숨어 살던 절집 터가 있다. 이곳에 가람을 지어 함께 양수리 강물을 배 타고 오르내리자. 시 짓고 거문고 타면서 가뜬하게 함께 한세상을 건너가지 않겠느냐. 자신이 귀양에서 풀려난 후, 초의가 근처로 와 암자를 짓고 평생 그렇게 왕래하며 같이 사는 것이 어떠냐고 권유한 내용이다. 초의에 대한 다산의 애정이 얼마나 각별했는지 알게 해준다.

내가 평생 독서하려는 소원이 있었다. 때문에 귀양을 오게 되자 비로소 크게 힘을 쏟았다. 쓸데가 있다고 여겨 그런 것은 아니었다. 승려들은 매번 글을 지어봤자 아무 쓸데가 없다고 말하면서 게으르고 산만한 곳에 몸을 내맡기니 자포자기함이 이보다 심한 것이 없다. 독서하기 편한 것은 비구만 한 것이 없다. 절대로 세 번 나아가 네 번 막히지 말고 힘을 쏟아 나아가야 한다. 법신(法身)이란 유가에서 말하는 대체(大體)다. 색신(色身)은 유가의 소체(小體)에 해당한다. 도심(道心)은 불가에서 말하는 진여(眞如)이고, 인심(人心)은 불가에서는 무명(無明)이라 한다. 존덕성(尊德性)을 너희는 '정(定)'으로 여기고, 도문학(道問學)을 너희는 '혜(慧)'라고 한다. 피차가 서로 합당하나 함께 섞어 쓰지는 못한다. 다만 근래 불가에 무풍(巫風)이 크게 일어나니 이것이 참 고약하다.[10]

불가와 유가의 주요 개념을 차근차근 비교 설명하면서, 근래 절집이 무당들이 푸닥거리하듯 기복(祈福) 불교화되는 것을 비판했다. 그리고 자신이 귀양 와서 독서에 몰두한 것처럼 초의 또한 뜻을 세워 책을 읽을 것을 권면했다.

사정이 이렇다 보니 자연 대둔사 승려들 사이에 이상한 소문이 퍼졌다. 초의가 다산에 빠져 승려 노릇을 그만두고 환속하여 유학 공부를 하려 한다는 식의 이야기들이었다. 실제로 대둔사 승려들의 이런 걱정은 충분히 예견된 것이었다. 혜장은 다산을 만난 뒤, 불문에 든 것을 후회하는 기색으로 밤낮 술만 퍼마시다가 1811년 40세의 젊은 나이에 술병으로 폭사했다. 죽을 때 그는 "무단(無端)히! 무단히!"란 말을 되뇌다가

이재관의 「오수도(午睡圖)」. 호암미술관 소장.

세상을 떴다.[11] '무단히'란 말은 '공연히' '부질없이'란 의미이니 불문에 적(籍)을 둔 것을 후회했다는 의미다. 대둔사의 입장에선 촉망받던 승려 하나가 다산을 만나 정체성의 문제로 방황하다 폐인이 되어 죽음에 이른 셈이었다. 당시 뻔질나게 다산초당을 드나들던 초의가 혜장의 전철을 밟을지도 모른다는 의혹의 눈길이 쏠리는 것은 지극히 당연했다. 이즈음 초의가 다산에게 보낸 한 통의 편지에 전후 사정을 토로한 내용이 보인다. 해당 부분만 살펴본다.

삼가 선생께서 자애하심이 깊어 인(仁)으로써 사물을 받아들이시니, 당세의 인물들이 일제히 쏠려 향하지 않음이 없습니다. 그런 까닭에 소승처럼 어리석은 사람도 외람되이 가르침을 받아 우러러 그 채찍에 누를 끼쳤습니다. 다행히 지난가을 밤에 특별히 비루하지 않게 여기시는 은혜를 입어 역학(易學)의 모임에 참예하기를 허락하시고, 한 부를 베껴 쓰게 하셨습니다. 지극히 어리석고 몹시 비루한 제가 이처럼 성대한 덕의 은사를 얻고 보니, 이로부터 높으신 의리에 감복하여 지금까지 송구함을 지녀왔습니다. 하지만 근자 들어 산승이 요괴하여, 혹 소승이 한 해가 다 가도록 송암(松巖)에 있는 것을 가지고 장차 유림(儒林)으로 돌아설 조짐이 있다고 떠들어대어, 말이 은사 스님에게까지 이르렀습니다. 은사 스님 또한 덩달아 의심하시니, 소승은 조금도 두렵지 않사오나, 진실로 이 때문에 말이 되어 성덕에 누가 될까 염려합니다. 마침내 지금은 왕래함도 드물어 마음밭을 거칠게 만들기에 이르렀습니다. 비록 다시 때가 와서 곁에서 모신다 해도, 또 좌우에서 시끄럽게 떠들까봐 품은 생각을 펴지 못할 것입니다. 삼가 이에 이 종이에 자세히 적사오니, 우러러 맑게 살펴보시기 바랍니다.[12]

편지의 앞부분이다. 초의는 편지에서 다산을 모시고 함께했던 공부의 감격을 먼저 토로했다. 다산은 당시 『역학서언(易學緒言)』의 편집 작업에 몰두하고 있었다. 아마 그 가운데 일부를 초의에게 베껴 쓰게 했던 모양이다. 초의는 이어 자신의 초당 체류를 두고 대둔사 승려들 사이에 오가는 소문들을 전했다. 초의는 산승들의 이러쿵저러쿵하는 입초사는 무섭지 않지만, 혹여 허물이 다산에게 돌아가 스승에게 누를 끼칠 것을 염려했다. 이런저런 압력을 받아 초의는 차츰 초당으로의 발걸음이 뜸해졌고, 다산은 이 점을 두고두고 아쉬워했다.

1815년에 초의는 처음으로 상경하여 다산의 집을 찾아 아들 정학연 형제와 만났다. 이때 추사 형제와도 첫 대면을 했다. 이후 초의는 대둔사의 여러 소임을 맡아 직임을 수행하는 한편, 초암을 짓고 들어앉아 수행에도 힘을 쏟았다. 다산이 1818년 강진을 떠난 후, 초의와 재회한 것은 1830년 겨울의 일이었다. 이때도 다산은 초의를 위해 이런저런 당부의 글을 써주었다.

초의가 다산에게서 차를 배운 것은 1809년 처음 만난 이후 2, 3년 사이였던 것으로 보인다. 자세한 전후 사정은 다음 장에서 살펴보겠다.

3

차의 시대를 활짝 연

초의

13

풀옷 스님의 이름 내력

초의 명호고 名號攷

　스님의 속성(俗姓)은 장씨(張氏), 법명은 의순(意洵), 호가 초의(草衣), 자는 중부(中孚)다. 이 이름들에는 어떤 의미가 담겨 있을까? 우리 차 문화사에서 초의가 차지하는 비중으로 볼 때, 한 차례 새롭게 정리할 필 요를 느낀다.

출가와 법명 의순

　초의는 몇 살에 출가했을까? 이희풍(李喜豊)은 「초의대사탑명(艸衣大師塔銘)」에서, "조금 자라 벽봉(碧峯) 화상 민성(珉聖)에게 의탁하여 운 흥사에서 머리를 깎으니, 이때 나이가 16세였다."고 적었다.[1] 반면 전법 제자인 범해(梵海) 각안(覺岸, 1820-1896)은 『동사열전(東師列傳)』 중의

해남 대흥사 부도밭에 있는 초의탑.

대흥사 경내의 초의 동상.

「초의선백전(草衣禪伯傳)」에서, "열다섯에 갑자기 출가할 뜻이 있어 남평 운흥사로 가서 벽봉 민성에게서 머리를 깎았다."고 하여 15세 때 출가한 것으로 기록하고 있다.[2]

앞서 본 초의가 24세 때 지어 다산께 올린 「봉정탁옹선생」에서 "남쪽 땅 주유하며 백 고을 누벼, 아홉 차례 청산의 봄 어긋났구나."라 한 9년을 출가 햇수로 따진다면, 각안이 적고 있는 15세 출가설이 옳다.

초의는 15세 때 운흥사의 벽봉 민성에게서 머리를 깎고, 몇 해 뒤에 연담 유일의 법제자인 완호(玩虎)에게서 수계하였다. 의순은 머리를 깎을 때 벽봉에게서 받은 법명이었다. 벽봉은 그의 사람됨이 뜻이 한결같고 진실했으므로 이 이름을 붙여주었을 것이다.

의순(意洵)은 문헌에 따라 '의순(意恂)' 혹은 '의순(意詢)' 등으로 달리 표기된다. 「금당기주」에서는 의순(意洵)으로 적었다. 다산은 수십 건 남아 있는 친필 필적에서 한 번의 예외 없이 모두 '의순(意洵)'으로 표기했다. 그런데 『일지암시고』나 비문 등 문집과 후대 공식 기록에는 대부분 '의순(意恂)'으로 나온다. 초의 자신이 남긴 친필에도 두 가지가 다 나온다. 초의의 인장에도 '의순(意洵)'과 '의순(意恂)' 두 가지가 다 있다. 심지어 도장은 '의순(意洵)'이라 찍어놓고, 서명은 '의순(意恂)'으로 쓴 것도 있다.[3] 『선문사과만어(禪門四科漫語)』에는 달리 '의순(意詢)'이라 하였다. 결론을 말하면 둘 다 맞다. 초기 기록에서 일관되게 의순(意洵)으로 나오므로, 처음에는 의순(意洵)을 쓰다가 만년에 의순(意恂)으로 바꾼 것으로 보인다.

초의란 이름의 연원

초의란 호는 수계 시 완호 스님이 내린 이름이다. 그간 초의란 이름의 유래를 두고 여러 설이 있었다. 고려 야운선사(野雲禪師)의 「자경문(自警文)」에서 따왔다는 설과 『사략(史略)』 연원설 등이 그것이다.[4] 필자는 이유원(李裕元, 1814-1888)이 초의와 가장 가까웠던 인물로 지목했던 금령(錦舲) 박영보(朴永輔, 1808-1872)의 문집에서 초의란 호의 소종래를 언급한 내용을 새롭게 확인했다. 박영보는 초의의 수제차를 처음 맛본 후 20운에 이르는 장시 「남차병서(南茶幷序)」를 지어 보냈던 인물이다. 박영보와 초의의 만남과 둘 사이에 오간 차 관련 시문은 별도로 따져보기로 하고, 여기서는 '초의'란 말의 연원과 관련된 부분만 살피겠다.

1830년 초의가 상경했을 때 박영보가 먼저 「남차병서」를 지어 초의에게 인사를 청했다. 초의는 감격하여 「증교(證交)」 2수로 화답했다. 박영보가 여기에 다시 화운하니, 제목이 「초의선사가 내 「남차」 시를 받고 「증교」 2수를 보내왔다.(草衣禪師得余南茶詩, 委來證交二首)」이다.[5] 시는 뒤에 따로 읽겠고, 첫째 수 제2구 아래 달린 협주는 이렇다.

초의는 스님의 스승인 완호 스님이 지어준 이름이다. 이태백의 「태백호승가서(太白胡僧歌序)」에, "태백산 중봉에 호승이 있는데 풀잎으로 옷을 해 입었다. 한번은 싸우는 범이 있었는데, 지팡이로 이를 떼어놓았다."고 했다.[6]

초의란 이름이 이백의 「태백호승가서」의 한 대목에서 취해온 것임을 말했다. 초의란 이름의 소종래가 처음 밝혀진 셈이다. 이백의 「태백호승가서」의 내용은 이렇다.

태백산 중봉의 꼭대기에 몇 백 살인지도 모르는 호승(胡僧)이 있었다. 눈썹은 길이가 몇 치나 되고, 몸에는 비단옷을 걸치지 않고 풀잎으로 옷을 해 입었다. 항상 『능가경(楞伽經)』을 지니고 있었다. 구름 위 절벽은 아마득히 끊어져 사람의 자취가 이르지 않았다. 한번은 동봉에서 범이 싸운 일이 있었다. 약한 놈이 장차 죽게 되었는데, 중이 지팡이로 떼어놓았다. 서쪽 못에 독룡이 있어 오래도록 근심거리가 되었다. 중이 그릇에 담아 가두었다. 상산의 조수(趙叟)가 지난해 복령을 채취하러 태백산으로 깊이 들어갔다가 우연히 이 중과 만났다. 나를 찾아와 이야기해주었다. 나는 늘 홀로 세상을 떠나 살 뜻이 있었으므로 듣고서 기뻐하여 노래를 지었다.[7]

듣자니 호승이 태백산에 있다는데	聞有胡僧在太白
절집은 하늘과 삼백 척쯤 떨어졌네.	蘭若去天三百尺
『능가경』 늘 지닌 채 중봉으로 들어가	一持楞伽入中峰
세상 사람 볼 수 없고 종소리만 들린다네.	世人難見但聞鍾
창가의 석장(錫杖)으로 두 마리 범 떼어놓고	窓邊錫杖解兩虎
침상 아래 바리때에 한 마리 용 가두었네.	床下鉢盂藏一龍

초의(草衣)는 바느질로 꿰매지도 않았으니	草衣不針複不線
두 귀는 어깨 닿고 눈썹 얼굴 덮었다네.	兩耳垂肩眉覆面
이 승려 몇 살인지 어이 알 수 있으리	此僧年幾那得知
손수 심은 푸른 솔이 열 아름이 되었다지.	手種靑松今十圍
마음은 유수(流水)인 양 청정하기 그지없고	心將流水同淸淨
몸은 마치 부운(浮雲)인 듯 시비함 아예 없네.	身與浮雲無是非
상산의 노인을 진작에 알았거니	商山老人已曾識
한 번 보기 원한대도 어이해야 얻을 건가.	願一見之何由得
산중에 중 있어도 사람들은 모르는데	山中有僧人不知
성안에서 산을 보니 부질없이 검푸르네.	城裏看山空黛色

풀잎으로 옷 해 입고『능가경』을 늘 외우며, 유수(流水)처럼 청정하고 부운인 양 시비에 초연한 삶을 산다는 신비의 호승. 싸우는 범을 지팡이로 떼어놓고, 독룡을 그릇에 담아 가두는 이적도 행하였다. 그의 풀잎 옷은 바느질도 하지 않아 따로 꿰맨 자국도 없었다. 박영보는 초의 스님의 별호가 바로 이「태백호승가」의 한 대목에서 따온 것이라고 풀이하였다.

완호 스님은 자신의 법제자들에게 '의(衣)'자를 돌림자로 해서 법명을 내려주었다. 호의(縞衣)·초의(草衣)·하의(荷衣)의 '삼의(三衣)'는 완호 문하의 삼걸로 꼽혔던 인물들이다. 완호 또한 풀이하면 '호랑이를 가지고 논다'는 뜻이니, 지팡이로 싸우는 범을 떼어놓았던 태백 호승과 무관치 않다. 범해 각안은 이들 세 사람을 대상으로「삼의가(三衣歌)」란 고시 장편을 지었다. 자료 제시를 겸하여 세 사람의 이름을 풀이한 중간 대목 몇 구절을 보이면 다음과 같다.

적벽이라 가을밤에 남쪽 향해 날아가니	赤壁秋夜向南飛
저 천 길 위 날아올라 덕의 광휘 살폈다네.	翔彼千仞覽德輝
중들 틈에 처해서도 절로 중과 같지 않아	雖處衆緇自不緇
변치 않음 보이려고 늘 흰옷을 입었다오. **호의**	示其不變常白衣
일생에 좋아한 일 세상과는 어긋나니	一生所好與世違
툴툴 털고 성을 넘어 불문에 귀의했지.	脫然逾城投佛依
갈댓잎 배 바람 타고 천성대로 떠나며	駕風一葦任性去
안개 헤쳐 연잎 따서 온몸에 걸쳤다네. **하의**	披烟採荷遍身幃
금성(錦城)의 삼향곡(三鄕曲)에 꽃이 활짝 피어나고	開花錦城三鄕曲
새금(塞琴)의 구곡(九曲) 봄에 열매가 맺었구나.	結實塞琴九曲春
명성을 피하고자 초가삼간 얽어두고	欲避名聲架三椽
돌밭에서 풀을 엮어 한 몸을 가리셨네. **초의**[8]	石田編草遮一身

4구절씩 차례대로, 불변의 뜻을 보여 흰옷만을 입은 호의(縞衣), 속세를 떠나 자연에 몸을 숨긴 하의(荷衣), 명성을 피해 돌밭에 띠집 지은 초의(草衣)를 각각 기린 내용이다. 이를 두고 근대의 보정 스님은 「초의진신찬(草衣眞身贊)」에서 '삼의안항(三衣雁行)'이라 하여 이들 세 사람이 형제처럼 나란히 우뚝한 자취를 드러냈음을 기린 바 있다.

명성을 피해 인적이 닿지 않는 곳에 암자를 짓고 숨어 산 초의의 행적은 일견 태백 호승의 그것과도 방불하다. 완호는 순박하고 과묵한 그의 성품을 보고서 호의와 하의에 이어 초의란 이름을 내려주어 세속을 떠난 질박한 삶과 우직한 공부를 주문했던 듯하다.

「금당기주」에는 다산이 초의를 위해 써준 「초의거사게(草衣居士偈)」와 「제초의선게후(題草衣禪偈後)」란 글이 실려 있다. 두 글 모두 문집에는 빠졌다. 차례로 읽어본다. 먼저 「초의거사게」다.

거짓 재화 너무 많아 참 보배 끊겼나니	贋貨苦饒眞寶絕
갖은 악을 포장해서 겉만 아주 깨끗하다.	包裹諸惡外鮮潔
치이(鴟夷)의 가죽 부대 구혈(九穴)이 나오니	鴟夷之革出九穴
눈물 콧물 진해져서 오줌 똥과 핏물일세.	涕洟次濃溲糞血
비단 두른 수(繡) 장막에 동심결을 맺어두니	錦纏繡裯同心結
난황(鸞皇)의 붉은 꿩은 무엇으로 수놓을꼬.	何以繪之鸞皇鷩
내달아 달아나니 모두 가만 목 메이고	奔奔走走胥閡咽
즉묵 땅 소꼬리엔 갈대 묶어 불 질렀네.	卽墨之尾油葦爇
쥐를 안고 소리치니 목구멍이 찢어질 듯	抱鼠嗃朴喉欲裂
씀바귀 나물국을 남 마시라 권하누나.	苵糝茶通勸人啜
청산에서 돌아보매 아스라이 산은 높아	靑山回首杳巀嶭
흰 구름은 솜처럼 한가롭게 피어난다.	白雲如絮閑起滅
무성한 골풀로 엷게 옷섶 여미고	采采菅蒯薄言袺
칡뿌리 노를 꼬아 터짐을 막는다네.	紉以葛筋防潰決
웃옷과 치마에 터진 곳 없다 해도	上衣下裳無攸觖
아리나식(阿梨那識) 근심 겨워 조금도 기쁘잖네.	阿梨那識愁不屑
청정한 법신마저 훌훌 벗어 내던지리.	淸淨法身乃蜺蛻
이것을 이름하여 초의결(草衣訣)로 부르리니	是則名爲草衣訣
차 바라밀 그 경계와 나누어 분별 마라.[9]	茶波羅蜜休分別

입성(入聲) 설(屑)부의 험운(險韻)을 매 구 끝에 넣은 시다. 다산이 초
의에 대해 노래한 내용이다. 시 속에 많은 고사를 썼다. 사람들은 온갖
추악하고 더러운 것을 속에 지녔으면서도 겉만 번드르하게 꾸미기에 바
쁘다. 온갖 부귀영화도 순식간에 잿더미로 변하고 만다. 사람이 한번 죽
어 청산에 묻히고 나면 골풀이 몸을 덮고 칡뿌리가 몸을 얽어 온통 풀잎

옷을 입는다. 하지만 죽은 후에 뉘우친들 무슨 소용인가. '아리나식'은 불교에서 말하는 팔식(八識)의 하나인 아뢰야식(阿賴耶識)을 말한다. 자아의 본원 속에 포함된 일체 사물의 씨앗을 가리키는 말이다. 청정한 법신마저 훌훌 내던져서 대자유의 경계를 미리 얻음만 같지 못하다. 이 대자유의 경계를 '차 바라밀'이라고 표현한 것이 흥미롭다.

위 게송에 이어 다산은 「제초의선게후」란 글을 써주었다.

『시경』에서 "비단옷 입고는 덧옷을 입고, 비단 치마 입으면 덧치마 입네."라 한 것은 그 무늬가 드러나는 것을 싫어한 것이다. 티끌세상 인간의 내장 안에 쌓인 것은 아름답지가 않다. 비단옷으로 덮어 가리고 구슬과 비취로 이를 꾸며도, 나는 그 냄새가 향기롭지 않을 것을 안다. 게다가 석화(石火)가 한 차례 번쩍하면 북망산천으로 돌아가고 말아, 마침내 어질거나 어리석거나, 귀한 이나 천한 이나 모두 풀뿌리로 몸을 덮게 된다. 그럴진대 어느 누구 하나 초의(草衣) 아닌 이가 없을 것이다. 어찌하여 유독 의순(意洵)만이 이를 나무라는가? 부처의 계율에 얽매이지 않고, 유가의 법도에 구애됨 없이 운수에 내맡겨, 제멋대로 만물의 위를 소요하고 온 세상 안을 부침한다면, 사람들은 오직 초의가 바람에 나부끼는 것만 볼 터이니, 어찌 영화로운 이름과 이록(利祿)에 능히 얽매이겠는가? 가경(嘉慶) 갑술(1814) 다산.[10]

사람이 죽어 땅에 묻히면 누구나 풀뿌리 옷, 즉 초의를 입게 마련이다. 초의란 이름을 가지고 인생의 덧없음과 영명이록(榮名利祿)의 허망함을 일깨웠다. 흙으로 돌아가면 현우귀천(賢愚貴賤)의 분별은 의미가 없다. 그러니 죽어 초의를 입는 것을 두고 미망(迷妄)을 벗어나지 못한 것으로 나무랄 일은 아니다. 차라리 유불(儒佛)의 경계를 훌쩍 뛰어넘어 소요만물(逍遙萬物)하고 부침사해(浮沈四海)함이 어떻겠느냐고 넌지시 권유했다. 초의의 불가적 입장을 유가적 견지에서 슬쩍 비판한 것이다.

정리한다. 초의란 이름은 첫째, 완호 스님의 '의(衣)'자 항렬 법제자임을 드러내는 표식이다. 둘째, 이백의 「태백호승가」에 보이는 호승에게서 따와 스님의 질박하고 꾸밈없는 성정에 견준 것이다. 셋째, 누구나 죽어 땅에 묻혀 입게 되는 풀잎 옷으로, 인생의 허무를 벗어던져 명리에 얽매임 없는 대자유의 경계를 환기한다.

중부中孚란 자의 의미

중부는 초의의 자다. 중부는 잘 알려진 대로 『주역』의 괘 이름이다. 초의가 중부란 자를 직접 쓴 가장 이른 글은 『백운첩』에서다. 『백운첩』은 초의가 27세 나던 1812년 9월 12일에 다산이 제자 윤동 및 초의와 함께 월출산 아래 백운동에 놀러 갔다 와서 만든 시첩이다. 백운동 13경에 붙여 다산이 시를 짓고, 초의가 다산의 시 일부를 전서(篆書)로 썼다. 여기에 다산의 명에 따라 다시 초의가 백운동과 다산초당을 그림으로 그려 합첩한 것이 『백운첩』이다.

초의는 이 첩에서 자신의 이름을 '중부'로 적었다. 초의는 당시 다산에게서 『주역』을 열심히 배우고 있었으므로, 초의에게 중부란 자를 지어준 사람은 바로 다산이었다. 중부란 자에는 어떤 의미가 담겨 있을까?

중부괘(中孚卦)는 태하손상(兌下巽上)으로 못[兌] 위에 바람[巽]이 있는 형국이다. 6효(爻)를 나란히 세우면 양음(兩陰)이 가운데 있고, 사양(四陽)이 아래위를 감싼 모습이다. 따라서 안에 부드러움을 머금고 있어

中孚者虛中
之卦也本云
一物何用掃
塵六震中也
利涉大川勗
到彼岸斯之
謂心空及第
耶 茶寮

다산 친필 행서첩에 실린 중부에 대한 다산의 풀이 글. 이을호 박사 구장.

바깥의 강함이 중(中)을 얻는 괘요, 믿음이 돼지나 물고기에게까지 미치는 상이다. 『잡괘전(雜卦傳)』에는 "중부는 신의다.(中孚信也)"라 했고, 『주역정의(周易正義)』에서는 "안에서 믿음이 나오는 것을 중부라 한다.(信發于中, 謂之中孚)"고 했다. 뜻이 진실하다는 의미인 의순(意洵)의 법명에 꼭 부합한다.

다산도 초의를 위해 친필로 써준 고 이을호 박사 구장(舊藏) 행서첩에서 이렇게 적은 바 있다.

중부란 것은 허중(虛中)의 괘다. "본시 한 물건도 없으니 어찌 티끌 먼지를 털겠는가?"라고 한 것 또한 허중이다. "큰 물을 건너서 저편 언덕에 닿으려 힘쓴다." 하였으니, 이를 일러 심공(心空) 급제라 하는 것인가?[11]

앞 구절은 육조 혜능(慧能)의 "본시 한 물건도 있지 않은데, 어디서 티끌 먼지 일어나리오.(本來無一物, 何處惹塵埃)"에서 끌어와 허중의 의미를 부각했다. 뒤의 것은 『주역』 「중부」괘와 「미제(未濟)」괘에서 따온 말로, 중정(中正)의 뜻을 높이는 말로 쓴다. '심공급제'는 당나라 때 방온(龐蘊)이 마조(馬祖) 도일(道一)과 나눈 "한입에 서강의 물을 다 마셔버린다.(一口吸盡西江水)"는 공안과 관련해서 나온 종요(宗要)의 송(頌)에 나오는 말이다. 관직에 선발되기보다 선불장(選佛場)에 오르는 것이 훨씬 낫다는 의미다. 워낙 함축이 깊은 글이라 여기서는 더 이상 세세한 의미를 따지지는 않겠다.

한편, 중부란 자는 차와 관련된 또 하나의 중층적 의미를 갖는다. 중부는 이백의 「족질 중부가 옥천산의 선인장차를 준 데 답례하여(答族侄中孚贈玉泉仙人掌茶)」란 시에 나오는 승려의 이름이기도 하다. 이백의 원문을 보자.

내가 듣자니 형주의 옥천사는 청계산 여러 봉우리와 가깝다고 한다. 산골짝엔 이따금 종유 동굴이 있다. 굴속에는 옥샘물이 많이 흐른다. 그 가운데 흰 박쥐가 사는데 크기가 갈까마귀만 하다. 『선경(仙經)』을 살펴보니, 박쥐는 일명 선서(仙鼠)라 한다. 천 년이 지난 뒤에는 몸이 눈처럼 희어진다고 한다. 거꾸로 매달려서 산다. 대개 종유석에서 떨어지는 물을 마셔서 장생한다. 그 물가에는 여기저기 차 풀이 무리 지어 자란다. 가지와 잎이 푸른 옥과 같다. 옥천진공(玉泉眞公)이 늘 채취하여 이를 마셔, 나이가 80여 세인데도 낯빛은 복사꽃이나 오얏꽃 같았다. 이 차는 향기가 맑고 맛이 부드러워 다른 것과 다르다. 그래서 능히 늙음을 떨쳐 어린이로 돌아가게 하여, 사람의 장수를 돕는다. 내가 금릉에 놀러 갔다가 한 집안 중 중부를 만났다. 그가 내게 이 차 수십 조각을 보여주는데, 포개서 쌓은 모양이 손과 같았으므로, 이름하여 선인장차라 하였다. 대개 새로 옥천산에서 나온 것이어서 옛날에도 보지 못한 것이다. 인하여 이를 가져와 주면서 아울러 시를 주어 내게 화답하게 하였다. 그래서 마침내 이 시를 지었다. 훗날 고승(高僧)과 대은(大隱)들은 선인장차가 중부선자 (中孚禪子)와 청련거사 이백에게서 출발했음을 알 것이다.[12]

일찍이 들으니 옥천산에는	常聞玉泉山
산골짝에 종유굴이 많다고 하네.	山洞多乳窟
흰 까마귀 비슷한 박쥐가 있어	仙鼠如白鴉
시내 달빛 거꾸로 매달려 있네.	倒懸淸溪月
이 가운데 바위에서 차가 나는데	茗生此中石
옥천이 쉴 새 없이 흘러내린다.	玉泉流不歇
그 진액 뿌리 가지 뿌려 적시니	根柯灑芳津
따 먹으면 피부에 윤기가 도네.	采服潤肌骨
묵은 떨기 초록 잎이 말려 있는데	叢老卷綠葉
가지마다 서로 이어 붙어 있구나.	枝枝相接連
볕에 쬐어 선인장(仙人掌)을 만들어내니	曝成仙人掌
신선 홍애(洪崖) 어깨를 두들기는 듯.[13]	似拍洪崖肩
온 세상 아무도 본 이 없으니	擧世未見之
그 이름 참으로 누가 전할까.	其名定誰傳
집안의 젊은이 선백(禪伯)이라서	宗英乃禪伯
내게 주며 좋은 시도 지어주었네.	投贈有佳篇
맑은 거울 무염(無鹽)을 비춰 보이니	淸鏡燭無鹽
서시(西施)의 어여쁨이 부끄러워라.	顧慙西子姸
아침나절 앉았자니 남는 흥 있어	朝坐有餘興
길게 읊어 세상에 퍼뜨리노라.	長吟播諸天

중부는 속성이 이씨로, 이백의 집안 먼 조카뻘 되는 승려의 이름이다. 중부가 이백에게 옥천산의 종유굴에서 나는 찻잎을 볕에 말려 차로 만들어 선물했다. 조각으로 편을 지은 차 덩이 수십 개를 포개놓은 모양이 꼭 사람 손바닥과 같다 해서 이백은 이 차의 이름을 선인장차라고 붙였다. 이 차의 제법은 이렇다. 오래된 묵은 떨기에 도르르 말린 잎이 가지에 다닥다닥 붙어 있다. 이 잎을 따서 볕에다 쬐어 말린다. 찻잎이 나는 종유굴 안에는 1천 살이 넘어야 희게 변한다는 흰 박쥐들이 산다. 이 박쥐들은 종유굴에서 나는 유수(乳水)를 마셔 이처럼 장수한다. 그러니 그 물의 기운을 받아 자란 찻잎이야 말해 무엇하겠는가?

이백은 선인장차의 효험을 '환동진고(還童振枯)'라 했다. 비쩍 마른 노인에게 기운을 불어넣어 동자(童子)의 상태로 되돌려준다는 말이다. 찻잎의 약효는 옥천진공이란 선인이 늘 복용하여 나이 팔십이 넘어서도 젊은이의 혈색을 유지한 것만 보아도 충분히 알 수가 있다. 그런데 이 말은 초의의 『동다송』 제41구와 42구에 그대로 나온다. "늙음 떨쳐 젊어지는 신통한 효험 빨라, 팔십 먹은 노인 얼굴 복사꽃인 듯 붉네.(還童振枯神驗速, 八耋顔如天桃紅)"라 한 것이 그것이다. 초의 또한 중부란 승려의 존재를 이백의 시를 통해 명확하게 인식하고 있었던 셈이다. 무염은 제나라 선왕(宣王)의 후비의 이름이다. 그녀는 덕이 있었으나 외모가 몹시 추했다.

다산은 왜 초의에게 중부란 자를 선물했을까? 첫째, 자신이 초의에게 가르치던 『주역』의 중부괘가 지닌 의미가 초의의 덕성과 꼭 부합되는 측면이 있었기 때문이었다. 연못 위에 부는 바람처럼 군자의 온화한 기풍을 지녀 기뻐하고 겸손하며 믿음으로 감싸 안는다는 의미의 중부괘가 초의의 삶 속에서 음미되어 실현되기를 바란 것이다. 또한 뒤에 초의가 차의 덕으로 꼽는 중정의 의미가 이 괘상의 설명 속에 포함되어 있는 것도 음미할 만하다.

둘째, 귀한 차를 이백에게 선물했던 승려의 이름이 중부였던 것과 관련이 있다. 이백은 금릉(金陵)에 놀러 갔다가 중부를 만나 선인장차를 받았다. 공교롭게도 금릉은 강진의 옛 이름이기도 하다. 다산은 이백이 그랬던 것처럼 금릉에서 초의를 만났다. 시의 맥락에 충실하자면, 초의는 초당에서 다산을 모시고 공부를 하면서 차에 새롭게 눈을 떴고, 다산은 혜장에게 그랬던 것처럼 찻잎을 따서 차를 만드는 과정을 초의에게 알려주어 차를 만들게 했던 듯하다. 그 차를 받고서 이를 예전 중부선자가 이백에게 선인장차를 가져다준 것에 비겨, 『주역』 중부괘의 의미에 포개어 중부란 자를 선사했을 것으로 본다.

셋째, 다산 자신과 초의를 통해 강진차가 세상에 알려지기를 바라는 함의도 있다. 이백이 서문에서 선인장차란 이름이 중부선자와 청련거사 두 사람에 의해 세상에 기억되기를 희망한다고 말한 것과 맥락이 닿는다.

넷째, 초의란 이름이 이백의 「태백호승가」에서 나온 데 착안하여, 역시 이백의 시로 짝을 맞추고 제다의 의미를 보태려는 의도가 있다.

이상 의순과 초의, 중부 등 초의의 명호와 관련된 유래와 의미를 살폈다. 의순과 초의와 중부는 모두 그의 사람됨과 꼭 맞는 이름이었고, 의미에도 상호 일관성이 있다. 특히 중부는 선인장차를 만들었던 금릉의 승려 이름에서 따온 것이어서 훗날 전다박사(煎茶博士)의 호칭으로 불렸던 초의에 걸맞은 호칭이 아닐 수 없다.

—

14

나뭇가지 하나로도 편안하다네

일지암 이야기

일지암(一枝菴)은 초의가 중년에 건립하여 만년까지 기거했던 공간이다. 우리 차 문화사의 한 성지(聖地)다. 초의는 왜 일지암으로 들어갔고, 일지암이란 이름에는 어떤 의미가 담겨 있을까? 일지암은 언제 건립되었고, 공간 배치와 그곳에서의 일상은 어떠했을까? 이 글에서 살펴보려는 내용이다.

'일지一枝'에 담긴 뜻

초의는 당시 대둔사의 촉망받던 학승이었다. 그런 그가 왜 갑자기 일지암을 짓고 깊은 산속으로 들어갔을까? 거처에 내건 '일지암'이란 편액에는 어떤 의미가 담겨 있을까? 신헌의 「금당기주」에는 여러 곳에 초

아침 안개 속에 잠긴 일지암. ⓒ차벽

의의 인적 사항에 관한 기록이 보인다. 이 가운데 초의의 계통에 대한 언급은 이렇다.

사문 의순은 자가 중부다. 무안현 장씨 집안에서 태어나 운흥사 민성의 방에서 머리를 깎았다. 연담(蓮潭)을 사숙하여 불법을 얻었다. 다산에게 몸소 가르침을 받아 도를 전함을 들었다. 한산(寒山)과 습득(拾得)에게서 깨달음을 얻었다.[1]

다른 내용은 그렇다 치고, 끝에 한산과 습득에게서 깨달음을 얻었다고 한 대목이 주목된다. 한산과 습득은 당나라 때 천태산에 살았다는 전설적 은자(隱者)다. 현재 남은 한산의 시는 그가 천태산의 나무와 바위에 써놓은 것을 국청사(國淸寺)의 승려가 수습해 편집했다는 것이다. 초의가 한산과 습득의 시를 통해 깨달음을 얻었다는 것은 다른 기록에 보이지 않는다.

「금당기주」에는 이를 증명하듯, 한산시를 화두로 스승 다산과 주고받은 4칙의 문답이 실려 있다. 그중 한 칙을 함께 읽는다.

석양 무렵 여인네들 놀이 하는데	群女戲夕陽
바람 불자 길에 가득 향기 이누나.	風來滿路香
치마엔 금빛 나비 수를 놓았고	綴裙金蛺蝶
머리엔 옥원앙 비녀 꽂았네.	插髻玉鴛鴦
계집종도 붉은 비단 옷을 해 입고	角婢紅羅縝
하인조차 자줏빛 비단 치말세.	閹奴紫錦裳
도를 잃은 사람을 살펴보자니	爲觀失道者
터럭 희면 마음마저 허둥댄다네.	鬢白心惶惶

순(洵): "이것은 전생의 선과(善果)가 아닐는지요?"

사(師): "저것은 바로 미래의 악인(惡因)이니라. 덜렁쟁이 수좌(首座)야. 공과(功課)를 만들어서 밤낮으로 목탁을 두드리며 그 의미를 살펴보아라. 민첩한 강주(講主)야. 열심히 지도해서 불자(拂子)를 세워 불경을 담론하며 징험해보아라. 편한 곳을 얻으면 편한 데서 멀어지고, 인연을 잃고 나야 인연이 모이느니."

순(洵): "세간에서 어떻게든 지켜야 할 것이 있습니까?"

사(師): "횃불 들어 허공을 태우고, 물을 움켜 달을 붙들어라."[2]

초의는 왕공 귀족 여인들의 호사스런 생활을 묘사한 뒤, 비록 이렇게 화려한 삶을 살아도 마음에 도를 잃고 나면, 젊음이 스러짐과 동시에 마음도 빈 쭉정이가 되어 허둥대는 법이라고 한 한산시를 인용했다. 이어 그들이 금생에 이토록 복을 누리는 것은 전생의 선과가 아니냐고 물었다. 그러자 스승은 미래의 악인일 뿐이라고 대뜸 무찔러 왔다. 그러고는 이 말의 의미를 참구해보라고 했다. 다시 가르침을 청하자, 횃불로 허공을 태우고 물을 움켜 달을 잡으라는 비유로 허상의 집착을 버리라고 주문했다. 선문답이다.

이와 비슷한 3칙의 문답이 더 있다. 이런 문답을 다산과의 사이에 주고받은 것은 몹시 흥미롭다.[3] 다산은 초의에게 시 공부의 일환으로 한산과 습득의 시를 읽게 하면서, 선문답을 주고받았다. 앞서 초의가 한산과 습득의 시에서 깨달음을 얻었다고 한 말은 빈말이 아니었던 것이다. 실제 일지암의 '일지(一枝)'는 한산시에서 따온 말이다.

모름지기 금서(琴書)가 홀로 따르니 　　　　　　　　　　琴書須自隨

작록이나 벼슬이야 어디다 쓰리. 　　　　　　　　　　祿位用何爲

벼슬 던져 어진 아내 말을 따랐고　　　投簪從賢婦
가마를 멘 효성스런 자식도 있네.　　　巾車有孝兒
보리 쬐어 말리는 땅 바람이 불고　　　風吹曝麥地
물이 넘쳐 고기 못에 넘실대누나.　　　水溢沃魚池
언제나 저 뱁새를 생각하노니　　　　常念鷦鷯鳥
한 가지만 있어도 몸 편하다네.　　　　安身在一枝

　뱁새는 제 몸을 깃들이는 데 일지, 즉 나뭇가지 하나면 충분하다. 예전 초나라 왕이 자종(子綜)을 정승으로 발탁하려 했다. 거문고와 책을 벗 삼아 신이나 삼으며 편안히 사는 것이 낫지 왜 초나라의 근심을 다 지려 하느냐는 아내의 말을 듣고, 자종은 아내와 함께 달아나 숨었다. 도연명이 벼슬을 버리고 여산(廬山)으로 갈 때 아들 둘이 아버지의 가마를 메고 앞장을 섰다. 모두 안분낙도(安分樂道)로 욕심 부리지 않고 한세상을 건너갔던 이들이다. 가난한 살림에 보리를 널면 바람이 불어와 이를 말린다. 연못에 물이 말라 근심하자 큰비가 내려 못물이 가득 넘친다. 인간과 자연의 삶이 조화롭지 아니한가. 그러니 나도 이를 본받아 나무 한 가지로 부족함이 없는 뱁

일지암의 유천. ⓒ차벽

새의 '안신(安身)'을 누리겠노라고 했다.

초의의 일지암은 바로 이 8구의 '일지'에서 따온 말이다. 『장자(莊子)』「소요유」에도 "뱁새는 깊은 숲에 둥지를 틀지만 한 가지를 차지하는 데 불과하다.(鷦鷯巢於深林, 不過一枝)"고 했다. 일지암은 곧 초의의 소박하고 욕심 없는 삶의 자세를 상징하는 이름인 셈이다.

한편, 「금당기주」의 기록에는 초의의 입산 경위를 이렇게 증언한다.

국조 중엽 이래로 교강(敎講)이 성해지고 선강(禪講)이 시들해졌다. 똑똑한 자는 오로지 교학(敎學)에만 힘을 쏟아, 글 뜻이나 지리하게 풀이하고 훈고나 하려 들며, 학구(學究)가 되어 경전으로 살아가는 모양새가 되었다. 멍청하고 답답한 무리들이 만년에는 모두 수좌로 일컬어진다. 의순은 이를 병통으로 여겨, 배움이 이루어지자 이를 버리며 말했다. "무당 할멈이 우리 부모를 그르쳐서 머리를 깎아 중이 되었으니, 이미 한 차례 죽은 셈이다. 또 누가 능히 목을 꺾고 고개 숙여 책 속으로 나아가 좀벌레로 죽고 반딧불로 미르게 하겠는가?" 이에 책 상자를 뒤져 여러 소(疏)를 초한 것과, 풀이를 베껴 쓴 것을 죄다 불살라버렸다. 다만 『선문염송집』과 『전등록』 2부와 한산과 습득의 시 각 1권, 고려 진정국사 천책의 시 등 모두 몇 권만을 취하여 동학들과 더불어 작별하고, 해남현 두륜산 속으로 가서, 넝쿨과 바위가 쌓인 가운데 집 한 채를 얽고서 일지암이란 편액을 달았다.[4]

초의의 출가가 무당의 요설에 부모가 미혹되어 이루어진 것으로 말한 점이 흥미롭다. 또 일지암으로의 입암(入菴) 동기를 교종이 성하고 선종이 쇠미해진 교단의 상황과, 가짜 돌중들이 엉터리 공부로 저마다 수좌를 일컫는 풍조를 혐오해서였다고 적고 있다. 여기서도 초의가 특별히 선택한 몇 종의 책 가운데 한산과 습득의 시집이 포함된 것을 본다.

일지암 건립 경과

일지암은 언제 처음 지었을까? 『초의시집』 중 일지암이 처음 나오는 것은 1830년에 지은 「중성일지암(重成一枝菴)」이란 작품에서다.

안개 노을 묵은 인연 숨기기가 어려워서	烟霞難沒舊因緣
승려가 어느새 몇 칸 집을 지었구나.	瓶鉢居然屋數椽
못을 파서 허공 달빛 해맑게 깃들이고	鑿沼明涵空界月
대통 이어 구름 샘을 저 멀리서 끌어왔네.	連竿遙取白雲泉
『향보』를 새로 뒤져 영약을 찾아보고	新添香譜搜靈藥
깨달음 얻게 되면 묘련(妙蓮)을 펼치노라.	時接圓機展妙蓮
시야 막는 꽃가지를 잘라내어 없애니	碍眼花枝劃却了
석양 하늘 멋진 산이 또렷이 눈에 드네.[5]	好山仍在夕陽天

제목에서 '중성(重成)'이라 한 것은 전에 지은 것을 다시 고쳐 지었다는 의미다. 다만 1구에서 안개 노을이 제아무리 숨기고 감추어도 해묵은 인연을 다 파묻을 수는 없다고 한 것을 보면, 일지암이 예전 허물어진 암자 터를 닦아 다시 세웠다는 뜻으로도 읽힌다. 연못을 파고, 대통을 이어 먼 데 샘물을 끌어온 것은 다산초당의 그것과 같다. 『향보(香譜)』를 살펴 주변의 약초를 캐고, 깨달음이 오면 설법으로 이를 펼친다. 시야를 가리는 꽃가지를 쳐내자, 좀 전까지 보이지 않던 앞산 멧부리가 석양빛을 받아 환하게 다가선다.[6]

이 작품 이전에 지은 시에서도 초의는 자신의 거처에 대해 노래한 바 있다. 한 해 전인 1829년에 지은 「도암십영(道菴十詠)」은 도암을 새로 짓고 주변의 풍광을 10경으로 정리한 것이다. 첫째 수, 「도암신성(道菴新成)」을 먼저 읽는다.

영경(靈境)은 한갓지고 스님네도 다 떠난 채	靈境幽閑淨侶空
푸른 안개 짙은 속에 몇 년이나 잠겼던고.	幾年冷鎖翠烟重
흰 구름이 다시금 청산 주인 얻고 보니	白雲更得靑山主
물색도 새로워라 옛 모습 드러내네.	物色懷新逞舊容

이로 보면 예전 버려진 암자 터에 1829년에 먼저 도암을 세워 거처를 마련했다가, 이듬해 1830년에 다시 좀 더 규모를 갖춰 지어 일지암이란 현판을 달고 준공을 보게 된 전후 사정이 드러난다.[7] 앞서 '중성'이라 한 것도, 전해에 '신성(新成)'한 도암을 염두에 둔 말이다. 나머지 9수에는 일지암 주변의 풍경과 이곳에서 바라다보이는 경관을 노래했다. 제목만 열거하면 장봉명월(藏峯明月)·북산석정(北山石鼎)·용암세우(龍巖細雨)·응산초가(鷹山樵歌)·성암모종(星菴暮鍾)·마산석봉(摩山夕烽)·나산춘설(拏山春雪)·양포귀범(梁浦歸帆)·완산송취(莞山松翠) 등이다. 장봉과 북산, 용암과 응산, 그리고 성암 등은 모두 그곳에서 보이는 대둔산의 봉우리와 암자 이름이다. 멀리 달마산의 저녁 봉화나 드물게나마 맑은 날에는 봄눈 쌓인 한라산도 보인다고 했다. 또 아래쪽으로는 바닷가를 오가는 돛단배도 눈에 들어온다.

1833년에 초의는 일지암 주변에 대나무를 옮겨 심었다. 「종죽(種竹)」은 이때 지은 5언 122구 610자에 달하는 긴 시다. 다 인용할 수는 없고, 띄엄띄엄 건너뛰며 읽어본다.

그 옛날 띠집 얽어 머물던 곳은	憶昔結茅處
금강곡(金剛谷)의 가장 깊은 골짝이었지.	金剛最幽境
병풍 바위 우뚝이 솟구쳐 있고	巖障嵩俊秀
물거울은 해맑고 차가웠다네.	水鏡澄虛冷
빽빽이 좋은 나무 무성했지만	森森羅佳木
대나무는 이곳에 있지 않았지.	未與此君倂
적련암(赤蓮菴) 곁에서 옮겨 심으니	移栽赤蓮傍
한동안 몸살하며 시들했었네.	困觸非俄頃
주인의 아낌을 느껴서인지	雅感主人眷
산마루 몇 개 넘음 마다 않았지.	不辭踰重嶺

첫 대목이다. 초의는 자신이 일지암을 짓기 훨씬 전에 금강곡의 가장
깊은 골짜기에 띠집을 짓고 살았다고 말했다. 당시 주변은 병풍 바위가
우뚝 솟고, 맑고 찬 물이 흘렀으며, 온갖 나무가 무성했다. 다만 대나무
만 없는 것이 서운해서 적련암 곁에 있던 대나무를 옮겨 심었다. 대나무
는 손을 잘 타 아무 때나 옮겨 심으면 죽는다. 그래서 처음엔 시들하던
것이 정성을 쏟자 점차 무성해졌다고 했다.

초의가 일지암을 짓기 전에 거처했다는 금강곡의 초암(艸菴)은 1823
년에 지은 여러 시에 분명하게 나온다. 「금강골 바위 위에서 언선자와
함께 왕유의 종남별업 시에 화운하다.(金剛石上與彥禪子和王右丞終南別業
之作)」는 금강골에서 철경 스님과 함께 왕유(王維)의 「종남별업(終南別
業)」시에 차운하여, 이곳에 길이 머물고 싶은 바람을 노래한 내용이다.
이후 초의는 그 결심을 당장 실천에 옮겼다. 잇따라 실려 있는 「우념왕
람전운(又拈王藍田韻)」의 첫 부분에는 "스스로 맑은 골짝 은자가 되어,
아득히 세상과 소원해졌네. 송라(松蘿) 묶어 성근 울을 세워 만들고, 바

이인문, 「누각아집도(樓閣雅集圖)」(부분). 국립중앙박물관 소장.
전각 왼쪽에 차 달이는 동자의 모습이 보인다.

위에 기대어 띠집 얽었지.(自成淸谿隱, 邈與世相疎. 緣蘿制疎櫶, 依巖結茅
廬)"라 하여 금강곡 바위 절벽 밑에 띠집을 얽어 거처를 옮긴 일을 적고
있다. 역시 1823년에 지은 「도촌견과초암(道邨見過艸菴)」은 도촌 김인항
(金仁恒)이 지나는 길에 초암에 들렀을 때 쓴 시이다. 도촌이 초의의 초
암이 조용하다는 말을 듣고 구름을 헤쳐 송헌(松軒)을 찾아왔으므로, 샘
물을 떠서 뇌소차(雷笑茶)를 함께 마시고, 향을 사르며 도에 대해 대화
하는 장면을 그렸다.[8]

다시 「종죽(種竹)」시를 계속 읽어보자.

이때 마침 먼 길을 떠나게 되니	我時適遠遊
숲 속 집은 불이 나서 타버렸다네.	林室被災眚
잿더미를 뉘 다시 쓸었으리오	灰場誰復掃
아득히 구름 속에 잠겨 있었지.	遙遙滯雲頂
십 년을 돌아옴 얻지 못하여	十年歸不得
구슬피 대나무와 영이별했네.	恨別此君永
작년에 와 우사(芋社)를 경영하는데	昨來營芋社
금강곡과 거리가 멀지 않기에,	金剛拒不夐
서둘러 가 대나무를 살펴봤더니	徑往看此君
옛길엔 풀덤불만 무성하였네.	古路艸暝暝

위 인용 부분에 작년에 와서 '우사'를 경영했다는 말이 보인다. 1830
년 일지암을 완공한 후, 초의는 바로 스승인 완호대사의 삼여탑(三如塔)
에 새겨 넣을 게(偈)와 서(序)를 받으러 서울 걸음을 했고, 여기서 해를
넘기며 오래 머물렀다. 그리고 1831년 가을에야 돌아와 다시 '우사'를
경영하기 시작했다. 우사는 일지암의 다른 이름이다.

그런데 자하 신위가 초의를 위해 지어준 「원몽(圓夢)」4수의 병서(幷序)에는 "해남현 대둔사 승려 초의는 이름이 의순인데 시승(詩僧)이다. 새로 두륜산 서쪽 기슭에 띠집을 얽었는데, 이름하여 '구련사'라 하였다.(海南縣大屯寺僧草衣, 名意洵, 詩僧也. 新結茅頭輪山西麓, 號曰九蓮寺)"고 적혀 있다.[9]

일지암의 다른 명칭에 '우사', '구련사' 등이 있었음을 알겠다. 일지암은 초의 자신의 거처를 지칭함이요, 우사와 구련사는 이곳에서 이루어진 강학의 결사(結社)를 가리켜 쓴 표현으로 구분하면 된다. 모두 고려 말의 백련결사(白蓮結社)의 정신을 계승코자 하는 바람이 담긴 이름이다. 또 추사가 초의에게 보낸 편지에 자우산인(紫芋山人)이란 칭호를 쓴 것이 있다.[10] '우사'란 명칭과 무관치 않다. 현재 일지암에는 '자우홍련사(紫芋紅蓮社)'란 현판이 걸려 있다. 이 밖에도 일지암은 일지선방(一枝禪房) 또는 죽향실(竹香室) 등 다양한 별칭으로 불렸다.[11]

다시 시로 돌아가면, 초의는 자신이 자리를 비운 사이 잿더미로 변한 금강곡의 초암을 오래 잊지 못했다. 1833년 다시 돌아와 일지암의 주변 조경에 힘 쏟는 과정에서 일지암과 그리 멀지 않은 곳에 있던 초암 터를 다시 찾는다. 하지만 그곳은 이미 가시덤불과 칡넝쿨이 길을 막고 있는 버려진 곳이었다. 이에 그는 음력 5월 13일, 대나무를 심으면 잘 자란다는 죽취일(竹醉日)을 맞아 초암 터의 대나무를 일지암으로 옮겨 심었다. 초의는 대나무를 옮겨 심은 후 휑했던 초당 주변의 확 달라진 풍광을 이렇게 계속 읊었다.

초당이 갑작스레 확 달라지자	艸堂頓改觀
사물도 온통 모두 기뻐하는 듯.	物意俱欣慶
그늘 아래 잔물결 시원도 하고	蔭盖漣漪凉

푸른 솔은 운치가 새틋도 해라.	韻參松檜淸
노는 고기 가만히 즐거움 얻고	魚遊得暗湛
새소리는 그윽함을 더해주누나.	鳥語添幽靜
햇살은 저녁 이슬 맑음 머금고	光含夕露明
푸른 산엔 아침 안개 깨끗하구나.	翠交朝烟淨
기쁜 정 속된 운치 하나 없으니	欣情無俗韻
곱게 꾸며 눈 즐거운 것이 아닐세.	悅目非艶靜

대나무를 옮겨 심고 가뜬해하는 초의의 충만한 기쁨이 문면 가득 넘쳐난다. 이하 시의 긴 내용은 이곳에서의 단출하고 뜻있는 삶을 다짐하는 각오를 담았다.

일지암의 공간 배치

일지암의 주변 공간과 내부 공간은 어떻게 배치되었을까? 관련 기록에 바탕하여 재구성해본다. 소치(小癡) 허련(許鍊, 1809-1893)은 1835년에 초의와 첫 대면한다. 먼저 볼 소치의 글은 당시 일지암의 주변 풍경과 공간 배치를 이해하는 데 소중한 기록이다.

을미년(1835)에 대둔사 한산전(寒山殿)으로 들어가 초의를 방문했다. 스님은 정성스레 나를 대접하고 인하여 침상을 내주며 머물러 묵게 하였다. 몇 해를 왕래하매 기미(氣味)가 서로 같아, 늙도록 변하지 않았다. 머무는 곳은 두륜산 꼭대기 아래였다. 소나무가 빽빽하고 대나무가 무성한 곳에 몇 칸 초가집을 얽어두었다. 버들은 드리워 처마에 하늘대고 가녀린 꽃들이 섬돌에 가득하여 서로 어우러져 가려 비추었다. 뜰 가운데 아래위로 못을 파고, 추녀 밑에는 크고 작은 절구통을 놓아두었다. 스스로 지은 시에, "못을 파서 허공 달빛 해맑게 깃들이고, 대통 이어 구름 샘을 저 멀리서 끌어왔네.(鑿沼明涵空界月, 連竿遙取濕雲泉)"라 하였고, 또 "시야 막는 꽃가지를 잘라내어 없애니, 석양 하늘 멋진 산이 또렷이 눈에 드네.(碍眼花枝劃却了, 好山仍在夕陽天)"[12]라 하였다. 이 같은 구절이 몹시 많았는데, 청고(淸高)하고 담박해서 불 때서 밥 지어 먹는 사람의 말이 아니었다. 매양 눈 온 새벽이나 달 뜬 저녁이면 가만히 읊조려 흥취를 가라앉혔다. 향을 막 피우면 차는 반쯤 마셨는데(香初茶半), 소요함이 취미에 꼭 맞았다. 적막한 난간에서 새소리를 들으며 마주하고, 깊숙한 굽은 길은 손님이 올까 염려하여 감춰두었다. 방 가득한 책시렁에 놓은 푸른 책들은 모두 불경(佛經)이었다. 상자에 가득한 두루마리는 법서(法書)와 명화 아닌 것이 없었다. 내가 그림과 글씨를 공부하고 시를 읊고 경전을 읽은 것이 장소를 얻은 셈이었다. 하물며 날마다의 대화는 모두 속세를 떠난 높은 뜻이어서 내가 비록 속된 사람이라 해도 어찌 그 빛에 감화되어 함께하지 않을 수 있었겠는가?[13]

처음 그는 대둔사의 한산전으로 초의를 찾아간다. 앞서 초의가 한산과 습득에게서 깨달음을 얻었다고 했는데, 초의는 큰절에 내려와 있을 때도 한산전에서 머물렀다.[14] 한산전은 『대둔사지』에도 이름이 보인다. 이것으로도 초의와 한산과의 각별한 관련을 다시 확인할 수 있다.

초의의 기거처는 일지암이었다. 위치는 두륜산 꼭대기 바로 밑이었다. 주변에는 소나무와 대나무가 무성했다. 몇 칸 초가집 옆에 버드나무가 넘실대고, 섬돌 곁에는 온갖 꽃들을 심었다. 마당에는 아래위로 못을 팠다. 못물은 조금 떨어져 있는 샘에서 대통을 이어 끌어왔다. 추녀 밑

일지암. ⓒ차의 세계

에는 크고 작은 절구통이 가지런히 놓여 있었다. 이것이 일지암의 주변 풍경이다. 방 안으로 들어서면 벽면을 가득 메운 서가(書架)가 눈에 들어온다. 가득 쌓인 책들은 모두 불경뿐이었다. 상자는 법서와 명화로 가득 찼다. 이것은 일지암의 내부 풍경이다.

눈 내린 새벽, 달 뜬 저녁이면 시를 읊조리며 가눌 길 없는 흥취를 가만히 가라앉힌다. 향에 불을 붙이면 어느새 차는 반쯤 마셨다. 난간에 기대자 새가 운다. 큰절로 내려가는 굽은 길은 속객이 찾아들까 염려하여 길이 없는 것처럼 일부러 가려 숨겼다. 이것은 일지암 주인의 일상 모습이다.

일지암의 풍광을 묘사한 글에 진도 사람 속우당(俗愚堂)이란 이가 쓴 「대둔사초암서(大芚寺草菴序)」가 또 있다. 초의와 동갑이었던 그는 초의가 54세 나던 1839년에 일지암을 찾았다. 자료 가치가 높은 글이므로,

속우당의 「대둔사초암서」. 아모레퍼시픽미술관 소장.

조금 길지만 전문을 여기에 소개한다.

대개 들으니 철인(哲人)은 사물에 해박하여 일을 서적 위에 기록하고, 빼어난 구역은 그 주인을 얻어서 이름이 강호 사이에 드러난다고 했다. 사마천은 용문 땅을 노닐고 나서 시야가 툭 트였고, 소동파는 고무(鈷鉧)에 글을 쓰고서 가슴에 품은 뜻이 시원스러워졌다. 광려(匡廬)의 한가한 구름과 채석강의 맑은 바람 외에도 빼어난 경치야 인간 세상에 어찌 다 헤일 수 있겠는가. 다만 능히 귀한 줄을 아는 이가 드문 것이다.

이제 장춘동은 해남의 남쪽 20리에 있다. 두륜산의 한 맥이 나뉘어 용호의 형세를 지었다. 산은 열 겹으로 둘리었고, 시내는 아홉 굽이를 돌아나간다. 대둔사란 절 하나가 시내와 산 사이에 우뚝하니, 승려의 무리가 몹시 많아서 마치 저잣거리 같다. 화려한 수레가 잇따르고 옥대(玉帶)를 두른 이가 다투어 머문다. 그런데도 다만 절집의 영롱함과 인물의 성대함만 알 뿐 산수가 참으로 빼어난 줄은 깨닫지 못한다.

사계(沙溪)에 의순이라는 비구가 있는데, 호가 초의다. 본래는 나주 사람으로, 자취를 산문에 맡겼다. 나이는 올해 54세이다. 유가의 경전을 섭렵하고, 불경을 널리 탐구하였다. 시문을 짓고 읊조림은 비록 대단한 선비라 해도 그 앞에서 붓을 던지고 앞머리를 양보하지 않음이 없었다. 그런데도 평소 담박함으로 마음을 길러 시원스레 티끌세상을 벗어난 마음을 지녔다. 십수 년 전에 목공들을 불러 모아 비용의 넉넉함은 따지지도 않고서, 북암의 남쪽, 남암의 북쪽 산허리에 한 채의 초가집 몇 간을 지었다. 푸른 산 아래 맑은 시내 위, 구름 산의 가장자리, 안개 낀 나무의 사이였다.

암자의 이름은 그윽하고도 아득하여 티끌세상의 자취에 물들지 않음을 말한다. 표연한 정사(精舍)는 마치도 구름 속에 걸려 있는 것만 같다. 사는 사람은 단지 의순 한 사람과 승려 한 사람뿐이다. 송라(松蘿)에 얽힌 달빛과 솔바람이 차례로 손님과 주인이 되면, 사물은 주인과 더불어 서로 뒤따라온다. 깊은 숲 속에 있어 아는 이가 없다. 대청의 탁상 위에는 금합(金盒) 안에 금부처 한 좌가 놓였다. 아침저녁으로 여기에 공양하고, 새벽과 저녁에는 목탁을 두드린다. 부지런하고 정성스럽지 않음이 없다. 이에 이곳에 있기를 생각하며 많은 나무들이 우거진 것과 대숲의 무성한 것을 본다. 과원(果園)은 뒤쪽에 가꾸고, 채마밭은 앞에다 만들었다. 맑은 물 한 줄기가 바위 사이로 솟아 채마밭 앞으로 남실남실 흘러나온다. 채마밭 곁에 연못 하나를 파서 물길을 이끌어 아래로 흐르게 하니, 차고도 맑은 품이 금곡(金谷)만 못지않다. 또 못 위에는 나무 시렁을 설치해서 몇 그루 포도 넝쿨이 그 위를 덮고 있다. 양옆의 흙 계단에는 기화이초를 심어 봄빛을 아껴 희롱하니, 마치 속세 사람을 비웃는 듯하다.

암자 뒤편에는 바위로 된 미륵봉이, 암자 앞에는 맑게 흐르는 연못이 있다. 높은 데 올라가 먼 데를 바라보고, 물가에 임해 더러운 것을 씻어내며, 산을 즐거워하고 물을 즐거워한다. 오늘날의 의순은 옛날의 사마천과 소동파의 맑은 운치를 아울렀다고 말할 만하다. 서암에 구름이 걷히고, 동산에 해가 나서 더운 기운이 사람에게 끼쳐오면, 가사를 벗고 경전을 덮는다. 정정한 늙은 스님은 왼손에는 노란 풀잎 부채를 천천히 부치면서 오른손에는 벽오동 지팡이를 짚고서, 두 아름다운 풍광 사이를 소요한다. 인간 세상에서 뜻을 기름은 비록 선경이라 해도 이보다 더 낫지는 못할 것이다.

내가 티끌세상에 숨어 살면서 이곳에 대해 물리도록 들은 지가 오래되었다. 올해 6월, 대둔사 길로 볼일이 있어서 시내를 건너고 골짝을 지나 풀을 헤치고 덩굴을 더위잡아 오르니, 골이 깊은 것이 마치 무릉도원을 찾아가는 것만 같았다. 암자에 들어가 함께 얘기를 나누니 품은 생각이 서로 꼭 맞았다. 그 소지품을 보니 마음이 시원스러워졌다. 모습은 맑고도 깨끗해서 애초에 한 점의 물욕도 없었으니, 참으로 이름을 헛되이 얻은 것이 아니라 할 만하다. 그 나이를 물어보매, 또한 나와 한동갑이었다. 별안간에 본 것을 주워 얽어 마침내 이를 위해 기문을 쓴다.

1839년 옥주(沃州) 용촌(龍村)의 속우당이 쓰다.[15]

소치보다 4년 뒤에 쓴 글이다. 초의는 탁상 위에 금부처를 모셔두고 조석으로 예불을 올렸다. 암자 뒤편에는 과원을 조성하고, 앞쪽에는 채마밭을 일구었다. 샘물이 채마밭을 적시며 흘러나오고, 못을 파서 그 물이 고이게 했다. 못 위에 시렁을 설치해서 포도 넝쿨이 그 위를 덮었다. 양옆의 화계(花階)에는 온갖 기화이초를 옮겨 심었다. 암자의 위치는 북암과 남암의 사이라고 했고, 암자 뒤에 미륵석봉(彌勒石峰)이 있었다. 초의는 개인 날이나 해 뜰 무렵, 혹은 무더운 여름이면 입고 있던 가사를 벗고 불경을 덮어둔 채 한 손에는 부채 들고 한 손에는 지팡이를 짚고서 골짜기를 소요하였다.

한갓지고 고즈넉한 일지암의 주변 풍경과 초의의 일상이 그린 듯이 묘사된 글이다. 초의는 화계를 조성하고 포도 넝쿨을 올리며, 과원과 채마밭을 차례로 조성하면서 예전 다산이 거처하던 초당의 분위기를 하나씩 되살려나가고 있었던 것이다.

초의는 이후 만년까지 일지암에서 지냈다. 신헌이 「초의대종사탑비명(艸衣大宗師塔碑銘)」에서 "일지암 가운데서 세상을 떴다.(示化於一枝菴中)"라고 한 이래, 대부분의 초의 관련 책자는 초의가 일지암에서 세상을 뜬 것으로 적고 있다. 하지만 초의의 법제자였던 범해 각안은 자신이 저술한 『동사열전(東師列傳)』의 「초의선백전(草衣禪伯傳)」에서 다소 엇갈린 진술을 했다.

동치(同治) 4년 을축(1865) 7월 초이튿날에 쾌년각(快年閣)에서 입적하였다. (중략) 처음에 몸을 은거할 둥지로 얽은 것은 일지암이었고, 나중에 겨우 몸 하나 들일 만한 굴을 얽은 것은 용마암(龍馬庵)이며, 다시 몸을 마칠 움막으로 세운 것이 쾌년각이었다.[16]

이 글에 따르면, 초의는 일지암에서 오래 지내다가 나중에는 다시 규모를 줄여 용마암이란 토굴을 지었고, 마지막에 세상을 뜬 곳은 쾌년각에서였던 것이 분명하다.[17] 한 시대를 풍미했고, 당대 쟁쟁한 제가들의 기림을 한 몸에 받았던 대선승이 명성의 절정에서 세상과의 인연을 끊고 암자에서 토굴로, 토굴에서 움막으로 규모를 줄이는 철저한 무소유의 수행을 보여준 것이다. 이것이 선(禪)의 정신이요, 초의의 진면목이다.

15

남녘 차의 짙은 향기
박영보의 「남차병서南茶幷序」와 「몽하편夢霞篇」

보림사의 죽로차를 장시로 노래했던 이유원(李裕元, 1814-1888)은 금령(錦舲) 박영보(朴永輔, 1808-1872)를 초의와 가장 가까웠던 인물로 지목했다. 그가 초의차를 맛보고 환호작약하여 쓴 「남차병서(南茶幷序)」시는 초의차를 세상에 알린 직접적 계기가 된 작품이다. 두 사람의 교유를 살피는 데 중요한 작품인 「증교(證交)」 및 「몽하편(夢霞篇)」과 함께 읽어본다.

초의와의 첫 대면과 「남차병서」

1830년 9월, 초의는 스승인 완호 스님의 삼여탑을 세운 후, 명(銘)과 서문을 받기 위해 서울 걸음을 했다. 이때 폐백으로 초의가 들고 온 것

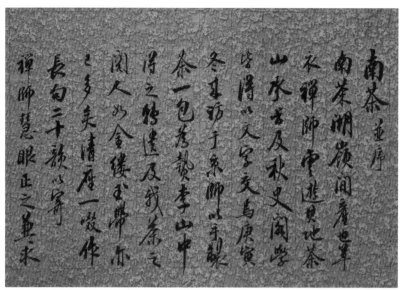

南茶並序
南茶朋嶺間產也革
衣禪師雷逃見地茶
山水呑及秋史関学
业得以入宇交为庚寅
冬至耗師以手眠
茶一包爲贄李山中
得之隣逹及我蓋之
閒人如含褸全佛亦
之多矣情庋一發作
長白二十頗以寄
禪師慧眼正之萬求

박영보가 초의에게 준 「남차병서」 친필 첫 면. 박동춘 소장.

이 보림사 죽로차였다. 초의는 다산의 제자였다. 시문에 능했으며, 유가 경전에도 해박했다. 선(禪)에도 깊은 조예가 있었고, 그림마저 능했다. 이런 그가 1830년 직접 만든 차까지 들고 서울에 나타나자, 경화벌열 귀족들 사이에 돌연 초의 신드롬이라 해야 마땅할 열풍이 불어닥쳤다.

박영보는 이때 우연히 다른 사람을 통해 초의의 수제차를 얻어 마셨다. 그러고는 그 맛에 반해 20운에 이르는 장편의 「남차병서」시를 지어 초의에게 인사를 청했다. 이 작품으로 초의차는 경화세족들 사이에 단연 화제의 중심으로 떠오르게 된다. 「남차병서」는 초의차뿐 아니라 당대 차 문화사에서 매우 의미 있는 자료다.

「남차병서」는 몇 가지 다른 계통의 필사가 존재한다. 먼저 박영보가 친필로 써서 초의에게 보낸 원본이 남아 있다. 박영희의 『동다정통고』 부록에 사진이 실려 있고, 현재 박동춘이 소장하고 있다. 신헌의 「금당기주」에도 초의가 소장하고 있던 원본을 전사(轉寫)한 내용이 수록되어 있다.[1] 다른 하나는 박영보의 문집에 수록된 수정본이다.[2]

그런데 친필본과 문집본 사이에는 수십 자 이상의 출입이 발견된다. 처음 초의에게 직접 써준 뒤, 나중에 문집에 옮겨 적으면서 박영보 자신이 상당 부분 손질하여 개고한 것이다. 병서 부분도 두 본이 사뭇 다르다. 먼저 친필본의 병서 부분을 읽어보자.

남차는 호남과 영남 사이에서 난다. 초의선사가 그 땅을 구름처럼 노닐었다. 다산 승지와 추사 각학과 모두 시문으로 교유함을 얻었다. 경인년 (1830) 겨울에 서울 지역을 내방하며 수제차 한 포로 예물을 삼았다. 이 산중(李山中)이 이를 얻어 돌고 돌아 내게까지 왔다. 차가 사람과 관계됨은 금루옥대(金縷玉帶)처럼 또한 이미 많다. 맑은 자리에서 한 차례 마시고 장구(長句) 20운을 지어 선사에게 보내니, 혜안으로 바로잡고 아울러 화답해주기를 구한다.[3]

시 끝에는 "경인 11월 15일 금령 박영보가 손을 씻고 삼가 드림(庚寅 十一月望日 錦舲 朴永輔 盥手和南)"이라는 구절이 덧붙어 있다. 화남(和南) 은 선가(禪家)의 표현으로 상대에게 공경하여 예를 표한다는 말이다. 「남차병서」는 1830년 11월 15일에 지었다.

박영보의 『서령하금집(西泠霞錦集)』(필사본, 『아경당초집(雅經堂初集)』권 4, 장 4a)에 실린 문집본에는 위의 병서 대신 「남차는 호남과 영남의 사이에서 난다. 초의선사의 수제차를 우연히 얻어 한 번 마시곤, 이를 위해 장구 20운을 지었다.(南茶産湖嶺間. 草衣禪師手製茶, 偶得一啜, 爲作長句二 十韻.)」의 줄인 내용으로 되어 있다. 이제 살필 작품의 원문은 박영보가 최종 수정해서 문집에 실은 것이다.

박영보의 문집 『아경당초집』에 수록된 「남차」시의 원문.

옛날엔 차를 마셔 신선 되어 올랐거니	古有飲茶而登仙
못 되어도 청현(淸賢)됨을 잃지는 않았다네.	下者不失爲淸賢
쌍정차(雙井茶)와 일주차(日注茶)는 세대가 이미 멀고	雙井日注世已遠
우전차와 고저차(顧渚茶)는 이름만 전해온다.	雨前顧渚名空傳
화자(花瓷)와 녹구(綠甌)로 마구 마셔 적시니	花瓷綠甌浪飮濕
참맛은 남상(南商)들이 이미 달여보았다네.	眞味南商已經煎
우리나라 나는 차는 차 맛이 더욱 좋아	東國産茶茶更好
그 이름 싹 나올 제 첫 향기 고운 듯해.	名如芽出初芳姸
빠르기는 서주(西周)부터 늦게는 지금까지	早或西周晚今代
중외(中外)가 같지 않아 큰 차이 서로 나네.	中外雖別太相懸
보통의 화초에도 각각 화보(花譜) 있다지만	凡花庸草各有譜
토인이야 그 누가 차가 먼저임을 알리.	土人誰識茶之先

신라 땅의 사신이 당나라에 들어간 날　鷄林使者入唐日

만 리 배에 차씨 지녀 푸른 바다 건너왔지.　携渡滄波萬里船

강진과 해남 땅은 복건(福建) 나개(羅岕) 한가진데　康南之地卽建岕

　남방의 바다와 산 사이에 차가 많이 있는데, 강진과 해남이 특히 성하다.(南方

　海山間多有之, 康津海南尤盛.)

씨 한 번 뿌린 뒤론 내던져둠 같았었네.　一自投種等棄捐

봄꽃과 가을 잎을 버려두고 돌보잖아　春花秋葉抛不顧

푸른 산서 일천 년이 쓸데없이 지나갔다.　空閱靑山一千年

기이한 향 묻혀 있다 오랜 뒤에 드러나니　奇香沈晦久乃顯

봄날이면 광주리에 따온 것이 인연됐네.　採春筐筥稍夤緣

하늘 위 달님인 듯 용봉단 작게 빚자　天上月團小龍鳳

법제는 거칠어도 그 맛은 훌륭하다.　法樣雖粗味則然

초의선사 정업(淨業)에 힘 쏟은 지 오래인데　草衣禪師古淨業

짙은 차로 묘오(妙悟) 얻어 참된 선(禪)을 깨달았네.　濃茗妙悟參眞禪

한묵(翰墨)이야 여사(餘事)여서 이제 다만 분별해도　餘事翰墨今寥辨

한때의 명사들이 공경하여 우러르네.[4]　一時名士香瓣虔

병석(瓶錫)으로 산을 나서 천 리 길을 건너오며[5]　出山瓶錫度千里

두강(頭綱)으로 잘 만든 단차(團茶)를 가져왔지.　頭綱美製携團圞

오랜 벗이 나에게 옥돌과 함께 주어　故人贈我伴瓊玖

희고 곱게 흩뿌리자 자리가 환해진다.　撒手的皪光走筵

내 삶은 다벽(茶癖)에다 수액(水厄)을 더했는데　我生茶癖卽水厄

나이 들어 뼛속까지 삼시충(三尸蟲)이 박혔다네.[6]　年深浹骨三蟲堅

열에 셋은 밥을 먹고 일곱은 차 마시니　三分湌食七分歛

집에 담근 강초(薑椒)마냥 비쩍 말라 가련하다.　沈家薑椒瘦可憐

이제껏 석 달이나 빈 찻잔 들고 있다　伊來三月把空盌

송우성(松雨聲) 누워 듣자 군침이 흐르누나.	臥聽松雨流饞涎
오늘 아침 한 탕관(湯灌)에 장과 위를 씻어내니	今朝一灌洗腸胃
방 가득 부슬부슬 초록 안개 서리누나.	滿室霏霏綠霧烟
도화차(桃花茶) 심어 달라 장로에게 청하노니 [7]	只煩桃花乞長老
백낙천(白樂天)에 국화 나물 대접 못함 부끄럽다. [8]	愧無菊虀酬樂天

　병서의 내용을 보면, 박영보는 초의가 서울로 오면서 가져온 차를 벗인 이산중에게서 조금 얻어 마셨다. 그는 초의차를 맛보고 그 맛에 반해 버렸던 모양이다. 사실 중국 사신 길에 조악한 중국제 가짜 차를 비싼 값 주고 들여와 찔끔찔끔 마시던 상황에서 조선 땅에서 생산된 초의의 고급 떡차는 한양의 차 애호가들에게는 그야말로 충격적인 희소식이 아닐 수 없었다. 박영보는 즉시 붓을 들어 일면식도 없던 초의에게 장편의 시를 지어 감사의 뜻을 전하고, 화답을 청했다.

　전후 내용을 간추리면 이렇다. 처음 6구는 중국차의 연원을 말했다. 고인이 차를 마셔 몸이 가벼워져서 신선이 되어 하늘에 오른 일과, 쌍정차와 일주차, 우전차와 고저차 등 역대의 명차를 들어 차 마시는 일의 연원이 오랜 것을 밝혔다. 이어 우리나라에서 생산되는 차도 그 못지않은 품질을 지녔음과 신라 때 김대렴이 당나라에서 차씨를 들여와 남녘 땅에 이를 심어 재배한 내용을 적었다. 호남의 강진과 해남 땅은 중국에 견주면 차의 대표적 산지인 복건 나개와 다를 바 없다. 하지만 우리의 경우 천 년 전에 차씨를 뿌린 뒤로 아무도 거들떠보지 않아 까맣게 잊혀진 물건이 되고 말았음을 통탄했다.

　그렇듯 잊혀졌던 차를 초의 스님이 나와 소룡단 떡차로 빚어냈다. 봄날 대소쿠리로 채취해온 두강의 첫물 차를 덩이 지어 만든 초의의 떡차는 외양이 크게 볼품은 없었지만 맛이 빼어났다. 박영보는 초의가 차로 묘오를 얻어 선의 경지를 참구하였다고 높였다. 차를 마시는 법은 경구(瓊玖), 즉 옥맷돌에 갈아 가루 내서 끓인다고 적었다. 마시던 차가 떨어져 석 달이나 굶고 있던 터라 했으니, 박영보는 이전부터 차를 몹시 애호하던 사람이었다. 그는 밥이 3이면 차가 7이라 하여 자신의 차벽(茶癖)을 말했다.

두강의 첫 잎으로 만든 미제(美製) 단차를 차 맷돌에 갈아 가루로 흩는다 한 것을 보면, 이때 초의가 가져와 선물했던 차는 떡차였음이 분명하다. 다산이 마셨던 차와 다를 바 없다.

초의의 「증교」시 화답과 박영보의 답시

박영보의 시를 받은 초의는 감격했다. 며칠 뒤에 바로 「남차(南茶)」시에 화답하여 친구 하자는 뜻을 부쳐 「증교」시 두 수를 박영보에게 보냈다. 박영보도 다시 화답하는 시를 지어 초의에게 보냈다. 초의가 박영보에게 준 원시는 전하지 않는다. 다음은 박영보의 화답시다. 제목은 「초의선사가 내 「남차」시를 받고서 「증교」 2수를 맡겨 왔다(草衣禪師得余南茶詩, 委來證交二首)」이다.[9]

초의 스님 표반(豹斑)에서 법을 전수받았나니　　　　草衣傳法於豹斑
태백봉 앞에서 오래 문을 닫았었네.　　　　　　　　太白峯前舊掩關
　　초의는 스님의 스승인 완호 스님이 내린 이름이다. 이태백의 「태백호승가서(太白胡僧歌序)」에, "태백산 중봉에 호승이 있는데 풀잎으로 옷을 해 입었다. 한번은 싸우는 범이 있어 지팡이로 이를 떼어놓았다."고 했다.(草衣師之師玩虎所命號也. 李太白太白胡僧歌序, 太白中峯有胡僧, 衣以草葉, 嘗有鬪虎, 以杖解之.)

불공 올린 차 사발엔 백호(白毫)의 형상이요	供佛茶甌白毫相
구슬 같은 시격(詩格)은 옥련환(玉連環) 한가질세.	轉珠詩格玉連環
달빛 타고 석장 날려 천 리를 건너오니	月中飛錫來千里
바닷가 짙푸른 제일가는 산일레라.	海上濃青第一山

 스님이 사는 곳인 대둔사는 바로 남해에 임해 있다.^(師所居大芚寺, 直臨南海)

갈홍천(葛洪川) 물가 약속 어이해 기다리리¹⁰	何待葛洪川畔約
능가(楞伽)의 경전으로 인연 옴을 깨치시네.	楞伽經卷悟緣還

돌우물 천 년 세월 초록 이끼 얼룩지니	石甌千年綠蘚斑
눈 속의 흥망이야 선관(禪關)을 거쳤다네.	眼中興替閱禪關
가없는 누른 잎은 전조(前朝)의 한이겠고	無邊黃葉前朝恨
다함없는 푸른 뫼는 불국(佛國)의 고리일세.	不盡青巒佛國環
탑 그림자 종소리가 옛 꿈을 징험하니	塔影鐘聲圓舊夢
물 흐르고 꽃은 피어 빈산임을 깨닫누나.	水流花發悟空山
반나절 그대 만남 참 인연 있음이니	逢君半日真緣在
이내 몸 마침내 팔환(八還)에 부치리라.	四大終當付八還

첫 수 1구에서 표반에서 법을 전수받았다 함은 초의의 전법 스승인 완호의 '호(虎)'자를 염두에 둔 말이다. 범의 무늬를 이어받은 제자라고 말한 것이다. 2구 아래 달린 주석에서 초의란 호가 이백의 「태백호승가서」에서 따온 것임은 앞의 글에서 이미 밝혔다. 1, 2구는 초의가 완호의 제자면서 이백의 시에 나오는 태백호승의 후신(後身)임을 말한 것이다.

첫 수 3구에서 부처님께 올리는 다구에 담긴 것이 백호의 형상이라고 했다. 백호은침은 흰빛을 띤 바늘처럼 가는 일창일기를 따서 만든 맏물차로 중국에서 천하의 명차로 알려진 차다. 3, 4구에서는 초의의 차와 시를 아울러 높였다. 7, 8구는 예전 송나라 때 원택(圓澤) 스님이 이원 (李源)과 헤어지면서 13년 뒤에 갈홍천 물가에서 만나자고 약속했던 고 사를 끌어와, 뒷기약을 나눌 것 없이 지금 즉시 만나 귀한 인연을 확인 하자고 재촉한 내용이다. 둘째 수에서도 초의와 자신 사이에 해묵은 인 연이 있어 이렇게 마음을 나누게 됨을 기꺼워했다.

박영보가 먼저 「남차」시를 건네 인사를 청하자, 초의는 즉각 「증교」시 로 화답했다. 이에 박영보가 다시 「증교」시에 화답하면서 둘 사이는 급 속도로 가까워졌다. 친구에게 얻어 마신 차가 계기가 되어, 시로 인사를 청하고 시와 차로 허교(許交)하는 광경이 아름답다.

「몽하편」에 얽힌 이야기

이렇게 해서 두 사람은 반갑게 만났다. 박영보를 만난 초의는 서울로 올라오기 전 자신이 일지암 공사를 마치고 그곳으로 거처를 옮기던 저 녁에 꾼 이상한 꿈을 박영보에게 들려주었다. 꿈에 자하 신위가 나타나 편액을 써주고 방산관(方山冠)을 만들어준 이야기였다. 박영보는 꿈 이 야기를 듣고 다시 그를 위해 장편의 「몽하편 병서」를 지어준다. 조금 길 지만 초의를 이해하는 데 아주 중요한 자료이고, 학계에 전문이 소개된 적이 없으므로 여기에 수록한다.

먼저 전후 사정을 설명한 병서의 내용이다.

초의선사가 새로 두류산 서편 기슭에 띠집을 지었다. 거처를 옮기던 저 녁, 꿈에 어떤 사람이 외치기를 "자하 도인께서 오셨다."고 했다. 나아가 보니 나이가 마흔 남짓한 한 푸른 옷을 입은 수재가 보였다. 성을 물어도

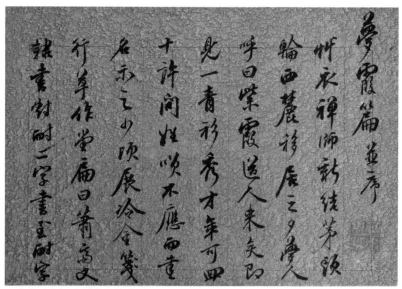

박영보 친필 「몽하편 병서」. 박동춘 소장.

웃기만 하고 대답하지 않더니 이름을 써서 보여주었다. 조금 있더니 냉
금전(冷金箋)을 펼쳐서는 행초로 초당의 편액에 '소재(蘇齋)'라고 쓰는
것이었다. 또 예서로 '대내(對耐)'란 두 글자를 썼다. 글씨가 '내(耐)'의
'촌(寸)'자 부분에 이르니 초의에게 나머지를 채워 쓰게 하였다. 초의가
감히 할 수 없다며 사양하자, 마침내 다시 붓을 당겨 글씨 쓰기를 마쳤
다. 장차 눈빛처럼 흰 종이로 방산관을 만들었는데, 사방에 엷은 먹으로
산수화를 그려놓았다. 이름을 문수관(文殊冠)이라고 했다. 이것을 선사
에게 주었다. 이것이 과연 무슨 상서로운 조짐이란 말인가? 초의가 금년
에 서울로 왔다가 나와 마주해 이 같은 꿈을 꾸었노라고 말해주었다. 해
남 천 리 길에 능히 자하를 불러 꿈속에 이르게 했으니, 한갓 자하의 선
열(禪悅)이 환생한 바가 아닐진대, 선사 또한 이인(異人)이라 할 것이다.
위하여 장구를 지어 이를 기록해둔다.[11]

272

자하 도인 누구인가 오늘날의 이태백	紫霞道人今太白
초의선사 호승국(胡僧國)서 현신하여 나투신 몸.[12]	草衣現身胡僧國
사객(詞客)은 거듭나서 한림으로 들어오고	詞客再世入翰林
선사는 일심으로 부처 직분 애쓰누나.	禪師一心供佛職
남해의 북쪽이요 해남의 남쪽 땅에	南海之北海南南
푸른 산 잇닿은 곳 큰스님이 산 열었네.	卓錫開山靑卽屴
동백꽃 십 리 길이 눈을 붉게 태우는데	茶花十里燒眼紅
산 이내 천 년 동안 얼굴 검게 물들인다.	嵐氣千年染面黑
물 한 병과 바리때가 생애 일시 분명하고	一瓶一鉢是生涯
구름처럼 물처럼 떠돌며 사는 것을.	流雲流水同棲息
여산(廬山) 땅에 홀연히 자첨(子瞻) 옴을 알리니[13]	廬山忽報子瞻來
기쁘도다 인천(人天)에 생색이 크게 나네.	歡喜人天大生色
마흔 살 서생은 초록 옷이 짙으신데	四十書生慘綠衣
미우(眉宇)는 훤칠하고 한묵(翰墨)에 능하시네.	眉宇粹朗工翰墨
하늘 밑을 지나와 땅 위로 내리시니	經天之下地之上
어슴프레 이름 글자 기억하여 두었구려.	依俙記得名字畵
빼어난 글 서강(西江)의 푸른 물을 다 마시고[14]	繡口吸盡西江靑
주문(籒文)은 사석(沙石)이 추위에도 끄떡없듯.[15]	籒文沙石寒不泐
맑은 절집 소재(蕭齋) 지음 거리낄 것 무엇이랴	蕭寺何妨作蕭齋
경계 대해 능히 참아 정력(定力)을 보이소서.	對境能耐見定力
묘한 붓 구름인 양 냉금전(冷金箋)에 떨어지자	妙鬟雲落冷金箋
묵해(墨海)에선 치자꽃의 향기를 뿜는구나.	墨海香噀花薝蔔
방산관의 모난 집은 미가(米家)의 산수인데[16]	高冠方屋米家山
옥설같이 환한 종이 밝게 발라 꾸미었네.	紙光玉雪明塗餬
옛날엔 진계상(陳季常)이 혹시 이를 얻었겠고[17]	古或得之陳季常

아니면 틀림없이 서축(西竺)에서 온 것일세.	不然定亦來西竺
하늘에서 꽃비 오자 호접 놀라 흩어지고	蝴蝶驚散雨花天
묘한 이치 모여듦은 마치 바퀴 굴리는 듯.	神理湊合如轉轂
천 리라 병석(瓶錫)으로 한양 길을 오시니	千里瓶錫漢陽來
한때의 장구(杖屨)가 용산 곁에 모였구나.	一時杖屨龍山側
내가 와서 문자 인연 곁에서 증언하니	我來傍證文字緣
도인과 선사들은 마침내 서로 알라.	道人禪師竟相識

자하를 한 번도 만난 일이 없던 초의가 일지암이 완공되어 입주하던 날 밤 꿈에 자하와 만났다. 자하는 일지암에 '소재'란 편액을 시원스런 행초로 써주었고, 다시 예서로 '대내'란 두 글자를 써주었다. 그뿐 아니라 눈빛 흰 종이로 방산관을 만들어 사면에 담묵산수를 그려 문수관이라며 건네주는 것이었다. 말하자면 초의를 문수보살의 현신이 나투신 것으로 기린 셈이다. '대내'란 두 글자의 의미는 시 속에서 '대경능내(對境能耐)', 즉 어떤 경계를 만나더라도 능히 참으라는 뜻으로 풀었다.

1830년 10월 10일 박영보는 흥방(興坊)의 거처에서 마포 서강 가의 강의루(江意樓)로 막 이사했던 터였다. 이사한 지 한 달 남짓 되었을 때 박영보는 당시 승려가 도성 안에 들어갈 수 없는 규정에 묶여 용산 어귀에 머물고 있던 초의가 가져온 남차를 얻어 마셨다. 이어 시문 창화를 인연으로 두 사람은 급속도로 가까워졌다. 초의는 1831년 8월까지 서울에서 머물렀다. 서울 체류 기간 동안 틈날 때마다 박영보의 집을 찾아 가깝게 교유를 이어갔다. 뒤에서 따로 살펴보겠지만 박영보의 문집 속에는 이러한 교유의 자취가 많이 남아 있다.

16

차 끓여 박사 이름 얻으셨구려

초의와 신위

박영보의 스승이자 「몽하편」의 당사자인 자하(紫霞) 신위(申緯, 1769-1845)와 초의 사이에도 서로 많은 글이 오갔다. 박영보가 초의차를 세상에 널리 알린 장본인이라면, 신위 또한 초의차를 아끼고 사랑하여 여러 편의 시를 남겼다. 특히 그가 박영보의 「남차시 병서」를 읽고 쓴 같은 제목의 장시는 그간 존재가 전혀 알려지지 않다가, 최근 공개되었다. 함께 읽어보기로 한다.

신위의 「원몽圓夢」 4수

신위는 박영보를 통해 초의에 대한 이야기를 들었다. 특히 초의가 서울로 오기 전 일지암을 완공하고 이사하기 전날 밤에 자신을 만나 제액

(題額)까지 받는 꿈을 꾸었다는 말을 듣고는 기뻐하며 4수의 화답시를 지어주었다. 신위의 『경수당전고(警修堂全藁)』에 실려 있는 「원몽사편(圓夢四篇) 병서(幷序)」가 그것이다. 원몽이란 '꿈풀이', 즉 해몽이란 뜻이다. 1830년 12월에 지었다. 앞쪽에 긴 병서가 실려 있다. 중간 부분은 앞서 박영보가 지은 「몽하편 병서」의 내용과 중복되므로, 앞뒤만 보면 다음과 같다.

해남현 대둔사의 승려 초의는 이름이 의순으로 시 짓는 중이다. 새로 두륜산 서편 기슭에 띠집을 짓고 이름하여 '구련사(九蓮社)'라 하였다. (중략) 올해 초의가 서울로 와 금령 박영보를 만나보고 이 일을 이와 같이 얘기해주었다. 금령이 그 자리에서 7언 장가를 지어 기록하고 제목을 「몽하편」이라 하였다. 이를 돌려 내게도 보여주므로 나 또한 시 4편을 지어 다시 금령과 초의 모두에게 화운하게 하여, 이로써 바닷가 이름난 가람과 천리의 묵연(墨緣)을 맺었다.[1]

자하는 초의를 시승(詩僧)으로 부르고 있다. 초의가 두륜산 서편 기슭에 새로 지은 일지암의 다른 이름이 '구련사'였던 사실은 앞서도 잠깐 지적한 내용이다. 지면 관계로 네 수를 다 읽지 않고 처음 두 수만 읽어본다.

스님 어이 세상 이름 구하려는 자이랴	師豈有求於世者
뜻으로 석장(錫杖) 날려 왕성에 이르렀네.	意行飛錫到王城
시 지어도 윤집(閏集)으로 규원(閨媛)의 예 따르고	詩拈閏集閨媛例
자취 숨겨 차를 끓여 박사 이름 얻었다네.	跡晦煎茶博士名

　초의는 차를 잘 만들었다. 금령이 일찍이 「초의차가(草衣茶歌)」를 지은 것이 있

「소치묵연첩」에 수록된 신위의 「전다삼매」 글씨.

다. 인하여 더불어 사귐을 맺었다.(草衣工製茶. 錦舲嘗有草衣茶歌. 因與證交.)

목서(木犀) 향기 맡다가 말없이 깨우치고	聞木犀香離說悟
매실 익는 것을 보다 인연을 이루었지.	看梅子熟種因成
다만 도는 마땅히 포단(蒲團) 위에 있나니	只應道在蒲團上
삼경이라 방장에선 바다 해가 떠오르리.	方丈三更海日生

이전에 일찍이 일면식도 없었는데	得無過去生曾識
스님께서 못난 사람 꿈꾼 일 부끄럽네.	慙愧闍梨夢不才
강가 매화 구경 옴을 그대 다시 약속하니	湖上梅尋君復約

    내가 용경(蓉涇)에 있었으므로 한 말이다.(余在蓉涇故云)

산속에 사는 사람 자첨(子瞻) 왔다 말하리.	山中人語子瞻來
선심(禪心) 깃든 약초는 겨우내 푸르르고	禪心藥草凌冬秀
그림 같은 띠집이 산을 뚫고 들어섰네.	畫意茅菴鑿翠開
구련사에 들겠다면 투명(投名)이라 하실텐가	倘否投名容入社

    암자 이름이 구련사인지라 원공사(遠公社) 가운데 사강락(謝康樂)이 투명(投名)

277

하였다는 고사를 썼다.(茅菴名九蓮社, 故用遠公社中康樂投名故事.)

종을 치고 땅을 쓸어 이끼 위에 누으리라.　　　　　　打鐘掃地臥莓苔

　첫 수 첫 구에서는 초의가 명예를 탐하여 있지도 않은 꿈 이야기를 꾸
밀 사람이 아니란 말로 시상을 열었다. 3구에서는 시를 잘 쓴다 해도 시
선집으로 묶으면 정집(正集)에 수록되지 못하고 끝 부분 윤집에 여류와
승려로 따로 묶이는 차별을 안타까워했다. 4구에 '전다박사'란 표현이
보인다. 당시 초의가 가져온 차가 장안에 상당한 술렁거림을 낳았고, 아
예 차박사의 칭호까지 누리게 된 사정을 잘 보여주는 귀한 구절이다. 주
석에 직은 박영보가 지었다고 한 「초의차가」는 별도의 시가 있는 것이
아니고 앞서 본 「남차」시를 두고 한 말이다.

　둘째 수에서는 매화 시절에 당시 자하가 머물고 있던 한강 가 용경으
로 놀러 오겠다고 약속한 일을 말하고, 그림 같은 구련사의 풍광을 떠올
렸다. 예전 원공(遠公)의 결사(結社)에 강락(康樂)이 참여하여 이름을
얻은 것처럼, 나도 구련사의 일원으로 받아줄 수 있겠느냐고 하여 초의
에 대한 친밀한 감정을 나타냈다.

자하의 「남차시 병서」

　자하는 「원몽」 4수를 짓는 데 그치지 않고 박영보의 「남차」시에 화답
하여 직접 「남차시 병서」를 지어 초의에게 주었다. 이 작품은 이상하게
도 신위의 『경수당전고』에 누락된 채 세상에 알려지지 않았다. 아마 시
를 지은 후 초고를 갈무리해두지 않아 문집에 누락되었던 듯하다. 소장
자인 박동춘이 최근 자신의 저서에 이를 수록함으로써 이 귀한 자료가

학계에 처음으로 알려지게 되었다.² 전체 작품을 읽어보자. 먼저 병서 부분이다.

　　남차는 호남과 영남의 사이에서 나는 것이다. 신라 때 사람이 중국의 차 씨를 가지고 산곡의 사이에도 이를 뿌려, 이따금 싹튼 것이 있었다. 하지 만 그 뒤의 사람들이 쑥대의 종류로 여겨, 보고도 진짜와 가짜를 분간할 수가 없었다. 근래에 그곳 백성들이 이를 채취하여 달여서 마신다. 이것 이 바로 차다. 초의선사가 직접 찌고 말려서 당대의 명사에게 보내주었 다. 이산중이 이를 얻어 금령 박영보에게 나눠주었고, 금령이 나를 위해 차를 끓여 맛보게 했다. 인하여 「남차가(南茶歌)」를 내게 보여주므로, 나 또한 그 뜻에 화답한다.³

　　신라 때 사신 김대렴이 중국에서 차씨를 들여와 호남과 영남의 산곡 에 뿌렸지만, 후세에 이르러 차를 까맣게 잊어 이것이 무슨 나무인지도 모른 채 지나온 일을 적었다. 최근 들어 그곳 사람들이 이를 채취해서 달여 마시게 되었다. 초의가 이를 채취해서 쪄서 말려 서울의 여러 명사 에게 나눠주고, 제자인 박영보를 통해 자신도 초의차를 얻어 마시게 된 경과를 설명했다.
　　이어지는 시는 박영보의 「남차」와 마찬가지로 7언 40구에 달하는 장 시다. 운자는 같지 않다.

내 삶이 맛에 담백해도 차에는 벽 있으니	吾生澹味癖於茶
마시면 사람 정신 번뜻 들게 하는도다.	飮啜令人神氣華
용단차와 봉미차는 모두가 가품이나	龍團鳳尾摠佳品
낙장(酪漿)과 금쟁반은 사치 너무 심했다네.	酪漿金盤空太奢

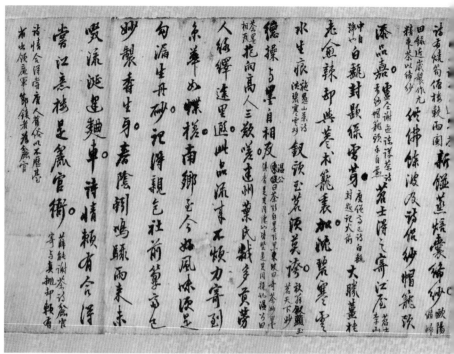

신위 「남차시병서」 친필. 박동춘 소장.

이 한 잔 차를 빌어 기름기를 씻어내니	假此一甌洗粱肉
겨드랑이 이는 바람 옥천가(玉川家)로부터 온다.	風腋來從玉川家
강남 땅 아득해라 육우를 떠올리며	江南迢遙憶桑苧
홀로 『다경』 품으니 글씨 촘촘 기울었네.	獨抱遺經書密斜
초금관의 주인이 저녁에 나를 맞아	茗錦主人夕邀我

초금관은 금령 박영보의 집 이름이다.(茗錦館 錦舲齋名)

질화로 먼저 내와 엷은 안개 일어난다.	先將土銼生澹霞
말하길 이 씨를 호남 영남 뿌렸어도	爲言此種種湖嶺
푸른 산 천 년 동안 쓸모없이 꽃폈다고.	碧山千年空結花
이끼와 한가지로 스님들 죄다 밟고	雲衲踏盡等莓苔

南茶詩 并序

南茶湖嶺間云云(해서 풀이하기 어려운 본문)

나무꾼은 베어내서 땔감으로 쓰곤 했지.　　　　　　樵童苃去兼杈枒

골짜기 난초 향기 아는 이가 없었는데　　　　　　　無人識得谷蘭馨

초의 스님 두 손으로 움켜서 따는구나.　　　　　　草衣掬擷雙手叉

절집에 곡우 비가 흩날리는 시절에　　　　　　　　僧樓穀雨細飛節

　　왕완정이 손사원이 차를 부쳐준 데 사례한 시에 "죽순 굽는 승루에 곡우가 깊

　　었구나."라고 하였다.(王阮亭謝孫思遠寄茶詩, 有"燒筍僧樓穀雨闌.")

새 떡차 찌고 말려 붉은 비단에 넣었다네.　　　　　新餠蒸焙囊絳紗

　　구양수의『귀전록』에 "근세에 만드는 것은 더욱 정묘해져서 차를 붉은 비단에

　　묶는다."고 했다.(歐陽脩歸田錄: "近歲製作尤精, 束茶以絳紗.")

부처 공양 남은 것이 시 벗까지 차례 오니　　　　　供佛餘波及詩侶

사모로 머리 감싸 좋은 품미 더하였다. 　　　　　　　紗帽籠頭添品嘉

　　노동의 맹간의의 차에 사례하는 시에 "사모로 감싼 것을 손수 직접 달인다."

　　는 구절이 있다.(盧仝謝孟簡儀茶詩, 有 '紗帽籠頭手自煎.')

초사가 이를 얻어 강가 집에 부쳐주니 　　　　　　　茗士得之寄江屋

　　초사는 이산중의 자호다.(茗士李山中自號也)

백자에 녹설아(綠雪芽)라 써서 봉하였구나. 　　　　　白甄封題綠雪芽

　　당나라 승려 제기의 시에 "백자에 써서 봉해 '화전'이라 기록한다."고 했다.

　　(唐僧齊己詩: '白甄封題記火前.')

생강 계피 묵을수록 점점 더 매워지고 　　　　　　　大勝薑桂老愈辣

삼과 창출 대그릇서 약효 더해짐 보다 낫네. 　　　却與蔘朮籠裏加

푸른 하늘 찬 구름이 물에 자취 생겨나니 　　　　　沈碧寒雲水生痕

　　시우산(施愚山)의 차시에 "푸름 잠긴 찬 구름 삼나무로다."라고 하였다.(施愚山

　　茶詩: '沈碧寒雲杉')

옥명(玉茗)으로 비녀 꼽음 모름지기 자랑 마라. 　　釵頭玉茗須莫誇

　　육방옹의 시에 "옥명으로 비녀 찌니 천하에 묘하도다."라고 했다.(方翁: '釵頭玉

　　茗天下妙')

덕과 절조 먹과 차가 서로 절로 반대지만 　　　　　德操與墨自相反

　　온공이 말하기를, "차는 희어지려 하고, 먹은 검어지려 한다."고 했고, 소동파

　　는 "기이한 차와 좋은 먹은 모두 향기로우니 덕이 같기 때문이고, 모두 굳세

　　니 절조가 같아서이다."라고 했다. 온공은 "차와 먹은 서로 반대다."라고 했

　　다.(溫公曰: "茶欲白墨欲黑." 東坡曰: "奇茶妙墨, 俱香是其同德也. 皆堅是其同操也." 溫公

　　曰: "茶墨相反.")

안고서 고인(高人) 향해 세 번 탄식하였다지. 　　　抱向高人三歎嗟

건주 땅의 섭씨(葉氏)는 매년 많은 공물 바쳐 　　建州葉氏歲多貢

심부름꾼 먼 길에 쉴 새 없이 이어졌네. 　　　　　勞人絡繹途里遐

이 차가 흘러옴은 힘이 들진 않았어도	此品流來不煩力
부쳐 서울 도착하니 접사(蝶槎)와 한가질세.	寄到京華如蝶槎
남쪽 고장 여태껏 풍미가 좋았음은	南鄉到今好風味
구루산(句漏山)서 단사(丹砂)가 나오는 격이라네.	便是句漏生丹砂
암자 앞 죽순 껍질 직접 싼 것 기억하니	記得親包社前箏
제기(齊己)의 묘한 솜씨 이빨에서 향기 난다.	齊已妙製香生牙
봄 그늘에 지렁이 울고 소낙비가 내려서	春陰蚓鳴驟雨來
안 마셔도 군침 돌아 술 수레와 만난 듯해.	未啜流涎逢麴車
시정(詩情)에 힘입어 맛보기에 합당하니	詩情賴有合得嘗
강의루(江意樓)가 다름 아닌 추관(麤官)의 관아일세.	江意樓是麤官衙

설능의 「사차」시에 "추관에게 부쳐준 것 아무 쓸데없지만, 시정이 있는지라 맛보기에 합당하다."고 하였다. 당나라 사람의 옛 풍속에 대성(臺省)을 거치지 않고 염군(廉軍)과 절진(節鎭)을 거느리고 나가는 것을 추관이라 했다.(薛能謝茶 詩: "麤官寄與眞拋却, 賴有詩情合得嘗." 唐人舊俗, 以不歷臺省, 出領兼軍節鎭者爲麤官.)

신위는 자신이 다른 맛에는 각별한 욕심이 없지만 차에만은 벽이 있다는 말로 시의 서두를 열었다. 차는 마시면 정신이 환해진다. 하지만 저 중국의 용단차(龍團茶)니 봉미차(鳳尾茶)니 하는 것은 훌륭하긴 해도 사치가 너무 심해 그 값이 황금과 무게로 달아 맞바꿀 정도였으니 너무 지나치다. 그렇지만 초의의 남차를 마셔 기름기를 씻어내니 당나라 때 노동이 「옥천차가(玉川茶歌)」에서 7잔을 마시면 양편 겨드랑이에서 날개가 돋아 훨훨 날아갈 것 같다고 한 그 경지를 느낄 수 있을 것만 같다. 이에 절로 다성 육우의 『다경』 생각이 나서 그 책을 꺼내 뒤적이기까지 했다.

이어 박영보가 자신을 초대해서 질화로에 초의차를 끓여 내온 광경을 묘사했다. 박영보는 차를 끓이면서 우리 차의 역사에 대해 자하와 이런 저런 대화를 나누었다. 신라 때 김대렴이 중국에 사신 가서 차씨를 얻어 와 지리산에 심어, 이 땅에도 차나무가 자라게 되었다. 하지만 아무도 그 가치를 몰라 천 년간 저 혼자 꽃이 피고 지는 동안, 스님네와 나무꾼들에 게 그저 하찮은 잡목 취급을 받아 차나무는 고작 땔감으로나 쓰였을 뿐 이었다.

계속해서 신위는 초의차에 대해 묘사했다. 곡우 즈음에 찻잎을 두 손 으로 교대로 움켜 따서 떡차로 증배(蒸焙)했다. 붉은 비단 주머니에 포 장하여 담았다. 겉에는 '녹설아(綠雪芽)'라는 제명이 써 있었다. 시에서 는 백자에 담아 봉했다고 했지만, 중국 시의 고사를 끌어온 것일 뿐, 실 제로는 뒷부분에 썼듯이 죽순 껍질로 단단히 감쌌다.

신위는 작품 속에서 역대 중국 시인의 차와 관련된 고사를 거의 매 구 절마다 인용했다. 내용이 어려울 경우 이해를 돕고자 풀이 글을 달았다. 건주의 섭씨(葉氏)는 황제께 공물로 바친 물품이 먼 길을 쉴 새 없이 오 갔다. 초의차가 서울로 온 과정이 그처럼 힘든 것은 아니었지만, 차 맛 을 보니 그 절묘한 솜씨가 당나라 때 시승(詩僧) 제기(齊己)만 못지않다. 마시기도 전에 입안에 군침이 가득 돌고, 한 모금을 머금자 이빨 사이에 향기가 가득 찬다. 끝에 추관(麤官) 운운한 것은 당시 자신의 처지가 내 직에 있지 않고 외직을 떠돌아, 자신에게 차를 보내봤자 실제 아무런 보 상은 없을 텐데도 이렇듯 귀한 차를 맛보게 해주어 고맙다는 뜻이다.

어쨌거나, 초의차를 맛본 박영보가 「남차시」를 짓고, 이를 되받아 신 위까지 「남차시」를 지어 그 차 맛을 높이 평가한 일을 계기로 서울의 명 류들 사이에 초의의 명성이 진동하게 되었다.

삼여탑三如塔과 초의차

이때 초의가 서울행을 하게 된 것은 스승인 완호 스님의 삼여탑(三如塔)에 새겨 넣을 서문과 명시(銘詩)를 받기 위해서였다. 박영보를 통해 「원몽」시와 「남차」시를 받은 초의는 기쁨을 이기지 못해, 신위가 박영보에게 준 시를 차운하여 화답했다. 이에 신위는 초의를 위해 다시 시를 지었다.

「초의가 내가 금령에게 준 시운에 차운하였는데 몹시 아름다웠다. 그래서 다시 원래의 운자를 써서 시를 지어 보인다. 이때 초의는 스승인 완호대사를 위해 삼여탑을 세우고, 해거도위 홍현주에게 명시(銘詩)를 청하면서, 내게도 서문을 써달라고 하며 떡차 4개를 보내왔다. 떡차는 자신이 직접 만든 것으로, 이른바 '보림백모(寶林白茅)'라는 것이다. 시속에서 아울러 이를 언급하였다.(草衣次余贈錦舲詩韻, 甚佳. 故更用原韻賦示. 時草衣爲其師玩虎大師, 建三如塔. 乞銘詩於海居都尉, 乞序文於余. 而遺以四茶餠. 卽其手製, 所謂寶林白茅也. 詩中幷及之.)」라는 긴 제목의 시다.[4] 작품을 보자.

도잠과 소동파가 함께 노닐었더니	道潛坡老共周旋
늙은 나이 이 즐거움 이 같은 해 있구려.	此樂衰年有此年
쓴 차를 엄히 할 때 속됨 경계 마땅하고	苦茗嚴時宜砭俗
좋은 시구 훌륭한 곳 참선에 합당하다.	好詩佳處合參禪
생사의 꿈 명(銘) 청하니 스님 살아 계시는 듯	乞銘二夢師如在
삼생(三生)이 잠깐이라 성품 절로 원만하다.	彈指三生性自圓
성안 가득 보시타가 돌아가지 못하니	檀越滿城歸不得
정 잊고도 이따금 정에 끌림 있구려.	忘情時有爲情牽

도잠(道潛)은 소동파와 가까운 교분을 나누었던 승려 혜원(惠遠)의 이름이다. 예전 소동파와 도잠이 그랬던 것처럼 뜻하지 않게 초의와 알고 지내게 된 것을 기뻐하는 마음을 이렇게 표현했다. 이 시는 앞서 「원몽」 시를 지은 이듬해인 1831년 4월에 지은 것이다. 당시 초의는 스승 완호의 삼여탑에 새겨 넣을 시문을 받지 못해 계속 서울 근교에 머물며, 경화세족들과의 시회에 참석하여 한창 성가를 올리고 있었다.

　　초의는 삼여탑에 새길 명서(銘序)를 신위에게 부탁했고, 명시(銘詩)는 정조의 외동 사위였던 해거도위 홍현주에게 부탁했다. 홍현주는 뒤에 초의가 『동다송』을 지어주었던 인물이기도 하다. 초의는 신위에게 명서를 부탁하면서 자신이 보림사 대밭에서 직접 따서 만든 '보림백모병차(寶林白茅餅茶)' 4개를 폐백으로 드렸다. 글 부탁을 하면서 바친 떡차가 고작 4개뿐인 것으로 보아, 이때 초의가 만든 떡차는 하나하나 따로 포장된 상당한 크기였던 것으로 보인다.

　　백모(白茅)는 갓 나온 여린 잎이 보송보송하여 흰빛이 도는 것으로 고급의 첫물 떡차다. 이유원이 초의의 떡차를 노래한 「죽로차(竹露茶)」란 장시에서 설명하고 있는 '아침(芽針)', 즉 바늘 같은 창기(槍旗)를 구리 시루와 대소쿠리로 구증구포하여 마치 머리카락을 뭉쳐놓은 것처럼 만든 차가 바로 이 보림백모다. 중국차에서 말하는 백호은침(白毫銀針)이니 신양모첨(信陽毛尖)이니 하는 것과 비슷한 이름이다. 이유원은 당시 우연히 신위의 집에 놀러 갔다가 이 차를 얻어 마신 일이 있었다.[5]

　　신위는 초의에게 준 위 시의 6구 아래 자신이 쓴 「삼여탑명서(三如塔銘序)」의 내용을 소개했다. 그 내용은 이렇다.

　　별 오듯 와서 진짜 가듯 갔구나. 이는 생과 사의 두 꿈이다. 총림(叢林)의 주맹(主盟)으로 『화엄경』을 강한 것이 19년이요, 금벽(金碧)으로 장엄(莊

嚴)하고 옥불(玉佛)을 새긴 것이 1,003개이다. 이것이 두 꿈의 중간에 한 공화(空花)의 사업이다. 대사께서 시적(示寂)하신 뒤에 문인의 꿈에 나타나 말씀하셨다. "과거도 같고, 현재도 같고, 미래 또한 같다." 문인이 마침내 삼여(三如)로 스님의 시호(諡號)를 삼고, 그 탑에 '삼여탑'이라고 썼다.[6]

삼여란 말의 의미를 밝히고 완호 스님의 평생 사업을 간략하게 요약했다. 초의는 글씨까지 써줄 것을 요청했는데, 당시 신위는 비방을 입어 근신하던 황황한 처지여서 글씨를 써줄 형편이 못 되었다.

흥미롭게도 당시 신위가 대둔사로 돌아가는 초의에게 보낸 편지가 한 통 남아 당시의 정황을 전해준다.

초의의 선창에(草衣禪窓)

호숫가와 산속으로 여러 번 왕림하여 선(禪)을 말하고 예(藝)를 얘기하니, 일찍이 없던 일이었소. 게다가 지난번에 편지를 받았는데, 이제 또다시 편지를 받고 보니 위로가 되지 않은 것은 아니지만, 떠나는 날짜를 말씀하시니 섭섭한 마음을 어찌하겠습니까. 내 학질은 그사이 조금 차도가 있었는데, 근자에 다시금 남아 있던 독과 사특한 기운이 전보다도 더욱 심해져 자리에 누워 끙끙 앓으며 아파 신음하고 있다오. 아마 하늘이 버린 모양이니 하늘의 뜻에 맡길 뿐, 어찌하겠소? 지금은 마음대로 일어나 앉을 수조차 없어 늘 베개 베고 누워 지내고 있소. 움직이기로 하면 붓과 벼루가 가까이 있지만 어찌할 방법이 없구려. 그사이에 사실은 탑명(塔銘)을 쓰긴 했으나, 다시 보니 글자 모양이 너무 작아 훗날 새기기 어렵겠더이다. 다시 시도해서 글자를 조금 크게 해보려 하는데, 병 때문에 마음만 있지 이루지 못하고 있다오. 그 밖에 나머지 글씨도 마음먹고

287

초의에게 보낸 신위의 편지. 개인 소장.

붓을 잡지 못하고 있소. 다시금 얼마간 때를 기다려 이 병이 조금 나으면 모두 한꺼번에 써드리리다. 조금만 기다려주는 게 어떻겠소. 문자와 한 묵이란 것은 또한 성취의 인연이 딱 맞아야 하는 법이니, 또한 뜻대로 기 필할 수 없다면 조금 늦는다 해도 또한 어찌 안 되겠소. 떡차와 종이 묶 음 그리고 그대의 마음은 모두 잘 받았소. 고맙소. 차 맛이 아주 훌륭하 고, 제법이 법도에 맞아 기뻐할 만하오. 이제부터는 구름처럼 노니는 스 님이 어디에 있을지 몰라, 만날 수도 작별할 수도 없으니 다만 애타게 마 음에 걸릴 뿐이오. 다만 원컨대 못 보는 사이에도 깨달음이 더 진전되고 도를 위하여 몸조심하기를 바라오. 혹 승속(僧俗) 간에 북쪽으로 오는 인 편이 있거든 이따금 소식을 부쳐 보내 기갈 든 마음을 달래준다면 다행 이겠소. 종이를 앞에 두고 서글픈 마음에 마저 다 쓰지 못하오. 초의선사 께. 8월 23일 신위 삼가.[7]

이로 보아 당시 신위는 학질을 앓아 병고에 시달리고 있었다. 또 글씨를 쓰긴 했지만 너무 작게 되어 마뜩잖았다. 다시 쓸 작정만 두었지 병을 앓느라 새로 글씨를 쓸 형편이 못 되었다.

다시 3년 뒤인 1834년 8월에 신위는 「의순의 편지를 받았는데, 나더러 금선암(金仙菴)에서 한번 만나자고 했다. 이때 내가 한질(寒疾)을 앓고 있었으므로 먼저 이 시를 지어 답장한다. 2수(得意淘書, 要余金仙一會, 時余有寒疾, 先此賦答二首)」라는 시를 남긴다. 이때 두 사람은 결국 서로 만나보지 못했다. 다만 초의가 1834년 가을에도 다시 서울 걸음을 한 것을 알 수 있다.

초의는 1838년 봄에 서울에 다시 왔다. 역시 완호대사의 「사리탑기(舍利塔記)」 글씨를 부탁하기 위해서였다. 초의는 이번에도 폐백으로 자신이 직접 만든 수제차를 가져왔다. 신위는 「초의 스님이 편지와 차를 보내면서 스승의 사리탑기를 청하였다. 또 금선암에서 한번 만나기를 원했다. 이때 제사가 있어 가지는 못하고 시로 화답하였다.(釋草衣有書致茶, 求其師舍利塔記. 且願金仙一會. 時有享役未赴, 以詩爲答.)」란 시를 지어주었다.[8]

몇 해 지나 스님이 건재하심 들으니	數年然後聞師健
병석(瓶錫)으로 금선암 도량을 찾아왔네.	瓶錫金仙趁道場
장불(葬佛)로 고심하여 사리탑기 청하면서	葬佛苦心徵塔記
보내온 수제차가 산방에 이르렀네.	製茶清供到山房
가만히 기울이며 자구(瓷甌) 빛깔 완상하고	細傾且玩瓷甌色
포장 풀자 우선 먼저 댓잎 향기 풍겨온다.	透裏先聞箬葉香
깨달음은 허공에 있거늘 어이 군이 만나서	悟在虛空何必面
상 마주해 얘기하며 서로 잊어야만 할까.	對床言說淡相忘

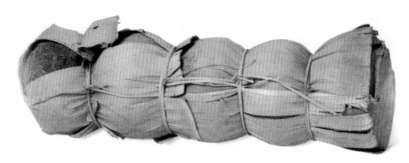
대껍질에 싼 청대 단차의 모습. 북경 고궁박물관 소장.

초의가 가져온 차가 대나무 껍질로 단단하게 포장되었음을 말했다. 하지만 이때도 신위의 집안일로 두 사람은 만나지 못했다. 초의의 차는 맛이 너무 여려 진한 중국차에 길들여져 있던 신위에게 싱거운 느낌이 들었던 모양이다. 그래서 그는 다시 시 한 수를 짓는다. 제목은 「초의의 차 맛이 너무 여려, 전부터 간직해둔 학원차(壑源茶)와 고루 섞어 한 통 속에 같이 보관했다. 다시금 묵은 것과 새것이 섞이길 기다려서 써보려 한다. 또 시 한 수를 지었으니 장차 초의에게 보이기 위함이다.(草衣茶味 太嫩, 故與舊所藏壑源茶和勻, 同貯一籠中, 更俟陳新相入而用之也. 又成一詩, 將以 示草衣也)」이다.[9]

연연한 정 다 끊어져 흔적도 없건마는　　　　戀情刊落略無痕
평생 해도 찻일만은 만족을 모른다네.　　　　未足平生茗事存
향적반(香積飯)을 올려서 불좌(佛座)를 맑게 하고　　香積飯過淸佛座
송풍탕(松風湯)을 끓여서 시혼(詩魂)을 정화하네.　　松風湯熱淨詩魂
평품(評品)은 육우에게 들어서 알았거니　　　　評品得聞於鴻漸
기운과 맛 서로 맞아 학원차를 빌렸지.　　　　氣味相投借壑源
차 거두어 보관하는 또 다른 방법이니　　　　此是藏收又一法

아이야 속인에겐 비밀로 해 말을 마라. 侍童秘勿俗人言

아껴둔 중국의 학원차와 초의의 떡차를 함께 보관하는 것이 진한 맛과 연한 맛이 어우러져 알맞게 하는 방법이라고 적었다. 학원차는 중국의 명차다. 중국차를 마시다가 우리 차를 마시면 맛이 싱겁게 느껴지는 것은 지금도 한가지다. 하지만 다른 종류의 차를 그것도 묵은 것과 새 차를 함께 보관하는 것이 그의 말대로 보관의 비법이 될는지는 알 수 없다. 신위는 이 시를 지어 차 맛 품평을 겸해 초의에게 보이려 한다고 적었다.

초의의 단차團茶와 신위의 음다법

초의는 몇 차례의 서울 걸음에도 불구하고 신위가 지은 「삼여탑명서」의 친필 글씨를 받지 못했다. 1841년 3월에 초의는 예전에 신위가 지은 글을 부치면서 글씨를 청하는 편지와 함께 자신이 정성껏 만든 수제차를 다시 신위에게 보낸다. 다음 시는 초의의 편지를 받고 신위가 써준 답장 시다.

편지를 대신하여 초의 스님에게 답하다. 병서
예전 경인년(1830) 겨울에 대둔사 승려 초의가 자하산으로 찾아왔다. 자기의 스승인 완호의 삼여탑명에 내 병서(幷序)와 글씨를 청하였다. 서문은 지었지만 글씨는 쓰지 못한 채, 갑자기 내가 호해(湖海)로 쫓겨나게 되었다. 문자는 흩어져 없어지고, 서문의 원고 또한 잃고 말았으므로 몹시 안타깝게 여겼다. 금년 신축년(1841) 봄에 초의의 편지가 왔는데, 다행히 주머니 속에서 찾아낸 글의 부본을 보내왔다. 12년이나 지나고 나서 다시 읽어보매 마치 급총(汲塚)의 고서를 얻은 것 같았다. 비로소 글씨를 써서 돌에 새길 수 있게 되니, 초의의 소원이 거의 이루어진 셈이다. 먼저 시 한 수로 축하하고, 아울러 좋은 차를 보내준 것에 감사한다.[10]

바닷가 산기슭으로 쫓겨 귀양 가던 날	海鎭山郵遷謫日
황황하여 글 원고를 잃은 것이 많았지.	恛惶文稿在亡多
탑명 잃고 탄식해도 찾을 길이 없었는데	塔銘一失嗟無及
스님 써서 옮긴 것이 글자 하나 틀리잖네.	禪墨重翻字不訛
간직한 일 마침내 천불(千佛) 힘을 입음이니	藏事終資千佛力
수고론 맘 십 년간의 마(魔)가 되기 딱 좋구나.	勞心好作十年魔
편지 받자 경전 읽는 스님 방을 마주한 듯	書來宛對繙經室
풍미로 자제차(自製茶)를 나눠주어 맛을 보네.	風味分嘗自製茶

애초에 초의가 명시(銘詩)를 부탁했던 홍현주는 끝내 시를 짓지 못했고, 뒤늦게 권돈인(權敦仁)의 명시와 신위의 글씨를 받아 초의는 1841년에야 겨우 삼여탑의 비문을 새길 수 있었다. 10년 전인 1831년 1월에 초의는 북선원(北禪院)의 다반향초실(茶半香初室)로 신위를 찾아가 글을 부탁했다. 북선원은 한북(漢北)의 금선암(金仙菴)을 가리킨다. 추사의 글씨로 유명해진 '다반향초(茶半香初)'는 바로 이곳 선방(禪房)의 호칭이었다. 이에 대해서는 뒤에 따로 쓰겠다. 이때 신위는 초의의 『일지암시고』에 서문도 써주었다.

1841년 초여름에 쓴 신위의 「벽로방 앞뜰을 산보하며(碧蘆舫前庭散步)」란 시가 있다.[11]

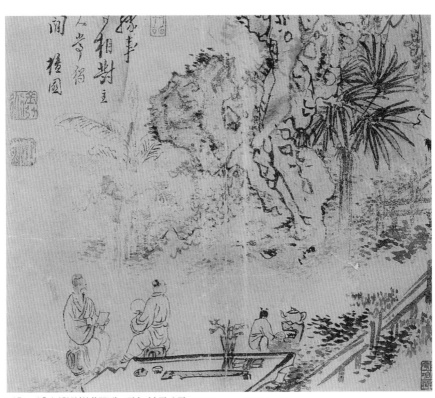

김홍도의 「전다한화(煎茶閒話)」. 간송미술관 소장.

뜨락을 산보하며 사물 변화 감상하니	散步階庭玩物華
등나무 그늘 아래 비단 두건 썼구나.	古藤陰下岸巾紗
초사흘 달빛이 눈썹인 양 담백하고	蛾眉淡白初三月
작약의 붉은빛은 으뜸가는 꽃이로다.	芍藥翻紅第一花
반가운 옛 벗의 좋은 시구 생각는데	靑眼故人懷麗句
쑥대머리 아이는 단차 끓여 올리누나.	鬖頭童子捧團茶
뉘 능히 한가로운 이 풍경을 그릴거나	誰能畫我閑中景
벽로방에 향등(香燈) 걸려 갈대도 기우숙해.	舫閣香燈蘆荻斜

이 시의 제6구 아래 달린 주석에 "이날 저녁에 좋은 샘물을 길어와 초의가 부쳐준 단차를 끓였다.(是夕汲名泉, 瀹草衣所寄團茶)"고 한 내용이 보인다. 전차(錢茶) 아닌 단차라 했으니 상당한 크기의 떡차였음을 알 수 있다.

신위는 이렇듯 여러 차례 초의가 직접 만든 단차를 얻어서 마셨다. 집 안에 중국의 학원차를 간직하고 있던 데서도 알 수 있듯, 북경 연행 길에 구해온 중국차도 아껴가며 마셨다. 그의 시집 속에는 음다 생활과 관련된 시가 아주 많다.[12]

그는 숙직을 서면서도 "얼음장 밑 봄 강물의 가는 무늬를 잘라, 활탕 (活湯)으로 차를 끓여 다구(茶甌)에 나눠 낸다.(氷底春江剪細紋, 活湯茶熟一 甌分)"고 노래했고, 감옥에 갇혀서도 화롯불에 찻물을 얹어놓고 차를 마 셨던 사람이다. 「성주암(聖住菴)」시에서는 "단풍잎을 태워서 엷은 차 끓 여내어, 석양의 변화 보며 다구를 기울이네.(淡茗自燒紅葉煮, 夕陽變態一甌 傾)"라고 노래했다. 죽은 벗을 그리며 지은 시에서는 "옛것 좋아 재물 쏟 아 살림에 소홀했고, 향 사르고 차 달이며 평생을 보냈다네.(嗜古揮金輕產 業, 焚香瀹茗送平生)"라고 자신의 평생을 회고한 바도 있다.

초의의 떡차를 만나기 전에는 주로 중국 연경에서 사 온 차를 마셨다. "연경의 가게에서 손수 고른 것이라, 마구 사서 들여온 것과 같지 않다네.(燕肆手揀選, 非同悖入貨)"(「早春煮雪點茶」)라고 했다. 또 "찻잎에 매화꽃을 함께 넣어 끓이니, 뉘라서 그 향과 맛 분별할 수 있으리.(茗葉梅花同一瀹, 誰能香味辨中邊)"(「啜梅」)라 하여 찻잎과 꽃잎을 함께 우려 마시는 등 다양한 방식의 응용도 보여주었다. 또 그는 좋은 샘물을 찾아다니며 차를 마셨고, 우물물과 샘물, 냇물과 눈 녹인 물의 맛을 일일이 비교한 시도 여럿 남겼다.

이상에서 확인한 내용을 간단히 정리한다.

첫째, 신위의 모든 글에서 초의차는 단차 혹은 차병(茶餅), 즉 떡차로 나온다. 초의가 만든 떡차는 대나무 껍질로 포장했고, 머리카락처럼 가는 일창일기를 따서 만든 상당한 크기의 고급 떡차였다. 이는 뒤에 살펴볼 추사의 많은 걸명 편지를 통해서도 재확인된다.

둘째, 박영보의 「남차시」와 신위의 「원몽」, 「남차시」 등의 작품을 통해 초의는 전다박사의 칭호까지 들었고, 경화세족들 사이에 초의차가 본격적으로 알려지는 계기가 되었다. 1815년에 초의는 처음으로 서울 걸음을 했지만, 초의차가 유명해진 것은 1830년 이후의 일이다.

셋째, 특별히 신위의 「남차시」는 그간 전혀 알려지지 않았던 내용인데다, 차에 대한 신위의 해박한 이해를 살필 수 있는 중요한 작품이다. 역대 차에 얽힌 다양한 고사와 전거, 초의차의 맛과 제법, 포장 상태까지 자세히 설명했다.

넷째, 초의 이전에는 대부분의 사대부들이 토산차를 맛본 적이 없었고, 연행 길에 비싸게 구해온 중국차를 아껴 마시는 정도의 음다 생활을 영위하고 있었다. 때로는 매화꽃을 함께 넣어 차를 끓이는 등 다양한 방식으로 차 생활을 즐겼다.

다섯째, 이 시기에 오면 찻물에 대한 관심이 높아져서 이름난 샘을 찾아 여행하고, 물맛을 비교하는 등 차 생활이 상당히 전문적인 수준으로 올라서고 있었다.

17

차의 역사를 말씀드립니다

『동다송東茶頌』 다시 읽기

중국에 육우의 『다경』이 있다면 우리나라에는 초의의 『동다송』이 있다. 초의는 무슨 일을 계기로 『동다송』을 지었을까? 『동다송』을 오늘날 흔히 읽는 것처럼 분장(分章) 방식으로 읽는 것은 타당한가? 실제 내용은 어떻게 구성되어 있고, 우리 차에 대한 기록은 얼마나 상세한가?

『동다송』의 창작 동기

『동다송』의 창작 동기는 1837년에 정조의 외동 사위인 홍현주에게 보낸 편지의 말미에 잘 나타나 있다.

천 그루 소나무 아래서 밝은 달을 마주하고 수벽탕(秀碧湯)을 달입니다.

「동다송」 표지. 아모레퍼시픽미술관 소장.

탕이 백수(百壽)가 되면, 언제나 이것을 가져가 도인께 바쳤으면 하고 생각지 않은 적이 없었습니다. 생각 같아서는 문득 밝은 달과 더불어 자리 곁에서 모시는 것이 낫겠지요. 이는 서로 멀리 떨어져 막혀 있지 않은 까닭일 뿐, 무슨 특별히 신통한 묘술이 있어 그런 것은 아닙니다. 근자에 북산도인(北山道人)의 말씀을 들으니, 다도(茶道)에 대해 물으셨다더군요. 마침내 옛 사람에게서 전해오는 뜻에 따라 삼가 「동다행(東茶行)」 한 편을 지어 올립니다. 말이 분명하지 않은 곳에는 해당 본문을 베껴 보여 하문하시는 뜻에 대답합니다. 홀로 진부한 말로 어지럽고 번거롭게 하여 균청(鈞聽)을 모독하고 보니 송구스럽기 짝이 없습니다. 혹여 남겨둘 만한 구절이라도 있겠거든 한 차례 가르침을 주시는 노고를 아끼지 마십시오.[1]

위 편지 속에 나오는 북산도인은 변지화(卞持和)이다. 초의가 홍현주에게 『동다행』을 보낸 뒤, 변지화가 초의에게 보낸 편지가 최근 공개되었다. 변지화는 이 편지에서 이렇게 적었다. "『동다행』은 서울로 보낼 때 사람을 시켜 급히 베끼게 한지라, 이제 보니 잘못된 곳이 많아, 표를 달아 의문나는 점을 묻습니다. 이 밖에도 또 착오가 있는 듯하여 부쳐 보냅니다. 꼼꼼히 살펴 고쳐서 회답하는 인편에 돌려보내주시면 고맙겠습니다."[2] 이 편지를 통해서도 『동다송』의 첫 명칭이 『동다행』이었음이 한 번 더 확인된다.

이제 이 두 글을 통해 우리는 몇 가지 사실을 확인한다. 첫째, 『동다송』은 홍현주가 다도에 대해 초의에게 물어 그 대답으로 지은 것이다. 둘째, 『동다송』의 처음 제목은 '동다행'이었다. 셋째, 시만으로 설명이 부족한 부분은 해당 원전의 본문을 베껴 써서 참고할 수 있도록 하였다.

먼저 홍현주는 왜 초의에게 다도에 대해 물었을까? 그는 이전부터 중국차를 즐겨 마셨는데, 초의의 차를 맛본 일을 계기로 우리나라 차의 역사와 효능 등에 대해 궁금증을 품게 되었다. 초의는 1831년, 스승 완호의 삼여탑을 건립하면서 비문의 명문(銘文)을 홍현주에게 부탁했고, 이때 예물로 자신이 만든 수제차를 올린 바 있었다. 『동다송』은 홍현주의 요청에 따라 초의가 차의 역사와 우리나라 차의 역사를 간추려 정리한 것이다. 즉, 이 한 편으로 차 전반에 대한 이해를 압축적으로 설명하려는 의욕에서 지은 작품이다.

다음으로 『동다송』은 처음엔 제목이 '동다행'이었다. 초의는 왜 '행'을 '송'으로 바꿨을까? 『시인옥설(詩人玉屑)』에서는 "체재가 행서 같은 것을 '행(行)'이라 하고, 정을 멋대로 놓아 부르는 것을 '가(歌)'라 한다.(體如行書曰行, 放情曰歌)"고 했다. '동다행'이란 제목은 우리나라 차에 대해 행서를 줄달아 내려 쓰듯이 단숨에 붓을 내달려 읊었다는 뜻이다. '가'가 '방정(放情)'이라 하여 주관적 정회의 표출에 주안이 놓인다면, '행'은 서사(敍事) 쪽이 위주가 되는 양식이다.

그렇다면 '송'의 의미는 무엇일까? 송의 의미는 초의 자신이 『선문염송집(禪門拈頌集)』 서문에서 정확하게 규정한 바 있다.

송이란 것은 그 뜻을 찬송하고 펼치며, 핵심을 가려 뽑아 원류에 소통케 하는 것이다.[3]

얼마나 명쾌한 정의인가? 이렇게 보면 『동다송』은 차의 뜻을 기려 펼치고, 차에 관한 중요한 내용을 가려 뽑아, 차의 원류에 대해 환히 통할 수 있도록 하기 위해 쓴 시가 된다. '동다행'이 단순하게 우리 차에 대해 늘어놓았다는 의미만 갖는 것보다 훨씬 적극적인 의미가 된다.

한편, 해당 원전의 본문을 중간 중간에 협주(夾註) 형식으로 끼워 넣음으로써, 시의 행간에 압축된 의미를 소상히 알 수 있도록 배려했다. 읽는 이의 입장에서 보면 이 협주는 차의 원류와 관련된 다양한 종류의 원전을 한자리에 모아, 맥락을 갖춰 읽으라는 친절한 배려인 셈이다.

다만 『동다송』은 처음 전달 과정에서부터 전사자(轉寫者)의 실수로 오자가 많이 발생하여, 뒷날 이본(異本)에 따라 글자의 출입이 많아지는 원인을 제공하였다.

『동다송』 새 풀이

이제 『동다송』의 시 원문만을 새로 풀이하여 제시한다. 원래 달려 있는 협주는 분량이 너무 많아 일일이 소개하지 않는다. 대신 다른 참고 자료와 함께 압축하여 미주로 녹였다. 제목은 「동다송, 해도인의 명을 받아 짓다(東茶頌 承海道人命作)」이다.

1	하늘이 좋은 나무 귤의 덕과 짝 지우니	后皇嘉樹配橘德
2	천명 받아 옮김 없이 남국에서 난다네.	受命不遷生南國
3	촘촘한 잎 눈과 싸워 겨우내 푸르고	密葉鬪霰貫冬青
4	흰 꽃은 서리 씻겨 가을 떨기 피우누나.	素花濯霜發秋榮
5	고야산(姑射山)의 신선인가 분 바른 듯 고운 살결	姑射仙子粉肌潔
6	염부(閻浮)의 단금(檀金)인 양 꽃다운 맘 맺혀 있네.[4]	閻浮檀金芳心結

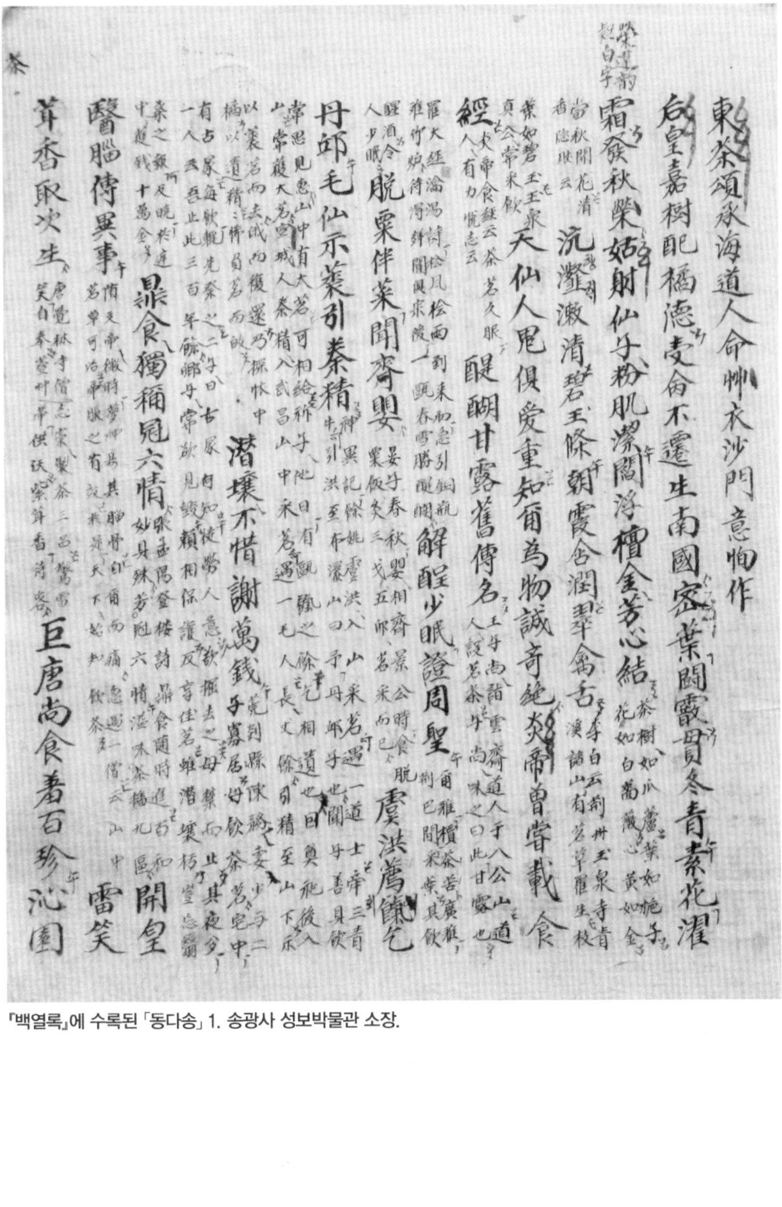

『백열록』에 수록된 「동다송」 1. 송광사 성보박물관 소장.

7 벽옥의 가지는 이슬 맑게 씻기우고	沆瀣漱淸碧玉條
8 물총새 혀 같은 싹엔 아침 안개 함초롬해.	朝霞含潤翠禽舌
9 하늘 신선 사람 귀신 모두 중히 아끼나니	天仙人鬼俱愛重
10 네 물건 됨 참으로 기특함을 알겠구나.	知爾爲物誠奇絶
11 염제께서 진작 맛봐『식경(食經)』에 실으시매[5]	炎帝曾嘗載食經
12 제호(醍醐)·감로(甘露) 그 이름이 예부터 전해온다.[6]	醍醐甘露舊傳名
13 술 깨우고 잠을 줄임 주공(周公)께서 증명했고[7]	解醒少眠證周聖
14 차나물 곁들인 밥 안영(顏嬰)에게 들었다네.[8]	脫粟伴菜聞齊嬰
15 우홍(虞洪)은 제물 올려 단구(丹邱)에게 빌었고[9]	虞洪薦餽乞丹邱
16 모선(毛仙)은 진정(秦精) 끌어 차 숲을 보여줬네.[10]	毛仙示藂引秦精
17 땅속 귀신 만 전 돈을 사례함 안 아꼈고[11]	潛壞不惜謝萬錢
18 임금 밥상 육청(六淸) 중에 으뜸 됨을 일컬었네.[12]	鼎食獨稱冠六淸
19 수(隋) 문제(文帝) 두통 나은 기이한 일 전해져서[13]	開皇醫腦傳異事
20 뇌소(雷笑)니 용향(茸香)이니 차례로 나왔구나.	雷笑茸香取次生
21 당나라 때 싱식(尙食)에 갖은 진미 있었어도	巨唐尙食羞百珍
22 심원에선 다만 홀로 자영(紫英)만을 기록했지.[14]	沁園唯獨記紫英
23 두강으로 법제함이 이때부터 성해져서	法製頭綱從此盛
24 어진 이와 명사들이 깊은 맛을 뽐냈다네.	淸賢名士誇雋永
25 용봉단 비단 장식 도리어 사치로워	綵莊龍鳳轉巧麗
26 떡차 백 개 만드는 데 만금을 허비했지.	費盡萬金成百餠
27 참다운 빛깔과 향 저절로 넉넉해서	誰知自饒眞色香
28 조금만 오염되도 성품 잃음 뉘라 알리.	一經點染失眞性
29 도인께서 그 어여쁨 온전히 보전하려	道人雅欲全其嘉
30 몽산(蒙山)의 꼭대기에 손수 심어 길렀다네.[15]	曾向蒙頂手栽那
31 다섯 근을 길러 얻어 임금께 바쳤나니	養得五斤獻君王

唯獨記紫英

法製頭綱從此盛　清賢名士誇雋永

永藏性海誰具眞味　吾以看經獨知其眞

綠莊龍鳳轉巧麗　雲畫萬金成百餅

道人雅欲全其嘉　曾向蒙頂手栽來

眞性

那羨浮五斤獻君王　吉祥蕊與聖楊花

雪花雲腴爭芳烈　雙井日注喧江浙

雲澗月

建陽丹山碧水鄉　品題特尊　東國所產元相同

色香氣味論一功　陸安之味蒙山藥　古人高判兼兩宗

遠童振枯神驗速　八耋顏如夭桃紅

我有乳泉把成秀碧百壽湯何以持歸

木覓山前獻海翁

『백열록』에 수록된 「동다송」 2.

32 길상예와 성양화가 다름 아닌 이것일세.	吉祥蘂與聖楊花
33 설화차와 운유차가 매운 향기 앞다투고	雪花雲腴爭芳烈
34 쌍정차와 일주차는 강절(江浙) 땅에 떠들썩해.	雙井日注喧江浙
35 건양(建陽)과 단산(丹山)은 푸른 물의 고장이라	建陽丹山碧水鄉
36 제품으로 특별히 운간월(雲澗月)을 꼽는다네.	品題特尊雲澗月
37 우리나라 나는 것도 원래는 서로 같아	東國所產元相同
38 빛깔과 향, 기운과 맛, 효과가 한가질세.	色香氣味論一功
39 육안차(陸安茶)의 맛에다 몽산차(蒙山茶)의 약효 지녀	陸安之味蒙山藥
40 옛사람은 둘을 겸함 아주 높게 평가했지.[16]	古人高判兼兩宗
41 늙음 떨쳐 젊어지는 신통한 효험 빨라	還童振枯神驗速
42 팔십 먹은 노인 얼굴 복사꽃인 듯 붉네.[17]	八耋顏如夭桃紅
43 유천 샘물 내게 있어 수벽백수탕 만들어[18]	我有乳泉揖成秀碧百壽湯
44 어이 지녀 목멱산의 해옹께 바칠 건가.	何以持歸木覓山前獻海翁
45 구난사향(九難四香)[19] 현묘한 작용이 또 있나니	又有九難四香玄妙用
46 무엇으로 옥부대 위 좌선 무리 가르칠꼬.[20]	何以敎汝玉浮臺上坐禪衆
47 구난을 범치 않고 사향 또한 보전하니	九難不犯四香全
48 지극한 맛 구중궁궐 이바지로 바칠 만해.	至味可獻九重供
49 푸른 물결 초록 향기 조정에 들자마자[21]	翠濤綠香纔入朝
50 총명함 사방 달해 막혀 체함 전혀 없네.[22]	聰明四達無滯壅
51 신령스런 네 뿌리를 신산(神山)에 의탁하니	矧爾靈根托神山
52 신선 풍모 옥 같은 뼈 저절로 별종일세.	仙風玉骨自另種
53 초록 싹과 자줏빛 순 구름 뿌리 뚫고 나니	綠芽紫筍穿雲根
54 되놈 신발 물소 가슴 주름진 물결 무늬.[23]	胡靴犎臆皺水紋
55 송송 맑은 밤이슬을 죄다 빨아들인 잎에[24]	吸盡瀼瀼清夜露
56 삼매(三昧) 솜씨 거치니 기이한 향 올라온다.[25]	三昧手中上奇芬

又有九難四香玄妙用

何以教汝玉浮臺上坐禪衆

聰明四達无㝵

仙風玉骨自另種絳雪芽

吸盡

九難不犯四香全至味可獻九重供翠濤綠香纏

入朝...以醒心...為供別...黃閣...赤...

龍游蜿蜒托神山...

筍穿雲根胡靴...皺水紋...

凜上清夜露三昧手中上奇芬

中有玄微妙難顯真精莫教體神分

57 그 가운데 현미(玄微)함은 드러내기 어려우니	中有玄微妙難顯
58 참된 정기 체(體)와 신(神)을 나누든 못하리라.	眞精莫敎體神分
59 체와 신이 온전해도 중정(中正) 잃음 염려되니	體神雖全猶恐過中正
60 중정이란 건(健)과 령(靈)이 나란함에 불과하네.	中正不過健靈倂
61 한 번 옥화(玉花) 기울이자 겨드랑이 바람 일고	一傾玉花風生腋
62 어느새 몸 가벼워 상청경(上淸境)을 노니누나.²⁶	身輕已涉上淸境
63 밝은 달 등촉 삼고 아울러 벗을 삼아	明月爲燭兼爲友
64 흰 구름 자리 깔고 인하여 병풍 되네.	白雲鋪席因作屛
65 대바람 솔바람이 온통 모두 서늘하여	竹籟松濤俱蕭凉
66 청한(淸寒)함 뼈 저미고 심간(心肝)마저 오싹해라.	淸寒瑩骨心肝惺
67 흰 구름과 밝은 달을 두 벗으로 허락하여	惟許白雲明月爲二客
68 도인의 좌석 위에 이것으로 '승(勝)' 삼으리.²⁷	道人座上此爲勝

『동다송』의 내용 구성과 의미

『동다송』은 본문만 모두 68구 434자에 달하는 장시다. '동다송'이란 동다(東茶), 즉 우리나라 차를 찬송한다는 뜻이다. 우리나라 차 역사를 시로 정리하겠다는 야심 찬 의도였다.

전체 내용은 크게 5부분으로 나뉜다. 첫 번째는 1구에서 10구까지의 서설이다. 차의 덕성과 효능을 노래했다. 차의 연원, 흰 꽃과 황금빛 꽃술, 푸른 가지와 새 혀 같은 싹 등 차꽃과 찻잎의 생김새를 노래했다.

두 번째 단락은 11구에서 36구까지다. 상고의 염제로부터 한(漢)·수(隋)·당(唐)·송(宋)까지의 차에 얽힌 고사를 통시적 맥락으로 소개했다. 처음 연원에서부터 점차 차의 비중이 높아지는 당송에 이르기까지

體神雖全猶恐過中正　中正不過健靈倂

一傾玉花風生腋　身輕已涉上淸

境　明月爲燭兼爲友　白雲鋪席因作

屛　竹籟松濤俱蕭涼　淸寒瑩骨心肝惺　惟許白雲明

月爲二客道人座上此爲勝

山雲間月滿爐雷笑可延年

草衣新試綠香煙　禽舌初纖穀雨前莫數丹

松風檜雨到來初急引銅瓶移竹爐待得老..俱崇..

一甌春雪勝醍醐

申水吉白坡居士題

『백열록』에 수록된 「동다송」 4.

문징명(文徵明)의 「품다도(品茶圖)」.
대만 국립고궁박물원 소장.

효과적이고 적절한 고사 배치로 중국차의 연원과 역사를 간추렸다.

세 번째 단락은 37구에서 40구까지다. 동다, 즉 우리 차의 색향기미(色香氣味)가 중국에 조금도 못하지 않다는 주장을 펼쳤다. 초의는 그 논거를 『동다기』에서 찾았다. 하지만 막상 『동다송』 전체 68구에서 우리 차에 관한 내용이 단지 4구에 지나지 않는 것은 대단히 실망스럽다.

네 번째 단락은 41구에서 56구까지이다. 환동진고(還童振枯)하는 차의 효능과 구난사항의 단계, 차의 성질과 『다경』에 보이는 떡차의 모양 등을 자세히 설명했다.

다섯째 단락은 57구에서 68구 끝까지이다. 체와 신의 조화로 중정을 얻어 건과 령의 상태를 유지하는 차 끓이는 요체를 설명하고, 마무리 덕담으로 맺었다. 이 부분은 『다신전』의 내용을 압축했다.

이제 『동다송』의 자료적 의미와 한계, 독법 상의 문제점을 간략하게 정리한다. 『동다송』은 우리 차 문화사에서 대단히 희귀한 보배로운 저술이다. 차에 대한 전문 저술이 거의 없는 우리 현실에서 단연 이채를 발한다. 차에 관한 초의의 해박한 지식과 정심한 이해가 잘 녹아들었다. 처음 차의 외양에서 시작하여, 간추린 차사(茶史)를 정리하고, 끝에 가서 우리 차의 우수성을 말한 뒤, 차의 효능과 성질, 차를 끓이는 방법까지 총정리한 압축적이고 완결적인 서술이다.

다만 그 내용은 제목과 달리 '동다'에 대한 내용이 너무 빈약하다. 우리 차의 맛과 약효가 중국차만 못지않다고 한 것이 고작이다. 이 4구만 빼면 이 시는 그냥 '다송(茶頌)'이라 하는 것이 더 합당하다. 협주에 지리산 화개동 차에 대한 설명이 있으나 당시 우리의 차에 대한 몰이해를 탄식한 내용에 가깝다. 중국과 다른 우리의 채다 시기에 대한 설명도 있다. 하지만 『동다송』이란 제목에 걸맞은 내용은 턱없이 부족하다. 처음 홍현주가 초의에게 주문한 것은 다도(茶道) 일반에 관한 설명이었고, 초의의 『동다송』 또한 이 취지에 충실하게 답한 내용으로 구성되어 있다. 요컨대 『동다송』은 다도 일반에 대한 요약적 소개에 더 주안이 놓인 글이다. 또한 『동다송』에 인용된 문헌 고사는 대부분 육우의 『다경』과 육정찬의 『속다경』, 그리고 『군방보(群芳譜)』의 범주를 넘어서지 않는다.[28] 지나친 확대 해석과 과도한 의미 부여는 곤란하다.

또 한 가지, 단락별로 끊어 읽는 기존의 독법에 큰 문제가 있다. 『동다송』의 일반적인 풀이를 보면 17송이니 31송이니 하여 마치 초의가 『동다송』을 단락 구분을 두어 지은 것처럼 설명하는 것을 자주 본다. 흔히 알려진 다예관본(茶藝館本) 『동다송』은 필사하면서 중간 중간 빈칸을 채우지 않고 마치 단락을 바꾼 것처럼 베껴 적었다. 이를 연구자들이 끊어 읽는 호흡 단위로 착각하면서 분장설이 하나의 정설처럼 굳어졌다. 협주를 배제한 채 시의 본문만 줄달아 읽어보면 하나의 서사가 장강대하로 흘러가는 가운데 차 일반론과 우리 차의 역사를 펼친 것이어서, 이것을 무려 31개의 토막으로 나눠 읽거나 17개의 단락으로 끊어 읽는 것은 설명의 편의를 위해서도 적절치 않고, 초의 자신의 원래 의도와도 전혀 맞지 않는다. 특히나 협주가 달린 대목을 단락 개념으로 끊어 읽는 것은 민망스럽기 짝이 없는 독법이다. 이렇게 읽어서는 전체 글의 구조가 결코 드러날 수 없다. 이 시기 차시에서 『동다송』의 경우처럼 시 구절 중간에 풀이를 다는 것은 매우 흔한 현상이다.

18

찻일은 차와 물의 조화

『다신전茶神傳』의 의미

『다신전』은 초의의 저작이 아니다. 『다신전』은 초의가 『만보전서(萬寶全書)』란 책에서 차 관련 부분을 따로 베껴 묶은 것이다. 초의는 왜 『다신전』을 베꼈을까? 『다신전』의 내용이 실려 있던 『만보전서』는 어떤 책인가? 초의는 하필이면 정통 다서도 아닌, 백과사전 속에 실려 있는 차 관련 기록을 옮겨 적고, 여기에 거창하게 『다신전』이란 이름을 붙였을까? 이 글에서 알아볼 참이다.

『다신전』은 왜 베꼈나?

무자년(1828) 장마철에 방장산 칠불아원(七佛亞院)으로 스승을 따라갔을 때 베껴 써서 내려왔다. 다시 정서하려 했으나 병 때문에 마무리 짓지 못

칠불선원 아자방의 내부. 이곳에서 초의가 「다신전」을 베껴 썼다. ⓒ차벽

했다. 수홍(修洪) 사미가 이때 시자방(侍者房)에 있었다. 다도를 알고자 베껴 쓰려 하였으나, 그 또한 병으로 마치지 못했다. 그래서 참선의 여가에 억지로 붓을 들어 끝을 보았다. 시작이 있으면 끝이 있다는 것이 어찌 군자만을 위한 말이겠는가? 총림(叢林)에도 간혹 조주(趙州)의 유풍(遺風)이 있다. 하지만 모두들 다도는 모르므로 베껴 써서 보이니 두려워할 만하다. 경인년(1830) 2월 휴암병선(休菴病禪)은 빈 창에서 화로를 끼고 앉아 삼가 쓴다.[1]

이 글은 초의가 『다신전』 필사를 마치고 1830년 2월에 쓴 글이다. 그는 2년 전인 1828년에 지리산 옥부대(玉浮臺) 칠불선원의 아자방(亞字房)에 스승을 모시고 갔다. 당시 그곳에 비치되어 있던 『만보전서』에 실린 명나라 때 장원(張源)이 지은 「다록(茶錄)」을 채록해서 정리해둔 내용을 베껴 써 온 일이 있다. 절집에도 간혹 조주 끽다(喫茶)의 유풍이 있

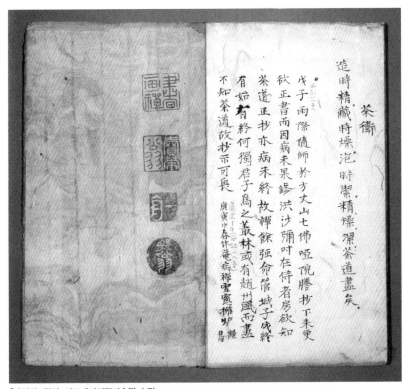

『다신전』 뒷면. 아모레퍼시픽미술관 소장.

지만, 절의 승려들이 대부분 다도를 아예 모르므로 이들을 교육하기 위한 목적에서 이를 베낀다고 했다.

당시 초의는 칠불선원의 승려들이 끓여 내온 차를 보고 큰 충격을 받았다. 구체적인 내용은 『동다송』의 협주에 자세하다.

지리산 화개동에는 차나무가 사오십 리나 군집하여 자란다. 우리나라 차밭 중에 넓기로는 이보다 더한 것이 없다. 골짝에는 옥부대가 있고, 옥부대 아래로 칠불선원이 있다. 좌선하는 승려들은 늘 뒤늦게 쇤 잎을 따서 햇볕에 말린다. 하지만 나물국 삶듯 솥에서 끓여, 짙고 탁하고 빛깔이 붉으며, 맛은 몹시 쓰고 떫다. 참으로 이른바 '천하의 좋은 차가 속된 솜씨에 흔히 망가지고 만다.'는 것이다.[2]

칠불선원의 승려들이 끓여 내온 차는 차가 아니라 숫제 나물국이었다. 일창일기의 여린 잎이라도 시원찮을 텐데 다 쇤 잎을 따서, 찌고 덖어 말리는 것도 아니라 그저 햇볕에 말린 후 아예 국 끓이듯 푹 삶아 내오니, 맛은 입에 댈 수도 없으리만큼 쓰고 떫었고, 빛깔은 붉고 진하고 탁했다. 찻잎 채취 시기와 가공 방법, 차 끓이는 방식까지 어느 하나 제대로 된 것이 없었다.

초의가 『동다송』 중 위 인용의 본문에서 "무엇으로 너희 옥부대 위에서 좌선하는 무리들을 가르칠꼬.(何以敎汝玉浮臺上坐禪衆)"라고 안타까워하며, 다도를 아는 이가 하나 없는 현실을 개탄한 것을 보면 당시 절집의 음다 문화는 일반적으로 알려진 것과는 달리 거의 황무지나 다름없었다. 사오십 리나 되는 드넓은 차밭을 갖춘 쌍계사 승려들의 차 문화가이 지경일진대, 여타 다른 곳이야 말할 필요도 없겠다. 초의가 머물던 대둔사에 세상에서 말하는 대둔 다맥이란 것이 이어져왔다면 수홍 사미가 다도를 배우겠다고 『다신전』을 등초하는 일은 아예 없었을 것이다. 뒤에 따로 살피겠지만 제자인 범해 각안 스님의 「차약설(茶藥說)」 같은 글을 보면 초의 이후로도 대둔사에서조차 차 마시는 일이 일상화되지 않았음을 알 수 있다.

차에 대한 승려들의 무지를 통탄하던 초의는 이것으로 그들을 가르치고, 내친 김에 자신도 한 벌 베껴 써 왔다. 초의는 위 글을 썼던 1830년 가을에 자신이 만든 단차를 서울로 가져가서 '전다박사'의 소리를 들었던 터였다. 이미 육우의 『다경』이나 그 밖에 여러 문헌도 섭렵했을 터이니, 새삼 『만보전서』에 실린 요점 정리가 요긴했을 것 같지는 않다. 그런데도 그는 군이 베껴 왔다. 그 이유는 이 책의 정리가 실용에 맞게 항목화되어 있어, 대둔사의 승려들에게도 다도 학습의 교재로 적절하겠다 싶어서였을 것이다. 실제로도 다도를 알고 싶어 하는 수홍 사미에게 내버려두었던 『다신전』을 베껴 쓰게 하고, 수홍이 아파 필사가 여의치 않자, 아예 자신이 붓을 들어 한 벌 등초를 마무리 지었다. 막상 『다신전』은 전체 내용이라야 10여 쪽 22항목 1,400여 자에 지나지 않는, 한나절이면 베껴 쓰고도 남을 만큼의 적은 분량이다.

결국 초의에게 『다신전』은 자신을 위한 것이기보다, 차를 모르는 무지한 승려들에게 다도를 보급하여, 제대로 된 차를 만들게 하기 위한 교육용 교재였던 셈이다. 또한 그간 자신이 실전으로 쌓은 제다와 음다의 노하우를 정리하고, 불합리하거나 우리 실정에 맞지 않는 부분을 조절하는 데도 이 책은 중요한 지침이 되었다.

『다신전』과 초의의 제다법

초의가 칠불선원의 책장에서 본 『다신전』의 저본이 된 『만보전서』는 어떤 책인가? 명말청초에 중국에서 간행된 백과사전이다. 명말 강남 지역의 문인과 출판업자들이 민간에서 필요로 하는 각종 지식 정보를 편집 분류해서 엮은 책이다.[3] 『만보전서』는 당시 조선에 불어닥친 웰빙 열풍에 편승하여 인기가 높았다. 원본을 구하지 못한 사람들은 가진 사람에게서 책을 빌려다가 자신에게 꼭 요긴한 내용만 간추려서 축약본을 많이 만들었다. 『만보촬요(萬寶撮要)』란 제목의 책도 있다. 『만보전서』 중에 가장 중요한 내용만 베껴 정리했다는 뜻이다. 민간의 수요도 만만찮아 우리말로 풀이한 17책 분량의 『만보전서언해』까지 나왔다. 70년대 우리나라 어느 가정에나 한 권쯤은 있게 마련이었던 가정생활백과와 같은 종류의 책이 바로 『만보전서』였다.

그러고 보면 『만보전서』는 그리 귀한 책이 아니었다. 그렇다면 초의 같은 전문가가 어째서 이런 수준의 책자를 베껴 썼을까? 초의의 차 이론 수준이 고작 이런 정도였단 말인가? 이미 말했듯 『다신전』은 초의 자신을 위한 것이기보다는 차에 무지한 승려들의 교육용 교재를 염두에 둔 초사(抄寫)였다. 여기에는 『만보전서』에 수록된 차 관련 내용이 실용 중심으로 항목화되어 있는 점도 크게 작용했다. 육우의 『다경』처럼 관념적인 내용이나 불필요한 군더더기도 없었다. 기술도 현학적이지 않고 내용은 이해가 쉬웠다. 무엇보다 육우가 『다경』에서 설명한 송대의 차는 당시 실제 마시던 차와는 상당한 차이가 있었다. 제법이나 음다 환경에 대한 설명 또한 실제와 달랐다. 그런데 『만보전서』의 내용은 당시의 음다풍과 차이가 없는 실제 적용이 가능한 것이었다. 이런 점 때문에 초의는 『만보전서』를 옮겨 적었고, 이는 그간 자신이 적용해온 제다법을 한번 점검해보고 개선하는 좋은 계기를 마련해주었을 것이다.

그렇다면 『다신전』에 기록된 내용을 초의의 제다법과 음다법으로 보아도 괜찮을까? 그렇지는 않다. 우선 초의가 만든 차는 구증구포의 떡차 또는 단차였다. 크기도 큰 것과 작은 것이 있었다. 추사의 편지를 보면 초의가 산차를 만들지 않은 것은 아니지만, 극히 소량이었다. 하지만 『다신전』에는 구증구포의 떡차와 관계된 내용은 없고, 제다나 음다의 내용 모두 떡차 아닌 산차를 전제로 한 것이다.

『다신전』의 7번째 항목인 「탕용노눈(湯用老嫩)」을 보자.

채군모(蔡君謨)는 탕(湯)에 여린 것을 쓰고 쉰 것은 쓰지 않았다. 대개 옛 사람이 만든 차는 만들면 반드시 절구질하고, 절구질하면 반드시 갈며,

간 것은 꼭 체질한다. 차가 티끌이나 가루처럼 날리기 때문이다. 이때 약제를 섞어 찍어서 용봉단을 만든다. 끓인 것을 보면 다신(茶神)이 바로 뜨는데, 이는 여린 것을 쓰고 쇤 것은 쓰지 않기 때문이다. 오늘날 만든 차는 체질하거나 맷돌에 갈지 않아 온전히 원래의 형체를 갖추고 있다. 이것을 끓이는 것은 모름지기 물이 순숙(純熟)해야만 원신(元神)이 비로소 펴 나온다. 그런 까닭에 '끓이는 것이 모름지기 오비(五沸)는 되어야 차가 세 가지 기이함을 아뢴다.'고 말한다.[4]

끝 부분에서 "끓이는 것이 모름지기 오비는 되어야 차가 세 가지 기이함을 아뢴다.(湯須五沸, 茶奏三奇)"는 말을 인용했다. 순숙한 물에 차를 끓인다고 했는데, 6번째 항목 「탕변(湯辨)」을 보면 순숙한 물이란 완전히 끓어 아무 소리가 나지 않는, 김이 곧장 치솟는 상태의 물을 가리킨다. 예전 단차를 끓일 때의 물 상태와 산차를 끓일 때의 물 상태가 같지 않음을 설명한 대목이다. 9번째 항목 「투차(投茶)」에도 처음부터 물과 함께 끓이지 않고 끓인 물에 차를 넣는 여러 방법을 다루었다.

이렇게 보면 구증구포 단차인 초의차와 『다신전』에서 설명하고 있는 포법(泡法)은 서로 맞지 않는다. 『다신전』에서 제시한 포법을 초의의 포법으로 동일시한 결과, 오늘날 초의차를 엽차 형태의 산차로 보는 견해가 일반화되어 있다. 하지만 실제 문헌 기록상에 보이는 초의차의 제법이나 실제로 행한 포법과 『다신전』의 내용은 일치하지 않는다. 좀 더 꼼꼼한 점검이 필요한 대목이다.

정리하면 다음과 같다. 초의는 『다신전』을 보기 전에 이미 차에 대해 일가견을 지녔던 상태였다. 그러다가 칠불선원에서 『다신전』을 베껴 오면서 차의 이론적 부분에 대해 더 깊이 생각하는 계기를 얻었다. 이후 그는 『다신전』에서 설명하고 있는 채다에서 포법에 이르는 내용을 꼼꼼

심사정의 「탁족시명(濯足試茗)」(부분). 간송미술관 소장.

히 점검하며 실제에 적용해보았던 듯하다. 첫 번째 항목인 「채다」에는 차 따는 시기를 곡우 전 닷새가 으뜸이고, 곡우 지난 닷새가 그다음이며, 그다음 닷새가 또 그다음이라고 적혀 있다. 『동다송』 제55, 56구의 주석에 이 내용을 소개한 뒤, "우리나라 차에다 이를 시험해보니, 곡우를 전후해서는 너무 일렀다. 마땅히 입하 전후로 해야 알맞은 때가 된다."고 적고 있는 것이 바로 그런 적용의 예이다.

초의가 떡차 외에 산차, 즉 잎차를 만들기 시작한 것도 『다신전』을 읽은 이후의 일로 보인다. 하지만 실제로 초의차에 관한 각종 기록을 종합해보면, 이후로도 초의차의 주종이 여전히 떡차였던 것은 너무도 명백하다.

다신의 정체

한편, 초의가 이 책을 베낀 후 제목을 『다신전』으로 고쳐 붙인 사실이 흥미롭다. 다신, 즉 차의 신에 대한 전기(傳記)란 뜻이다. 차를 의인화, 신격화하여 그 일대기를 정리한다는 의미다. 말하자면 초의는 '다신이란 무엇인가?'가 이 책의 주제라고 공개적으로 천명한 셈이다. 정작 그 내용은 차를 따서 만들고, 보관하는 방법, 차 끓이고 차 마실 때 유의사항, 물의 선택과 차 마시는 도구 등을 23개 항목으로 정리한 데 지나지 않는다. 이 절차와 유의 사항을 고려하여 제대로 된 도구를 써서 차를 마신다면 '다신'과 만나게 되리라는 뜻이다. 『만보전서』에서 「다경채요」 부분을 숙독한 후, 다도를 다신과 만나는 과정과 절차로 이해하고, 전체 책의 키워드를 '다신'이란 두 글자로 압축해낸 초의의 눈매가 맵다.

지리산 칠불사에 세워진 초의선사 다신탑비. ⓒ차벽

다신이란 무엇을 말한 것인가? 그 해답은 『다신전』과 『동다송』 속에 반복적으로 나온다. 차 마시는 일은 차와 물의 조화에서 이루어진다. 그러자면 무엇보다 찻잎을 제때에 따서 법대로 볶아, 제대로 된 차를 만드는 것이 선결 과제다. 여기에는 차의 감별이나 보관도 포함된다. 그다음은 물이다. 좋은 물이 아니고는 차 맛을 낼 수가 없다. 그런데 이 물은 그냥 물이 아니고 불과 함께 있는 물이다. 즉, 물을 끓이되 차의 성질이 극대화되도록 알맞게 끓여야 한다. 여기서 차 끓이기에 좋은 물을 선택하고 물을 끓이는 방법에 대한 터득이 요구된다. 차와 물이 만나는 것이 포법이다. 좋은 물이 알맞게 끓었을 때 좋은 차를 적당량 넣어야 한다. 이 가운데 어느 하나만 어긋나도 다신과 만날 수 없다.

다도란 무엇인가? 차와 물과 불이 최상의 조합으로 만나 다신을 불러내는 과정에서 얻는 깨달음의 경지다. 그리고 그 경지에 이르기 위해 필요한 일체의 과정과 절차를 익히는 것이다. 『다신전』에서 다신과 관련된 논의를 간추려 살펴보자. 먼저 「품천(品泉)」이다.

> 차는 물의 신(神)이고, 물은 차의 체(體)다. 진수(眞水)가 아니고는 그 신을 드러내지 못하고, 정차(精茶)가 아니면 그 체를 엿보지 못한다.[5]

육체 안에 정신이 깃든다. 차가 정신이라면 물은 육체다. 차를 뜨거운 물에 넣어 차의 진액을 우려내는 것을 생각하면 이해가 쉽다. 좋은 물이 아니면 다신은 나타나지 않는다. 차가 제맛을 낼 수 없다는 뜻이다. 건강한 육체에 건강한 정신이 깃드는 것과 같다. 물이 아무리 좋아도 제대로 법제한 차가 아니면 물맛을 알 수가 없다. 이 둘의 절묘한 결합, 정신과 육체의 조화를 통해서만 다신은 비로소 제 모습을 드러낸다. 다시 「화후(火候)」다.

문화(文火)가 과하면 물의 성질이 부드럽다. 부드러우면 물은 차에게 항복하고 만다. 무화(武火)가 승하면 불의 성질이 매섭다. 매서우면 차가 물에 통제를 받는다. 모두 중화(中和)가 되기에는 부족하다. 차 끓이는 사람의 요지(要旨)가 아니다.[6]

문무(文武)의 화후를 조절하는 법을 논한 대목이다. 문화와 무화는 물과 불의 힘이 어느 한쪽으로 쏠릴 때 생긴다. 불기운이 약한 문화에 차를 넣으면 물에서 차는 제 성질을 부리며 신(神)을 내놓지 않는다. 무화는 불의 기세가 세므로 차는 꼼짝도 못하고 물에 휘둘린다. 다신은 차와 물의 세력 균형이 중화의 상태를 이룰 때 드러난다. 문화도 안 되고 무화도 안 된다. 그 중간을 찾아야 한다. 이제 「포법(泡法)」이다.

물 끓이기가 알맞게 이루어지면 솟아오르는 물을 떠서 먼저 다호(茶壺) 가운데 조금만 붓는다. 탕으로 냉기를 제거하고 따라낸 뒤에 찻잎을 넣는다. 많고 적고를 잘 가늠해야 하니 중정(中正)을 잃으면 안 된다. 차 쪽이 무거우면 맛이 쓰고 향이 가라앉는다. 물 쪽이 많으면 색깔이 말갛고 맛이 엷다. 두 차례 우린 뒤에는 또 찬물로 씻어내서 차호를 차고 깨끗이 해야 한다. 그렇지 않으면 차의 향기를 감쇄시킨다. 차관이 뜨거우면 다신이 건강치 않고, 차호가 맑으면 물의 성질이 마땅히 살아난다. 조금 기다려 차와 물이 중화를 이룬 뒤에 나누어 따라 마신다. 따르는 것은 너무 빠르면 안 되고, 마시는 것이 너무 늦어도 안 된다. 빠르면 다신이 미처 나오지 않고, 더디면 묘한 향기가 이미 사라져버린다.[7]

결국 차를 끓이는 것은 부족하지도 넘치지도 않는 중정과 중화의 때를 얻기 위한 노력인 셈이다. 결론적으로 다도는 진수와 정차를 얻고,

문무의 화후를 알맞게 조절하여, 물과 차의 양이 조화를 이루고 온도를 잘 맞춰서 찻잎에서 다신을 건강하게 추출해내는 과정을 다룬다.

이것은 인간의 삶에 비추어 보더라도 참으로 절묘한 비유가 아닐 수 없다. 정신과 육체의 조화 상태를 유지하고, 문무를 겸비하며, 때의 선후를 잘 판단해 나아가야 할 때와 물러날 때를 알맞게 하는 것이야말로 이상적인 삶을 가꾸는 최상의 비결이 아니겠는가? 세상이 나를 알아준다 해도, 내가 명성에 합당한 자질을 갖추지 못했다면 물은 좋은데 차가 나쁜 것이다. 내가 미처 준비되지 않았는데 세상이 나를 부르거나, 내가 준비되었을 때 세상이 나를 받아들일 태세가 되지 않아 서로 어긋나는 것은 문무의 화후가 조화를 잃은 것이다. 물도 좋고 차도 좋고, 화후도 조화를 얻었다. 하지만 내가 과욕을 부려 일을 그르칠 수도 있고, 상황을 너무 낙관해 다 된 죽에 코를 빠뜨리기도 한다. 차와 물이 중화를 얻지 못한 것이다. 『동다송』 제55구에서 62구까지는 바로 다신을 드러내는 과정과 효능에 대해 노래한다.

송송 맑은 밤이슬을 죄다 빨아들인 잎에	吸盡瀼瀼淸夜露
삼매 솜씨 거치니 기이한 향 올라온다.	三昧手中上奇芬
그 가운데 현미함은 드러내기 어려워서	中有玄微妙難顯
참된 정기 체와 신을 나누든 못하리라.	眞精莫教體神分
체와 신이 온전해도 중정 잃음 염려되니	體神雖全猶恐過中正
중정이란 건과 령이 나란함에 불과하네.	中正不過健靈倂
한 번 옥화 기울이자 겨드랑이 바람 일고	一傾玉花風生腋
어느새 몸 가벼워 상청경을 노니누나.	身輕已涉上淸境

좋은 차는 체와 신을 온전히 하는 데서 시작된다. 하지만 중정을 잃으

면 소용이 없다. 적정한 양의 찻잎을 알맞은 상태로 우려내어 다신이 최대로 발현된 상태가 중정이다. 중정을 초의는 건과 령이 나란한 상태로 설명했다. 체건신령(體健神靈)이요, 차건수령(茶健水靈)의 상태다. 초의는 『동다송』 제59구의 평에서 이를 이렇게 종합했다.

채취함에 묘를 다하고, 만들 때 정성을 다하며, 물은 진수를 얻고, 우려 낼 때 중화를 얻는다. 체와 신이 서로 조화를 이루고, 건과 령이 나란해진다. 여기에 이르면 다도는 끝이 난다.[8]

간결하게 다도의 정신을 압축 설명한 부분이다. 초의의 차 정신이 바로 이 구절 속에 집약되어 있다.

논의를 정리한다. 초의의 『다신전』은 초의의 저작이 아니다. 다른 책의 내용을 베껴 적은 것일 뿐이다. 이것을 초의의 저술 목록에 넣는 것은 어찌 보면 초의 자신이 민망해할 노릇이다. 하지만 꼭 그렇지만도 않은 것이, 초의는 책 제목을 심상하게 『다경채요(茶經採要)』란 원래 책제에서 취하지 않고, 일견 엉뚱해 보이는 『다신전』으로 붙였다. 기호 식품에 불과한 차에 인격성을 부여한 그 발상이 우선 놀랍고, 다도의 핵심이 바로 다신의 획득에 있음을 간파한 그 혜안이 놀랍다. 다신의 획득은 오직 중정과 중화를 통해서만 가능하니, 인간 삶의 제 양상과 하나도 다를 것이 없다. 그가 『다신전』을 통해 깨달은 다도의 정신은 그대로 『동다송』으로 발전되어, 초의차 사상의 얼개를 이루는 기본 정신으로 확장되었다.

19

찌든 속을 씻겨주오

초의와 황상

황상(黃裳, 1788-1870)은 다산이 가장 아꼈던 강진 시절의 제자다. 두 사람은 유배 초기 동문 밖 주막집에서 열었던 서당의 강학에서 처음 만났다. 황상은 이때 15세의 소년이었다. 이후 다산이 초당으로 거처를 옮기기 전까지 그는 스승의 손과 발이 되어 부지런히 배우고 익혔다. 다산이 그에게 쏟았던 사랑과 그의 눈물겹도록 진솔한 성정은 이미 여러 차례 다른 지면을 통해 발표한 바 있다.[1] 이 글에서는 황상이 초의에게 써 준 차 관련 시문을 통해 두 사람의 교유와 차 문화사의 알려지지 않은 한 부분을 정리하고자 한다.

추사와 황상

황상이 주막집 서당에 나온 지 며칠 지나 다산은 황상에게 이른바 삼
근계(三勤戒)의 가르침을 글로 적어주며 그를 분발시켰다. 1802년의 일
이다. 황상은 다산의 글에 감격하여 죽을 때까지 스승의 가르침만 생각
하고 이를 실천하며 살았다. 다산은 1804년 4월, 황상이 학질을 앓으면
서도 끝내 눕지 않고 책을 초서(鈔書)하는 것을 보고, 그 강인한 의지와
향학열에 감동해서 "훗날의 성취는 말할 것이 없으리니, 이 일 보매 나
보다 한층 더 높겠구나.(他年成就且休說, 即事視我高一層)"라고 칭찬하며
「절학가(截瘧歌)」, 즉 '학질 끊는 노래'를 지어주었으리만치 그를 아꼈
다. 다산의 아들 정학연이 아버지를 찾아와 고성암에 머물 때 함께 두륜
산 유람을 따라나섰던 것도 황상이었다.

이후 다산이 거처를 초당으로 옮겼다. 이때 황상은 부친상을 당하고
가계를 책임져야 하는 상황 등으로 인해 초당의 강학에는 참여하지 못
했다. 그는 백적산(白磧山)으로 들어가 은거하였다. 이후 40년간 세상에
발을 들이지 않고 오로지 스승의 가르침을 실천에 옮기면서 땅을 일구
며 살았다. 그러다가 1848년 제주의 유배지에서 황상의 시를 본 추사가
깜짝 놀라 그 시를 높이 평가하면서 그의 존재는 다산이 세상을 뜬 지
10여 년 뒤인 60세 이후에야 비로소 세상에 알려졌다. 다음은 추사가
다산의 아들 정학연에게 보낸 편지의 한 대목이다.

제주에 있을 때 한 사람이 시 한 수를 보여주는데, 묻지 않고도 다산의
고제(高弟)임을 알겠더군요. 그래서 그 이름을 물었더니 황 아무개라고
합디다. 그 시를 음미해보니 두보를 골수로 삼고 한유(韓愈)를 골격으로
삼았더군요. 다산의 제자를 두루 꼽아 보더라도 이학래(李鶴來) 이하로

모두 이 사람에게 대적할 수 없습니다. 또 들으니 황 아무개는 비단 시문이 한당(漢唐)과 꼭 같을 뿐 아니라, 사람됨도 당세의 고사(高士)여서 비록 옛날 은일의 선비라 해도 이보다 더할 수는 없다더군요. 뭍으로 나가 그를 찾았더니 상경했다고 하므로 구슬피 바라보며 돌아왔습니다.[2]

1848년 12월 귀양에서 풀려 뭍에 오른 추사가 가장 먼저 찾은 사람이 바로 황상이었다. 이때 황상은 정학연을 만나기 위해 서울로 올라가 있었다. 결국 두 사람의 첫 만남은 어긋나고 말았다. 이후 황상을 처음 만난 추사와 그의 동생 산천(山泉) 김명희(金命喜, 1788-1857) 형제는 그의 시와 인간에 반해 다투어 황상의 시집에 서문을 써주었다. 또 아버지에 대한 독실한 마음에 감동한 정학연 형제가 그를 아껴 왕래하고 두 집안 사이에 정황계(丁黃契)까지 맺은 사연이 경향 간에 알려지면서 황상은 비로소 세상에 이름을 드러낼 수 있었다. 추사는 "장안에는 알아주는 사람이 없고, 다만 우리 형제가 알아준다.(長安無知者, 惟吾兄弟知之)"고 하고, "지금 세상에 이런 작품은 없다.(今世無此作矣)"라 할 만큼 황상을 아꼈다. 그의 시에 대해 높은 평가를 남기는 한편, 그를 위해 글씨도 여러 점을 써주었다.

초의와 황상의 만남

황상과 초의의 첫 만남은 언제 이루어졌을까? 초의가 다산을 처음 만난 것이 1809년이었다. 기록으로 볼 때 두 사람은 20대 초반에 다산초당에서 잠깐 한 번 만났던 듯하다. 이후 황상이 초의를 다시 찾게 된 데는 추사와의 만남이 결정적이었다. 황상을 만난 추사는 그에게 초의에

余幼年學習於 茶山夫子 艸衣建時衣艸衣
業參尊而上 夫子命一見而羅歸耕書記信
伽御野睡貽貂光之甲午俊春秋冬武達陳
艸耋人得於勢歸攀艸名不亡于中今季面目
洞也還訝 艸衣北大花之草芚萱紫数敏
乃笑好年未散 人也聽毫三枝其門業
衣余疑附弓見 秋史先生所贈手墨半暗
茗禪之書己璨飛鶯之能付鈦根者流所
敬規則也明燭至曙悟期及嗣仲 草
衣行雨寄ゟ

一見 草衣見所揃石能彙置一歌 艸衣竹爐之室
老如葉一片草戸不設龐虎過庭心古後人慶也
深虎亦歸多蓍 秋束先生筆 蘭亭蘭徒不莉
輝溶陽體勢出字外生走齁蛇動蚭喊若使東
坡作在嫌之二百全兼珠瓔十尋翠竹秀滿戸枝
脩入欄故相伽處 多竹誰窳俗 草衣之竹轉著
又有池畔花影夢昼微來紋紅羅肥魚不驚人也
由在 矣於此樂天機野客新到間所事但道
看竹日炫達目疑若脚蓮荚洞爛碧向想
佑倚我有山房名一棄准有 太古山長圓也

一棄靈夜泊磧摧大夫庭圍黃裳
未定稿

대해 입이 마르게 칭찬했고, 차와 관련한 대화도 많이 오갔던 듯하다. 그 전후 사정을 알 수 있는 자료가 최근 공개되었다. 「초의행(艸衣行) 병소서(幷小序)」이란 제목이 붙은 필사본 미정고(未定稿)로 황상의 알려지지 않은 작품이다.[3] 이 작품은 황상의 문집인 『치원유고(卮園遺稿)』에도 누락되고 있다. 두 사람의 만남과 이후의 경과를 이해하는 데 없어서는 안 될 소중한 자료다.

「초의행」은 황상이 1849년 40여 년 만에 대둔사 일지암으로 초의를 찾아가 재회한 후의 소감을 쓴 장시다. 조선 후기 차 문화의 성지라 할 일지암에 대한 귀중한 정보가 담겨 있고, 추사의 대표작 「명선」과 관련된 언급도 있어 특히 주목을 요한다. 앞에 전후 사정을 적은 병서가 나오고, 이어 7언 26구 182자에 달하는 장시가 실려 있다. 전문을 싣는다.

내가 어려서 다산 선생께 학습하였다. 초의는 이때 옷을 잠시 ▢▢(원문 1자결)하지 않았다.[4] 참구하여 찾다가 선생님께 이르렀다. 내가 한 번 만나보고는 그만두고 돌아가 백적산 가야 들에서 밭을 갈며 자취를 감추고 빛을 숨긴 지가 어언 40여 해가 된다. 혹 진주(陳州)에서 온 사람 중에 그와 비슷한 사람을 만나면 마음에 잊지 않았다. 금년 기유년(1849)에 열상(洌上)에서 돌아와 대둔사의 초암으로 초의를 찾아갔다. 눈처럼 흰 머리털과 주름진 살갗이었으나 처음 대하는 못 보던 사람 같지 않았다. 그 말을 듣고 그 행동을 보니 과연 초의임에 틀림없었다. 추사 선생께서 주신 손수 쓴 글씨를 보기를 청했다. 「죽로지실」과 「명선」 같은 글씨의 필획은 양귀비나 조비연의 자태여서 자질이 둔한 부류가 감히 따져 말할 만한 것이 아니었다. 등불을 밝혀놓고 새벽까지 얘기하다 뒷기약을 남기고서 돌아왔다. 「초의가」를 지어서 부쳐 보낸다.[5]

초의를 한 번 보매 드문 모습 보이니	一見草衣見所稀
버려둘 수 없어서 「초의가」를 부르노라.	不能棄置歌艸衣
죽로지실 위태롭기 나뭇잎과 한가지요	竹爐之室危如葉
한 조각 얽은 문은 사립조차 안 달았네.	一片草戶不設扉
사람이 떠난 뒤에 범이 뜰을 지나가고	虎過庭心人去後
사람이 있을 때는 범 또한 돌아가지.	人度菴際虎亦歸
추사 선생 글씨를 많이 쌓아두었는데	多蓄秋史先生筆
「난정서」 쓴 견지(繭紙)조차 감히 빛이 안 나누나.	蘭亭繭紙不敢輝
음양의 체세(體勢)가 글자 밖에 넘나거니	陰陽體勢出字外
용과 뱀이 꿈틀대고 벌레가 꾸물대듯.	生走龍蛇動蚍蟻
소동파가 만약에 지금 세상 살았다면	若使東坡今在世
백금과 보옥으로 이를 구입하였으리.	購之百金兼珠璣
열 길 되는 푸른 대가 문 가득 향기롭고	十尋翠竹香滿戶
처마에 든 가지는 서로 기대 의지하네.	枝條入欄故相依
여기저기 내밭이라 속되다 뉘 여기리	處處多竹誰爲俗
초의의 대나무는 외려 향기로운 것을.	草衣之竹轉芳菲
게다가 못가엔 꽃 그림자 어지러워	又有池畔花影亂
미풍에 물결 지면 붉은 꽃 어여쁘네.	風微水紋紅欲肥
고기는 겁이 없어 자유로이 노니나니	魚不驚人自由在
주인은 이곳에서 천기(天機)를 즐기누나.	主人於此樂天機
손님이 새로 와서 하는 일을 물어보면	野客新到問所事
날마다 어김없이 대를 보며 지냈다고.	但道看竹日無違
나도 몰래 봉래동에 들어왔나 의심하니	自疑著脚蓬萊洞
신선놀음 썩은 도끼 아득히 생각난다.	爛柯碁局想依俙
내게도 일속(一粟)이란 이름의 산방 있어	我有山房名一粟

태곳적 산그늘이 길게 둘러서 있다네. 唯有太古山長圍

　일속산방에서 눈 오는 밤, 백적초부 치원 황상. 미정고.(一粟雪夜, 白磧樵夫巵園
　黃裳 未定稿.)

　이 작품은 황상이 1849년 겨울에 정학연 형제 및 추사 형제와 만나고
돌아와 지은 것이다. 이 시는 여러 면에서 뜻깊은 정보들을 담고 있다.

　첫째, 황상과 초의의 재회는 20대 초반 이후 40년 만이었다. 황상은
20대 초반에 다산초당으로 찾아온 초의를 한 번 만난 적이 있고, 이후
무려 40여 년간 그를 보지 못했다. 1849년 황상은 서울 걸음을 한 길에
그곳에서 한동안 다산의 아들 정학연 형제와 추사 형제의 거처를 왕래
하며 지냈다. 서울에서 초의 이야기를 귀에 못이 박히도록 들었던 황상
은 새삼 옛날 생각이 나서 고향에 내려오는 길에 40여 년 만에 불쑥 대
둔사 일지암으로 초의를 찾아갔던 것이다. 아마 추사나 정학연 등이 보
낸 편지 전달의 목적도 있었던 듯하다. 처음에 두 사람은 서로를 잘 알
아보지 못할 정도였다. 당시 초의가 64세, 황상은 62세였다.

　둘째, 두 사람의 재회는 추사와의 인연이 계기가 되었다. 황상은 초의
를 만난 후에 대뜸 추사의 글씨를 보여줄 것을 청한다. 초의가 추사의
글씨를 많이 소장하고 있음을 익히 알고 있었던 것이다. 황상은 초의와
추사와의 왕래에 대해 잘 알고 있었고, 방문 목적 중에는 추사의 글씨를
보려는 뜻도 있었다.

　셋째, 황상의 요청에 초의가 꺼내 보여준 글씨는 「죽로지실」과 「명선」
외에 여러 점이었다. 황상은 그 글씨의 필획이 양귀비나 조비연의 자태
인 듯 아름다워서 자신처럼 자질이 둔한 부류가 감히 따져 말할 만한 것
이 아니었다고 했다. 마른 글씨의 「죽로지실」을 조비연에 견주고 두터
운 「명선」의 필획을 양귀비에 비겼다. 이어 시에서는, 선사가 추사의 글

씨를 많이 간직하고 있는데, 왕희지가 견지에 썼다는 「난정서(蘭亭序)」
보다도 더 훌륭하다고 했다. 음양의 체세가 글자 밖에 넘나서 용과 뱀이
꿈틀대고 벌레가 꾸물대는 듯하다고 적었다. 만약 소동파가 지금 세상
에 살아 있었다면, 추사의 이 글씨를 백금과 보옥으로 맞바꾸었으리라
고 칭찬했다. 여러 해째 진안(眞贋) 시비에 휘말려 있는 「명선」이 추사
가 초의에게 직접 써준 친필임이 사실로 확인된다.

  넷째, 이 작품은 일지암의 뒷 시기 풍경을 상세하게 증언한다. 앞서
본 일지암 관련 글에서 1835년에 쓴 소치의 글이나 1839년에 쓴 진도
사람 속우당의 글보다 10년도 더 지난 뒤에 쓴 작품인 때문이다. 초의의
거처인 일지암이 추사가 지어준 이름인 죽로지실로 불렸고, 규모는 거
의 허물어져 가기 직전의 초라한 띠집이었음이 확인된다. 풀잎을 얽어
만든 문은 시늉만 했을 뿐 사립의 형태를 갖춘 것도 아니었다. 문 앞에
는 대숲이 향기롭고, 처마 밑에는 이런저런 나뭇가지들이 얽혀 있었다.
못가엔 화단이 있어 꽃 그림자가 연못에 어리고, 못에는 물고기가 아무
걱정 없이 헤엄쳤다. 손님이 찾아와 온종일 어찌 지내느냐고 물으면 초
의는 대숲을 바라보며 하루를 보낸다고 대답했다. 황상은 그런 모습을
보며 여기가 바로 봉래산 신선의 거처가 아니겠느냐고 선망했다.

교유와 걸명시

황상의 「초의행」을 받은 초의는 몹시 기뻐하며 답례로 위 시에 차운
하여 「일속암가(一粟菴歌)」를 지어주었다. 그 병서의 뒷부분에서 초의는
이렇게 적었다.

기유년(1849) 겨울에 나를 방문해서 옛날이야기를 나누고, 돌아가 「초의
행」 한 수를 부쳐 왔다. 그 운자를 써서 「일속산방가(一粟山房歌)」를 지어
사례한다.[6]

이어 시에서는 일속산방의 태고연한 분위기를 상세히 묘사한 후, 끝
에서 이렇게 시상을 맺었다.

눈 오는 창 한가롭게 「초의행」을 지으니	雪窓閑題艸衣行
구름 마음 학의 자태 어렴풋이 떠오르네.	雲情鶴態想依俙
새집의 깊은 운치 한마디론 할 수 없어	新庄幽趣不言一
다만 겨우 태곳적 산 집 둘러섬 말을 하네.	只道太古山長圍

그러니까 앞서 본 황상의 「초의행」이 바로 초의가 위 시에서 말한 그
「초의행」인 셈이다.

이렇게 서로의 거처를 두고 시를 나눈 이후, 두 사람의 왕래는 몹시
잦아졌던 듯하다. 다시 황상은 「초의사종죽(草衣師種竹) 병소서」란 장시
를 지어주었다. 예전 1833년에 초의가 지었던 「종죽(種竹)」시를 차운한
작품이었다. 앞서는 황상의 작품에 초의가 화답했다면, 이번에는 초의
의 작품에 황상이 차운했다. 긴 작품이라 다 보일 수 없으므로, 끝의 몇

一粟山房圖爲
危園先生雅教
癸丑莫春之晦
山痴作
艸衣訂

초의가 심정하고 소치가 그려 황상에게 선물한 「일속산방도」. 김영호 소장.

구만 소개하면 다음과 같다.

아이 불러 좋은 차 내오게 하고	命兒進佳茗
파계하여 술동이를 열어 마셨지.	破戒開酒尊
얼마간 취한 듯 술이 깨서는	一分或醉醒
느낌 따라 작은 게송 지어주었네.	赴感放小偈
형상과 그림자를 그리어 내니	賦得形與影
대도 좋고 사람도 너무 좋구나.	竹好人亦好

함께 차를 마시고 술을 마시며 시를 주고받는 두 사람의 정다운 모습이 눈에 그릴 듯하다.

이후 황상은 초의에게 추사가 그랬던 것처럼 「걸명시」를 보내며 차를 청하고, 이런저런 시문으로 자주 왕래하기에 이른다. 먼저 황상이 초의에게 보낸 「걸명시」를 살펴보자.[7]

육우가 차 잘함은 이름만 들려오고	陸羽善茶但聞名
건안차(建安茶)의 승부는 소문만 전해지네.	建安勝負獨傳聲
승뢰(乘雷)니 배수(拜水)니 한갓 귀만 시끄러워	乘雷拜水徒聒耳
초의 스님 무리 중에 우뚝함만 못하도다.	不如草師攀衆英
댓잎을 함께 볶아 새 방법을 사용하니	竹葉同炒用新意
북원(北院)의 이후로 집대성을 하였다네.	北苑以後集大成
명선(茗禪)이란 좋은 이름 학사께서 주시었고	茗禪佳號學士贈
추사가 명선이란 호를 주었다.(秋史贈茗禪之號)	
초의차(草衣茶)란 그 이름을 선생에게 들었었지.	草衣茶名聽先生
유산(酉山) 정학연은 차를 잘하는 사람이다. 이를 일러 초의차라고 했다.(酉山	

명나라 당인(唐寅)의 「금사도권(琴士圖卷)」. 대만 국립고궁박물원 소장.

茶之善者, 謂之草衣茶.)

아계(我溪)가 남령(南零)에 미치진 못했어도　　　　　　我溪不及南零者

오히려 전천(箭泉) 아래 능히 둘 만하였다네.　　　　　　猶能可居箭泉下

　석가여래가 태자였을 때, 백리고(百里鼓)를 세워놓고 살 한 대를 쏘아 북 일곱
개를 꿰뚫었다. 살이 땅에 박히자 샘물이 솟아났다. 병든 사람이 마시면 모두
나았다. 전천이라고 이름했다.(如來太子時, 竪百里鼓, 放一箭透七鼓, 箭入地, 泉水湧
出, 病人飮則皆愈, 名箭泉.)

청하노니 자용향과 어안송풍 아끼지 말고　　　　　　　請君莫惜紫茸香魚眼松風

티끌세상 찌든 속을 세 번 네 번 씻겨주소.[8]　　　　塵肚俗腸三廻四廻瀉

다성 육우 이래로 건안차에 얽힌 이야기와 승뢰와 배수 등의 고사를 끌어와서, 초의차야말로 역대 차의 온갖 우수한 점을 집대성한 최고의 차라고 높였다. 이 시 또한 우리 차 문화사에서 여러 가지 주목할 만한 중요한 언급을 남겼다.

첫째, 초의차의 제법에 관한 정보다. 5구에서 초의차가 댓잎을 찻잎과 함께 덖는 새로운 방법을 쓰고 있다고 했다. 다른 어디서도 보지 못한 귀중한 언급으로, 초의가 댓잎과 찻잎을 함께 볶아 댓잎의 향이 찻잎에 스미도록 했다고 증언했다. 댓잎은 찻잎의 수분을 적절하게 흡수하는 효과도 있었을 것이다. 초의의 제다법 이해에 중요한 단서를 준다.

둘째, 7구의 주석에서 '명선'이 추사가 초의를 위해 지어준 호였음을 밝혔다. 앞서 「초의행」에서 황상은 추사가 초의에게 써준 「명선」을 직접 감상한 소감을 적었는데, 여기서는 이 명선이 다름 아닌 초의의 별호로 지어준 것임을 분명하게 언급했다. 이는 추사나 초의의 확인을 거쳐 나온 언급이다. 「명선」에 관한 황상의 두 차례에 걸친 언급은 이 작품이 추사의 친필일 수밖에 없는 분명한 증거다. 「명선」은 방제의 글씨에서 추사가 친절하게 밝힌 그대로 초의가 보내준 훌륭한 차를 받고 그 답례로 써준 것이다.

셋째, 초의가 만든 차는 다산의 아들 정학연이 아예 '초의차'란 명칭을 붙여줄 만큼 경향 간에 이름이 높았다. 1830년 상경 당시 이미 초의는 자하에게 '전다박사'의 칭호를 받았고, 이후 추사의 걸명 편지 등으로 인해 초의차의 명성은 널리 알려진 상태였다.

끝에 보이는 아계와 남령은 모두 차 끓이기에 좋은 물로, 당나라 때 장우신(張又新)이 지은 『전다수기(煎茶水記)』 등에 그 자세한 내용이 나온다. 끝에 가서 황상은 자용향(紫茸香)과 어안송풍(魚眼松風), 즉 좋은 차를 아끼지 말고 베풀어주어 티끌세상에서 찌든 속을 서너 번 깨끗하게 씻겨달라고 부탁했다. 자용향은 송나라 때 각림사(覺林寺) 승려 지숭(志崇)이 삼품(三品)의 향을 구별하여, 경뢰소(驚雷笑)는 자신이 마시고, 훤초대(萱草帶)는 부처님께 바치며, 자용향은 손님에게 접대해서 천하에 이름이 났다는 바로 그 차의 이름이기도 하다.

황상은 초의에게 보내는 여러 편의 시를 더 남겼다. 다음에 볼 「기초의상인(寄艸衣上人)」 또한 걸명시다.

스님의 소식을 물어보는 뜻	比丘消息意
힘없고 아파서 신음해서지.	劣疾所呻吟
어찌해야 능히 이것 없게 해볼까	何以能無此

고희가 문득 앞에 이르렀구려.　　　　古稀却到今

차는 힘을 배가시켜 정신 차리고　　　傳神茶倍力

대나무 그늘 이뤄 병을 낫우리.　　　　蘇病竹成陰

저승에 갈 날이 머지않으니　　　　　不遠由旬地

홀로 슬퍼 다만 소식 띄워본다네.⁹　　自憐但送音

제4구에서 고희가 가까웠다고 했으니, 이 작품은 아마도 1856년이나 1857년에 지은 작품인 듯하다. 두 사람의 교유가 지속적으로 이어졌음을 보여준다. 아파 힘이 없어 끙끙 앓다가 스님의 소식을 물어볼 생각을 했노라 했다. 어째서 스님 생각을 하게 되었을까? 아픈 것을 낫게 해줄 사람이기 때문이다. 5구의 '차배력(茶倍力)'이 그 답이다. 차가 힘을 배가시켜주므로 차의 힘을 빌어야만 정신을 가다듬을 수 있겠다는 말이다. 대나무 그늘이야 집 둘레에 있는 것이니 따로 청할 것이 못 된다. 갈 날이 얼마 안 남았다는 말로 시를 맺었다. 요컨대는 아프고 힘들어 죽겠으니, 고희를 앞둔 늙은이가 힘을 낼 수 있도록 차를 좀 달라는 얘기인 셈이다.

다산을 통해 처음 배웠던 차는 초의와의 재회 이후 습벽이 되었던 듯하다. 황상의 『치원유고』에 실린 「운포 선생의 36운에 삼가 화답하다(謹和耘逋先生三十六韻)」에서는 "차를 끓여 우열을 겨루어 보고, 탕사(湯社)를 또한 서로 시험하누나.(煎茶競優劣, 湯社亦相試.)"라 한 내용이 있다. 「암중(菴中)」에서는 "차는 도저히 거를 수 없다(不可闕於茶)"고 했고, 「혜즙 공에게 부치다(寄楫公)」에도 "차는 죽로에서 화후를 조절하고(茶沸竹爐文武火)"의 구절이 나온다. 「암거차후(菴居茶後)」는 일상화된 차 생활의 습관을 보여준다. 「통유(通幽)」에서는 "가난한 집 가구가 적다고 하지 마라. 필상과 다조에 또 홍매가 있나니.(莫道貧家家具少, 筆牀茶竈且紅梅)"

라 하여 다조까지 갖춘 차 생활을 영위했음을 보여준다. 만년에 지은 「본현 사또께 올림(上本縣大衙)」에서는 "쑥대머리 나무하는 손자가 차 한 잔을 내오니, 이것이 산옹의 평생의 일이었다.(蓬髮樵孫, 進茶一盞, 斯 乃山翁平生底事也.)"라고 술회했다. 이 밖에도 두 사람의 문집에는 서로에 게 지어준 시가 여러 수 있다. 『치원유고』에 수록된 초의가 황상에게 지 어준 「차운봉간치원도인(次韻奉簡巵園道人)」 두 수는 초의의 『일지암시 고』에도 누락된 일시(佚詩)다.

이상 초의와 황상의 교유시와 걸명시를 통해 차 문화사상 중요한 몇 가지 사실을 새롭게 확인했다. 첫째, 댓잎을 함께 섞어 덖는 초의차의 새로운 제법을 알았다. 둘째 '명선'이 추사가 초의를 위해 지어준 별호 임과, 적어도 1849년 당시까지 「명선」이 추사의 또 다른 대표작 「죽로 지실」과 함께 일지암에 보관되고 있었음을 확인했다. 셋째, 초의 만년의 일지암 주변 배치와 풍광을 새롭게 살폈다. 넷째, 황상 또한 차를 즐겼 던 알려지지 않은 차인이었음을 확인했다.

20

소나무 아래서 수벽탕을 달입니다

초의와 홍현주

홍현주(洪顯周, 1793-1865)는 정조의 외동 사위다. 자가 세숙(世叔), 호는 해거재(海居齋) 또는 약헌(約軒)이다. 초의는 1831년, 스승 완호의 삼여탑을 건립하며 명시(銘詩)를 홍현주에게 부탁한 일이 있다. 해거는 이 일을 계기로 초의차를 맛본 후 부쩍 우리 차에 관심을 가졌다. 해거는 1837년 북산도인 변지화를 통해 초의에게 다도를 물었고, 초의는 그 대답으로 『동다송』을 지었다. 전후의 사정은 앞서 살핀 「16. 차 끓여 박사 이름 얻으셨구려: 초의와 신위」와 「17. 차의 역사를 말씀드립니다: 『동다송』 다시 읽기」에 자세하다. 이 글에서는 해거와 초의 사이에 주고받은 시를 살펴, 초의와의 만남과 그의 차 생활을 살펴보겠다.

홍현주가 초의를 위해 써준 친필 시고. 「청량산방시축」에 실려 있다. 박동춘 소장.

초의와의 첫 만남

해거가 초의와 첫 대면한 것은 1830년 겨울의 일이다. 당시 초의는 스승인 완호의 삼여탑에 새길 시문을 받기 위해 자신이 직접 만든 보림 백모 차병을 가지고 상경했다. 초의는 겨울에 해거를 찾아가 탑명을 청했다. 해거는 동대문 밖 금파(錦波)가 주석하고 있던 청량사(淸涼寺)의 산방에서 제현 5인과 함께 초의를 초청하여 시회를 열었다.[1]

이때 해거가 지은 시는 다음과 같다.[2]

좋은 만남 정한 인연 있어야 하니	良觀有定緣
더디고 빠른 것은 분수 밖일세.	緩促分外付
버들은 원교(遠郊)에 늘어서 있고	柳意舒遠郊
풀싹은 묵은 밭서 싹터 나온다.	艸心萌舊圃

가마 타고 성 동쪽 밖으로 나와	籃輿出東城
한참 가서 솔숲으로 들어왔다네.	行行入松樹
솔 사이를 지나도 솔밭뿐인데	松間復松間
말쑥한 암자가 야물게 섰다.	瀟灑置菴固
사람을 기다려도 그는 안 오고	待人人不來
하늘 끝에 백로만 날아오른다.	天末飛白鷺

초의를 만나기 위해 가마를 타고 동대문을 나섰다. 솔숲 길을 돌고 돌아 청량사에 도착했다. 해거는 이러한 경과를 적고 나서, 초의를 기다리며 밖을 내다볼 적에 기다리는 초의는 오지 않고, 백로만 훨훨 날아가는 광경으로 시를 맺었다. 초의와의 첫 만남에 대한 기대와 애틋함이 잘 드러나 있다.

해거보다 늦게 청량사에 도착한 초의는 이 다정한 마음에 감격하여 화답시를 지었다. 제목이 「무자년(1828)에 선사(先師)의 탑이 이루어졌다. 경인년(1830) 겨울 해거도인을 찾아뵙고 명(銘)을 청하였다. 해거께서 제현과 더불어 나와 청량산방에 모여 봄밤의 나들이를 하였다. 이때가 신묘년(1831) 정월 중순이었다. 먼저 '수(樹)'자를 운자 삼아 각자 5언고시 1수를 지었다.(戊子先師塔成, 庚寅冬, 謁海居道人乞銘. 海居與諸賢, 會余于清凉山房, 爲春夜之遊. 卽辛卯正月之中澣也. 先拈樹字, 各賦五言古詩一首)」로 아주 길다.

자주 와서 길 찾기도 익숙해져서	頻來慣幽尋
숲 사이서 길 잃음을 면하였다네.	免失林間路
산 깊어도 바람은 외려 따스해	山深風猶暖
고목에 봄기운이 피어나누나.	春意生古樹

지팡이 짚고 절문을 막 들어서니	鳴杖初入門
귀한 수레 하마 먼저 와서 있구나.	鸞驂已先住
사립문에 연기가 일어나더니	荊扉烟將起
솔 처마에 날도 막 저물려 한다.	松檜日欲暮
맑은 말은 많은 가락 필요가 없고	淸言無多調
참된 만남 마음으로 전해지는 법.	眞契在機悟
전해오는 마음을 화답하려니	機悟情相和
마치 달이 옛 나루를 비추는 듯해.	如月含古渡
정이 넘쳐 아름다운 시구 이루자	情溢成佳句
정화로움 절로 서로 드러나누나.	精華自相露
부끄럽다 내 시사(詩思)가 충분치 못해	自慙詩思短
품은 맘 펼쳐내기 어려운 것이.	竟難陳情素

길이 익숙하다 한 것에서 당시 승려의 신분이어서 도성 안에 들어갈 수 없었던 초의가 동대문 밖 근교의 청량사에서 여러 차례 묵었음을 짐작할 수 있다. 가을 이래로 경향 간에 퍼진 초의의 소문을 익히 들어 알고 있던 해거가 청량사로 사람들을 모이게 했다. 초의는 해거의 수레를 난참(鸞驂)이라 했다. 먼 남쪽의 일개 승려로 임금의 부마를 포함한 당대 쟁쟁한 문인들과 자리를 함께한 것에 대한 감격을 굳이 숨기지 않았다. 이 자리에 함께했던 이들은 해거와 초의 두 사람 외에 윤정진(尹正鎭)·이만용(李晚用)·정학연·홍희인(洪羲人)·홍성모(洪成謨) 등이었다.

이들은 이튿날도 청량사 산방에 계속 머물며 시회를 계속했다. 둘째 날은 '청간석상등라월(請看石上藤蘿月)' 일곱 자를 분운(分韻)하여 내용에 범어(梵語)를 쓰지 않는 규칙을 정해놓고 각자 시 한 수씩을 지었다. 해거는 네 번째 '상(上)' 자가 걸려 4언고시로 지었다. 시는 이렇다.

성 동편에 절 있으니	城東有寺
지경 깊고 툭 틔었네.	境邃眺曠
산문은 예와 같고	山門如舊
송석(松石)도 변함없다.	松石無恙
들판 해가 떠오르자	郊旭初舒
골짝 봄은 익어가네.	谷春始釀
날을 가려 벗들 명해	選日命侶
높은 스님 찾았구나.	高師是訪
서로 보고 씩 웃으니	相視而笑
두 마음이 한가질세.	兩心一樣
옷자락을 활짝 펴고	乃展厥襲
운자 따라 노래한다.	遞韻迭唱
천 년 전 서원(西園) 일도	千載西園
더하지는 못하리라.	判不相讓
지난 일이 이제 옴을	過去來今
이 바위가 증명하리.	證此石上

시 속에서 말한 천 년 전의 서원 아집(雅集)이란 북송의 부마도위(駙馬
都尉) 왕선(王詵)이 자신의 서원에서 소동파와 황정견, 미불, 이공린 등
당대 쟁쟁한 문인화가들과 일본 승려 원통대사(圓通大師)를 만나 함께
노닌 일을 말한다. 마침 자신도 부마도위인 데다 승려인 초의가 합석한
자리였으므로 이런 멋진 비유가 만들어졌다. 시에는 초의를 향한 해거
의 마음이 숨김없이 드러나 있다.

이때 초의는 '월(月)' 자 운을 골라 5언절구 한 수를 지었다.

손님 오자 저녁연기 자욱해지고	客來暝烟集
교외 절엔 종소리도 모두 그쳤다.	野寺鍾聲歇
탁자를 나란히 한 청량한 밤에	併榻淸凉夜
소나무 위 저 달빛을 함께 보누나.	同看松上月

청량사 송헌(松軒)에서 탁자에 둘러앉아 소나무 위로 떠오른 달빛을 보며 운치에 젖어들던 광경이 눈에 선하다. 뿐만 아니라 초의는 해거를 위해 따로 「절구 한 수를 해거께 드리다(一絶呈海居)」를 지었고, 위 해거의 4언고시에 대해서도 별도의 차운시를 남겼다.[3]

초의는 「금파공의 방에 묵어 자며(留宿錦公房)」란 시에서 당시의 정황을 이렇게 그려 보였다.[4]

향내 맡자 나그네 맘 차분해지니	聞香客意定
봄 산에 보슬비 오는 이 저녁.	春山微雨夕
생각자니 수레들 모두 멈추어	正憶休輪鞅
거리의 누런 먼지 깨끗하겠네.	黃埃淨九陌
깊숙이 시내 연기 젖어들더니	深侵溪煙濕
날리어 솔잎 이슬방울 뿌린다.	飄灑松露滴
흉금 열고 긴 밤을 앉아 있는데	開懷坐長夜
고담은 해맑게 오가는구나.	高談淸轉劇
혼연히 물아(物我)의 구분 잊고서	混然忘物我
너나 없이 마음 자취 어우러졌네.	自爾幷心跡
댕그렁 깊은 누각 종소리 울려	鏗鏗深樓鍾
차갑게 새벽하늘 밝아오누나.	泠泠曉天碧
창밖의 나이 어린 사미승 하나	窓外小沙彌

김홍도의 「서원아집도(西園雅集圖)」. 개인 소장.

불 지펴 백석(白石)을 끓이는구나.　　　　　　　然薪煮白石

　향 내음에 마음이 차분히 가라앉고, 봄 산에는 보슬비도 그쳤다. 바람
은 솔잎 끝에 맺힌 이슬을 떨군다. 마음을 활짝 열고 긴 밤을 앉아서 고
담을 주고받았다. 물아의 구분도 없고, 너나의 분별도 사라졌다. 긴 밤
의 시회는 새벽 종소리가 울리고 먼동이 터온 뒤에야 끝이 났다. 끝구의
백석은 신선의 양식이다. 사미승의 아침 식사 준비를 이렇게 말했다.
　당시 해거의 별서(別墅)는 지금의 한양대학교 근처 마장동에 있었다.
한번은 해거가 청량사로 가던 도중 초의와 우연히 해후하여 함께 간 일
도 있다. 이때 지은 시를 보자. 제목은 「2월 18일, 휘경원(徽慶園) 친제
(親祭)의 종헌관(終獻官)으로 먼저 갔다가 장차 청량산방에 머물러 자려
고 가던 도중 초의상인을 만났다. 그 또한 청량사로 간다고 하므로 몹시
기뻐 율시 한 수를 읊다.(二月十八日, 以徽慶園親祭終獻官先行, 將止宿於淸涼
山房. 道中逢草衣上人, 亦向淸涼云, 喜甚口號一律)」이다. 그러니까 지금의 휘
경동에 있던 휘경원의 친제를 마치고 청량산방을 들르려 했다고 하였으
니, 청량사는 오늘날 청량리 근처에 있었던 절이다.

　　저녁때 청량사로 향해 가면서　　　　　　晩向淸涼寺
　　마음으로 초의 스님 생각했었네.　　　　　心心念草師
　　고개 들자 갑자기 그 모습 보여　　　　　舉頭忽相見
　　눈 비비며 자꾸만 의심했었지.　　　　　揩眼更然疑
　　새롭게 날 갠 뒤 신록 여리고　　　　　　綠嫩新晴後
　　저녁볕에 붉은 꽃 피어난 이때.　　　　　紅發返照時
　　선방은 지난번과 비슷할 테니　　　　　　禪房應似昨
　　오늘 밤 우리 함께 시 지읍시다.　　　　　今夜共吟詩

우연찮게 길에서 초의를 만나, 와락 반가운 마음을 그대로 펴 보인 시다. 이렇듯 첫 대면 이후 초의는 해거에게 깊은 인상을 심어주었다. 두 사람은 또다시 청량사에서 하룻밤을 묵으면서 진진한 마음의 자리를 나누었을 것이다.

초의가 해거에게 보낸 편지와 『동다송』

이후 두 사람의 왕래는 여러 해 뜸했다. 1832년에 진도목관(珍島牧官)으로 변지화(卞持和)가 부임했다. 이후 초의와 변지화는 시문을 수창하며 각별하게 지냈다. 1837년, 변지화의 주선으로 초의는 해거에게 오랜만에 한 통의 편지를 보낸다. 편지가 길지만 자료 소개 겸해서 전문을 수록한다.

초의산인 아무개는 삼가 해거도인의 은궤(隱机) 앞에 두 번 절하고 글을 올립니다. 우러러 존후만안하심을 문안합니다. 돌이켜 보면 지난 신묘년 (1831)에 청량사의 송헌(松軒)에서 가까이 모심을 입어, 외람되이 미천한 몸으로 지나치게 아껴주심을 입었던 일을 깊이 감격하니, 향화(香火)의 인연이 깊고 한묵의 은혜가 무겁다 하겠습니다. 일찍이 들으니 초목의 싹도 옛 땅을 잊지 않는다 했습니다. 사람이 가고 멈춤에 매번 은문 (恩門)에 고개를 돌리면서 비록 궁벽한 골짝에서 자취와 소리가 스러진다고 해도 어찌 초목의 무지함만 못할 수야 있겠습니까? 다만 아득히 나뉘어 떨어져 있고, 산과 바다의 길이 아득한지라 애타게 뵙고자 해도 인연 없음을 슬퍼하고, 때로 문안을 올리려 하나 이르지 못하였습니다.

옛말에도 마음이 맞지 않으면 한 방에 함께 있어도 서로 어긋나고, 도가 합치되면 천 리 떨어져 있어도 더욱 친하다 하였습니다. 말과 모습을 구하기 어려움을 근심하느니, 차라리 도리로써 쉬 친해질 수 있음에 마음 편히 내맡겨두는 것이 나을 것입니다. 그런 까닭에 마음의 향 한 심지가 천성(天性)에 엉기어 흩어지지 않습니다. 장지화(張志和)가 말하기를, "천지를 자리로 삼고, 일월을 등촉으로 삼아, 사해의 제공과 더불어 거처함에 서로 막힘이 없다."고 하였으니, 이는 비록 통달한 사람의 견해이지만 말과 형상의 자취에 얽매임을 면치 못하였습니다. 옛날에도 또한 "눈꺼풀이 삼천 세계를 다 덮고, 콧구멍이 백억의 몸뚱이를 담는다."고 한 말이 있습니다. 이 같은 코와 눈을 사람마다 본시 갖추고 있어, 천지와 일월도 이 눈 속에서 운전하여 돌면서 출몰하는 것이니, 일찍이 눈빛에 장애가 되지 않습니다. 하물며 이 사해의 안에서야 어찌 장애되어 서로 떨어짐이 있겠습니까?

천 그루 소나무 아래서 밝은 달을 마주하고 수벽탕을 달입니다. 탕이 백수(百壽)가 되면, 언제나 이것을 가져가 도인께 바쳤으면 하고 생각지 않은 적이 없었습니다. 생각 같아서는 문득 밝은 달과 더불어 자리 곁에서 모신다면 '승(勝)'이 되겠지요. 이는 서로 멀리 떨어져 막혀 있지 않은 까닭일 뿐, 무슨 특별히 신통한 묘술이 있어 그런 것은 아닙니다. 근자에 북산도인의 말씀을 들으니, 다도에 대해 물으셨다더군요. 마침내 옛사람에게서 전해오는 뜻에 따라 삼가 「동다행」 한 편을 지어 올립니다. 말이 분명하지 않은 곳에는 해당 본문을 베껴 보여 하문하시는 뜻에 대답합니다. 홀로 진부한 말로 어지럽고 번거롭게 하여 균청(鈞聽)을 모독하고 보니 송구스럽기 짝이 없습니다. 혹여 남겨둘 만한 구절이라도 있겠거든 한 차례 가르침을 주시는 노고를 아끼지 마십시오.[5]

초의는 대뜸 1831년 청량사의 시회를 떠올리며 글을 시작했다. 이런

저런 형편으로 찾아뵙지 못한 미안함을 거
듭 토로하며, 비록 떨어져 있었어도 한 번도
마음이 그 곁을 떠난 적이 없음을 말했다.
그러고는 천 그루 소나무 아래서 밝은 달빛
아래 달이는 수벽탕 이야기를 꺼냈다.

수벽탕이 백수가 된다는 말은 당나라 소
이(蘇廙)의 「십육탕품(十六湯品)」이 출전이
다. 16탕품 중 제3품이 백수탕이고, 제8품
은 수벽탕이다. 백수탕은 백발탕(白髮湯)이
라고도 한다. 원래는 너무 오래 끓여 기운이
다 빠져나간 상태의 물을 말한다. 송나라 도
곡(陶穀)의 『청이록(淸異錄)』 중에 「백수탕」
항목이 보인다. 수벽탕은 천지의 수기(秀氣)
를 간직한 돌그릇에 끓인 물이다. 여기서는
돌그릇에 샘물을 길어와 끓이다가 마시기에
알맞게 되면 늘 해거에게 올렸으면 했다는
의미로 말했다.

해거도인 홍현주의 부탁으로 「동다송」을
짓게 되었음을 제목에서 밝히고 있다.

'승(勝)' 운운한 대목은 『동다송』의 제67,
68구에서 "흰 구름과 밝은 달을 두 벗으로
허락하여, 도인의 좌석 위에 이것으로 '승' 삼으리.(惟許白雲明月爲二客,
道人座上此爲勝)"로 끝을 맺은 것과 관련이 있다. 장원의 『다록(茶錄)』에
나오는 말로, 찻자리에서 혼자 마시는 것을 신(神)이라 하고, 손님이 둘
이면 승(勝), 3, 4명이면 취(趣), 5, 6명이면 범(泛), 7, 8명이면 시(施)라
한다고 했다. 시에서는 흰 구름과 밝은 달을 이객(二客)으로 삼아 승(勝)
으로 삼겠다고 했다. 반면 편지에서는 밝은 달과 함께 자신이 곁에서 모

실 수만 있다면 승(勝)이 될 텐데, 멀리 있어도 마음은 곁에 있는 것과 한가지이니, 신통묘술이 아니더라도 함께한 마음만으로 승으로 여겨 달라고 말한 것이다.

이어지는 내용에서는 북산도인 변지화를 통해 해거가 다도에 대해 물었다는 말을 듣고 『동다송』을 짓게 된 이야기를 적었다. "말이 분명하지 않은 곳에는 해당 본문을 베껴 보였다."고 했는데, 시 구절만으로 설명이 충분치 않을 경우, 이해를 돕기 위해 해당 차 관련 기록의 원 출전을 협주로 보충했다는 뜻이다. 『동다송』의 제43, 44구에서도 "유천 샘물 내게 있어 수벽백수탕 만들어, 어이 지녀 목멱산의 해옹께 바칠 건가."라고 부연한 내용이 보인다.

요컨대 초의가 우리 차 문화사의 고전이 된 『동다송』을 창작하게 된 것은 홍현주의 지우(知遇)와 요청 때문이었다. 해거 자신이 남긴 수많은 차시와 차 생활을 차치하고, 이 사실만으로도 그의 차 문화사적 위상은 오롯해진다.

초의의 금강산 여행과 수증시

『동다송』을 지어 올리며 위의 편지를 쓴 이듬해인 1838년 봄에 두 사람은 반갑게 해후했다. 이때 초의의 상경은 오랫동안 마무리 짓지 못한 스승 완호의 「사리탑기(舍利塔記)」를 받기 위한 걸음이었다.

갑오년(1834) 가을에도 초의는 철선(鐵船) 스님 및 향훈(尙薰), 자흔(自欣) 등과 함께 상경한 일이 있었다. 당시 이들은 추사의 동생인 산천 김명희와 금강산 유람을 약속하고 상경한 터였다. 불등(佛燈)에 걸고 약속한 일이었으므로 천 리 걸음을 했는데, 막상 산천이 병으로 눕는 바람에 금강산 여행은 수포로 돌아가고 말았다.[6] 이들은 수십 일간 병간호만 하다가 돌아갔다. 이때 초의가 산천에게 지어준 시가 「금호에서 산천도인과 유별하며(錦湖留別山泉道人)」이다. 당시도 초의는 차를 가져왔던 모양이다. 시 중에 "삼추의 고회(高會)에서 기쁨 한껏 나누며, 봉단(鳳團)을 맷돌 갈아 계설(鷄舌)을 끓였었지.(三秋高會窮憐歡, 閑碾鳳團燒鷄舌)"라 한 것이 있다. 계설(鷄舌)은 작설(雀舌)과 같은 뜻이다. 떡차를 차 맷돌에 갈아 가루 낸 뒤에 다탕으로 끓여 내는 방식이었다. 산천의 아우인 기산(起山) 김상희(金相喜)도 이때 초의차를 받고서 「사차장구(謝茶長句)」를 지어 사례하였고, 초의가 이에 화답한 시가 『초의시집』에 실려 있다.

이때 초의는 서울 근교 금호(琴湖)에 있던 산천의 별장과 추사의 장천별업(長川別業), 그리고 다산의 두릉(斗陵) 등에 초대받아 묵었다. 이들이 금강산 여행의 숙원을 못 이루고 내려가자 다산은 이를 애석히 여겨 전별의 자리를 따로 마련해주었다. '유수금일명월전신(流水今日明月前身)'이란 여덟 자로 운을 나눠 본인이 먼저 시 여덟 수를 짓고, 이어 아들 유산과 초의 및 철선 등의 승려들에게 각각 한 수씩 차운하게 하였다. 그리고 이 시를 두루마리에 적어서 정표로 나눠주었다.[7]

당시 다산은 철선을 위해서도 별도의 증언첩(贈言帖)을 써주었다. 승려의 이상적인 거처에 대해 자세히 적어준 내용이다. 이 중에 "매년 봄 곡우 시절이 되면 아차(芽茶)를 따서 법대로 말려, 시 원고와 함께 봉해서 열상노인에게 부친다면 또한 좋은 일일 것이니라."라고 한 대목도 있다.[8]

그로부터 다시 4년이 지난 1838년 봄 초의는 승려 수홍(秀洪)과 함께 오랜 숙원이었던 금강산 유람을 실행에 옮겼다. 금강산에서 서울로 돌아온 초의가 마장병사(瑪莊丙舍)로 해거를 방문했다. 해거는 해후를 반

雜言送鐵船還

擇山頂洞府重置巖壑
峭絶仅有清流諸君倘
竹考松穿到巖深處於
絶頂之下得平稏結乳之
地縛卅菴四五間

取山石為墻為北取山泉
為墻而御高可數丈以防
虎豹穿小池於上下二沼下
者種芙蕖上者養直以觀
其游戲左右雜植名花奇
木門外日松为壇可生꿈

寶峰三四筒時至劑脾
无拘束救之產唱业寶殊
琴聽崖不莠沿門言来之
老頭陛知識那
无到心古物韋止程诗
三四箇每春至徑雨時取芽
茶煮晒如法并为楄村影
以寄洌上老人为善事也
峕宁甲午霜降之越翼日
洌上七十三歲老人漫書

道光十四年

다산이 철선에게 준 증언첩. 차에 관한 이야기가 나온다. 일민미술관 소장.

기며 다음 시를 지었다.

그 옛날 청량사 노닐던 곳 생각하니	遊處淸凉寺憶曾
중간의 세월이 나는 듯이 흘렀구려.	中間歲月若飛騰
창해라 천 리 길을 찾아와 만나보매	相逢滄海來千里
홀로 명산 가서는 등불 하나 걸었다지.	獨住名山有一燈
사방 물가 맑은 물은 옛 거울을 간 듯하고	方漱濆明磨古鏡
들판엔 초록 짙어 새 비단을 펼쳐둔 듯.	平蕪漲綠鋪新綾
시 짓고 차 마시니 모두가 선미(禪味)여서	吟詩啜茗皆禪味
나 또한 인간 세상 머리 기른 중일레라.	我亦人間有髮僧

두 사람은 만나자마자 시를 짓고 차를 달여 마시며 자욱한 선미 속으로 빠져들었던 것이다. 초의는 자신이 금강산 여행길에 지은 장시 「유금강산시(遊金剛山詩)」를 해거에게 내밀었고, 해거는 즉각 붓을 들어 다시 이 시에 화답했다. 두 사람의 시가 모두 남아 있지만, 지면 관계상 해거의 화답시만 읽어본다. 원제목은 「마장병사에서 초의 스님을 만나 운자를 정해 함께 짓다(瑪莊丙舍, 逢草衣師, 拈韻共賦)」다.

구름과 꿈속에서 서로 겹겹 막혀 있어	雲雲夢夢相遮重
바다 하늘 만 리에 천체가 드리웠네.	海天萬里垂穹窿
숲 아래서 팔짱 낀 채 여덟 해가 지난 뒤라	林下把臂八年後
그 옛날 티끌 모습 내 이미 늙은 것을.	我已衰甚舊塵容
스님께서 기달산(怾怛山) 산중에서 오시니	師從怾怛山中來
두 눈에 해맑게 천담(千潭) 물소리 모였구려.	兩眼澄集千潭溶
나 또한 전생에는 불제자였었거니	我亦前生佛弟子

草衣金剛山詩記

山萬疊兮水萬重重重疊疊樹穹窿嵯峨嶸參錯奇姝傑皆含肅穆正

齊容琤琤喧呪迸相響時會碧潭靜溶溶瀾卻步尋源深步

窮源不窮風涼雲暖日和軟樹葉將敘花欲紅長恨春歸無覓處誰知

轉入此中任麩英收藏壑固林流曦撮入光明戶我顏與伊同住持長

年常作主中主清同硯流痩如藤鐵心石腸寒無慕霧露雲霞作

衣裳霜花雪葉克糇糧水遶林下乾坤靜像外壺中日月長也

有家風肯展揚為歌花舞天一場共居不知觀自在相逢下拜妙吉祥

人若問我向他道只緣識得自金剛

초의 친필 금강산시. 『운림묵연첩』 중. 개인 소장.

한가지로 윤회하여 서로 다함없도다.	苔岑輪廻互不窮
밤 등불 환히 밝아 인하여 잠 못 들다	夜燈耿耿仍不寐
가마 타고 성 나서니 아침 해가 붉구나.	篋輿出郭初暾紅
스님이야 본시부터 정한 거처 없는 법	鉢錫本自無定所
기연(奇緣)으로 잠깐 동안 내 집에 묵으셨네.	奇緣暫得我舍住
천봉의 푸른빛은 병풍으로 둘러두고	千峯暎翠圍屛障
들판 가득 짙은 그늘 창문 밖에 펼쳐졌다.	滿野濃陰當牕戶
이것 지녀 하룻밤 숙소 제공할 만하거니	持此可供一宵宿
스님 불러 손님 중에 주인으로 삼았다네.	以師喚作賓中主
애오라지 한묵으로 부처님 일 지으시니	聊將翰墨作佛事
향 연기 한 가닥에 바깥 생각 끊어진다.	篆烟一穗絶外慕
손수 만든 새 차의 귀한 선물 감사하고	手製新茶感珍貺
풍성한 시 부뚜막 삼하(三夏) 견딜 양식이라.	暴富詩廚三夏糧
홀연히 만났다가 곧바로 헤어지니	忽漫相逢卽相別
서린 회포 저절로 버들실인 양 길다.	懷緒自與柳絲長
못난 시가 목판에 새겨짐을 후회하니	惡詩悔深災棗梨
청정한 마당을 더럽힐까 걱정일세.	且恐汚穢淸淨場
내 생각 한마디를 얹어달라 당부하며	濫想申乞一語弁
절 올림이 길상(吉祥) 축원 견줄 바 아니로다.	頂禮非比祝吉祥
산 보아도 스님의 무거움엔 부족하니	觀山不足爲師重
스님 몸은 원래부터 하나의 금강일세.	師身元是一金剛

모두 28구에 달하는 장시다. 제19구에 손수 만든 새 차의 귀한 선물에 감사한다고 한 것으로 보아, 초의는 이때도 자신의 떡차를 해거에게 선물했던 것이 분명하다. 해거는 자신이 전생에는 불제자였다고 밝히고

있을 만큼 불심이 깊었다. 8년 만에 다시 초의를 만난 감개를 토로하고, 초의가 자신의 집에 묵게 된 경과와 초의의 부탁으로 시를 짓게 된 경과를 밝혔다.

제1, 2구 아래 해거가 단 원주가 실려 있다. "일찍이 10년 전에 꿈에 바닷가에서 한 부처를 만났는데, 내게 게송 하나를 주며 말했다. '구름 밖의 구름이요, 꿈속의 꿈일러라. 점점의 산이거니, 한 점이 푸르구나.(雲外雲, 夢中夢, 點點山, 一點靑)'이라 하였다."⁹ 해거는 초의의 금강산 시를 보면서 10년 전 꿈속에서 부처에게 받은 게송을 떠올렸던 것이다. 해거가 꿈속에서 받은 게송은 추사가 친필로 써준 것이 별도로 남아 있다.

해거는 위 시 끝에 짧은 발문을 달았다. 그 내용은 이렇다. "무술년(1838) 여름, 초의 스님이 남해에서 도성으로 올라와, 방향을 돌려 금강산에 들어가 내외의 제승(諸勝)을 실컷 구경하고 돌아왔다. 내 동쪽 교외의 병사(丙舍)에서 묵었는데, 산을 유람한 내용을 적은 장구(長句)를 보여주며, 또 내게 손수 만든 법명(法茗)을 선물하였다. 내가 졸고(拙藁) 한 본으로 사례하고, 다시 원운에 화답하여 바로잡아주기를 청한다. 해도인."¹⁰ 해거 자신도 초의가 손수 법제한 차를 선물한 사실을 언급했다.

이상 초의와 해거의 만남과 두 사람 사이에 오간 창수시를 거칠게 살펴보았다. 해거는 초의에게 『동다송』 창작의 동기를 제공했던 장본인이다. 초의는 1831년 첫 대면과 1838년의 재회 때마다 자신이 직접 만든 떡차를 해거에게 선물했다. 해거는 초의를 초청해서 시회를 열어주고, 자신의 집에 묵게 하는 등 초의에 대해 각별한 정성을 쏟았다.

—

21

눈을 녹여 차를 끓였네

해거 홍현주의 차시와 차 생활

해거 홍현주는 평생을 두고 차를 즐겼던 차인이었다. 남긴 차시도 무려 110여 수에 달한다.[1] 이 글에서는 해거가 남긴 시를 통해 초의와의 만남과 그의 차 생활을 살펴보겠다.

눈물雪水로 끓인 보이차

해거가 초의에게 차에 대해 물은 것은 1837년의 일이다. 해거가 초의 차를 맛본 이후 차의 세계로 발을 들여놓게 되었다고 생각하기 쉽지만 사실은 그렇지 않다. 그는 이전부터 생활 속에서 차를 매우 즐겼다. 1823년, 31세 때 지은 「섣달 눈 녹인 물로 차를 끓이다(臘雪水烹茶)」란 작품이 그 뚜렷한 증거다.

계미년 겨울이라 섣달 12월에　　　　　　　冬十二月癸未臘

중천에 해 뜨도록 남창에서 실컷 잤네.　　　日高睡足南窓榻

대사립은 구름 잠겨 문 두드리는 사람 없고　雲鎖竹關無剝啄

눈 덮인 매려(梅廬)엔 세상 잡사 아예 없다.　雪擁梅廬絕塵雜

묵은 상자 뒤져서 흰 깁 봉함 집어 들자　　拈取舊篋白絹封

보이차 덩어리에 둥근 달이 박혔구나.　　普洱茶膏月團搭

봉함 열자 완연히 천 리 면목 본 듯하니　　開緘宛見千里面

연남(燕南) 사는 옛 벗은 그 정이 깊고말고.　燕南故人情周匝

방규(方珪)와 원벽(圓璧)이 곳곳에 넉넉하여　方珪圓璧隨處沃

마른 솔과 홰나무를 손길 따라 꺾는다네.　枯松老槐信手拉

벽돌 화로 수탄(獸炭) 피워 불기운이 살아나자　甎爐獸炭火候活

돌냄비에 어안(魚眼) 일고 솔바람 불어온다.　石銚魚眼松風颯

하인 아이 못 맡기고 내가 직접 차 달이니　自煎不敢付童僕

머리 위엔 오사모(烏紗帽)가 반쯤은 기울었네.　頭上半欹烏紗匼

화자잔(花瓷盞)에 담아내자 고운 빛 어리더니　花瓷盛來有佳色

차 한 잔에 갑자기 막힌 가슴 뻥 뚫린다.　一椀頓開襟鬲㗳

통우물과 미천(尾泉) 물은 오히려 두 번째라[2]　桶井尾泉猶第二

한영(寒英)이 참으로 마른 목에 마침맞다.　寒英正與渴喉合

병이 많아 필요한 건 다만 차를 마시는 일　多病所須惟茗飲

내년을 기다리려 남은 것을 간직하네.　留待明年剩貯納

　해가 중천에 오르도록 늦잠을 실컷 자고 잠에서 깼던 모양이다. 눈에 덮인 채 구름에 잠긴 집은 종일 찾는 이 하나 없다. 무료하던 그는 묵은 상자를 뒤져서 깊이 간직해둔 흰 비단 봉함을 펼친다. 보이차 덩어리가 하나 나온다. 둥근 달 모양의 문양이 박힌 보이차는 멀리 중국 연남 사

이재관의 「팽명도(烹茗圖)」. 개인 소장.

는 벗이 정을 담뿍 담아 보내온 선물이다. 연남은 연경 남쪽이니 당시 한족 지식인들이 모여 살던 북경성 남쪽 유리창 거리 일대를 가리킨다.

제9구의 방규원벽(方珪圓璧)은 중국 송나라 때 북원차(北苑茶)를 지칭하는 말이다. 송나라 때 시인 진관(秦觀)이 「만정방(滿庭芳)·영차(詠茶)」에서, "북원의 연고차(硏膏茶)는 방규원벽이라, 만 리의 이름이 서울에 울렸다.(北苑硏膏, 方圭圓璧, 萬里名動京關)"고 말한 것이 있다.

시인은 심부름하는 아이를 시키지 않고 자신이 직접 차를 달인다. 고송노괴(枯松老槐)의 삭정이를 가져와 수탄에 불을 붙여 화후를 조절하니 석요(石銚), 즉 돌냄비 바닥에 어안이 송글송글 맺히더니만, 곧이어 송뢰성(松籟聲)이 인다. 화자잔에 차를 담자 우러난 차의 빛깔이 더없이 곱다. 가만히 머금어 삼키니 막혔던 체증이 한꺼번에 쑤욱 내려간다. 차 화로와 숯, 돌냄비와 화자잔까지 갖춘 품격 있는 차 생활이 한눈에 그려진다.

17구에서는 당시 도성에서 물맛이 좋기로 이름난 통정(桶井)과 미천(尾泉)의 샘물은 오히려 제2등이라 하며, 제1등은 마땅히 한영이라고 말했다. 한영은 설화, 즉 눈꽃을 말한다. 설수(雪水) 곧 눈 녹인 물이 찻물로 으뜸이라고 추켜세운 것이다. 병 많은 자신에게는 오직 차 마시는 일만 요긴할 뿐이기에, 해를 넘겨 먹기 위해 남은 차를 다시 비단에 싸서 고이 간직해두었다. 두루 갖춰진 다구하며, 찻물과 찻자리의 격식까지 차에 대한 그의 이해는 이미 이때부터 결코 얕지가 않았다.

다음은 1829년 다산의 아들 정학연과 동번(東樊) 이만용이 밤중에 자신의 집에 들렀을 때 지은 두 수 중 첫 수다. 제목은 「유산과 동번이 밤에 들렀기에(酉山東樊夜過)」이다.

문밖의 산에는 푸른 기운 둘려 있어	蒼翠長存戶外山
밤낮 서로 바라볼 뿐 올라가진 않는다네.	相看日夕不須攀

한가론 맘 한결같이 남은 책에 맡겨두니	閒情一任殘書裏
마른 대숲 사이에는 찬바람이 시원하다.	凉籟偏多瘦竹間
손님 붙들어 다구에선 어안이 자잘한데	留客茶甌魚眼細
추위 막는 매벽(梅壁)에는 표범 무늬 얼룩졌네.	辟寒梅壁豹文斑
당당한 빠른 세월 뉘 능히 붙들리오	堂堂急景誰能挽
살아생전 자주자주 왕래하길 원할 뿐.	但願生前數往還

두 사람은 이른바 두릉시사(斗陵詩社)의 동인들이다. 뜻밖에 반가운 손님을 맞아, 주인은 가겠다는 손님을 굳이 붙들어 술 대신 다구를 꺼내 직접 차를 달여 대접한다. 이때 그는 초의를 알지도 못했을 때인데 차는 이미 그의 생활 속에 깊이 들어와 있었다.

1830년에 지은 시 한 수를 더 읽어보자. 제목은 「동림장에서 자며 이천민에게 보여주다(宿東林庄, 示李天民)」로, 두 수 중 제2수이다.

오사모(烏紗帽)에 모시 적삼 새 옷 지어 입고서	烏紗白紵試衣新
물외에서 태고 백성 서로 따라 노닐었지.	物外相隨太古民
술잔과 산가지로 내 늘 빚짐 부끄럽고	愧我觥籌常欠債
시권(詩卷)만은 가난찮은 그대를 사랑하네.	憐君詩卷未全貧
산 등불로 달 대신한 이 좋은 밤 보내면서	山燈代月堪良夜
냇물 차에 향 사르며 또 한 봄을 작별한다.	澗茗供香又別春
우리 일행 모두들 돌아가고 난 뒤에는	懸識吾行歸去後
적막히 사람 없이 꽃만 피고 지겠구나.	花開花落寂無人

해거는 술보다는 차를 더 즐겼던 듯하다. 술빚을 졌다고 말하면서도 산속에서 환한 달빛을 등불 삼아 둘러앉은 흐뭇한 밤에, 냇물을 길어와

차를 끓이고 찻자리가 무르익으면 향을 피워 가는 봄을 전송한다. 이제 이 밤의 조촐한 자리를 끝내고 돌아가면 적막한 산중에서 꽃은 다시 저 홀로 피고 질 것이다.

이 시기에 그는 정학연, 이만용, 윤정진 등과 어울려 자주 시회를 열었다. 1830년 봄에 네 사람이 함께 지은 연구시(聯句詩)에도 해거가 "땅거미 질 무렵 지팡이 짚고, 살구꽃 앞으로 이르러보니(短筇携暝色, 因到杏花前)"로 말문을 열자, 정학연이 "휴가라 해맑은 일과가 많아, 제2천의 샘물로 차를 끓이네.(休沐多淸課, 烹茶第二泉)"로 마무리 지은 시가 있다. 또 「동림우견기수주화(東林又見寄邃走和)」의 1, 2구에서도 "손님 와서 차 마시고 향을 막 피우니, 작은 누각 산과 같고 밤빛은 텅 비었네.(客來茶半與香初, 小閣如山夜色虛)"라고 노래한 것이 있어, 해거가 젊은 시절부터 차를 가까이했음이 거듭 확인된다.

해거의 걸차시乞茶詩와 명집茗集

1831년 초의와 만난 이후, 해거의 차시가 부쩍 늘어난다. 1838년에도 초의와 만났는데 이 해에만 10수가 넘는 차시를 짓고 있다. 초의와의 만남이 차 생활에 큰 활력을 불어넣은 정황이 짐작된다. 먼저 1831년에 지은 「화두(和杜)」란 작품을 보자.

늦봄의 날씨가 홀연 높고 맑더니만	暮春天氣忽高淸
비 온 뒤라 한기가 먼 데 성에 설핏하다.	雨後微寒動遠城
제비로도 시름겨운데 꾀꼬리가 이르렀고	燕已惱人鶯又到
꽃은 장차 일 마치고 새잎이 돋아나네.	花將了事葉還生

화로에 불을 지펴 차 익기를 기다리니	爐中撥火候茶熟
창틈으로 석양볕이 맑게 책을 비춘다.	窓隙通曛曬帙晴
근자에는 시를 지어 마음을 풀 따름이니	近日吟詩徒自遣
어이해야 방사(芳社)에서 제명(題名)을 함께하리.	那從芳社混題名

늦봄 해 질 녘의 소묘다. 화로에 불을 지펴 차를 끓이고, 창틈에 드는 뉘엿한 볕이 책갑을 비춘다. 스멀스멀한 봄추위에 꽃 시절도 하마 갔다. 강남 갔던 제비도 돌아오고, 꾀꼬리까지 부산스러운 것을 보니 여름이 성큼 다가선 것이다. 책 읽다가 차 마시며 보낸 봄날의 하루가 고요하다.

해거는 벗들과의 모임에서도 늘 술보다 차를 더 애호했다. 1832년 작품인 「초당에서 동번과 우선 이상적을 맞이하여 함께 짓다(草堂邀東樊李藕船尙迪同作)」를 읽어보자.

한 그루가 늙음 재촉한다는 두보의 말 탄식하니	一樹催人歎杜陵
쏜살같은 저문 빛이 마침내 나는 듯해.	駸駸暮景竟飛騰
아침엔 쾌설(快雪) 보고 처음으로 창문 열고	朝因快雪初開戶
밤중엔 새 시 짓느라 등불 심지 자른다네.	夜爲新詩更剪燈
아아! 내 깊은 거처 골짝 안개 음산한데	嗟我深居陰洞霧
그대가 옥하 얼음 거퍼 마심 부럽구려.	羨君重飮玉河氷
향 품평에 차 고르는 생애가 넉넉거늘	品香揀茗生涯足
거친 곡식 어이하여 말과 되를 헤아리랴.	荒粟何須計斗升

7구에서는 '품향간명(品香揀茗)', 즉 좋은 향을 품평하고, 귀한 차를 선별하며 지내는 자신의 삶에 만족한다는 말로, 차를 향한 자신의 사랑

명나라 정운붕(丁雲鵬)의 「여산고(廬山高)」. 대만 국립고궁박물원 소장.

을 드러냈다. 1구의 '일수최인(一樹催人)'은 두보의 「배적이 촉주 동정에 올라 손님을 전송하다가 일찍 핀 매화를 보고 서로를 생각하며 부친 시에 화답하다(和裴迪登蜀州東亭送客逢早梅, 相憶見寄)」의 7, 8구에서 "강변의 한 그루 매화 탐스럽게 피었는데, 아침저녁 사람을 재촉해 절로 흰머리 되었네.(江邊一樹垂垂發, 朝夕催人自白頭)"라 한 데서 따왔다.

위 시를 바로 이어, 해거는 우선 이상적에게 차를 청하는 시를 부쳤다. 제목은 「앞의 운자를 써서 우선에게 부쳐 차를 청하다(疊前韻寄藕船乞茶)」란 작품이다.

술도 없고 시도 안 되고 병까지 들었는데	酒乾詩澁病侵陵
매화꽃 드리워져 봄빛이 짙어졌네.	梅蘂垂垂歲色騰
없는 글자 찾느라 낡은 베개 기대고	字覓龜毛支老枕
술병은 텅 빈 채로 외론 등불 지킨다.	瓶歸烏有守孤燈
도가(陶家)의 눈 가져다가 끓이게 할 뿐이지	但令烹取陶家雪
번거로이 옥정(玉井) 얼음 어이하여 쓰겠는가.	何用煩思玉井氷
좋은 차를 보내주어 명하(茗瘕)를 씻어주되	倘寄芳焙消茗瘕
일곡이두(一斛二斗) 헤아리고 다시 닷 되 보태주소.	商量斛二更添升

언 우물에서 얼음을 깨는 수고보다 차라리 눈 녹인 물을 취하겠다는 5, 6구의 언급은 해거가 찻물로 눈 녹인 물을 선호한 것을 다시 한 번 알려준다. 7구의 '명하'와 8구의 '곡이' 운운한 것은 고사가 있다. 명하는 차를 마셔야만 증세가 가라앉는 이상한 질병의 이름이다. 도연명이 지은 것으로 전해지는 『수신후기(搜神後記)』에 나온다. 전염병을 앓는 한 장수가 허열(虛熱)에 시달렸는데, 차를 1곡(斛) 2두(斗)나 마셔야만 가라앉고, 조금만 부족해도 낫지 않았다. 마침내 이 때문에 살림이 가난해

졌다. 어떤 사람이 이 말을 듣고 그에게 5되를 더 먹게 하니 장수가 소의 위처럼 생긴 주둥이가 있는 이상한 물건을 토해냈다. 그 사람이 이것을 동이 가운데 놓게 하고, 1곡 2두의 차로 적셔주니 이 물건이 죄 들이키고 다 마시자 그만두었다. 또 5되를 더 먹이니 모두 뒤섞여 입속에서 뿜어냈다. 이 물건을 토하고 나서야 병이 비로소 나았다. 병명을 묻자 곡이하(斛二瘕)라 한다고 했다. 해거는 차를 마시지 않고는 견딜 수 없는 자신의 벽을 곡이하란 기이한 병에 빗대서 말한 것이다. 앞서 추사와 이상적의 교유를 살피면서도 보았지만, 이상적은 역관의 신분으로 늘 중국과 왕래하여 중국차가 떨어지지 않았으므로 그에게 이렇듯 차를 청했던 것이다.

차 생활을 즐기다 보니, 벗들과의 모임도 차 모임으로 흔히 이루어졌던 듯하다. 「해거재에서 눈 오는 밤에 명집을 가졌다. 매화가 활짝 피었고, 손님들 또한 배를 타고 이르렀다. 세월이 쉬 흘러감을 탄식하다가, 옛 노닐던 벗이 다시 한자리에 모였음을 기뻐하며, 마침내 '정(情)'자와 '심(深)'자를 가지고 각각 한 수씩 지었다. 이때 원(榞) 옆에 유리 거울 큰 것이 걸려 있어 꽃 그림자가 더욱 그윽하였으므로 또 '인(人)'자로 지었다.(海居齋雪夜茗集, 梅花盛開, 客亦舟至. 歎流景之易邁, 欣舊遊之復合, 遂得情字深字, 各一疊. 時榞傍懸玻瓈大鏡, 花影更邃, 又賦人字)」와 같은 시 제목은 더욱 운치가 있다. 눈 오는 밤중에 명집을 가졌다고 했으니, 술자리 대신 찻자리를 가진 것이다. 감실에 얹어둔 분매가 꽃을 활짝 피웠고, 이를 기념하여 흰 눈이 소복소복 내리는 밤중에 배를 타고 하나 둘 벗들이 모였다. '정심인(情深人)' 세 글자를 운자로 삼아 차례로 한 수씩 지었으니, 운자만 합치면 말 그대로 '정 깊은 사람'이 된다.

같은 해인 1834년 봄, 청명을 닷새 앞둔 밤에도 이들은 다시 모여 명집을 가졌다. 제목은 「청명 전 5일의 두 번째 모임(淸明前五日第二會)」이다.

보슬비 실바람에 날은 더욱 어지러워	緒雨絲風日競紛
살구꽃 그 소식은 언제나 들리려나.	杏花消息幾時聞
달 뜨자 시옥(詩屋)은 깊기가 바다 같고	月來詩屋深如海
다로(茶爐)에 연기 일자 가늘기 구름일세.	煙上茶爐細似雲
만권서 많다 해도 진즉 읽지 못했는데	萬卷書多曾未讀
백 년 인생 몸은 이미 절반에 이르렀다.	百年身已到中分
유거(幽居)에서 다른 이와 접촉함도 싫더니만	幽居厭與他人接
한 침상의 봄잠을 함께함이 기쁘도다.	一榻春眠喜共君

매화꽃이 진즉 진 뒤, 살구꽃 피기를 기다리며 청명을 앞둔 어느 봄
밤, 실바람 보슬비 속에 정다운 두 번째 모임을 가졌던 것이다. 달이 뜨
자 시옥은 바다처럼 깊은 푸름 속에 가라앉고, 다로에 차를 끓이니 흰
연기가 피어올라 마치 흰 구름만 같더라고 했다. 그려보기만 해도 행복
해지는 시경이다.

해거의 차시와 차 생활

해거가 남긴 차시가 워낙 많아 일일이 다 설명할 수가 없다. 이제 차
와 관련된 구절만 적출해서, 몇 가지로 나눠 살펴보겠다. 먼저 찻자리와
차 도구에 관련된 구절이다.

돌솥 새로 마련하매 다사(茶社)가 기뻐하고	石鼎新修茶社喜
술집 깃발 멀리 보이자 술 생각이 간절하네.	風簾遙曳酒情狂

「草堂枉泊翁樗園共賦」5, 6구

찻잔은 화자잔에 우리어 내고   茗椀瀹花瓷
시권(詩卷)은 설상지(雪霜紙)로 마르재누나.   詩卷裁霜紙
　「粤二夜, 又會沆海宅」3, 4구

도자기 항아리에 멀리 산 샘물 길어오니   瓷罌遠汲山泉去
남녘 고을 좋은 차에 노겸(老謙)을 그리노라.   佳茗南州憶老謙
　「次北社軸中險韻」제2수 7, 8구

　돌솥을 새로 마련하자 다사가 함께 기뻐했다고 적었고, 찻잔은 중국
에서 가져온 고급의 화자잔을 썼다. 샘물도 도자기 항아리로 따로 길어
왔다. 차 도구를 제대로 갖추어 두고 차 모임을 즐겨 가졌던 그의 차 생
활이 보이는 듯하다.

행장 속에 산중 물건 여태도 남아 있어   行裝猶有山中物
가져온 질그릇에 차를 달여 마신다.   茗飮携來小瓦缸
　「望水鐘寺」7, 8구

차 사발과 글 궤짝 등 가진 것 가져오니   茗甌文奩携所有
기거함에 누각 하나 좁음도 상관 않네.   起居不碍一樓窄
　「又登鷗夢亭」제11수 9, 10구

시권과 차솥을 지녀 왔으니   詩卷與茶鐺
가벼운 차림이 속되지 않네.   輕裝殊不俗
　「携元龍成汝出郭, 約道中各賦登樓輪次」제1수 15, 16구

전(傳) 송 휘종 황제의 「십팔학사도권(十八學士圖卷)」(부분). 대만 국립고궁박물원 소장.

양화나루 강물 빛은 하늘보다 푸른데   楊津江色碧於天
시권과 차솥이 한 배에 함께 있다.   詩卷茶鐺共一船

「汎舟楊津, 擧網而得魚甚少」1, 2구

다조(茶竈)와 필상은 육노망(陸魯望)과 다름없고   茶竈筆床陸魯望
서첩(書籤)과 약과(藥裹)는 완화촌(浣花村) 그곳일세.   書籤藥裹浣花村

「次花史」제3수 5, 6구

시권과 찻상이 이제야 겨우 오니   詩卷茶床今始到
노래와 술 춤자리가 전엔 늘 열렸었지.   歌尊舞席昔常開

「旣望登滄浪亭, 永城申都尉舊宅. 丁未」

　위의 여섯 수는 해거가 배를 타고 나가거나 물가 정자에서 노닐 적에
도 어김없이 차 도구를 온전히 갖추어 나갔던 사정을 보여준다. 소와항
(小瓦缸)·명구(茗甌)·다당(茶鐺)·찻상(茶床)·다조 등을 비록 경장(輕
裝)을 하고 나선 길에도 꼭 함께 휴대하고 갔다.

　이 밖에도 해거는 수십 수의 차시를 더 남겼다. 그는 중국의 보이차와
초의의 남차를 즐겨 마셨고, 차 도구를 갖춰두고 차 생활을 즐겼다. 찻
물에 대한 이해도 깊어, 눈 녹인 설수로 끓인 차를 즐겨 마셨다. 먼 데
산 샘물을 일부러 길어오게 해서 마시는 등 매우 까다로운 심미안을 갖
춘 차인이었다. 벗들이 찾아오면 술 대신 차를 내왔고, 아예 명집, 즉 찻
자리를 따로 마련하고 벗을 초대하기까지 했다. 바깥 나들이 때에도 짐
속에는 꼭 차 도구가 들어 있었으리만치 차를 아끼고 사랑했다.

　끝으로 세상을 뜨던 해인 1865년에 '차'자를 운자로 써서 지은 차시
「가차화애 17일(家茶花涯十七日)」한 수를 읽으면서 이 글을 맺는다.

오늘 아침 개인 경치 보기 좋으니	今朝晴景好
집집마다 푸른 나무 시원하구나.	綠樹萬人家
객 붙들어 향그런 쌀밥을 짓고	留客炊香稻
아이 불러 유차(乳茶)를 끓이는도다.	呼兒煮乳茶
섬돌의 대나무는 껍질 막 벗고	砌篁初解籜
난간의 작약은 늦게 꽃폈네.	欄藥晩開花
어여쁜 시구는 어디에 있나	佳句在何處
한가한 구름은 하늘 저 끝에.	閒雲天一涯

만년까지 조촐하게 지속된 그의 담백한 차 생활이 보이고, 자연을 관조하는 시선이 따스하다. 진작에 아내인 숙선옹주를 잃고, 외아들 우철(佑喆)마저 일찍 죽었다. 쓸쓸한 노년을 그와 함께 한 벗은 다름 아닌 차였다.

초여름 어느 볕 좋은 날, 푸른 나무 그늘에 둘린 집에 차 연기가 피어오른다. 대나무는 첫 껍질을 벗고, 난간 옆 작약이 뒤늦게 꽃망울을 터뜨린다. 생각은 좋은 시구 주변을 맴돌고, 눈길은 하늘가로 떠 가는 한가한 구름을 헤집는다. 그는 이렇게 찻잔을 들며 마음을 정갈하게 헹궈내다가 이해 6월 24일에 눈을 감았다.

4
—

차 문화를 앞장서 이끈 추사

—

22

차의 삼매경을 깨달았구려

추사와 초의

조선 후기 차 문화사에서 다산이 중흥조였다면, 초의는 이를 든든히 뒷받침해 새 길을 연 전다박사였다. 하지만 추사가 없었다면 초의의 존재가 그렇게까지 빛날 수는 없었을 것이다. 이제 추사의 차 생활과 초의와의 만남을 살펴보고, 추사가 초의에게 보낸 차를 청하는 편지를 차례로 읽어보겠다.

추사의 차 입문과 차 생활

추사는 언제 어떤 계기로 차에 입문하게 되었을까? 추사는 24세 때인 1809년 10월 28일, 아버지를 따라 서울을 출발하여 그해 동지 무렵 연경에 도착해서 두 달가량 그곳에 머물렀다. 연경의 유리창(琉璃廠) 서사

옹방강의 거처인 소재의 모습을 그린
청나라 나빙(羅聘)의 「소재도」.

(書肆)에서 북경의 여러 학자들을 만났고, 특히 당대의 큰 학자 옹방강(翁方綱, 1733-1818)과 완원(阮元, 1764-1849)과의 만남은 추사의 삶을 송두리째 바꿔놓았다.

추사는 당시 47세였던 완원을 우연히 만났다. 완원은 한눈에 추사의 그릇을 알아보고 그를 자신의 서재인 태화쌍비지관(泰華雙碑之館)으로 데려갔다. 서재에는 태산과 화산의 비석 탁본이 걸려 있었다. 완원은 추사에게 용단승설차를 끓여 내어 접대했다. 이전에도 가끔씩 차를 접할 기회야 있었겠지만, 이때 맛본 용단승설차의 향기가 훗날 저 유명한 추사의 차벽을 낳는 결정적인 계기가 되었다. 추사는 이 차 맛을 잊지 못해, '승설도인(勝雪道人)'이란 필명을 즐겨 썼을 정도였다. 뒤에 이재(彝齋) 권돈인(權敦仁)에게 보낸 편지의 한 대목에서, "다품이 과연 승설차의 남은 향기라 하겠습니다. 일찍이 쌍비관(雙碑館)에서 이 같은 차를 보았는데, 우리나라로 와서는 40년 동안 다시는 보지 못했습니다."[1]라고 적고 있는 것만 보더라도, 완원의 서재에서 맛본 용단승설차의 짙은 향취를 그가 얼마나 잊지 못했는지 알 수 있다.

중국에서 추사는 가는 곳마다 차 대접을 받았고, 이때의 차 체험은 그에게 깊은 인상을 남겼던 듯하다. 하지만 귀국 후 조선에서는 달리 차를 구할 방도가 없었다. 중국에서 사신 행차 편에 조금씩 들어온 차는 품질이 좋지 않았을 뿐 아니라 수량도 극히 적어 상음할 수 있는 형편은 애초에 되지 못했다.

그러다가 추사는 초의의 차와 다시 만났다. 두 사람이 처음 만난 것은 1815년의 일이었다. 하지만 기록으로 볼 때 추사가 초의차를 구해 마시기 시작한 것은 1838년을 전후해서인 듯하다. 추사가 초의에게 보낸 편지는 50여 통이 남아 있다.[2] 현재 남은 추사의 편지는 대개 1838년부터 1850년 전후까지 10여 년간 초의에게 보낸 것이다. 내용 가운데 차와 관련된 것이 15통 내외다. 이전에도 초의는 추사에게 차를 보냈을 수 있겠는데, 남은 기록이 없다. 추사가 초의에게 보낸 여러 편지는 우리 차 문화사에서 잊지 못할 아름다운 장면의 하나다.

초의와 추사의 첫 대면

초의와 추사 두 사람의 첫 대면은 언제 이루어졌을까? 초의는 1815년 첫 서울 나들이를 결행한다. 당시 다산은 초의에게 거처에 얽매이지 말고 운유사방(雲遊四方)하며 나라의 명산과 국중의 명사(名士)를 두루 찾아다녀 미혹을 훌훌 떨쳐버릴 것을 주문했다.[3] 초의는 다산의 이 가르침에 따라 전주의 한벽당(寒碧堂) 등을 거쳐 서울로 첫 나들이를 했다. 만향각(蔓香閣)에서 다산의 아들 정학연과 만나 함께 시를 짓고, 수종사 등을 같이 놀러 갔다. 또 서성(西城)에서 눈 오는 밤 추사의 아우인 김명희와 만나 여러 편의 시를 주고받았다. 옥경산방(玉磬山房)에서 이노영(李魯榮)에게 30운에 달하는 장시를 지어주었고, 이듬해 봄에는 함벽정(涵碧亭)에서 침계(梣溪) 윤정현(尹定鉉, 1793-1874)과 같이 묵으며 시를

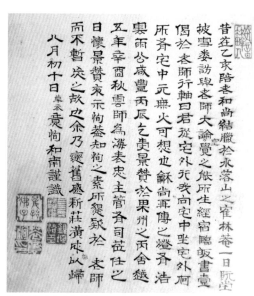

추사와 학림암에서 처음 만나던 장면을 기술한 초의의 친필.

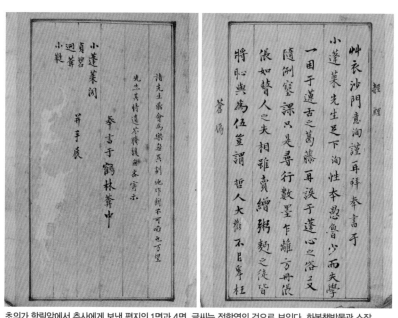

초의가 학림암에서 추사에게 보낸 편지의 1면과 4면. 글씨는 정학연의 것으로 보인다. 화봉책박물관 소장.

짓는 등, 서울에 머무는 동안 장안의 명류들과 폭넓게 교유하였다.

초의가 추사와 처음 만난 것은 1815년 겨울 수락산의 학림암에서였다. 당시 초의는 운길산 수종사가 겨울 나기에 너무 추운 것을 염려한 정학연의 배려로 학림암으로 거처를 옮겨 있던 터였다.[4] 첫 만남의 장면은 초의가 친필로 쓴 글이 남아 있다.

옛날 을해년(1815)에 노스님을 모시고 수락산의 학림암에서 동안거를 하고 있었다. 하루는 완당이 눈을 헤치고 찾아와서, 노사와 더불어 공각 (空覺)이 능히 생겨나는 바에 대해 크게 토론하였다. 하룻밤을 자고 돌아가면서, 노사께서 지니신 두루마리에 게송 한 수를 이렇게 써주었다. "그대는 집 밖을 좇아가지만, 나는 집 안 향해 앉아 있다오. 집 밖에 있는 것 그 무엇인가? 집 안엔 애초에 불이 없다네." 스님의 다시 전하여진 등불을 떠올려볼 수 있겠다.[5]

당시 초의는 수락산 학림암에서 해붕대사를 모시고 결제(結制) 중이었다. 이때 추사는 동생 김명희로부터 초의에 대한 소문을 듣고 그를 만날 겸해서 학림암을 찾았던 듯하다. 추사는 이날 해붕대사와 함께 공각 (空覺)을 주제로 대 토론을 펼쳤다. 추사가 쓴 「해붕대사화상찬」을 보면 그것은 「반야심경」의 공(空)이 '오온개공(五蘊皆空)'의 공이냐, '색즉시 공(色卽是空)'의 공이냐를 두고 벌인 논쟁인 듯하나, 그 깊은 뜻은 지금에 이 붓으로 가늠할 수 없다.

초의는 곁에서 그 토론을 가만히 듣고 있었다. 하룻밤을 묵고 절을 내려가면서 추사는 해붕선사의 행축(行軸)에 한 수의 게송까지 지어주며 자기 뜻을 굽히지 않았다. 초의는 그런 추사를 해붕의 재전(再傳) 제자로 인가했다. 초의와 추사, 두 사람은 당시 30세의 동갑이었다.

이후 두 사람은 다시 편지를 주고받으며 왕래를 이어갔다. 최근 초의가 학림암에서 추사에게 보낸 편지가 공개되어 전후의 정황이 더 명백하게 드러났다.[6] 2년 뒤인 1817년 6월에 초의는 경주에 머물고 있었다. 스승 완호 스님의 분부에 따라 대흥사에 안치할 천불상을 조각하기 위해 경주의 불석산(佛石山)으로 왔던 걸음이었다. 때마침 경상감사로 있던 부친 김노경(金魯敬)을 근친(覲親)코자 추사가 영남으로 내려왔다가 경주에 들를 것이란 말을 들은 초의는 불국사에 머물면서 그를 기다렸다. 이때 지은 시가 「불국사회고(佛國寺懷古)」 9수다. 하지만 추사는 4월 29일에 벌써 경주에 들러 무장사비 단편(斷片)을 찾아내고, 6월에는 이미 서울로 올라간 터였으므로 이때 두 사람의 경주 회동은 이루어지지 못했다.[7] 초의는 옥불을 조성하는 동안 짬을 내어 다시 서울 걸음을 했다. 1817년 8월, 교외의 동장(東莊)에서 김재원(金在元)·김경연(金敬淵)·김유근(金逌根)·김정희(金正喜) 등과 함께 지은 21수 연작이 남아 있다. 동장은 아마도 초의가 서울에 오면 묵곤 했던 동쪽 근교 청량산방이었던 듯하다.

이 시기 추사와 초의의 만남은 번번이 어긋나기 일쑤였고, 둘만의 특별한 교왕은 없었다. 하지만 첫 만남 이래로 두 사람은 마음을 주고받는 깊은 사귐을 나누었다. 이후 초의는 대둔사로 돌아가 수행에 힘썼고, 1823년에는 금강곡 절벽 밑에 띠집을 얽고 숨어 살았다. 이후로는 절의 소임을 맡아 1829년 새로 도암(道菴)을 마련해 1830년 일지암이란 현판을 내걸 때까지 분주한 나날을 보내며 서울 걸음을 하지 못했다.

1830년 초의가 완호 스님의 「삼여탑비」 비문을 받기 위해 서울 걸음을 했을 때도 두 사람은 못 만났다. 초의가 올라와 있을 당시, 추사는 부친 김노경이 탄핵을 받아 고금도에 위리안치되면서 경황이 없어 바깥 나들이를 할 형편이 못 되었던 탓이다.

이때까지만 해도 초의의 차는 서울에 전혀 알려지지 않았다. 초의차가 한양의 사대부들 사이에 크게 이름을 얻은 것은 앞서 살핀 대로 1830년 박영보가 「남차병서」로 초의의 차를 널리 알리고, 신위가 이에 화답한 이후의 일이다.

걸명 편지와 초의차의 종류

이하 연대순으로 편집된 추사의 걸명 편지를 수록 차례대로 관련 부분만 살펴보기로 한다.[8]

〔1〕다품을 이렇게 따로 남겨주시니 마음이 몹시 상쾌하구려. 매번 볶는 방법이 조금 지나쳐서 정기가 삭는 듯한 느낌이 있소. 만약 다시 만든다면 불기운을 조심해서 조절하는 것이 어떻겠소. 무술년(1838) 초파일.[9]

〔2〕차포(茶包)는 과연 훌륭한 제품이오. 능히 차의 삼매경을 투득하여 이르렀구려.[10]

〔1〕에서 '매번'이라 한 것으로 보아 이전에도 추사가 초의의 차를 여러 차례 얻어 마신 것을 알 수 있다. 추사는 차를 너무 지나치게 볶아서 정기(精氣)가 삭는 느낌이 있으니 다음에는 화후를 더 세심하게 살피는 것이 좋겠다고 주문했다. 〔2〕에서는 잘 만들어진 차를 보고, 차의 삼매를 투득한 듯하다고 추켜세웠다. 이미 추사의 차 감식안이 일정 경지에 도달해 있음을 본다. 추사는 초의차에 대해 품평자의 역할도 했던 셈이다.

〔3〕가을 일은 이미 마쳐 포단(蒲團)이 편안하겠구려. 등불은 푸르게 빛
나고, 스님의 독경 소리는 그침이 없을 터. 내 모습을 돌아보면 여태도
입과 코 때문에 괴로움을 겪고 있소. 괴로운 곳에서는 혼자 괴롭고, 괴롭
지 않은 곳에서도 또한 혼자 괴롭지 않다면, 괴롭고 괴롭지 않음은 경계
에 따라 내맡겨둘 뿐이지요. 차전(茶甎)은 모두 훌륭하오. 다만 스님과
함께 죽로의 옛 인연을 다시 잇지 못하는 것이 안타깝소. 포장(泡醬)을
문득 꺼내니 병든 위장이 감동하고 감동하였소. 이만 줄이고 다 쓰지 않
소. 8월 29일, 나옹(那翁).[11]

1843년 8월 29일의 편지다. 그리운 마음이 뭉클하게 느껴진다. 이때
초의가 차전을 보냈다고 한 것이 흥미롭다. 떡차이기는 해도 둥글게 동
전 모양으로 작게 만든 돈차[錢茶]가 아닌 벽돌처럼 네모지게 찍은 제법
큰 크기의 차다. 벽돌차 이야기는 이 편지에서 처음 나온다. 초의가 다
양한 크기와 모양으로 차를 만들었음을 보여준다. 또한 죽로를 마주하
고 앉아 차를 마시던 시절을 그리워했다.

〔4〕차 시절이 이미 지났는데, 몇 덩이나 만들었소? 색과 향이 다 좋을
텐데 더운 날씨에 부쳐 오면 마침내 손상될까 걱정되니, 반드시 재량하

는 것이 어떻겠소.¹²

[5] 헌목(櫶木)으로 만든 염주 세 꿰미는 선차(仙茶)에 정공(淨供)으로
충당하는 것이라오. 받아두면 고맙겠소./ 차 시절은 아직 이른 게요? 아
니면 이미 따기 시작하였소? 몹시 기다리고 있다오./ 일로향실(一爐香室)
의 편액은 마땅히 적절한 인편을 찾아서 보내겠소./ 금년에는 차를 만든
뒤에 반드시 무더울 때는 보내지 말고, 가을에 서늘해지기를 기다려 보
내는 것이 좋겠소. 항아리에 넣을 때는 단단히 싸서 보내도록 하시구
려.¹³

[6] 차 봉지는 절대로 습기가 많을 때 갑작스레 부치지 않는 것이 어떻
소.¹⁴

[4]는 1844년 5월 15일에, [5]와 [6]도 비슷한 시기에 제주에서 해
남으로 부친 편지다. 떡차를 몇 개나 만들었느냐고 묻고, 날이 이미 더
우니, 그저 부치면 상하기 쉬우므로 방법을 생각해보라고 했다. 또 [5]
에서는 차를 혹시 못 받게 될까봐 헌목으로 만든 염주 세 꿰미를 미리
선물하면서, 차를 만들었거든 빨리 보내달라고 요청했다. 애교가 있다.
일로향실 편액을 써 보내겠다고 한 것도 차를 많이 받아내기 위한 유혹
이다. 편지 끝에 오뉴월 무더위에 보내면 차가 다 상해버리니, 날이 서
늘해진 후에 항아리에 넣어 단단히 싸서 보내라고 한 것도 다른 글에서
보지 못한 주목할 만한 언급이다. [6]에도 차 보관에 대한 당부가 거듭
나온다. 당시 차의 보관에 큰 어려움이 따랐던 사정을 보여준다.

이제부터는 과천 시절에 해남으로 보낸 편지를 읽어보도록 하자.

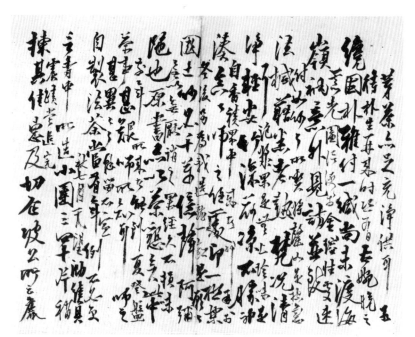

추사가 초의에게 보낸 편지 [8]. 『나가묵연(那伽墨緣)』 중. 국립중앙박물관 소장.

[7] 지난번 보내준 차떡은 벌써 다 먹었소. 물리지도 않고 요구만 하니, 많이 베풀어주기야 어찌 바라겠소. 다 미루고 이만 줄이오. 정미년 (1847) 유둣날.[15]

[8] 원래 편지에 또한 차를 부탁하였더랬소. 이곳에서는 차를 얻기가 몹시 어려운 줄을 대사도 잘 아실게요. 대사가 손수 법제한 차는 당연히 해마다 보내주었으니 굳이 다시 말할 필요가 없겠고, 절에서 만든 소단차 30, 40덩이를 조금 좋은 것으로 가려서 보내주시기를 간절히 바라오. 소동파가 말한 추아차(麤芽茶) 또한 부처님 전에 올리기는 충분하실 게요. 만약 박생이 다시 올 때를 기다린다면 너무 늦을 염려가 있으니 먼저 편지 보내는 편에 김용성의 처소로 속히 부쳐주시는 것이 어떻겠소.[16]

386

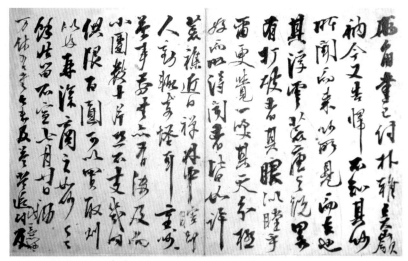
추사가 초의에게 보낸 편지. [10]의 1백 원어치 차를 주문한 내용이다.

〔9〕차에 관한 일은 앞서 편지에서도 여러 차례 언급하였소. 소단(小團) 수십 덩이로는 몇 차례 먹을거리도 지탱하지 못할 것이오. 1백 원을 한정해서 살 수 있다면 좋겠소. 거듭 깊이 생각해보시는 것이 어떻겠소.[17]

〔7〕은 1847년에 쓴 것으로, 앞의 편지와는 9년의 거리가 있다. 〔7〕~〔9〕는 초의가 만든 떡차 또는 소단차에 관한 내용이다. 보내준 떡차를 다 먹고 다시 더 보내달라고 부탁하면서 스스로도 차에 대한 욕심이 끝이 없다고 말했다. 〔8〕에서는 해마다 보내주던 법제차는 그대로 보내주고, 여기에 더 보태서 절에서 만든 소단차 30, 40개를 더 보내줄 수 있겠느냐고 했다. 거친 추아차는 부처님 전에 올리고, 자신에게는 좋은 것만 골라 보내달라는 알미운 부탁도 서슴지 않았다. 〔9〕는 〔8〕에서 소단차 몇 십 덩이 보내달라고 한 것을 번복하며, 아예 1백 원어치를 살 수 있게 해달라고 부탁했다. 몇 십 덩이라야 얼마 먹지도 않아서 다 떨

387

추사가 초의에게 보낸 편지 [10](부분). 『나가묵연』 중.

어지고 말 것을 염려한 것이다. [8]과 [9]는 문집에는 빠졌고, 『나가묵
연』에만 실렸다.

[10] 병중에 연거푸 스님의 편지를 보니, 한결같이 혜명(慧命)을 이어주
는 신부(神符)라 하겠소. 정수리를 적셔주는 감로(甘露)라 한들 어찌 이
보다 더하겠소. 보내주신 차는 병든 위장을 시원스레 낫게 해주니 고마
운 마음이 뼈에 사무치오. 하물며 이렇듯 침돈(沈頓)한 중임에랴! 자흔과
향훈 스님이 각각 먼 데까지 보내주니, 그 뜻이 진실로 두텁구려. 날 대
신해서 고맙다는 뜻을 전해주시구려. 향훈 스님이 따로 박생에게 준 잎
차는 소동파의 추차(麤茶)의 싹에 못지않게 향기와 맛이 아주 훌륭합디

다. 다시금 날 위해 한 포를 청해주는 것이 어떻겠소? 마땅히 앓는 중에라도 따로 졸서로 작환(雀環)의 보답을 할 터이니, 향훈 스님에게 이러한 뜻을 알려 즉시 도모해주시구려.[18]

〔11〕 육차(六茶)가 이 갈급한 폐를 적셔줄 수 있으나, 너무 적구려. 또 향훈 스님과 더불어 진작에 차를 주기로 한 약속을 정녕하게 하였는데, 일창일기를 보내주지 않으니 안타깝소. 모름지기 이러한 뜻을 전달하여 그 차 바구니를 뒤져서라도 봄 안으로 보내주면 좋겠소. 인편이 바빠 글 쓰기가 어려워 예를 갖추지 못하오. 새 차는 어찌하여 돌샘과 솔바람 사이에서 혼자만 마시면서 애당초 먼 데 있는 사람은 생각조차 하지 않는 게요? 몽둥이 삼십 방을 아프게 맞아야겠구려.[19]

〔10〕은 초의가 보내준 차를 받고 병중에 감사의 뜻을 표한 내용이다. 초의의 제자인 자흔과 향훈 두 스님도 따로 추사에게 자신들이 만든 차를 보내왔다. 향훈 스님은 특별히 잎차를 만들어 보냈다. 추사는 세 사람의 차를 받자마자, 다시 자신의 글씨와 맞바꾸자며 향훈의 잎차 한 포를 더 구해달라고 떼를 썼다.

〔11〕에서는 초의의 육차를 받고 양이 너무 적다고 투덜댔다. 육차는 중국의 육안차(六安茶)에서 따온 듯하다. 또 향훈이 차 약속을 지키지 않는 것을 말하며, 그의 차 바구니를 뒤져서라도 빼앗아 보내달라고 했다. 혼자 새 차를 마시면서 자신에게는 묵은 차만 보내니 저 옛날 덕산 스님의 몽둥이 삼십 방을 맞아야겠다고 으름장을 놓기까지 했다.

이상의 편지로 볼 때 당시 초의와 그의 제자들이 만든 차는 잎차인 추아차와 돈차 모양의 소단차가 있었음을 알겠다. 앞서 신위에게 폐백으로 가져온 초의의 단차가 대나무 잎으로 야무지게 포장한 꽤 큰 것이었음을 환기할 때, 단차도 작은 것과 큰 것을 함께 만들었음이 확인된다. 잎차는 아주 소량이었고, 보편적으로 마셨던 차는 떡차였다. 편지 중에 포(包) 단위로 말한 것은 잎차이고, 편(片)이라고 한 것이 소단차이다.

계속해서 초의에게 보낸 추사의 걸명 편지를 몇 통 더 읽어보자.

[12] 편지만 있고 차는 아예 보이지도 않는구려. 생각건대 산속에 바쁜 일이 필시 없을 터인데 세상 인연과 어울리지 않으려 하여, 내가 이처럼 간절한데도 먼저 금강(金剛)으로 내려가버리시는 건가? 다만 생각해보니 늙어 머리가 다 흰 나이에 갑작스레 이와 같이 하니 참 우습구려. 기꺼이 사람을 양단간에 딱 끊기라도 하겠다는 건가? 이것이 과연 선(禪)에 맞는 일이오? 나는 대사는 보고 싶지도 않고, 대사의 편지 또한 보고 싶지 않소. 다만 차에 얽힌 인연만은 차마 끊어 없애지 못하고, 능히 깨뜨릴 수가 없구려. 이번에 또 차를 재촉하니 보낼 때 편지도 필요 없고, 단지 두 해 동안 쌓인 빚을 함께 보내되 다시 지체하거나 어긋남이 없도록 해야 할 것이오. 그렇지 않으면 마조의 할과 덕산의 몽둥이를 받게 될 터이니, 이 한 번의 할과 한 방의 몽둥이는 수백천겁이 지나도 피해 달아날 도리가 없을 게요. 다 미루고 이만 줄이오.[20]

[13] 햇차는 몇 근이나 따시었소. 남겨두었다가 장차 내게 주시겠소? 자흔과 향훈 등 여러 스님의 처소에서도 일일이 뒤져내어 빠른 인편에 함께 보내주시오. 혹 한 스님 것만 보내주어도 괜찮겠소. 김세신도 편안하겠지요? 궁금합니다. 계절 부채를 부쳐 보내오. 나누어 가지시구려.[21]

[12]는 오랜만에 편지가 당도했는데, 함께 왔어야 할 차가 보이지 않자, 이제 나와는 영영 관계를 끊을 셈이냐고 말하며, 보고 싶지도 않고

편지도 필요 없으니 2년 치 밀린 차나 지체 없이 보내라고 으름장을 놓는 내용이다. 마조 스님의 할과 덕산 스님의 몽둥이로 협박하는 것도 잊지 않았다. 읽으면 웃음이 나오는 정겨운 편지다. [13]에서도 햇차를 좀 보내달라는 부탁과 함께 자흔, 향훈 두 스님의 차도 수소문해서, 많을수록 좋으니 있는 대로 부쳐달라고 적었다.

[14] 중이 와서 초의의 편지를 받았고, 또 차포(茶包)도 받았소. 이곳의 샘물 맛은 관악산의 한 지맥에서 흘러나온 것이어서 두륜산 샘물과는 어느 것이 더 나을지 모르겠으나, 또한 열에 서넛쯤은 된다오. 서둘러 부쳐 온 차를 시험해보니, 샘물도 좋고 차도 좋아 얼마간 기쁜 인연이라 하겠네. 이것은 차가 그렇게 만든 것이지 편지 때문에 그런 것이 아닐세. 그렇다면 차가 편지보다 더 낫단 말인가? 게다가 근자에는 계속해서 일로향실에 머물고 있다고 하니 어떤 좋은 인연이라도 있는 게요? 어찌 이런저런 갈등을 부숴버리고 지팡이 하나 짚고 먼 곳으로 날아와 이 차의 인연을 함께하지 않는 게요? 게다가 근래에는 자못 참선의 즐거움에 대해 점입가경의 묘가 있으나 더불어 이 묘체를 같이할 이가 없구려. 대사와 더불어 함께 눈썹을 치켜세우고 싶은 생각이 간절한데, 이 소원을 이룰 수 있을는지 모르겠소. 대략 졸서(拙書)가 있기에 부쳐 보내니 거두어주시구려. 우전차의 잎은 몇 근이나 따시었소? 언제나 이어 보내주어 이 차에 대한 욕심을 진정시켜주시려는가? 날마다 간절히 바라고 바란다오. 이만 줄이오. 향훈에게도 한 장을 허락하니 전해주시면 고맙겠소.[22]

[15] 병든 천한 몸은 그사이 설사병을 앓아 진기를 다 빼앗기고 말았소. 세상길의 괴로움이 이러하단 말이오! 다행히 차의 힘을 빌어 목숨을 연장할 수 있었소. 이는 한결같이 사방에 없는 무량한 복덕이라 하겠소. 가

을 뒤에 계속 부치는 것은 싫증 없는 바람이오. 향훈이 만든 차 또한 인편에 따라 보내주면 좋겠소. 마침 가는 인편이 있기에 대략 적을 뿐 자세히 적지는 못하오. 이만 줄이오.[23]

[14]는 초의가 부쳐 온 차를 과천의 샘물로 끓이면서, 두륜산 일지암 유천(乳泉)의 물맛과 견주었다. 한번 올라와서 선담(禪談)이나 나누자면서도, 끝에 가서는 우전차를 몇 근 땄느냐며 계속 보내주어 차에 기갈든 마음을 진정시켜달라는 부탁을 잊지 않았다. [15]에서도 설사병을 차 덕에 간신히 가라앉혔다며 고마움을 표한 뒤, 가을 이후에도 초의와 향훈의 차를 계속해서 더 보내달라고 주문했다.

이런 추사의 끊임없는 차 요구가 초의도 괴로웠을 것이다. 때로 편지를 연거푸 받고도 짐짓 모른 체 답장을 하지 않다가 몽둥이를 맞아야겠다는 으름장을 받기도 하고, 보내주자마자 염치없이 더 보내달라는 요구에 시달리기도 했다. 나중에는 초의의 차만으로 부족해 자흔과 향훈 같은 초의 스님의 제자에게까지 글씨를 미끼로 차를 요구했다. 추사의 차에 대한 벽과 애호가 어떠했는지를 이들 편지는 너무도 잘 보여준다.

23

차로 인해 물맛을 알고

추사의 차 생활과 그 밖의 걸명 편지

앞서 추사와 초의의 만남과 추사가 그에게 보낸 걸명 편지를 읽어보았다. 이제 그 밖에 추사가 초의에게 보낸 시문과 초의 아닌 다른 이들과 주고받은 차 관련 시문을 차례로 읽어, 추사의 차 생활에 대해 살펴보기로 한다.

초의에게 준 시문과 글씨

추사는 쉴 새 없이 차를 청하는 편지를 초의에게 부쳤다. 하지만 무조건 억지만 부린 것이 아니고, 때로는 돈을 보낼 테니 살 수 있게 해달라고도 하고, 차를 받고 나서는 답례로 글씨를 써서 부쳐주는 등 예를 갖추고 정성을 쏟았다. 추사가 초의에게 보낸 시가 여럿인데 여기서는

「고요함에 대한 게송. 초의 스님께 드림(靜偈贈草衣師)」이란 작품을 함께
읽어본다.

네 마음 고요할 땐	儞心靜時
저자라도 산이지만,	雖鬧亦山
네 마음 들렐 때면	儞心鬧時
산이라도 저자이리.	雖山亦鬧
오로지 마음에서	只於心上
저자와 산 나누인다.	鬧山自分
물병 가고 바늘 옴에	瓶去針來
어이 이리 분분한가.	何庸紛紛
고요함 네 구할 때	儞求靜時
마음 하마 소란하다.	儞心已鬧
현묘한 깨달음은	玄覺妙筌
산 잊고 도 구함이라.	忘山殉道
저잣거리 산속만	儞言闤闠
못하다고 너 말하나,	不如山中
산중마저 들렐 때는	山中鬧時
장차 어딜 쫓아갈까.	又將何從
네가 저자 처해서도	儞處闤闠
산중에서 보듯 하면,	作山中觀
푸른 솔은 왼편 있고	青松在左
흰 구름은 앞에 일리.[1]	白雲起前

전체 글은 내면의 고요는 산속이냐 저자이냐에 따라 달라지는 것이

아니라 내 마음먹기에 달린 것이라는 뜻이다. 내가 내 마음의 주인이 된다면 저자 속에 있어도 산속에 있는 것과 진배없고, 내 마음이 제멋대로 놀러 다니면 산속에 들어앉아 있어도 거리를 헤매 다니는 것과 한가지다. 진정한 깨달음은 산속이냐 아니냐가 아니라 도를 향한 마음을 어찌 지니느냐에 달린 것이다.

초의가 일지암에 틀어박혀 좀체 서울 걸음을 하지 않자 심술이 나서 보낸 글인 듯하다. 여보. 스님! 서울 한번 다녀가소. 자꾸 편지를 해도 초의에게서 아무런 반응이 없었던 모양이다. 이에 저잣거리가 산속에 숨어 지내는 것

서예가 검여 유희강이 쓴 추사의 작품 「정게」.

만 못하다고 여기는 것을 보니, 스님 도력이 아직 여만여만한가 보우, 하며 퉁을 준 것이다. 저자 속에서도 산중에서 하듯 마음을 지켜 있으면, 푸른 솔바람이 시장통에서 불어오고 흰 구름이 앞길에 자옥할 텐데, 그래 그만 집착 못 덜어내서 서울 한번 놀러 오란 부탁을 못 들어준단 말이오? 이런 투정으로 읽었다.

다음의 시 또한 초의에게 보낸 걸명시다. 제목이 조금 길다. 「아침에 한 사람에게 곤욕을 치르고, 저녁에도 한 사람에게 곤욕을 치렀다. 마치 학질을 앓고 난 것 같다. 장난 삼아 초의 상인에게 주다(朝爲一人所困㞐, 暮爲一人所困㞐. 如經瘧然, 戲贈草衣上人)」

하루걸러 앓느라 학질로 괴로우니	鬼瘧猶爲隔日難
아침엔 더웠다가 저녁땐 오한 드네.	朝經暮又熱交寒
산 스님 아무래도 의왕(醫王) 솜씨 아끼는 듯	山僧似惜醫王手
관음보살 구고단(救苦丹)을 빌려주지 않누나.²	不借觀音救苦丹

학질을 앓아 하루에도 몇 차례나 오한이 들고 난다. 아침저녁으로 사
람들은 끊임없이 찾아와 글씨를 써달라고 조른다. 피곤해서 견딜 수가
없다. 이럴 때 더운 차라도 한 잔 마시면 오한이 말끔히 가실 것만 같다.
하지만 초의는 좀체 의왕의 손길을 건네 관음보살의 구고단을 보내줄
줄 모른다고 푸념했다. 차를 구고단, 즉 고통에서 건져줄 단약이라고 표
현한 것이 재미있다.

또한 차에 대한 답례로 추사는 계절 부채나 글씨를 보내곤 했다. 간송
미술관에 소장된 추사의 걸작 「명선」은 초의의 구고단을 받고서 답례로
보낸 글씨다. 글씨의 내용은 이렇다.

초의가 자신이 만든 차를 부쳐 왔는데 몽정차(蒙頂茶)나 노아차(露芽茶)
에 못지않았다. 이를 써서 보답한다. 백석신군비(白石神君碑)의 필의로
병거사(病居士)가 예서로 쓴다.³

'명선'이 추사가 초의에게 준 호였고, 다산의 제자 황상이 지은 「초의
가」 병서에도 직접 일지암으로 초의를 찾아가 「명선」을 감상한 기록까
지 있음은 이미 앞선 글에서 상세히 밝힌 바 있다.⁴ 이 또한 걸명에 이은
사다(謝茶)의 아름다운 광경이 아닐 수 없다. 이런 글씨를 받고서야 초
의로서도 감격하지 않을 수 없었을 것이다.

쌍계사 승려들에게 보낸 차 시문

추사는 앞서 본 대로 초의와 만휴 자흔, 취현 향훈 외에 쌍계사의 관화(寬華)와 만허(晩虛) 스님 등에게서도 끊임없이 차를 구해 마셨다. 추사가 이들에게 보낸 시문은 대부분 걸명 또는 사다와 관련된 내용이다. 먼저 이재 권돈인에게 보낸 편지의 한 대목을 보자.

다품이 과연 승설차의 남은 향기라 하겠습니다. 일찍이 쌍비관(雙碑館)에서 이 같은 차를 보았는데, 우리나라로 와서는 40년 동안 다시는 보지 못했습니다. 영남 사람이 지리산의 스님에게서 이를 얻었답니다. 산승 또한 개미가 금탑을 모으는 것같이 하였으므로 실로 많이 얻기는 어렵습니다. 내년 봄에 다시 청해보겠으나, 승려들이 모두 깊이 비밀로 하며 관(官)을 두려워하여 쉬 내놓지를 않습니다. 하지만 그 사람은 스님들과 좋게 지내므로, 그래도 도모해볼 만합니다. 그 사람이 제 글씨를 아주 아끼니, 맞바꿔 교환하는 방법도 있을 겁니다.[5]

중국 완원의 쌍비관에서 맛본 용단승설차 이야기는 앞 글에서 잠깐 살폈다. 지리산 쌍계사의 스님이 만든 차를 영남 사람을 통해 구해 마시고, 이를 다시 권돈인에게 조금 나눠주었던 모양이다. 이에 권돈인이 추사에게 차를 더 구해달라고 부탁하자, 내년을 기약하며 보낸 편지다.

이 지리산 승려의 이름은 관화와 만허였다. 관화에게 준 시가 2수, 만허에게 준 시가 1수씩 『완당전집』에 실려 있다. 차례로 읽어본다. 제목은 「증관화(贈寬華)」다.

한 스님 일천 산서 구해온 것 얻으니　　　　　一衲千山得得來

사나운 용 턱밑에서 우레 칠 때 딴 것일세.	獰龍頷下摘颷雷
솔 소리 센 바람이 큰 허공에 서렸기에	松聲風力盤空大
화엄의 법계로 고이 돌려보내노라.[6]	好遣華嚴法界廻

관화 스님이 지리산 험한 비탈에서 우렛소리를 들어가며 어렵사리 딴 차를 받고 쓴 시다. 차를 끓이자 방 안에서 갑자기 솔바람이 일어나는 것만 같다. 그래서 그 고마운 마음을 멀리 관화 스님이 있는 화엄법계로 담아 보낸다고 말한 것이다. 깊은 골짝의 시원한 솔바람이 차 봉지 속에 담겨 왔고, 방 안에서 그 운치를 한껏 누리니 고맙고 고마워서 그 마음을 다시 담아 감사의 뜻을 전했다.

아래 시 또한 관화 스님에게 준 시다. 「차에 관한 일을 이미 쌍계사에 부탁하고, 또 광양에서 나는 동지(冬至) 전에 일찍 채취한 김도 관화와 약속하여, 먹을거리로 부치도록 하였다. 모두 구복(口腹) 간의 일이라 붓을 놓고 한 번 웃는다(茶事已訂雙溪, 又以光陽至前早採海衣, 約與貫華. 使之趁辛盤寄到. 皆口腹間事, 放筆一笑)」

쌍계사의 봄빛에 차 인연은 길고 길어	雙溪春色茗緣長
육조(六祖) 고탑 광휘 아래 으뜸가는 두강차라	第一頭綱古塔光
욕심 많은 늙은이 곳곳마다 욕심 부려	處處老饕饕不禁
먹을거리로 향기로운 김을 또 약속했네.[7]	辛盤又約海苔香

2구의 '고탑(古塔)'은 관화 스님의 거처가 쌍계사 육조탑(六祖塔) 아래였기에 한 말이다. 쌍계사 봄차를 최상품의 두강차라고 추켜세웠다. 그뿐 아니라 동지 전에 일찍 딴 질 좋은 김까지 함께 보내달라고 부탁하고는 멋쩍어 지은 시다.

만허 스님 또한 관화와 함께 거처하던 승려다. 추사는 그에게서도 차를 구해 마셨다. 「장난 삼아 만허에게 주다(戲贈晚虛)」란 시의 병서에서 추사는 이렇게 적었다.

만허는 쌍계사 육조탑 아래 사니, 차 만드는 솜씨가 뛰어나다. 차를 가져와서 주는데, 용정차나 두강차라 해도 이보다 더 낫지는 않을 것이다. 향적주(香積廚) 가운데 이러한 무상의 묘미는 없을 듯하다. 인하여 찻종지한 벌을 주어 육조탑 앞에 차를 공양케 했다. 아울러 석란산(錫蘭山)의 여래금신진상(如來金身眞相)이 육조금신(六祖金身)과 서로 같음을 말해주었으니, 『열반경』의 얽히고설킨 갈등 같은 것도 속박에서 벗어날 수 있을 것이다. 근자에 한 눈먼 스님이 있어 두 발로 한 단안(斷案)만을 견지하여 마음을 전한다고 생각하기에 이르렀으니, 저도 몰래 차를 내뿜으며 크게 웃었다. 스님이 또 직접 목격하고 갔다. 승련 노인은 적는다.[8]

열반이란 마설(魔說)로 나귀 해를 다 보내니 涅槃魔說送驢年
스님에게 귀한 건 정법안(正法眼)의 선(禪)이라네. 只貴於師眼正禪
찻일에다 다시금 참학(參學) 일을 겸하여서 茶事更兼參學事
사람마다 육조탑의 둥근 빛을 먹게 하네. 勸人人喫塔光圓

만허의 차 만드는 솜씨를 한껏 칭찬한 후 귀한 차를 선물한 만허를 위해 시를 써주고 글씨를 주는 한편으로 중국에서 가져온 찻종지 한 벌까지 선물로 주어 육조탑에 헌다(獻茶)케 했다. 뒤편의 장황한 언설은 말의 핵심을 간파하기 힘들다. 다만 추사가 「호봉(虎峰) 스님에게 보낸 편지(書示虎峰)」에 보면, "근래 선림(禪林)에서는 모두들 참선을 구실 삼아혹 칠불암 아자방(亞字房) 가운데서 입 닫고 말 없는 모양을 하면서 20

년 30년씩 지내니, 무자(無字)의 화두와 백수자(柏樹子)의 공안이 전부 흑산귀굴(黑山鬼窟)로 타락하고 말 뿐이다."⁹라고 한 구절과 관련이 있음을 알 수 있다. 본문 중의 석란산은 오늘날의 스리랑카를 가리킨다. 인도 불교와 중국 선종이 결국은 한가지임을 말한 것이다. 1구의 나귀 해는 12간지 속에도 없으므로, 아무 소용없다는 의미다.

아마도 만허가 찻잎을 따서 차를 만드느라 승려로서 전념해야 할 참선 공부에 몰두하지 못해 고민이라고 말했던 모양이다. 추사는 그 말을 즉시 되받아, 요즘 참선한다는 중들은 장님처럼 방 안에 틀어박혀 꼼짝도 않고 앉아 있는 것을 공부라고 생각하니 한심하기 짝이 없다고 나무랐다. 그에 비해 만허야말로 찻일을 하면서 참학(參學)도 하니, 자신이 주는 찻종지를 가져가 육조탑 아래 차 공양을 올려 모든 사람들이 탑의 둥근 빛을 마시도록 권한다면 그 공덕이 과연 얼마나 크겠느냐고 말한 것이다.

역관 제자들과의 차 인연

추사의 차 욕심은 과연 대단했다. 대둔사의 초의차와 쌍계사의 만허, 관허의 차로도 부족해, 나랏일로 중국을 드나들던 역관 제자 이상적과 오경석(吳慶錫, 1831-1879) 등에게서 중국차까지 구해 마셨다. 스승의 기호를 잘 알았던 이들은 일부러 특품의 중국차를 구해다 선물하기도 했다. 추사가 마신 차의 양은 실로 적지 않은 것이었다. 거의 매일 차와 더불어 살았다고 해도 과언이 아니다.

먼저 우선 이상적에게 보낸 몇 통의 편지 중 차와 관련 있는 대목만 살펴보기로 하자.

추사가 이상적에게 보낸 편지. 후지스카 기증 자료.

지금쯤은 손님을 보내고 한가롭겠네그려. 일체 바깥과 교섭이 없고 보니
이 마음이 쏠리는 것은 날마다 그대의 곁이라네. 녹음은 하마 눈에 가득
한데 두루 잘 지내시는가. 내 모습을 돌아보면 줄곧 침울하기만 하이. 계
수의 상례도 어느새 끝나고 보니 구슬픈 마음을 이기지 못하겠네. 늙은
홀아비의 형편이 갈수록 걱정되나 어쩌겠는가? 먹던 차가 다 떨어졌는
데, 달리 청할 곳이 없네그려. 게다가 만나는 사람마다 말할 수 있는 것
도 아니지 않은가. 내 생각에 자네의 묵은 주머니 속에도 필시 남지 않았
을 텐데, 미생고(微生高)의 식초가 비록 성인께서 나무라신 바이나, 있든
없든 서로 도운 것은 또한 그의 부득이함 때문이었을 게요. 이에 번거로
움을 무릅쓰니, 살펴주시기 바라네. 이만 줄이네. 병완(病阮) 씀.[10]

오래 만나지 못한 안부를 묻고 자신의 근황을 적었다. 제수의 상례를
마치고, 홀아비로 지내는 동생의 처지를 슬퍼했다. 편지의 주된 용건은
차가 다 떨어졌으니, 본인이 지닌 것이 있으면 보내주고, 다 떨어졌거든
주변을 수소문해서라도 보내주었으면 한다는 것이다. 미생고의 식초 이

401

야기는 『논어』 「공야장」 편에 나온다. 어떤 사람이 미생고를 찾아가 식초를 빌리려 했는데, 마침 가진 것이 없었으므로 이웃에서 빌려와 그 사람에게 주었다. 그러자 공자께서 그가 남의 비위를 맞춰 생색내려 했으니 정직하지 못하다고 나무랐다. 추사는 염치없이 다른 사람에게서라도 차를 구해달라는 것이 자칫 우선을 물색없는 사람으로 만들까 염려되지만, 차 없이는 도무지 살 수가 없으니 부득이한 사정을 살펴 꼭 좀 구해달라고 부탁한 것이다. 차에 갈급해 있는 추사의 심정이 여실하게 드러나는 편지다.

문집에 실린 「이상적에게 주다(與李藕船 尙迪)」 네 번째 편지에서는 반대로 남쪽에서 올라온 차를 우선에게 보내주기도 했다. 해당 대목만 읽어본다.

그대는 그사이 잘 돌아왔는가? 탕(湯)과 고(顧)는 둘 다 잘 지내며, 능히 노안이 금비(金篦)를 만나 거의 죽을 나이에 마침내 아침에 도를 듣는 소원을 이루었다던가? 근래 들어 마음이 점점 더 조급해지니 가련할 뿐이라네. 마침 남쪽 차를 얻어 또 이번에 맛을 나누려 하네. 앞서 것보다 맛이 더욱 나은 것 같구려. 그대의 주머니 속에도 능히 이 같은 것을 가져왔겠지. 그대의 편지에는 내 생각에 들을 만한 내용이 있을 텐데 과연 어떨지 모르겠네. 얻은 것이 몹시 적확하던가? 궁금증을 깨뜨려주었으면 좋겠소. 황하는 여전히 맑아 남쪽 상인은 구애됨이 없다는데, 황하의 남북으로 그 피가 검붉다니 이것은 또 어찌 된 셈인가. 촉 땅 전체가 이미 북방의 소유가 아니라 하던데 그러한가? 잠시 미뤄두고 이만 줄이네.[11]

이상적에게 중국 사행 길에서 돌아왔는지를 물은 뒤, 중국 벗들의 안부를 궁금해했다. 남쪽에서 올라온 차를 조금 나눠주면서, 지난번 것보

추사가 이상적에게 보낸 편지. 후지스카 기증 자료.

다 맛이 더 낫다고 적은 것을 보면 이전에도 남쪽 차를 우선에게 주었던 사정을 짐작할 수 있다. 하지만 정작 추사의 속셈은 이상적이 연행 길에서 가져왔을 중국차에 있었으므로, "그대의 주머니 속에도 능히 이 같은 것을 가져왔겠지" 하며 물었던 것이다. 그러고는 중국 남쪽 지방의 반란 소식이 실제로 그런 것인지에 대해 묻는 말로 편지를 맺었다.

앞서의 편지는 차가 떨어졌으니 남의 것이라도 구해달라고 했고, 위 편지는 내가 가진 차를 보낼 테니, 그대가 연행 길에 가져온 중국차를 보내달라는 내용이었다. 그의 생각 속에는 온통 차밖에 없었던 것 같다.

비가 비비상천(非非想天)에서 오는 것인가? 눈도 아닌 것이 사흘을 부슬대니 마치 매황(梅黃)의 절기 같구려. 게다가 춥지도 않고 따뜻해서 거의 지축이 거꾸로 도는 것만 같네그려. 중추(中樞)께서는 두루 편안하게 잘 지내며 하는 일도 순조로우신가? 몹시 궁금하네. 나는 병으로 괴로워 꿈

짝도 않고 아교로 붙여둔 것처럼 가만히 지낸다네. 다만 귀신처럼 입을 떡 벌리고 어린아이처럼 밥을 기다릴 뿐일세. 위장이 막힌 것이 이미 삼 사십 일이나 되는데, 소나 돼지, 닭과 오리로도 도무지 깨어나지 않으니, 흰 배추나 푸른 무는 마치 물에 돌멩이 던지는 것이나 같다네. 목이(木耳)를 얻어 한번 시험해보려 하는데, 담백한 것도 쓴 것도 구하기가 어렵 구려. 혹 남은 것이 있거든 보내줄 수 있겠는가? 마침 스님의 차를 조금 얻었기에 나눠 보내네. 근래 동쪽으로 건너온 것은 특히나 마실 수가 없 더군. 이만 줄이네. 노과(老果).[12]

비비상천은 당나라 한산(寒山)시에 나오는 표현이다. 원래는 실제와 맞지 않는 환상을 가리키는 말로, 눈 올 계절에 엉뚱하게 사흘째 내리는 비를 이렇게 표현했다. 위장병으로 고생하는 이야기를 건네면서 버섯 달인 물을 복용해 막힌 체증을 내려보려 하니 구해달라는 부탁을 했다. 대신 남쪽의 스님이 보낸 차를 조금 나눠주며 맛볼 것을 권했다. 중국 사신 길에 들어온 중국차는 질이 너무 떨어져서 입에 댈 수가 없다고도 했다.

우선 이상적 또한 대단한 차인이었다. 그는 장시 「백산차가(白山茶歌)」를 남겨 백두산에서 생산되는 백산차의 존재를 알렸고, 「읍차(挹茶)」를 비롯해 수십 수의 차시를 남겼다. 또 흥선대원군이 고려 때 고탑에서 얻은 송나라 때 용단승설차에 대한 증언을 기록해, 차 문화사에 소중한 족적을 남겼다. 이에 대해서는 뒤에서 따로 살펴보겠다.

이 밖에 추사가 역관 제자 오경석에게 보낸 편지에도 차 관련 언급이 나온다.

부쳐준 가품의 용정차(龍井茶)는 따로 마음을 쓰지 않았다면 어찌 이를 마련했겠는가? 고맙고 고맙네. 종이부채는 즉시 써서 부치려 했네만, 심부름 온 하인이 곧장 돌아가는지라 오래 붙들 수가 없어 모두 미뤄두었네. 이만 줄이네. 답장.[13]

오경석이 중국에서 좋은 품질의 용정차 등을 구해 보내오자, 이에 답장으로 보낸 편지다. 답례로 종이부채에 글씨를 써 보내려 했는데, 하인이 서둘러 가는 바람에 다음 기회로 미루겠다는 내용이다.

또 역관 제자는 아니지만 소치 허련에게 준 편지에도 차 관련 언급이 보인다. 차례로 살펴본다.

금번에 부쳐 온 차편은 또한 초의의 암자에서 나온 것인가? 맛이 지극히 훌륭하여 기뻐할 만하네. 군은 모름지기 다시 초암에 있는 물건을 낚아채 와서 인편에 따라 다시 부쳐주게나. 바라고 바라네.[14]

1850년 7월 16일에 보낸 편지의 일부다. 당시 과천에 머물고 있던 추사에게 소치가 편지와 함께 초의차를 부쳐 오자 기뻐서 답장을 보내며, 계속해서 초의에게 차를 빼앗아 더 많이 부쳐 보내라고 주문했다.

다음 편지는 1852년 8월 19일에 보낸 편지다. 당시 추사는 다시 북청에 귀양 가 있다가 막 해배 소식을 받고서 출발을 서두르고 있던 때였다.

남쪽 하늘 끝과 이곳 북쪽의 빈터는 기러기도 닿지 않고 편지도 미치지 못한다네. 지난여름 집안 소식 편에 차와 편지를 받았고, 함께 초의선사의 편지도 받았다네. 마치 기이한 이야기나 희한한 일만 같아서 문득 슬픔을 느꼈었지. 이번에 또 천만 번 꿈에서도 생각지 못하게 그림 족자와

차포가 차례로 손에 들어왔네그려. 이것은 이른바 만 리라도 지척이요,
하늘가도 이웃과 같다는 것이 아니겠는가? (중략) 차편은 동정(東井)의
물로 시음해보니, 향과 맛이 더욱 좋군그래. 동정은 바로 우리나라의 강
왕곡수(康王谷水)일세. 이 차로 인해 샘물의 풍미를 알겠고, 또한 다시금
차의 품격을 알게 되었으니, 이 또한 한 가지 기이한 일이로세.[15]

서울 인편을 통해 멀리 북청 유배지까지 도착한 초의의 차와 소치의
그림 족자를 받아 들고 감격한 심정을 조금도 감추지 않았다. 동정수
(東井水)는 북청의 유명한 샘물 이름이다. 보내온 차를 동정의 물을 길
어 끓여보니, 물맛에 차 맛이 어우러져 무상의 향미(香味)를 알겠노라
고 적었다.

이렇듯 추사는 매일 차와 더불어 살았다. 훗날 제주도에 귀양 가 있을
적에는 차를 구할 수 없게 되자, 아예 그곳에서 빈랑 잎을 가공해 황차
를 만들어 마시기까지 했다.[16] 멀리 북청 유배지까지 차를 부쳐주는 초
의와 소치의 정성도 지극했다.

이상 살펴본 대로 추사는 초의와 그의 제자 자흔과 향훈, 그리고 쌍계
사의 관화와 만허 스님 등에게서 차를 구해 마셨다. 추사가 이들에게 보
낸 시문은 대부분 걸명과 사다의 내용이다. 끊임없이 요구하고 한정 없
이 빼앗아 가면서도, 글씨를 써서 보내고 다구로 답례하는 등 차 맛에
걸맞은 예를 갖추는 것도 잊지 않았다. 이 밖에 추사는 중국을 왕래하던
역관 제자와 소치 등에게서도 중국차를 구해 마셨다.

24

차 바구니를 온통 뒤져서라도

추사와 다선 향훈

추사가 초의 외에도 만휴(卍休) 자흔(自欣, 1804-1875), 취현(醉玄) 향훈(向薰, 1801-1885), 그리고 쌍계사의 관화와 만허 스님 등에게서 차를 구해 마셨던 일은 앞서도 살펴보았다. 이 중 취현 향훈은 초의의 제자 항렬 스님이다. 완호(玩虎) 윤우(倫佑, 1758-1826)와 환봉(喚峰) 경민(景旻)의 법맥을 이었다. 그의 이름은 추사가 초의에게 보낸 걸명서에 몇 차례 등장한다. 하지만 생애는 물론 생몰 연대조차 분명히 알 수가 없다. 집필 과정에서 필자는 향훈 스님과 관련된 자료 몇 가지를 새로 접하였다. 이 글에서는 이 자료를 소개하기로 한다. 조선 후기 차 문화사에서 향훈의 위치도 새롭게 자리매김할 수 있기를 기대한다.

추사의 전다삼매 글씨. 김영호 소장.

추사의 편지와 향훈의 차

먼저 『완당전집』 권 5에 실린 「초의에게 주다(與草衣)」 제29를 읽어 본다.

보내주신 차는 병든 위장을 시원스레 낫게 해주니 고마운 마음이 뼈에 사무치오. 하물며 이렇듯 침돈(沈頓)한 중임에랴! 자흔과 향훈 스님도 각 각 먼 데까지 보내주니, 그 뜻이 진실로 두텁구려. 날 대신해서 고맙다는 뜻을 전해주시구려. 향훈 스님이 따로 박생에게 준 잎차는 소동파의 추 차(麤茶)의 싹에 못지않게 향기와 맛이 아주 훌륭합니다. 다시금 날 위해 한 포를 청해주는 것이 어떻겠소? 마땅히 않는 중에라도 따로 졸서로 작 환(雀環)의 보답을 할 터이니, 향훈 스님에게 이러한 뜻을 알려 즉시 도 모해주시구려.[1]

병중에 초의와 자흔, 향훈이 각각 보낸 차를 한꺼번에 받고서 기쁨을

못 이겨 쓴 편지다. 편지 내용을 찬찬히 살펴보면 수신자는 비록 초의지만, 용건은 향훈과 관련된 것이 대부분이다. 특히 향훈이 박생을 위해 따로 준비한 잎차(葉茶)를 맛보고는 소동파의 추차보다 향미(香味)가 훨씬 뛰어나다고 칭찬했다. 이번에 보내준 것 말고 잎차 한 봉을 따로 더 보내주도록 부탁해달라고 당부하기까지 했다. 덮어놓고 공짜로 달라는 것이 아니라 향훈에게 자신이 글씨로 보답할 테니, 즉시 부탁한다고 적었다.

이로 보아 향훈은 차 만드는 데 있어 초의만큼이나 공력이 높았던 승려였음이 드러난다. 그는 통상적으로 만들던 떡차 외에 잎차도 잘 만들었다. 남에게 가는 것을 슬쩍 맛본 추사가 대번에 한 봉만 따로 구해서 보내달라고 간청을 넣을 정도였다.

소동파의 추차 운운한 대목은 전거를 분명히 알 수가 없다. 그가 황주(黃州)로 귀양 가 있을 때 생활이 몹시 곤궁했다. 이를 딱하게 여긴 그곳의 마정경(馬正卿)이란 이가 관부에 요청해서 한 구역의 황량한 땅을 얻어주었다. 동파(東坡)라고 부른 이 언덕배기 땅에다가 소동파는 엉뚱하게 차나무를 심었다. 소동파의 추차, 즉 거친 차는 바로 이 황량한 땅에서 소출한 차를 말한 것인 듯하나 분명치 않다.

위 편지를 보내고 나서도 향훈의 차는 도착하지 않았다. 추사는 답답해져서 다시 초의에게 편지를 썼다.

육차(六茶)가 이 갈급한 폐를 적셔줄 수 있으나, 너무 적구려. 또 향훈 스님과 더불어 진작에 차를 주기로 한 약속을 정녕하게 하였는데, 일창일기를 보내주지 않으니 안타깝소. 모름지기 이러한 뜻을 전달하여 그 차 바구니를 뒤져서라도 봄 안으로 보내주면 좋겠소. 인편이 바빠 글 쓰기가 어려워 예를 갖추지 못하오. (중략) 새 책력을 부쳐 보내오. 다만 대숲 속의 일월을 보내시구려. 호의(縞衣)는 별고 없는지요. 자흔과 향훈 또한 잘 지내고 있겠지요. 각각 책력을 넣었으니, 또한 나눠 전해주시구려.[2]

초의가 보낸 육차를 받고는 대뜸 양이 너무 적다고 투덜댔다. 또 향훈이 일창일기로 만든 잎차를 보내주겠다 해놓고, 종내 보내지 않으니, 그의 차 바구니를 직접 뒤져서라도 여름 전에 차를 보내달라고 했다. 이들을 위해 따로 새 책력을 챙겨 넣어주는 배려도 잊지 않았다.

여기서 말한 육차는 원래 육안과편(六安瓜片)이라고도 불리는 편차(片茶)를 가리킨다. 중국 안휘성 육안현(六安縣)에서 생산되므로 이런 이름을 얻었다. 향이 짙은 청색 녹차 종류로, 심목(心目)을 맑게 하고 칠규(七竅)를 통하게 하며, 정신을 상쾌하게 하는 작용이 있다고 한다. 이 차에 대해서는 당나라 때 이덕유(李德裕)의 고사가 따로 전한다. 그는 한 주전자의 육안차를 끓여, 찻물에 고깃덩어리를 함께 담아 두었다. 밀폐한 후 이튿날 열어 보았더니 고깃덩어리는 이미 물로 변해 있었다는 것이다. 이로 인해 육안차가 고기 먹고 체한 데에 특효가 있다는 사실이 알려지게 되었다.[3] 추사가 초의차를 육차로 부른 것은 그 품질이 최고급임을 강조하기 위해서다. 혹 녹차임을 주목한 것으로 볼 수도 있겠다.

앞서 살펴본 초의에게 보낸 또 다른 편지에서도 추사는 "자흔과 향훈 등 여러 스님의 처소에서도 일일이 뒤져내어 빠른 인편에 함께 보내주시오. 혹 한 스님 것만 보내주어도 괜찮겠소. 김세신도 편안하겠지요? 궁금합니다. 계절 부채를 부쳐 보내오. 나누어 가지시구려."[4]라고 하여 자흔과 향훈의 차까지 내놓으라고 으름장을 놓고 있다. 단오 부채 여러 자루를 써서 보내 이들에게 선물로 주기도 했다. 추사는 끊임없이 글씨 선물을 보내면서 차에 대한 요구를 계속했다. 반복해서 자흔과 향훈의 차를 함께 보내달라고 한 것을 보면, 당시 대둔사의 승려들이 각자 저마다 차 항아리를 가지고서 따로 차를 만들었고, 각자의 소용 외에 경향의 지인들에게 선물하였던 사정을 짐작할 수 있다.

또「초의에게 주다」제36의 끝 부분에도 "향훈에게도 한 장을 허락하니 전해주시면 고맙겠소."[5]라고 적어 초의에게 차를 받고 감사를 표하면서, 답례로 써준 여러 장 글씨 중에 향훈에게도 한 장을 나눠주라고 적고 있다. 차를 받자마자 우전차를 계속 만들어 보내달라는 얌체 같은 당부도 서슴지 않았다.

「초의에게 주다」제37의 끝에는 "병든 천한 몸은 그사이에 설사병을 앓아 진기를 다 빼앗기고 말았소. 세상길의 괴로움이 이러하단 말이오! 다행히 차의 힘을 빌어 목숨을 연장할 수 있었소. 이는 한결같이 사방에 없는 무량한 복덕이라 하겠소. 가을 뒤에 계속 부치는 것은 싫증 없는 바람이오. 향훈이 만든 차 또한 인편에 따라 보내주면 좋겠소. 마침 가는 인편이 있기에 대략 적을 뿐 자세히 적지는 못하오. 이만 줄이오."[6]라고 한 내용이 보인다.

이렇듯 향훈의 이름은 초의에게 보낸 추사의 편지 속에 무려 다섯 차

례 등장한다. 가야사 탑에서 나온 용단승설차를 설명하면서 새롭게 소
개한 추사의 편지 속에도 "게다가 너무도 기쁜 것은 차일 뿐이외다. 다
만 산중 초목의 세월이 티끌세상의 몰골보다는 나은 듯하니, 향훈 스님
을 데리고 한번 오실 수는 없겠소?"7라고 한 것까지 치면 무려 여섯 차
례나 보인다. 추사는 초의차와 함께 번번이 향훈의 차를 얻어 마셨고,
답례로 자신의 글씨를 보내주곤 했다.

향훈에게 준 추사의 게송

추사는 향훈에게 계속 차를 요구하기가 미안했던지, 그를 위해 게송
(偈頌)을 지어주었다. 문집 권 7, 잡저(雜著)에 실려 있다. 제목은 「견향
게를 향훈 스님에게 주다(見香偈贈香薰衲)」이다.

망망한 대지에	茫茫大地
비리고 탁한 내음 코 찌른다.	腥濁逆鼻
눈 속의 묘한 향기	眼中妙香
그 신비를 뉘 발할까?	誰發其秘
목서(木犀)는 숨김없고	木犀無隱
천화(天花)는 내 맘 같네.	天花如意
빛과 소리 서로 쓰니	光音互用
문수(文殊)의 불이(不二)로다.	文殊不二

법명 향훈(向薰)을 추사는 즐겨 향훈(香薰)으로 바꿔 부르곤 했다. 그
러고는 두 글자 모두 향기란 뜻인지라, 법호를 견향(見香)이라 하고, 게

명 구영(仇英)의 「송정시천(松亭試泉)」(부분). 대만 국립고궁박물원 소장.

송을 지어주었다. 견향(見香)은 '향기를 본다'는 의미다. 불가에서 흔히 '관음(觀音)'이니 '문향(聞香)'이니 하는 공감각적 표현과 맥을 같이한다. 향을 본다는 말은 부처님의 향기를 깨달아 증득(證得)한다는 뜻이다.

모두 4언 8구로 된 게송에서 추사는 향훈에게 이렇게 축복했다. 망망한 대지 위에 풍기는 것은 온통 피비린내 아니면 탁하고 역한 악취뿐이다. 그렇다면 부처님 눈 속의 오묘하고도 신비로운 향기를 그 누가 맡을수 있을까? 바로 그대뿐이다.

이렇게 덕담을 건넨 뒤, 추사는 5구에서 '목서무은(木犀無隱)'의 고사를 들고 나왔다. 전거가 있다. 『나호야록(羅湖野錄)』에 나온다. 송나라때 황산곡이 황룡산에 살면서 회당(晦堂) 스님과 가깝게 지냈다. 한번은회당 스님이 뜬금없이 황산곡에게 물었다. "공자께서 제자들에게 '내가감추겠는가? 나는 감춘 것이 없다.'고 하시었지요. 청컨대 공께서 무슨말씀인지 풀이하여 주시겠습니까?" 황산곡이 설명했지만 회당은 수긍하지 않았다. 황산곡은 화가 나서 아무 말도 못한 채 침묵하고 있었다. 때는 마침 가을이어서 서늘한 바람이 불어왔다. 회당이 말했다. "저 목서(木犀), 즉 계수나무 꽃향기를 맡았습니까?" "맡았습니다." 황산곡의무심한 대답이 끝나자마자 회당 스님이 대뜸 무찔러 왔다. "나는 아무감춘 것이 없습니다." 그 한마디 말에 황산곡은 그 자리에서 한 소식을얻었다.

선가(禪家)의 공안(公案)으로 널리 알려진 예화다. 행간의 깊은 뜻이야 짐작할 수만 있을 뿐 언어적 설명 밖의 문제다. 다만 여기서는 묘향(妙香)을 맡을 사람은 그대뿐이라는 자신의 말이 조금도 거짓이 아니란의미로 썼다. 견향의 별호에서 착안하여 이렇게 하나의 화두를 던진 것이다. 그리하여 천화(天花)의 향기를 마음대로 맡아, 광음(光音)을 초월

하여 문수사리의 불이법문(不二法門)을 성취하기 바란다는 뜻으로 축원했다. 향훈에 대한 추사의 깊은 애정이 담겨 있다.

향훈에게 보낸 편지와 '다선'의 호칭

이어 살필 글은 추사가 향훈에게 보낸 편지 한 통이다. 문집에는 실려 있지 않은 일문(佚文)이다. 처음 공개된 것은 2005년 11월 과천문화원에서 개최한 제8회 과천향토사료전 「붓 천 자루와 벼루 열 개를 모두 닳아 없애고」란 전시회에서였다. 전시 도록에 이 편지가 초의에게 보낸 편지 한 통과 나란히 수록되었다. 이후 『차의 세계』 2009년 4월호에 「추사 김정희가 초의와 향훈선사에게 차를 청하는 글」이 수록 소개되면서, 이 자료의 가치가 새롭게 음미되었다. 다만 당초 도록의 번역에 적지 않은 문제가 있어, 편지의 본래 의미가 충분히 전달되지 못했다. 이번에 함께 꼼꼼히 읽고, 찬찬히 따져보기로 한다.

해남 인편에 편지와 차를 부쳐 왔구려. 이는 장차 한량 없는 복덕일 것이외다. 초탈하여 차삼매(茶三昧)에 드니, 화장법계(華藏法界) 안이 온통 차 향기로 가득하구려. 석가모니께서도 또한 마땅히 파안(破顔)하시리이다. 그때 초의 노장이 인장(吝障)을 녹이고 인업(忍業)을 파함이 없었던 것처럼, 스님이 따신 향을 취하길 청했지만 얻지

추사가 향훈에게 차를 청하는 편지.
개인 소장.

415

못했을 뿐이오. 새 책력을 부쳐 보내오. 이만 줄입니다. '다선'이란 글자는 다음 부칠 때 보내리다. 다 갖추지 않소. 향훈 스님께 답장함.[8]

짧지만 경쾌한 사연을 담았다. 글씨는 편지를 보내놓고 부본으로 남겨둔 것이다. 역시 추사가 쓴 「초의에게 주다」 제34와 함께 나란히 적혀 있다. 이 편지는 앞서도 한 차례 읽은 것인데 다음과 같다.

추사가 초의에게 차를 청하는 편지의 원문. 개인 소장.

편지만 있고 차는 아예 보이지도 않는구려. 생각건대 산속에 바쁜 일이 필시 없을 터인데 세상 인연과 어울리지 않으려 하여, 내가 이처럼 간절한데도 먼저 금강으로 내려가버리시는 겐가? 다만 생각해보니 늙어 머리가 다 흰 나이에 갑자스레 이와 같이 하니 참 우습구려. 기꺼이 사람을 양단간에 딱 끊기라도 하겠다는 겐가? 이것이 과연 선에 맞는 일이오? 나는 대사는 보고 싶지도 않고, 대사의 편지 또한 보고 싶지 않소. 다만 차에 얽힌 인연만은 차마 끊어 없애지 못하고, 능히 깨뜨릴 수가 없구려. 이번에 또 차를 재촉하니 보낼 때 편지도 필요 없고, 단지 두 해 동안 쌓인 빚을 함께 보내되 다시 지체하거나 어긋남이 없도록 해야 할 것이오. 그렇지 않으면 마조의 할과 덕산의 몽둥이를 받게 될 터이니, 이 한 번의 할과 한 방의 몽둥이는 수백천겁이 지나도 피해 달아날 도리가 없을 게요. 다 미루고 이만 줄이오.[9]

초의에게 놓은 으름장을 읽으면 빙그레 웃음이 지어진다. 위 편지로 볼 때, 당시 초의는 향훈이 추사에게 보낼 차를 싸는 것을 보고, 자신의 차는 아껴서 보내지 않았던 듯하다. 그러자 추사는 왜 안 하던 짓을 하느냐, 나와는 이제 인연을 아주 끊을 참이냐, 좋은 말로 할 때 그간 밀린 차까지 한꺼번에 다 보내라, 그렇지 않으면 절대로 가만있지 않겠다고 무시무시한(?) 공갈과 협박을 서슴지 않았던 것이다.

그러고는 차를 보내준 향훈에게는 갑자기 다정한 말씨로 무량한 복덕이 따로 없다고 말했다. 그 차를 마셔 차삼매에 빠져드니, 갑자기 온 세상이 화장법계로 변해 차향으로 가득 차버려, 이 향기를 맡고서는 석가모니 부처님도 기뻐 파안대소하지 않을 수 없으리라고 말했다. 그러고는 바로 초의의 인장, 즉 인색함의 장벽을 녹이지 못하고, 인업 곧 차 한 줌 나눠줄 줄 모르는 잔인한 업을 깨뜨리지 못했다고 장황한 말을 늘어놓았다. 말을 길게 꼬아서 했지만, 줄여 말하면 인색하기 짝이 없는 초의에게서 차를 끝내 빼앗지 못했다는 뜻이다. 그래서 향훈에게 차를 나눠달라고 부탁했는데, 지난번엔 그나마도 얻지 못해 안타까웠노라고 적었다. 그러다가 문득 차를 받게 되었으니, 그 반가움이 어떠했겠는가? 이어 책력을 부쳐 보낸 일을 말하고 글을 맺었다.

그런데 끝에 덧붙인 한 구절이 아주 흥미롭다. 추사가 향훈에게 '다선(茶禪)'이란 글자는 이번에는 못 써 보내고, 다음 인편에 부쳐주겠노라고 약속하고 있는 것이다. 잘 알려진 대로 추사는 초의에게 '명선'이란 대자(大字) 글씨를 백석신군비의 필의로 써준 적이 있다. 이번 이 편지를 통해 향훈에게는 '다선'이란 글씨를 써주려 했음이 새롭게 확인된다. 이 또한 차에 대한 답례였을 텐데, 향훈이 추사에게 직접 이 두 글자를 요구했을 수는 없고, 추사가 초의의 명선과 나란히 그에게 다선의 칭호를 부여하려 했던 사정이 짐작된다. 추사가 향훈에게 끝내 이 두 글자를 써주었는지는 현재 남은 기록이 없어 확인할 수 없다. 다만 앞서 본대로 추사가 「초의에게 주다」 제36에서 향훈에게도 글씨 한 장을 허락하니 전해주기 바란다고 한 내용이 있는 것으로 보아 추사는 약속을 지켰던 듯하다. 이뿐 아니라 앞서의 편지를 통해서 볼 때, 추사는 향훈에게 '다선' 말고도 글씨를 쓴 부채 등 여러 장의 작품을 향훈에게 선물했던 것으로 보인다.

이렇듯 조선 후기 차 문화사에서 걸명과 사다의 아름다운 전통은 다산과 혜장, 추사와 초의, 추사와 향훈 등 수많은 글로 남아 있다. 차를 통해 서로 마음이 오가고, 정을 주고받던 훈훈한 풍경들이 이 속에 오롯이 담겨 있다.

우연히 부본으로 남은 한 통 편지를 통해 우리는 차 문화사에서 향훈이란 이름을 좀 더 음미할 수 있게 되었다. 그는 추사에게 '다선'의 칭호를 들었으리만큼 차에 조예가 있었던 인물이다. 지금까지는 초의에게 보낸 추사의 편지 속에서만 이름이 거론되었으나, 그는 차에 있어서 초의 못지않게 일가견을 지녔던 승려였음이 분명하다.

———

25

차를 반쯤 마시고 향을 사르다

다반향초론 茶半香初論

　'다반향초(茶半香初)'는 추사의 대련 글씨로 유명해진 구절이다. 흔히
는 차를 반쯤 마셨는데 향기는 처음 그대로라는 의미로 이해한다. 이와
조금씩 다른 해석들은 무수히 많다. 네 글자를 두고 저마다 풀이가 다르
다 보니, 심지어 원문 그대로 음미하는 것이 좋다는 말까지 나왔을 정도
다.[1] 하지만 해석이 어렵다고 원문 그대로 음미하란 말은 무책임하다.
추사의 대련 글씨 이후 이 말은 당대에 크게 유행을 보아, 많은 사람들
이 자신의 시 속에 이 구절을 삽입하였다. 이 글에서는 이 글의 소종래
와 의미를 여타 시문과 연관 지어 살펴보겠다.

'다반향초'는 무슨 뜻인가?

고요히 앉은 곳, 차 마시다 향 사르고   靜坐處茶半香初
묘한 작용이 일 때, 물 흐르고 꽃이 피네.   妙用時水流花開

'다반향초'란 말이 처음 나온 글이다. 추사가 쓴 글씨의 원본은 현재 국립중앙도서관에 소장되어 있다. 추사의 글씨 중에서도 걸작에 속하는 이 작품은 일반에 공개된 적이 거의 없어, 그간 소재조차 제대로 알려지지 않았다.[2] 글씨는 붉은색 중국 고급 종이에 먹을 진하게 갈아서 썼다. 완당(阮堂)이란 서명 아래 백문(白文)의 '김정희인(金正喜印)'과 朱文(주문)의 '완당'이란 인장을 찍었다. 구법이 정상적인 한시의 4, 3이 아닌 3, 4의 구문이다. 한시의 구절이 아니고, 중국의 선원(禪院)이나 차관(茶館) 기둥에 적힌 영련(楹聯)에 가깝다. 글씨는 추사의 것이지만, 글귀는 추사가 지은 것이 아니다.

중국 인터넷 사이트를 검색해봐도 추사가 쓴 위 구절은 이미 중국 사람의 글로 인용된 예가 제법 여럿 된다. 하지만 그들도 원작자는 알 수가 없었던 듯, 황산곡의 글이라느니 하는 풍문만 무성하다. 실제 우리 쪽에서도 이 글이 황산곡이 지은 글로 알려지기도 했다. 막상 황산곡의 문집 전체를 뒤져봐도 이런 구절은 찾을 수가 없다. 요컨대 이 구절은 작가를 알 수 없는 중국 선원이나 차관의 기둥에 걸려 있던 글씨인데, 중국에서도 꽤 회자되던 이 명구가 추사에 의해 작품화되면서, 조선에서 널리 유행을 보게 되었던 것으로 본다.

그렇다면 이 구절을 어떻게 해석해야 할까? 흔히 말하듯 '차를 반쯤 마셔도 향기는 처음 그대로'의 뜻일까? 아니면 '찻잔에 차를 반쯤 따르니, 향기가 막 피어난다'는 의미인가? 그도 아니면 '차를 반쯤 끓이자

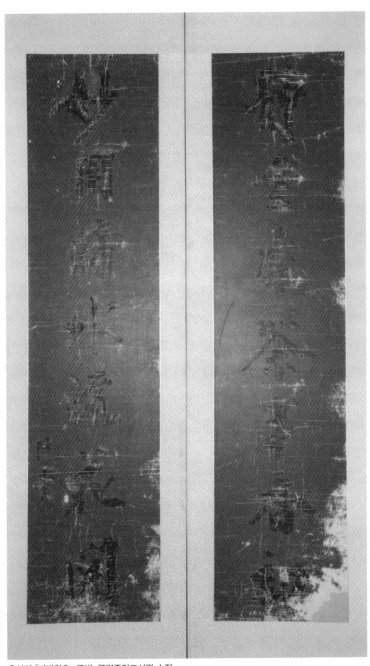

추사의 「다반향초」 글씨. 국립중앙도서관 소장.

향기가 처음으로 풍겨온다'는 뜻인가? 어떻게 보더라도 요령부득이다. 차는 빛깔을 눈으로 마시고, 향기를 코로 마시며, 그다음 입으로 마신다고 했다. 차를 끓이면 향이 먼저고 마시는 것은 그다음이다. 차를 반쯤 마시고 나면 향은 이미 흩어지고 없다. 그러니 차를 반쯤 마셨는데 향기가 그대로인 이치는 없는 셈이다. 중국에서 차를 마실 때 먼저 문향배(聞香杯)에 따라 코로 향을 마신 후에 다시 찻잔에 옮겨 입으로 마시는 과정을 생각하면 좋겠다.

여기서 또 하나 고려할 점은 이 구절과 상대되는 대구인 '수류화개(水流花開)'다. 소동파의 「십팔대아라한송(十八大阿羅漢頌)」 가운데 한 구절에서 따온 말로, '물은 흐르고 꽃은 핀다'는 뜻이다. 그렇다면 '다반향초'는 '차는 반이고 향은 처음이다'가 되어야 짝이 맞는다. 물과 꽃이 다르듯이 차와 향도 같지 않아야 한다는 뜻이다. 간단히 말해 차를 반쯤 마시고 나서, 향을 처음 사른다는 의미로 읽는 것이 문리에 맞다.

찻자리에서 차와 향은 늘 함께 다니는 물건이다. 강물은 흘러가고 꽃이 피어나듯이, 차를 마시고 나면 향을 살라 마음을 차분히 가라앉힌다. 근거가 있는가? 너무 많아서 일일이 예거하기 어려울 정도다. 몇 가지만 들면 이렇다.

먼저 허균(許筠)이 지은 「누실명(陋室銘)」의 구절을 보자.

차를 반쯤 따라놓고	酌茶半甌
향 한 심지 살라보네.	燒香一炷

차를 찻잔에 반쯤 따라 마신 뒤 향 한 심지를 태운다는 말이다. 다반향초에 거의 방불한 표현이다. '다반(茶半)'이 먼저고 '소향(燒香)'은 그다음이다.

초의가 지은 「도촌이 초암에 들렀기에(道村見過草菴)」란 시의 두 구절
은 이렇다.

| 샘물 떠와 경뢰소(驚雷笑) 차를 끓이고 | 掬泉烹雷笑 |
| 향 사르며 도언(道言)을 부연하누나. | 焚香演道言 |

팽차(烹茶)와 분향(焚香)은 이렇듯 순차적으로 이루어진다. 먼저 샘물
을 떠 와서 차를 끓인다. 차를 마시고 나서는 향을 살라놓고 불법의 도
리에 대해 설명하며 대화를 이어간다. 동정(動靜)의 차례로도 이 순서가
맞다.

한편, 다산은 혜장에게 준 「제장상인병풍(題藏上人屛風)」에서 이렇게
말했다.

| 독루향을 사르고 | 燒篤耨香 |
| 소룡단을 달인다. | 點小龍團 |

향을 사르고 차를 달이는 일이 함께 이루어졌다. 차와 향은 함께 가는
것이지, 다반향초의 향이 차향일 수는 없는 것이다.

다음은 이덕무(李德懋)의 『송사전유민열전(宋史筌遺民列傳)』 중 조맹반
(趙孟頫)의 열전 중에 보이는 구절이다.

| 맑은 창 정갈한 궤안(几案)에서 | 明窓淨几 |
| 향 사르고 차 달인다. | 焚香瀹茗 |

신위도 「숙명(肅命)을 받은 이튿날에(肅命之翌日, 訪故雨蕉篠飮二侍郎宅,

始爲寢門之哭, 有作)」5수 중 제3수의 5, 6구에서 이렇게 노래했다.

| 옛것 좋아 돈 뿌리며 살림 소홀하였고 | 嗜古揮金輕產業 |
| 향 피우고 차 달이며 평생을 보냈다네. | 焚香瀹茗送平生 |

역시 '분향약명(焚香瀹茗)'이 나란하다. 분향을 앞세운 것은 평측(平仄)을 맞추기 위해서이니, 굳이 순서를 가리자면 약명이 먼저다.

무엇보다 다음 홍현주의 「동림이 또 글을 부쳐 왔기에 마침내 붓을 달려 화답하다(東林又見寄遂走和)」란 시의 1, 2구는 다반과 향초가 분리되어야 함을 명확히 일러준다.

| 손님 와서 차 마시고 향을 막 피우니 | 客來茶半與香初 |
| 작은 누각 산과 같고 밤빛은 텅 비었네. | 小閣如山夜色虛 |

다반과 향초의 사이에 '여(與)'를 삽입한 것을 볼 수 있다. 만일 향이 차향이었다면 '여'자를 끼울 수가 없다. 중국 쪽에서도 이런 시의 예는 얼마든지 더 찾아낼 수 있다. 이런 몇 가지 예를 통해 보더라도, 차를 마시는 도중 향을 피워 좌석의 들뜬 마음을 차분히 가라앉히는 절차가 찻자리의 관례로 이루어진 사실이 짐작된다.

이를 바탕으로 추사의 위 두 구절을 음미해보면 이렇다. 샘물을 길어와 화로에 불을 지핀다. 어안과 해안을 거쳐 찻물이 끓기 시작한다. 알맞게 끓었을 때, 주인은 찻주전자를 들어 찻잔에 찻물을 따른다. 가만히 잔을 들어 차를 머금어 내린다. 주객의 사이에는 이미 말이 끊겼다. 주인은 묵묵히 차를 마시다가 문득 생각났다는 듯이 향 한 심지를 꺼내 사른다. 향 연기는 방 안 공기를 타고 곧장 올라가다가 흔들리며 미끄러져

검여 유희강의 「다반향초」 글씨.

나간다. 찻물이 식도를 타고 내려가는 동안, 향 연기가 공기 속으로 스러지는 사이에 내면 깊은 곳에서는 뭐라 언어로 표현할 수 없는 묘한 작용이 일어나기 시작한다.

　냇물이 흐르는 일과 꽃이 피어난 일 사이에는 아무 필연의 관계가 없다. 그러나 차와 향이 만나 선(禪)과 하나 되는 순간, 모든 것이 동시다발적이고 부지불식간이 된다. 여기에는 필연적 인과도 없고, 있는 그대로의 자연이 있을 뿐이다.

신위와 북선원北禪院의 다반향초실

　자하 신위는 추사와 함께 '다반향초'란 말을 유행시킨 사람이었다. 그가 1831년 4월에 친필로 쓴 『초의시집』의 서문을 보면, 자하는 이 글을 북선원의 다반향초실에서 썼다고 적고 있다. 다반향초실이 북선원의 다실 이름이었음을 말해준다. 다반향초실이 있던 북선원의 위치는 어디였을까?

　신위의 문집 『경수당전고(警修堂全藁)』 책 17과 18에 「북선원속고(北

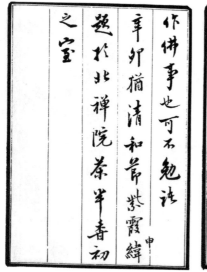

신위 친필의 「초의시집」 서문. 끝에 북선원의 다반향초실에서 썼다고 한 내용이 있다.

禪院續稿)」가 있다. 북선원 시절의 시를 5권 분량에 묶은 것이다. 자하는 1829년, 아내를 잃은 후 자신의 별호를 북선원소낙엽두타(北禪院掃落葉頭陀)라 하였고, 자신의 거처였던 관악산 자락의 자하산장〔紫霞山莊, 현 서울대학교 인문대학 아래 자하연(紫霞淵) 자리〕 근처의 금선암(金仙菴)을 자하북선원(紫霞北禪院)이라고 불렀다.[3] 또 책 18에 수록된 「금산 직지 사 승려 채정(采淨)이 동쪽 교외의 청량국찰(淸凉國刹)로 금파대사를 찾 아왔다가 내게 편지를 보내 글씨를 간절히 청하므로 시 2수로 답장하다 (金山直指寺僧采淨, 來參錦波大師於東郊之淸凉國刹, 以書抵我, 懇乞墨蹟, 故答以 二詩)」란 시의 제2수의 5, 6구에서도 "붓 태우고 이름 숨긴 자하의 북원 에, 글씨 청하는 일도 많은 영남의 승려일세.(焚筆逃名霞北院, 乞書多事嶺 南僧)"라고 한 구절이 있다.

신위는 이 북선원의 거처에 다반향초실이란 편액을 걸고, 독서와 음다의 삼매경을 즐겼던 듯하다. 『경수당전고』책 17에 수록된 북선원에서 1831년 봄에 지은 시를 한 수 읽어보자. 제목은 「낮잠을 자다가 꿈에 신선의 집에서 노닐며 시구를 얻었다. '녹음여수앵성활(綠陰如水鶯聲滑), 방초화연연영소(芳草和烟燕影消)'란 구절이었다. 깨어나 나머지를 채워 시 한 수를 이루었다(晝寢夢遊仙局得句, 云 '綠陰如水鶯聲滑, 芳草和烟燕影消', 覺來足成一詩)」이다.[4]

인생이 어데선들 무료하지 않으랴만	人生何處不無聊
기대기 가장 힘듦 아득한 꿈나랄세.	最是難憑夢境遙
청옥장 짚고서 지나가던 신선이	仙子過頭靑玉杖
그림 난간 다리에서 날 붙들어 손 끌었지.	拉余携手畵欄橋
녹음은 강물 같고 꾀꼬린 고운 노래	綠陰如水鶯聲滑
안개 잠긴 방초에 제비 그림자 사라진다.	芳草和煙燕影消
단구(短句)는 또렷하게 기억 속에 남아 있고	短句分明猶在記
향 피우자 차는 반쯤 부슬부슬 비 내리네.	香初茶半雨瀟瀟

제8구에 '향초다반'의 구절이 보인다. 향초와 다반의 순서가 뒤바뀐 것은 평측 때문이다. 무료한 인생에서 꿈나라를 헤매다가 선계로 접어 들었다. 아름다운 봄날의 풍경 속에 노닐다가 문득 꿈에서 깨어났다. 꿈 속에서 읊조리던 두 구절은 깨고 나서도 생시인 양 또렷하다. 흩어진 꿈 자리의 시구를 마저 채워보려고, 차를 끓여 반쯤 마시다가 다시 향을 한 심지 피워 올린다. 창밖에선 비가 부슬부슬 내린다. 아마 자하는 이 시 를 지은 일을 계기로 자신의 거처에 다반향초실이란 당호를 내걸었던 듯하다. 시를 지은 1831년 봄은, 『초의시집』에 서문을 써준 1831년 4월 보다 한 달쯤 앞서의 일이다.

1832년 겨울에는 「우연히 방가(放歌)를 지어 우초(雨蕉) 시랑에게 부치다(偶爲放歌, 寄雨蕉侍郞)」란 장시를 남겼다. 이 시의 제11, 12구에서도 "매번 좋은 손님 불러 차 마시다 향 사르니, 우리들 시맹(詩盟)은 소두(蘇杜)에 있었다네.(茶半香初每嘉招, 吾輩詩盟在蘇杜)"라고 노래했다. 역시 다반향초가 나온다. 시맹이 소두에 있었다 함은 자신들의 학시(學詩) 경로가 유소입두(由蘇入杜), 즉 소동파를 통해 두보에 이르는 것이었음을 두고 하는 말이다.

'다반향초'를 노래한 한시들

추사와 자하 외에도 '다반향초'를 노래한 시가 여럿 된다. 이들 모두 추사와 자하 주변의 인물들이었다는 점에서, '다반향초'의 구절이 이때 이후 한때 유행했던 정황이 엿보인다. 차례로 살펴보자.

먼저 윤정현(尹定鉉, 1793-1874)의 「산객에게(贈山客)」란 시의 제2수이다.[5]

창밖의 산 빛은 꽁꽁 얼어 구름 없고	忽外山光凍不雲
눈빛 달빛 환히 빛나 그림자도 못 가리네.	交輝雪月影難分
고인(高人)은 흥을 타고 대안도(戴安道)를 찾아오고	高人乘興訪安道
사객(詞客)은 시를 지어 광문(廣文)과 함께했지.	詞客題詩陪廣文
항하(恒河) 앞 강물 봄을 찡그리지 않다가	不皺恒河前水見
장락궁서 옛 종소리 처음으로 듣는도다.	始逢長樂舊鐘聞
평소 마음 둔 사람이 이웃 시사(詩社)에 있는지라	素心人在同隣社
차 마시다 향 사르니 웃음소리 어지럽다.	茶半香初笑語紛

한용간의 「와룡강」(부분). 개인 소장.

산속 벗이 흥을 타고 예전 왕헌지(王獻之)가 달밤에 대안도를 찾아갔던 것처럼 불쑥 자신의 거처를 찾았다. 그것이 기뻐 차를 마시다가 향을 사르며, 쌓인 눈 속에 웃음소리 난만하게 흐뭇한 달빛을 즐기었노라고 노래한 사연이다.

다음은 정조의 외동 사위였던 홍현주가 지은 「동림이 또 시를 보내왔으므로 마침내 화답하여 보내다(東林又見寄遂走和)」라는 작품을 보자.[6]

손님 와서 차 마시고 향을 막 피우니	客來茶半與香初
작은 누각 산과 같고 밤빛은 텅 비었네.	小閣如山夜色虛
뜨락 가득 방초는 참으로 어여쁜데	芳草一庭良可愛
천 그루 복사꽃은 책보단 못하구나.	桃花千樹不勝書
사군께서 자재로이 풍류가 성하시니	使君自在風流盛
예법에 성근 것을 호사(豪士)야 어이 알리.	豪士焉知禮法疎
오는 길에 시냇가 새소리 듣지 마소	歸路休聽幽澗鳥
소리소리 온통 모두 남은 봄 마중일세.	聲聲都是送春餘

1, 2구는 앞에서 잠깐 읽어보았다. '다반'과 '향초'의 사이에 접속사 '여(與)'가 끼어든 것으로 보아, 차를 마시는 행위와 향을 사르는 행위가 분절되는 행동임을 다시 한 번 명확하게 보여준다. 그러니까 손님이 찾아와서 차를 마시다가 찻자리가 중반쯤 흘렀을 때 향을 처음 피웠다는 얘기다.

홍현주는 다반향초가 들어간 시 한 수를 더 남겼다. 제목은 「아이들이 원정(園亭)에 모여 시를 짓는다는 말을 듣고. 안협 사람 김형두가 문하에 있는데, 독서를 몹시 부지런히 하므로 늘 이를 아꼈다. 잠자느라 자리에 참여하지 못했으므로 시를 지어 이를 골려주어 조롱풀이에 대신했다.(聞兒輩會園亭景章 安峽人金衡斗在門下, 讀書甚勤, 常愛之. 睡未興, 作詩嘲之, 代解嘲)」란 작품이다.

봄 오자 잠 쏟아져 정신없이 자고 나니	春來饒睡昏昏然
차 마시고 향 사르며 술 마시던 그 곁일세.	茶半香初與酒邊
묻노라 임정(林亭)에서 고회(高會)를 여는 날에	借問林亭高會日
어이하여 괴안국(槐安國)서 벼슬하며 놀았던가.	何如槐國簿遊年
좋은 꽃 여린 버들 어여쁨을 다투고	名花嫩柳爭妍地
버들가지 노는 나비 하루해가 저무네.	戲蝶青絲欲暮天
용연(龍淵)이라 삼백 리를 훨훨 날아 찾아가면	飛到龍淵三百里
고향의 골목길엔 외론 연기 감돌겠지.	故鄉門巷繞孤煙

문생 김형두가 봄잠이 곤해 즐거운 자리에 참석하지 못한 것을 골려 준 내용이다. 2구에 차 마시고 향 사르고, 술을 곁들인 잔치 자리를 설명했다. '다반', '향초', '여주(與酒)'가 함께 어우러진 자리를 말한 것이다. 기존의 독법처럼 차를 반쯤 마셔도 향기가 처음 그대로라고 해석한다면 이 대목은 요령부득의 구절이 된다. '다반'과 '향초' 사이에 '여'가 들어간 앞의 시와 함께 홍현주의 두 작품은 다반과 향초를 분리해서 읽어야 함을 명확하게 보여준다.

다음은 자하 신위가 아꼈던 제자 박영보가 지은 「기당이 반 덩어리 차를 노래한 장률(長律) 한 수를 부쳐 보내왔기에(紀堂以半團茶一長律見寄)」란 작품이다.

향 피우고 차는 반쯤, 대낮에 구름 멎어	香初茶半午停雲
두 곳에서 서로 그림 마음이 다름없네.	兩處相思意正勻

천상월(天上月) 작은 단차 혼자서 깨뜨리니   獨破小團天上月

그 속엔 만 리라 건계(建溪)의 봄 간직했네.   中藏萬里建溪春

보묵(寶墨)의 환(丸) 하나 검은빛의 제품이요   品參寶墨孤丸黑

해당화 그루 가득 새로움 읊조린다.   吟對紅棠一樹新

게다가 황매 시절 강 가득 비가 오니   兼値黃梅滿江雨

동시에 시인과 합하여 하나 되리.   同時湊合與詩人

1구의 정운(停雲)은 먼 데 벗을 그리는 마음을 표현하는 고사가 있다. 벗이 반단차(半團茶), 즉 단차 반 토막을 노래한 시 한 수를 보내왔다. 시를 음미하며 향을 사르고, 차를 마신다. 먼 곳에서 차를 노래하는 마음과 이쪽에서 차를 마시며 그 시를 음미하는 마음이 차분히 내리는 봄비 속에서 동시에 녹아 하나가 되었다.

다시 추사의 제자 우선 이상적의 「추회잡시(秋懷雜詩)」 중 제2수를 읽어본다.[7]

고목과 맑은 시내 짧은 울을 둘러 있고   古木淸谿繞短籬

마을 깊어 골목길은 구불구불 돌아가네.   邨深門巷自逶迤

차 마시고 향 피우며 시구를 찾다가   尋詩茶畔香初候

꽃 피고 술 익어 손님을 접대하네.   款客花開酒熟時

작은 이별 해를 넘겨 방초를 원망하고   小別經年芳草怨

깊은 맹세 물 가리키니 백구도 안다는 듯.   幽盟指水白鷗知

간밤 꿈에 바둑 구경 도끼 자루 썩었나니   爛柯昨夢觀碁罷

선가의 일월 더딤 그 누가 말했던가.   誰道仙家日月遲

제3구에서 '다반향초'라 하여 '반(半)'이 아닌 '반(畔)' 자를 쓴 것이

432

이채롭다. 다반향초 하면서 시구를 찾고, 화개주숙(花開酒熟)의 때에 손님을 접대한다고 했다. 화개와 주숙이 구분된다면, 다반과 향초도 나눠 보아야 마땅하다. 이렇듯 모든 다반향초가 포함된 구절들은 차 마시는 행위와 향을 사르는 행위를 분명히 갈라 구분하고 있다.

끝으로 근세의 선승 금명(錦溟) 보정(寶鼎, 1861-1930) 스님이 지은 「인오와 더불어 방장실에서 차를 마시며 얘기하다(與寅旿丈室茶話)」란 시의 제2수를 읽어본다.[8]

공부하는 서생의 사귐이 그윽하여	探學書生交契幽
오늘에 어깨동무 맑은 놀이 나왔다네.	連襟此日卜淸遊
옥 소리 같은 정은 단전에 맺혀 있고	玉鳴情自丹田決
쇠도 끊을 굳센 마음 교해(敎海) 따라 나오누나.	金斷心從敎海流
푸른 뫼 골짝으로 풍경 소리 쟁글대고	磬響崢嶸靑嶂壑
흰 구름 모래톱엔 매미 울음 시끄럽다.	蟬聲鼎沸白雲洲
석양에 비 올 듯해 정신 더욱 굳세지고	夕陽欲雨神猶健
차 마시다 향 피우니 흥이 더욱 거나하다.	茶半香初興更悠

역시 다반향초가 제8구에 나온다. 시인은 흥취가 더욱 거나해진 것을 차를 마시다가 향을 사르는 순간 새삼 느꼈던 것이다.

이상의 논의를 정리한다.

첫째, 추사의 글씨로 유명해진 구절 "정좌처다반향초(靜坐處茶半香初), 묘용시수류화개(妙用時水流花開)"는 추사가 지은 글이 아니라, 중국의 선원이나 다실에 걸려 있던 대련으로 보인다. 또한 다반향초는 차를 마시다가 향을 사른다는 의미로 풀이하는 것이 옳다. 허균을 비롯해 여러 사람들이 차와 향을 연속하여 노래한 예가 매우 많다.

『백열록』과 수많은 차시를 남긴 금명 보정선사 영정.

둘째, 관악산 자락에 있던 북선원은 자하 신위가 한때 머문 공간이다. 이곳의 당호가 '다반향초실'이었다. 추사와 자하 이후 다반향초란 말이 크게 유행하는 계기를 만들었다.

셋째, 이후 '다반향초'는 여러 시인들의 시에 등장한다. 한결같이 '다반'과 '향초'를 차를 마시다가 향을 사른다는 구분되는 행동으로 이해하고 있어, 기존에 이 구절에 대한 이해가 잘못된 것임을 거듭 확인시켜준다. 본고에서는 '차 마시다 향 사르니'로 풀이했다. 본고의 논의를 통해 이 구절에 대한 논란이 가라앉게 되기를 희망한다.

26

신필의 장한 기운

추사 「명선茗禪」 진안변眞贋辨

　「명선(茗禪)」은 추사가 초의 스님에게 차를 받고 고마움을 담아 써준 대작이다. 차를 매개로 이어진 추사와 초의의 인연이 아름답고, 차를 선(禪)의 경지로 끌어올린 정신의 경계가 우뚝하다. 우리 차 문화사에서 간과치 못할 뜻깊은 작품이다. 이 작품은 그 호방한 필치로 진작에 추사 대표작의 첫손을 꼽아왔다. 몇 해 전 이 글씨가 위작이란 주장이 제기되어 많은 논란이 있었다.

　가짜의 범람 앞에서 우리 문화계는 심각한 각성과 다각적인 자기 점검을 강화하는 것이 옳다. 하지만 가짜에 대한 혐오가 지나쳐 진짜를 가짜로 내모는 경향까지 나타나는 현실은 더욱 우려할 만하다. 이제 「명선」 관련 쟁점을 검토하고, 자료를 통해 논자의 생각을 제시하겠다.

「명선」 위작설의 경과와 논거

「명선」 위작 논란은 2004년 강우방 교수의 문제 제기로 쟁점화되었다. 뒤이어 이영재와 이용수는 『추사진묵(秋史眞墨)』이란 책에서 이 작품을 아예 이재 권돈인의 작품으로 단정했다.[1] 이후 추사의 「명선」을 둘러싼 안작(贋作) 시비가 끊이지 않았다.

「명선」을 추사작이 아닌 위작 또는 타인작으로 꼽는 관점의 논거를 검토하는 것으로 글을 시작한다. 강우방의 논지는 이렇다.

> 미술품의 진위 문제는 영혼의 문제이다. 훌륭한 작품에는 반드시 예술가의 영혼이나 시대의 정신이 깃들어 있어서 그것에 대응하는 정신적 성숙함과 예술적 감성을 갖춘 인격의 소유자가 바라볼 때 반드시 접신(接神)의 현상이 일어난다고 믿는다. 즉, 영혼과 영혼이 만나는 영적(靈的)인 떨림이 있다. 그것은 문자 언어로 설명할 수 없는 신비적인 체험과 감응의 세계이다. 그러므로 진위를 증명해보라고 하는 자체가 진위를 구별할 수 없음을 스스로 증명해보이는 것인지도 모른다.[2]

그는 이런 접신과 영적인 떨림이 주는 신비 체험을 「명선」에서는 전혀 느낄 수가 없었다고 했다. 여타 걸작들이 보여주는 "정신이 번쩍 들 만큼 추상같아서, 그 획 하나하나는 영기(靈氣)로 빛나며 생명력으로 꿈틀거렸으며 획들의 구성에 빈틈이 없었"던, 그리하여 영혼의 떨림만이 있었던 감동을 이 작품에서만은 전혀 찾아볼 수 없었다고 단언했다. "짜임새 없는 구도, 힘없는 획, 게다가 객기가 많은 획" 등으로 휘갑된 어딘가 천박한 작품들의 목록 가운데 그는 「명선」을 포함시켰다.

강우방은 필획의 분석이나 앞뒤 맥락 없이, '영적인 떨림'과 '접신

위작 논란에 휘말린 추사의 대표작 「명선」.

거의 비슷한 형태를 보여주는 네 종류의 병거사 친필.

현상'이라는 지극히 추상적이고 주관적인 기준을 근거로 제시했다. 어느 날 문득 접신 체험을 하고 보니 가짜임을 한눈에 알아볼 수 있게 되었다는 것이다. 그런데 접신 체험은 '정신적 성숙함과 예술적 감성을 갖춘 인격의 소유자'에게만 열린다. 내 접신 체험에 동의하면 성숙함과 감성을 갖춘 인격의 소유자가 되고, 그렇지 않으면 천박한 오류를 답습하는 속류로 전락하게 되는 대단히 폭력적인 논리다. 진짜라고 말하면 천박한 안목에 대해 연민을 느낀다는 대답이 돌아오는 소통 구조는 독선적이다.

이영재와 이용수는 추사의 작품으로 알려진 것 중 '염(髥)', '우염(又髥)', '병거사(病居士)', '나가산인(那伽山人)' 등의 관서는 모두 추사가 아닌 이재 권돈인의 아호이므로 「명선」을 쓴 사람 또한 권돈인이 분명하다고 주장한다. 여타 호는 따로 말할 것이 없고, 「명선」에 쓰인 '병거사'의 경우, 국립박물관에 소장된 추사가 초의에게 보낸 편지첩 『나가묵연(那迦墨緣)』 17통 편지 중 제12서에 「명선」과 똑같은 필치로 쓴 추사 친필의 '병거사' 서명이 있고, 추사가 초의에게 보낸 다른 친필 편지첩인 『벽해타운(碧海朶雲)』의 제1신에도 동일한 필체의 서명이 또렷하

438

다.³ 또한 탁본첩인 『석각화유마송(石恪畵維摩頌)』의 끝에도 '병거사'의 서명이 완연하다.⁴ 이영재 등이 주장한 '병거사'가 권돈인이라는 설은 이들 자료만으로도 근거를 잃는다.

필자는 『문헌과해석』 37호에 다산의 걸명 시문과 편지를 모아 이를 풀이한 「차를 청하는 글―다산의 걸명시문」을 발표했다.⁵ 이 글에서 다산의 제자 황상의 문집 『치원유고』에 실려 있는 초의에게 보낸 「걸명시」를 처음 소개하면서, 시 속에 담긴 '명선' 관련 기록을 언급했었다. 요컨대 황상의 시에 근거하여 '명선'이 추사가 초의에게 준 호였음을 언급하고, 그렇다면 이 글씨는 다른 사람이 쓴 것일 수 없겠다는 뜻을 밝혔다. 다만 위 논문은 「명선」의 진위 여부를 논하는 데 논점이 있지 않았으므로 자료 소개 차원에서 간단히 언급하고 지나가고 말았는데, 이 문제가 언론을 통해 집중 부각되면서 다시 「명선」의 진위를 둘러싼 논란이 재연되었다.

강우방은 이에 대해 다시 반론의 글을 발표했다.⁶ 황상의 시에서 명선이 추사가 초의에게 준 호임을 밝힌 사실과 추사의 작품인 「명선」의 진위 여부는 전혀 별개의 문제이며, 「명선」의 모든 획은 일 점 일 획도 추사의 획이 아니고, 글씨의 구성도 짜임새가 없고 헐거워 구성의 천재로 일컫는 추사의 안목이 아니라고 했다. 방제도 굵고 가는 획이 너무 차가 나서 달리 본 적이 없는 모양새고, 결구도 치밀하거나 견고치 않다고 했다. 더욱이 후한의 비석이면 예서임이 당연한데, 군이 작품 말미에 예서로 쓴다고 밝힌 것도 이상하기 짝이 없다고 지적했다. 곳곳에 획의 마무리가 흐려지고 있으며 예서의 법도에 어긋난다고도 했다.

또 『추사진묵』에서 권돈인설을 제기했던 이용수는 「함부로 추사를 논하지 마라(2)」라는 글에서 「명선」의 획이 전체적으로 약하고, 특히 협서가 수준 이하임을 강조했다. 더욱이 '병거사'의 관서는 도저히 추사

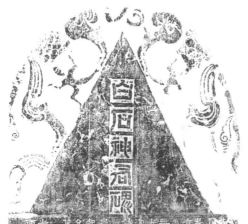

「명선」의 위작 논란에 단서를 제시해 주는 「백석신군비」(우)와 그 탁본(좌). ⓒ차의 세계

의 글씨가 아니라 했다. 그러면서 황상의 시를 통해 추사가 초의에게 '명선'이라는 호를 준 것이 사실이라면, 이 글씨는 권돈인의 작품도 아닌 추사의 위작이 될 뿐이라고 했다.

이후 월간『차의 세계』2007년 9월호에 최석환이 중국 하북성 원씨현(元氏縣) 봉룡산(封龍山) 천불동(千佛洞) 옆 한비당(漢碑堂)에 보관된 백석신군비(白石神君碑) 원석을 찾아내서 쓴「백석신군비 원석 발견으로 햇빛 본 추사의 명선」이란 글이 발표되자, 다시 강우방은 즉각 글을 발표했다. 그는「백석신군비」글씨를 추사의 글씨와 비교해보니 더더욱 명백하게 추사의「명선」이 가짜임을 알겠다 하며, 비석 탁본의 글씨와 추사 글씨의 필체를 비교하고는 우리 미술에 대한 모독이요, 우리 문화의 위기라고 극론하였다.[7]

앞서 본 두 사람의 글은 모두 논자의 논문을 미처 읽지 않은 채 신문 기사만 보고 쓴 글이어서 당시에는 따로 대응할 필요를 느끼지 않았다. 다만 한 번쯤은 명백히 짚고 넘어가야 할 문제여서, 앞서 '다반향초'에 관한 논의에 이어, 여기서「명선」과 관련된 필자의 입장을 정리해두고자 한다.

「명선」에 얽힌 초의와 추사의 인연

추사가「명선」이란 글씨를 초의에게 주었다는 직접적인 기록은 그동안 확인되지 않았다. 최초 언급은 논자가 앞선 논문에서 공개한 다산의 제자 황상이 초의 스님에게 보낸「걸명시」에 보인다.

육우가 차 잘함은 이름만 들려오고	陸羽善茶但聞名
건안차의 승부는 소문만 전해지네.	建安勝負獨傳聲
승뢰니 배수니 한갖 귀만 시끄러워	乘雷拜水徒聒耳
초의 스님 무리 중에 우뚝함만 못하도다.	不如草師搴衆英
댓잎을 함께 볶아 새 방법 사용하니	竹葉同炒用新意
북원의 이후로 집대성을 하였다네.	北苑以後集大成
명선이란 좋은 이름 학사께서 주시었고	茗禪佳號學士贈
추사가 명선이란 호를 주었다.(秋史贈茗禪之號)	
초의차란 그 이름을 선생에게 들었었지.	草衣茶名聽先生
아계가 남령에게 미치진 못했어도	我溪不及南零者
오히려 전천 아래 능히 살 만하였다네.	猶能可居箭泉下
청하노니 자용향과 어안송풍 아끼지 말고	請君莫惜紫茸香魚眼松風
티끌세상 찌든 속을 세 번 네 번 씻겨주소.**8**	塵肚俗腸三廻四廻瀉

이 시는 앞서 「19. 찌든 속을 씻겨주오」에서도 한 차례 읽은 바 있다.
초의에게 차를 청하면서 댓잎을 함께 볶아 만든 초의차의 우수한 맛을
칭찬한 내용이다. 제7구에서 '명선'이란 호를 추사가 초의에게 주었음
을 밝혔다. 그렇다면 추사가 쓴 「명선」은 방제의 글씨에서 추사가 친절
하게 밝힌 그대로 초의가 보내준 훌륭한 차를 받고 그 답례로 써준 것임
이 자명해진다. 명선이 추사가 초의에게 지어준 이름이라면 엉뚱하게
권돈인이 고맙다고 초의에게 글씨를 써서 줄 까닭이 없지 않은가.

이 밖에 추사의 「명선」과 관련된 황상의 글 한 편이 더 있다. 박동춘
소장의 필사본 미정고인 「초의행 병소서」가 그것이다. 「초의행」은 황상
이 1849년 40여 년 만에 대둔사 일지암으로 초의를 찾아가 재회한 후의
소감을 쓴 장시다. 조선 후기 차 문화의 성지라 할 일지암에 대한 귀중

한 정보가 담겨 있고, 「명선」과 관련된 언급도 보인다. 전문은 앞선 글에서 소개한 바 있으므로 여기서는 소서(小序) 부분만 싣기로 한다.

내가 어려서 다산 선생께 학습하였다. 초의는 이때 옷을 잠시 ▢▢(원문 1자 결)하고 있었다. 참구하여 찾다가 선생님께 왔다. 내가 한 번 만나보고는 그만두고 돌아가 백적산 가야 들에서 밭을 갈며 자취를 감추고 빛을 숨긴 지가 어언 40여 해가 된다. 혹 진주에서 온 사람 중에 그와 비슷한 사람을 만나면 마음에 잊지 않았다. 금년 기유년(1849)에 열상에서 돌아와 대둔사의 초암으로 초의를 찾아갔다. 눈처럼 흰 머리털과 주름진 살갗이었으나 처음 대하는 못 보던 사람 같지 않았다. 그 말을 듣고 그 행동을 보니 과연 초의임에 틀림없었다. 추사 선생께서 주신 손수 쓴 글씨를 보기를 청했다. 「죽로지실」과 「명선」 같은 글씨의 필획은 양귀비나 조비연의 자태여서 자질이 둔한 부류가 감히 따져 말할 만한 것이 아니었다. 등불을 밝혀놓고 새벽까지 얘기하다 뒷기약을 남기고서 돌아왔다. 「초의가」를 지어서 부쳐 보낸다.[9]

황상은 다산의 유배 초기인 강진 동문 밖 주막 시절에 다산을 찾아가 배웠던 제자다. 그와 다산에 얽힌 아름다운 이야기는 이미 여러 차례 다른 글을 통해 소개한 바 있다.[10] 황상은 20대 초반에 다산초당으로 찾아온 초의를 한 번 만난 적이 있고, 이후 무려 40여 년간 그를 보지 못했다. 1849년 당시 62세였던 황상은 모처럼 서울 걸음을 한 길에 그곳에서 다산의 아들 정학연 형제와 추사 형제의 거처를 왕래하며 지냈다. 황상은 특히 추사 형제에게서 시를 높이 인정받아, 형제가 황상의 시집에 서문을 자청해서 써주었을 정도였다. 서울에서 초의 이야기를 귀에 못이 박히도록 들었던 황상은 새삼 옛날 생각이 나서 고향에 내려온 후 40여 년 만에 불쑥 대둔사 일지암으로 초의를 찾아갔다. 아마도 서울 쪽의 편지 심부름 부탁도 있었을 것이다.

좌정하고 반갑게 인사를 나누고 나서, 황상은 대뜸 초의에게 추사가 써준 글씨들을 보여달라고 요청했다. 초의가 추사의 글씨를 많이 소장하고 있음을 알고 있었던 것이다. 이때 초의가 황상에게 보여준 글씨가 다름 아닌 「죽로지실」과 「명선」 두 폭이었다. 황상은 글씨의 필획이 양귀비나 조비연의 자태인 듯 아름다워서 자신처럼 자질이 둔한 부류가 감히 따져 말할 만한 것이 아니었다고 했다. 이어 시에서는, 선사가 추사의 글씨를 많이 간직하고 있는데, 왕희지가 견지에 썼다는 「난정서」보다도 더 훌륭하다고 했다. 음양의 체세가 글자 밖에 넘나서 용과 뱀이 꿈틀대고 벌레가 꾸물대는 듯하다고 적었다. 만약 소동파가 지금 세상에 살아 있었다면, 추사의 이 글씨를 백금과 보옥으로 맞바꾸었으리라고 칭찬했다.

이 두 글을 통해 우리는 '명선'이 추사가 초의를 위해 지어준 별호임과, 1849년 당시까지 「명선」이 추사의 또 다른 대표작 「죽로지실」과 함께 일지암에 보관되고 있었음을 새롭게 확인할 수 있다. 결국 「명선」은 추사가 초의에게 써준 것이 분명하다. 현재 간송미술관에 소장된 「명선」이 가짜라면, 누군가 일지암에 있던 진적(眞蹟)을 보고 베껴 쓴 것이라야 옳다.

「명선」의 필획, 과연 추사의 것이 아닌가?

이제 이 논란의 핵심으로 들어간다. 강우방의 지적대로 중국에서 「백석신군비」가 발견된 것이나, 황상이 「명선」을 직접 보았다는 사실은 현

추사가 참고한 것으로 보이는 청대 『금석색(金石索)』에 수록된
「백석신군비」 본문(부분). 탄(憚)과 예(禮) 자가 보인다.

재 추사의 「명선」이 진적일 개연성을 높여줄 수는 있어도, 그것이 위작이 아니란 절대적인 증거는 되지 않는다. 이 문제는 필체 검증과 같은 객관적인 증거를 통해서만 확정할 수 있다. 추사의 글씨가 아니라면 본문의 '명선' 두 글자뿐 아니라, 방제의 글씨 또한 추사의 것이 아니어야 한다.

먼저 추사가 「명선」에 쓴 내용을 읽어본다.

초의가 자신이 만든 차를 부쳐 왔는데, 몽정차나 노아차에 못지않았다. 이를 써서 보답한다. 「백석신군비」의 필의를 써서 병거사가 예서로 쓴다.[11]

귀한 차를 받고 보답의 뜻으로 써준다고 밝히고, 글씨체는 「백석신군비」의 필의(筆意)로 썼다고 명시했다. '명선' 두 글자는 후한의 비석으로 알려진 「백석신군비」의 서체를 본떠 쓴 것이다.

「백석신군비」는 어떤 비석인가? 흔히 「백석산비」로도 불리는 이 비석은 하북성 원씨현에 있는 백석산 위 백석신군사(白石神君祠)에 세워졌던 것이다. 한나라 영제(靈帝) 광화(光和) 6년(183)의 일이다. 이 비석은 후대 학자들에 의해 한대의 비석이 아닌 후대 것으로 의심되기도 하는 등 논란이 적지 않았다. 글자의 짜임새가 방정(方整)하고 글자 형태는 일반 예서에 비해 조금 길쭉하다. 송나라 때 홍적(洪適)은 『예석(隸釋)』에서 이 비석의 글씨가 균형은 정제되어 있으나 필획에 한나라 때 글씨가 보여주는 기골(氣骨)이 없다고 하면서, 비석에 광화 연간의 연기(年記)가 있지만 후대 사람이 옛글을 다시 새긴 것 같다고 깎아 말했다. 청나라 옹방강(翁方綱)은 「양한금석기(兩漢金石記)」에서 "이 비석의 서법은 오로지 방정함을 위주로 하여, 한나라 예서 가운데 가장 깨끗하고 가지런

한 것이다. 하지만 풍골의 굳셈은 「교관비(校官碑)」의 예법(隸法)보다 더 윗길인 듯하다."고 극찬했다.[12]

옹방강의 제자를 자처했던 추사이고 보면, 추사가 옹방강이 극찬한 「백석신군비」의 예서를 어떻게 생각했을지를 짐작하기는 어렵지 않다. 실제 권돈인에게 보낸 편지에서 그의 글씨를 보고 "필의가 극히 좋아서 경군(景君)·백석(白石) 양비(兩碑)의 체도(體度)가 있는데, 혹 합하의 팔목 아래서 스스로 재량하여 쓰신 것입니까, 아니면 우연히 신기하게 서로 합치된 것입니까?"[13]라고 한 대목이 있다. 권돈인이 예서로 쓴 비문 글씨가 「익주태수경군비(益州太守景君碑)」와 「백석신군비」의 법도를 갖추고 있음을 극찬한 내용이다. 추사가 「백석신군비」의 서체를 익히 알고 있었음을 뜻한다.

추사는 「백석신군비」 탁본을 어떻게 구했을까? 1830년 10월 29일 중국의 유희해(劉喜海, ?-1852)가 김명희에게 보낸 편지에 보면, 추사가 써 보내준 「소단림(小丹林)」 제액의 보답으로 「백석신군비」 탁본을 섭지선 편에 보낸다는 내용이 실려 있다.[14] 유희해는 추사의 도움을 받아 뒤에 『해동금석원(海東金石苑)』을 펴냈던 인물이다. 추사는 옹방강의 글을 보아 익히 알고 있던 「백석신군비」의 탁본을 45세 때인 1830년에 유희해가 보낸 원탁(原拓)으로 구해 익혔다.

추사 당대에 옹방강의 영향으로 우리나라에서도 「백석신군비」는 상당히 각광을 받아 널리 쓰여졌던 듯하다. 자하 신위의 문집에 실린 「제한예범득십수(題漢隸凡得十首)」에도 「백석신군비」를 노래한 것이 있다.[15]

추사는 「명선」을 쓰면서 「백석신군비」의 필의로 썼다고 밝혔다. 일반 예서와 달리 길쭉한 예서체로 썼음을 강조한 것이다. 「백석신군비」 원탁의 글씨는 상태가 좋지 않아, 추사 당대 조선의 지식인들이 흔히 구해 임모(臨摹)의 교본으로 삼았던 청판본 『금석색(金石索)』에 수록된 「백석

「백석신군비」 탁본에서 채자하여 조합한 '명선'.

신군비」 탁본에서 채자하여 '명선' 두 글자를 왼쪽 그림과 같이 조합하였다. '초(艹)'와 '명(名)'을 아래위로 합자하고, '예(禮)'와 '천(𤫩)' 두 글자의 좌우 반을 합쳐 만든 것이다. 균형을 위해 명(名)은 85퍼센트의 장평을 주어 축소하고, 그 위에 초두를 얹었다. 「백석신군비」는 전체 높이가 2.4미터, 폭은 81센티미터, 두께는 17센티미터이다. 비문은 모두 14행이고, 한 행에 35자를 썼다. 글자 한 자의 크기는 2센티미터가 조금 못 된다.

이에 반해 추사의 「명선」은 57.8센티미터 ×115.2센티미터의 대작이다. 한 글자의 크기만 해도 가로세로 각각 50센티미터가 넘는다. 두 글자 모두 원석에 없는 글자여서 조합해서 만들어야 한다. 집자한 글자의 분위기는 일견해서도 추사의 글자와 흡사하다. 초두(艹) 부분은 원본과 달리 각 획의 끝을 꺾어 올려 초(艸)의 형태로 썼다. 공간의 조밀도를 균등하게 하려는 배려에서다. 실제 한나라 때 예서비 중에 「한성양영대비(漢成陽靈臺碑)」 같은 비석에는 초두를 초(艸)의 형태로 쓴 것이 적지 않다. 이 비석은 『금석색』에 「백석신군비」 바로 앞에 실려 있다. 화면을 채운 방정한 글씨를 강조하기 위해 단(單)의 입구(口) 두 개도 마늘모(厶)로 하지 않고 입구(口)로 꽉 채웠다. 상당히 큰 붓으로 힘껏 눌러 쓴 글씨다. 「백석신군비」의 방정한 필의에 충실하면서도 공간 분할과 여백 처리에 변화와 함께 통일성을 부여했다.

강우방은 '명선' 두 글자의 탁본과 추사 글씨의 세부 획을 하나하나

대조하면서 뭉툭하고 옹색하기 짝이 없는 위작임이 분명하다고 결론지었다. 그러면서 그는 「백석신군비」를 처음 본다고 했다. 이것은 참 놀라운 발언이다. 지금껏 「백석신군비」조차 보지 않고 추사의 「명선」이 가짜라고 단정 지은 셈이다. 그는 또 「백석신군비」를 직접 보니 과연 좋은 글씨라고 했다. 막상 그가 최석환의 글을 통해 보았다는 「백석신군비」의 글씨는 조잡하게 합자된 '명선' 두 글자뿐이었다. 잡지에 실린 '명(茗)' 자의 합자를 보면 온전하게 써진 '명(名)' 자 위에 초두〔艸〕를 어정쩡하게 얹어놓은 우스꽝스런 형태다.

그러고 나서 그는 무모하게도 이 우스꽝스런 합자(合字)의 결구와 추사 글씨의 필획을 하나하나 대비했다. 2센티미터도 못 되는 원탁의 작은 글자와 50센티미터에 가까운 추사의 큰 글자를 세부 획의 같고 다름을 가지고 선조(線條)의 동이(同異)로 판단하는 것은 실로 무모한 비교법이다. 아주 작은 세필로 쓴 비석 글씨, 그것도 탁본 상태에 따라 필획에 큰 차이를 나타내는 원탁의 글씨를 큰 붓을 꽉 눌러 쓴 대자의 필획과 1대 1로 대비하는 것은 상식 밖이다. 참고로 「백석신군비」 안에도 서로 느낌이 다른 '명(名)' 자가 세 차례 등장한다.

또 그는 '석(夕)' 자의 맨 아래 뻗친 획이 끝이 뭉툭하게 끝났는데, 이미 써놓은 방제로 인해 공간이 없어 갑자기 멈춘 것이라고 설명했다. 가짜니까 먼저 방제를 써놓고 나서 명선 두 글자를 썼다고 주장한 것이다. 글씨를 조금만 살펴보면 금세 알 수 있는 말이 안 되는 주장이다. 우선 오른쪽 방제에서 아래쪽 '서차위보(書此爲報)'에서 '위보(爲報)' 두 글자가 '선(禪)'의 마지막 획에 밀려 바깥쪽으로 밀려나 있다. 또 왼쪽은 '용백석신군비의(用白石神君碑意)' 일곱 글자와 '병거사예(病居士隷)' 네 글자 사이에 상당한 여백이 있다. '명선' 두 글자를 먼저 쓴 다음 필획이 방제의 줄을 침범한 것을 반영한 데서 나타난 현상이다. 방제를 먼저

「명선」의 방제 글씨를 추사의 검증된 진적에서 채자해 정리한 표.

쓴 것이 아니다.

「백석신군비」의 전반적 분위기를 보지 않고, 추사의 일반 예서풍의 잣대만으로 본다면, 확실히 명선 두 글자는 추사의 여느 글씨풍과 다르다. 하지만 「백석신군비」의 필의에 충실해서 두 글자의 결구를 보면, 추사가 굳이 이 비석의 필의로 쓴 사실을 전면에 내세운 까닭을 알 수 있다. 추사의 「명선」 두 글자는 글자의 크기와 공간 배치를 고려할 때, 「백석신군비」의 필의를 충실히 살리면서도 단단하고 야무진 짜임새를 지닌 글씨다. 특히 '명(茗)'자의 결구는 탁월하다. 가로세로 공간 여백의 포치를 조금만 눈여겨본다면, 추사의 솜씨를 알 것이다. 추사의 예서 글자 중 크기가 가장 큰 글씨를 이 같은 짜임 안에 소화하기란 결코 추사의 신필이 아니고서는 가능치 않다.

다음은 양옆에 쓴 추사의 방제 부분의 필체 문제다. 방제의 글씨에 대해 강우방은 "굵고 가는 획이 너무 차가 나서 그의 진적에서 본 적도 없거니와 우선 결구가 치밀하지 못하고 견고하지 못하다."고 했다. 이용수는 "특히 그 협서의 수준은 두말할 것도 없이 수준 이하이다. 추사 선생은 협서나 특히 관서는 행서 적어도 해행서로 하신다. 하지만 이 명선의 협서는 해행서로 보기도 어려운 감이 있다. 특히 '병거사예'라 쓴 관서는 도저히 추사의 글이라 볼 수 없다. '거(居)' 자의 뭉개진 획을 보라. 이것이 어찌 서성(書聖) 추사의 글이 될 수 있다는 말인가?"라고 했다. 과연 그런가?

논자는 방제에 쓰인 낱낱의 글자를 추사의 이미 검증된 진적 가운데서 하나하나 채자하여 제시한 표와 같이 정리하였다. 표의 왼편 첫 칸이 「명선」의 방제에 쓴 추사의 글씨이고, 옆의 세 가지는 추사의 여러 친필 서첩에서 따온 것이다. 추사의 진적임이 분명한 간찰첩에서만 채자했다. 결론부터 말해 어느 낱글자의 일 점 일

「명선」의 방제 글씨를 추사의 검증된 진적에서 채자해 정리한 표.

획도 추사의 다른 글자와 차이가 없다. 거의 모든 획에서 일관된 운필 습관과 결구 특성이 드러난다. 추사 아닌 다른 사람이 쓴 위작이라면 모든 글자에서 이런 정도의 일치가 일어나는 것은 애초에 불가능한 일이다.

기(寄)·제(製)·명(茗)·불(不)·보(報)·백(白)·석(石)·신(神)·의(意)·로(露) 등 거의 모든 글자에서 본문 글자와 다른 서첩에 보이는 글자의 운필이 부절(符節)을 맞춘 듯이 같다. 신(神)의 첫 점획이 내려 긋는 획 안쪽에 작게 자리 잡은 것이나, 마치 무성의하게 뭉개 쓴 듯한 '의(意)'자의 획이 다른 서첩에서도 한결같게 나타나는 점 등은 특별히 더 그렇다.

「명선」의 방제 필획을 보면 알겠지만 획이 섬세하지 않고 필획

「명선」의 방제 글씨를 추사의 검증된 진적에서 채자해 정리한 표.

도 자주 뭉개지거나 붓끝이 뭉툭하게 끝나는 획이 많다. 왜 그랬을까? 그것은 '명선'을 쓴 큰 붓을 바꾸지 않은 채 같은 붓으로 작은 글씨를 마저 썼기 때문이다. 큰 붓을 힘껏 눌러 비질하듯 쓸어서 큰 글씨를 쓰고 난 후, 그 붓끝을 모아 작은 글씨를 썼다. 활달한 행서보다 해서에 가

452

까운 필획이 된 것은 이 때문이다. 막상 작품의 크기로 보면 옆의 방제 글자도 그리 작은 것이 아니다. 자연스런 흥취에 따라 내달아 한 호흡에 쓴 것이지 이것저것 따져 머뭇거리며 쓴 붓질이 아니다. 그 결과 모든 필획에 추사의 평소 운필 습관이 그대로 녹아들었다. 여타의 가는 붓으로 쓴 작은 편지 글씨와 비교해 보더라도 일 점 일 획의 차착(差錯)이 없다. 이 어찌 놀라운 붓이 아닌가? 앞서도 보았듯 이용수가 그토록 보기 싫다고 한 '병거사'의 뭉개진 획만 하더라도 추사의 다른 글에서 쓴 '병거사'의 결구와 견주어 보면 오히려 너무나 똑같은 데 놀라게 된다.

더욱이 다른 사람이 위작을 했다면, 1849년 당시 일지암에 소장되어 있던 그 「명선」을 보고 흉내 내서 쓴 것일 텐데, 도대체 누가 무슨 목적에서 그 큰 수고와 잔 글씨의 세부까지 연구해서 위작을 만든단 말인가? 또 아무리 연구한다 해도 방제의 모든 필획이 추사의 여타 글씨의 필획과 모든 글자에서 이러한 일치를 보일 수는 없다. 추사 말고 예를 들어 권돈인의 글씨를 이런 방식으로 집자해본들 비슷한 글자를 결코 하나도 얻을 수 없을 것이다. 이것이 어찌 가짜일 수 있는가? 이것이 가짜라면 일지암에 있던 추사의 진적은 어디로 사라지고 없다는 것인가?

이제 논의를 정리한다.

첫째, '명선' 두 글자는 「백석신군비」 원석에 없다. 추사는 필의를 따와 조립하면서 초두〔艹〕를 초(艸)의 형태로 변형하고, 아래 '명(名)'을 절묘하게 공간 분할하여 전체적으로 공간 배치의 묘를 살렸다. '선(禪)' 자도 입구(口)를 세모꼴 아닌 네모꼴로 바꾸어 방정한 여백 처리를 강조했다.

둘째, 두 글자 모두 일반 예서와 달리 가로보다 세로가 더 긴 느낌을 주는 것은 「백석신군비」의 서체를 충실히 따른 것이다.

셋째, 방제를 먼저 쓰고 본문을 쓴 것이 아니라, 본문 두 글자를 먼저 쓴 뒤에 여백에 맞추어 방제를 썼다. 본문 필획에 밀려난 오른쪽 끝의 두 글자와, 침범한 필획에 끊긴 방제를 보면 금세 알 수 있다.

넷째, 방제의 낱낱 글자들은 다른 서첩의 낱글자를 채자해 비교해본 결과 모든 글자에서 일 점 일 획의 차이도 없다. 추사의 평소 운필 습관이 그대로 반영된 것으로, 위작자가 아무리 마음먹고 한다고 해도 불가능한 붓놀림이다.

다섯째, 방제의 작은 글자의 획이 거칠거나 끝이 뭉툭한 것은 본문을 쓴 큰 붓을 바꾸지 않고 그대로 방제를 쓴 데 따른 현상이다. 거칠고 투박해도 평소의 운필 습관과 결구 특성이 오롯이 반영되어 있다.

「명선」은 중국에서 구해온 최고급 화선지에, 초의의 귀한 차를 얻어 고마운 마음과 넘쳐나는 흥취를 주체하지 못해 작심하고 종이 위를 춤추듯 왔다 갔다 하며 쓴 신필(神筆)이다. 전체 작품이 뿜어내는 기운은 곧장 보는 이를 무찔러 들어온다. 이 신필을 진짜라 하는 것이 어찌 우리 미술에 대한 모독이요, 우리 문화의 위기라 하는가?

2007년 9월 12일자로 자신의 홈페이지에 올린 「추사가 실로 위태롭다」와 같은 날 쓴 「추사의 글씨에 대한 나의 생각」에서 강우방은 자신의 주장에 대해 학계가 묵묵부답하는 것이 위선적 행위며, 심히 개탄스런 현실이라고 탄식했다. 하지만 막상 아무도 모르기 때문에 결코 반론하지 못할 것이라고도 했다. 학계의 침묵은 앞서 말했듯 그의 문제 제기가 너무도 비학문적이고 폭력적 방식으로 이루어졌기 때문이다. 내가 정신의 성숙성과 예술적 감성을 갖춘 인격의 바탕에서 접신해보니 가짜가 명백한데, 그 진위를 증명해보라는 말은 허망할 뿐이라고 그는 말한다. 이것은 대꾸하지 않은 것이 아니라 상대할 수 없는 주장이다.

추사의 「명선」은 진적이다. 그것도 그만그만한 작품이 아니라, 걸작의 반열에 놓아 조금도 손색이 없는 대표작의 하나다. 「명선」은 최고급

종이에, 흥취를 주체하지 못해 작심하고 쓴 신필이다. 전체 작품이 뿜어
내는 장한 기운은 곧장 보는 이를 압도한다. 무엇보다 이 작품은 우리
차 문화사가 빚어낸 가장 아름다운 장면을 보여준다. 우리 문화사의 보
배로운 유물을 아무 근거 없이 가짜로 내모니 어찌 아니 민망한가?

5

그 밖의 후원자들

27

차 만드는 법을 논함

산천 김명희의 「다법수칙茶法數則」

앞 절에서 추사와 대둔사 승려 향훈과의 차에 얽힌 교유를 살폈다. 필자는 추사의 동생 산천(山泉) 김명희(金命喜, 1788-1857)가 역시 향훈에게 보낸 친필인 「다법수칙(茶法數則)」을 구해 보았다. 향훈에게 채다와 제다법에 대해 6개 항목에 걸쳐 써준 내용이다.[1] 초의의『다신전』과 함께 조선 차 문화사에 대단히 중요한 글이다. 이제 이 글을 쓰게 된 전후 사정을 살펴보고, 원문을 소개한 후 자료 가치를 검토해보기로 한다.

새 자료「다법수칙」에 대하여

「다법수칙」은 누가 언제 왜 쓴 것일까? 이 자료는 모두 7면에 걸쳐 경쾌하고 유려한 산천의 친필 행초체로 적혀 있다. 각 면 끝에 면수를 작

459

김명희가 향훈 스님을 위해 써준 「다법수칙」.

은 글자로 적어 놓았다. 필자가 보기에 원래는 위 사진 자료에서 보듯
긴 종이에 잇대어 쓴 것을 뒤에 한 장씩 잘라 따로 첩장한 것으로 보인
다. 필자가 본 것은 복사본으로 원본의 소재는 현재 알 수가 없다.

내용은 채다와 제다에 관한 여섯 항목의 짤막한 글이다. 글 끝에는 다
음과 같은 후기가 적혀 있다.

다법 몇 항목을 써서 견향에게 보인다. 이 방법에 따라 차를 만들어 중생
을 이롭게 한다면 부처님의 일 아님이 없을 것이다. 산천거사.[2]

산천은 추사의 동생 김명희다. 김명희가 견향, 즉 대둔사 승려 향훈
스님에게 써준 것이다. 여기 적힌 방법대로 차를 만들어서, 이를 통해
중생을 이롭게 하고 나아가 부처님 전에 공덕을 쌓게 되기를 바란다고
했다. 원래 글의 제목이 따로 없지만, 윗글 첫머리에 '다법수칙'이라 한
것을 표제로 삼는다.

여기에 적힌 여섯 항목의 내용은 김명희가 직접 지은 것이 아니다. 서
유구(徐有榘, 1764-1845)의 『임원경제지(林園經濟志)』권 27에 실린 『만

擷茶以黎明　見日則止
用爪斷芽不以指揉
慮氣汗熏漬茶
不鮮潔故茶工多
以新汲水自隨得
芽則投諸水凡芽
如雀舌穀粒者為
開面一槍一旗為揀芽
二槍二旗為次之條
既為
采茶之法須是凌晨
不可見日晨則夜露
未晞茶芽肥潤見
日則為陽氣所薄
使芽之膏腴內耗
受水而不鮮以
清四穀雨前後
穀雨前後其
其采力完先芽烈九
信易于收藏藏難稍
長大收光嫩枝葉
葉也

학지(晚學志)』권 5, 「잡식(雜植)」조의 차 관련 내용 중에서 간추렸다. 산천이 직접 중국 다서를 보고 베꼈다고도 볼 수 있겠지만, 원문을 대조해보니 서유구가 옮겨 적으면서 생략한 대목이나 원본과 다르게 적은 몇 글자가 동일한 것으로 보아, 서유구의 저술에서 추려 적은 것이 분명하다.

구체적인 내용을 살피기 전에, 산천이 인용한 항목별 서목을 잠깐 검토해본다.

1. 송 조길(趙佶), 『대관차론(大觀茶論)』 중 「채택(采擇)」조
2. 송 조여려(趙汝礪), 『북원별록(北苑別錄)』 중 「채다」조
3. 명 허차서(許次紓), 『다소(茶疏)』 중 「채적(採摘)」조
4. 명 허차서(許次紓), 『다소(茶疏)』 중 「초차(炒茶)」조
5. 명 도륭(屠隆), 『다전(茶箋)』 중 「채다」조
6. 명 문룡(聞龍), 『다전(茶箋)(2)』 중 첫 항목

『대관차론』과 『북원별록』, 『다소』와 『다전』, 『다전(2)』 등 모두 5종 다

서에서 여섯 단락을 인용했다. 『대관차론』은 송나라 휘종 황제 조길이 지었다. 차를 심는 일에서 찻잎 채취, 차 제법과 품상(品賞)에 이르는 내용을 담았다. 대관(大觀)은 휘종의 연호(1107-1110)다. 『북원별록』은 송나라 조여려가 지었다. 남송 효종(孝宗) 때 사람이다. 웅번(熊蕃)의 『선화북원공차록(宣和北苑貢茶錄)』을 보완하기 위해 지었다. 『다소』는 명나라 허차서(1549-1604)의 저술이다. 고금의 제다법을 참고하여 채다에서 음다까지 차 문화의 제 방면을 간추려 저술했다. 『다전』은 명나라 도륭(1542-1605)이 지었다. 그의 저작인 『고반여사(考槃餘事)』 중의 일부분인데 따로 떼어 이렇게 부른다. 차의 주요 산지와 채다법, 보관법, 찻물론, 찻그릇, 그리고 차의 효능까지 정리한 글이다. 『다전(2)』는 명나라 문룡이 1630년 전후하여 편찬한 다서다.

이렇듯 산천의 「다법수칙」은 송 대와 명 대의 5종 다서에서 한두 항목을 초록한 내용으로 구성되어 있다. 이 중 1, 2, 3, 5는 모두 찻잎 따는 요령과 시기를 다룬 채다의 내용이고, 4와 6은 차 덖기에 관한 내용이다. 그 밖에 보관이나 찻물, 차 끓이기에 관한 내용은 보이지 않는다. 이는 이 글이 단지 차를 따서 덖는 과정에 도움을 주려고 필사된 것임을 말해준다.

추사는 이전부터 초의와 향훈에게서 차를 얻어 마시고 있었다. 그 차를 산천도 나눠 마셨다. 그런데 산천이 왜 새삼스럽게 차를 만들고 덖는 방법에 대해 글로 써서 향훈에게 보낸 걸까? 향훈이 바른 제다 방법을 산천에게 물었거나, 아니면 향훈이 만든 차 맛에 부족한 점이 있는 듯하여, 제다법을 일러주려 했던 듯하다. 이 방법대로 만들라고 한 언표로 보아 당시까지도 차 만드는 방법이 온전하게 자리 잡지 못했던 형편을 가늠할 수 있다. 이는 초의나 향훈 당시 조선에는 이렇다 할 제다 이론이 없어, 중국 다서를 참조하여 실험해보고 적용해보는 단계에 머물렀다는 뜻이 된다. 초의가 명나라 장원의 『다록』을 베껴서 『다신전』이란 제목으로 묶은 일 또한 제다 이론의 정립 과정에서 근거로 삼기 위한 것이었다.

「다법수칙」의 채다법

이제 위 여섯 항목을 채다법과 초다법으로 나눠 차례로 살펴보기로 하자. 원문은 처음에 서유구가 중국 다서를 옮겨 적으면서 필요에 따라 일부 내용을 삭제한 것이 있다. 미주에 실린 해당 원문 중 〔 〕부호로 표시한 것은 원전 상태를 보여준다. 전사 과정의 명백한 오자는 원문에서 바로잡았다.

〔1〕차를 따는 것은 동트기 전에 시작해서 해가 나면 그만둔다. 손톱을 써서 싹을 끊어야지 손가락으로 짓무르게 하면 안 된다. 기운이 오염되고 내음이 스며 차가 깨끗하지 않게 될까 염려해서이다. 그런 까닭에 찻일은 흔히 새로 길은 물을 뒤따르게 하여 싹을 따면 물에다 넣는다. 무릇 싹이 참새 혀나 낱알 같은 것을 투품(鬪品)으로 치고, 일창일기는 간아(揀芽)로 여기며, 일창이기는 그다음이고, 나머지는 하품(下品)이다.[3]

찻잎 채취에 알맞은 시간과 채취 요령을 적었다. 찻잎의 채취는 해 뜨기 전에 시작해서 해가 뜨면 그만둔다. 반드시 손톱으로 싹을 끊고, 손가락으로 짓무르게 하지 말라고 했다. 진이 나와 기운이 오염되고 잡내가 스미는 것을 방지하기 위해서다. 특이한 점은 맑은 물을 길어 찻잎을 따는 즉시 물에다 담가 수분이 날아가는 것을 막게 한 것이다. 가장 상등품은 작설(雀舌), 즉 참새 혓바닥이나 곡식의 낟알처럼 이제 막 움터나 잎이 채 펴지도 않은 첫 싹을 꼽는다. 그다음이 일창일기다. 일창일기는 찻잎이 처음 나올 때 창처럼 곧추서서 채 펴지 않은 잎과 그 옆에 깃발처럼 펴진 한 잎이 달린 상태를 말한다. 그다음은 다시 일창 옆에 두 잎이 펴진 상태다. 산천의 원문은 '이창이기'라고 썼는데, 『대관차론』의 원문에 따른다. 서유구의 오자를 그가 그대로 베껴 쓴 결과다. 이로만 본다면 당시 서유구나 산천 또한 실제 찻잎의 모양이나 찻잎의 성질에 대한 깊은 이해가 부족했음이 드러난다. 이후 한 줄기에 여러 잎이 돋아나면 하품으로 친다.

이러한 구분은 지금도 크게 다를 것이 없다. 다만 찻잎을 채취할 때 맑은 물을 길어 찻잎을 따는 대로 물에 담그라고 한 점이 특이하다.

〔2〕 차를 따는 방법은 모름지기 새벽에 작업을 해서 해를 보게 하면 안 된다. 새벽에는 밤이슬이 아직 마르잖아 차 싹이 살지고 촉촉하다. 해를 보면 양기에 엷어지는 바가 되어, 싹의 기름진 것을 안에서 소모시키므로 물에 담궈도 선명하지 않게 된다.[4]

이 글에서도 역시 찻잎 채취를 해 뜨기 전에 시작해서 마칠 것을 요구했다. 그 이유도 설명했다. 동트기 전에는 찻잎이 밤이슬에 젖어 차 싹이 수분을 머금고 있기 때문이다. 해가 뜬 뒤에는 양기가 왕성해져서 수분이 엷어진다. 그 결과 차 싹의 기름기가 소모되어, 물에 담궈도 빛깔이 선명하지 않게 된다.

〔3〕 청명과 곡우는 차를 딸 때이다. 청명은 너무 이르고, 입하는 너무 늦다. 곡우 전후가 가장 알맞은 때다. 만약 다시 하루 이틀 기간을 지체하

4월의 보성차밭.

면서 기력이 완전히 채워지기를 기다리면, 향기가 배나 더 짙어지고 거두어 보관하기가 쉽다. (매실이 익을 때는 덥지가 않아) 비록 조금 크게 자라더라도 여전히 여린 가지요 보드라운 잎이다.[5]

이 항목은 일 년 중 차를 따는 시기에 대해 언급했다. 청명과 입하 사이가 차를 따는 시기인데, 청명은 너무 이르고, 입하는 너무 늦으므로 곡우를 전후한 시기가 가장 적기다. 혹 날씨에 따라 찻잎에 기력이 충분치 않아 보이면, 곡우를 지나서도 오히려 하루 이틀 더 기다려 적절한 발육을 보일 때 채취해야 향이 더욱 짙고 보관도 용이하다. 매실이 익을 무렵에는 아직 날이 덥지 않아, 찻잎이 크게 자랐다 해도 여전히 여린 잎이어서 차로 만드는 데는 아무 문제가 없다.

다만 초의는『동다송』의 주석에서, 곡우 닷새 전이 가장 좋고, 닷새 뒤가 그다음이며, 다시 닷새 뒤가 그다음이라고 한『만보전서』의 내용을 소개하고 나서, 자신의 경험에 따르면 우리나라의 경우는 곡우 전후는 너무 이르고, 입하 이후가 가장 좋다고 보았다. 또한 입하 이후에 밤새 구름 한 점 없이 맑은 날 동트기 전 이슬 머금은 잎을 딴 것이 가장 좋고, 그다음은 해가 났을 때 딴 것이며, 비 올 때는 찻잎을 따면 안 된다고 적었다.[6]

찻잎의 채취 시기는 각 지역의 기후에 따라 달라지는 것이 당연하다. 초의의 위 언급은 그가 중국 다서를 교조적으로 따르기만 한 것이 아님을 잘 보여준다. 실제 최근 들어서는 봄이 앞당겨져서 아예 청명 이전에 채취한 찻잎으로 만든 명전차(明前茶)까지 출시되는 것으로 보아, 채다 시기는 그때그때 상황에 따라야 한다는 (3)의 언급은 매우 중요한 시사를 준다.

〔5〕차를 딸 때 너무 가는 것은 딸 필요가 없다. 가늘면 싹이 갓 움터서 맛이 부족하다. 너무 푸른 것도 좋지 않다. 푸르면 차가 쇠어서 여린 맛이 부족하다. 모름지기 곡우 전후에 줄기가 잎을 두르기를 기다려 옅은 녹색에 둥글고 두터운 것이 상품이다.⁷

〔5〕는 찻잎을 채취할 때 유념해야 할 찻잎의 모양과 빛깔에 관한 내용이다. 너무 가는 잎은 맛이 충분히 배지 않았으므로 따지 말고, 푸른 것은 너무 쇠었다는 증거니 역시 따지 않는 것이 좋다. 곡우 전후에 일창이기, 일창삼기쯤 되었을 때, 잎 빛깔은 연녹색을 띠고, 잎 모양은 둥글고 도톰한 것이 가장 상품이다. 이 점은 오늘날도 같다.

이상 네 항목의 채다법을 정리하면 이렇다.

첫째, 하루 중에는 동트기 전에 찻잎을 따야 한다.

둘째, 찻잎을 딸 때는 손톱으로 끊어야지 손가락으로 짓무르게 하면 안 된다.

셋째, 일 년 중에는 곡우 전후한 시기가 채다의 가장 적기다. 시기가 좀 늦더라도 맛이 밴 뒤에 따야 향이 좋다.

넷째, 잎은 연녹색에 둥글고 도톰한 것이 상품이다.

다섯째, 채취한 찻잎은 맑은 물에 즉시 담궈 두는 것이 좋다.

「다법수칙」의 초다법炒茶法

나머지 두 항목은 차 덖기에 관한 내용이다. 차례로 보자.

〔4〕생차를 처음 따면 향기가 아직 스미지 않아 반드시 불의 힘을 빌어

서 그 향기를 펴낸다. 하지만 성질이 힘든 것을 견디지 못하므로 오래 덖으면 안 된다. 너무 많이 가져다가 솥에 넣으면 손의 힘이 고르지가 못하다. 솥 가운데 오래 두면 너무 익어서 향기가 흩어진다. 심하여 타버리면 어찌 차를 끓일 수 있겠는가. 차 덖는 그릇은 신철(新鐵), 즉 새것의 쇠를 가장 싫어한다. 쇠 비린내가 한번 배면 향기가 다시는 나지 않는다. 더 꺼리는 것은 기름기이니, 쇠보다 해로움이 심하다. 〔모름지기 미리 솥 하나를 취해, 오로지 밥을 짓는 데만 쓰고 따로 다른 용도로는 쓰지 않는다.〕 차를 덖는 땔감은 나뭇가지만 쓸 수 있고 둥치나 잎은 쓰지 않는다. 둥치는 불의 힘이 너무 맹렬하고, 잎은 불이 쉬 붙지만 금세 꺼진다. 솥은 반드시 깨끗이 닦아 잎을 따는 즉시 바로 덖는다. 솥 하나 안에는 다만 4냥만 넣는다. 먼저 문화(文火), 즉 약한 불로 덖어 부드럽게 하고, 다시 무화(武火) 곧 센 불을 더해 재촉한다. 손가락에는 대나무 깍지를 끼고서 서둘러 움켜서 섞는다. 반쯤 익히는 것을 법도로 삼는다. 은은히 향기 나기를 기다리니, 이것이 바로 그때이다.[8]

생차에는 차향이 배지 않아, 불의 힘을 빌려서 향이 펴 나오게 할 수 있다. 하지만 여린 찻잎이라 열기에 약하므로 오래 덖으면 향기가 다 흩어지고 만다. 또 한꺼번에 너무 많이 덖어도 안 된다. 손의 힘이 고르게 미칠 수 없기 때문이다. 심한 경우 차가 타기라도 하면 버리는 물건이 된다. 가장 금기해야 할 것은 새 철의 날 내가 배는 것이다. 차향에 쇠 비린내는 치명적이다. 또 차는 기름기를 몹시 꺼리므로, 차를 덖는 솥에는 기름기가 조금이라도 남아 있으면 안 된다. 그러니 차를 덖는 솥에 밥 짓는 것 외에는 다른 음식을 조리하지 말아야 한다.

그다음은 차를 덖을 때 쓰는 땔감이다. 나뭇가지만 써야지 통나무나 잎을 쓰면 안 된다. 통나무는 화력이 너무 세서 찻잎을 태우기 쉽고, 잎은 너무 약해 금세 꺼지기 때문이다. 찻잎은 따는 즉시 묵혀두지 말고 바로 덖어야 한다. 한 솥에는 4냥 이상을 넣으면 안 된다. 처음에는 약한 불로 기운을 부드럽게 하고, 센 불로 마무리를 한다. 손가락에 대나무를 가락지처럼 끼워 뜨거운 찻잎을 고루 섞어주어야 한다. 반만 익혀야지 푹 익히면 안 된다. 찻잎에서 은은한 향기가 코끝에 훅 끼쳐오는 바로 그때가 덖기를 마쳐야 할 가장 적절한 시점이다.

〔6〕 덖을 때는 모름지기 한 사람이 곁에서 부채질을 해주어 열기를 없애야 한다. 뜨거우면 황색이 되어, 향과 맛이 모두 줄어든다.[9]

〔6〕은 덖을 때의 주의 사항을 추가했다. 차솥에서 김이 무럭무럭 오르면 곁에서 부채질을 해서 뜨거운 열기가 엉기지 않도록 한다. 너무 뜨겁게 되면 빛깔이 황색으로 변하고, 향과 맛이 그만큼 줄어든다.

초다법을 정리하면 이렇다.

첫째, 여린 잎을 오래 덖거나 한꺼번에 너무 많이 덖으면 안 된다.

둘째, 한 솥에 한꺼번에 덖는 분량은 4냥 이하가 적합하다.

셋째, 화기가 지나쳐서 태우면 절대로 안 된다.

넷째, 쇠솥의 날 비린내가 배거나 기름기가 스며도 안 된다.

다섯째, 찻잎을 덖을 때는 나뭇가지를 써야지 통나무나 잎을 쓰면 안 된다.

여섯째, 찻잎을 고루 섞어주려면 손가락에 대나무를 깍지 끼워 쓰면 좋다.

일곱째, 차를 덖다가 향기가 올라올 때 덖기를 멈추어야 한다.

여덟째, 곁에서 부채질을 해서 열기를 걷어내주어야 한다.

이상 산천 김명희가 향훈 스님에게 준 「다법수칙」 6항목을 꼼꼼히 읽어보았다. 내용은 찻잎 채취의 방법과 시기를 적은 채다법과, 찻잎을 덖을 때 주의 사항을 적은 초다법으로 구분된다. 이 글은 향훈에게 채다와 초다의 방법을 일러주기 위해 산천이 중국 다서의 내용을 옮겨 적은 것이다. 이는 앞서도 말했듯이 초의를 비롯하여 여러 승려들이 다투어 차를 만들고는 있었지만, 막상 이렇다 할 제다법이 정립되어 있지 않았던 당시 조선 차 문화의 현주소를 말해준다.

정작 산천 자신은 제다에 경험이 전혀 없었을 뿐 아니라, 차의 생태나 성질도 잘 알지는 못했다. 하지만 중국의 다서를 읽음으로써 그 과정을 체득했고, 이를 향훈에게 요령 있게 가르쳐주어 그가 만든 차 맛이 한결 더 높은 수준에 이르도록 기여한 공이 있다. 실제 산천은 서유구의 『임원경제지』를 다시 인용한 것에 지나지 않는다. 다만 그저 이론으로 섭렵한 데 그친 서유구에 비해 산천의 「다법수칙」은 바로 향훈에게 전해져서 실전에 적용되었다. 초의의 『다신전』과 함께 산천의 「다법수칙」이 차 문화사에서 의미를 갖는 이유가 여기에 있다.

28

어찌 이리 웅장한가?

산천 김명희의 「사차謝茶」시와 초의의 제2다송

앞서 살폈듯 산천 김명희는 향훈에게 「다법수칙」을 써주었을 만큼 차를 몹시 즐겼을 뿐 아니라, 그의 호가 말해주듯 샘물에도 관심이 높았다. 초의가 보내온 차를 마시고 감사의 뜻을 담은 「사차(謝茶)」시가 초의의 『일지암시고』에 수록되어 있거니와, 초의 또한 이에 화답한 시를 남겼다. 이 글에서는 산천과 초의의 수창시를 꼼꼼히 읽어보겠다.

산천과 초의의 인연

산천과 초의의 첫 대면은 1815년 초의가 처음으로 상경했을 때 이루어졌다. 이후 두 사람은 만날 기회를 갖지 못했다. 그러다가 1830년 10월 8일 추사의 부친 유당 김노경이 정쟁에 몰려 강진현에 속한 고금도

(古今島)로 위리안치되면서 다시 왕래가 재개되었던 듯하다. 당시 다산의 아들 정학연은 강진에 있던 다산의 제자들에게 친구인 추사의 부친을 돌보게끔 했다.[1] 이 과정에서 초의를 비롯한 대둔사 승려들도 추사형제가 부친을 뵈러 고금도에 내려오자 유당도 보살필 겸 이들을 만나기 위해 찾아갔던 모양이다. 『일지암시고』에 실려 있는 「금호에서 산천도인과 유별하다(琴湖留別山泉道人)」란 시에 이때의 일이 적혀 있다.

일찍이 눈 오던 서관(西館)에서 만났을 때	憶曾傾蓋西館雪
밤 깊자 화촉 불빛 모두 다 사위었지.	更闌華燭光明滅
상쾌하여 인간에 있는 것 같지 않고	颯爽不似在人間
신선에 가까워서 빙옥인 양 깨끗했네.	爲近仙子氷玉潔
홀연 나쁜 기운 오래도록 깜깜하여	忽間氛祲久冥冥
넓은 바다 긴 하늘에 소식조차 끊겼었지.	海闊天長鱗鴻絶

참소로 인해 10여 년이나 소식이 끊어졌다.(因讒阻絶十有餘年)

밝은 달 오래어도 맑은 빛은 한가진데	明月久曠同澄輝
흰 구름 하릴없이 맑은 원망 맺혔구나.	白雲空復清怨結
하늘가서 흘린 눈물 하염없이 흐르니	天涯涕淚爲汎瀾
지난날의 천기(天機)가 도로 높게 이끄누나.	舊日天機還高挈

고호(古湖)에서 본 뒤로 다시 예전처럼 좋아졌다.(古湖見後, 還如舊好)

고운 가락 세세히 그윽한 한 전해주니	蘭操細將幽恨傳
노래 듣자 마음 끌림 몹시도 간절해라.	償音最是關情切
당시의 세상일은 어찌 그리 험했던고	當時世事何崢嶸
태항산 맹문산과 높고 험함 꼭 같았네.	太行孟門同巇嶭
천 리라 홀연히 신안(新安) 소식 전해지니	千里忽傳新安耗

공이 고호에 있을 적에 자식이 요절했다는 슬픈 소식을 들었다.(公在古湖, 聞天

憾之報)

인간 세상 어떤 원망 여기에다 견주리오.	人間何怨可相埒
나도 진즉 영묘한 자태를 보았거니	我亦曾看英妙姿
옥란(玉蘭)과 은계(銀桂)가 우거져 캘 만했네.	玉蘭銀桂藹將擷
내 자세히 말을 하면 애 끊을까 염려되어	我若詳言恐斷腸
그댈 위해 공연한 말 놓아두고 그만하리.	爲君且置休煩說
오늘은 왕성하게 큰 운이 돌아와서	扶旺今日泰運來
금당(琴堂) 푸른 그림자가 한강물에 비치누나.	琴堂影翠摩漢洌

사면을 받아 서울로 올라왔을 때 금호(琴湖)에서 지냈다.(蒙宥上洛時居琴湖)

삼추의 고회(高會)에서 슬픔 기쁨 다 나누며	三秋高會窮憐歡

갑오년(1834) 가을에 다시 금석정(琴石亭)에서 만났다.(甲午秋重會琴石亭)

한가로이 봉단(鳳團) 갈고 계설향(鷄舌香)을 살랐다네.[2]	閒碾鳳團燒鷄舌
인생 만나 헤어짐이 일정찮음 괴로운데	人生聚散苦難常
차고 매운 바람 맞고 다시 멀리 헤어진다.	凄勵風前復遠別

또 남겨두고 작별하여 남쪽으로 돌아간다.(又留別南歸)

덕에 취하고 의에 배불릴 날 다시 어느 때일런가	醉德飽義更何時
이내 몸 도리어 굶주려 배고픈 듯.	此身還復如飢饕

1834년 가을에 초의는 철선과 향훈, 자흔 등과 함께 상경했다. 산천과 불등(佛燈)에 걸고 약속한 금강산 유람을 실행에 옮기기 위해서였다. 하지만 이때 산천이 중병을 앓아 여행 계획은 수포로 돌아갔다. 이들은 수십 일 동안 불경 이야기를 나누면서 산천의 병구완을 하며 지냈다. 위시는 해남으로 돌아갈 때 산천에게 작별 선물로 지어준 시다.[3]

초의는 자신이 산천과 처음 만난 곳을 서관(西館)이라 했는데, 구체적으로 어떤 곳인지 분명치 않다. 두 사람은 첫 대면에서부터 의기가

473

통해 밤새도록 긴 이야기를 나누었다. 그러고 나서는 참소로 인해 10여 년간 소식이 끊어졌다고 했다. 누군가의 허튼 말로 두 사람 사이에 큰 오해가 있었던 듯하다. 이후 추사 집안에 불어닥친 정쟁의 회오리를 두고 한 말인 듯도 싶다. 그러다가 고호에서 다시 만나 예전의 우의를 회복하게 되었다. 고호는 1830년 이후 4년간 유당이 귀양 와 있던 고금도를 가리킨다.

시를 보면 당시 산천이 부친을 모시려고 고금도로 내려와 있을 때 아들이 요절하는 참척을 겪었음을 알 수 있다. 그 아들은 초의가 10여 년 전 처음 만났을 당시 이미 영묘한 자태를 보았다고 했으니, 근 20세에 가까운 나이였을 것이다. 장성한 자식이 갑작스레 세상을 뜨자, 산천의 충격은 이만저만이 아니었을 법하다.

이후 1834년 가을 상경 시에 초의 일행은 한강 가 금호에 있던 추사의 별장에서 잠시 묵었다. 그곳의 금석정에서 초의가 가져온 떡차인 봉단차를 차 맷돌에 가루 내어 차를 끓이고, 정향나무 꽃잎으로 만든 계설향을 피우며 반가운 재회의 자리를 가졌다. 산천의 아우인 기산 김상희도 이때 초의차를 받고서 「사차장구(謝茶長句)」를 지어 사례하였고, 초의가 이에 화답한 시가 『일지암시고』에 실려 있다. 기산의 시는 남아 있지 않다.

산천의 「사차」시

1834년 만남 이후 두 사람은 또 한동안 서로 대면하지 못했다. 1838년 초의는 4년 전에 이루지 못한 금강산 유람을 실행에 옮겼고, 이후 동대문 밖 청량사 등에서 머물렀다. 1840년 이번에는 추사가 제주로 유배를 갔다. 초의는 1843년에 바다를 건너가 추사를 만났으나, 산천과의 회면은 이뤄지지 않았다. 1848년 추사가 해배되어 상경하면서, 초의차를 요구하는 추사의 편지가 과천과 해남 사이를 끊임없이 오간다. 다음 시는 1850년, 초의차를 받은 김명희가 감사의 뜻을 담아 초의에게 보낸 「사차」 시다. 이 시를 지을 당시 산천은 이미 63세의 노인이었다. 『일지 암시고』에는 「부원운(附原韻)」이라 하였고, 시 끝에 다음과 같은 긴 글이 제목 대신 들어 있다.

학질을 앓아 갈증이 심하므로 신령한 차를 청했다. 근래 연경의 시장에서 구입해온 것은 비단 주머니에 수놓은 천으로 싸서 한갓 겉치장만 힘쓸 뿐 거친 가지와 질긴 잎이 차마 입에 넣을 수가 없다. 이러한 때 초의가 부쳐 온 차를 얻으니, 응조(鷹爪)와 맥과(麥顆)가 모두 곡우 이전의 좋은 제품이었다. 한 그릇을 다 마시지도 않았는데, 문득 번열을 씻어내고 갈증을 해소시키니, 전씨(顚氏)의 갑옷은 이미 저만치 멀리 물러나고 말았다. 고려 때 차를 심게 하여 토산의 공물과 대궐의 하사품을 모두 차로 썼다. 5백 년 이래로 우리나라에 차가 있는 것을 알지 못했는데, 이를 따고 덖어 묘함이 삼매에 든 것은 초의에게서 처음으로 얻었다. 공덕이 참으로 무량하다. 산천 노인이 병든 팔뚝으로 쓴다.[4]

이 늙은이 평소에 차 즐기지 않았는데	老夫平日不愛茶
하늘이 미워하여 학질에 걸렸다네.	天憎其頑中瘧邪
열나는 것 걱정 않고 갈증 심함 염려되어	不憂熱殺憂渴殺
급히 풍로(風爐) 가져다가 차 싹을 달인다네.	急向風爐瀹茶芽
연경(燕京)에서 들여온 것 가짜가 많다 하니	自燕來者多贗品
향편(香片)이니 주란(珠蘭)이니 비단 갑에 담았구나.	香片珠蘭匣以錦

들자니 좋은 차는 고운 여인 같다는데	曾聞佳茗似佳人
이 계집종 재주 용모 추하기 그지없다.[5]	此婢才耳醜更甚
초의 스님 갑자기 우전차를 부쳐 오니	艸衣忽寄雨前來
대껍질 싼 응조차(鷹爪茶)를 손수 직접 끌렀다네.	籜包鷹爪手自開
막힘 뚫고 번열 씻음 그 공이 대단하여	消壅滌煩功莫尙
우레 같고 칼 같으니 어이 이리 웅장한가.	如霆如割何雄哉
노스님의 차 고르기 부처를 고르듯 해	老僧選茶如選佛
일창일기 여린 싹만 엄히 지켜 가렸다네.	一槍一旗嚴持律
덖어 말림 솜씨 좋아 두루 통함 얻으니	尤工炒焙得圓通
향기와 맛을 따라 바라밀(波羅蜜)로 드는구나.	從香味入波羅蜜
이 비법 5백 년에 비로소 드러나매	此秘始抉五百年
옛사람 그때보다 내 복이 훨씬 낫네.	無乃福過古人天
그 맛은 순유(純乳)보다 훨씬 나음 알겠거니	明知味勝純乳遠
부처님 계실 적에 나지 못함 유감없네.	不恨不生佛滅前
차가 이리 좋으니 어이 아끼잖으리오	茶如此好寧不愛
노동(盧仝)의 일곱 잔도 오히려 부족하다.	玉川七椀猶嫌隘
가벼이 외인에게 말하지 마시게나	且莫輕向外人道
산속의 차에 대해 세금 매김 염려되니.	復恐山中茶出稅

평소에 자신이 차를 그다지 즐기지 않았는데, 그 잘못을 하늘이 미워해서 자신이 학질에 걸리게 되었노라며 말문을 열었다. 열나는 것이야 그러려니 한다 해도, 갈증이 나서 입이 바짝바짝 마르는 것만은 견디기가 어려웠다. 그제서야 차 생각이 나서 풍로를 가져오게 해 차를 달이기 시작한다. 그 차는 어떤 차인가? 초의가 부쳐 온 우전차다.

산천은 시 앞에 수록한 글과 시의 중간 부분에서 당시 중국에서 흔히

김홍도의 「취후간화(醉後看花)」. 국립중앙박물관 소장.

들어왔던 형편없는 품질의 가짜 차에 대해 성토했다. 중국차는 비단 주머니에 수놓은 천으로 차를 포장해서 향편이니 주란이니 하는 그럴듯한 이름을 붙여놓았다. 막상 차를 끓여보면 가지는 거칠고 잎은 질겨서 향은커녕 입에 댈 수조차 없을 지경이었다. 산천은 좋은 차는 가인(佳人)과 같다고 한 소동파의 시구를 끌어온 뒤, 중국에서 들여온 차는 재주와 용모가 몹시 추악해서 차마 봐줄 수 없는 계집종과 같다고 비유했다.

그러다가 초의 스님이 부쳐 온 곡우 전에 딴 응조차(鷹爪茶)와 맥과차(麥顆茶)를 마주했다. 응조는 매 발톱이고, 맥과는 보리 알갱이다. 채 펴지 않은 차의 첫 잎을 형용한 것이다. 그러니까 응조차니 맥과차니 한 것은 곡우 전에 딴 첫물 차라는 말이다.

이어 산천은 초의차의 포장 상태와 효능에 대해서도 적었다. 포장은 탁포(籜包), 즉 대나무 껍질로 쌌고, 응조와 맥과라 했듯이 일창일기의 여린 싹만을 엄선해서 덖고 말리는 수단을 발휘했다. 효능은 '소옹척번(消壅滌煩)', 즉 막힌 체증을 뚫어주고 번열을 씻어내준다. 전씨의 군대가 저만치 물러나고 말았다는 것은 온몸을 옥죄던 답답한 기운이 활짝 가셔서 흔적 없이 되었다는 의미다.

또 우리나라가 고려 때 토산의 공물과 대궐에서 신하에게 내리는 하사품을 모두 차로 썼을 만큼 차 문화가 진작에 발전하였으나, 지난 5백 년간 적막하게 단절되어 차가 무슨 물건인지조차 모르게 되었는데, 초의에 이르러 그 단절을 메워 제다의 비법이 복원될 수 있었으니, 공덕으로 쳐도 큰 공덕이 아닐 수 없다고 했다. 끝은 차 맛이 이다지도 훌륭하므로, 공연히 바깥 사람에게 알려져서 차에 세금을 매기게 되거나, 이런 저런 요청으로 성가시게 될 것이 걱정이란 말로 맺었다.

제2의 다송, 초의의 답시

산천의 「사차」시를 받아든 초의는 다시 같은 운자로 답시를 썼다. 초의가 정학연과 김상희의 사차시를 받고 쓴 답시가 문집에 실려 있지만, 다른 시에는 차와 관련된 내용이 거의 보이지 않는다. 이에 반해 초의의 이 답시는 『동다송』에 이은 제2의 다송이라 해도 손색이 없을 만큼 차에 대한 깊은 논의를 담았다. 제목은 「산천도인의 사차시에 삼가 화운하여 (奉和山泉道人謝茶之作)」이다. 경술년(1850)에 지었다.

예로부터 성현은 모두 차를 아꼈나니	古來賢聖俱愛茶
차는 마치 군자 같아 성품에 삿됨 없다.	茶如君子性無邪
세상의 풀잎 차를 대충 맛을 다 보고서	人間艸茶差嘗盡
멀리 설령(雪嶺) 들어가서 노아차를 따왔다네.	遠入雪嶺採露芽
법제하여 이를 통해 제품(題品)을 받고서는	法製從他受題品
옥그릇에 갖은 비단 감싸서 담았다네.	玉壜盛裹十樣錦
황하의 맨 위 근원 그 물을 찾고 보니	水尋黃河㝡上源
여덟 덕을 두루 갖춰 더욱더 훌륭하다.	具含八德美更甚

『서역기(西域記)』에 말했다. "황하의 근원은 아욕달지(阿褥達池)에서 처음 나온다. 물이 여덟 가지 덕을 머금어, 가볍고 맑고 차고 부드럽고 아름다우며, 냄새나지 않고, 마실 때 알맞으며, 마신 뒤에 병이 나지 않는다."(西域記云: 黃河之源, 始發於阿褥達池. 水含八德, 輕淸冷軟美, 不臭, 飮時調適, 飮後無患)

경연수(輕軟水) 깊이 길어 한 차례 시험하자	深汲輕軟一試來
참된 정기 마침맞아 체(體)와 신(神)이 열리누나.	眞精適和體神開

『다서』「천품(泉品)」에 말했다. "차란 것은 물의 신이고, 물은 차의 몸체다. 참물이 아니고서는 그 신을 드러낼 수가 없고, 좋은 차가 아니라면 그 체를 살피

지 못한다.(茶書泉品云: 茶者水之神, 水者茶之體. 非眞水莫顯其神, 非精茶莫窺其體)

나쁜 기운 사라지고 정기(精氣)가 들어오니	粗穢除盡精氣入
큰 도를 얻어 이룸 어이 멀다 하리오.	大道得成何遠哉
영산(靈山)으로 가져와서 부처님께 올리고	持歸靈山獻諸佛
차 달임 더욱 따져 범률(梵律)을 살피었네.	煎點更細考梵律
알가(關伽)의 진체(眞體)는 묘한 근원 다하였고	關伽眞體窮妙源

　범어로 '알가화(關加花)'는 차를 말한다.(梵語關加花言茶)

묘한 근원 집착 없어 바라밀이 그것일세.	妙源無着波羅蜜

　『대반야경』에 말했다. "일체의 법에 집착하는 바가 없기 때문에 바라밀이라
　한다."(大般若經云: 於一切法無所執着, 故名波羅蜜)

아아! 나는 삼천 년이 지난 후에 태어나	嗟我生後三千年
물결 소리 아득해라 선천(先天)과 막혔구나.	潮音渺渺隔先天
묘한 근원 묻자 해도 물을 곳이 바이 없어	妙源欲問無所得
부처님 열반 전에 나지 못함 한탄했지.	長恨不生泥洹前

　니원(泥洹)은 열반과 뜻이 같다.(泥洹涅槃義同)

이제껏 차 사랑을 능히 씻지 못하여서	從來未能洗茶愛
우리 땅에 가져오니 속좁음을 웃어본다.	持歸東土笑自隘
옥그릇에 비단 두른 빗긴 봉함 풀어서	錦纏玉壜解斜封
지기(知己)에게 먼저 보내 단세(檀稅)를 바치구려. ‧	先向知己修檀稅

예전부터 성현들은 모두 차를 사랑했다는 말로 서두를 열었다. 차의 성품은 군자와도 같아서 삿된 기운이 하나도 없다. 이어지는 차의 연원에 대한 설명이 묘하다. 작품에는 『동다송』과 마찬가지로, 중간 중간에 협주를 달았다. 협주는 모두 5개다. 『서역기』와 『다서』, 『대반야경』을 인용했고, 『다서』를 제외한 나머지 넷은 모두 불경에서 끌어왔다.

차의 근원에 대한 설명도 특이하다. 인간 세상에서 나는 풀잎 차를 대개 맛본 뒤에 설령(雪嶺), 즉 히말라야로 들어가서 노아차를 따와 제품으로 만든 것이 차의 시원이라고 했다. 수품(水品) 또한 황하의 발원지인 아욕달지에서 나는 가볍고 맑고 차고 부드러우며, 아름답고 냄새 없고, 마실 때 알맞고 마신 뒤에 뒤탈이 없는 여덟 가지 덕을 갖춘 경연수를 길어서 이 물로 차를 끓였다. 그러자 차의 체와 신이 환하게 열려, 나쁜 기운은 말끔히 사라지고 정기가 스며들어, 청정한 정신으로 득도의 경지에까지 가볍게 오를 수 있었다. 그래서 이 차를 영산으로 지녀와 부처님께 바치기 시작했다. 또 점다법(點茶法)을 더욱 발전시켜 범률(梵律), 즉 부처님의 율법처럼 정밀하게 체계를 갖추니 차의 진체(眞體)가 묘원(妙源)을 다하게 되어 바라밀의 대법을 이룰 수 있게 되었다.

말하자면 초의는 이 시에서 차의 연원을 신농씨의 『식경(食經)』에서 찾는 전통적인 설명법과 달리 불경에 근거하여 차의 불교 시원설을 펼치고 있는 셈이다. 차가 범어로는 알가화라 한다든지, 부처님 열반 전에 태어나지 못함을 안타까워했다든지 하는 언급은 차가 부처님 시대부터 이미 세상에 행해져서 득도(得道)의 한 방편으로 사랑을 받았음을 밝힌 대단히 흥미로운 내용이다. 근거로 삼은 문헌은 당나라 현장 스님의 『대당서역기(大唐西域記)』인 듯한데, 이에 관해서는 앞으로 좀 더 정밀한 논의가 필요하다.

초의는 자신이 부처님보다 3천 년이나 뒤늦게 태어나, 당시의 다도를 물을 길이 없고, 그 방법도 알 수가 없게 되었음을 안타까워했다. 그런데 여태까지도 차를 사랑하는 습벽만은 씻어낼 수가 없어, 이 차가 우리나라 땅에까지 전해져 널리 퍼지고 있으니, 차에 대한 그 맹목적인 집착을 웃지 않을 수 없다고 했다. 마지막 두 구절에서는 산천이 말한 옥그릇에 비단으로 감싸둔 비싼 중국차를 혼자만 마시지 말고, 단세, 즉 부처님 전에 바치는 세금 삼아 자신에게도 좀 보내보라고 말한 것이다.

이상 초의와 산천 김명희의 교유를 살펴보고, 산천이 초의에게 보낸 「사차」시와 이에 대한 초의의 답시를 읽어보았다. 두 작품은 모두 차에 대한 본격적인 논의를 펼친 중요한 내용을 담고 있다. 특히 초의의 답시는 차의 불교 시원설을 과감하게 제창한 내용으로, 문헌 근거를 비롯하여 향후 차계의 더 꼼꼼한 연구가 요청된다. 조선 후기 차 문화사의 모든 중심에는 이렇듯 늘 초의가 존재했다. 여기에 그의 스승인 다산과 벗인 추사 형제 등이 포진하여, 차 문화의 힘찬 고동을 알렸다.

29

반드시 스님이 만든 차라야 합니다

정학연의 차 편지와 호의縞衣의 장춘차長春茶

　유산(酉山) 정학연(丁學淵, 1783-1859)과 운포(耘逋) 정학유(丁學游, 1786-1855)는 다산 정약용의 아들이다. 형제는 아버지 다산의 강진 유배지를 몇 차례 왕래했고, 이후 아버지의 제자 및 대둔사의 승려들과 지속적인 교유를 나누었다. 이들은 아버지 다산을 이어 차에 일가견을 지녔던 차인이었다.『일지암시고(一枝庵詩稿)』에는 형제가 초의 스님에게 보낸 시가 여러 편 실려 있다. 근자에 영인된 정학연의 시집『삼창관집(三倉館集)』과『종축회통(種畜會通)』에도 차시 및 차와 관련된 항목이 있다.[1] 영남대학교 동빈문고 소장『유산일문기대둔사제선사간찰첩(酉山一門寄大芚寺諸禪師簡札帖)』(이하『유산일문첩』)과 일산 원각사 소장『다암서첩(茶菴書帖)』은 다산의 아들과 손자들이 호의와 안익(安益), 각안 등 대둔사의 승려에게 보낸 친필 편지들을 합첩한 서첩이다. 여기에도 차와 관련된 내용이 매우 많아 지금까지 전혀 알려지지 않았던 정학연 형제

483

를 위시한 다산 후손들의 차 생활에 대해 많은 정보를 확보할 수 있게
되었다.[2] 이 밖에 고 예용해 선생 소장 간찰 한 편이 따로 전한다. 이 글
에서는 먼저 정학연의 차시와 차 편지를 소개하겠다.

정학연의 차시와 차 관련 기록

정학연의 시집『삼창관집』필사본 1책은 일본 궁내청 서릉부(書陵部)
소장 자료로 1802년부터 1808년까지 7년간의 작품을 연도별로 수록했
다. 정학연의 나이 20세 때부터 26세까지의 작품 모음이다. 이 중 23세
때인 1805년 봄에 지은 시 가운데 차에 관한 내용이 처음 나온다. 「서회
(書懷)」란 작품이다.

세상이 버려도 저술은 하고	世棄書猶著
집 가난해 술조차 외상을 하네.	家貧酒亦賒
늦은 구름 방죽 나무 걸리어 있고	晚雲凝埭樹
봄비에 제방 모래 잠기었구나.	春雨沒堤沙
강가 저자 멥쌀은 값도 헐하여	江市賤粳米
산방에서 차 싹 봉지 열어본다네.	山房開茗芽
시골살이 6년간 흡족도 하니	鄉居恰六載
그윽한 일 자랑하기 충분하구나.	幽事足堪誇

세상에서 버림을 받았지만 저술에 힘쓰고, 집안 살림은 궁색해서 외
상 술을 먹는다. 6구에 산방에서 '명아(茗芽)'를 열어본다 하여, 차 싹을
따로 보관해두고 차를 달여 마신 일을 적었다. 바로 이어지는 시가 「전

다(煎茶)」인데, 여기에는 매우 구체적인 차 생활에 대한 언급이 보인다.

간밤 숙취 깨질 않아 낮잠이 늘어지다	卯醒仍帶午眠遲
석탄 살짝 지피니 해안(蟹眼)이 기이하다.	石炭微烘蟹眼奇
물맛은 혜산천(惠山泉)에 부끄럽다 할 만하나	水味堪羞惠山澗
목영(木癭)은 월주자(越州瓷)만 못하지 않다네.	木癭不讓越州瓷
사마상여 갈증이야 적셔주기 너끈해도	剩澆司馬相如渴
동방만청 굶주림은 구하기가 어려워라.	難求東方曼倩飢
채식하던 마른 장에 어이 차를 마시랴만	喫菜枯腸何用飮
한가한 중 담박한 생애를 지어보네.	閒中聊作澹生涯

숙취를 깨려고 찻물을 달인다고 했다. 물맛이야 천하 제일 혜산천에 견줄 수가 없겠지만, 목영이란 이름의 찻잔만큼은 월주 땅의 흙으로 구운 자기만 못지않다고 했다. 차가 갈증을 적셔줘도, 굶주림을 구할 수는 없다고 한 것은 재미난 표현이다. 자신은 늘 채식을 하는 처지라 기름기를 제거하는 효능을 지닌 차를 마시는 것이 적절치가 않다. 하지만 담박한 생활 속의 한가로운 정취를 즐기기 위해 이렇게 차를 마시노라고 적었다.

앞에서 살펴보았듯이 다산이 21세 나던 임인년(1782) 봄에 지은 「춘일체천잡시(春日棣泉雜詩)」에 백아곡에서 난 새 차를 얻은 뒤 지은 시가 있고, 「미천가(尾泉歌)」에도 용단차를 마셔 고질병을 다스린다는 내용이 있었던 것을 기억한다면, 정학연 또한 아버지를 이어 어려서부터 차에 익숙해 있었음이 분명하다. 석탄을 지펴 찻물을 끓이는 절차뿐 아니라, 갈증을 적셔주고 기름기를 제거하는 차의 효능에 대해서도 숙지하고 있었다.

3년 뒤인 1808년에 지은 「차관(茶罐)」이란 작품도 있다.

연경의 저자를 가서 뒤져서	去覓燕京市
소내〔苕川〕 물가 집으로 선물하였네.	來供牛渚堂
솔 그을음 여러 번 뒤집어쓰매	松煤頻上面
석수(石髓)를 마시기에 아주 좋구나.	石髓好充腸
책을 보다 남은 물로 적시어주면	臨卷沾餘滴
화로에서 은은한 향기가 나지.	依爐放暗香
날 위해 입속을 맑게 헹구니	爲余淸口吻
마침내 유탕함도 피하지 않네.	終不避流湯

누군가 그의 차에 대한 기호를 알아, 연경에서 구해온 차관을 선물했던 모양이다. 솔 그을음이 자주 묻는다고 한 3구와 석수로 장을 채운다는 4구는 자신이 차를 평소에 즐겨 자주 끓여 마신다는 뜻으로 한 말이다. 또 책을 보다가 남은 물을 차관에 부어 화로에 올라오는 은은한 향기를 음미하고, 이것으로 입을 맑게 헹구었다. 남들이 이러한 호사를 두고 유탕하다고 나무란다 해도 개의치 않겠다는 뜻을 비쳤다. 그의 차 생활은 이때 이미 생활 속에 자리 잡고 있었던 것이다. 이 밖에 비교적 만년의 시를 수록한 고려대 소장 필사본 『蕁里魚正集(순리어필집)』에도 「호옥전다(湖屋煎茶)」시 3수가 실려 있다. 제1수 1, 2구에 "한 심지 향사르며 차를 더디 달이니, 연실인 양 정화(情話)가 새록새록 피어나네.(燒香一炷煎茶遲, 情話抽新似藕絲)"라고 했다.

『종축회통(種畜會通)』은 정학연의 농업 및 축산 관련 저술이다. 필사본 8권 3책으로, 현재 일본의 개인이 소장한 유일본이다. 이 가운데 제3책 권5에 '차' 항목을 따로 마련했다. 자료 제공을 겸해 여기에 소개한다.

『사시유요(四時類要)』에 말했다. "익었을 때 거두어 열매를 취해, 젖은 모래흙에 섞어 대광주리에 휘저어 담는다. 볏짚이나 풀로 덮어주지 않으면 바로 얼어 싹이 나오지 않고, 2월 중에야 나온다. 이를 나무 아래나 북쪽 그늘진 땅에 심는데, 둥글게 석 자의 구덩이를 파되 깊이는 한 자로 해서, 잘 쪼개서 인분과 흙을 붙여 매 구덩이마다 60~70개의 씨를 심는다. 대개 흙은 한 치 남짓 두텁게 덮어주고, 풀이 멋대로 나게 내버려두어 김매지 않는다. 서로 거리는 두 자로 하고 한 방향으로 심는다. 가물 때는 쌀뜨물을 준다. 이 물건은 햇빛을 두려워하므로 뽕나무 밑이나 대나무 그늘에 심으면 다 좋다. 2년 뒤에야 바야흐로 김을 매서 손볼 수 있다. 오줌이나 묽은 똥, 누에 똥을 거름으로 주어 북돋우되 지나치게 많아서는 안 되니, 뿌리가 약해질까 염려해서다. 대개 산중에 비탈진 곳이 좋고, 만약 평지라면 양쪽 두둑에 깊게 이랑을 파서 물이 빠지게 해야 한다. 물이 스미면 뿌리는 반드시 죽고 만다. 3년 뒤에 차를 거둔다." ○ 『화경(花鏡)』에 말했다. "차를 보관할 때는 반드시 주석으로 만든 병을 써야 한다. 그러면 차의 빛깔과 향이 비록 해를 넘겨도 전과 같다." ○ 현호 선생(玄扈先生)이 말했다. "거두어 간수하는 것은 반드시 대껍질을 잘 라서 만든 대그릇에 섞어서 저장하면 오래되어도 눅지 않는다."[3]

세 대목의 인용으로 이루어졌다. 『사시유요』는 한악(韓鄂)의 『사시찬요(四時纂要)』를 말한다. 차씨를 받아 발아시킨 후, 땅에다 옮겨 심는 절차와 거름 주는 법, 재배 상의 주의 사항 등을 적은 내용이다. 그리고 차의 보관에 대해 쓴 『화경』과 현호 선생의 글 한 단락씩을 인용했다. 현호 선생은 서광계(徐光啓, 1562-1633)를 가리킨다. 인용은 그의 『농정전서(農政全書)』에서 따 왔다. 정학연의 차에 대한 공부는 이미 상당한 수준에 도달해 있었다.

차를 보관하는 중국의 주석 병.

이들 시와 위 인용은 아버지 다산이 유배 가기 전부터 다산 집안에서
차를 즐기고, 관련 서적을 두루 섭렵하고 있었음을 알려준다.

호의의 장춘차

호의(縞衣) 시오(始悟, 1778-1868) 스님은 초의와 함께 완호 윤우의
법맥을 이은 대둔사의 승려다. 동복 적벽 사람으로 속성이 정씨(丁氏)였
다. 다산은 그가 한집안이라 하여 특별히 아끼는 뜻을 담아 호게(號偈)
와 서문을 써주기까지 했다.[4] 호의가 초의와 마찬가지로 제다에 깊은 조
예를 지녔고, 그의 차가 서울까지 올라온 사정은 지금까지 알려진 바 없
다. 다만 다산이 1815년 3월 10일에 호의에게 보낸 편지에 "떡차 열 덩
이로 애오라지 늙은이의 마음을 표시하네.(茶餠十錠, 聊表老懷)"라고 한

것으로 보아 호의도 처음에는 다산의 차를 오히려 얻어 마셨다.[5] 이후 스승에게 차 만드는 법을 배워 다산 해배 이후에는 자신이 만든 차를 두릉으로 올려 보냈다.

금번에 소개하는 정학연이 호의에게 보낸 11통의 편지는 호의차의 구체적 내용을 증언한다. 이 중 먼저 소개할 것은 고 예용해 선생 소장의 간찰 1통이다.[6]

지금 세상에서 차의 지기(知己)는 두실(斗室) 태사(太史)뿐입니다. 두실 태사께서 나를 통해 장춘차 몇 사발을 마시고는 이렇게 말씀하시더군요. "내가 어려서부터 중국의 이름난 차를 두루 맛보았네. 차의 품질을 품평하는 것은 스스로도 나만 한 이가 없으리라 여기지. 무슨 놈의 기막힌 차가 저 먼 고장에서 생산되어 이제야 비로소 이름이 드러난단 말인가. 절강(浙江)과 나개(羅岕)와 동갱(銅坑)은 진품이 제법 많지만, 우리나라 사람들이 맛보기가 힘들다네. 질 나쁜 중국차를 마시느니, 차라리 장춘차를 취하겠네그려." 이 말이 몹시 좋아 스님을 위해 외워드립니다. 내년 곡우 때는 능히 유념해주실 수 있는지요. 괜시리 산인(山人)께 한바탕 번뇌만 안겨드릴까 염려됩니다.

작년 꽃필 적에 초의 스님과 더불어 함께 임청정(臨淸亭) 아래 앉아 해묵은 소나무 사이에서 술 항아리와 붓 벼루로 온종일 읊조리려 하였는데, 세속 일이 연실[藕絲]처럼 끊이질 않아, 마침내 뜻과 어긋나 꽃 시절을 헛되이 보내고 말았습니다. 지금까지도 안타깝습니다. 이제 이때가 다시 돌아왔으니 모두 환세(幻世)의 기이한 인연입니다. 16일이 마침 가까웠으니 한 잎 고깃배로 사라담(鈔羅潭) 위로 거슬러 올라가 지난봄 마치지 못한 빚을 보상받을까 합니다. 다만 열흘밖에 남지 않아 또 능히 함께할 수 있을지 모르겠군요. 대사와 함께하지 못함을 안타까워하며 이를 글로

알려드립니다. 7월 4일 학가(學稼) 돈수.⁷

정학연이 보낸 발신자와 발신 연대가 분명치 않은 편지다. 서명을 '가(稼)'라고 했으니, 학연으로 개명하기 전 학가(學稼)란 이름을 쓰던 젊은 시절의 편지다. 『유산일문첩』 제6신도 학가로 서명이 되었는데, 1819년 7월 4일자의 서명이 있는 것으로 보아, 비슷한 시기에 쓴 것인 듯하다. 수신자의 이름도 분명치 않다. 다만 호의와 관련된 다산의 편지가 합첩되어 있고, 초의와 나란히 거론된 것으로 보아 수신자는 호의였을 것으로 본다. 이때 다산은 귀양에서 풀려나 두릉에 있을 때였다.

편지에서 정학연은 자신의 차 지기로 두실 태사를 꼽았다. 두실은 심상규(沈象奎, 1766-1836)의 호다. 영의정까지 지낸 당대의 거물이었다. 그는 자신의 집인 가성각(嘉聲閣)에 무려 4만 권의 징시와 온갖 기이한 물건을 갖춰두고 호사를 누렸던 인물이다. 진귀한 중국차도 산지별로 다 구해 맛보았다. 그는 스스로 차 맛의 감별에 관한 한 자기만 한 사람이 없으리라고 자부했던 모양이다. 그런 그가 정학연이 끓여준 장춘차 몇 사발을 마셔보고는, 눈을 동그랗게 뜨고 도대체 어디서 이런 기막힌 차를 구했느냐고 물었다. 정말 좋은 중국차는 구하기가 어렵고, 값만 비싼 저질품은 마실 수가 없으니, 엉터리 가짜 중국차를 마시느니 차라리 장춘차가 훨씬 낫겠다고 품평했다.

정학연은 심상규의 이 칭찬을 전하면서 슬쩍 내년 곡우 때에는 그를 위해서도 따로 차를 마련해줄 수 있겠느냐고 부탁했다. 워낙에 차가 귀할 때였던지라 이렇게 억지를 부리지 않고는 차를 입에 대어볼 수도 없었다. 정학연은 호의의 차에 장춘차란 이름을 붙여주었다. 장춘동(長春洞)은 해남 대둔산의 골짜기 이름이다. 장춘차는 해남 대둔사에서 만든 차란 뜻이다. 이로써 우리는 차 문화사의 뜻깊은 이름 하나를 확인하게 정학연이 초의에게 보낸 차에 관한 편지.

되는 셈이다.

그러고는 화제를 바꿔, 작년 봄 초의 스님과 초천 가에 있던 임청정에서 시회를 열며 봄꽃 구경을 하려 했는데 이루지 못한 애석함을 적었다. 또 집 앞의 사라담에 일엽편주를 띄워놓고 7월 16일 소동파의 「적벽부」 뱃놀이를 본떠 지난해의 유감 풀이나 하려 한다는 사연을 적었다. 편지를 보내는 날이 이미 7월 4일이어서 대둔사에서 이날까지 대어 오기는 늦은 때였으므로, 함께하지 못해 유감이란 말로 편지를 맺었다.

위 편지는 몇 가지 사실을 증언한다. 첫째, 그간 차에 있어서는 초의의 존재만 알려져 있었으나, 호의 또한 따로 차를 만들어 두릉으로 보내고 있었다. 둘째, 해남 대둔사에서 만든 차를 장춘차라고 불렀다. 셋째, 중국차를 두루 맛보아 차에 대한 안목이 높았던 심상규가 칭찬을 아끼지 않았을 만큼 차 맛이 훌륭했다.

정학연의 차 청하는 편지

이제 『유산일문첩』에 수록된 차 관련 편지를 차례대로 검토하겠다. 전체 글을 다 읽지는 못하고 차와 관련된 부분을 중심으로 소개한다. 『유산일문첩』 제3신이다.

초의가 이곳에 있는 덕분에 연달아 글을 받자오니, 매번 사람의 마음을 상쾌하게 합니다. 다만 서폭 가득 서로 그리며 연면히 애틋한 정의 말씀이 넘쳐흘러, 저로 하여금 더더욱 아득히 마음이 녹아들게 합니다. 초가을에 선정(禪定)이 맞나고, 지체도 청건(淸健)하심을 알게 되어 몹시 기쁩니다. 저는 양친의 병환이 봄 여름을 지나 가을까지 이어지고, 제 묵은 병

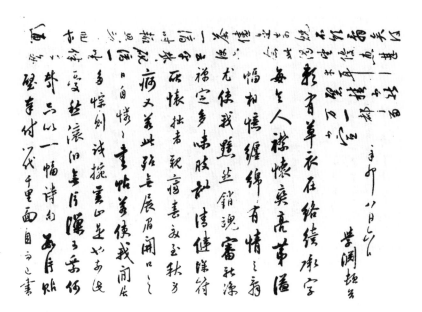

도 또 이와 같은지라, 눈썹을 펴고 입을 열 날이 거의 없는 형편입니다. 스스로 연민할 따름이지요. 글씨첩은 만약 제가 한가로이 지내며 즐거운 일이 많을 것 같으면, 팔꿈치를 시험해 글씨를 쓰는 것이 어찌 이 정도에 그쳤겠습니까? 다만 이처럼 근심으로 골몰하여 잠깐의 틈조차 탈 수가 없으니 어찌하겠습니까? 단지 한 폭의 시구와 몇 조각의 벽에 붙일 글씨를 받들어 부칩니다. 이로써 천 리의 면목을 대신할 뿐이니 글씨라고야 하겠습니까? 연적 하나를 함께 보냅니다. 한 번 따를 때마다 저를 한 번씩 생각해주십시오. 부쳐주신 차는 참으로 기이한 선물이니, 사양하지 않으렵니다. 뒷 인편에 또한 이 같은 갈망을 생각하셔서 더 낫게 보내주시면 몹시 다행이겠습니다. 연거푸 보내주실 수 없다면 만에 하나라도 남겨주십시오. 이만 줄입니다. 신미년(1831) 8월 6일, 학연 삼가.[8]

「유산일문첩」 제10신.

　　1831년 8월 6일에 호의에게 보낸 편지다. 이때 초의는 스승 완호의
탑명을 받는 일로 해를 넘겨 정학연의 집에 머물며, 장안의 명류들과 시
회를 여는 등 명성을 드날리고 있었다. 초의의 체류가 예상외로 길어지
자, 호의가 연거푸 편지를 보냈던 모양이다. 편지의 내용이 참 정스럽
다. 호의는 정학연에게 글씨를 요청했고, 정학연은 넉넉히 써 보내지 못
하는 것을 미안해했다. 편지의 주된 용건은 기이한 차 선물을 보내주어
고맙다는 말과 다음번에는 훨씬 더 많이 보내주면 감사하겠다는 부탁에
놓여 있다. 앞서 본 편지와는 10년가량의 시간적 거리가 있다.[9] 호의는
그 후로도 줄곧 정학연에게 차를 만들어 보내고 있었던 것이다.

　　다음은 『유산일문첩』 제10신이다.

　　가을 들어 범리(梵履)는 청안하신지요. 찬 산에 잎은 지고 종소리와 등불
그림자에 꿈을 깨어 일어나면, 대공(臺公)의 축지법을 배워 한달음에 스
님을 찾아보지 못함이 안타깝습니다. 저는 쇠약한 형상이 날로 심해져

494

서, 이번 여름에 겪은 것을 말하려니 지금도 등골이 오싹해집니다. 다행
히 가을바람이 불어옴에 힘입어 겨우 예전처럼 움직이고는 있지만, 자고
먹는 것이 남만 못합니다. 다만 방 안에서 뒹구는 물건이 되었을 뿐입니
다. 시 한 수를 받들어 보이니 뜻에 맞으실는지요. 보통의 차는 요동의
돼지일 뿐이라, 반드시 초의와 대사께서 손수 만든 것이라야 훌륭합니
다. 큰 차포 하나를 목헌(牧軒) 서아사(徐雅士) 편에 부쳐주시면 어떠실는
지요. 서아사가 또한 마땅히 장춘동에 들르게 되면 반드시 스님을 찾아
갈 것입니다. 차를 맡기는 부탁은 그다지 어렵지 않을 겁니다. 인편이 기
다리고 있어 이만 줄이옵고 다 적지 못합니다. 살펴보소서.

신축년(1841) 8월 20일, 종말(宗末) 정학연 돈수.**10**

앞서의 편지에서 다시 10년 뒤인 1841년의 편지다. 이때 정학연은 61
세였다. 수신자를 "호의선사(縞衣禪師) 정탑(定榻)"이라고 적었다. 자신
이 지난여름에 건강을 잃어 심하게 앓았던 일을 말했다.

요동시(遼東豕)는 고사가 있다. 요동 사람이 기르던 돼지가 머리가 흰
새끼를 낳았다. 신기하게 생각해서 임금에게 바치기 위해 하동 땅으로
갔는데, 그곳의 돼지를 보니 모두 흰지라 부끄러워 그저 돌아왔다는 이
야기다. 여기서는 보잘것없다는 뜻으로 썼다. 보통의 차는 별 볼 일이
없고, 초의나 호의가 직접 만든 수제차라야 맛이 훌륭하다고 하면서, 내
려가는 인편에 직접 만든 장춘차를 큰 포로 하나 보내줄 것을 부탁했다.

다음은 제10신에서 함께 부친 시다.

하룻밤 꿈 홍엽가(紅葉家)로 스님 찾아갔더니	一夢尋僧紅葉家
솔바람 시냇물에 조주차를 내오시네.	松風澗水趙州茶
옥천사 안에는 선인장차 난다 하니	玉泉寺裏仙人掌

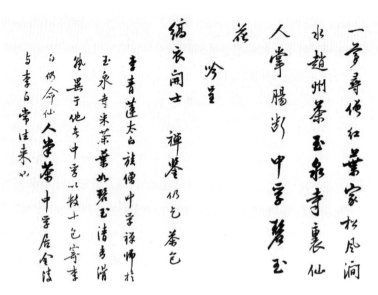

「유산일문첩」제12신.

중부의 벽옥화가 애를 끊게 하는구려.　　　　　　腸斷中孚碧玉花

청련 이태백의 집안 승려인 중부선사가 옥천사에서 찻잎을 땄는데 벽옥
과 같았다. 맑은 향기가 매끄럽고도 부드러워 다른 것과는 달랐다. 중부
가 수십 포를 이백에게 부치니 인하여 선인장차라고 이름 지었다. 중부
는 금릉에 살았으므로, 이백과 늘상 왕래하였다.[11]

　시 바로 다음에는 「호의 스님 선감(禪鑒)에 읊어 드리며 인하여 차포
를 청하다(吟呈縞衣開士禪鑒, 仍乞茶包)」란 제목을 달았다. 그러고는 따로
중부선사의 선인장차 고사를 친절하게 부기하였다. 꿈속에도 차가 그리
워 단풍잎 붉게 물든 절집으로 찾아갔다. 스님은 냇물을 길어와 조주차
를 끓여 내온다. 3, 4구는 옥천사에 난다는 중부선사의 선인장차 생각이

『유산일문첩』 제13신.

간절하니, 여유가 있으면 조금 나눠달라는 뜻을 적었다.

　이어지는 내용은 이백의 「족질 중부가 옥천사의 선인장차를 준 데 답례하여(答族侄中孚贈玉泉仙人掌茶)」란 시의 내용을 요약한 것이다. 초의의 자인 중부 또한 바로 중부선사에게서 따온 것임은 앞서도 지적한 바 있다. 중부는 금릉에 살았는데, 다산의 유배지였던 강진의 다른 이름 또한 금릉이어서 차를 통한 인연이 묘하게 이어졌다. 정학연은 집안 승려인 호의를 중부선사에 견주고 자신을 이백에 비겨, 중부가 이백에게 선인장차 수십 포를 부쳐주었듯이 자신에게도 장춘차를 넉넉히 보내달라고 요청했다.

　다음은 위의 요청에 따라 이듬해인 1842년 1월 12일에 호의가 차를 부쳐 오자, 기쁨을 이기지 못해 보낸 답신이다.

청나라 김정표(金廷標)의 「품천도(品泉圖)」. 대만 국립고궁박물원 소장.

거울에 제 얼굴을 비춰보니 쇠약하고 하얗게 센 것이 이와 같은지라, 노사께서 비록 십사(十使: 인간의 마음을 제멋대로 부리는 열 가지 번뇌)에 시달림이야 없다 해도, 연세가 절로 높아 이 장벽에 편안하게 대처하여 능히 지난날 마주하던 모습과 같을 수는 없으리라는 것을 미루어 알겠습니다. 이 세상은 몹시도 짧고, 둘 다 모두 이리 늙고 말았군요. 얼굴을 볼 방법이 없어 다만 천장을 우러러 혀를 찰 뿐입니다. 편지를 받아 보매 해를 넘겨서 온 것인데, 날짜를 헤아려보니 겨우 30일밖에 되질 않아 몹시 기뻤습니다. 새해에 법리는 청안하시겠지요. 남녘 구름을 따라가다 보면 다만 맺힌 그리움만 더할 뿐입니다.

부쳐주신 좋은 차를 직접 봉함을 끄르니 정성이 담뿍 담겨 있어서, 샘물을 길어 끓이기도 전에 이미 마음의 향기가 차포에 스며드는 것을 느끼겠습니다. 마땅히 진주처럼 아껴서 봄철을 지내는 밑천으로 삼으렵니다. 다만 차에 고질 든 것이 이미 고황(膏肓)까지 들어 마치 홍로(洪爐)나 묵뢰(默雷)인 양 한정이 없는지라, 이것이 염치없습니다. 서아(徐雅)가 비록 서울로 돌아왔지만, 이 목관(牧官)은 아직 체직되지 않아 차와 편지를 전하는 것은 염려가 없습니다. 다만 노사께서 번번이 이어 보내주실 수 없음을 안타까워할 뿐입니다. 저는 노병이 점점 심해져서 형제가 서로 마주하여 구슬피 상심하며 좋은 마음이라곤 아예 없으니 어찌한단 말입니까? 정성을 펼 물건이 없어 더더욱 부끄럽기 짝이 없습니다. 다만 초의가 올라오기를 기다리지만 어찌 바랄 수 있겠습니까. 붓을 들고 마음만 내달립니다. 다 갖추지 못합니다. 임인년(1842) 1월 12일 종인(宗人) 학연 돈수.**12**

지난해 8월 차 부탁을 받고 호의는 연말 인편에 차와 편지를 올려 보냈다. 이것이 해를 넘겨 1월 12일에 도착한 것이다. 두근거리며 차 봉함을 열자 훅 끼쳐오는 차향에 찻물을 끓이기도 전에 마음이 푸근해졌다. 봄 내내 진주처럼 아껴 마시겠노란 말이 조금도 과장으로 들리지 않는다.

그러면서 자신은 차감(茶疳), 즉 차벽이 이미 고질이 되어 아무리 많은 양의 차라도 성에 차지 않으니, 염치없지만 가능하다면 다른 인편에 계속해서 더 부쳐주면 좋겠다는 부탁으로 편지를 맺었다. 인편을 구하지 못한다면 결국 초의가 서울로 올라오기를 기다릴 수밖에 없는데, 이 또한 어찌 바랄 수 있겠느냐며 편지를 맺었다.

1843년 6월 13일의 편지에도 차 이야기가 나온다. "이제 문득 어렵사리 도착한 편지와 함께 보내주신 두강차의 맑은 맛은 만다라의 보액(寶液)입니다. 천 리 길에 보내주심은 실로 노사의 심력이 먼 데까지 미치신 덕분이니, 그 감사함을 헤아릴 길 없어 더더욱 깊이 흠탄합니다."[13]라고 하였다.

이 밖에도 이들 편지는 정학연과 호의 사이에 오간 여러 곡진한 사연들을 담고 있다. 그 자세한 내용은 별도의 글로 살펴보기로 한다. 호의 외에 초의와의 사이에도 더 많은 편지가 있었을 것이나, 현재까지 확인된 것은 없다. 『일지암시고』에 정학연이 초의에게 차를 받고서 보낸 「사차시」와 이에 대한 초의의 답시가 실려 있는 것으로 보아, 초의가 만든 차 또한 부지런히 해남과 두릉 사이를 오갔을 것이다.

30

포장을 열자마자 맑은 향기가

정학유의 차 편지와 두륜진차頭輪眞茶

다산 집안에서 대둔사 승려에게 보낸 편지첩에는 맏아들 정학연뿐 아니라, 다산의 둘째 아들인 정학유의 차 편지도 적지 않게 들어 있다. 그 또한 차를 아끼고 애호했던 차인이었다. 그가 남긴 차시와 차 편지를 차 례로 읽어본다.

정학유의 차시와 초의의 화답시

문집이 일부나마 전하는 정학연과 달리 동생 정학유의 시문집은 현재 따로 전하지 않아, 그의 차시는 남은 것이 없다. 다만 초의의 『일지암시 고』에 초의에게 보낸 「차시」 한 수와 초의가 이에 화답한 「봉답운포차시 (奉答耘逋茶詩)」가 함께 실려 있다. 제목은 차시라고 했지만 차와 직접 관련된 내용은 없다. 하지만 일지암의 주변 풍경과 초의의 일상이 잘 그려져 있어 자료 제시 겸해서 읽어보겠다.

'운포'는 정학유의 호다. 다음은 정학유가 서울로 부쳐 온 초의의 차를 받고 감사의 뜻을 담아 보낸 시다.

초의 스님 정작 풀은 가꾸지 않으시고	艸衣老禪不維草
손수 청죽 심으시니 만 그루가 어여쁘다.	手種靑竹萬竿好
죽향실 안에서는 해를 봄도 더디겠고	竹香室中見日遲
금강암 기슭에선 바람맞이 이르겠네.	金剛巖畔迎風早
가부좌하고부터 잦은 출입 어려워	自從趺坐頻出難
다만 겨우 연못가를 열 걸음쯤 보신다네.	只得池塘十步看
목어 소리 잦아들면 침상 절반 달빛 들고	魚鼓纔沈半牀月
이슬 듣는 맑은 밤엔 풍경 소리 끊이잖네.	滴露清宵鳴未歇
푸른 난새 언제나 향대(香臺)로 내려오리	靑鸞何日下香臺
남쪽 바다 붉은 노을 한 길이 열렸구나.	赤霞南溟一道開
바람 없이 절로 떨림 그대는 아시는가	無風自動君知否
꿈속에서 도롱이 옷 떨쳐입고 오시누나.	夢裏漁蓑曾拂來

시는 『일지암시고』에 따르면 1848년에 지은 것이다. 대둔산 금강암 기슭에 자리 잡은 초의의 일지암 풍경과 초의 스님의 하루 일과를 그려 본 내용이다. 초의는 1830년에 일지암을 짓고, 1833년에는 둘레에 대나무를 옮겨 심었다. 그 경과는 「종죽(種竹)」이란 장편시에 적혀 있다. 둘레가 온통 대밭이었으므로 일지암의 거처를 죽향실(竹香室)로도 부른 것을 3구에서 알 수 있다. 5구는 초의가 제주도 유배지로 추사를 만나러 갔다가 낙마로 다리뼈가 부러진 사고를 당한 일을 말한 것이다. 당시까

지도 초의는 목발을 짚고 겨우 일지암 앞 연못가를 몇 발짝 둘러볼 정도의 상태였던 모양이다. 저녁 무렵 큰절에서 목어와 법고 소리가 잠잠해지면 달빛은 어느새 거처하는 방의 절반쯤 스며들고, 맑은 밤중에도 처마 끝의 풍경 소리는 쉼 없이 쟁그랑대며 잠든 정신을 일깨운다. 언제나 회복해서 푸른 난새 같은 스님이 서울 걸음을 하실 수 있으시려나 하며 시상을 마무리했다.

다음은 위 시를 받고 초의가 보낸 답시 두 수다. 제목은 「운포의 차시에 삼가 답하다(奉答耘逋茶詩)」이다.

백 가지 기이한 꽃 천 가지 풀들은	百樣奇花千般卉
아침 피어 저녁 지니 늘 곱지가 않다네.	朝艷暮萎不長好
어이타 대나무가 곧은 덕성 품고서	爭似此君抱貞德
늦은 봄 이른 서리 원망찮음 같겠는가.	不怨春晚清霜早
옮겨 올 젠 고개 넘는 어려움도 마다 않고	移來不辭逾嶺難
곡진하게 주인 위해 그윽한 태 상쾌하다.	曲爲主人愜幽看
홀로 성근 그림자는 못 속 달빛 벗을 삼고	疎影孤伴池心月
여린 가지 봉새 와서 깃들기를 기다리네.	弱條猶蘄鳳來歇
석양이라 번진 노을 찬 누대에 가득하여	夕陽漏紅滿凉臺
무더위가 뚫으려도 문을 열지 않는다네.	炎瘴欲透無門開
바람 없이 잎 흔들자 옥을 가는 소리 나니	無風搖綠玉磨響
난새 탄 이 옷깃 떨쳐 오는 줄을 알겠구나.	始覺乘鸞披拂來
숨은 바위 가만 앉아 푸른 풀을 마주하며	巖靜坐對碧卉幽
멍하니 종일 봐도 담담히 별일 없네.	終日凝然澹無好
구름 끝의 학(鶴) 스님이 나를 찾아오셨으니	雲端鶴師來相訪

푸른 안개 신을 적셔 일찍 나선 줄 알겠네.	履粘靑霞起行早
바쁜 손길 경쾌하게 어렵잖게 펼치니	忙手輕輕致不難
날 재촉해 함께 보자 봉함을 열게 하네.	促余開緘要共看
속에 싼 여룡 구슬 밝은 달빛 한가지라	中裹驪珠同明月
품에 가득 눈에 온통 광채가 끝이 없다.	盈抱溢目光無歇
천 리 길에 서로 함께 영대(靈臺)를 비추시니	千里相共照靈臺
일생의 회포가 하나하나 열리누나.	一生懷抱細細開
무엇보다 마음 상해 억누를 수 없는 것은	傷心最是難抑處
생전에 한 차례 더 왕래하지 못함일세.	生前猶欠一往來

이름은 초의인데 어째서 풀은 안 심고 대만 잔뜩 심었냐는 장난의 말에, 풀꽃은 금방 시들지만 대나무는 변치 않기 때문이라고 대답하며 말문을 열었다. 일지암의 대나무는 원래 고개 넘어 적련암(赤蓮庵)에 있던 것을 옮겨 온 것이었다. 제10구를 보면 이 시를 쓴 때는 한여름이다. 둘째 수 3구에 나오는 학사(鶴師), 즉 학 스님은 바로 호의 스님을 가리킨다. 학의 별칭이 호의현상(縞衣玄裳)이라서 이렇게 말한 것이다. 두릉에서 정학연 형제가 보낸 편지와 선물이 도착했다는 소식을 듣고 호의가 이른 새벽에 산 위에서 일지암으로 초의를 찾아 내려왔던 모양이다. 선물 꾸러미를 열자, 호의는 어서 편지를 열어보자고 재촉을 한다. 선물로 보낸 여룡의 구슬은 형제가 답례로 써준 글씨를 두고 하는 말인 듯하다. 일생의 회포가 하나하나 열린다 했으니, 자신과 나눈 그간의 우정을 시로 노래했던 것이다. 하지만 자신은 다리를 다쳐 이제 더는 서울 걸음을 할 수가 없고, 그렇다고 그들이 이곳까지 내려올 수도 없으니 그것이 상심이 될 뿐이라고 했다.

주고받은 시는 시상의 아름다움이나 담긴 마음의 따뜻함도 훌륭하지만, 초의와 호의의 차를 받고서 정학유가 보낸 답시와 이에 대한 초의의 화답시란 점에서 차를 매개로 한 정 깊은 교유의 장면을 잘 보여준다. 정학연이 보낸 차시와 이에 대한 초의의 답시도 『일지암시고』에 실려 있으나 여기서는 따로 소개하지 않는다.

호의의 두륜진차

이제 정학유의 차 편지를 읽어보자. 앞서 소개했던 영남대학교 동빈문고 소장 『유산일문첩』에 역시 호의와 안익을 수신인으로 하는 정학유의 친필 편지 4통이 실려 있고, 일산 원각사 소장 『다암서첩』에 1통이 더 남아 있다. 5통의 편지를 차례로 살펴본다.

바다 산이 아득히 멀어 소식 듣기는 생각지 못해도 다만 미처 다 스러지지 않은 것이 옛 기억 속에 또렷합니다. 뜻하지 않게 초의가 와서 스님의 편지까지 얻게 되니 몹시 기뻤습니다. 근래 들어 더워지기 시작했는데, 산속 거처는 괜찮으신지요. 담은 마음이 오가도 저는 애틋함이 끊이지 않는데, 차마 의관을 갖추고 사람을 마주함이겠습니까? 일찍이 목석같은 마음이 혼자서 슬퍼하는 것만 같지 못하다는 것일 뿐입니다. 손수 만드신 좋은 차는 포장을 열자 이미 맑은 향기가 골수에 스며, 지난 십 수년의 해묵은 체증이 두륜진품(頭輪眞品)에 힘입어 열에 서넛은 물러나버렸습니다. 이것을 얻은 뒤로 말할 수 없이 기뻐하니, 그 은혜 받음을 가늠할 만합니다. 깊이 감사드립니다. 초의는 산행에서 겨우 돌아오자마자 또 이 같은 더위를 무릅쓰고 길에 오르므로, 작별하려니 마음이 안타깝습니다. 병중에 힘들여 쓰느라 다른 말은 적지 못합니다.

「유산일문첩」 제9신.

무술년(1838) 윤달 24일, 병든 사람이 격식을 갖춰 감사드립니다. 도자기 차호(茶壺) 하나를 보냅니다.[1]

1838년에 보낸 편지다. 이해에는 윤달이 4월에 들었다. 윤사월 24일에 쓴 것이다. 이해 초의는 금강산 유람을 위해 서울 걸음을 했다가, 유람을 마치고 대둔사로 돌아올 때 그 편에 앞서 받은 차에 대한 감사의 뜻을 편지에 담아 보낸 것이다. 호의차를 두륜진품이라 부른 것이 흥미롭다. 두륜산에서 채취해서 만든 훌륭한 차란 의미다. 앞서 정학연은 장춘차라고 했었다. 병으로 누워 있다가 부쳐 온 차의 포장을 끄르니, 고소한 차향이 골수에 스미는 듯하여, 묵은 체증이 열에 서넛은 벌써 간 곳이 없더라고 했다. 이때 정학유는 답례로 도자기로 구운 차호를 호의에게 선물했다.

「유산일문첩」 제14신.

병으로 게을러 능히 글을 올리지 못했는데 편지로 먼저 문안을 주시니, 종이 위로 넘치는 정성에 단지 부끄럽고 송구함만 더할 뿐입니다. 삼가 섣달 추위에 법리(法履)가 평안하시고, 참선의 즐거움이 나이 들어 더욱 맛이 있는 줄을 알겠습니다. 기쁜 나머지 마치 다정한 말을 나누는 듯하였습니다. 저는 늙어 쇠약함이 더욱 심해져서 단지 형해만 남았을 뿐 다시 정신을 수습하지 못하고 지냅니다. 슬퍼하고 불쌍히 여길 것 같아 이에 대해서는 자세히 적지 않습니다. 부쳐주신 진차(珍茶)는 이 맛을 못본 지가 이미 일 년이나 되었던지라 생각은 본시 법도대로 선미(仙味)를 찾으려 했으나, 헛되이 몽상만 수고로울 뿐이었습니다. 뜻밖에 정스런 편지로 온통 황홀하여 묵은 병이 문득 없어지니, 새겨 감사드려 마지않습니다. 병중에 힘들여서 어지러이 써서 보냅니다. 다만 바라기는 천(泉)을 위해 스스로를 아끼시지요. 이만 줄입니다.

임인년(1842) 1월 11일, 학유 돈수.[2]

역시 호의가 보내준 차를 받고서 감사를 표한 내용이다. 1842년 1월 11일에 보냈다. 두륜진차가 떨어진 지 1년이나 되어, 선미는 몽상 속에서나 맛보려니 했다. 갑작스레 차가 도착하자, 황홀한 마음에 해묵은 병이 벌써 저만이나 달아나고 말았다고 적었다. 차향이 글 밖으로까지 왈칵 끼쳐온다. 끝의 한 구절은 의미가 분명치 않다.

『유산일문첩』에는 호의 외에 안익 스님에게 보낸 편지도 4통이 실려 있다. 안익은 호의의 상좌였던 듯한데, 현재 남아 있는 승전(僧傳)에서는 어쩐 일인지 그의 존재를 찾아볼 수가 없다. 다음 편지는 정학유가 위 호의에게 편지를 보낸 것과 같은 날짜에 안익에게 보낸 글이다. 피봉에 '사익상인경창(謝益上人經窓)'이라고 쓰여 있는 것으로 보아, 역시 차를 보내준 안익 상인에게 답장으로 보낸 편지임을 알 수 있다.

아득한 바다 산을 향한 몽상이 더욱 괴롭던 차에 손수 쓰신 편지가 병들어 버려진 사람에게 도착하니, 이는 자비로움이 특별한 것입니다. 편지 보고 법리가 청적하시고 정진하심이 나날이 좋으심을 알 수 있어 먼 곳의 마음에 큰 위로가 됩니다. 제 병은 해마다 깊어져서 단지 비쩍 마른 고목의 몰골을 하고 방구들 사이에서 뒹굴고 있을 뿐입니다. 초의가 제주도로 가려던 것은 소원을 이루지 못했군요. 땅이 비록 하늘에 달린 것은 아니지만, 일 또한 사람 뜻대로 되는 것이 아니니, 이를 어찌하겠습니다. 몸의 병 중에 가장 괴로운 것은 기침입니다. 한창 심할 때는 두꺼비처럼 잠자려고 애쓰고, 게처럼 거품을 토하곤 하여, 마치 오랜 시간 꽉 막힌 듯함이 있습니다. 이때는 백약이 다 쓸모없고, 오직 두륜진차 일기(一旗)나 이기(二旗)를 입에 넣어 머금어 내려야만 비로소 가라앉습니다. 비록 병의 뿌리를 뽑을 묘한 약제는 아니나, 근심을 건져주는 훌륭한 처방은 될 만합니다. 앞뒤로 여러 스님께서 부쳐주신 것이 적지 않지만, 일 년간 마시는 것이 몇 십 근이 더 되니, 이것을 어찌 계속 보내줄 방법이 있겠습니까? 다만 이생에서 죽을 때가 다 되어 가까운 사람에게 수고를 끼치는 것도 또한 좋은 일은 아니겠지요. 올봄 곡우 전에 딴 좋은 차를 반드시 이 병든 이를 위해 애써주신다면 그 감사함이 마땅히 어떠하겠습니까? 초의도 함께 이 편지를 보십시오. 처음에는 각각 따로 쓰려 했지만 어지럽고 피곤해서 그리할 수가 없습니다. 이렇게만 쓰고 다른 말은 적지 않습니다. 임인년(1842) 1월 11일 학유 돈수.[3]

당시 정학유는 천식을 심하게 앓고 있었던 듯하다. 두꺼비처럼 잠만 자려 하다가도, 기침이 나오기 시작하면 게거품을 문 것 같았다고 적었다. 이러할 때 특효약으로 정학유는 두륜진차를 꼽았다. 그것도 일양기(一兩旗), 즉 일창일기와 일창이기로 만든 우전차를 달여 마셔야 다급하게 쏟아지던 기침이 겨우 가라앉던다고 했다. 앞뒤로 여러 스님이 부쳐준 차가 적지 않지만, 자신이 1년에 소비하는 차의 양이 수십 근이 더 되므로, 이것을 계속 이어 대줄 수는 없는 것이 아니냐고 적은 대목이 흥미롭다. 중국이나 강진 다신계 등 다른 경로로 얻은 차도 적지 않았을 것인데, 그렇다 치더라도 해남에서 두릉으로 올라온 차의 양은 결코 만만치가 않았다. 그러면서도 끝에 가서는 초의가 이 편지를 함께 읽어, 올봄 우전차를 다시 더 보내달라는 자신의 당부를 똑같이 염두에 두어줄 것을 부탁했다.

수제진품차의 효능

이듬해인 1843년 여름에도 정학유는 호의에게 편지를 보냈다. 당시 두 형제는 건강이 몹시 좋지 않아, 차의 힘에 의지하여 겨우겨우 지내던 형편이었다.

먼 곳 향해 달리는 생각이 늙어갈수록 더욱 견디기가 어렵습니다. 글월을 받자오매 산거가 청적하시고 참선하는 재미가 기쁜 것을 알겠습니다. 마치 마주하여 다정한 말을 나눈 듯 마음이 놓입니다. 저는 쇠약함이 외려 심해졌고, 게다가 형님께서도 해를 넘겨 학질을 앓으셔서 육신과 정신이 다 나간 듯합니다. 들어앉아 약을 먹어봐도 효험이 없군요. 안타깝고 걱정스러움을 말로 다 할 수가 없습니다. 부쳐주신 좋은 차는 틀림없이 손수 만드신 정이 담긴 선물입니다. 서둘러 문 앞의 강물을 길어다가 시험 삼아 한 차례 끓였더니 문득 병든 목구멍이 시원스레 뚫리는 것을 느끼겠습니다. 천 리 길에 감사를 어찌 드려야 할지 모르겠습니다. 바람결에 부치는 소식이라 마음을 다 펴기 어려워 다만 다음 인편을 기다릴 뿐입니다. 아픈 중에 어지럽게 씁니다. 이만 줄입니다.
계묘년(1843) 6월 14일, 종말 학유 돈수.[4]

1843년 6월 14일에 호의에게 부친 편지다. 차를 받자마자 갈급한 마음에 서둘러 앞 강물을 길어와 차를 끓여 마시는 광경이 눈에 선하다. 뿐만 아니라 병으로 답답하던 목구멍을 타고 차가 내려가자 시원스레 뻥 뚫리는 느낌이 있었다고 적었다. 이렇듯 정학유가 남긴 편지에는 모두 차를 보내주어 감사하다는 말과 차의 효능에 대한 이야기가 빠지지 않고 등장한다.

『유산일문첩』에는 1843년 6월 15일에 정학연의 아들 정대림(丁大林, 1807-?)이 호의와 안익에게 각각 보낸 편지가 두 통 따로 실려 있다. 이로 보아, 해남에서 부쳐 온 두륜진차는 다산 집안으로 전해져서 분배되

었고, 두 집안 모두 따로 편지를 써서 같은 인편에 답장을 보냈음을 알 수 있다.

정대림이 호의 스님께 부친 편지는 서두가 "매번 중부의 선인장차 고사를 생각할 때마다 저도 몰래 기이하다고 외치며, 마음에 품어 두곤 합니다. 관편(官便)에 보내신 스님을 편지를 얻어 보니, 마치 선탑(禪榻)과 마주한 것만 같아 흔쾌함을 이기지 못하겠습니다. 하물며 근래 지내심도 청적함을 알게 되니 더욱 마음이 놓입니다. 저는 노친께서 병환으로 열 달이나 위중하시다가, 겨우 수십 일 전부터 조금 나아지셨습니다. 하지만 잠자리와 식사의 절차는 잠시 평상을 회복지 못한지라 초조하게 날을 보내느라 족히 소식을 올리지 못했습니다. 보내주신 차와 동백 기름은 전처럼 당상(堂上)께 올려 드리겠습니다."5로 시작된다. 이백과 한집안이었던 금릉의 중부 스님이 옥천사의 선인장차를 이백에게 드렸던 것처럼, 다산과 한집안인 호의가 강진의 별호인 금릉에서 차를 보내온 것이 너무나 똑같아 기이하다고 말한 내용이다.

끝으로 정학유가 호의에게 보낸 편지 한 통을 더 읽어본다.

호의의 암자가 있던 두륜산의 정상 부근. ⓒ차벽

작년 여름 각안 스님이 돌아갈 때 일이 마치 어제 새벽 같은데, 잠깐 사이에 어느새 일 년이 지났습니다. 어찌 애타게 그리는 마음이 없겠습니까? 그러던 차에 묘총(妙總)이 와서 보내신 편지를 받자와 봄철에 법리가 청적하심을 알게 되니 마음이 놓입니다. 마치 손을 맞잡고서 한 차례 얘기를 나눈 것만 같습니다. 생각해보니 두류산 도량에서 온갖 꽃그늘에 새로 나온 죽순이 일제히 솟아날 제, 푸른 가죽신과 등나무 지팡이를 짚고서 만일암(挽日庵)과 북암(北庵) 사이를 왕래하던 것이 36년 전의 일입니다. 폐질이 생긴 듯하므로 서둘러 몸에서 떨어내야겠는데, 돌아보면 이루려고 바라던 바에 안주하고 말았으니 다만 스스로 한탄할 뿐입니다. 스스로 병증을 헤아려보니, 마치 달리는 수레가 비탈을 내려가는 것 같습니다. 올해 들어서는 방 안에서도 걸음조차 뗄 수가 없어, 다만 겨우 숨만 붙어 있습니다. 보내주신 수제진품이 여태도 끊어지지 않음에 힘입어, 이것으로 옥초(沃焦)의 감로수로 여깁니다. 초의가 정을 담아 보내준 것이 이제 또 잇달아 이르니, 두 분 스님이 나를 아껴주시는 마음이 아니었다면 어찌 여기까지 이르렀겠습니까? 글을 쓰려니 더더욱 망연할 뿐입니다. 팔 힘이 달려 다 적지 못합니다.

경술년(1850) 3월 24일, 종말 학유 돈수.[6]

일산 원각사 소장『다암서첩』에 실린 1850년 3월 24일자 편지다.『다암서첩』은 호의와 각안 두 스님을 수신인으로 유산 형제와 그 아들 및 조면호, 신관호 등이 보낸 편지를 묶은 것이다. 앞서 본『유산일문첩』보다 뒷 시기의 편지가 대부분이다.

36년 전 아버지 다산을 뵙기 위해 강진으로 내려왔다가 놀러 갔던 대둔사의 만일암과 북암 등의 아름다운 광경을 떠올렸다. 옥초산(沃焦山)은 동해 바다 어딘가에 있다는 전설 속의 산 이름이다. 호의의 차가 이 선계의 감로수와 같다고 말했다. 이리 귀한 수제진품차를 끊이지 않고 마실 수 있었던 것이 호의와 초의 두 스님의 두터운 정 때문이었다고 감사를 표시했다.

이상 정학연·정학유 형제가 호의 스님께 보낸 차 편지를 차례로 읽어보았다. 그간 초의와 추사 사이에 오간 차 편지는 널리 알려진 데 반해, 정학연 형제의 차 편지는 처음으로 소개되었다. 이들 편지를 통해 새롭게 밝혀진 사실을 정리하면 다음과 같다.

첫째, 대둔사에서 호의가 만들어 서울로 보낸 차에 대해 장춘차·두륜진차·두륜진품·두강차·수제가명(手製佳茗)·수제진품 등의 다양한 명칭으로 부른 것을 확인하였다.

둘째, 그간 초의만 차를 만들어 서울로 보낸 것으로 알려진 것과는 달리, 호의의 두륜진차가 초의차 못지않은 명성을 지녔음을 구체적 자료에 근거하여 처음으로 밝혔다.

셋째, 초의와 호의, 그리고 안익 등 대둔사의 여러 승려들이 각자 따로 차를 만들어 제가끔 보냈으리만치 대둔사 승려들의 차 생산량은 일반적 예상을 넘어서는 상당한 분량이었음을 알았다.

넷째, 차는 이들에게 주로 체증을 내려주고 기침을 가라앉혀주는 약용으로 애용되었고, 이들은 답례로 글씨와 차호 등을 보내며 서로 마음을 나누었다.

다섯째, 해남에서 올라온 차는 시기가 확인된 것만도 1831년부터 1850년까지 20년에 이르는 세월에 걸쳐 있다.

여섯째, 정학유의 언급을 통해 볼 때, 이들이 1년에 마신 차의 양이 수십 근이 넘을 만큼 상당한 규모로 차 생활을 영위했던 차인임을 알게 되었다.

31

차의 원류를 묻는다

이규경의 「도차변증설 茶荼辨證說」고

이규경(李圭景, 1788-1856)은 『오주연문장전산고(五洲衍文長箋散稿)』
에 「도차변증설(茶荼辨證說)」과 「종차의이청양변증설(種茶薏苡靑蘘辨證
說)」, 「전과다탕변증설(煎果茶湯辨證說)」 등 차와 관련된 여러 글을 남겼
다. 백과전서적 지식 경영이 유행하던 당시 학풍의 영향을 받아, 수많은
차 관련 전적을 섭렵하고 일일이 전거를 찾아 소종래를 밝혔다. 이 글에
서는 이규경의 「도차변증설」을 중심으로 그의 차 관련 논의를 살펴보겠
다. 이 글은 '도(茶)'자와 '차(荼)'자의 관계, 중국 역대 명차에 대한
정리, 우리 차의 역사에서 차 재배법과 끓이는 법에 이르기까지 다양한
주제를 포함하고 있다.

'도茶'와 '차茶'의 관계

「도차변증설」은 고문헌에 자주 등장하는 씀바귀 '도(茶)' 자가 '차 (茶)' 자의 원형임을 밝힌 글이다. 첫 부분을 함께 읽어보자.

'도(茶)'는 중당(中唐) 때부터 처음으로 '차(茶)' 자로 변했다. 이에 대한 논의는 이미 『당운정(唐韻正)』과 『곤학기문(困學紀聞)』에 상세하다. '도 (茶)'에는 세 가지가 있다. "누가 도(茶)를 쓰다고 했나.(誰謂茶苦)"라 할 때는 씀바귀이고, "여인이 도(茶)와 같네.(有女如茶)"라 할 때는 띠풀 이 삭을 말한다. "도료(茶蓼)를 김매네.(以薅茶蓼)"에서는 육지의 풀을 나타 낸다. 『이아(爾雅)』에 도(茶)와 도(蒤) 자가 다섯 번 나오는데 저마다 같 지 않다.[1]

먼저 차(茶)란 글자가 생기기 전 도(茶) 자의 쓰임새를 살핀 내용이다. 『시경』의 용례를 보니 도(茶)는 씀바귀나 띠풀, 또는 육초(陸草) 등의 다 양한 의미로 썼다. 이어 『시경』과 『이아』의 용례와 주석을 더 살피고 나 서 그는 다음의 용례에 주목했다.

『이아 · 석목(釋木)』에 말했다. "가고도(檟苦荼)의 주석에 '나무가 작은 것이 치자만 하고, 겨울에 잎이 난다. 끓여서 국을 만들어 마실 만하다. 오늘날 일찍 따는 것을 도(茶)라고 하고 늦게 따는 것을 명(茗) 또는 천 (荈)이라 한다. 촉 지방 사람들은 고도(苦荼)라고 한다.'"[2]

가(檟)가 고도(苦荼)라고 한 풀이 내용으로 보아 차에 관한 것임을 알 수 있다. 그런데 『시경』에는 이런 용례가 안 나온다. 위 『이아』의 풀이는

도(茶)의 여러 의미 가운데 차(茶)가 포함됨을 알려주는 중요한 단서다. 이어 이규경은 왕포(王褒)의 『동약(僮約)』에서 "양무가 도를 샀다.(陽武買茶)"라 한 언급과, 장재(張載)의 시 「성도의 백토루에 올라(登成都白菟樓)」의 "좋은 도는 육청의 으뜸이라네.(芳茶冠六淸)", 그리고 손초(孫楚)의 시 중 "생강, 계피, 도와 천은 파촉에서 난다네.(薑桂茶荈出巴蜀)" 등, 도(茶)를 차의 의미로 쓴 세 용례를 더 들었다.

이후 도가 차로 바뀌는 과정에 대한 설명을 보자.

『본초연의(本草衍義)』 중 진(晉)나라 온교(溫嶠)가 올린 표에 "도(茶) 1천 근과 명(茗) 3백 근을 바친다."고 했으니, 이를 통해 진나라 사람이 촉 땅에서 취한 뒤로부터 비로소 명(茗)을 마시는 일이 있게 되었음을 알겠다. 왕포가 지은 『동약』의 앞쪽에서는 "자라를 삶고 도를 끓인다.(炰鼈烹茶)"고 하고, 뒤쪽에서는 "양무가 도를 샀다."고 하였다. 그 풀이에 앞쪽은 씀바귀이고 뒤쪽은 명(茗)이라고 했다. 『당서(唐書)』에 "육우가 도(茶)를 즐겨〔이후로 도(茶) 자에서 한 획을 줄여 차(茶)라고 했다.〕, 『다경』 3편을 짓자, 천하 사람들이 더욱 차 마시는 것을 알게 되었다. 마침 회흘(回紇)이 입조하여 처음으로 말을 몰고 와서 차를 사 갔다."고 했다. 명나라 때 이르러 차마어사(茶馬御史)를 두었다. 『대당신어(大唐新語)』에는 "우보궐(右補闕) 기모경이 성품이 차를 마시지 않아 「다음(茶飲)」을 짓고 그 서문에서 말했다. '체한 것을 풀어주고 막힌 것을 뚫어주니 하루의 이익이 잠깐 좋다. 하지만 기운을 수척하게 하고 정기를 해치므로 평생의 해로움이 크다.'"[3]

위 글에 따르면 '도' 대신 '차' 자를 처음으로 쓴 사람은 당나라 사람 육우였다. 그는 차를 몹시 즐겨 『다경』을 지었는데, '도'에 여러 가지 뜻이 담겨 있으므로, 혼동을 피하기 위해 한 획을 줄여서 '차' 자를 새로 만들었다는 것이다. 이후 세상 사람들이 육우의 『다경』으로 인해 차 맛을 알게 되고, 북방 오랑캐가 말과 바꿔 차를 사들이게 되면서 천하에 차가 크게 유행하게 되었다. 그러다 보니 기모경 같은 이는 차의 해독을 경계하는 글까지 남겼다.

'차'의 용례와 다품, 우리 차에 대한 논의

이어지는 내용에서 이규경은 중국에서 차가 쓰인 각종 용례를 들어, 이 글자가 확고하게 자리를 잡아간 근거를 밝히고, 나아가 중국 각 지역의 다품에 대해 논의를 펼쳤다.

이규경은 "내가 살펴보니, '차' 자의 가장 오랜 것은 겨우 『신농식경(神農食經)』에 보인다."고 한 후, 길게 주석을 달아 『물리소지(物理小識)』의 '차' 항목에서 『신농식경』을 인용하여, "옛날의 도(荼)가 바로 차(茶)이다."라고 한 언급을 근거로 제시했다. 『신농식경』에 "차와 명을 오래 복용하면 사람이 힘이 나고 기분이 즐거워진다.(茶茗久服, 人有力悅志)"고 한 언급도 소개했다. 이어 당나라 육우의 『다경』과 송나라 웅번(熊蕃)의 『선화북원공차록(宣和北苑貢茶錄)』, 모문석(毛文錫)의 『다보(茶譜)』와 휘종(徽宗)의 『다론(茶論)』, 채양(蔡襄)의 『다록(茶錄)』 등을 잇달아 인용하여, 중국에서 시대별로 생산된 각종 차와 그 제법을 설명하였다.

긴 주석 끝에 다시 "근세의 다품은 용정차와 개편(岕片)을 으뜸으로 친다."는 본문이 나온다. 여기서부터는 중국차의 이름난 산지와 차 도구, 그리고 차 끓이는 법에 대한 주석이 길게 이어진다. 이 말은 장주(長洲) 사람 여종옥(呂種玉)이 "차 중에 좋은 것은 절강 지역에서는 용정차를 으뜸으로 치고, 강남에선 개편을 최고로 여긴다."고 한 말에서 근거를 내세웠다. 이어 모소민(冒巢民)의 『개차휘초(岕茶彙抄)』와 명나라 장조(張潮)의 「개차휘초서(岕茶彙抄序)」, 『물리소지』, 송나라 나대경(羅大經)의 『학림옥로(鶴林玉露)』, 육우의 『다경』 등의 인용을 통해 시대별 차의 산지를 논하고, 찻일의 아홉 가지 어려움을 논한 구난(九難)과 찻물 끓이는 단계에 대한 여러 기록을 차례로 정리했다.

논의의 끝자락에서 이규경은 당시 조선의 차에 대한 인식과 현황을 다음과 같이 기록했다.

炎帝像

염제 신농씨의 모습.

지금 연경에서 다품으로 자자하게 성행하는 것은 보이차가 으뜸이고, 백호차(白毫茶)가 두 번째며, 청차(靑茶)가 세 번째요, 황차는 네 번째다. 그런데도 황차가 매번 우리나라로 많이 흘러들어와 날마다 마시는 바가 되었다. 하지만 오직 사대부와 부호들이 쓰는 것도 중원에서 늘상 쓰는 것만 못하다. 우리나라 사람이 차에 벽이 없음을 또한 알 수가 있다. 그러나 우리나라 사람이 차를 마신 것도 신라 때부터 비롯되었다. 『동국통감』에 "신라 흥덕왕 3년 무신년(828)에 대렴을 보내 당나라로 가서 차씨를 가져오게 하여, 왕명으로 지리산에 심게 하였다."고 했다. 최치원의 『계원필경(桂苑筆耕)』에 실린 「사탐청료전장(謝探請料錢狀)」에서 "이제 본국 사신의 배가 바다를 건너가므로, 저는 차와 약을 사서 집에 보내는 편지에 부치려 합니다."라고 하였는데, 족히 증거로 삼을 만하다. 송나라 손목(孫穆)이『계림유사(鷄林類事)』방언조에서 "고려 사람들은 다(茶)를 차라고 일컫는다."고 했으니, 고려 사람 또한 차를 마신 것이다. 오늘날 차 중에 이름난 것은 영남의 대밭에서 나므로 죽로차라고 한다. 밀양부 관아 뒷산 기슭에서 나는 차는 밀성차다. 교남(嶠南)의 강진현에는 만불사(萬佛寺)가 있는데 차가 난다. 다산 정약용이 귀양 가 살 적에, 찌고 말려 덩이 지어 작은 떡차로 만드는 법을 가르치고 이름을 만불차(萬佛茶)라 하였다. 그 밖에는 달리 들은 바가 없다. 우리나라 사람이 차를 마신 것은 체증을 해소하기 위해서였으니, 어느 겨를에 장우신(張又新)이『전다수기(煎茶水記)』에서 말한 것처럼 "창(槍)을 가루 내고 기(旗)를 빻아서, 난초를 베고 계수나무로 불을 땐다."와 같이 할 수 있겠는가?[4]

중국차의 등급을 보이차·백호차·청차·황차 순으로 나열하고, 해마다 우리나라에 들어오는 것은 가장 하품인 황차뿐이라고 했다. 그나마 중국 사람들이 일상에서 마시는 품질만도 못한 것들이 들어왔다. 이것으로 우리나라 사람들이 차에 특별한 기호가 없다는 증거로 삼았다. 이어 신라 흥덕왕 때 사신 대렴을 시켜 차씨를 가져와 지리산에 심게 한 일과 최치원의 글, 이와 함께 송나라 손목이『계림유사』에서 한 언급 등을 들어 우리나라에 차가 들어오고 이를 즐겨 마시게 된 내력이 중국보다 크게 뒤지지 않음을 말했다.

또 영남 대밭에서 나는 죽로차와 밀양부 관아 뒷산에서 나는 밀성차, 강진 만불사의 만불차가 당대에 이름난 차이며, 특히 만불차는 정약용이 제법을 가르쳐주어서 비로소 세상에 알려진 작은 크기의 떡차임을 특기하였다. 이는 이유원이『임하필기』에서 증언한 내용과도 일치한다. 아암 혜장이나 초의 의순에게 제다법을 가르쳐준 것이 바로 다산이었음을 다시 확인할 수 있다.

우리나라 사람에게 차의 용도는 중국처럼 기호음료가 아닌 체증을 해소해주는 약용임을 강조한 대목도 중요하다. 맛보다는 약효 위주여서 제다에 중국 사람들처럼 야단스럽게 호들갑을 떠는 일이 없다고 했다.

한편, 이규경의 다른 저술인 『시가점등(詩家點燈)』에도 우리 차에 대해 언급한 내용이 있어 여기서 함께 읽어본다.

죽로차는 우리나라 영남의 진주목과 하동부 등의 대밭에서 난다. 대나무 이슬에 늘 젖어 자라는 까닭에 이름 붙였다. 영남 사람 심인귀가 일찍이 그 찻잎을 채취해서 쪄서 말려 차를 만들어 보내주었다. 끓여 마시니 풀의 기미가 전혀 없고, 담백한 향이 중국의 차와 같았다. 기운을 내려주고 체증을 해소해주는 데다 그 이름도 몹시 우아하여 시로 읊조릴 만하다.[5]

영남 진주와 하동 등지의 대밭에서 나는 죽로차를 직접 마셔본 소감을 말한 내용이다. 풀에서 나는 떫은맛이 없고, 향이 담백해서 중국 차에 견줘 조금의 손색도 없다고 했다. 이어지는 단락에서는 중국 역대의 각다, 즉 국가에서 관장한 차 전매제도의 허실과 내력에 대해 설명했다. 이에 대해서는 잠시 건너뛰기로 한다.

차씨를 뿌리고 심는 방법

이규경은 이어 차를 종식(種植)하는 방법을 알아두지 않으면 안 된다고 하면서, 그 구체적인 순서를 따로 기록해두었다. 『만보전서』와 『고금비원(古今秘苑)』을 인용한 것인데 차례로 살펴보겠다.

『만보전서』에서 말했다. "2월 사이에 심는다. 구덩이마다 차 씨앗 수십 개를 뿌려놓고 자라기를 기다려 옮겨 재배한다. 늘 똥물을 준다. 3년이 면 잎을 딸 수 있다. 차에는 '일기이창'의 호칭이 있는데, 잎 하나에 싹 이 두 개 난 것을 말한다. 무릇 일찍 딴 것을 차라 하고, 늦으면 천(荈)이 된다. 곡우 이전에 거둔 것이 좋다. 거친 것과 여린 것 모두 괜찮다. 다만 잎을 따는 때에 달렸으니, 하늘빛이 어슴푸레할 때라야 한다. 덖어 말리 는 것이 적당하고, 담아 저장하기를 법대로 해야 한다. 차는 대껍질을 좋 아하고 향내 나는 약은 꺼린다. 따뜻하고 마른 것을 좋아하고 차고 습한 것을 싫어한다. 그런 까닭에 거두어 간수하는 자가 댓잎으로 싸서 봉해 화덕 안에 2, 3일 넣고, 한 차례 불을 때서 사람의 체온과 같게 한다. 따 뜻하면 습기가 제거된다. 만약 불기가 너무 세면 차가 타버려 먹을 수가 없다."

『고금비원』에서 말했다. "차는 성질이 물을 싫어하니, 비탈진 음지로 물 이 잘 빠지는 곳이 적당하다. 겨와 태운 흙을 써서 심는다. 한 움마다 60~70개의 씨를 심을 수 있다. 한 치 남짓 흙을 덮어준다. 싹이 터도 잡 초를 김맬 필요가 없다. 가물 때는 쌀뜨물을 준다. 늘 오줌과 똥물이나 누에똥으로 거름을 준다. 물이 뿌리에 스미면 틀림없이 죽는다. 3년 뒤 에 잎을 딸 수 있다. 무릇 차를 심을 때는 떨기마다 2자씩 띄운다. 차를 보관하는 방법은 변회(便灰)를 병의 바닥에 뿌려놓고 찻잎을 가져다가 포장이 크든 작든 상관치 말고, 위쪽에서 잘 두드려주면 젖은 기운이 저 절로 회 안으로 스며들어 불에 쬘 필요가 없다. 8월 무렵 따로 회를 바꾼 다. 혹 볕에 쬐어 말려 대신해도 괜찮다." 우리나라 사람이 중국에서 씨 앗을 가져와 법대로 심어 기르면 또한 수요에 충당할 수 있는데, 지혜로 운 마음으로 터득해 오는 이가 아무도 없다.[6]

작자 미상, 「상산사호도(商山四皓圖)」. 개인 소장.

차씨 뿌리는 법과 거름 주는 방법, 채취 시기와 저장법에 이르기까지 자세하게 정리했다. 끝에서는 이 같은 방법에 따라 차씨를 들여와 재배하면 충분히 재배가 가능할 텐데, 어째서 아무도 그 방법을 알아오려 하는 이가 없는지 모르겠다며 안타까운 마음을 피력했다.

차씨를 심는 종다법(種茶法)에 대해서는 「종차의이청양변증설(種茶薏苡靑蘘辨證說)」에도 자세한 언급이 보인다. 차와 율무〔薏苡〕, 참깨〔靑蘘〕 심는 방법에 대해 논한 글인데, 앞쪽에 차씨 심는 법이 자세하게 나온다. 대부분 위에서 본 『고금비원』의 내용과 같고, 끝에 다음 내용이 더 추가되었다.

3년 뒤 매 그루마다 8냥을 취한다. 매 이랑마다 140그루로 헤아려 차 120근을 얻는다. 차가 사방으로 펼쳐지기 전에는 삼베나 모시, 잡곡과 기장 등을 심어도 무방하다. 씨앗 받는 법은 차가 여물었을 때, 씨앗을 채취하여 젖은 모래흙과 섞어 광주리 안에 함께 담아둔다. 담장에 붙여 두거나 뽀족하게 쌓아두어도 괜찮다. 모름지기 좋은 볏짚으로 덮어두었다가 2월에 꺼내서 파종한다. 이렇게 하지 않으면 말라버리거나 얼어서 살지 못한다. 나머지는 『오주종수서보(五洲種樹書補)』와 『거가필용(居家必用)』에서 상세하게 논하였다.[7]

처음 파종한 뒤 3년 뒤부터 한 이랑에서 120근의 찻잎을 딸 수가 있다. 끝에는 젖은 모래와 함께 섞어 수분을 유지한 채로 차 씨앗을 간수하는 방법을 자세히 적었다.

이규경은 「도차변증설」에서 일본인의 차에 관한 기록까지 인용하였다. 잠깐 읽어보자.

일본인 또한 관련 기록이 있어 살펴볼 만하다. 일본의 데라시마 료안(寺島良安)의 『화한삼재도회(和漢三才圖會)』에서 말했다. "무릇 차를 다기에 넣는 데도 순서가 있다. 차를 먼저 넣고 탕수를 나중에 붓는 것을 하투(下投)라 하고, 탕수를 반쯤 넣고 차를 넣고 나서 다시 탕수를 가득 채우는 것을 중투(中投)라 한다. 탕수를 먼저 붓고 차를 나중에 넣는 것은 상투(上投)라 한다. 봄가을에는 중투로 하고, 여름에는 상투로 하며, 겨울에는 하투로 한다."**8**

중국 쪽 다서에서는 보이지 않는 내용이어서 특별히 기록한 듯하다. 계절에 따라 찻물과 찻잎을 넣는 차례를 달리하는 방법에 대해 적은 내용이다.

끝에는 자신이 참고한 중국의 각종 다서 25종의 저자와 서명을 길게 나열하고, "차에 대한 책은 몹시 많다. 이제 어찌 투차(鬪茶)나 품수(品水) 같은 것을 굳이 기록하겠는가?"라는 말로 글을 끝맺었다. 차에 대한 기본적인 내용만 적고, 차나 물의 품평과 같은 전문적인 내용은 따로 살피지 않았다는 뜻이다.

대용 차에 관한 논의

한편, 이규경은 『오주연문장전산고』 중 「전과다탕변증설(煎果茶湯辨證說)」을 따로 남겼다. 이 중 다탕에 대해 설명한 부분에서 대용 차에 대한 내용이 상세하다. 모두 23종의 다탕(茶湯)을 소개했다. 다 보이지는 못하고, 이 중 차가 함께 들어간 다탕 4종만 소개한다.

명 구영(仇英), 「송계논화(松溪論畵)」. 대만 국립고궁박물원 소장.

기국차(杞菊茶): 『신은(神隱)』. 들국화 1냥, 구기자 4냥, 차아(茶牙) 5냥, 참깨 반 근을 써서, 함께 빻아 가루 내서 체로 친다. 마실 때는 1수저에 소금을 조금 넣고, 수유(酥油)와 함께 센 불에 끓여서 마신다.

구기차(枸杞茶): 『필용(必用)』, 『신은(神隱)』. 늦가을이 되면 붉은 구기자를 따서 밀가루와 함께 조제하여 찧어 떡 모양으로 만든다. 볕에 말려 빻아 가루 낸다. 차 1냥에 구기자 가루 2냥을 섞고, 데운 수유(酥油) 3냥을 넣는데, 향유(香油)도 괜찮다. 끓는 물에 넣어 휘저어 되게 해서 고약처럼 만든다. 소금을 조금 친다. 솥에 넣고 달여 익혀 마시면 눈을 밝게 하는 데 크게 도움이 된다.

청천백석차(清泉白石茶): 호두 씨와 잣을 진분(眞粉)과 섞어 돌 모양의 작은 덩이로 만들어 차 속에 넣어둔다. 예운림의 처방이다.

강귤차(薑橘茶): 귤 알맹이 3돈과 생강 5편, 작설차 1돈을 차 끓이는 방식대로 함께 끓여, 꿀을 섞어 마신다. 식체를 푸는 데 좋다. 『신방(新方)』에 나온다.[9]

위 네 가지 차는 들국화와 구기자, 호두 씨와 잣, 생강과 귤 등의 재료를 차와 함께 섞어서 끓여 마시는 다탕이다. 이 밖에도 온조탕(溫棗湯)·향소탕(香蘇湯)·매화차(梅花茶)·수문탕(須問湯)·수지탕(水芝湯)·회향탕(茴香湯)·행락탕(杏酪湯)·모과장(木瓜漿)·포도차(葡萄茶)·당귀차(當歸茶)·홍국차(紅麴茶)·오미자차(五味子茶) 등등 여러 가지 대용 음료에 관한 설명이 더 있다.

정리한다. 이규경은 자신의 백과전서적 저작인 『오주연문장전산고』에서 차에 관한 문헌을 섭렵하여 다양한 내용을 정리했다. 먼저 '차' 자의 연원이 되는 '도' 자의 각종 쓰임과 용례를 살펴, 후대 '차' 자로 옮겨 가는 과정을 보여주었다. 이어 중국 각 지역의 이름난 차를 소개하고 명차와 차 끓이는 도구 및 차 끓이는 방법에 관한 논의를 모았다. 우리나라 차의 내력을 소개하는 한편, 중국 역대의 각다 정책을 설명했다. 차 씨앗을 심어 가꾸는 방법을 알려주고, 일본 사람의 기록까지 꼼꼼히 살펴 친절하게 설명했다. 또 차를 함께 넣은 다탕과 그 밖의 여러 대용 음료에 대해서도 소개하였다. 그는 수십 종의 중국 다서를 섭렵하여 이들 내용을 간추렸다. 중간 중간 우리나라 차에 대한 설명을 보태 단순한 편집에 그치지 않았음을 보였다.

32

그 운치 참으로 얻기 어렵네

신헌과 초의

신헌(申櫶, 초명은 申觀鎬, 1811-1884)은 자신의 문집 중에 초의에게 준 여러 명사들의 시문첩을 옮겨 적은 「금당기주(琴堂記珠)」를 남겨, 초의 연구에 중요한 자료를 제공한 인물이다. 「금당기주」에 실린 여러 글에 대해서는 앞서 다른 글에서 몇 차례 살펴본 바 있다.[1] 뿐만 아니라 신헌 은 「초의시집발」과 「초의선사화상찬(草衣禪師畵像贊)」, 그리고 「초의대 종사탑비명」 등 초의와 관련된 중요한 글을 가장 많이 남긴 인물이다. 두 사람은 선종과 교종의 이치를 두고 장문의 편지를 주고받기도 했다. 이 글에서는 신헌과 초의의 교유를 알아보고, 두 사람 사이에 오간 수창 시문과 신헌의 차시를 읽어보겠다.

신헌과 초의의 교유

먼저 신헌과 초의의 교유에 대해 간략히 살펴본다. 신헌은 1866년 8월 2일, 81세를 일기로 초의가 세상을 뜨자 제자 선기(善機) 등의 요청에 따라 「초의선사화상찬」 병서를 짓는다. 그 글은 이렇다.

내가 일찍이 연영(蓮營)을 맡아 나갔을 적에 스님과 더불어 노닐었다. 뒤에 녹도(鹿島)에 귀양 가자 스님이 산과 바다를 건너와 종유(從遊)하였는데 또한 두 번을 만났다. 서울로 돌아온 이듬해에도 창랑정(滄浪亭)으로 나를 찾아왔다. 내게 두터이 대하여 끝내 버리지 않았으니 또한 감사할 만하다. 스님은 불교의 경전에 정심하였다. 일찍이 나와 더불어 선종과 교종이 본시 두 가지 이치가 아님을 토론하였는데, 스님은 이를 몹시 옳게 여기며, 내게 자신이 지은 선문(禪門)의 변이(辨異)에 대한 글을 보여 주었다. 나 또한 답한 것이 있다. 스님은 시문에 뛰어났으니, 대개 다산 정약용 공에게서 받은 것이다. 또 서화에도 뛰어났다. 사대부와 더불어 노닐기를 기뻐하였고, 자하 신위와 추사 김정희 등 제공과 특히 친하였다. 또한 근세의 혜원(惠遠)과 관휴(貫休)의 부류이다. 일찍이 두륜산의 광명전(光明殿)에 거처하였고, 법랍이 80세였다. 그 고족 선기 등이 스님의 영정을 맡겨 보내 내 말을 구하였다. 스님의 깊은 학문과 맑은 모범은 형상으로 비슷하게 그려낼 수 있는 것이 아니다. 또한 지금 세상에 다시 일으킬 수도 없다. 아! 마침내 이를 위해 쓰고, 다시금 찬한다.[2]

신헌은 1843년 11월 15일 전라우수사(全羅右水使)로 해남에 내려왔다. 그는 호남으로 내려오기 전부터 초의의 명성을 익히 들어 알고 있었다. 두 사람의 나이는 초의가 신헌보다 25세가 더 많았다. 당시 신헌은

「초의선사화상」. 아모레퍼시픽미술관 소장.

「증초의순공(贈草衣洵公)」과 「증초의상인(贈草衣上人)」 등의 작품을 지어 인사를 건넸고, 1845년에는 직접 대둔사로 초의를 찾아가 「춘유두륜(春遊頭輪)」과 「초암제증초사(草庵題贈草師)」 2수를 지어 초의에게 주었다. 초의는 뒤에 이 시에 화답하여 10수의 시를 지었다. 이후 서울로 올라간 신헌은 1849년 7월 신원이 분명치 않은 의원을 데려다가 왕을 진찰케 해서 갑작스레 병사에 이르게 한 죄목으로 녹도(鹿島)에 귀양을 간다. 이후 1854년까지 머물게 되는데, 당시 초의는 녹도로 두 번씩이나 신헌을 직접 찾아가 위로하였다.

당시 신헌은 녹도 유배지에서 헝클어진 마음을 추스를 겸해서 송나라 때 학자 진덕수(眞德秀)가 엮은 『심경(心經)』을 읽고 있었다. 초의는 신헌과 함께 이 책을 읽다가 빌려줄 것을 청해 이듬해 다시 올 때 돌려주었고, 신헌에게 이때 자신의 시집에 발문을 써줄 것을 청하였다. 신헌은 이에 1851년 9월에 『초의시고(艸衣詩藁)』에 발문을 써주었다. 1857년 신헌이 해배되어 서울로 올라오자, 이듬해인 1858년 봄에 초의는 다시 서울 한강 가의 창랑정으로 신헌을 방문했다. 당시 초의는 완당의 영전에 분향하고 제문을 올릴 겸해서 상경했던 터였다.

또한 두 사람은 당대 불교계를 떠들썩하게 했던 백파(白坡) 긍선(亘璇, 1767-1852)과의 논쟁에도 함께 참여했다. 일찍이 두 사람은 선종과 교종이 본래 두 가지 이치가 아니라는 점을 두고 토론한 일이 있었다. 이 일이 있기 전, 백파가 여래선(如來禪)과 조사선(祖師禪)을 살활(殺活)과 체용(體用)의 나뉨을 근거로 서로 다른 것으로 구분한 데 대해, 초의는 『선문사변만어(禪門四辨漫語)』를 지어 그 논리의 잘못된 점을 지적하고 본격적인 비판을 전개한 일이 있었다. 이에 대해서는 추사도 가담하여 당시 일대 뜨거운 논쟁이 붙었다. 초의는 토론 끝에 자신이 백파를 비판한 글을 신헌에게 보여주었다. 이에 신헌이 다시 이 논의에 뛰어들어 장장 수천 자에 달하는 「여초의선사의순서(與草衣禪師意洵書)」를 보내 초의의 논점 중 의문 나는 점을 비판했다. 워낙 복잡한 논의인 데다 필자의 역량을 벗어나는 문제여서 이에 관해서는 여기서 따로 논하지 않는다.

이후 초의는 일지암에 칩거했고, 신헌은 벼슬길에 복귀하여 바쁜 나날을 보냈으므로 두 사람은 만날 기회가 없었다. 1866년 초의가 대둔사 쾌년각에서 81세를 일기로 입적하자 제자들이 신헌을 찾아와 「화상찬」을 부탁했고, 신헌은 평생의 우의를 기려 「화상찬」을 지어주었다. 글 끝에 남긴 찬(贊)에서 신헌은 초의의 삶을 이렇게 요약했다.

스님 오심 공이요	師來既空
떠나심도 공일세.	其去亦空
가고 옴이 다 공이나	來空去空
또한 장차 같지 않네.	將亦無同
한 폭의 그림에다	一幅丹青
풍신(風神) 굳이 남긴대도,	强留神豐
천축국 엄연하니	儼然天竺
그 자취 본시 없다.	本無其蹤
붙잡고 움키어도	撈之掬之
물 위 달빛 솔바람일세.	水月松風
스님이 있건 없건	師在不在
처음과 끝 뉘 말하랴.	孰謂始終

모든 법이 다 공(空)한데, 영정으로 그 모습을 남긴대도 본시 없는 자취의 허상을 붙들려는 것일 뿐이니, 스님이 계시고 안 계시고는 아무 문

제가 되지 않는다고 했다.

신헌의 이 글은 아모레퍼시픽미술관이 소장한 초의선사 진영 상단에
도 신헌의 친필로 적혀 있다. 다만 이상한 점은 문집에 실린 것과 달리
초의선사의 입적 시 나이를 84세라고 잘못 적었고, 글을 쓴 시기도 초의
가 세상을 뜨기 한 해 전인 을축년(1865) 7월 25일로 적혀 있는 사실이
다. 연유를 알 수 없다. 서명란에는 '유경도인(留耕道人) 훈찬(薰贊)'이
라 적고 그 아래에 금당(琴堂)이란 신헌의 인장을 찍었다. 향후 더 면밀
히 살필 점이 있다.

신헌과 초의의 시문 수창酬唱

이제 신헌과 초의가 주고받은 시문을 살펴 보기로 하자. 다음은 신헌
이 1843년에 지은 「초의 의순에게 주다(贈草衣洵公)」[3]이다.

두륜산 아래에서 마니주(摩尼珠)를 굴리니	頭輪山下轉摩尼
색색마다 여여(如如)하여 그림자 따라오네.	色色如如影影隨
멀리서 그리다가 남쪽 와도 못 만나니	來不見曾遲想南
기이한 그림과 글 아직 보지 못했구려.	奇畵奇文未展時

추사의 제자였던 신헌은 해남으로 내려오기 전부터 추사를 통해 초의
의 명성을 익히 듣고 있었다. 3구에서 일찍이 품어온 먼 곳을 향한 마음
을 남쪽에 와서도 펼쳐보지 못했다고 한 것으로 보아, 신헌이 먼저 초의
에게 시를 보내 만나고 싶다는 뜻을 전한 내용으로 여겨진다. 신헌은 초
의의 거처에 들러 그의 기이한 그림과 시문을 펼쳐보고 싶다는 뜻을 피

력하였다.

　이 시를 받아 본 초의는 답례로 자신이 법제한 차 2, 3봉지를 신헌에게 보냈다. 그러자 신헌은 다시 「초의상인에게(贈草衣上人)」⁴란 시를 지어 보냈다.

초의가 산 위로 떠나가서는	草衣上山去
초암에서 한가로이 지낸다 하네.	閒居草庵中
띠집을 얽은 지 40년인데	結草四十年
오가는 건 해맑은 바람이라네.	往來有淸風
흰 구름 바위 안고 잠을 자노니	白雲抱石宿
좁은 골 시내 따라 길이 통한다.	細谷沿溪通
책상에 쌓아둔 서화 속에서	連床書畫裏
붉은 등불 하나가 늘 환하구나.	長明一燈紅
고목 주워 이것으로 땔감을 삼고	拾枯以爲爇
차 싹을 따 와서 차를 만든다.	挾芽以爲茗
봄 그늘서 발에다 쬐어 말리니	春陰邃曬箔
볶는 솥에 화후가 마침맞구나.	火候適炒鼎
바위틈 솟는 물을 백번 달여서	百煎石間水
차 끓이자 그 빛이 몹시도 맑네.	點來光澈瀅
그대가 두세 봉 줌 감사하노니	感君兩三封
빼어남 티끌세상 벗어났도다.	奇絶出塵逈
이내 몸 연잎 세계 들어와보니	我來蓮葉界
두륜산이 더더욱 가까웁구나.	頭輪山邇密
칠보로 가람을 단장했어도	七寶粧伽藍
일로향실 선실(禪室)은 정결도 하다.	一爐淨禪室

옷깃 떨쳐 서로를 찾고자 하나	振衣欲相尋
마가 끼어 어긋날까 걱정이 되네.	魔累恐自遹
산인의 발자취 한 번 보고는	一見山人足
흰 구름이 마음에서 피어나는 걸.	白雲心上出

신헌의 문집은 어지러운 초고 상태여서 워낙에 오자가 적지 않다. 이 시 또한 원문에 미심한 글자가 여럿 된다. 2구의 '한거(閒居)'는 '문거(聞去)'로 되어 있고, 4구의 첫 글자는 결자인데 의미를 살펴 '왕래(往來)'로 채워 넣었다. 20구의 '일로(一爐)'는 필사본에는 '일로(一鑪)'로 되어 있는데 오자다.

시의 내용으로 보아 이때까지도 신헌은 초의의 일지암에 대해 소문만 들었을 뿐 직접 가보지는 못한 듯하다. 9구부터는 초의차에 관한 내용이 나온다. 찻잎을 채취해서 발에 펴서 봄 그늘에 말리고, 이후 화후를 조절하여 솥에서 덖는다. 그러고는 석간수(石間水)로 달여 내오면 빛깔이 투명하여 해맑다고 했다. 이런 차를 두세 봉지나 보내주니 당장이라도 초의가 머무는 일로향실로 달려가고픈 마음이 간절하다고 말한 것이다.

다음은 「금당기주」에 실린 신헌의 「초의」란 글이다.[5]

내가 일찍이 연영 임소에 있을 적에 대둔사 승려 초의 의순 중부와 함께 두륜산에 놀러 가서 운을 뽑아 율시 두 수를 짓고 인하여 초의에게 주었다. 그 뒤 6, 7년이 지나 초의가 내 귀양지 거처로 나를 찾아와, 그 시권(詩卷)을 가지고 와서 발문을 청하였다. 그 시권을 뒤져 내 시운에 화답한 시 10수를 얻었는데, 나는 처음 보는 것이었다. 그래서 더욱 초의가 내게 대해 각별한 줄을 알았다. 또 그 시는 연천 홍석주 선생과 해거 홍

현주 선생, 자하 신위 선생에게 허가받은 바다.[6]

이 글은 이후 두 사람이 반갑게 해후하여 주고받은 시에 관한 내용을
담았다. 신헌이 다시 초의에게 시 두 수를 지어주었고, 6, 7년 뒤에 초의
가 자신의 화답시 10수가 포함된 시집에 발문을 요청했다. 먼저 신헌이
초의에게 준 두 수의 시를 살펴본다.

평소 갖옷 허리띠를 즐거울 땐 풀어두니	時平裘帶樂時休
산사의 구름 안개 날 일으켜 노닐게 하네.	山寺雲烟起我遊
이 봄날 저 너머로 따로 성한 기운 있어	別有氤氳春以外
원래부터 바닷가서 다리 뻗고 편히 쉰다.	元來盤礴海之頭
선사(禪祠)의 기적비(紀績碑)에 회향함 알겠거니	禪祠紀績知回向
허공 기댄 냇가 정자 허망함을 깨닫겠네.	溪榭憑虛覺大浮
조주(趙州)의 차 공양을 괴롭도록 마시니	喫惱趙州茶供養
화류(花柳)와 상관함이 또한 허물 되겠구려.	相關花柳亦成尤

제목이 「봄에 두륜산을 노닐며(春遊頭輪)」이다. 바쁜 벼슬길의 와중에
서 모처럼 대둔사로 놀러온 한갓진 마음을 노래했다. 절 입구의 부도탑
과 비림(碑林)에서 이미 이 절을 거쳐간 고승대덕의 자취를 보고 회향하
는 마음이 일었는데, 침계루(枕溪樓)를 지나면서는 일체 모든 것이 허망
한 줄을 새삼 깨달았노라고 했다. 절에 와서 초의에게서 차 공양을 실컷
받고 나자 화류, 즉 기생들과 풍악 잡히며 노는 것은 오히려 허물이 되
겠기에 그만둔다고 말한 내용이다.

두 번째 시는 앞서의 운자로 다시 지은 「초암에 제하여 초의 스님에게
주다(草庵題贈草師)」이다. 이때 신헌은 초의를 따라 일지암까지 올라갔

던 모양이다.

선림(禪林)에 기탁하니 그대 바로 관휴(貫休)인데　　　　君寄禪林是貫休
평생에 사대부와 함께 노닒 기뻐했지.　　　　　　　　平生喜與士夫遊
공즉시색(空卽是色) 깊은 이치 불경에서 깨닫고는　　貝徑深悟空中色
산꼭대기 높은 곳에 띠집 지어 옮겨 사네.　　　　　茅屋移居最上頭
부처님 땅 지나와서 극락을 구하려니　　　　　　　佛土過來求極樂
내 몸이 염부제(閻浮提)에 있는 줄도 잊었다오.　　吾身忘却在閻浮
세상에서 만약에 도연명 무리 만난다면　　　　　若逢人世淵明輩
시내 다리 세 번 웃음 뉘 다시 허물하리.　　　　三笑溪橋孰更尤

　초의를 진(晉)나라 때 도연명 등과 사귀었던 승려 혜원과 관휴 등에
견주었다. 이어 8구의 삼소(三笑)는 진나라 때 승려 혜원이 동림사(東林
寺)에 있을 적에 손님을 전송하더라도 호계(虎溪)를 건너는 법이 없었는
데, 도연명과 육수정(陸修靜) 등이 방문했을 적에는 이야기에 팔려 저도
몰래 호계를 건넜으므로, 세 사람이 크게 웃고 헤어졌다는 '호계삼소
(虎溪三笑)'의 고사에서 나온 말이다.
　초의가 신헌의 시 2수에 화답한 10수는 『초의시집』에 「삼가 우석(于
石) 신공(申公)께서 주신 시에 화답하다(奉和于石申公見贈)」란 제목으로
실려 있다. 신헌은 또 1838년 초의가 금강산을 유람하고 돌아올 때 지
은 금강산 시첩을 보고 장시인 「차운하여 의순 공의 금강첩에 제하다(次
題洵公金剛帖)」를 지어주기도 했다. 이렇듯 신헌과 초의는 처음 만남 이
후 차와 시문을 매개로 한 교유를 줄곧 이어갔다.

신헌의 차시

이제 신헌의 문집 속에 남은 차시를 살펴, 그의 차 생활에 대해 알아보겠다. 신헌이 젊은 시절에 쓴 「벽간소기 (壁間小記)」를 보면 거처의 벽에 주문공(朱文公)의 「백록관학규(白鹿館學規)」를 써 붙여놓고, "아침 차 마시기 전에 20번, 마신 뒤에 20번, 저녁 차 마시기 전 20번, 마신 뒤 20번을 읽는다."고 한 내용이 보인다. 태만해지기 쉬운 마음을 다잡기 위함이었는데, 이 글에서 그가 젊은 시절부터 아침저녁으로 차를 즐겨 마셨음을 알 수 있다.

차를 노래한 한시도 여러 수 남겼다. 다음은 「중유가 차를 보내준 데 감사하며(謝仲猶惠茶)」란 작품이다.[7]

신헌 초상화. 고려대 박물관 소장.

멀리서 삼베 꿰맨 봉지가 오니	遠來一縫麻
그 속에 일곱 근의 차가 들었네.	中有七斤茶
은근하게 손으로 직접 뜯어서	慇勤手自坼
마침내 입맛에 좋게 하였지.	遂令口吻佳
차 맛이야 얻을 수 있다고 해도	茶味猶可得
그 운치 참으로 얻기 어렵네.	其趣固難賒
한 줌의 산초와도 견줄 수 없고	握椒不足比

패옥으로 갚기는 외려 작다네.	報瓊猶爲些
어이해야 꽃다운 소식 이을까	何以繼芳訊
다시 거듭 세 번 탄식 일으키누나.	再復興三嗟

신헌이 17세 나던 1827년 봄에 쓴 시다. 중유(仲猶)는 젊은 시절 벗인 변길(邊佶)이다. 그가 멀리서 차 7근을 보내왔다. 차는 삼베로 만든 주머니에 잘 꿰매어져 있었다. 주머니를 끌러 차를 끓여 마시고, 차 맛도 차 맛이지만 차를 베주머니에 담아 보낸 그 정성에 감동하는 마음을 적었다. 7구의 악초(握椒)는 『시경』 「진풍(陳風)」 「동문지분(東門之枌)」에 나온다. 남녀가 어울려 교외로 소풍 나갔다가 산초 한 줌을 선물로 건네며 즐거워하는 모습이다. 여기서는 벗이 보낸 7근의 차가 『시경』의 산초 한 줌보다 더 고맙고 귀하다는 뜻이다. 8구의 보경(報瓊)도 『시경』 「위풍(衛風)」의 「모과(木瓜)」에서, "내게 모과를 보내주매, 패옥으로 보답하니.(投我以木瓜, 報之以瓊琚)"라고 한 대목에서 따왔다.

앞서 「벽간소기」뿐 아니라 위 작품을 보더라도 신헌은 초의와 만나기 훨씬 전부터 차에 대해서 비교적 익숙했던 것이 분명하다. 다음에 읽을 시는 「차를 끓이며(烹茶)」이다.[8] 24세 때 작품이다.

매화 보며 술 마신 뒤 작은 등불 푸른데	梅前酒後小燈靑
장막은 깊고 깊다 눈 온 정자 둘러 있네.	帷幄深深擁雪亭
산미(山味) 한 잔을 옛 벗과 나누고는	山味一杯分舊雨
천향(泉香) 몇 점을 동자에게 주노라.	泉香數点付童星
세간의 사업이야 늘상 먹는 밥이 되고	世間事業成恒飯
병 앓은 뒤 정신은 일경(逸經)에 주를 다네.	病餘精神註逸經
요즘 들어 꿈속처럼 어지러움 힘들더니	近日不堪昏似夢

찌든 내장 씻어내자 술 깬 듯이 기쁘도다.　　　　　　塵腸滌盡悅如醒

　　매화꽃을 앞에 두고 벗과 술자리를 가졌다. 작은 등불 하나가 푸르다. 눈 쌓인 정자에 장막이 둘러쳐 있다. 산미(山味), 즉 차를 끓여 오랜 벗과 함께 마신다. 그러고는 아이를 시켜 향을 사른다. 돌이켜 보면 세간의 사업이란 것은 하루 세 끼 먹는 밥처럼 일상이 되었다. 하지만 병 앓은 뒤 투명한 정신으로 일경(逸經), 즉 옛 경전에 주석을 달며 정신을 추스른다. 이런저런 생각들로 부쩍 멍하게 지내던 나날이었는데, 한 잔 차가 식도를 타고 내려가 찌든 내장을 말끔히 씻어내자, 어리 취한 듯 몽롱하던 정신이 산뜻하게 되돌아온다.

　　28세 때인 1838년 겨울, 수파산(壽坡山)에 가족과 함께 머물 때 지은 「추려삼십수(楸廬三十首)」 연작 중 제24수에도 차를 노래한 시가 있다.[9]

건주차와 쌍정차는 『다경』에도 나오는데　　　　　建州雙井著茶經

이 물건 참으로 성령(性靈)을 기를 만해.　　　　　此物眞堪養性靈

차 달일 때 언제나 설편(雪片)이 보이고　　　　　雪片每當煎處見

물 끓을 땐 다시금 솔바람 소리 들리는 듯.　　　　松風更擬沸時聽

외진 거처 근심을 없애줄 뿐 아니라　　　　　　　索居奚止孤愁破

노년에 숙취에서 깨는 데도 꼭 맞다네.　　　　　暮境偏宜宿醉醒

어여쁘다 향그런 차 세 겹이나 포장하니　　　　可愛香芽三數裹

지난해 옥하(玉河)에서 보내온 것이라네.　　　　來從去歲玉河星

　　중국에 연행 갔던 친지에게서 선물로 받은 중국차에 대해 노래한 작품이다. 1구의 『다경』은 실은 모문석(毛文錫)이 지은 『다보(茶譜)』를 가리킨다. 이 책 속에 건주의 북원차(北苑茶)와 쌍정의 백아차(白芽茶)이

야기가 나온다. 송나라 때 구양수가 『귀전록(歸田錄)』에서 "납차(臘茶)
는 검주(劍州)와 건주(建州)에서 나고, 초차(草茶)는 양절(兩浙) 지방에
서 많이 난다. 양절 지방에서 나는 제품으로는 일주차(日注茶)가 으뜸이
다. 경우(景佑) 연간 이후로는 홍주(洪州) 쌍정의 백아차가 점차 성행했
는데 근년에 만든 것은 더더욱 훌륭하다."고 언급했던 바로 그 차다. 아
마 이때 선물로 받은 차에 건주와 쌍정의 이름이 들어 있었던 모양이다.

3, 4구는 눈〔雪片〕을 녹여 찻물을 끓이는데, 물이 끓을 때 송도성(松濤
聲)이 이는 것을 묘사한 내용이다. 쓸쓸한 거처에서 묻혀 지내니 고적한
근심을 없애주는 것이 차이고, 나이 들어 간밤의 숙취에서 깨어나게 해
주는 것도 차라고 하여, 차와 늘 함께하는 생활을 노래했다. 중국에서
온 차는 세 겹이나 겹겹이 포장되어 있었던 듯하다. 8구의 옥하는 조선
사신들이 머물던 옥하관(玉河館)을 지칭한다.

다음은 전라우수사 시절인 1844년경에 지은 「밤중에 일어나 회포를
적다(夜起書懷)」란 작품이다.[10]

벼슬살이 절반은 병 앓아 신음하니	官居半在病吟中
바다 장기(瘴氣) 잇닿아 온 허공과 합쳐지네.	瘴海相連合一空
백수탕(百壽湯) 끓이다가 차는 물을 잃었고	百壽湯煎茶失水
세 겹 장막 닫았어도 등불 바람에 흔들린다.	三重帳掩燭搖風
잠 깬 뒤 구슬피 고향 꿈만 어지러워	睡餘怊悵迷鄕夢
세밑에 지리하게 자기 공부 점검한다.	年後支離檢已功
공사(公私) 간 좋은 점을 말로 물어본다면	若問公私長處語
부처님의 백호광(白毫光)이 생겨남과 한가지리.	頭生佛氏白毫同

당시 신헌은 익숙지 않은 바닷가 생활에 장기(瘴氣)로 인해 병치레가

잦았던 모양이다. 3구에서는 백수탕을 끓이다가 차가 물을 잃었다고 했는데, 백수탕은 당나라 소이의 「십육탕품」에 나오는 말이다. 물이 십비(十沸)를 넘긴 노숙(老熟)한 상태를 가리키며 백발탕(白髮湯)이라고도 한다. 넋 놓고 앉았다가 물이 너무 끓어 쇤 물이 되는 것도 몰랐다는 뜻이다. 차를 끓이면서 탕비(湯沸)의 단계까지 가늠하고 있을 만큼 차에 대해 상당한 조예가 있었다.

세 겹이나 되는 장막을 둘러쳐도 웃풍이 스며드는 찬 방에서 꾸다 만 고향 꿈이 슬프다. 그렇게 한 해가 가고 지난 1년 동안의 성과를 점검해 본다. 7, 8구에서는 이곳에 와서 지낸 생활에 무슨 좋은 점이 있었느냐고 물어본다면 부처님의 미간에서 백호광이 쏟아져 나오는 것과 같다고 하겠다고 했다. 그만큼 묵묵히 자기 내면과 맞대면한 시간이 많아서 좋았다는 의미로 읽었다. 원문의 '약문(若問)'은 필사본에 '약향(若向)'이라 되어 있고, '백호(白毫)'도 '백호(白豪)'로 되어 있는데, 문맥으로 바로잡았다.

이 밖에도 「유사(酉史)가 보여주는 시에 차운하여(次酉史示韻)」의 1, 2구에서는, "그대와 우리 집서 스무 해를 시 읊으니, 차향과 시경(詩境)으로 몇 번이나 자리했나.(君嘯我家二十年, 茶香詩境幾番筵)"(133면)라고 하여, 벗과 더불어 시 지으며 노니는 자리에 늘 차향이 함께했음을 노래한 바 있다. 「낮잠이 한창 달다 일어나 시를 짓고 허소치에게 주다(午睡適酣起而試草贈許小痴)」의 1, 2구에서도, "낮잠서 갓 깨어나 정신이 해맑은데, 한 잔 차가 폐를 맑게 해 기운 가득함 깨닫누나.(午睡初廻秋水神, 甌茶淸肺覺氤氳)"(139면)라고 한 데서도 그의 생활과 늘 함께한 찻자리의 풍경이 떠오른다.

일반적으로 신헌은 30대에 금위대장을 지내고, 1866년 병인양요 때 총융사(摠戎使)로 강화도를 수비하고, 병법에 밝아 「민보집설(民堡輯說)」

을 엮었으며, 1876년 강화도조약과 1882년 조미수호통상조약(朝美修好通商條約) 체결 당시 조선 측 수석 대표로 활동한 정치가로 기억된다. 그런 그가 젊은 시절 전라우수사로 해남에 내려와 맺은 초의와의 교분을 통해 우리 차 문화사에 기억할 만한 족적을 남겼다.

33

다품 중의 으뜸

신헌구의 「차설茶說」과 초의차

신헌구(申獻求, 1823-1902)는 널리 알려진 이름이 아니다. 그의 필사본 문집 『추당잡고(秋堂襍稿)』는 유일본이 연세대 도서관에 소장되어 있다. 학계의 연구도 본격적으로 이루어지지 않은 상태다. 그는 초의의 『일지암시고』에 발문을 썼다. 초의의 『동다송』 끝에 적힌 시를 쓴 백파거사(白坡居士)는 그의 별호이기도 하다. 그는 「차설(茶說)」을 지었고, 차시도 여러 수 남겼다. 특히 대둔사 승려들과 폭넓은 교분을 나눠, 여러 관련 글을 문집에 싣고 있다. 이 글에서는 신헌구의 차 관련 시문을 소개하겠다.

신헌구와 대둔사 승려와의 교유

신헌구는 자가 수문(秀文), 호는 추당(秋堂)·옥침도인(玉枕道人)·백

파거사를 쓴다. 본관은 고령(高靈). 40세 때인 1862년 정시(庭試) 병과
(丙科)에 급제해 벼슬길에 올랐다. 1864년 사헌부 지평을 거쳐, 1869년
에 승정원 동부승지를 지냈다. 승승장구하던 그의 벼슬길은 대원군의
견제로 급제동이 걸렸다. 1875년 대원군은 비밀스럽게 봉함 편지 한 통
을 그에게 내렸다. 반드시 성 밖에 나가서 열어보라는 명이 있었다. 성
밖에서 열어본 편지에는 먼 변방으로 내려가서 한동안 세상과 절연한
채 한가롭게 살라는 내용이 적혀 있었다.[1]

결국 원치 않게 유배 아닌 유배길에 오르게 된 그는 멀리 해남으로
내려왔다. 그는 1875년 봄에 해남으로 내려와, 5년 뒤인 1880년 봄에
야 상경할 수 있었다. 연세대 도서관 소장 『추당잡고』는 모두 2권 2책
이다. 1, 2권의 표제 아래 '남정록(南征錄)' 상하라고 적혀 있다. 오롯이
해남 시절의 기록만 모은 것이 바로 이 책이다. 문집을 통해 볼 때 그는
어성촌(漁城村) 어귀 부서만(扶胥灣) 동쪽 기슭에 자리한 해창촌사(海倉
村舍)에 소요원(逍遙園)을 열고 꽃과 대나무를 가꾸며 은거하였음을 알
수 있다.

거의 유배나 다름없었지만, 공식적인 죄목을 입어 내려간 것은 아니
어서, 그곳의 지방관들과도 비교적 자주 왕래했다. 해남 지역의 이름난
문인이었던 송파(松坡) 이희풍(李喜豊, 1813-1886)과는 특히나 가깝게
왕래하며 수많은 시문을 수답했다. 현재 송파와 백파 두 사람의 시문을
한데 엮은 필사본 『양파집(兩坡集)』이 따로 한국학중앙연구원 장서각에
소장되어 있을 정도다.

기약 없는 해남 체류 중에 딱히 마음 둘 곳이 없었던 그는 대둔사를
자주 드나들며 그곳의 승려들과 교유하였다. 『추당잡고』에는 대둔사의
각 암자를 따로 노래한 한시와 그곳 승려들에게 준 여러 작품이 실려 있
다. 이 밖에 「호의대사시오화상찬(縞衣大師始悟畵像贊)」·「하의대사지정

화상찬(荷衣大師止定畵像贊)」·「성묵대사태원화상찬(性默大師太垣畵像贊)」·「일지암시집발(一枝盦詩集跋)」·「철선소초서(鐵船小艸序)」·「무위화상안인소조찬(無爲和尙安忍小照贊)」·「운파화상익화소조찬(雲坡和尙益華小照贊)」·「호의선탑명병서(縞衣禪塔銘幷序)」·「대둔사모연문(大芚寺募緣文)」 등 대둔사 승려들을 위해 써준 많은 산문이 수록되어 있어 자료 가치가 매우 높다.

그는 1880년 봄 상경하여 벼슬길에 복귀했다. 1883년 이조참의에 올랐고, 1884년 12월에는 성균관 대사성이 되었다. 1887년에 이조참판을 거쳐, 1892년 1월에 형조판서가 되고, 같은 해 8월에 한성부 판윤(判尹)에 임명되었다. 1894년 경기관찰사로 체직되었을 때 강원도 일대에서 봉기한 동학농민군의 진압을 진두지휘한 일도 있었다. 1898년 중추원 일등의관(一等議官)을 거쳐 1902년 4월에는 궁내부 특진관에 임명되었다. 『고령신씨세보』에 따르면 공사간(公私間)의 글을 묶은 기문이 50여 권에 이른다고 적혀 있다. 현재는 다 전하지 않고, 일부만 남았다.[2]

특히 그는 초의의 『일지암시고』에 발문을 쓰고, 『동다송』 끝에 제시(題詩)를 남겼다. 신헌구가 해남에 내려갔을 때는 초의가 세상을 뜬 지이미 9년이 지난 시점이었다. 따라서 신헌구는 초의와 생전에 대면한 적은 없었다. 1875년 10월 대둔사를 방문한 신헌구에게 초의의 고족인 월여(月如) 범인(梵寅, 1824-1894) 스님이 요청하여 「일지암시집발」을 지었다. 또 『동다송』 뒤에 붙인 제시는 1877년에 지었다. 이로 보아 현재의 『동다송』은 초의 당시의 편집이 아닌, 초의 사후 제자들에 의해 다시 정리된 것임도 확인된다.

신헌구의 「차설」

먼저 읽어볼 글은 『추당잡고』 권 1에 수록된 「차설」이다. 원래 제목은 「해차설(海茶說)」인데, 나중에 '해(海)'자를 지워 「차설」로 고쳤다. 해남에서 만든 초의차에 대해 적은 대단히 소중한 기록이다.

내가 사물이 나는 것을 살펴보니, 먼 데 것은 버려지고, 때와 만나지 못하면 감춰진다. 도리(桃李)의 문에 있지 않으면 사람이 알지 못하고, 종남산 가는 길목에 들지 않으면 재목이 팔리지 않는다. 슬프다. 해양(海陽)의 옥천차(玉川茶)는 기운과 맛이 꽃답고 짙어서, 설화(雪花)와 운유(雲腴)도 이보다 더 낫지는 않다. 그러나 먼 시골의 풍속이 어리석어 차보기를 돌피처럼 본다. 서울의 사대부는 토산을 보기만 하면 낮고 우습게 여겨, 한갓 건양(建陽)의 단산(丹山)과 벽수(碧水)만을 따라 화로에 끓이려 들지 않는다. 저것이 실로 황량하고 궁벽한 곳에서 생장하여, 요행히 나무꾼의 낫을 면한다 해도, 마침내 뒤섞여 썩은 풀이나 마른 그루가 되고 마니, 어찌 능히 백수탕을 시험하겠는가?

근래 대둔사의 산방에서 처음으로 마셔보았는데, 일찍이 초의 스님이 만든 제품이었다. 옛날 부대사(傅大士)는 몽정(蒙頂)에 암자를 엮고, 성양화(聖楊花)와 길상예(吉祥蘂)를 나눠 심었다. 각림사(覺林寺) 승려 지숭(志崇)은 삼품(三品)의 향을 구별하여, 경뢰소(驚雷笑)는 자신이 마시고, 훤초대(萱草帶)는 부처님께 바치며, 자용향(紫茸香)은 손님에게 접대해서 마침내 천하에 이름이 났다. 초의는 바로 이러한 부류이다. 신령한 마음과 지혜의 눈으로 풀 나물 가운데서 가려 캐어 오래가는 훌륭한 맛을 얻었으니, 물건도 만남이 있는 것인가? 하지만 몽정과 각림은 당대의 명사들에게 많이 들어가, 제품이 이를 통해 드러났다. 초의의 차는

海茶說

余觀物之生遐則遺不遇則晦不在桃李之門則人不知不入終南之徑則材不市悲夫海陽之玉川茶氣味芳烈雪花雲腴未之或勝而遐俗㸃視之若稗稊洛中士大夫見土產則鄙夷之非遼建陽之丹山碧水不齒則爐篆彼固生長荒僻𠆤免樵丁之釗則終混爲爾艸橋杭安能詋百壽湯中近始得啜於大芚山房曾是上人艸衣而品製也昔傳大士結菴蒙頂多種聖楊花吉祥蕊覽林僧志崇辨三品香以驚雷笑自奉萱艸帶供佛紫茸香待客遂名於天下草衣即其流靈心慧眼采擇於草茶中得其芳味之儁永京物之有遺熟於家頂譽林多㸃於當世之名士題品以之著草衣之茶獨擅空门而世未之稱此由於士大夫迷視太高誰覔覽羅以續陸羽經乎嗟夫余之爲此說不獨爲草衣茶竊眼南土人士舍英爐華多有不遇之歎也。

신헌구의 『추당잡고』에 수록된 「차설」 원문. 해(海) 자에 지우는 표시가 있다. 연세대 도서관 소장.

홀로 절집에서만 이름났을 뿐, 세상에서는 일컫지 않는다. 이는 사대부들이 대단히 훌륭한 것을 놓쳤기 때문이니, 누가 자료를 수집하고 망라하여 육우의 『다경』을 이으려 하겠는가? 아! 내가 이 설을 짓는 것은 다만 초의의 차를 위해서만은 아니다. 가만히 남쪽 땅의 인사들이 훌륭한 것을 지녔으면서도 흔히 세상과 만나지 못한 탄식이 있음을 안타깝게 여겨서이다.[3]

원래 제목 속의 '해차(海茶)'는 초의가 만든 해남차를 줄여서 한 표현이다. 도리의 문 운운한 것은 당나라 적인걸(狄仁傑)의 고사에서 따 왔다. 도리는 뛰어난 인재를 뜻한다. 적인걸이 추천한 수십 인이 모두 명신(名臣)이 되자 어떤 이가 천하의 도리가 모두 공의 문하에서 나왔다고 말한 데서 나온 말이다. 종남산 길목을 말한 대목 역시 당나라 때 노장용(盧藏用)의 고사가 있다. 종남산에 은거했던 그가 그로 인해 명성을 얻어 벼슬길에 올랐다. 종남산에 은거해 살던 사마승정(司馬承禎)을 만났을 때 그가 종남산을 그리워하는 뜻을 말하자, 사마승정은 "종남산은 벼슬로 가는 지름길일 뿐이지요."라고 비꼬았다. 그러자 노장용이 몹시 부끄러워했다는 고사다. 두 이야기 모두 여기서는 권세 있는 사람에게 줄을 대지 않고는 세상이 알아주지 않는다는 뜻으로 썼다. 본인의 능력보다 줄을 잘 서야 세상의 인정을 받는다는 뜻이다.

이렇게 서두를 던져놓고서야 해양(海陽)의 옥천차(玉川茶) 이야기로 넘어갔다. 해양은 해남을 말하고, 옥천차는 초의차의 다른 이름이다. 노동(盧仝)의 「옥천차가(玉川茶歌)」에서 따온 것이지, 구체적인 고유명사로 쓴 것은 아니다. 신헌구는 세상 사람들이 명성만을 좇아 건양(建陽)의 단산벽수(丹山碧水)만 찾을 뿐, 해남 옥천차의 훌륭함에 대해서는 무지한 것을 통탄했다. 마치 도리의 문에 들지 않고, 종남산에 은거하지 않아, 세상의 인정을 받지 못하는 능력 있는 인재와 다를 바 없다고 말한 것이다. 정작 해남 사람들도 무지하여 차 보기를 돌피 보듯 잡초 취급을 하고, 서울의 사대부는 토산(土産)이라 하여 아예 거들떠보지도 않는다.

이어 신헌구는 자신이 대둔사 월여산방에서 처음으로 마셔본 초의 스님이 만든 차 맛에 대해 이야기했다. 인용된 부대사(傅大士)는 제나라 동양군(東陽郡) 사람 부옹(傅翁)을 가리킨다. 그는 몽산 꼭대기에 암자를 짓고 차를 심어 3년 만에 성양화와 길상예라는 좋은 차 다섯 근을 얻어 황제께 바친 일이 있다. 이 대목은 초의의 『동다송』 제29구에서

32구까지에 그대로 실려 있다. 또 각림사 승려 지숭(志崇)의 경뢰소(驚雷笑)·훤초대(萱草帶)·자용향(紫茸香)의 삼품향차(三品香茶) 고사를 끌어왔다. 초의가 바로 부대사나 지숭에 해당하는 인물임을 들어 말하기 위함이다.

이어지는 글에서는 초의가 뛰어난 안목으로 남들이 거들떠보지 않는 풀 더미 속에서 귀한 찻잎을 가려내 훌륭한 차를 얻은 것을 높이 평가했다. 하지만 몽정차와 각림차는 지금껏 이름이 전해오나, 초의차는 여전히 절집에만 알려지고 세상에서는 잊혀진 이름이 되고 만 것을 안타까워했다. 육우의 『다경』을 이어 속편을 지으려면 마땅히 초의차를 한 항목 두어 정리해야 할 것인데, 세상의 사대부들은 중국제 차만 찾느라 우리 것은 거들떠보지 않으니, 이래서야 무슨 보람이 있겠느냐고 안타까워했다. 나아가 그는 남쪽 인사들이 뛰어난 재능을 지니고도 세상과 만나지 못하는 안타까움에 가탁(假託)하며 글을 맺었다.

이상 신헌구의 「차설」은 초의 사후에 초의가 만든 차를 처음 맛보고 숨은 인재에 견주어 그 차의 가치를 선양한 글이다. 차 문화사에서 의미 깊은 글로 꼽기에 손색이 없다.

신헌구의 차시

신헌구의 『추당잡고』 권 1에는 「화훼잡시(花卉雜詩)」 20수 연작이 실려 있다. 남쪽 땅에서 나는 초목화과(草木花果) 중 이름도 우아하고 서울서 보기 드문 것만 가려 한 수씩 노래했다. 이 중 제19가 「향차(香茶)」다. 이 작품이 바로 초의의 『동다송』 끝에 적힌 백파거사 신승지의 제시이다. 『동다송』에는 따로 제목 없이 시만 적어놓아, 전후 경과를 알

草衣曾試綠香烟禽舌初纖穀雨前莫數丹山雲磵月一鍾雷笑可延年。

香茶

茶木成叢如瓜蘆葉如梔子經冬不凋秋
始花如白薔薇心黃如金穀雨前後採新
識葉有雅致深得炒煎之法功效甚多頗
覺林之驚雷笑紫茸香蒙頂之聖楊花吉祥
蓝以為東坡山谷之雪花雲腴丹
雲磵月
皆不及此

신헌구 「추당잡고」 중 「향차」 시.

기 어려웠는데, 금번 『추당잡고』의 확인을 통해 이 시의 원제목이 「향차」임을 확인하였다. 게다가 시 제목 아래에 다음과 같은 긴 글이 부연되어 있다. 그 글과 시를 함께 읽어보겠다.

차나무는 덤불을 이루면 마치 과로(瓜蘆) 같고 잎은 치자 같다. 겨우내 시들지 않는다. 가을에 비로소 꽃을 피우는데 백장미 같다. 속이 노란 것이 마치 황금 같다. 곡우를 전후하여 참새 혀 같은 새잎을 딴 것이 다품 중에 으뜸이고, 효과도 뛰어나다. 승려 초의는 박식한 데다 아치(雅致)가 있고, 차를 덖는 방법을 깊이 얻어 「다송」을 지은 것이 자못 자세하다. 각림의 경뢰소·자용향이나, 몽정의 성양화·길상예에 견주어진다. 소동파와 황산곡의 설화(雪花)나 운유(雲腴), 단산(丹山)과 벽수(碧水)의 운간(雲磵)과 월감(月龕)도 모두 여기에는 미치지 못한다.[4]

초의 스님 일찍이 초록 향연(香煙) 시험하니	艸衣曾試綠香煙
곡우 전에 갓 나온 새 혀 같은 여린 싹일세.	禽舌初纖穀雨前
단산의 운간월(雲磵月)은 아예 꼽지 말지니	莫數丹山雲磵月
한 잔의 뇌소차(雷笑茶)가 수명을 늘려주네.	一鍾雷笑可延年

'증시(曾試)'는 '신시(新試)'라고도 하고, '일종(一鍾)'은 '만종(滿鍾)'이라고
도 한다.(曾試一作新試, 一鍾一作滿鍾)

차나무의 외양과 성질, 우전차의 우수한 효과에 대해 말한 후, 초의의
제다 솜씨가 출중해 『동다송』에 그 내용이 자세히 나온다고 적었다. 그
러고는 앞서 「차설」에서 말한 각림과 몽정의 이야기와 소동파 황산곡의
차 관련 설화를 끌어와, 초의차가 이들 차에 전혀 손색 없는 우수한 품
질을 지녔음을 칭찬했다.

시에서 단산의 운간월을 말했다. 이 또한 초의의 『동다송』 35, 36구에
서 "건양과 단산은 푸른 물의 고장이라, 제품으로 특별히 운간월을 꼽
는다네.(建陽丹山碧水鄉, 品題特尊雲澗月)"라고 한 대목에서 끌어왔다. 운
간월은 운간월감(雲澗月龕)을 글자 제약 때문에 세 글자로 줄여 말한 것
이다. 『둔재한람(遯齋閑覽)』에 나온다.

사실 위 「차설」과 「향차」 두 편만으로도 차 문화사에서 신헌구의 위치
는 뚜렷하다. 그는 본의 아니게 정쟁에 밀려 해남에서 5년을 일없이 머
문 일을 계기로, 초의차의 특별한 맛과 위상을 뚜렷하게 자리매김해 놓
은 것이다.

이제 『추당잡고』에 실린 그의 차 관련 한시 몇 수를 더 읽어보고 글을
맺겠다. 먼저 읽을 글은 자신의 거처인 산재(山齋)의 다섯 가지 물건 중
하나로 차 끓이는 솥을 노래한 글이다. 제목은 「산재오물명(山齋五物銘)」
중 「다당(茶鐺)」이다.

그 모습 살펴보면 연화(烟火) 낀 대그릇이요	相其貌烟火籠
그 속을 맡아보면 향기가 자욱하다.	罩見其心芬郁
속이 깊어 두드리자 쟁그렁 소리 나니	沈深敲之而鏗

명나라 왕문(王問)의 「자차도(煮茶圖)」. 대만 국립고궁박물원 소장.

아 너는 백번 단련한 꽃다움이로구나.　　　　　　　緊爾百鍊之英

　그는 자신의 거처에 아예 차 달이는 솥을 마련해두고 차를 즐겼던 듯
하다. 모습은 연화롱(烟火籠)인데, 향기가 자옥히 짙다. 두드리면 쟁그
렁 소리가 나니, 백번 단련한 무쇠로 만든 것이다.
　다음에 볼 시는 「견한(遣閒)」 12수 가운데 제9이다.

　　푸른 연기 그윽하다 대마루에 서리었고　　　　碧篆淸幽繚竹檁
　　새로 길은 차 샘물로 물병이 푸르도다.　　　　茗泉新汲甌瓶靑
　　장기(瘴氣) 남기(嵐氣) 씻어냄은 다만 차에 힘입으니　瘴嵐消滌惟渠賴
　　육우 『다경』 대충 봄을 이제와 후회하네.　　　却悔疎看陸羽經

　남쪽 바닷가에 살다 보니 산람(山嵐)과 해장(海瘴), 즉 산과 바다의 나

쁜 기운에 맞아 병치레가 잦다. 이 나쁜 기운을 씻어내주는 것은 오직 차뿐인데, 이럴 줄 알았더라면 진작에 육우의 『다경』을 열심히 읽어 차에 대한 공부를 더 많이 해둘 걸 하는 아쉬움을 달랜 내용이다. 차에 점차 맛을 들여가는 과정을 보여준다.

「월여상인께 드림(贈月如上人)」이란 작품을 읽어보자.

고승의 거처라 대나무로 숲을 삼고	高僧居處竹爲林
밤에 자며 재 지내니 달빛 옷에 가득하다.	夜宿經齋月滿襟
흐르는 물 깊은 산은 나를 오래 붙들고	流水深山留我久
엷은 구름 성근 비에 그대 함께 찾는도다.	淡雲疎雨共君尋
초의의 옛 바리때는 전신(傳神)의 게송이요	草衣古鉢傳神偈
보련각(寶蓮閣)의 찬 종소리 성심(省心)을 일깨운다.	蓮閣寒鍾發省心
좋은 차 끓여 내어 막힌 체증 해소하니	煮取茗香消碧痞

육근(六根)에 세상 티끌 침입하지 않게 하리.　　　　　六根不教世塵侵

스님은 초의의 고족으로 보련각에서 지낸다. 차를 끓여 손님 접대를 잘한
다.(師卽草衣高足. 住寶蓮閣, 善煮茗供客)

초의 스님의 제자인 월여상인의 거처 보련각(寶蓮閣)에서 스님이 끓
여 내온 차를 마셔 체증을 가셔내고, 세속에 찌든 속을 말끔히 씻어냄
에 감사를 표했다. 보주에서 월여상인의 차 끓이는 솜씨를 특별히 칭찬
했다.

다음은 「만일암을 지나다가 유산의 시운을 차운하다(過挽日菴次酉山
韻)」란 시다. 대둔사의 암자인 만일암에 들렀다가 다산의 아들 정학연이
지은 시를 보고 차운했다.

봄바람 쉴 없이 불어오는데	春風吹不盡
흰 해는 선가(禪家)에 머물고 있네.	白日駐禪家
땅에는 천 년 바위 우뚝 솟았고	地高千年石
산에는 2월 꽃이 여태 남았다.	山餘二月花
먼 돛단배 나무 사이 얼핏 보이고	遠帆穿樹見
가파른 길 구름 잠겨 기울어졌다.	危磴入雲斜
꼭대기에 올라가보려 하여	欲上高峰去
동자에게 한낮 차를 재촉한다네.	催僮午點茶

만일암은 다산 정약용이 「만일암기」를 비롯하여 「만일암사적」 등 여
러 편의 글을 남겼던 이름난 암자다.[5] 그곳에 적힌 정학연의 시에서 흥
취가 일어 한 수 남겼다. 바다가 내려다보이는 암자여서 먼 돛이 보인다
했고, 정상으로 가는 길이 구름에 잠겨 있는 모습을 적었다. 다시 정상

까지 올라가기 전에 그곳 사미승에게 차를 한 잔 청한다. 한갓지고 여유로운 광경이다.

또 「낙서암에 올라(登樂棲菴)」에도 차 마시는 풍경이 보인다.

쇠락한 마을 작은 기슭 선당(禪堂)이 숨었는데	殘村小麓隱禪堂
규모도 자그마해 초동목부(樵童牧夫) 찾아올 뿐.	樵牧侵尋少棟樑
명천(茗泉)을 길어와서 무화(武火)를 재촉하니	活引茗泉催武火
담백한 밥 풀 반찬에 미양(迷陽)의 삶이 달다.	澹飱草具甘迷陽
향초 덮힌 산길은 평지 비탈 어지럽고	徑莎冪磴迷平側
대나무는 울을 이뤄 제멋대로 길고 짧다.	野竹成籬任短長
산 밖의 이름난 절 멈춰 지냄 오래거니	外鳴籃停處久山
붉은 나무 석양 비침 앉아서 바라본다.	坐看紅樹入曛黃

3구의 '활인명천(活引茗泉)'이 그것이다. 활수(活水)를 끌어와서 차 달이는 샘물로 쓴다는 말이다. '최무화(催武火)'의 무화(武火)는 문화(文火)를 거쳐 불길이 거세진 상태를 뜻한다. 어서 차를 마시고픈 마음을 담았다. 4구의 미양(迷陽)은 『장자』 「인간세(人間世)」에 나오는 말로, 거짓으로 미친 체하며 살아가는 사람을 뜻한다. 낙서암을 찾았다가 차 대접에 이어 저녁 공양을 받은 뒤, 석양의 아름다운 풍경을 바라보고 있다.

이상 새로 찾은 『추당잡고』를 통해 그간 알려지지 않았던 신헌구의 「차설」과 여러 차시를 읽어보았다. 신헌구는 중년에 5년간 해남에 쫓겨가 머물면서 대둔사 승려들과 폭넓은 사귐을 맺었고, 이 과정에서 뒤늦게나마 초의차와 접할 수 있었다. 그의 「차설」은 초의차의 우수성을 선양하는 한편, 알아주는 이 없는 현실에 대한 안타까움이 교차되어 있다.

또 그의 「향차」 시는 그간 제목 없이 시만 『동다송』 끝에 붙어 있던 것인데, 금번에 시에 달린 소서(小序)까지 찾아내서 함께 읽어보았다. 다른 여러 차시들도 그의 차 생활을 증언한다.

34

돌샘물로 반죽해서 진흙처럼 이겨서

백운동 별서別墅와 월산작설차月山雀舌茶

백운동(白雲洞) 원림은 강진군 성전면 월출산 옥판봉 자락에 위치한 전통 별서(別墅)다. 소쇄원, 명옥헌, 다산초당, 일지암 등과 더불어 몇 남지 않은 호남 전통 원림의 원형이 그대로 남아 있다. 입산조인 이담로 (李聃老, 1627-?)가 만년에 둘째 손자 이언길(李彦吉, 1684-1767)과 함께 이곳에 은거하여 별서를 조성한 이래 지금까지 11대에 걸쳐 이어져온 유서 깊은 공간이다.[1] 이담로의 6대손 이시헌(李時憲, 1803-1860)은 다 산 정약용에게 직접 배운 막내 제자였다. 그는 백운동 대숲에서 나는 차 잎을 따서 떡차를 만들어 다산에게 보냈던 인물이다. 다산은 그에게 차 만드는 방법에 대해 자세히 일러준 바 있다. 이 글에서는 백운동 원림의 공간 구성과 내력, 다산과 얽힌 인연, 그리고 일제강점기 백운옥판차(白 雲玉版茶)로 이어진 차의 연혁 등을 살펴보겠다.

백운동 별서의 공간 구성과 내력

이담로의 생애는 자세히 알려진 것이 없다. 자는 연년(延年), 호는 백운동은(白雲洞隱)이다. 장사랑(將士郎)을 지냈고, 사후 좌승지(左承旨)에 추증되었다. 젊어서부터 문학으로 이름이 있었다. 절조를 숭상하여 세상에 뜻을 끊고, 백운동으로 들어와 금서(琴書)를 즐기며 만년을 보냈다. 이시헌이 백운동 관련 제현의 시문을 모아 엮은『백운세수첩(白雲世守帖)』이 전한다.[2] 여기 실린 이담로가 지은 「백운동명설(白雲洞名說)」을 먼저 읽어본다.

백운동은 월출산 옛 백운사(白雲寺)의 아래편 기슭에 있다. 앞에 석대(石臺)가 있는데, 올라가서 보면 뒤편으로 층암(層巖)이 옥처럼 서 있다. 송죽(松竹)이 길을 덮고, 맑은 시내가 어리비친다. 이 물을 끌어 구곡(九曲)으로 만들어 섬돌을 따라 물소리가 울린다. 냇가의 바위 위에는 또 '백운동'이란 세 글자가 새겨져 있다. 옛 이름을 인하여 현판을 걸어두고 그 그윽함을 기록해둔다.[3]

바위에 새겨진 '백운동' 제자(題字) 글씨.

백운사의 아래에 있어 백운동이란 이름을 얻었다고 했다. 『신증동국여지승람』「강진현」조 '불우(佛宇)'에 백운사와 수암사(秀巖寺)가 월출산에 있다고 했으니, 이 절을 말한 것이다. 실제 백운동 골짝을 따라 올라가면 백운사의 절터가 남아 있다. 백운동의 앞쪽

입산조인 이담로의 묘표석. '백운동은이공지묘(白雲洞隱李公之墓)'라고 적혀 있다.

백운유거 현판.

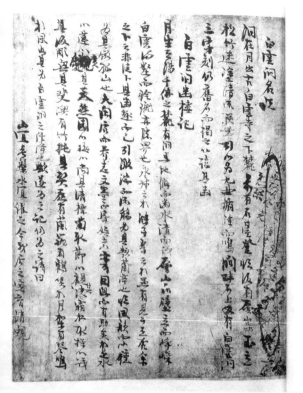

에는 석대가 있고, 뒤편에는 층암이 섰다. 시내를 끌어와 구곡을 돌려 섬돌을 따라 냇물 소리가 울며 지난다고 했다. 냇가 바위 위에 '백운동'이란 세 글자가 새겨져 있어, 이것으로 이름을 정했다.

대개 이러한 기술 내용은 현재 백운동 별서의 공간 구성과 그대로 일치한다. 이담로는 「백운동유서기(白雲洞幽棲記)」란 글도 따로 남겼다.

『백운세수첩』에 수록된 「백운동유서기」.

월출산 남쪽, 천불동 기슭에 골짜기가 있다. 땅이 후미지고 그윽하며, 물은 맑고도 얕다. 층암이 절벽처럼 서서 우뚝하고, 흰 구름이 골짝을 메워 영롱하니, 또한 아름다운 곳이다. 구양수의 저주(滁州)와 유종원의 우계(愚溪)를 이곳에서 볼 수 있다. 내가 이곳에 자리 잡은 것은 그윽한 운치만을 위한 것이 아니다. 여울물을 끌어서 술잔을 띄움은 왕희지의 난정(蘭亭)을 본받고자 함이요, 바람의 가락에 맞춰 종소리가 들림은 임포(林逋)의 고산(孤山)을 본받기 위함이다. 대저 한가로이 지내며 뜻을 기르고, 문묵(文墨)으로 즐거움을 부치는 것은 또한 이것들을 인하여 도움 받을 수 있다. 이에 물에는 연꽃을 심어 천연스런 자태를 아끼고, 동산에는 매화로 해맑은 풍격을 숭상하며, 국화는 절개를 취해 서리에도 끄떡 않는 자태를 돌아본다. 소나무는 절조를 취해 뒤늦게 시드는 자태와 문채 남을 시험하였다. 물가에는 대나무가 있어 마음 맞음을 의탁하고, 뜨락에는 난초를 심는다. 조롱에는 학을 두어 달빛에 울고, 시렁에는 거문고가 있어 바람에 운다. 이것이 백운동의 생활이다. 마침내 기문으로 삼는다.[4]

구양수가 「취옹정기」에서 말한 저주의 서쪽 시내와 유종원이 「우계기」에서 묘사한 우계의 풍광을 백운동에서 만날 수 있다고 말한 뒤, 이곳의 공간 구성을 나열했다. 먼저 처음 꼽은 것이 유상곡수(流觴曲水)다. 계곡 물을 수로로 끌어와 섬돌 아래로 돌려 마당의 상하지(上下池)를 돌아 다시 방향을 꺾어 시내로 흘러 나가게 만든 구곡이 민간 정원에는 유일하게 백운동 원림 안에 현재까지 남아 있다. 왕희지가 난정에서 행했던 유상곡수를 본뜬 것이다. 못에는 연꽃을 기르고, 동산에는 매화를 심었다. 국화와 소나무, 대나무와 난초를 각각 심어 그 절조에 의탁했고, 조롱에는 학을 길렀다. 시렁에는 거문고가 놓여 바람이 지나면 저 혼자 스스렁 울었다.

이담로가 묘사하고 있는 백운동의 이러한 풍광은 지금도 그대로 보존되어 있다. 최근 이 원림은 강진군에서 본격적인 복원 사업에 착수하여, 현재 본채를 제외한 대부분의 원림이 예전 상태를 회복했다. 소쇄원을 이어 잊혀졌던 전통 별서 하나를 되찾게 된 셈이다.

『백운세수첩』에는 이담로의 두 글에 이어 적와기수(適窩畸叟) 신명규(申命圭, 1618-1688)가 쓴 「백운동초당팔영(白雲洞草堂八詠)」과 임영(林泳, 1649-1696)과 김창흡(金昌翕, 1653-1722)의 「백운동팔영」이 각각 실려 있고, 송익휘(宋翼輝)의 「백운동십영(白雲洞十詠)」과 이시헌의 발문이 수록되어 있다. 8영은 송(松)·죽(竹)·국(菊)·란(蘭)·매(梅)·련

백운동의 새로 복원된 유상곡수.

(蓮)·금(琴)·학(鶴) 등 8가지를 노래한 것으로, 위 「백운동유서기(白雲洞幽棲記)」의 내용에서 취해왔다. 이 밖에도 각자의 문집에 백운동을 노래한 시가 몇 수씩 더 있고, 김창집(金昌緝)의 『포음집(圃陰集)』과 『해석유고(海石遺稿)』 등에도 백운동을 노래한 시편들이 보인다.

당시의 쟁쟁한 문인들이 앞다퉈 백운동의 승경을 노래한 데서 알 수 있듯, 당시에도 백운동 원림은 경향 간에 이름이 높았다. 이하곤(李夏坤, 1677-1724)의 『두타초(頭陀草)』 중 「남행집(南行集)」에도 「백운동은 고(故) 정자(正字) 이언렬의 별업이다. 뜰 가운데 샘을 끌어 유상곡수를 만들었는데, 지금은 묻혔다. 동백이 바야흐로 성대하게 피었다.(白雲洞故正字李彦烈別業也. 庭中引泉爲流觴曲水, 今廢. 冬柏方盛開)」란 작품이 실려 있다.

백운동 골짜기에 말을 세우고	駐馬白雲洞
문에 드니 소나무가 뜰 가득하다.	入門松滿庭
눈 쌓인 나무에 동백은 피고	花開餘雪樹
사람 가고 없는데 임정(林亭)만 있네.	人去獨林亭
유상곡수 어느 해에 폐하여졌나	曲水何年廢
대숲만 다만 홀로 저리 푸르네.	脩篁只自青
옛 단(壇)을 찾아가 서성이자니	古壇來拄杖
그윽한 뜻 더더욱 쓸쓸하구나.[5]	幽意更泠泠

이하곤은 기행문 「남유록」에서 이곳의 풍광을 또 이렇게 직접 묘사했다.

15리를 가서 월남촌(月南村)에 이르렀다. 월출산 남쪽에 있기 때문에 월남이라고 한다. 옛날에 월남사가 있었는데 자못 경치가 훌륭했다. 지금은 폐사가 되어 일반 백성이 산다. 또 서쪽으로 5리쯤 가면 백운동이다. 승문원(承文院) 정자 이언렬의 별업이다. 골짜기가 그윽하고 깊다. 나무는 동백이 많은데, 마침 꽃이 피어 화려하였다. 마당 가운데에는 산골 물을 끌어 곡수(曲水)를 만들었다. 대개 지난날 술잔을 띄워 놀던 장소다. 언렬이 죽고 나서는 또한 폐하여진 지 오래다. 남쪽에는 작은 동산이 솟아 있고, 장송을 열 지어 심었다. 그 아래는 단을 만들어, 앉아서 구정봉(九井峰)의 여러 봉우리를 볼 수가 있으니 더욱 기이하다.[6]

이로 보아 이하곤 당시 마당의 유상곡수는 이미 매몰되었고, 골짜기엔 동백이 군락을 이뤄 자라고 있었음을 알 수 있다. 남쪽의 작은 동산에는 소나무를 심고, 그 아래 단(壇)을 만들어 월출산 구정봉이 바라보이게 했다.

다산의 『백운첩』과 초의의 「백운동도白雲洞圖」

백운동이 다시금 주목받게 되는 것은 몇 세대가 지난 후 다산 정약용에 의해서다. 다산은 1812년 9월에 제자인 초의와 윤동을 데리고 월출산에 산행 와 백운동에서 하루를 묵었다. 다산은 7년 전인 1805년에 월출산에 놀러 왔다가 정상에서 탈진하여 간신히 돌아온 일이 있었다. 이에 전날의 유감 풀이를 겸해 제자 둘을 데리고 원족을 왔던 것이다.

유람 후 다산은 백운동의 승경을 잊지 못했다. 그래서 이곳의 12승사(勝事)를 노래한 13수의 시를 짓고, 초의를 시켜 「백운동도」와 「다산초당도(茶山草堂圖)」를 그리게 하여 『백운첩(白雲帖)』으로 묶었다. 서시 격의 시는 「백운동 이씨 산거(山居)에 부쳐 제하다(寄題白雲洞李氏山居)」이

동백 숲이 우거진 백운동 계곡. ⓒ임준성

다. 다산이 꼽은 백운동 12승사는 옥판봉(玉版峯)·산다경(山茶徑)·백
매오(百梅塢)·취미선방(翠微禪房)·모란체(牧丹砌)·창하벽(蒼霞壁)·
정유강(貞蕤岡)·풍단(楓壇)·정선대(停仙臺)·홍옥폭(紅玉瀑)·유상곡
수·운당원(篔簹園) 등이다.

지면의 제약으로 시를 일일이 소개하지는 못하고, 시의 내용을 간추
려 당시 백운동의 원림 공간을 재구성하면 이렇다. 백운동의 제1경은
옥판봉을 꼽았다. 옥판봉은 월출산 구정봉의 서남쪽 봉우리의 이름이
다. 이름하여 '옥판봉의 상쾌한 기운(玉版爽氣)'이다. 산다경은 동백나
무 오솔길이다. 지금도 백운동으로 들어서는 별서의 아랫자락에는 길
양편으로 동백나무가 무성한 군락을 이루고 있다. 백매오는 집 둘레 바
위 언덕에 심어둔 1백 그루의 홍매를 가리킨다. 취미선방은 본채 아래
쪽에 화계(花階) 위에 세운 세 칸 초가집이다. 모란체는 모란을 심어둔

화단이고, 창하벽은 계곡을 건너 별서로 들어설 때 집 앞을 막고 선 푸른 절벽이다. 다산은 여기에 붉은 먹으로 크게 '창하벽'이라고 써놓았다고 했다. 정유강은 소나무를 열 지어 심은 집 남쪽의 작은 묏등이다. 창하벽의 위편에 해당한다.

풍단은 시냇가에 임한 양편에 단풍나무를 심어둔 평평한 땅이다. 다산은 『아언각비』에서 단풍나무에 대해 설명하면서, "내가 강진에 귀양 살 적에 백운동 이씨 산장에 단풍나무 몇 그루가 있는 것을 보았다. 높고 커서 하늘을 찌를 듯하여 기둥감으로 쓰기에 마침맞았다. 주인에게 물어보니, 여태 꽃이 피어 열매 맺는 것을 못 보았다고 하니 기이하다 할 만하다."[7]고 적은 바로 그 단풍나무다. 정선대는 정유강 옆에 세운 작은 정자의 이름이다. 현재 아름드리 세 그루 소나무 옆 예전 주춧돌 자리에 정자를 복원해놓았다. 홍옥폭은 계곡을 건너기 전 힘차게 떨어지는 폭포다. 지금은 건천이 되어 유량이 거의 없지만, 여름철 비가 많이 내리면 장관을 이룬다. 풍단을 지나 내려온 물이 물가에 있던 죽정(竹亭) 앞을 세차게 치며 흘러 폭포가 된다. 유상곡수는 앞서 언급한 마당에 있는 물굽이 길이다. 계곡 물을 끌어서 담장 밑으로 들이고, 섬돌 밑을 따라 들어와 상지(上池)로 든다. 다시 물길을 꺾어 하지(下池)로 대고, 한 번 더 꺾이어 바깥 계곡으로 되흘러 나간다. 다산은 시에서 6곡(曲)이라 했는데, 바깥쪽의 굽이 수를 합치면 9곡이 맞다. 운당원은 집 오른편의 무성한 대나무 밭을 가리킨다. 이곳에 야생 차가 군집을 이루며 자란다.

이와는 별도로 이 집의 주인이었던 다산의 제자 이시헌도 백운동 14경을 노래했다. 그가 손꼽은 14경은 다음과 같다. 백운동(白雲洞)·자이당(自怡堂)·천불봉(千佛峯)·정선대(停仙臺)·백매원(百梅園)·만송강(萬松岡)·운당곡(篔簹谷)·산다경(山茶徑)·모란포(牧丹圃)·영홍체(暎

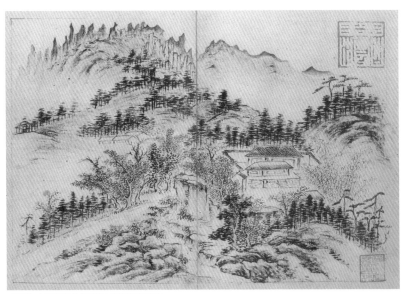

다산의 지시에 따라 초의가 그린 「백운동도」.

嘉慶壬申秋余自茶
山游白雲洞一宿而反
徘徊久而未襄令倣涧
此白雲圖續之以十二勝
事之詠以遺之尾附茶
山圖以見優劣

八月卅日

「백운첩」 끝의 「백운동도」와 「다산도」를 그린 경위를 적은 다산 친필.

紅砌)·창하벽(蒼霞壁)·홍옥담(紅玉潭)·풍단(楓壇)·곡수(曲水) 등이
그것이다. 대개 다산의 12승사와 비슷하나 이름이 조금씩 차이 난다. 취
미선방은 자이당으로 이름이 바뀌었고, 영산홍을 심은 화계를 하나 더
꼽았다.[8]

　초의는 1839년 가을에 백운동을 다시 찾았다. 그는 그곳에 심어져 있
는 백학령(白鶴翎)이란 고급 품종의 국화를 보고 시를 지었고, 이 국화
한 그루를 얻어가며 한 수 더 지었다.[9] 이런 것을 보면 당시 백운동의 정
원은 여러 종류의 나무뿐 아니라 기화이초들도 심어져 정성스레 가꾸어
지고 있었다.

　이상 살폈듯 백운동 별서는 대단히 짜임새 있는 구성을 이룬 원림이
며, 자연과 인공이 적절히 배합된 배치를 보여준다. 특히 유상곡수는 민
간 정원에서는 달리 예를 찾기 어려워 그 가치가 높다. 다산은 이 백운
동의 풍광을 동행했던 초의를 시켜 그림으로 그리게 했다. 그러고는 맨
뒤에 다음과 같은 발문을 남겼다.

　　가경 임신년(1812) 가을, 내가 다산으로부터 백운동에 놀러 가서 하룻밤
　　자고 돌아왔다. 남은 미련이 오래도록 가시지 않아, 승려 의순을 시켜 백
　　운도(白雲圖)를 그리게 하고, 이를 이어 12승사를 읊어서 주었다. 끝에는
　　다산도(茶山圖)를 붙여서 우열을 보인다. 9월 22일.[10]

　초의가 다산의 분부로 그린 「백운도」는 다산의 백운동 12승사 시와
함께 『백운첩』으로 묶여 전한다. 『백운첩』 끝에는 역시 초의가 그린 「다
산도」가 실려 있다. 당시 다산이 거주하던 다산초당의 실경이 아주 상세
하다. 그 구조도 지금과는 사뭇 달리 돌담장이 있고, 울타리 안과 밖에
각각 상하의 방지(方池)가 있었다. 또 석가산(石假山)은 연못 가운데가

아닌 연못 위쪽에 자리 잡았다. 다산은 『백운첩』의 첫 장에 「백운도」를 그리고, 끝에는 「다산도」를 실어 둘 사이에 어느 곳이 더 나은지 겨뤄보자는 뜻을 비췄다.

이 두 공간은 여러모로 닮은 점이 있다. 계류나 샘물을 끌어와 상하 방지에 물을 대고, 화계를 두어 꽃과 채소를 심었으며, 암벽에 각자(刻字)가 있고, 구역별로 화훼와 나무를 구분하여 심었다. 이 점은 담양 소쇄원이나 명옥헌, 대둔사 일지암에도 보이는 공통점이다. 이것으로 호남 원림의 원형으로 삼아도 좋을 것이다.

이시헌 자신이 직접 백운동 14경을 노래한 후, 총괄해서 노래한 「총영(總詠)」 한 수를 읽어보자.

솔과 계수 향기 깊고 벽려가 문이 되니	松桂芬深薜荔門
한 구역을 단장하여 작은 원림 얻었다네.	一區粧得小邱園
천봉은 고요히 서서 고요한 맘 지켜보고	千峯靜立觀心靜
만폭은 떠들썩 돌아 세속 시끄러움 씻어준다.	萬瀑喧廻洗俗喧
골짝은 화양 은자 지녔던 물건으로 이름 삼고	峒號華陽持贈物
집은 왕마힐의 그림 속 마을일세.	家在摩詰畫圖村
금서(琴書)의 유업(遺業)으로 생애가 족하거니	琴書遺業生涯足
도원(桃源)에서 자손 기름 하나도 안 부럽다.	不羨桃源長子孫

5구는 양(梁)나라 도홍경(陶弘景)이 화양(華陽)에 숨어 살며 벼슬에 뜻을 두지 않았다. 고조(高祖)가 그를 만나러 갔다가 대체 산중에 무엇이 있기에 나올 생각을 않느냐고 묻자, 그가 대답했다는 다음 시에서 따왔다. "산속에 무엇이 있냐 하시니, 고개 위엔 흰 구름 많기도 하죠. 다만 혼자서 기뻐 즐길 뿐, 임금께 드리진 못한답니다.(山中何所有, 嶺上多白雲.

但可自怡悅, 不堪持贈君)" 골짜기의 이름이 백운동이란 말을 이렇게 표현한
것이다. 자신의 호인 자이당도 바로 이 시 제3구에서 따왔다.

백운동과 월산작설차

이제 백운동 원림과 차와의 관련에 대해 잠깐 살펴보자. 앞선 시기
『백운세수첩』에 수록된 제가의 제영 속에는 차에 관한 언급이 전혀 보
이지 않는다. 백운동에서 차를 만들기 시작한 것은 역시 다산 이후의 일
이다. 다산이 해배되어 69세 나던 1830년 3월 15일에 제자 이시헌에게
보낸 편지는 예전에 한 차례 소개한 바 있다. 이 가운데 다산이 떡차를
만드는 방법에 대해 설명한 부분만 다시 소개한다.

> 올 들어 병으로 체증이 더욱 심해져서 잔약한 몸뚱이를 지탱하는 것은
> 오로지 떡차〔茶餅〕에 힘입어서일세. 이제 곡우 때가 되었으니, 다시금
> 이어서 보내주기 바라네. 다만 지난번 부친 떡차는 가루가 거칠어 썩 좋
> 지가 않더군. 모름지기 세 번 찌고 세 번 말려 아주 곱게 빻아야 할 걸세.
> 또 반드시 돌샘물로 고루 반죽해서 진흙처럼 짓이겨 작은 떡으로 만든
> 뒤라야 찰져서 먹을 수가 있다네. 잘 알아두는 것이 어떻겠는가?[11]

다산은 이 편지에서 찻잎을 삼증삼쇄, 즉 세 번 쪄서 세 차례 말린 후
이를 절구에 곱게 빻아서 석천수에 개어 진흙처럼 짓이긴 후, 작은 떡으
로 만들어야 한다고, 구체적인 제다법을 제시했다. 다산이 주로 마신 차
가 떡차임은 이미 여러 자료를 통해 설명한 바 있다.

필자가 새롭게 찾은 다산의 편지에도 백운동 이시헌에게 차를 부탁한

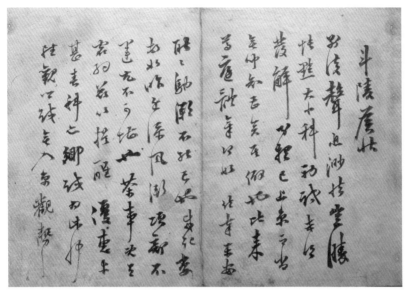

이시헌이 다산의 편지를 다시 베껴 갈무리해둔 글씨.

내용이 보인다.

나는 전처럼 몸이 좋지가 않다. 근래 들어서는 풍증마저 점차 더해져서
목 부분을 움직일 수가 없으니 더더욱 견딜 수가 없다. 차의 일은 이미
묵은 약속이 있었기에 이번에 다시 일깨워준다. 좀 많이 보내주면 아주
고맙겠다.[12]

자신이 풍증으로 인해 목을 움직일 수조차 없는 정황을 말하고 나서,
차를 약속대로 보내주기를 청했다. 이왕 보내줄 바에는 좀 많이 보내주
면 고맙겠다고 말한 것이 재미있다. 이시헌이 해배 후에도 다산을 위해
지속적으로 차를 만들어 두릉으로 보냈음을 알려준다.

이시헌은 자신의 문집 속에 차시를 몇 수 남겼다. 이를 통해서도 백운

동 원림에서 이루어진 그의 차 생활을 엿볼 수 있다. 다 읽지 못하고 한두 수만 읽어본다.

흰머리로 뜬금없이 선관(仙官)을 꿈꿨지만	白首無賴夢仙官
세상 사람 기뻐함은 만나 보기 어려웠네.	世人難逢强半歡
얼마 못 가 눈 어두워져 글자 보기 힘이 들고	未幾昏眸妨識字
몇 안 되는 성근 터럭 관조차 못 쓰겠네.	無多薄髮不勝冠
구름 창에 잠 깨어나 묵은 글 뒤적이다	雲牕睡罷尋蠹簡
다조(茶竈) 연기 잦아들 제 용단차를 끓이누나.	茶竈煙消煮龍團
정선대 위 가끔 가서 위쪽을 올려봐도	時向停仙臺上望
날개 돋아 신선 되어 날아오름 어려워라.[13]	飛昇難得化羽翰

백운동 흰 구름 속 유거(幽居)에서 신선을 꿈꾸며 살아가는 나날을 노래했다. 흰머리에 눈은 어둡고, 머리카락은 빠졌어도, 운창(雲牕)에서 옛글을 뒤적이다 무료하면 다조에 용단 떡차를 끓여 마신다. 산보 삼아 집 앞의 정선대로 올라가 멀리 월출산 구정봉을 올려다보며 문득 날개가 돋아 훨훨 선계로 날아올라 갔으면 하는 바람을 노래했다.

또「동려가 와서 밤중에 소동파의 시운으로(桐廬至夜拈坡詩韻)」4수 중 제3수의 5, 6구에서는 "일곱 사발 차 마시자 막걸리가 생각나고, 삼첩의 시 지은 뒤 길게 노래 부르네.(茶七碗餘思薄酒, 詩三疊後且長家)"라 했다. 또「파산이 와서 소동파의 시운으로(坡山至拈坡詩韻)」의 7, 8구에서는 "일곱 사발 향차에 마음조차 담박하니, 석 되 술을 어이 굳이 동고(東皐)에서 사모하리.(七椀香茶心淡泊, 三升何必戀東皐)"라고 했다.「실제(失題)」3수의 제2수 5, 6구에서도 "시름 녹임 구태여 석 잔 술이 필요 없고, 근심 흩음 오히려 한 잔 차로 충분하리.(消愁未必三盃酒, 散慮猶須一

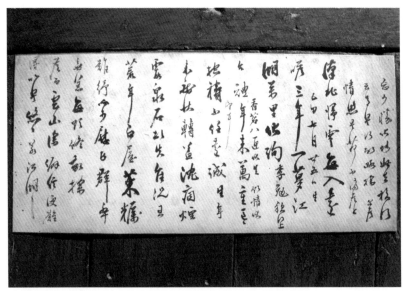

이시헌의 아들 이면흠의 편지. 본문 중에 향명팔갑(香茗八匣)이라 한 내용이 보인다.

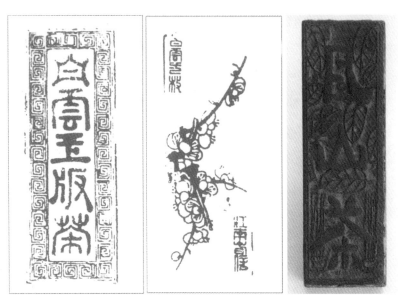

백운옥판차(白雲玉版茶) 상표 앞면과 뒷면.(좌)
백운옥판차 직전 생산된 월산차 상표 목판. 찻잎과 찻잔을 새겼다.(우) ⓒ차의 세계

碗茶)"라 한 것이 있다.

　한편, 집안에 전하는 이시헌의 친필 중에 "월출산에서 나는 작설차 한 갑과 황초 두 자루를 부칩니다.(月山所産雀舌茶一匣, 黃燭二柄付上)"라고 한 것이 있고, 이시헌의 아들 이면흠(李勉欽, 1824-1884)이 누군가에게 보낸 서찰 중에도 "향명(香茗) 8갑(匣)을 삼가 드리오니, 정으로 받아주시길 바라나이다.(香茗八匣伏呈, 領情伏望耳)"라고 한 내용이 보인다. 두 글 모두 차의 단위를 갑으로 표현한 것이 흥미롭다. 떡차가 아닌 산차라는 말이다. 이렇게 본다면 당시 백운동에서 만든 차는 다산 방식의 떡차와 갑에 넣어 포장하는 산차가 함께 만들어졌다는 뜻이 된다. 이렇듯 백운동 대숲에서 나는 차는 대를 이어 전승되며 다양한 형태로 만들어졌다.

　이러한 음다풍이 일제강점기까지 이어져, 백운동 인근 월남리에 살던 이 집안의 이한영(李漢永, 1868-1956)이 만들어 판매한 금릉월산차(金陵月山茶)나 백운옥판차로 그 맥이 이어졌다. 금릉은 강진의 옛 이름이고, 월산은 월출산을 줄여 말한 것이다. 또 백운동 옥판봉에서 나는 차라는 뜻이다. 이곳 대숲에서 자라는 야생 차를 따서 만든 백운동의 월산작설차는 지금도 이효천 옹에 의해 5대조인 이시헌이 만들었던 옛 방식대로 만들어지고 있다.

35

돌솥의 푸른 차 연기

우선 이상적의 차시와 차 생활

이상적(李尙迪, 1803-1865)의 자는 혜길(惠吉) 또는 윤진(允進)이다. 우선(藕船)은 그의 호다. 본관은 우봉(牛峰). 그의 문집 『은송당집(恩誦堂集)』은 1848년 북경에서 오찬(吳贊)이 펴냈다. 철종 13년(1862) 1월 20일에 60세의 나이로 종신직인 지중추부사에 임명되었다. 1865년 8월 5일에 63세를 일기로 세상을 떴다. 역관으로 전후 12차례나 연행 길에 올랐다.

추사의 제자였던 그는 「세한도(歲寒圖)」에 얽힌 아름다운 인연으로 이름났다. 열두 번 중국을 오가는 동안 중국에서 나는 온갖 명차(名茶)를 두루 맛보았다. 차에 대한 높은 안목을 바탕으로 생활 속에서 늘 차를 즐겼다. 그의 문집 속에는 자신의 차 생활을 노래한 차시가 적지 않다.[1] 그의 「백산차가(白山茶歌)」는 백두산 지역에서 생산되는 백산차의 실체를 증언하고 있는 우리 차 문화사에서 대단히 중요한 자료다. 그 밖에

우선 이상적 초상화와 중국에서 간행된 「은송당집」 표지.

당시 고려 고탑에서 발견된 용단승설차에 관한 자세한 증언을 남겼다. 특이하게도 일본 차와 중국차에 대한 시도 남겼다. 이 글에서 차례로 살펴보겠다.

일상 속의 차시

우선은 일상에서 차를 즐겼던 차인이다. 당시 조선에서 차는 호사스런 기호품이었다. 역관이었던 그는 중국을 드나들며 자연스레 차를 익혔다. 다음 「임한정(臨漢亭)」이란 작품을 읽어보자.

강정(江亭)에서 이틀 묵자 병도 나으려는데   信宿江亭病欲蘇

술꾼과 시인들이 날마다 기다린다.	酒人吟子日相須
어살과 게 통발로 소식을 탐문하니	漁梁蟹籪探消息
물가 정자 구름 회랑 그림인 양 펼쳐졌네.	水榭雲廊鬪畵圖
향초 잎에 기운 볕은 말린 그물 나누고	菰葉斜陽分曬網
대추꽃의 보슬비는 놀이판을 비추누나.	棗花微雨映呼盧
돌샘물 새로 길어 맑게 차를 달이려니	石泉新汲供淸瀹
육우의『다경』중에 낙노(酪奴)라 한 것일세.[2]	陸羽經中品酪奴

임한정에서 술 마시고 시 지으며 이틀간 머물렀다. 어살과 게 통발을 설치해서 싱싱한 안줏감을 잡아 올리고, 그림처럼 아름다운 정자에서 봄 풍경에 담뿍 취했다. 7, 8구에서는 그렇게 먹고 마시고 바둑 장기로 놀다가 돌샘물을 길어 차를 달이는데, 그 차가 바로 육우가『다경』에서 낙노라고 품평했던 고급 차라고 하였다.

중국 사신 길에 올라서는 도중에 숙소가 여의치 않아 노숙을 하면서도 차를 끓여 마셨다.「금석산모설(金石山暮雪)」에 보인다.

압록강 어귀에 눈이 내리니	鴨綠江頭雪
흩날려 먼 여행길 전송한다네.	飛飛送遠行
본디 마음 천 리나 떨어져 있어	素心千里隔
흰 머리털 하루아침 생겨나누나.	華髮一朝生
나그네 옷 무거움을 점점 깨닫자	漸覺征衣重
가야 할 길 분명함이 외려 슬프다.	還憐去路明
오늘 밤 들판에서 잠을 자면서	今宵中野宿
차 끓여 마심만 다만 좋아라.[3]	祗好試茶烹

국경을 막 넘어 중국 땅으로 들어서는데 압록강 어귀에 눈발이 흩날린다. 요동벌 건너 북경까지 가는 나그네를 전송하는 손길인 것 같다. 신산스런 나날 속에 흰 머리털은 날로 늘어만 가고, 나그네 옷은 하루가 다르게 무겁게만 느껴진다. 하지만 가야 할 길은 아직도 멀었다. 그는 이 추운 밤에 들판에서 노숙을 하면서 모닥불과 따뜻한 한 잔 차가 주는 위안에 몸과 마음을 내려놓는다.

그런가 하면 심양에 도착해 포도주로 손님 대접을 받고, 이어 함께 차를 마시면서 지은 「심양에서 겸수에게 보이다(瀋陽示謙受)」의 7, 8구에서는 "화로 향과 차 사발에 한가한 운치 넉넉하여, 산창에서 연침(燕寢)하던 그때인 줄 알았네.(爐香椀茗饒閒趣, 認得山窓燕寢時)"라 노래하였다.[4] 또 「내가 오랜 병으로 추위를 겁내는데 집이 너무 썰렁해서 새로 가리개를 마련해 그 위에 제하다(余久炳怯寒, 堂宇疎冷, 新設障格, 因題其上)」란 시의 둘째 수 3, 4구에서도 "만약에 세상 맛의 농담(濃淡)을 따지려면, 고주(羔酒)도 마침내 설수차(雪水茶)만 못하리라.(若將世味商濃淡, 羔酒終輸雪水茶)"고 했다.[5] 고주는 양고주(羊羔酒)라고도 부르는 명주(名酒)다. 하지만 이 짙은 맛의 양고주도 눈을 녹여 끓인 눈물차의 담백한 맛을 따라올 수 없으리라고 말한 것이다.

다시 「중양절 이튿날 삼태산장에 들러(重陽之翌, 過三台山莊)」란 시를 읽어본다.

내가 오자 중양절이 막 지났는데	我來展重九
국화 여태 노란 꽃을 못 피웠다네.	菊未有黃華
따스한 숲 홍시를 따서 거두고	林暖收紅柿
향그런 샘 녹차를 끓이는도다.	泉香試綠茶
성시에 가까운 것 무에 문제리	何妨近城市

바로 이곳 틀림없는 산가(山家)인 것을.	卽此是山家
조금 따라 좋은 운치 한껏 즐기며	少酌耽佳趣
땅거미 내리도록 머물러 앉네.[6]	留連坐暮鴉

삼태산장의 국화는 중양절이 지났는데도 아직 노란 꽃을 피우지 못했다. 숲 속에선 감나무에 빨갛게 익은 홍시를 딴다. 그 모습을 지켜보다가 나그네는 샘물을 길어와 녹차를 끓인다. 이곳이 근교라 성시에서 가까워도, 주변의 운치는 산가와 하등 다를 게 없다. 차를 마신 뒤에도 남는 흥취가 거나하여 술잔에 술을 조금 따라 손에 들고서 점차 땅거미 속으로 지워져 가는 사물들의 모습을 바라본다. 「과자인사(過慈仁寺)」의 5, 6구에서는 "작은 방 차 향기에 봄눈이 따스하고, 고단(古壇)의 푸른 솔에 석양이 둥글다.(小院茶香春雪暖, 古壇松翠夕陽圓)"고 노래하기도 했다.[7]

「강주도중(江州途中)」 5수 중 제4수의 풍경을 또 읽어보자.

청려장(靑藜杖) 든 늙은이 부축하는데	靑藜扶野老
누렁소가 산 집을 지키는구나.	黃犢守山家
숲 사이 가늘게 나무꾼 길 나 있고	樵徑穿林細
마을 모습 언덕 따라 비스듬하다.	村容逐岸斜
냇가 달빛 받으며 사슴은 자고	鹿眠谿畔月
바위 사이 꽃꿀을 벌이 따누나.	蠭釀石間花
솔 그늘서 쉬려고 잠시 향해 가	暫向松陰憩
샘물 길어 손수 차를 달인다.[8]	淸泉手煮茶

사행 길에 한적한 시골 마을을 지나다 마주친 풍경을 노래했다. 청려

장 지팡이를 짚은 노인이 보이고, 그 곁에는 누렁소가 음매 하며 산 집을 지킨다. 나무꾼의 흥얼거리는 소리가 금시라도 들릴 듯한 작은 길이 숲 사이로 나 있다. 사슴은 시냇가 달빛 아래 달고 편안한 잠이 들겠지. 꿀벌은 잉잉대며 바위 사이에서 꽃꿀을 빨기 위해 부산스럽다. 나는 그 솔그늘로 찾아가 맑은 샘물을 길어와 직접 차를 달인다. 비록 눈앞의 풍경에 촉발되어 그려본 광경이지만, 그가 생활 속에서 차를 어찌 사랑하고 얼마나 아꼈는지를 잘 보여준다.

다음에 읽을 「우제(偶題)」도 중국 사행 시에 지은 여러 작품 가운데 하나다.

돌솥의 차 연기는 오리오리 푸른데	石銚茶烟青縷縷
짙은 그늘 물과 같고 날은 뉘엿해졌구나.	繁陰如水日歆午
새소리 누워 듣다 문도 열지 않으니	臥聽啼鳥不開門
종려잎엔 바람 없고 오동잎엔 비 내린다.⁹	棕葉無風桐葉雨

차솥에선 푸른 연기가 오리오리 피어오른다. 대낮의 그늘은 마치 고인 물 같다. 그는 문도 열지 않은 채 가만히 누워서 새 울음소리를 듣는다. 창밖의 종려나무 큰 잎이 조금도 움직이지 않는다. 바람도 없는데, 후두둑 오동잎 위로 빗방울 뛰어가는 소리가 들린다. 우선의 차시는 이렇듯 차를 배경에 둔 아련한 풍경을 선사한다.

차를 통한 삶의 성찰

우선에게 차는 단지 풍경의 배경으로서가 아니라 성찰과 관조의 직접

이방운(李昉運)의 「광산상화도(匡山賞花圖)」. 개인 소장.

적 계기가 되기도 한다. 다음의 「야좌구점(夜坐口占)」시가 그렇다.

작은 화로 은근한 불 손수 차를 끓이는데	小鑪文火手煎茶
지는 달 곱게 곱게 대숲 밖에 기우누나.	落月娟娟竹外斜
한밤중 종이 창에 봄기운이 따스해서	半夜紙窓春氣暖
수선화 한 떨기가 처음으로 피었네.[10]	水仙初放一囊花

작은 화로의 문화(文火)를 말한 것에서 우선이 차를 끓일 때 화후의 조절에도 세심하게 신경 썼으리만치 차에 대한 이해가 깊었음을 알 수 있다. 차 심부름하는 차동(茶童)도 곤한 잠이 들었다. 혼자 앉아 있던 그는 문득 차 생각이 일어 손수 찻물을 얹는다. 은근한 불에서 보글보글 차가 끓는다. 문득 밖을 내다보면 지는 달빛은 대숲 너머로 고운 빛을 흘리며 사위어 간다. 겨우내 서탑 위 수반에 놓아둔 수선화 구근이 따스한 화로의 온기와 차 연기의 훈김을 쐬더니, 마침내 그 향기로운 꽃 주머니를 부끄럽게 살며시 열었다. 작은 화로의 차 끓는 소리, 대숲 사이로 부서지는 달빛, 따스한 봄밤의 방 안, 수줍은 수선화 향기, 생각만 해도 행복한 풍경이다.

그런가 하면 「윤 5일, 괴로운 비에 밤새 잠 못 들다. 이때 각기병이 다시 도졌다(閏五苦雨, 終夜不寐, 時脚氣復作)」란 시의 7구, "등롱 등불 깜빡 깜빡 차 연기 스러지고(籠燈耿耿茶烟歇)"와 같은 구절에서는 깊은 밤 병으로 잠 못 들며 오두마니 앉아 외론 등불과 차 연기를 벗 삼은 그의 깊은 사색의 시간이 엿보인다.[11]

다시 한 수를 더 읽어본다. 제목은 「양한(養閒)」이다.

한가로움 기르니 걸리는 물건 없어	養閒無物與心違

이제야 화들짝 지난 잘못 깨닫네.	今是幡然悟昨非
파초 잎 구름인 양 집을 높이 덮었고	蕉葉似雲高覆屋
오동꽃 흰 눈처럼 옷에 살풋 스며든다.	桐花如雪細侵衣
곤한 잠 깨지 않고 차가 막 익으니	倦眠不覺茶初熟
다 치운들 무슨 상관 새조차 드물다오.	却掃何妨鳥亦稀
하인에게 나무하고 물 긷는 일 외에는	分付園丁樵汲外
일 년 내내 사립문을 못 열게끔 분부하네.[12]	終年勿許啓雙扉

늘 부산스레 길 위에서 종종거린 삶을 돌아보는 각성을 담았다. 한가로움을 기른다는 제목에서 차와 함께하는 조용한 삶에 대한 열망이 느껴진다. 파초 잎은 지붕 위로 일산을 드리우고, 흰 눈 같은 오동꽃 향기가 은은하다. 차가 알맞게 끓었지만 곤한 잠이 더 달다. 새조차 오지 않는 이 적막 속에서 번잡한 세상사를 저만치 밀쳐두고, 내 마음속에 한가로움을 더 깃들이고 싶다. 꼭 필요한 일 외에는 아예 사립문을 열지도 말라고 분부하는 마음속에 삶에 대한 차분한 성찰이 있다. 아마 이때 그는 사행을 마치고 돌아와 칩거 중이었던 모양이다.

차를 통한 내면 성찰은 다음 「추회잡시(秋懷雜詩)」 중 제2수와 제8수에도 그대로 이어진다.

고목과 맑은 시내 짧은 울을 둘러 있고	古木淸谿繞短籬
마을 깊어 골목길은 구불구불 돌아가네.	邨深門巷自逶迤
차 마시고 향 피우며 시구를 찾다가	尋詩茶畔香初候
꽃 피고 술 익어 손님을 접대했지.	款客花開酒熟時
작은 이별 해를 넘겨 방초를 원망하고	小別經年芳草怨
깊은 맹세 물 가리키니 백구도 안다는 듯.	幽盟指水白鷗知

간밤 꿈에 바둑 구경 도끼 자루 썩었나니 　　　　　　　爛柯昨夢觀碁罷

선가의 일월 더딤 그 누가 말했던가.¹³ 　　　　　　　　　誰道仙家日月遲

깊은 골목 안쪽의 호젓한 거처에서 날마다 하는 일은 차 끓이고 향을 사르며 시를 짓는 일이다. 꽃 시절에 술이 굼실 익었을 제 반가운 손님이 찾아오니 그보다 더 기쁜 일이 없다. 하지만 봄날 헤어진 벗과 자연을 벗 삼아 노닐자던 약속은 가물가물 가을이 다 지나도록 지키지 못했다. 간밤 꿈속에 만나 만단(萬端)의 정회를 나누었지만, 이 가을 문득 돌아보는 마음은 슬프다.

그림 비단 책의 찌가 가지런히 놓여 있고 　　　　　　畫黷書籤整復橫

사는 거처 작은 창 밝음 몹시 아끼노라. 　　　　　　　燕居偏愛小窓明

와당 빌려 장생(長生)이란 글자를 탁본하고 　　　　　　瓦當借拓長生字

다품은 승설이란 이름이 전해온다. 　　　　　　　　　茶品傳看勝雪名

해내(海內)의 친한 벗들 모두 옛것 좋아하니 　　　　　海內親朋同好古

젊은 시절 풍아(風雅)가 몹시 맘을 끄는구나. 　　　　　少時風雅更關情

오산(吳山)과 초수(楚水)는 천상이 아니건만 　　　　　吳山楚水非天上

머리 들고 해마다 기러기 소리 기다리네.¹⁴ 　　　　　矯首年年候雁聲

「추회잡시」 제8수다. 방 안엔 그림 두루마리와 책의 찌가 가지런히 시렁에 얹혀 있다. 작은 방엔 햇살이 쏟아져 들어와 그저 그 볕 속에 가만 앉아만 있어도 행복하다. 한나라 때 장생이란 각자(刻字)가 있는 와당을 빌려 탁본하고, 중국에서 구해온 승설차를 달여 마시는 운치를 얘기했다.

다음에 읽는 「읍차(挹茶)」시는 호흡이 비교적 길다.

작은 찻잔 찻물을 따라내자니	小盌挹茶水
일천 거품 어이 저리 막 일어나나.	千漚何蕩發
둥근 빛 흩어져 구슬 같은데	圓光散如珠
구슬마다 한 분의 부처님 있네.	一珠一尊佛
뜬 인생 손가락 튕기는 사이	浮生彈指頃
천억의 몸뚱이가 황홀도 하다.	千億身悅惚
이처럼 손과 눈이 활짝 열리고	如是開手眼
이같이 터럭이 나뉘는도다.	如是分毛髮
깨달은 곳 고개 함께 끄덕이다가	悟處齊點頭
참선할 땐 동시에 고개 치든다.	參時同竪拂
그 누가 스승이고 제자이던가	誰師而誰衆
아(我)도 없고 물(物) 또한 아예 없다네.	無我亦無物
아득한 항하사(恒河沙) 같은 중생들	茫茫恒河沙
다 건넘은 뗏목을 부름 아닐세.	普渡非喚筏
거품 꽃 한 번 불자 다 스러지고	泡花幻一噓
공(空)과 색(色)에 조각달만 맑게 빛난다.	空色湛片月
삼생(三生)의 금속영(金粟影) 여래께서는[15]	三生金粟影
좌망(坐忘)함 어찌 그리 오뚝하던가.	坐忘何兀兀
온갖 인연 애오라지 참이 아니니	萬緣了非眞
어이 족히 기뻐하며 어이 화내리.	焉喜焉足喝
『다경』으로 육우는 등불 전하고	經傳陸羽燈
차시로 노동(盧소)은 의발 이었지.[16]	詩呪玉川鉢

차를 끓여 따르니 보글보글 거품이 잔에 가득하다. 가만 보니 거품 하나하나가 영롱한 구슬이다. 그 구슬을 가만히 들여다본다. 그런데 이게

웬일인가? 구슬 하나마다 부처님이 한 분씩 들어 있지 않은가? 마치 천
수천안(千手千眼)의 관세음보살이 거품 하나마다 나투신 것만 같다. 내
가 고개를 끄덕이면 일천 거품 속의 부처님도 같이 고개를 끄덕인다. 내
가 고개를 빳빳이 들면 거품 속의 부처님도 나를 따라 한다. 물방울 속
의 저 부처님은 나인가 대중인가? 아(我)인가 물(物)인가? 항하사, 즉
인도 갠지스 강의 모래알처럼 많은 중생들을 모두 다 건져낼 뗏목은 세
상 어디에도 없다. 그러니 차라리 거품을 한 번 후 불어서 허환(虛幻) 속
으로 되돌릴밖에. 거품을 불어 걷어 색즉시공, 공즉시색의 이치를 드러
내니 남은 것은 금속영(金粟影) 여래와 같이 오롯한 내 모습뿐이다. 그
러니 한바탕의 허깨비 놀이를 두고 기뻐할 것도 화낼 일도 없지 않느냐
고 말했다. 육우는 『다경』을 지어 전등(傳燈)의 불을 밝혔고, 노동은 「칠
완차가」를 남겨 의발을 이었다. 자신 또한 이 시를 통해 차삼매의 경지
에서 얻은 홀연한 깨달음을 드러내 보였다.

　실제 다탕(茶湯)이나 약탕(藥湯) 위에 뜬 거품에서 수천 수만의 부처
를 발견하고, 이를 깨달음의 과정과 관련 짓는 것은 연암 박지원의 「주
공탑명(麈公塔銘)」에 이미 보인다.[17] 다탕 위에 거품이 부글부글 일어났
다고 한 것으로 보아, 이때 우선이 마신 차는 우려내는 침출 방식이 아
니라 덩이차를 차 맷돌에 갈아 가루 내서 다탕으로 펄펄 끓여 마신 것임
을 알 수 있다. 휘저어 거품을 낸 말차(抹茶) 종류는 아닌 듯하다.

죽로와 돌솥이 서로 썩 잘 어울리니	竹鑪石銚雅相宜
활화(活火)로 눈 녹인 물 새로 끓여낼 때일세.	活火新烹雪水時
방 안에선 미풍이 살적 밑을 스쳐 가고	一榻風輕鬖鬢影
발 저편 보슬비는 꽃가지를 적신다.	重簾雨細綴花枝
데운 술보다 맑게 꿈에서 막 깨나니	清於煮酒初回夢

향 사른 듯한 운치 시 속에 반쯤 드네.　　　　　　　　韻似燒香半入詩

그윽한 정 어느 곳이 좋은 줄 알겠던가　　　　　　　　領略幽情何處好

푸른 솔 그늘 아래 푸른 시내 물가로다.[18]　　　　蒼松陰裏碧溪涯

「다연(茶煙)」이란 작품이다. 대나무로 겉을 두른 작은 다로(茶罏)에
돌솥을 안쳤다. 눈을 녹인 설수(雪水)를 넣고 활화로 찻물을 끓인다. 찻
물 끓는 소리가 마치 솔바람 소리 같다. 눈을 가만 감으면 가벼운 미풍
이 살적 밑을 살며시 스쳐 지나는 듯하다. 눈을 뜨면 아무 일도 없고, 주
렴 너머로 보슬비에 꽃가지가 젖고 있다. 한 모금 가만히 머금어 내리자
내 속으로 푸른 솔 그늘 아래 푸른 시내가 졸졸졸 흘러간다. 촉촉하다.

우리 차와 외국 차에 대한 기록

우선은 차 생활을 노래한 시 말고도 우리 차 문화에 대한 귀중한 증언
을 남겼다. 먼저 읽을 시는 「백산차가, 박경로에게 사례하다(白山茶歌, 謝
朴景路)」이다. 모두 7언 24구의 장시다.

내 일찍이 아홉 차례 연경 행차 참예하여　　　　　　我曾九泊燕河槎

천하의 이름난 차 죄다 모두 맛보았지.　　　　　　嘗盡天下有名茶

열두 거리 길가에는 차 박사(茶博士)들 넘쳐나서　　十二街頭茶博士

음료 파는 가게보다 차 가게가 더 많다네.　　　　賣茶多於賣漿家

돌아와 집에 누워 용육(龍肉)을 얘기하다[19]　　歸臥敝廬談龍肉

손에 『다경』 들고서 공연히 탄식한다.　　　　　　手把茶經空咨嗟

호남 스님 죽로차 새 제품을 내놓으니[20]　　　　湖僧竹露出新製

부스럼 딱지 먹듯 지금 사람 좋아하네.[21]　　　　時人往往如嗜痂

귀하게 여겨짐은 우리 것임 때문이니　　　　　　秪應所貴吾鄉物

애당초 맛과 향은 이빨 사이 떫기만 해.　　　　　終始香味澀齒牙

불함산의 일강차(一網茶)를 그대 줌에 감사하니 [22]　不咸一網感君惠

찬 날씨 폐병에는 인삼만큼 효과 있네.[23]　　　　天寒肺病當三椏

이 땅에도 이런 것이 있는 줄 뉘라 알리　　　　　誰知此土乃有此

비유컨대 인재가 먼 시골서 나옴인 양.　　　　　譬如人才出荒遐

안타깝다 중령수(中泠水)를 얻기야 어렵지만 [24]　但恨難得中泠水

굳이 멀리 무이차(武夷茶)를 사올 필요 전혀 없네.　無勞遠購武夷芽

그대 보지 못했나　　　　　　　　　　　　　　君不見

강남 땅의 어차(御茶)를 공물로 못 바치자　　　江南御茶不入貢

창기(槍旗)가 매몰되어 쓸모없이 되었음을.[25]　旗槍埋沒隨蟲沙

또 보지 못했나　　　　　　　　　　　　　　又不見

남쪽 배가 해마다 온갖 물품 교역해도 [26]　　　泊汋年年通百貨

올가을엔 수선화가 하나도 없는 것을.　　　　　今秋無箇水仙花

다화도(茶話圖) 그린 벗은 비처럼 흩어지고 [27]　茶話故人散如雨

봉화 연기 어느새 천진(天津) 물가 이르렀네.　烽烟已入天津涯

내 인생에 많은 복을 누림 정녕 다행이니　　　何幸吾生享多福

차 달이고 시 지으며 세월을 보내리라.[28]　　煎茶覓句送年華

1853년 박경로가 보내준 백산차를 받고서 답례로 지어 보낸 시다. 처음 1-6구는 자신의 중국차에 대한 소회를 밝혔다. 전후로 아홉 차례나 북경을 다녀오면서, 천하에 이름난 차는 모두 맛보았다. 거리마다 찻집에는 차 박사(茶博士)가 넘쳐나고, 음료를 파는 가게보다 차 파는 가게가 더 많아, 차 마시는 풍습이 일상 속에 보편화된 중국의 정황을 말했다. 귀국해서 집에 누워 있노라면 그곳에서 마셨던 용단차의 향기가 혀 끝에 맴돌아 공연히 육우의 『다경』을 뒤적이며 안타까운 탄식만 했노라 고 했다.

7, 8구에서는 호남의 스님이 새로 죽로차를 만들면서 지금 사람들이 그 차에 대해 벽에 들린 듯이 열광한다고 했다. 호남 스님은 바로 초의 를 두고 한 말이다. 초의가 구증구포의 방식으로 법제한 떡차를 죽로차 라 한 것은 이미 이유원이 그의 「죽로차」에서 상세히 노래했다.[29] 추사 나 자하, 금령 박영보 등이 초의차를 맛보고 열광하여 초의에게 전다박 사의 칭호를 선사하고, 「남차병서」 등의 작품을 준 것도 널리 알려진 사 실이다.[30] 하지만 우선은 초의차의 맛과 향이 이빨 사이에 떫은 맛만 남 길 뿐 중국의 고급한 차와는 견줄 바가 못 된다고 말했다. 그럼에도 사 람들이 열광한 것은 우리나라에서 생산된 차여서 귀하게 여긴 때문이라 고 했다.

11구에서 16구까지는 박경로가 준 불함산(不咸山), 즉 백두산에서 난 백산차에 대한 예찬이다. 박경로가 불함산에서 난 일강차를 보내왔다. 추운 겨울 기침을 가라앉히는 데 이 차가 인삼탕만큼 효과가 있다는 말 을 적고, 이 땅에서 이처럼 좋은 차가 나는 줄은 아무도 모를 것이라고 했다. 그러면서 마치 뛰어난 인재가 먼 변방에서 나온 것과 같다고 했 다. 천하제일천(天下第一泉)으로 이름 높은 중령수를 얻기는 힘들겠지 만, 굳이 비싼 돈을 치러가면서 강남의 무이차를 살 필요가 없으리만치 백산차의 맛과 향이 뛰어남을 칭찬했다.

17구에서 끝까지는 백산차를 끓여 마시면서 자신의 근황과 차 생활을 담담하게 술회했다. 송나라 때 강남에서 나던 어차를 공물로 바치지 못 하게 하자, 차나무 재배를 하려 들지 않아 좋은 차밭이 모두 망가지고 말았다. 또 올가을엔 강남에서 배가 올라왔어도 수선화 구근조차 한 뿌리도 올라오지 않았다. 그러니 차는 말해 무엇 하겠는가? 21구는 벗 정치형(程穉蘅)이 그려 선물한 「다화도」 얘기를 꺼내, 예전 차를 함께 마시며 얘기 나누던 모습을 그림으로 그려준 벗도 이제는 소식이 끊겼고, 강남 쪽에선 전쟁 소식만 들려오는 답답한 현실을 환기했다. 이러구러 좋은 차를 구해 마실 일은 점점 더 멀어져 안타깝기 짝이 없었는데, 생각지 않게 박경로가 보내준 백산차를 마시게 되어 더없는 복을 누릴 수 있었음에 감사했다.

여기서 궁금한 것은 백산차의 실체다. 백두산 지역은 차나무가 자생할 수 있는 곳이 아니다. 백산차의 실체가 궁금해진다. 백산차의 존재는 구체적으로 알려진 것이 거의 없다. 이는 백두산 일대에서 자생하는 진달래과 또는 석남과의 상록 관목으로, 한겨울 흰 눈을 뚫고 솟은 어린 찻잎을 채취해서 만든다. 솔잎 향과 박하 맛이 어우러진 독특한 향기가 난다. 잎은 긴 타원형이다. 최근에는 옛 문헌과 우선의 이 시를 근거로 상품화되었다. 「백산차가」는 자칫 잃어버릴 뻔했던 백산차의 존재를 기록으로 남겼다는 사실만으로도 우리 차 문화사의 소중한 증언이 아닐 수 없다.

이 밖에도 이상적은 흥선대원군이 아버지 남연군의 묘를 쓰기 위해, 고려 때 세워진 가야사의 5층 석탑을 허물다가 탑 속에서 발견한 700년 된 송나라 때 용단승설차 실물에 대한 기록인 「기용단승설(記龍團勝雪)」이란 글을 따로 남겼다. 이에 대해서는 뒷 글에서 따로 자세히 살펴보겠다.

우선은 장시 「백산차가」를 남겨, 백두산에서 생산되는 백산차의 존재를 내외에 알렸다. 또 「기용단승설」을 통해 1120년에 송나라에서 생산된 용단승설차가 700년의 세월을 견뎌 고려 때 고탑에서 네 덩이나 출현한 사실을 증언으로 남겼다.

우선은 또 자신이 직접 마신 중국차와 일본 차에 대해서도 작품을 남겼다. 먼저 「접암(蝶菴) 비부가 송차(淞茶)를 부쳐 오다(蝶菴比部寄餉淞茶)」란 작품을 읽어본다.

흰 항아리 봉하여 녹설아(綠雪芽)라고 써서	白甀封題綠雪芽
멀리 사신 오는 편에 우통(郵筒)으로 보내왔네.	郵筒迢遞返星槎
곡우 시절 송강(淞江) 길은 꿈속에 아득한데	夢迥穀雨淞江路
누워서 열수(洌水) 물가 솔바람 소릴 듣네.	臥聽松風洌水涯
일곱 잔 새 차 맛은 감로(甘露)를 마시는 듯	七盌試新如吸露
한 동이 술 꽃가지 꺾어 마시던 때 생각나네.	一樽憶昨共簀花
다시 후회(後會) 가질 날이 그 언제이리오.	更爲後會知何日
화로의 재 뒤적이며 목과(木瓜) 시 지을 날이.[31]	撥盡爐灰賦木瓜

「접암 비부가 송차를 부쳐 오다」란 작품이다. 접암이란 호를 가진 비부(比部)의 관리가 백자 항아리에 '녹설아'란 이름을 붙여 송강 특산의 명차를 북경에서 서울로 우편에 부쳐 왔다. 그 깊은 우정에 감격하여 서둘러 봉함을 열자, 송강에서 곡우 시절에 햇차 딸 때의 배릿한 향이 꿈결처럼 떠오른다. 한강 가에 누워서 송강차 찻물 끓는 소리를 듣는다. 노동의 칠완차를 연이어 마시자 마치 감로수를 마신 듯 몸과 마음이 개운하다. 끝에서는 언제나 다시 만나 화로의 식은 재를 뒤적이며 그대의 경거(瓊琚) 같은 작품에 내 투박한 목과(木瓜)시로 화답할 날을 가질 수 있겠느냐고 아쉬워했다.

다음은 「김소당이 부사산차(富士山茶)와 차호를 주었는데 모두 일본 물건이다(金小棠惠富士山茶及茶壺, 皆日本物也)」라는 시다. 소당(小棠)은 유명한 서화가인 김석준(金奭準, 1831-1915)이다. 우선은 후배인 김소당이

안중식의 「고사방우」. 개인 소장.

일부러 구해서 보내준 일본 후지산에서 나는 차와 차호에 대해 각각 한 수씩 시를 남겼다.

서불(徐市)의 사당 앞 들풀에 꽃이 피니   徐市祠前野草花
삼산(三山) 어드메에 선가(仙家)가 있단 말가.   三山何處有仙家
가런타 진시황이 영약을 구한대도   可憐秦帝求靈藥
어이해 선생의 일완차(一椀茶)만 하리오.[32]   爭似先生一椀茶

부사산차를 노래한 첫 수다. 서불은 진시황의 명에 따라 동남동녀(童男童女) 3천 명을 태우고 불로초를 찾아 삼신산으로 떠나갔다. 하지만 신선은 어디서도 만날 수 없었고, 불로초도 찾지 못해 서불은 그저 일본에 눌러앉고 말았다는 것이다. 하지만 부사산에서 나는 이 훌륭한 차라면 굳이 진시황이 그토록 찾으려 했던 불로초 못지않다고 했다. 다시 이어지는 일본 차호를 노래한 시다.

달걀빛 자호는 천하에 으뜸인데   卵色瓷壺天下一
  일본인은 그릇을 정밀하게 잘 만드는 자를 일컬어 '천하제일'이라고 한다.(日本人稱製器之精良者日天下一)
손수 새 차 달여 내니 번뇌가 씻겨지네.   手煎新茗滌煩惱
송풍(松風)과 활화(活火)로 깊고 깊은 밤중에   松風活火深深夜
썰물에 바닷물 소리 들리는 듯하여라.[33]   似聽殘潮海上音

계란 빛깔의 자호는 천하제일로 꼽는 장인이 만든 절품(絕品)이다. 이 차호에다 부사산차를 넣고 직접 차를 끓이니, 가슴속에 찌든 번뇌가 말끔히 씻겨 내려간다. 깊은 밤중 시인은 솔바람 소리 같은 찻물 끓는 소리에 귀를 기울이며, 저 멀리 바닷물 썰려가는 파도 소리를 듣는다.

이상 우선 이상적의 차시를 통해 그의 차 생활과 우리 차 문화사의 증언이 될 중요한 언급들을 차례로 살펴보았다. 그는 일상 속에서 차를 즐겼고, 차를 통해 인생을 음미하고 삶을 성찰할 줄 알았던 차인이었다. 또 그의 기록을 통해 백산차의 실체가 구체적으로 드러났다. 이 밖에 중국의 송차와 일본의 부사산차 및 일본 차호 등에 관한 시를 남겨, 당대 활발해진 차 문화의 교류상을 밝혀주었다.

36

작은 용이 꿈틀꿈틀 서려

가야사 탑에서 나온 700년 된 용단승설차

앞에서 우선 이상적이 남긴 고려 때 조성한 석탑에 봉안되었다가 우연히 발견된 용단승설차(龍團勝雪茶)에 대한 글을 잠깐 언급했다. 이제 이 글을 함께 읽고, 필자가 더 찾아낸 용단승설차에 관한 두 기록을 함께 묶어 읽어보기로 한다.

이상적의 「기용단승설」

먼저 이상적이 남긴 글을 읽어보자. 우연히 고려 때 고탑에서 나온 용단승설차를 얻은 뒤 문헌 고증을 통해 그 차의 연원을 추적한 내용이다.

용단차 한 덩이는 한 면에 용의 형상을 만들어, 비늘과 수염이 은은히 일어났다. 옆에는 '승설(勝雪)'이란 두 글자가 있는데 해서체의 음각문이다. 건초척(建初尺)으로 가늠해서 사방 한 치이고, 두께는 그 절반이다. 근래 석파 이공(李公)께서 호서의 덕산현에 묏자리를 살피러 갔다가 고려 시대의 옛 탑을 찾아가 소동불(小銅佛)과 니금경첩(泥金經帖), 사리와 침향단(沈香檀) 및 진주 등과 용단승설(龍團勝雪) 네 덩이를 얻었다. 근래 내가 그중 하나를 얻어 간직하였다.

구양수(歐陽修)의 『귀전록(歸田錄)』을 살펴보니, "경력(慶歷) 연간에 채군모(蔡君謨)가 처음으로 소품룡차(小品龍茶)를 만들어 바치면서 소단(小團)이라 하였다."고 했다. 『잠확유서(潛確類書)』에는 "선화(宣和) 경자년(1120)에 조신(漕臣) 정가간(鄭可簡)이 은선빙아(銀線氷芽)를 처음 만들었다. 사방 한 치의 새 덩이차를 만들었는데, 작은 용이 그 위에 꿈틀꿈틀 서려 있어 이름을 용단승설이라 하였다."고 하였다. 또 『고려도경(高麗圖經)』을 살펴보니, "고려의 토속차는 맛이 쓰고 떫어 도무지 마실 수가 없다. 다만 중국의 납차(蠟茶)와 용봉사단(龍鳳賜團)만을 귀하게 여긴다. 직접 하사품으로 받은 것 외에 장사꾼도 통상하여 팔므로 근래 들어 자못 차 마시기를 좋아하고, 또한 차 도구도 갖추었다."고 했다. 대개 인종 때에는 이미 소룡단이 있었던 것이다. 다만 승설(勝雪)이란 이름은 송나라 휘종 선화(宣和) 2년(1120)에 비롯되었다. 하지만 서긍(徐兢)은 선화 5년 계묘(1123)에 사신으로 우리나라에 온 사람이다. 중외의 풍속과 물산에 대해 이미 낱낱이 다 듣고 보았던 까닭에 이처럼 말했던 것이다.

또 고려의 승려 의천(義天)과 지공(指空), 홍경(洪慶)과 여가(與可)의 무리가 앞뒤로 바다를 건너 도를 묻고 경전을 구하려고 송나라를 왕래한 것이 계속 이어졌으니, 문헌에 기록이 남아 있다. 이때 이들의 무리가 반드시 다투어 이름난 차를 구입해서 불사(佛事)에 바쳤고, 심지어는 석탑 안에 넣어두기까지 했다. 7백여 년이 지나서 다시 세상에 나온 것은 또한 기이하다 하겠다. 하지만 무릇 물건 중에 가장 쉽게 부패하여 없어지는 것으로 음식보다 더한 것이 없다. 그런데도 두강차의 한 종류가 우리나라 땅에까지 흘러 전해져서, 그 수명은 흰 매를 그린 그림과 나란하고, 보배로움은 수금천보(瘦金泉寶)보다 더 낫다(내가 전부터 선화 연간의 매 그림과 숭녕중보(崇寧重寶) 몇 매를 소장하고 있는데, 바로 휘종 황제가 직접 쓴 수금체(瘦金體)다.) 지금에 이르러 예림(藝林)의 훌륭한 감상거리가 되니, 어찌 신물(神物)이 이를 지켜 남몰래 나의 옛것 좋아하는 벽을 도우심이 아니겠는가? 이에 전거를 뒤져서 동호인에게 공개한다.[1]

이상적은 용단승설차의 외양을 설명하고, 이 물건이 세상에 출현하게 된 과정을 적은 후 옛 기록을 두루 인용하여 제작 연대와 탑에 봉안된 연유를 추정했다.

당시 발견된 용단승설차는 단차로 표면에 용의 형상을 새겼다. 용의 비늘과 수염이 은은히 일어나고, 옆면에는 해서체 음문(陰文)으로 '승설(勝雪)'이란 두 글자가 찍혀 있었다. 700년의 세월에도 차는 조금도 썩지 않은 채 원형을 유지하고 있었던 셈이다. 크기는 건초척으로 사방한 치, 두께는 그 절반이라고 했다. 건초척은 기원 81년 후한의 장제(章帝)가 제정한 것이다. 한 척이 23.58센티미터이고, 한 치는 2.35센티미터가량이다. 사방 2.35센티미터, 두께 1.2센티미터 정도 크기의 네모난 떡차였다.

이상적은 떡차의 출현 과정에 대해서는 다소 모호하게 적었다. 흥선대원군이 충청도 덕산현으로 묏자리를 살피러 갔다가 고려 때 세워진 옛 탑에서 찾았다고만 했다. 구체적인 절 이름도 없고, 탑에 대한 설명도 따로 없다. 다만 덕산현에 있던 어느 절의 5층 석탑에서 소동불과 니금경첩 및 사리와 침향단, 그리고 진주가 무려 700년이나 묵은 고려

銀模　竹圈

「선화북원공차록」에 실린 용단승설차의 모습.

때 용단승설차 네 덩이와 함께 나왔다고 적었다. 대원군에게서 그중 하나를 얻게 된 이상적은 여러 문헌을 꼼꼼히 고증하여 이 차의 가치를 밝혔다.

이어 이상적은 송나라 구양수(歐陽修)의 『귀전록(歸田錄)』과 명나라 진인석(陳仁錫)의 『잠확유서(潛確類書)』, 그리고 고려 때 우리나라에 사신으로 온 서긍의 『고려도경』 등 관련 문헌을 차례로 인용하여, 이 차가 송나라 휘종 선화 2년(1120)에 중국에서 정가간이 만들어 바친 바로 그 용단승설차임을 고증했다. 어떻게 송나라에서 황제께 바친 차가 우리나라 탑 속에 들어가게 되었을까? 당시 중국에 유학했던 의천과 지공 같은 고승이 중국에서 어렵게 구해 와서 부처님 전에 바치고 석탑 안에 봉안한 것으로 추정했다.

송나라 웅번(熊蕃)이 찬한 『선화북원공차록(宣和北苑貢茶錄)』에도 용단승설에 관한 기록이 다음과 같이 보인다.

선화 경자년(1120)에 조신 정가간이 처음으로 은선수아(銀線水芽)를 만들었다. 대개 장차 이미 익혀 비빈 차 싹을 다시 벗겨내어 다만 그 속 심지 한 줄기만 취하여 진귀한 그릇에다 맑은 샘물을 담아 이를 적시면 환하게 빛나고 결백한 것이 마치 은실과 같다. 그 제법은 사방 한 치의 신과(新銙)로 작은 용이 그 위에 꿈틀대고 있었으므로 이름하여 용단승설이라 하였다.[2]

바로 여기서 말한 용단승설차의 실물이 탑 속에서 700년을 견디다가 네 개나 한꺼번에 온전한 상태로 세상에 나왔던 것이다. 특히 위 기록은 용단승설의 의미를 분명하게 알려준다. 먼저 용단(龍團)은 네모난 단차에 용 무늬를 찍어서 붙은 이름이다. 승설(勝雪)은 눈보다 희다는 뜻인데, 엄선한 차 싹을 비벼 익힌 뒤 중심의 은실처럼 흰 줄기만 취해 만들었으므로 이렇게 말했다. 위 문헌의 '수아(水芽)'는 '빙아(氷芽)'가 맞다.

이 용단승설은 고려 중기 차 문화의 융성을 생생하게 증언한다. 700년의 세월을 건너뛰어, 19세기 후반에 고탑에서 발견된 용단승설차 네 덩이의 존재는 참으로 놀라운 일이 아닐 수 없어, 당시에 크게 회자되었던 듯하다.

황현의 『매천야록』에 보이는 기록

황현(黃玹, 1855-1910)의 『매천야록(梅泉野錄)』에도 이 차에 대한 언급이 나온다. 위 이상적의 글이 용단승설차에 초점을 맞추었다면, 『매천야록』은 흥선대원군이 선대의 이장(移葬)을 위해 절과 탑을 불태우던 일의 시말을 자세히 적었다. 이 두 기록을 합칠 때 비로소 앞뒤 맥락이 소연해진다. 조금 길지만 전문을 인용한다.

남연군 이구(李球)는 아들이 넷인데, 흥선(興善)이 막내다. 처음에 남연군이 세상을 떴을 때, 흥선은 나이가 18세였다. 지사(地師)를 따라 덕산(德山)의 대덕사(大德寺)에 이르자, 지사가 한 오래된 탑을 가리키며 말했다. "저곳이 큰 길지입니다. 귀함을 말로 할 수가 없지요." 흥선이 즉시 돌아와 재산을 다 팔아 돈 2만 냥을 얻었다. 그 절반을 가지고 절의 주지 승에게 뇌물로 주고, 그에게 불을 지르게 했다. 이에 절이 다 타버렸다. 홍선이 상여를 모시고 와서, 재를 쓸고서 멈추었다.

한밤중에 여러 형들이 모두 자리를 박차고 일어나 꿈 이야기를 했다. 흰 옷을 입은 늙은이가 성이 나서 나무라며 말했다. "나는 탑의 신이다. 네가 어찌 내 거처를 빼앗느냐? 만약 끝내 장사 지낸다면 삼우(三虞)가 끝나기도 전에 4형제가 폭사하리라. 속히 떠나거라." 세 사람이 같은 꿈을 꾼 것이었다. 홍선이 흥분하여 말했다. "과연 그렇다면 진실로 길지(吉地)올시다. 운명은 주장함이 있으니, 탑신 따위가 어찌 능히 빌미가 되겠습니까? 게다가 종실이 날로 쇠퇴하여 우리 형제가 빌빌대고 있으니, 차라리 장김(壯金)의 문하에서 소매를 끌며 아첨하여 빌붙어 구차히 살기를 바라느니, 어찌 단번에 통쾌하게 하지 않겠습니까? 여러 형님은 모두 자식이 있고, 한 점 혈육이 없는 사람은 저뿐입니다. 그럴진대 죽는대도 두려울 것이 없습니다. 여러 형님들 많은 말씀 마십시오." 이튿날 아침 탑을 부수니, 밑바닥이 모두 바위였다. 도끼로 찍게 하자 도끼가 문득 절로 튀어 올랐다. 마침내 스스로 도끼를 메고서 허공을 향해 크게 외치자, 도끼가 다시는 튀지 않았다.

묻고 나서는 훗날 혹 이장을 할까 걱정되어, 쇠 수만 근을 녹여 봉해버렸다. 거기에 다시 사토(沙土)까지 더했다. 인하여 승려를 데리고 서울로 돌아왔다. 수원의 대포 나루를 건널 때였다. 중이 배 가운데서 갑자기 큰 소리로 "불이야!" 하고 외치더니만, 머리를 감싸며 불이 붙는 시늉을 했다. 좀 있다가 물에 뛰어들어 죽고 말았다. 사람들이 남연군의 묘는 꿩이 알을 품은 형국이라고 일컬었다. 14년 뒤에 지금 임금께서 태어나셨다. 갑자년(1864, 고종 원년) 이후 나랏돈으로 대덕사 북쪽에 절 하나를 창건하고, 보덕사(報德寺)라고 하였다. 토목과 단청이 지극히 장려하였다. 땅

가야사 5층탑을 헌 자리에 조성한 남연군 묘. 바닥이 온통 암반으로 이루어져 있다.

과 밭과 재물과 법보를 하사함이 몹시 후하였다. 병인년(1866) 겨울에 서양 오랑캐가 강화도로 숨어들자, 우리 백성 중에 사학(邪學)에 물든 자가 이를 인도하여 덕산에 이르러 무덤을 파헤치려 하였다. 하지만 단단해서 무덤을 열 수가 없게 되자, 다만 무덤에 불을 지르고 달아났다.

대원군이 일찍이 이건창(李建昌)에게 장례 지낼 때의 일을 말해주었다. "탑을 무너뜨리자, 그 속에 백자 2개와 단차(團茶) 2병(瓶), 사리 구슬 3매가 있었네. 구슬은 팥알만 했는데, 몹시 밝고 투명했지. 물에 담궈 머금게 하자 푸른 기운이 마치 실낱이 환히 뻗친 것처럼 물을 꿰뚫더군."[3]

『매천야록』의 기록은 다소 오류가 있다. 절 이름을 덕산현의 대덕사(大德寺)라고 했는데, 충남 덕산현 가야산에 있던 가야사(伽倻寺)가 맞다. 흥선군 이하응의 아버지 남연군(南延君) 이구(李球, ?-1922)는 인조의 셋째 아들 인평대군의 6대손이다. 흥선대원군 이하응(李昰應, 1820-1898)이 18세 때의 일인 듯이 적고 있으나, 실제 산소의 이장은 27세 때인 1846년에 이루어졌다. 원래 남연군의 묘는 경기도 연천에 있었다.

지관에게서 대덕사의 석탑 자리가 대단한 명당이란 말을 듣고, 흥선군은 가산을 처분하여 마련한 1만 냥으로 대덕사 주지를 뇌물로 매수하여 절을 불 지르게 했다. 이후 상여를 옮겨 그곳에 묘를 쓰게 된 앞뒤 경과를 자세하게 적었다.

여러 전문에 따르면 남연군 사후 10여 년이나 명당을 찾아다니던 흥선군에게 정만인(鄭萬仁)이라는 지관이 찾아와, "덕산 가야산 동쪽에 2대(二代)에 걸쳐 천자(天子)가 나오는 자리가 있는데 여기다 묘를 쓰면 10여 년 안에 틀림없이 한 명의 제왕이 날 것입니다. 그리고 광천 오서산에는 만대에 걸쳐 영화를 누릴 수 있는 만대영화지지(萬代榮華之地)가 있습니다. 이 두 자리 중 어느 것을 선택하시겠습니까?"라고 물었다는 것이다. 흥선군은 망설임 없이 이대천자지지(二代天子之地)를 선택했다.[4]

지관이 지목한 묏자리는 풍수지리의 측면에서 볼 때 완벽한 짜임새를 갖춘 천하의 명당이었다. 문제는 그 자리에 고려 때 옛 절인 가야사의 5층 석탑이 우뚝 서 있었다는 사실이었다. 가야사의 폐사(廢寺)는 위 황현의 기록처럼 주지에게 뇌물을 주어 불을 지르게 했다는 설과, 당시 충청감사에게 중국산 단계연을 뇌물로 주어 강압해서 불을 지르게 했다는 설로 나뉜다. 이후 흥선군은 연천에 있던 남연군의 유해를 상여로 운구하여 이곳까지 옮겨 왔다. 이때 사용한 상여는 현재도 남연군의 묘소 바로 옆 자락에 건물을 지어 보관하고 있다.

황현은 흥선군의 형님들 꿈에 일제히 나타난 탑신(塔神)의 이야기와, 이장을 마치고 함께 상경하던 가야사의 승려가 갑자기 제 머리에 불이 붙는 시늉을 하며 배 위에서 머리를 감싸 쥐고 물에 빠져 죽은 사건을 따로 기록해두었다.

이장 당시 흥선군은 도굴의 염려 때문에
수만 근의 쇳물을 녹여 붓고, 그 위를 석회
로 다시 다졌다. 그러고 나서 얻은 아들이
훗날 고종이 된다. 1864년 고종 원년에 흥
선군은 가야사 북쪽에 보덕사란 절을 나랏
돈으로 창건케 했다. 절을 허문 죄의식도
씻을 겸 임금이 되게 해준 은덕을 갚는다
는 의미에서였다. 보덕사는 지금도 그대로
남아 있다. 절 앞마당에는 가야사 옛터에
서 수습해온 탑재와 석재가 적지 않다.

홍선대원군의 집정기였던 1868년에는
유태계 독일인인 오페르트(Oppert)의 남
연군 묘 도굴 사건이 발생하여 나라가 발
칵 뒤집혔다. 서구 열강의 통상 교섭 요구
가 대원군에 의해 번번이 좌절되자, 남연

보덕사로 옮겨진 가야사 탑.
3층탑이어서 용단승설차가 나온 그 탑은 아니다.

군 묘를 도굴하여 그 유골을 확보한 뒤 협상용으로 활용하려는 의도에
서 일어난 사건이었다. 역시 개방을 원했던 천주교도들을 앞세워 1868
년 4월 21일 밤에 일이 발생했다. 하지만 석회로 다지고 쇳물을 부어둔
묘는 하룻밤 사이에 파헤칠 수가 없었다. 날이 밝자 조수(潮水) 때문에
이들이 철수함으로써 도굴은 실패로 끝나고 말았다. 이 사건으로 대원
군의 쇄국정책은 더욱 강화되었다. 천주교도에 대한 탄압도 이로 인해
더욱 가혹하게 시행되었다.

이것이 남연군 묘에 얽힌 사연의 대강이다. 하지만 본고의 주된 관심
은 『매천야록』 끝 단락의 내용에 있다. 대원군이 이건창(李建昌, 1852-

1898)에게 장례 때 생긴 일이라며 들려준 이야기다. 탑을 무너뜨리자, 백자 2개와 단차 2병, 사리 구슬 3매가 나왔다. 사리 구슬은 소두만 한 것이 밝고 투명했는데, 물에 담그자 푸른 빛이 뻗쳐 물을 꿰뚫었다고 했다.

앞서 이상적의 「기용단승설」에서는 용단승설차 네 덩이를 얻었다고 했다. 여기서는 2병이라고 다르게 적고 있다. 병(甁)은 그릇 이름이다. 귀한 차를 그릇에도 담지 않은 채 탑 안에 노출시켜놓았을 리는 없고 보면, 그릇 하나에 용단승설차가 각 두 덩이씩 담겨 있었다는 해석이 가능하다. 당시로서도 용단승설차는 그만큼 구하기 힘든 귀한 차였던 것이다.

고려 때 절 가야사 5층 석탑에서 700년 묵은, 그것도 송나라 휘종 황제 때 중국에서 법제한 용단승설차가 조금도 썩지 않은 상태의 원형 그대로 발굴된 것은 참으로 희유의 사건이 아닐 수 없었다. 하지만 이 유서 깊은 절을 자신의 야심으로 불태워버린 것은 드러내놓고 자랑할 일은 아니었다. 때문에 이상적은 이장에 얽힌 사연은 슬쩍 얼버무려버렸고, 반대로 황현은 이장 이야기 끝에 사족으로 차 이야기를 덧붙였다. 이제 이 두 기록을 한자리에 엮어 읽자 비로소 이때 발굴된 고려 때 용단승설차의 실체와 전후 사정을 확인할 수 있게 되었다. 당시 탑에서 발견된 유물들은 이리저리 흩어져서 이제 와 자취조차 찾을 수 없다.

추사가 초의에게 보낸 편지

위 두 기록 외에 필자는 추사의 미공개 간찰 중에서 역시 이와 관련된 언급을 새롭게 확인했다. 초의에게 보낸 것이 분명한 이 편지는 추사의

추사가 초의에게 보낸 편지. 아모레퍼시픽미술관 소장.

알려지지 않은 차 관련 내용을 담고 있다. 이 편지에 고려 때 탑에서 나온 용단승설차에 관한 사연이 다시 나온다. 전문을 소개한다.

북쪽에서 돌아오니 스님과는 가까워진 듯하나 여전히 천 리의 거리가 있을 뿐이오. 홀연히 또 편지가 이르니, 이 어찌 하늘가에 떨어져 있어도 이웃과 같다는 말에 해당함이 아니겠소. 게다가 너무도 기쁜 것은 차일 뿐이외다. 다만 산중 초목의 세월이 티끌세상의 몰골보다는 나은 듯하니, 향훈 스님을 데리고 한번 오실 수는 없겠소? 일로향실로 거처를 옮겼다니, 기거에 몹시 편리한 점이 있겠구려. 그리움 간절하오. 천한 이 몸이 은혜를 입어 돌아오매 감격스럽기 그지없구려. 큰 눈이 왔는데 차가 마침 이르러, 눈을 끓여 차품을 시험하려니 스님과 함께하지 못하는 것이 안타까울 뿐이오. 그사이에 송나라 때 만든 소룡단 한 덩이를 얻었다오. 이는 기이한 보물이라오. 이처럼 볼 만한 것이 한둘이 아닌데, 와서 보고 싶지도 않습니까? 시험 삼아 도모해보시구려. 껄껄. 다 갖추지 않소. 소동파 생일날에 과정(果丁).[5]

북쪽에서 돌아왔다는 말은 1851년 7월 추사가 함경도 북청에 유배되었다가, 이듬해인 1852년 8월 13일에 해배되어 돌아온 일을 말한다. 편지를 작성한 날짜를 '파신(坡辰)'이라 적었다. 소동파의 생일날이란 뜻이다. 소동파의 생일은 12월 19일이다. 결국 위 편지는 1852년 12월 19일에 초의에게 보낸 것이다. 당시 초의는 일로향실에 머물고 있었다.

함경도에서 과천으로 돌아왔으니, 초의와 더 가까워진 것은 사실이지만, 그래도 여전히 천 리 길이 두 사람 사이에 가로놓인 것을 안타까워하는 것으로 말문을 열었다. 아마 추사의 해배 소식을 뒤늦게 접한 초의가 축하 겸해서 차를 선물했던 모양이다. 특별히 차가 반가웠던 추사는 향훈을 데리고 서울 걸음을 한번 할 것을 권했다. 일로향실로 거처를 옮겨 기거가 편해진 것을 축하하고, 때마침 눈이 펑펑 내렸을 때 초의차가 도착해서 눈물차를 끓였는데 초의가 곁에 함께 있었다면 얼마나 좋았겠느냐고 했다.

편지 끝에 그사이에 얻은 송나라 때 만든 소룡단 한 덩이에 대해 적었다. 이 차가 흥선대원군이 석탑에서 얻은 처음 네 덩이 중 또 다른 한 덩이인지, 아니면 이상적에게 갔던 한 덩이가 차를 좋아하는 추사에게 다시 건네진 것인지는 알 수 없다. 아마 후자일 것이다.

가야사의 옛 모습

이렇게 관련 기록을 검토하다 보니 흥선대원군에 의해 불타버린 가야사가 옛 기록 속에는 어떻게 남아 있는지가 궁금해졌다. 2009년 봄 확인을 위해 직접 남연군 묘소를 찾아가보았다. 묏자리는 지금도 주변이 암반으로 이루어진 바위투성이였다. 옛 문집 속에 가야사에 관한 기록은 그다지 많지 않다.

그 가운데 고려 후기의 문신 사암(思庵) 유숙(柳淑, 1324-1368)이 지은 「가야사 주지 노스님의 시에 차운하다(次伽倻寺住老詩)」 3수가 가장 오랜 것이다. 첫 수만 읽는다.

젊은 시절 가무(歌舞)로 화당(華堂)서 취할 적엔	少年歌舞醉華堂
운수향(雲水鄉)서 맑게 노닒 생각이나 했으랴.	肯想淸遊雲水鄉
늙어가매 벼슬길 내달림 못 견뎌서	老去不堪趨綺陌
물러나 분수 따라 평상에 앉아 있네.	退來隨分坐藜床
한가할 때 기미(氣味)는 차 석 잔에 들어 있고	閑中氣味茶三椀
꿈속의 공명이야 종이 한 장 그뿐일세.	夢裏功名紙一張
새 시 지어 외론 맘 달래줌 고마워라	多謝新詩慰幽獨
스님의 깊은 뜻을 어이 다 헤아리랴.	上人深意若爲量

『동문선(東文選)』에 실린 이 시에서도 한가할 때 마시는 석 잔 차의 맛을 음미하고 있는 것으로 보아, 고려 말에도 이 절에서는 차향이 끊이지 않았음을 알 수 있다. 유숙은 마침내 노년에 아예 이곳에 거처를 마련해 만년을 보냈고, 현재 그의 묘도 가야사 터에서 도보로 10여 분 거리에 남아 있다.

18세기 포암(圃巖) 윤봉조(尹鳳朝, 1680-1761)의 「달빛 따라 가야사에 올라, 또 계명의 시에 차운하다(乘月上伽倻寺, 又次季明詩)」라는 작품 3수 중 첫째 수 5, 6구에서는 "다리의 남쪽 가에 짙은 그늘 가시잖고, 고색도 서늘하다 탑은 몇 층이던고.(濃陰不改橋南畔. 古色長寒塔幾層)"라고 했고, 셋째 수 3, 4구에서도 "묵은 탑에 성근 별이 보계(寶界)에 낮게 떴고, 높은 다락 밝은 달은 은하수 곁 환하구나.(塔古疎星低寶界. 樓高明月際銀河)"라고 하여,[6] 홍선대원군이 무너뜨린 탑의 모습을 그리고 있다.

1846년 홍선대원군이 아버지 남연군의 묘를 이장하면서 허문 고려 때 절 가야사 5층 석탑에서 놀랍게도 고려의 홍성했던 차 문화를 증언하는 용단승설차 네 덩이가 나왔다. 이 중 하나가 이상적의 손에 들어가, 「기용단승설」이란 증언으로 남았고, 이는 다시 추사에게 바쳐져서 초의에게 보낸 한 통의 편지 속에 그 흔적이 희미하게 남았다. 그 전후 사정은 황현의 『매천야록』의 증언을 통해 더 또렷이 복원되었다.

37

내 다옥 나 홀로 좋아할밖에

이유원의 다옥과 차시

굴산(橘山) 이유원(李裕元, 1814-1888)은 다산이 제법을 가르쳐준 보림사 죽로차의 존재를 세상에 처음으로 알린 사람이다. 그 자신이 거처에 별도로 다옥(茶屋)을 마련해놓고 차를 즐겼을 만큼 차를 사랑했고, 우리 차와 일본 차, 그리고 중국차에 관한 풍부한 기록도 남겼다. 자신의 차 생활을 노래한 시도 꽤 많다. 이 글에서는 그의 문집 『가오고략(嘉梧藁略)』과 『임하필기(林下筆記)』에 수록된 차 관련 기록을 정리해보기로 한다.

다옥을 짓고 차를 즐긴 차인

이유원은 46세 때인 1859년, 지금의 남양주시 화도읍 수동면 가곡리

남양주시에 위치한 가오곡 입구의 표지석. '嘉悟福地'라고 쓰여 있다.

가오곡 안쪽 계곡 폭포 곁에 이유원의 호인 '귤산'이란 글자가 새겨진 바위.

마을에 자리한 가오곡(嘉梧谷)으로 거처를 옮긴다. 그는 이곳에 장서각과 다옥을 짓고, 사시향관(四時香館)과 오백간정(五百間亭) 등을 세워 만년 은거의 계획을 세웠다.[1] 그의 「가곡다옥기(嘉谷茶屋記)」에 차 애호의 변과 자신의 다옥에 대한 설명이 보인다.

내 성품이 평소에 차를 좋아한다. 사방의 이름난 차를 얻으면, 문득 산수가 좋은 곳으로 달려가 끓여 마신다. 한강 가에 살 때는 작은 집을 지어 '춘풍철명지대(春風啜茗之臺)'라고 하였다. 글씨는 수옹(遂翁) 섭동경(葉東卿)이 써서 주었다. 후에 가오곡(嘉梧谷)으로 이사해서는 퇴사담(退士潭)을 파서 좋은 물을 얻어, 호남의 보림차와 제주의 귤화차(橘花茶)를 끓여 마셨다. 근자에 연경에서 돌아온 주자암(周自菴)이 진짜 용정차와 우전차를 주므로 못물을 길어다가 함께 달였다. 솔 그늘과 대 그림자 사이에 솥과 사발을 늘어놓고 날이 저무는 줄도 몰랐다. 하지만 손을 대고서 찻물을 따라도 오히려 티끌이나 모래 등이 날아드는 것은 어쩔 수 없었다. 이에 나무를 세워 시렁을 만들고, 위에는 판자로 덮었다. 집 모서리에다 이를 세우니, 간데없이 하나의 집이 되었다. 길이는 다섯 자 남짓되고, 너비는 두 자가 넘었다. 가운데에는 화로를 고일 틀이 있었다. 구리줄로 차관에 드리워 고리에 매달았다. 수탄(獸炭)을 화로 구덩이에 넣고 부채로 바람을 일으키면 바람이 스스스 불어 솔가지가 바람에 울부짖는 소리를 낸다. 해안의 상태가 막 지나고 나면 어안이 또 생겨난다. 듣고 있노라면 정신이 아득해졌다가, 차를 마시면 정신이 깨어나곤 했다. 소동파가 간직해두었다는 밀운룡(密雲龍)차가 어찌 내가 얻은 용정차나 우전차가 아닌 줄 알겠는가? 다만 네 학사를 후대해줄 기약이 없음이 안타깝다.[2] 물건의 신품(神品)은 언제나 있지만, 마음을 알아주는 사람은 늘상 있는 것이 아니다. 그러니 내 다옥을 나 홀로 좋아할밖에.[3]

서울 집에는 봄바람에 차를 마시는 집이란 뜻의 '춘풍철명지대'란 별도의 공간을 마련했고, 가오곡으로 이사한 후에도 따로 다옥을 지어 차생활을 지속했음을 밝힌 글이다. 차만 얻으면 산수 좋은 곳으로 달려가 차를 달여 마신다고 하여, 차벽이 있음을 말했다. 호남의 보림차와 밀양 황차, 제주 귤화차 등을 즐겨 마셨고, 선물로 받은 중국산 용정차나 우전차도 마셨다.

　차를 마실 때는 솔숲과 대밭 사이에 솥과 사발을 늘어놓고 마셨는데, 바람 때문에 먼지나 모래가 자꾸 들어가므로 아예 집 모퉁이의 별도 공간에 다옥을 만들어 이 문제를 해결했다. 다옥은 길이가 다섯 자, 너비는 두 자 남짓한 작은 공간인데, 나무로 시렁을 얹고 그 위를 판자로 덮은 허술한 구조였다. 가운데에는 화로를 고일 만한 틀을 만들었다. 차관에는 구리줄로 손잡이를 만들고, 화로에 숯을 넣어 부채로 불이 불을 피웠다. 물이 끓기 전에 생기는 기포의 모양새로 해안과 어안을 구분하고, 찻물 끓는 소리에 정신이 아득해졌다가 차를 마신 후에는 정신이 깨어나곤 했다고 한 것을 보면 그의 차에 대한 애호는 상당한 수준이었다.

　『임하필기』에도 이따금씩 차에 관한 언급이 보인다. 필시 중국 다서를 전재한 것으로 보이나 원전은 미처 확인하지 못하였다.

　　차는 가는 것을 채취해야 하고, 차는 따뜻하게 보관해야 한다. 차는 뜨겁게 끓여야 한다. 가늘지 않은 것을 채취하면 맛이 쓰다. 따뜻하게 보관하지 않으면 곰팡이가 핀다. 뜨겁게 끓이지 않으면 맛이 줄어든다. 특히 깨끗한 것을 높게 친다. 햇볕을 쬐면 안 되니 맛이 없어지기 때문이다.[4]

　자신의 실제 음다 체험에 비추어 공감 가는 내용이어서 옮겨 적은 듯하다. 또 「옥경고잉기(玉磬觚剩記)」에서는 "차는 빛깔로 고르고, 대나무는 그림자로 택한다.(茶取其色, 竹取其影)"⁵고 하여, 빛깔로 차를 가리는 것을 삶의 한 운치로 삼기도 했다.

그는 차와 관련된 시를 여러 수 남겼다. 중국산 햇차를 선물 받고 끓여 마신 후 지은 「햇차를 시험하다(試新茶)」시 한 수를 먼저 읽는다.

촉주 땅의 작설차는 고금에 유명한데	蜀州雀舌名今古
오취(烏嘴)는 많지 않고 맥과차(麥顆茶)가 향기롭다.	烏嘴無多麥顆香
심양 길에 사 온 차는 칠패(漆牌)에 금박 글씨	漆牌金字瀋陽路
첫 잔에 소리 치고 둘째 잔은 더 좋아라.⁶	一盞聲增二盞良

오취(烏嘴)나 맥과(麥顆)는 까마귀 부리나 보리쌀알만큼 하게 돋은 차의 첫 싹을 따서 만든 고급의 우전차다. 심양에서 구입해 온 칠패에 금박으로 글씨를 쓴 고급 작설차를 얻어, 서둘러 차관을 안쳐 끓여 내오니, 첫 잔에 환호성이 터지고, 둘째 잔도 흐뭇한 마음이 가시지 않더라고 한 것이다. 「정향나무 아래서 향기를 맡다가 명차를 떠올리며(丁香樹下聽香憶名茶)」란 제목의 시 5수에서도 자신의 차 생활을 노래했다.

상자 속에 오래도록 간직한 차가	篋中藏舊茗
티끌세상 10년을 묻혀 있었지.	塵土十年昏
맑은 샘물 아래서 깨끗이 씻자	洗滌清流下
원래의 그 모습이 절로 드높네.	元規莫自尊
좋은 차 애초에 여기 올 적엔	茗豈原來斯
퇴락한 집 오래 버려둘 줄 몰랐네.	頹廊棄置久
쥐와 벌레 자취가 서로 이어져	鼠蟲跡互成

여기에 부딪치다 저기로 갔지.　　　　　　　　　西突又東走

좋은 차 썩어감 내 슬피 여겨　　　　　　　　　我其憐茗朽
등나무 체 건져내어 차를 끓였네.　　　　　　　舀蘸藤籠兒
처음 마시니 껍질이 변화할 듯　　　　　　　　一服換形殼
두 번을 끓이니 피부에서 윤기 나네.　　　　　再烹潤膚肌

봄바람에 누대는 높기만 한데　　　　　　　　春風臺榭高
차 내음 꽃 향기와 섞이었구나.　　　　　　　茗氣花香雜
인간 세상 인연이 깨끗도 하여　　　　　　　灑落人間緣
소리마다 솔바람 노래 들리네.　　　　　　　聲聲松韻颯

구양수는 벼루 때를 씻어내었고　　　　　　歐陽洗垢硯
심약은 여윈 몸을 깨끗이 했지.　　　　　　沈約潔癯身
벽(癖)을 즐김 고금이 차이 없거늘　　　　癖好無今古
차를 어이 먼지 속에 묻어두리오.[7]　　　茗胡累以塵

　오래전에 구한 떡차를 상자 속에 넣어둔 채 까맣게 잊고 있다가, 문득
생각이 나서 10년 만에 이를 끓여 마시며, 그 감회를 노래한 내용이다.
좋은 차가 그저 썩어가는 것을 슬피 여겨서 샘물로 깨끗이 씻어 채반에
헹궈내어 끓였다. 첫 잔을 마시니 껍질이 벗겨져 신선이 되어 날아갈 듯
하고, 둘째 잔을 마시니 피부에서 윤기가 나는 듯하였다. 구양수는 벼루
에 앉은 더께를 씻는 벽이 있었고, 심약은 목욕 벽이 있었다. 이와 마찬
가지로 자신은 차 즐기는 벽이 있다고 하여, 차에 대한 식지 않는 애정
을 말했다.

남양주 가오곡에 위치한 이유원의 집터. 은행나무 뒤편으로 아흔아홉 간 한옥과 다옥이 있었다.

「한좌(閒坐)」란 작품에서는 또 이렇게 노래했다.

다구(茶具)를 제외하면 다른 물건 없으니	除非茶具無他物
화분조차 두질 않아 우아한 모습 적네.	不置花盆少雅容
덩굴 끌어 담을 기워 울을 깊이 덮고서	引蔓補牆樊蔽邃
못을 파서 돌을 쌓아 물을 떠서 담았지.	穿池疊石勺流溶
한가할 때 하는 일로 이만한 것 있으랴	中事業誰過此閒
산 밖의 염량세태 어이 알아 쓰리오.	山外炎涼詎識庸
앉고 눕고 몸 편하니 마음도 느긋하여	坐臥便身心未掣
거처에서 단정히 쇠한 몸을 기르노라.[8]	居居端合養衰傭

집 안에 다구 외에는 변변한 물건 하나 없다 하여, 차와 늘 함께하는

생활을 말했다. 다른 꾸밈 없이 담쟁이 넝쿨로 무너진 담을 가리고, 연
못을 파서 물을 길어 한가롭게 차를 마신다. 염량세태를 다 잊고 거처
에서 차와 더불어 쇠한 몸을 기르겠노라는 다짐이다. 「철다음(啜茶吟)」
3수에서도 자신의 차에 대한 벽을 노래했다.

절집 같은 거처라 터럭 있음 의아하고	居若僧寮訝有髮
처녀같이 숨어 사니 연지 없음 부끄럽다.	隱如處子愧無鉛
술병의 차고 더운 맛은 이미 보았거니	閱盡窖壺寒暖味
늙은 나이 다전(茶顚)으로 불려도 괜찮으리.	衰年何妨喚茶顚

청산에서 이 잡으며 책 덮음도 더디니	靑山捫蝨抱書遲
잠 속의 생애임을 스스로 아는도다.	睡裏生涯也自知
수액(水厄)이 이곳에는 오히려 이르잖아	水厄此間猶不到
마른 장이 움츠러져 주림을 못 견디네.	枯腸縮縮未堪飢

늙어지면 원래부터 기운이 적어져서	老去原來少氣岸
평범한 집안일도 상관하지 않는다네.	尋常家冗並無關
그래도 한 가지 힘 쏟는 곳 있나니	猶有一端專力處
차 끓이고 학 기르느라 한가하지 않다네.	烹茶飼鶴未全閒

술이야 지금껏 실컷 맛보았으니, 이제부터는 차만 즐겨 다전, 즉 차
미치광이로 불려도 괜찮겠다고 했다. 둘째 수 3구의 수액(水厄) 또한 차
를 즐겨 마시는 일을 가리켜 하는 말이다. 차 미치광이 소리를 들을 만
큼 차만 마시며 지내고 싶은데, 수액이라 할 만큼 차가 넉넉지를 않아,
차에 굶주린 장을 적실 방법이 없다고 말했다. 셋째 수에서도 온갖 일에

는 아무 관심이 없고, 오로지 차 달이고 학 기르는 데만 마음을 쏟으며 지내는 삶을 술회했다.

이 밖에도 「화사(花史)」 중 「청상(淸賞)」이란 작품에서는 "명상(茗賞) 이 으뜸이고 담상(譚賞)이 다음(茗賞最優譚賞次)"이라 하여 차를 음미하는 일이 좋은 벗과 이야기 나누는 것보다 훨씬 낫다고 했고, 「오팽년차제(吳彭年茶題)」의 "손 따라 차 가늠해 얼마간 마시니, 찻상 머리 은침아(銀針兒)의 향기가 끼쳐오네.(隨手量茶多少啜, 床頭香聞銀針兒)"와 같은 구절들은 생활 속에 깊이 뿌리내린 그의 차 사랑을 잘 보여주는 구절들이다.

우리 차에 대한 애정과 감식안

이유원은 자신의 차 생활을 노래한 것 외에도 우리 차 문화사에서 특별히 기억되어야 할 역사적 기록도 적지 않게 남겼다. 특히 다산의 제법에 따라 강진 보림사에서 나는 찻잎으로 만든 국산차에 대해 상세하게 언급한 장시 「죽로차」는 자료적 가치가 매우 크다.

보림사는 강진 고을 자리 잡고 있으니	普林寺在康津縣
호남 속한 고을이라 싸릿대가 공물일세.	縣屬湖南貢楛箭
절 옆에는 밭이 있고 밭에는 대가 있어	寺傍有田田有竹
대숲 사이 차가 자라 이슬에 젖는다오.	竹間生草露華濺
세상 사람 안목 없어 심드렁히 보는지라	世人眼眵尋常視
해마다 봄이 오면 제멋대로 우거지네.	年年春到任蒨蒨
어쩌다 온 해박한 정열수(丁洌水) 선생께서	何來博物丁洌水

절 중에게 가르쳐서 바늘 싹을 골랐다네. 教他寺僧芽針選

천 가닥 가지마다 머리카락 엇짜인듯 千莖種種交織髮

한 줌 쥐면 움큼마다 가는 줄이 엉켰구나. 一掬團團縈細線

구증구포 옛 법 따라 안배하여 법제하니 蒸九曝九按古法

구리 시루 대소쿠리 번갈아서 방아 찧네. 銅甀竹篩替相碾

천축국 부처님은 아홉 번 정히 몸 씻었고 天竺佛尊肉九淨

천태산 마고선녀 아홉 번 단약을 단련했지. 天台仙姑丹九煉

광주리 소쿠리에 종이 표지 붙이니 筐之筥之籤紙貼

'우전'이란 표제에다 품질조차 으뜸이라. 雨前標題殊品擅

장군의 창 세운 문, 왕손의 집안에서 將軍戟門王孫家

기이한 향 어지러이 잔치 자리 엉긴 듯해. 異香繽紛凝寢燕

뉘 말했나 정 옹(丁翁)이 골수를 씻어냄을 誰說丁翁洗其髓

산사에서 죽로차를 바치는 것 다만 보네. 但見竹露山寺薦

호남 땅 귀한 보물 네 종류를 일컫나니 南希寶稱四種湖

완당 노인 감식안은 당세에 으뜸일세. 阮髥識鑑當世彦

해남 생달, 제주 수선, 빈랑 잎 황차러니 海槎耽蒜檳榔葉

더불어 서로 겨뤄 귀천(貴賤)을 못 가르리. 與之相垺無貴賤

초의 스님 가져와서 선물로 드리니 草衣上人齎以送

산방에서 봉한 편지 양연(養硯) 댁에 놓였었지. 山房緘字尊養硯

내 일찍이 어려서 어른들을 좇을 적에 我曾眇少從老長

은혜로이 한 잔 마셔 마음이 애틋했네. 波分一椀意眷眷

훗날 전주 놀러 가서 구해도 얻지 못해 後遊完山求不得

여러 해를 임하(林下)에서 남은 미련 있었다네. 幾載林下留餘戀

고경(古鏡) 스님 홀연히 차 한 봉지 던져주니 鏡釋忽投一包裹

둥글지만 엿 아니요, 떡인데도 붉지 않네. 圓非蔗糖餅非茜

끈에다 이를 꿰어 꾸러미로 포개니	貫之以索疊而疊
주렁주렁 달린 것이 일백열 조각일세.	累累薄薄百十片
두건 벗고 소매 걷어 서둘러 함을 열자	岸幘褰袖快開函
상 앞에 흩어진 것 예전 본 그것이라.	床前散落曾所眄
돌솥에 끓이려고 새로 물을 길어오고	石鼎撐煮新汲水
더벅머리 아이 시켜 불부채를 재촉했지.	立命童竪促火扇
백 번 천 번 끓고 나자 해안이 솟구치고	百沸千沸蟹眼湧
한 점 두 점 작설이 풀어져 보이누나.	一點二點雀舌揀
막힌 가슴 뻥 뚫리고 이뿌리가 달콤하니	胸膈淸爽齒根甘
마음 아는 벗님네가 많지 않음 안타깝다.	知心友人恨不遍
황산곡(黃山谷)은 차시(茶詩) 지어 동파 노인 전송하니	山谷詩送坡老歸
보림사 한 잔 차로 전별했단 말 못 들었네.	未聞普茶一盞餞
육우의 『다경』은 도공(陶公)이 팔았으나	鴻漸經爲瓷人沽
보림사 차를 넣어 시 지었단 말 못 들었네.	未聞普茶參入撰
심양 시장 보이차는 그 값이 가장 비싸	潘肆普茶價最高
한 봉지에 비단 한 필 맞바꿔야 산다 하지.	一封換取一疋絹
계주(薊州) 북쪽 낙장(酪漿)과 기름진 어즙(魚汁)은	薊北酪漿魚汁腴
차를 일러 종을 삼고 함께 차려 권한다네.	呼茗爲奴俱供膳
가장 좋긴 우리나라 전라도의 보림사니	最是海左普林寺
운각(雲脚)에 유면(乳面)이 모여듦 걱정 없네.	雲脚不憂聚乳面
번열과 기름기 없애 세상에 꼭 필요하니	除煩去膩世固不可無
우리 차면 충분하여 보이차가 안 부럽다.[9]	我產自足彼不羨

이 시는 여러 면에서 우리에게 뜻깊은 정보를 제공한다. 첫째, 보림사의 죽로차가 다산 정약용이 절의 승려들에게 가르쳐준 방법에 따라 구

엽전 꾸러미 모양으로 만든 떡차 꿰미.

증구포의 방식으로 법제된 차임을 언급했다. 차계에서 다산의 구증구포법을 두고 오랜 논란이 계속되어온 것을 감안하면 대단히 중요한 기록이다. 둘째, 아침(芽針), 즉 바늘 같은 첫 싹만을 골라 따서 머리카락이 엇짜인 듯 찻잎의 결을 살려 만든 떡차의 구체적 제법을 설명했다. 셋째, 대오리로 얽어 짠 용기로 공기가 통하게 포장하고, 종이 표지에 '우전'이란 상표를 붙인 상품의 포장 상태를 정확하게 묘사했다. 넷째, 그가 마신 보림사 죽로차가 엽전 모양으로 끈에다 꿰어 꾸러미로 포개 110조각이 담긴 소형의 떡차였음을 밝혔다. 다섯째, 당시의 차 끓이는 과정과 절차를 설명하고, 막힌 가슴이 뻥 뚫리고 이뿌리가 달콤하다 하여 구체적인 효과와 맛을 제시했다. 여섯째, 비싸기만 한 중국차 못지않은 우리 차의 우수성과 번열과 기름기를 없애주는 차의 효능에 대해 칭찬했다. 이 한 편의 시로 말미암아, 다산 이래로 초의를 거쳐 이어온 보림사 죽로차의 구체적인 실체가 드러나게 된 것이다.

그는 보림사 죽로차를 젊은 시절 자하 신위의 집에서 처음 맛보았다. 초의가 스승인 완호대사의 삼여탑을 건립하면서 비문을 받기 위해 폐백으로 드린 선물이었다. 이후로는 다시는 그 차 맛을 볼 수 없어 그리워했는데, 1872년 대보름날 자신의 사시향관에서 고경선사(古鏡禪師)가 가져온 보림사 죽로차를 맛보고, 예전의 그 차인 줄을 알았다고 했다.

이유원은 『임하필기』 중 「호남사종(湖南四種)」이란 항목에서 "강진 보림사의 죽전차는 열수 정약용 선생이 이를 얻어, 구증구포의 방법으로 절의 승려들에게 가르쳐주었다. 그 품질이 중국의 보이차만 못하지 않다. 곡우 이전에 딴 것을 더욱 귀하게 치니, 이를 우전차라 해도 괜찮다."[10]고 하여, 위 시의 언급을 재확인하고 있다. 또 「삼여탑」 항목에서는 "내가 임신년(1872) 대보름날 사시향관에 고경선사와 함께 보림차를 마셨다. 대화가 초의에게 미치자 탑명 서문을 적어 서로 보았다. 초의는 박금령과 가장 마음이 맞았다. 보림차는 강진의 대밭에서 나는데, 우리나라에서 가장 으뜸가는 차다."[11]라고 하여, 보림사 죽로차에 대한 언급을 다시 남겼다.

이유원의 「걸차신판추(乞茶申判樞)」란 작품에서도 초의차에 대해 구체적 설명이 보인다. 신판추는 초의와 가까웠던 신헌이다. 그에게 초의차를 나눠달라고 청하면서 보낸 시다.

연로하신 초의 스님 이름난 차 가려내니	草衣老釋揀名茶
중국에서 옮겨 심은 차 싹 절로 넉넉하다.	自足殊邦移種芽
바람 끝 외론 구름 자옥보(子玉譜)가 이것이요	風末孤雲子玉譜
곡우 전의 푸른 눈은 비릉(毗陵)의 집일레라.	雨前靑雪毗陵家
대껍질로 꽁꽁 싼 것 새 제품임 알겠고	竹皮套緊知新製
글씨 위로 터럭 돋아 얼마 안 된 줄을 아네.	書面毛生感不遐
삼복에 더위 먹어 흰머리로 변했나니	病暍三庚回白首
맑은 향기 장군 관아 저장되어 있으리라.[12]	淸香應貯將軍衙

초의가 연로함에도 불구하고 이름난 차를 만들었다. 3구의 자옥보는

대껍질로 꽁꽁 싼 떡차 포장.

옥천자(玉川子)가 엮었다는 『다보』를 말한 듯하나, 4구의 비릉가(毗陵家)
는 출전을 확인하지 못하겠다. 5, 6구를 보면 초의차가 대껍질로 아주
야무지게 단단히 포장을 하고, 그 위에 글씨로 차 이름을 써놓았음을 알
수 있다. 삼복에 더위를 먹어 견딜 수가 없으니, 장군의 관아에 응당 보
관되어 있을 초의 스님의 햇차를 좀 나눠달라고 부탁한 내용이다. 앞서
본 「죽로차」의 내용과 함께 초의 스님이 만든 차가 어떤 모습이었는지
를 증언하는 아주 귀한 기록이다.

　이 밖에도 『임하필기』의 「죽전차」 항목에서는 김종직이 함양군수로
와서 옛 기록에 신라 때 차 씨앗을 당나라에서 구해와 지리산에 뿌렸다
는 기록을 보고, 부로에게 물어 엄천사(嚴川寺) 북쪽 대숲 속에서 차 몇
그루를 얻어 이를 배양해서 크게 번식시킨 일을 적었다.[13]

　또 이유원은 밀양 황차에 대한 귀한 기록을 시로 남겼다. 「정은(貞隱)

강로 상공께서 밀양 황차를 주신 데 감사하며(謝貞隱相公贈密陽黃茶)」란 작품이 그것이다.

창 그늘 대 그림자 내가 오길 기다리니	幽竹窓陰待我歸
서울의 봄날 꿈이 외려 더욱 설핏하다.	洛城春夢轉依微
어데서 온 한 잎 차의 청량한 맛이라니	何來一葉淸涼味
흉금을 씻어주어 지난 잘못 일깨우네.	滌了胸襟悟昨非
어린 동자 분주히 이름난 샘물 길어	短童奔走汲名泉
솥과 물통 가로세로 앞뒤로 늘어놓네.	竪罐橫鐺錯前後
심양(瀋陽) 저자 사 온 차도 외려 이만 못하거니	瀋肆川箱猶退步
정은(貞隱) 상공 이것으로 장수하심 알겠구나.[14]	從知貞老以延年

강로(姜㳫, 1809-1887)가 보내준 밀양 황차를 받고서 답례로 쓴 시다. 서울의 벼슬길에 매여서도 생각은 늘 전원으로 돌아갈 마음뿐이다. 답답한 서울 생활에 찌들어 지내던 터에 청량한 황차를 받았다. 절로 입에 군침이 돌아 한시도 지체할 수가 없다. 다동(茶童)은 좋은 샘물을 길어오랴, 먼지 앉은 다구를 꺼내오랴 갑자기 부산스럽다. 숯불로 물을 끓여 차를 우려낸다. 한 잔을 마시자 흉금이 환하게 트여온다. 밀양 황차의 맛을 보고서, 중국 심양에서 사 온 상자에 든 차도 이 황차만은 못하리라고 칭찬했다. 밀양 황차에 대한 것은 따로 알려진 기록이 없는데, 이 시에 의해 조선 후기에 밀양 지역에서 발효 떡차인 황차가 만들어지고 있었음을 확인할 수 있다.

그가 즐긴 차 중에 제주 귤화차가 또 있다. 「사혜귤차(謝惠橘茶)」시를 보자.

귤로가 귤차를 부엌 가득 쌓아두니	橘老橘茶滿竈堆
천추(天樞)의 빛 초강(楚江)의 물굽이로 흩어진다.	天樞光散楚江隈
옥천자(玉川子)의 구보(舊譜)에다 신품(新品)을 첨가하니	玉川舊譜添新品
천 리의 기이한 향 지척까지 왔도다.[15]	千里奇香咫尺來

귤차는 「가곡다옥기」에서 제주의 귤화차라고 한 것으로 보아, 귤꽃을 따서 말려 만든 차인 듯하다. 그 구체적 제법은 알 수 없다. 귤꽃만 말려 차로 만든 것인지, 여기에 찻잎을 함께 넣어 우려 마시는 것인지 분명치 않다.

이렇듯 이유원은 자신의 문집 속에 보림사 죽로차와 함양의 죽전차, 그리고 밀양 황차와 제주의 귤화차 등 우리 차에 관한 구체적인 기록을 많이 남겼다. 이를 통해 초의차의 구체적인 제법과 모양새, 그리고 포장 방법까지 알 수 있게 되었고, 또한 밀양 황차의 존재도 새롭게 알게 되었다.

중국차와 일본 차에 관한 기록

한편, 이유원은 드물게도 중국차와 일본 차에 관한 기록도 적지 않게 남겼다. 특히 일본 차를 직접 맛보고서 지은 12수의 연작시는 우리나라 문인이 지은 최초의 일본 차에 관한 기록이다. 먼저 중국차에 관한 언급이다.

연경 시장에서 파는 차는 한두 가지가 아니다. 반드시 우전차를 귀하게 치는데 곡우 이전에 채취한 것이다. 차 시장 중 가장 큰 것은 심양에 있다. 심양 근처의 북비(北鄙)의 부락은 명나라 말엽의 각다시(榷茶市)인데, 군수 비용으로 보충해 썼다. 이때는 호인(胡人)이 강성한지라 차에 드는 비용이 대단히 컸다. 명유(明儒)가 말하기를, 호인은 늘 양젖을 마시는 까닭에 다탕(茶湯)을 잘 마신다. 차는 대개 강남에서 난다. 무역으로 옮겨 오면 오로지 오랑캐 땅에 내다 판다. 이 풍토가 여태도 그치지 않아, 여태껏 뒷골목과 깊은 골짜기에도 대개 차 가게가 있다.[16]

연경 시장에서 우전차가 가장 비싼 값에 팔리는 것을 말하고 나서, 가장 큰 규모의 차 시장은 심양에 있고, 이곳은 명말의 각다시, 즉 국가에서 차를 전매하던 시장이 있던 곳이라고 했다. 이곳의 시장은 당시 강남에서 생산된 차를 가져와, 육식 때문에 차 없이는 배열병이 나서 견디지 못하는 북쪽 변방 민족에게 비싼 값에 내다 팔던 데서 비롯되었다. 지금까지도 곳곳에 차 가게가 즐비하다고 하여, 당시 심양 일원의 차 마시는 풍속에 대해 기록하였다.

이유원은 보이차에 대해서도 아주 상세한 언급을 남겼다.

보이차는 전남(滇南), 즉 운남성에서 난다. 목방(木邦)이니 보이(普耳)니 하는 몇 종류가 있다. 목방은 덩이차로 만든다. 위보(胃普)란 이름으로 파는데, 지역이 서로 가깝다. 보이차의 진품(珍品)으로는 모첨(毛尖)·아차(芽茶)·여아(女兒) 등의 이름이 있다. 모첨은 곡우 이전에 채취한 것으로 덩이차로 만들지 않는다. 아차는 조금 자란 뒤에 채취하여 덩이차로 만든다. 2냥 또는 4냥을 단위로 한다. 운남 사람들이 아긴다. 여아차 또한 아차의 종류다. 곡우 이후에 딴 것이다. 1근에서 10근까지 하나의 덩어리로 만든다. 운남 여자들이 은화와 맞바꿔 이를 모아 화장품 사는 비용으로 삼으므로 이런 이름이 붙었다. 나머지는 조보(粗普)라 하는데

잎이 모두 흐트러졌다. 운남에서 판다. 거친 것을 가져다 찐득찐득하게
졸여 떡을 만든다. 도장을 찍어 쌓아두고 대접하는데 또한 예주차(藥珠
茶)라고도 한다. 능히 열병을 다스린다. 항주의 용정차와 다름없다. 다만
향이 너무 강하고, 성질이 또 너무 차며, 쓴맛에 가까워 용정차의 중화
(中和)한 기운이 없다. 그 나머지 홰나무나 버드나무에 기생하는 것을 채
취하여 대신하기도 한다. 내가 두 번 연경에 들어가 차 가게 사람에게 자
세히 들었다. 상품(上品)은 용정차이고, 그다음이 덩이차로 만들지 않은
보이차다. 그다음은 2냥 4냥 단위로 된 덩이차다. 이 밖에 근 단위의 덩
이차나 고약처럼 졸인 것은 모두 족히 논할 것이 없다.[17]

보이차의 여러 종류와 제조법 및 효능에 대해 상세하게 적고 있다. 연
경에 갔을 때 직접 차 가게 사람에게 들은 내용이라 하였다. 하지만 앞
쪽의 내용은 18세기 중국의 장홍(張泓)이 지은 『전남신어(滇南新語)』의
내용을 그대로 옮겨 적은 것이다. 어쨌거나 보이차에 관한 최초의 상세
한 기록을 이유원이 남긴 것은 주목할 만하다.
일본 차에 관한 이유원의 기록을 볼 차례다. 다음은 『임하필기』의 기
록이다.

차 이름은 한 가지가 아니다. 일본 차 또한 아치(雅致) 있는 것이 있다.
그 가운데 능삼(綾森)·응조(鷹爪)·유로(柳露)·매로(梅露)·국로(菊
露)·초적백(初摘白)·문명석(文明昔)·명월(明月)·청풍(淸風)·박홍엽
(薄紅葉)·노락(老樂)·우백발(友白髮)·남산수(南山壽) 등의 이름이 가장
좋다.[18]

일본 차의 구체적인 이름을 무려 13가지나 들었다. 문집에는 다시

「영산본원차종(詠山本園茶種)」시가 실려 있다. 위에서 언급한 차 가운데 '문명석(文明昔)'이란 품종을 뺀 나머지 12품종에 대해 각각 한 수씩 노래했다. 병서를 보면, "일본 동경에는 산본원(山本園)이 있는데, 차가 나는 곳이다. 그 상품이 하나뿐이 아니고 이름 또한 많다. 내가 어떤 것은 보았고 어떤 것은 보지 못했다. 그중 좋은 것을 가려 상품마다 시를 짓는다."고 적고 있다.[19]

일본 우치다원의 다례 모습. ⓒ차의 세계

이유원이 어떤 경로로 일본 동경의 산본원 차를 종류별로 구해 맛보았는지는 분명치 않다. 동경의 산본원은 산본(山本) 가문에서 대대로 운영해온 다원(茶園)으로, 에도(江戸)에서 차를 만들어 팔아 당시 영주들에게 천상천하에 으뜸가는 차란 평판을 얻어, 우치제(宇治製)란 이름을 얻었던 차원이다. 열여덟 곳에 따로 다원을 운영하여, 각기 다른 상품을 출시했다.[20] 이 산본씨의 다원에서 생산되는 차를 이유원이 직접 맛보고서 감상평을 단 것은 대단히 흥미로운 사실이다. 이제 자료 제시를 겸하여 12수의 시를 번역하여 제시하면 다음과 같다.

능삼(綾森)

교인(鮫人)이 베틀에다 맑은 서리 말려서　　　　　　鮫人杼柚曬清霜

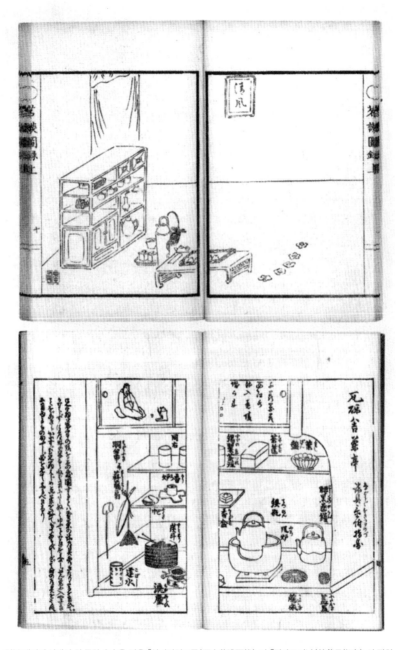

일본 메이지 시대의 차 문화 습속을 담은 「심지명연도록(深志茗讌圖録)」과 「전다조지남(煎茶早指南)」의 판화.

밤마다 요지에서 옥 평상에 잔치하네.　　　　　夜夜瑤池襯玉牀

한 떼의 구름이 자취 거둬 가더니만　　　　　一帶流雲歸斂迹

야정(野丁)의 광주리에 봄비가 내리누나.　　　去尋春雨野丁筐

응조(鷹爪)

용단차 초록빛 작설을 가려내어　　　　　　龍團揀綠雀生舌

수탄을 붉게 불자 게가 침을 토한다.　　　　獸炭吹紅蟹吐涎

팔뚝 위 깍지 위에 매 발톱이 건장터니　　臂上秋韝鷹爪健

이게 변해 저게 되어 밭에 가서 채취하네.　幻他之乙採中田

유로(柳露)

줄을 넣고 금을 넣어 새벽바람 비단 짜니　賽線賽金梭曉風

가벼운 듯 무거웁게 남궁(南宮)에서 누웠구나.　若輕若重枕南宮

번화했던 전생의 일 가만히 놓아두고　　繁華且置前身事

깊은 산 문득 향해 초록 싹을 틔웠다네.　却向深山綠苗叢

매로(梅露)

미인과 고사가 함께 앞을 다투는 듯　　美人高士共爭先

눈비 오는 날씨에 짙고 맑은 밝은 구슬.　濃湛明珠雨雪天

사는 일도 담박한 가난한 집 일이라　　生涯澹泊貧家事

온통 흰데 성현을 구분해 무엇 하리.　　擧白何須辨聖賢

국로(菊露)

초사(楚辭)는 삼려촌(三閭村)에 그림자로 떨어지고　楚辭影落三閭村

진사(晉史)는 오류문(五柳門)에 맑은 풍도 전하네.　晉史淸傳五柳門

한 움큼 길은 샘물 그 누가 분간하리　　　　　一掬誰分泉水積

천 년의 영수(靈壽)가 참 근원을 묻는구나.　　千年靈壽問眞源

초적백(初摘白)

뾰족뾰족 흰 싹이 새 볕을 향해 나니　　　　尖尖白白向新陽

곡우가 오기 전엔 상자조차 못 채우리.　　　穀雨之前不滿箱

은침같이 가는 잎이 천만 가닥이라면　　　　若箇銀針千萬縷

앞뒤로 구전(九轉)하여 금빛으로 정련하리.　往來九轉煉金光

명월(明月)

중천에 달이 떠서 텅 빈 밝음 드러나니　　　中天月上見虛明

쇠 화로에 살라서 기운 더욱 해맑은 듯.　　燃點金爐氣益淸

돈 한 푼 들이잖고 사는 것이 어떠하리　　一錢不費買如許

백옥경엔 열두 누대 높이 솟아 있나니.　　十二樓高白玉京

청풍(淸風)

삼복 더위 날씨가 무덥다고 뉘 말했나　　誰道三庚天氣炎

경쾌하고 맑기가 장엄함에 가깝구나.　　輕淸受用近莊嚴

쟁글쟁글 소리 나도 사람은 뵈잖으니　　響送玎璫人不見

항아 아씨 수정 발을 손수 걷고 계시는 듯.　姮娥手捲水晶簾

박홍엽(薄紅葉)

바위 위 선강(仙薑)이 자줏빛 싹 토해내니　石上仙薑紫吐芽

풋서리 야인(野人) 집에 처음으로 지나누나.　輕霜初過野人家

봄 잎이 앞다투어 가을 잎인 양 물이 드니　春葉爭如秋葉染

후박(厚薄)을 견줄진대 누가 더 고울는지.　　　　　較來厚薄孰多嘉

노락(老樂)

늙마에 즐거운 일 자는 일과 먹는 일　　　　　樂事殘年睡與食
잠 깬 뒤 마시는 맛 밥 먹은 뒤 남았구나.　　　睡餘味在食餘留
작은 상자 낡은 합에 오래 향을 간직타가　　　矮箱弊篋藏香久
이따금 마셔보면 문득 근심 잊는다오.　　　　　供給時時却忘憂

우백발(友白髮)

성성한 내 머리털 검은 머리 하나 없고　　　　星星我髮黑無餘
천하의 친한 벗들 짧은 편지 한 통 없네.　　　天下親朋少尺書
한 번 끓여 두 번 마셔 세 번째는 양치하니　　一烹二啜三宜漱
지금에 날 아는 벗 너만 한 이 없구나.　　　　知己於今固莫如

남산수(南山壽)

남산의 술을 따라 성인에게 축수하니　　　　酌斗南山祝聖人
어이 한갓 술 가지고 못난 정성 펼쳐보리.　　奚徒以酒陋誠伸
관문(關門)의 구실 세금 여기도 한가지라　　征稅關門斯亦一
흔들흔들 낙성진(洛城津)에 배가 정박하누나.　搖搖船泊洛城津

　시를 보면 각각의 차종을 직접 맛보고서 나름의 특성을 파악한 뒤에 쓴 시임을 알 수가 있다. 그의 차에 대한 애호벽이 어느 정도였는지 잘 알려주는 자료일 뿐 아니라, 19세기에 일본 차에 대한 유일한 본격 품평의 내용을 담은 시여서 일본 쪽에서 볼 때도 매우 귀한 자료라 할 수 있다. 한일 차 문화 교류의 측면에서도 주목할 만한 작품이다.

이상 이유원의 차 관련 시와 그의 차 생활을 알려주는 각종 기록들을 차례로 검토해보았다. 그는 차를 너무도 사랑한 차인이었다. 집에 다옥까지 짓고, 각종 다구를 구비해놓고서, 귀한 샘물을 길어다가 차 맛을 시험해보기도 했다. 이 글에서 미처 다루지 못했지만 샘물에 대한 감식안도 남달랐다. 특히 보림사 죽로차와 함양 죽전차, 그리고 밀양 황차, 제주 귤화차 등 우리 차에 대한 귀한 기록을 남겨 차 문화사 정리에 소중한 자료를 제공했다. 중국차와 일본 차에 대해서도 해박하고 정심(精深)한 기록을 남겨, 차 문화 교류의 실상을 정리한 업적도 크다.

38

참기 어려운 차 생각

범해 각안의 「차약설茶藥說」과 「차가茶歌」

범해(梵海) 각안(覺岸, 1820-1896)은 완호 윤우의 법맥을 이은 호의 (縞衣) 시오(始悟, 1778-1868)의 법제자다. 『동사열전(東師列傳)』을 지은 학승이자, 「차약설(茶藥說)」과 「차가(茶歌)」 및 여러 수의 차시를 남긴 차인이다. 이 글에서는 그가 남긴 차에 관한 글을 함께 읽어보겠다.

「차약설」의 차 효용론

각안은 33세 때인 1852년 가을 이질에 걸려 사경을 헤매다가 차를 마시고서 병이 나았다. 이때의 신기한 차 체험을 「차약설」 한 편에 담았다. 전문을 제시한다.

백약이 비록 훌륭해도 모르면 못 쓴다. 온갖 병으로 괴로워도 구해주지 않으면 살지 못한다. 구해주지 않아 못 살게 되었을 때, 구해주고 살려주는 기술이 있다. 몰라서 못 쓰고 있는데, 알려주어 쓰게 하는 묘함이 있다. 사람이 느끼고 하늘이 여기에 응하지 않으면 약이나 병은 어찌해볼 도리가 없다.

나는 임자년(1852) 가을에 대둔사 남암(南庵)에 머물고 있었다. 이질을 앓아 사지가 늘어지고 세 끼니마저 잊은 지가 어느덧 열흘 넘어 달포가량 되었다. 틀림없이 죽게 될 줄로 알았다. 하루는 같이 입실한 무위(無爲) 형님이 어버이를 돌보러 갔다가 왔다. 같이 선탑(禪榻)에 참례(懺禮)하던 부인(富仁) 아우님도 스승님을 모시던 곳에서 이르러 왔다. 머리를 들어 좌우를 보니 삼 형제가 자리를 잡고 있는지라 스스로 틀림없이 살게 될 줄을 알았다.

잠시 후 무위 형님이 말했다. "내가 냉차(冷茶)로 거의 위태로운 지경에 계시던 어머니를 구했으니, 급히 달여서 써보기로 하세." 부인 아우님이 말했다. "제가 아차(芽茶)를 간직하여 불시의 수요에 대비해 두었으니 쓰는 데 무슨 어려움이 있겠습니까?" 그 말대로 차를 달이고, 그 말대로 차를 썼다. 한 잔을 마시자 배 속이 조금 가라앉았다. 두 잔을 마시니 정신이 상쾌해졌다. 석 잔 넉 잔을 마시자 전신에서 땀이 흐르고 맑은 바람이 뼛속까지 부는 듯 상쾌하여, 마치 애초에 아무 병도 없었던 사람 같았다. 이로 말미암아 먹고 마시는 것이 점차 나아져서 기운을 차리는 것이 날마다 좋아졌다. 6월이 되자 70리 떨어진 본가로 가서 어머니의 기제사에 참석하기까지 했다. 이때가 청나라 함풍 2년(1852년) 임자년 7월 26일이었다. 이 소식을 들은 이가 놀라고, 본 사람은 나를 가리키곤 했다. 아아! 차는 땅에 있고, 사람은 하늘에 있으니, 하늘과 땅이 감응한 것인가? 약은 형님에게 있고, 병은 아우에게 있었으니, 형제가 감응한 것인가? 어찌 신통한 효험이 이와 같단 말인가? 차로써 어미를 구하고, 차로 써 아우를 살려냈으니, 효제(孝悌)의 도리가 극진하다 하겠다. 아! 안타 깝구나. 병이 그다지 심하지도 않았는데 어찌 틀림없이 죽을 줄로 알았 으며, 정이 그리 두텁지 않았건만 어찌 반드시 살 줄 알았더란 말인가? 평생의 정분이 어떠한지를 알 수 있겠다. 이에 기록하여 뒷날에 구할 수 있는 방법이 있는데도 병을 구하지 못하는 무리에게 보여준다.[1]

보름 가까이 이질을 앓아 사지가 축 늘어지고, 아무것도 먹지 못해 거 의 죽을 지경이었다. 그저 죽는 수밖에 없겠구나 싶었다. 그때 동문의 형제들이 간직해둔 아차를 달여 그에게 마시게 했다. 차를 마시자 금세 약효가 나타났다. 첫 잔에 부글부글 끓던 배가 진정되었다. 두 잔을 마 시자 혼미하던 정신이 상쾌해졌다. 석 잔 넉 잔을 마시니 막혔던 땀구멍 이 뚫리면서 온몸이 땀으로 흠뻑 젖었다. 맑은 바람이 뼛속까지 불어오 는 듯 상쾌했다. 언제 아팠던가 싶을 정도였다. 이때부터 다시 먹고 마 실 수 있게 되어, 얼마 후에는 70리 떨어진 본가로 가서 어머니의 기제 사에 참석할 수 있을 정도였다. 모두들 차의 약효에 놀랐고, 보는 사람 마다 나를 가리키며 차 마시고 병 나은 이야기를 하곤 했다. 차는 무위 스님의 어머니를 거의 죽을 위태로운 상태에서 구해냈고, 이질로 생사 를 넘나들던 각안 스님을 낫게 했다. 그 효용이 얼마나 대단한가?

한편, 이 이야기는 당시 대둔사에서 뜻밖에 차가 그다지 널리 보편화 된 상태가 아니었음을 증언한다. 1830년 초의가 서울로 보림백모 떡차 를 가져가 전다박사의 호칭을 들으며 초의차 신드롬을 일으켰던 것이 23년 전의 일인데도, 당시 33세였던 대둔사 승려 각안은 차의 효능에 대해 전혀 알지 못했다. 무위나 부인 같은 승려들이 비록 차의 약효를 알고는 있었으나, 상음(常飲) 목적이 아닌 약용으로 소량 보관하고 있었다. 또 차를 마시고 병이 나은 것을 보고 사람들이 모두 놀랐다고 한 것을 보면 당시까지만 해도 대둔사에서 차는 일부 승려들이 비상약으로 소량 보관했을 정도이지, 음료로 마실 만큼 일상화된 것은 아니었다.

「차가」의 차론

어쨌거나 이 일을 계기로 각안은 차에 대해 깊은 관심을 갖게 되었던 듯하다. 이후 그는 문집에 차에 관한 시를 적지 않게 남겼다. 그의 대표작인 「차가」를 먼저 읽어본다.

1	책 펴고 오래 앉아 정신이 희미하니	攤書久坐精神小
2	차 생각 간절해져 참기가 어렵구나.	茶情暴發勢難禁
3	우물에 물꽃[水花] 피어 따숩고도 달콤하니²	花發井面溫且甘
4	물 길어 화로 안고 끓는 소리 기다린다.	㪺罐擁爐取湯音
5	일비(一沸) 이비 삼비 되니 맑은 향기 떠오르고	一二三沸淸香浮
6	네다섯 여섯 잔에 땀이 살풋 나는구나.	四五六椀微汗泄
7	육우의 『다경』이 옳은 줄을 알겠으니³	桑苧茶經覺今是
8	노동(盧仝)의 「차가(茶歌)」는 대체를 알았도다.	玉泉茶歌知大體
9	보림사의 작설차는 관청으로 실어가고	寶林禽舌輸營府
10	화개동의 진품은 대궐로 바쳐지네.	花開珍品貢殿陛
11	함평 무안 토산차는 남방의 기화(奇貨)이고	咸務土産南方奇
12	강진 해남 만든 것은 서울까지 알려졌네.	康海製作北京啓
13	마음 찌꺼기 씻어내어 일시에 스러지니	心累消磨一時盡
14	새로운 빛 환히 밝아 반나절이 가뜬하다.	新光淨明半日增

월출산 차밭.

15 졸음은 물러가고 안화(眼花)가 일더니만	睡魔戰退起眼花
16 음식 기운 쑥 내리고 가슴 열려 시원쿠나.	食氣放下開心膺
17 괴론 설사 딱 멈춤은 진작에 경험했고	苦利停除曾經驗
18 감기 낫고 해독되니 더더욱 신통하다.	寒感解毒又通明
19 공자(孔子) 모신 사당에선 참신(參神)하여 잔 올리고	孔夫子廟參神酌
20 부처님 법당서도 공양 올림 정성일세.	釋迦氏堂供養精
21 서석산의 창기차는 부인(富仁) 통해 시험했고[4]	瑞石槍旗因仁試
22 백양사의 작설 조취(鳥嘴) 신(神)을 좇아 기울였지.[5]	白羊舌嘴從神傾
23 덕룡산의 용단차는 절교(絶交)조차 시원하고[6]	德龍龍團絶交闊
24 월출산서 나온 것은 신의(信義) 막힘 일없다네.[7]	月出出來阻信輕
25 초의 스님 옛 거처는 이미 언덕 되었나니[8]	中孚舊居已成丘
26 리봉(離峯) 스님 계시는 산 물 긷기 편안하다.[9]	離峯棲山方安瓶
27 조화를 법대로 함 무위 스님 바로 그요[10]	調和如法無爲室
28 옛 법 따라 잘 보존함 예암(禮庵)의 휘장일세.[11]	穩藏依古禮庵耕
29 좋고 나쁨 따지잖음 남파(南坡)의 성벽(性癖)이요[12]	無論好否南坡癖
30 많고 적음 마다찮음 영호(靈湖)의 뜻일레라.[13]	不讓多寡靈湖情
31 세속을 살펴봐도 차 즐기는 이가 많아	細看流俗嗜者多
32 당송 시절 성현(聖賢)만 못할 것이 하나 없네.	不下唐宋諸聖賢
33 선가의 유풍이야 조주(趙州) 스님 화두거니[14]	禪家遺風趙老話
34 참된 맛을 얻어봄은 제산(霽山) 스님 먼저일세.[15]	見得眞味霽山先
35 만일암 중수(重修) 마쳐 달구경 하던 밤에[16]	挽日工了玩月夜
36 차 올리고 피리 불며 차를 달여 이끌었지.	茗供吹簫煎相牽
37 언질(彦銍)이 납일(臘日)에 소쿠리에 가져오니[17]	正筍彦銍臘日取
38 성학(聖學)은 샘물 길어 태연(太蓮)을 부르누나.[18]	聖學汲泉呼太蓮
39 온갖 병과 갖은 근심 모두 다 스러지매	萬病千愁都消遣

640

40 성정 맡겨 소요함이 부처와 한가질세. 任性逍遙如金仙

41 차 달이며 기록하고 찬송을 하는 동안 經湯譜記及論頌

42 가없이 넓은 하늘 별똥별이 지나간다. 一星燒送無邊天

43 어이 기정(奇正) 힘껏 써서 나와 함께 전해볼꼬.[19]

如何奇正力書與我傳

모두 43구, 303자에 달하는 장시다. 단계별로 차 끓이는 방법과 차의
주요 산지, 차의 효용, 그리고 차를 즐기는 여러 승려들의 이름을 차례
로 풀이한 내용이다. 처음 1-8구는 차 끓이는 방법을 설명했다. 오래 책
을 보니 정신이 희미해져 차 생각이 간절하다. 몽글몽글 솟아나는 새 샘
물이라야 성질이 따뜻하고 달다. 두레박으로 이를 길어 화로에서 끓인
다. 탕음(湯音), 즉 물 끓는 소리를 가려서 일비, 이비, 삼비의 단계를 거
쳐 차를 넣는다. 금세 맑은 향이 퍼진다. 찻잔에 따라 몇 잔을 마시자 전
신에 땀이 배이면서 기분이 상쾌해진다. 7, 8구는 이러한 차 끓이고 마
시는 일에 대한 설명이 육우의 『다경』과 노동의 「차가」에 적힌 것과 꼭
맞는다는 뜻이다.

이어지는 9-12구와 21-24구는 주요한 차 산지를 구체적으로 꼽았다.
보림금설(寶林禽舌)은 보림사의 작설차이고, 화개진품(花開珍品)은 지리
산 화개동 칠불선원의 차다. 함무토산(咸務土產)은 함평과 무안에서 나
는 토산차이고, 강해제작(康海製作)은 강진과 해남에서 만든 차. 서석
창기(瑞石槍旗)는 무등산에서 나는 일창일기 차다. 백양설취(白羊舌嘴)는
백양사의 작설차다. 덕룡용단(德龍龍團)은 덕룡산 불회사의 용단차이고,
월출출래(月出出來)는 월출산 백운동에서 나는 차를 가리킨다. 모두 10
곳의 차 산지를 구체적으로 꼽았다. 차도 창기(槍旗)·금설(禽舌)·설취
(舌嘴)·용단(龍團) 등 다양한 이름으로 불렀다.

13-20구는 차의 효용과 쓰임을 노래했다. 차를 마시면 마음에 답답한
것이 말끔히 가셔지고, 정신이 번쩍 들어 졸음이 가시며, 소화에 도움이
된다고 적었다. 설사도 멈추게 하고 감기를 낫게 하며, 독성을 해독해주
는 다양한 효능이 있다. 이러한 차를 유가에서는 공자의 사당에 다례(茶
禮)를 올리고, 불가에서는 부처님 전에 차 공양을 올린다.

25-38구까지는 차를 즐기는 대둔사 승려의 이름을 하나하나 꼽아, 당
대에 성대하게 퍼진 차 문화의 실상을 증언했다. 중부(中孚: 艸衣)·리봉
(離峯)·무위(無爲)·예암(禮庵)·남파(南坡)·영호(靈湖)·제산(霽
山)·언질(彦銍)·성학(聖學)·태연(太蓮) 등 10명의 이름이 보인다. 모
두 초의 이후 그 법맥을 이은 제자들이다. 리봉이 초의를 이었고, 무위
는 차의 조화(調和)를 법도에 맞게 끓여내는 데 특별한 역량이 있었다.
예암은 예전 방법대로 차를 잘 보관할 줄 알았다. 남파는 좋고 나쁜 것
을 가리지 않고 차를 즐겼고, 영호는 많으면 많은 대로, 적으면 적은 대
로 차와 늘 함께하는 생활을 영위했다. 뿐만 아니라, 이러한 승려들의
영향으로 세속의 인사 중 차를 즐기는 이들이 당송 제현들만큼이나 늘
어났다고 했다. 제산은 차의 진미(眞味)를 즐길 줄 알았고, 언질이 납일
에 따서 덖은 찻잎을 성학(聖學)이 끓여내어 태연(太蓮)을 불러 함께 마
시는 성황을 이어서 노래했다. 차는 만병천수(萬病千愁), 즉 온갖 질병과
갖은 시름을 다 걷어가고, 성품에 따라 소요하게 만든다. 경탕(經湯), 곧
차를 끓이는 동안 기록을 하고 찬송을 한다. 문득 하늘을 올려다보면 유
성 하나가 꼬리를 태우며 가없는 하늘가로 지나간다. 그저 두면 밤하늘
에 잠시 명멸했던 별똥별처럼 스러질 이러한 기록들을 모두 꼼꼼히 적
어서 길이 세상에 전하겠노라는 다짐으로 시를 마무리했다. 조선 후기
차 문화사의 생생한 현장을 증언한 대단히 중요한 작품이다.

초의차에 대한 증언과 그 밖의 차시

이 밖에도 각안의 문집에는 적지 않은 차시가 실려 있다. 특히 그의 「초의차」는 초의가 만든 차에 대해 구체적으로 증언한 중요한 기록이다.

곡우에 이제 갓 날이 개어도	穀雨初晴日
노란 싹 잎은 아직 펴지 않았네.	黃芽葉未開
빈 솥에 세심하게 잘 볶아내어	空鐺精炒細
밀실에서 아주 잘 말리었구나.	密室好乾來
잣나무 그릇 방원(方圓)으로 찍어내어서	栢斗方圓印
대껍질로 마르재어 포장한다네.	竹皮苞裏裁
잘 간수해 바깥 기운 단단히 막아	嚴藏防外氣
한 사발에 향기 가득 떠도는구나.	一椀滿香回

곡우 전 미처 잎이 펴지지 않은 일창일기만을 가려 따서 돌솥에서 세심하게 잘 볶아낸다. 이를 밀실에서 잘 건조해, 바싹 마른 뒤에 빻아 돌샘물로 반죽해서 잣나무 틀에 넣어 네모지게 혹은 둥근 모양으로 찍어낸다. 건조 후 틀에서 떼어낸 차는 대나무 껍질로 싸서 포장한다. 외부의 습기가 스며들지 않도록 잘 감싸서 건조한 곳에 보관해두고, 이를 꺼내 끓여 마시면 한 잔 차에 맑은 향기가 온통 가득 감돈다고 했다.

이 시는 1878년에 지은 작품인데, 초의가 세상을 뜬 지 12년이 지난 시점이다. 그는 1852년 자신이 직접 차의 약효를 체험한 이후, 초의차에 대해 각별한 관심을 가졌던 듯, 제다 과정을 비교적 상세히 설명했다. 위 시는 초의차가 떡차임을 증언하고, 잣나무 틀에 넣어 여러 모양으로 만들었으며, 대나무 껍질을 이용해서 포장하고 보관한 내용까지

명나라 구영(仇英)의 「동림도(東林圖)」(부분). 차 화로에 차를 달이는 동자의 모습이 보인다.

상세하게 적었다.

다음 「다구명(茶具銘)」에서도 자신의 차 생활을 담백하게 노래했다.

생애도 청한(淸閒)해라	生涯淸閒
몇 말의 차 싹일세.	數斗茶芽
힘들게 화로 안쳐	設苦竈爐
문무(文武) 불을 피워낸다.	載文武火
오지 차관 오른편에	瓦罐列右
화자잔(花瓷盞)은 왼편에.	瓷盌在左
오직 차만 힘 쏟으니	惟茶是務
무슨 물건 날 꼬이리.	何物誘我

몇 말 차 싹을 동무 삼아 건너가는 청한한 삶을 노래했다. 한쪽 귀가 떨어져나간 낡은 화로를 어렵게 꺼내, 숯불을 피워 문화와 무화를 조절한다. 오지로 만든 차관과 도자기로 구운 찻잔을 양편에 벌여놓고, 차 마시는 일에만 몰두한다. 그 밖에 어떤 물건이 다시 내 마음을 유혹할 수 있겠는가?

「김금사에게 화답함(和金錦史)」이란 작품을 읽어보자.

요사한 마귀 틈을 타서 온 산이 텅 비었고	妖魔間闖一山空
돌 길은 황량해라 오래도록 막히었네.	石徑荒凉久不通
평상 쓸어 얼굴 뵙자 긴 날이 외려 짧고	掃榻承顏長日短
무릎 맞대 차 끓이니 작은 방이 드넓구나.	煎茶促膝小房洪
뜬 숲의 따순 기운 무심히 푸르고	浮林暖氣無心碧
두둑 가득 핀 꽃들은 뜻있는 듯 붉도다.	滿塢花情有意紅

645

시경(詩境)과 담헌(談軒)을 둘 다 갖춰 넉넉하니   詩境談軒雙具足

만남만은 못하지만 안타까움 같으리라.   逢場不似恨應同

김금사란 이에게 화답한 글이다. 작은 방에서 무릎을 맞대고 차를 달이며 시 짓고 담소하며 하루를 보냈으면 하는 바람을 담았다. 차를 끓이니 좁은 방이 문득 휑하니 커 보인다는 말이 인상적이다.

「김구암을 전송하며(送金構庵)」란 작품의 3, 4구에서는 "차 달이며 기다리니 맑은 바람 일어나고, 책을 펴자 괴론 비도 까맣게 잊는다네.(煎茶佇待淸風起, 開卷渾忘苦雨連)"라고 노래했다. 또 「운포 이사백의 시에 차운하다(次雲圃李詞伯韻)」의 3, 4구에서는 "달 뜬 누각 자리 옮기니 숲엔 초록 넘쳐나고, 차 마시는 화원에는 찻잔에 붉음 떠오른다.(移席月樓林漲綠, 喫茶花苑椀浮紅)"고 노래했다. 당시 마신 차가 발효된 떡차였음을 짐작케 한다.

다음은 「쾌년각에 제하다(題快年閣)」란 작품이다.

절집을 새로 열어 산머리를 진압하니   新開法宇鎭崗頭

용과 범이 서린 곳에 온갖 골이 흘러든다.   虎踞龍盤百谷流

천 년의 옛 절에는 회운(回運)이 길하고   古寺千年回運吉

남은 중의 바리때로 거처가 그윽하다.   殘僧一鉢卜居幽

맑은 바람 건들 불자 동차(東茶)가 일어나고 清風吹起東茶興

좋은 새 지저귀니 공연한 말 근심겹다.   好鳥噪分謾語愁

힘을 쏟아 공을 이룬 비보(裨補)의 땅에서   竭力成功裨補地

물과 불 그저 꺼서 마음 편히 노닐리라.   虛消水火等閒遊

쾌년각은 대흥사 경내의 건물 이름으로 초의가 입적한 공간이기도 하다. 새로 건물을 짓고서 쓴 시인데, 5구에서 맑은 바람이 일어나자 '동차'가 일어났다고 한 말이 흥미롭다. 초의의 『동다송』으로 비롯된 다풍의 진작이 이 공간에서 일어났음을 염두에 둔 표현이다.

이상 살펴본 시 외에도 각안은 10여 수의 차시를 더 남겼다. 「북암을 찾아(訪北庵)」의 7, 8구에서는 오랜만에 찾은 북암에서 "나이 들자 인정이 중해짐 탄식하다가, 땀 닦으며 찾아와 함께 차를 마시네.(堪嗟年邁人情重, 掩汗尋來共喫茶)"라고 차가 주는 위안을 노래했고, 「차태연(次泰演)」의 1, 2구에서는 "공문(空門)에 한 번 들어 시비를 끊었거니, 다방(茶坊)과 강사(講肆)에는 나무람 아예 없네.(一入空門斷是非, 茶坊講肆了無譏)"라고 적었다. 「조행탄과 윤백은의 월야운에 화답하다(和趙杏綻尹白隱月夜韻)」의 1, 2구는 "차 마시고 고담(古談)하니 흰 달이 떠오르고, 골짜기 바라보자 흰 구름 깔려 있다.(茶罷古談皓月生, 洞天一望白雲平)"고 생활 속에 깊이 깃든 차를 노래했다.

만년에 지은 차시 한 수를 읽으며 글을 맺는다. 「무자년 봄에 다시 보련각에 들어(再入寶運閣戊子春)」는 67세인 1888년에 지었다.

보련각에 다시금 들어서려니	再入寶運閣
열아홉 번 봄날이 지나갔구나.	騁過十九春
세월은 변함없이 그대로인데	光陰依舊在
물색은 이제 와서 티끌 되었네.	物色到今塵
대나무는 사람 맞아 기뻐하건만	竹樹迎人喜
향등(香燈)은 늙은이 보며 낯 찌푸린다.	香燈見老嚬
차 화로 온돌에 앉았노라니	茶爐溫堗坐
그 누가 내 살림 가난타 하리.	誰謂我家貧

역시 19년 만에 보련각을 찾았다가 온돌방에 차 화로를 앞에 놓고 무상한 감회에 젖어 노래한 내용이다. 이렇듯 차로 죽을병에서 소생한 이래로 만년까지 차는 그와 늘 함께했던 벗이었다. 「범해선사행장」에는 마지막 「임종게」를 소개한 후 "인하여 목욕하고 옷을 갈아입고 차를 마시면서 이야기를 나누기를 평소처럼 밤새도록 염불하다가 6일 새벽에 앉아서 세상을 떠나셨다."고 적고 있다.[20] 그는 죽음의 자리에서도 차와 함께하다가 홀쩍 떠났던 것이다.

조선 후기 차 문화사의 전망과 과제

지금까지 조선 후기 차 문화의 흐름을 살펴보았다. 쓰려고 준비만 해놓고 미처 다루지 못한 주제도 적지 않다. 처음 글을 시작할 때만 해도 대여섯 차례 쓰고 말 작정이었는데, 하루가 멀다 하고 쏟아져 나오는 자료에 치어 즐겁고 괴로운 비명을 멈추기 어려웠다. 자료는 없었던 것이 아니라 우리가 몰랐던 것뿐이었다.

특히 이 시기 차와 함께 고조된 물에 대한 관심을 다루지 못했다. 각지의 샘물과 그 물맛에 관한 논의도 자못 활발했다. 그 밖에 이 책에서 구해두고도 미처 소개하지 못한 차 관련 자료들이 여럿 있다. 달리 소개할 기회가 있을 것이다.

작업을 진행하는 과정에서 자료 때문에 애를 참 많이 먹었다. 거듭된 공개 요청에도 외면하는 시선은 참 서운했다. 새 자료가 나오면 모두 공개해서 함께 공유하겠다는 원칙을 집필 내내 지켰다. 인터넷 세상에서 자료는 더 이상 경쟁거리가 못 된다. 관점과 해석의 논리로 경쟁해야 함이 마땅하다. 별스럽게 자료를 꽁꽁 숨겨놓고, 그래야 대단한 권위라도 생기는 양하는 모습과 만날 때는 차라리 연민을 느꼈다.

처음『동다기』를 소개했을 때도 그랬고, 추사의「명선」과 관련된 자료를 발표했을 때도 그랬다. 발표한 글을 채 읽지 않은 상태에서 신문 기사만 보고 흠집을 내는 글들이 잇달아 나왔다. 섣부른 단정이라거나 함부로 논하지 말라는 비방 앞에 안타까운 마음이 들었다. 자료를 공유할 줄 모르는 집착, 남의 글을 제대로 읽어보지도 않고 흠집부터 내려드는 교만, 다른 사람이 애써 해놓은 것을 굳이 무시하는 독선, 내가 꼭 최초이고 최고여야 한다는 아집에다가, 직접 찾아볼 생각은 없이 남이 해놓은 작업에 적당히 편승하는 영악함까지. 이런 태도들이 우리 차 문화의 전망을 흐리는 한 폐단이라고 지적하고 싶다.

무엇보다 차학을 전공하는 전문인의 양성이 시급하다. 그러자면 차에 대한 이해뿐 아니라 원문 해독 능력을 갖추어야 한다. 차를 알면 한문을 모르고, 한문을 알면 차를 모르니, 어느 한쪽에서 꼭 문제가 생긴다. 초창기 차 문화사를 연구했던 1세대 학자들의 저술에서는 말할 수 없는 열정이 느껴진다. 우리 것을 지켜 발전시키려는 정성에 절로 고개가 숙여진다. 하지만 찬찬히 그 내용을 살펴보면 학술적으로는 적지 않은 문제가 있었다. 첫 단추를 잘못 끼운 오류가 수십 년을 반복되며 누적되어가는 경우가 한두 가지가 아니었다.

대표적 차 고전이라 할『동다송』은 각 구절 밑에 해당 전거를 각주로 달아놓았다. 이것을 단락 표시로 착각하면서 17송이니 31송이니 하는 이상한 분절법이 생겨났다. 고작 40여 구에 불과한 한 편의 시를 수십 토막으로 잘라 읽는 독법이 지금도 바른 방법인 양 행세하고, 아예 토막을 쳐서 비석에 새기기까지 한다. 창피한 노릇이다. 이 간단한 상식조차 바로잡기가 쉽지 않다.

흔히 다산의 말로 즐겨 인용되는 "차 마시는 민족은 흥하고, 술 마시는 민족은 망한다."는 음다흥국론 같은 것은 다산이 한 번도 한 적이 없는 말이다. 어디서 갑자기 튀어나왔는지도 모를 얘기가 오늘도 신화처럼 떠돈다. 초의가 백운동에 갔다가 거기서 백학령(白鶴翎)이란 신품종의 국화를 보고 쓴 시가 있다. 그런데 첫 번역에서 이 백학령이 국화 품종의 이름인 것을 모르고 백학이 난다고 해석했다. 그래서 다음에 실린 "그중의 한 그루를 나눠 화분에 심고"라는 시가 느닷없이 "차나무 한 그루를 화분에 심고"로 둔갑해버렸다. 나중에 이 시는 한국의 차시 속에 버젓이 포함되었다. 차나무를 화분에도 심는가? 여태껏 10여 종 『초의 시집』의 번역이 나왔어도 이 오류는 전혀 고쳐질 기미가 보이지 않는다.

『동다기』에 '구방지상마(九方之相馬)'란 말이 나온다. 중국 고대에 천리마를 잘 알아보던 구방고란 사람이 말을 관상 보듯이, 차의 맛을 잘 감별해낸다는 뜻으로 쓴 말이다. 정작 차 문화 강의 교재에는 "아홉 방향으로 서로 말을 타고"로 풀이되어 있다. 그 아래 해설을 보면 더 우습다. 이런 식의 오역과 오류의 답습은 한두 가지가 아니다.

다도 예절에 관한 논의는 무성하고, 하루가 다르게 새로운 다법이 개발되곤 한다. 차 잡지에 실리는 찻자리 퍼포먼스를 보면 야단스러워 우습기까지 할 때가 많다. 보여주기 위한 공연에 그칠 뿐 삶 속에 뿌리내리지는 못하는 눈치다. 차는 이제 근사한 다실을 꾸며 값비싼 다기를 늘어놓고 갖은 격식을 다 갖추어야 할 수 있는 호사 취미가 되었다. 차를 마시고 향을 사르며 인생의 정취를 음미했던 선인들의 정신은 까마득히 잊혀진 기억 저편의 일이 되고 말았다. 이제라도 되살려야 하지 않겠는가?

무엇보다 조선 시대에서 오늘로 이어지는 차 문화사의 전망과 정신사적 맥락을 수립하는 문제가 시급하다. 초의 이후 모처럼 중흥을 맞이했던 우리 차 문화는 초의가 세상을 뜨자 다시 잊혀진 문화가 되었다. 일제강점기에 이한영 같은 이가 차를 만들어 팔기도 했으나, 일본인들이 차를 상품화하는 것을 보고 따라 한 것이지, 우리 차 문화에 대한 투철한 인식이 있었던 것은 아니다. 해방 이후 다도는 일본 다도의 흉내요 이식이었을 뿐이다. 처음엔 그렇게 시작했더라도, 우리의 차 문화가 오롯한데 저들의 뒷꽁무니만 따라다닌 데서야 될 법한 일이겠는가? 우리도 중국처럼 우리 차 문화를 종합하는 전망을 수립할 때가 되었다. 자료를 집성해서 묵직한 자료집으로 간행하고, 차 문화사의 전체적 전망을 세우는 작업을 좀 더 정치하게 진행해야 할 때가 되었다. 이 책에서는 그간 논의된 적이 없는 자료들을 가능한 한 많이 제시하려고 노력했다. 앞선 시기의 자취도 찬찬히 찾아본다면 더 많은 자료가 계속해서 더 나올 것을 의심치 않는다. 이번은 조선 후기에 그쳤지만, 한국의 차 문화사로 관심을 차츰 확대해볼 작정이다.

부록

1743년(계해) 봄, 이덕리가 16세 때 상고당(尙古堂) 김광수(金光遂, 1699-1770)의 집에 들러 처음으로 차를 맛보다.(『동다기』)

1754년(갑술) 10월 3일. 이운해가 부안현감으로 부임하다.(『부풍향차보』)

1755년(을해) 10월-12월. 이운해가 고창 선운사의 차를 채취해 와 7종 향차(香茶)를 만들고, 『부풍향차보』를 짓다.

1756년(병자) 10월 9일. 부안현감 이운해가 장령 벼슬을 받아 서울로 올라오다.

1757년(정축) 6월 26일. 황윤석이 자신의 『이재난고』에 이운해의 『부풍향차보』를 옮겨 적다.

1758년(무인) 완호(玩虎) 윤우(倫佑, 1758-1826)가 출생하다.

1760년(경진) 중국 배가 차를 가득 싣고 전라도 해안에 표류하여, 그 배에서 나온 차가 조선에 유통되다. 향후 10년간 온 나라가 이 차를 마셨다.(『부풍향차보』, 『북학의』)

1762년(임오) 6월 16일 다산 정약용이 출생하다.

1769년(기축) 8월 11일 신위(申緯, 1769-1847)가 출생하다.

1772년(임진) 아암(兒菴) 혜장(惠藏, 1772-1811)이 출생하다.

1776년(병신) 4월. 이덕리가 역모죄에 걸려 진도로 귀양 오다.
5월 14일. 황윤석이 『이재난고』의 『부풍향차보』 조목 끝에 이운해에 대한 추가 기록을 남기다.

1778년(무술) 호의(縞衣) 시오(始悟, 1778-1868)가 출생하다.

1782년(임인) 봄, 다산이 「춘일체천잡시(春日棣泉雜詩)」를 짓다. 백아곡에서 난 햇차를 선물 받고, 창동의 체천 샘물을 길어 차를 달여 마시는 내용을 담았다.

1783년(계묘) 권돈인(權敦仁, 1783-1859)이 출생하다.
정학연(丁學淵, 1783-1859)이 출생하다.

1785년(을사) 이해를 전후하여 이덕리(李德履), 『동다기(東茶記)』, 일명 『기다(記茶)』를
저술하다.(1743년 봄 상고당 김광수의 집에서 차를 마신 뒤로 40여 년이 흘렀
다고 한 기록에 따름.)

1786년(병오) 추사(秋史) 김정희(金正喜, 1786-1856)가 출생하다.
초의(草衣) 의순(意恂, 1786-1866)이 출생하다.
정학유(丁學游, 1786-1855)가 출생하다.

1788년(무신) 이규경(李圭景, 1788-?)이 출생하다.
황상(黃裳, 1788-1870)이 출생하다.

1793년(계축) 1월 초, 이덕리가 『상두지(桑土志)』를 완성하고 서문을 쓰다.
홍현주(洪顯周, 1793-1865)가 출생하다.

1801년(신유) 11월 5일, 다산 출옥 후 강진으로 귀양 오다.

1804년(갑자) 이상적(李尙迪, 1804-1865)이 출생하다.

1805년(을축) 봄, 정학연 「서회(書懷)」와 「전다(煎茶)」 등의 차시를 지어 자신의 차 생
활을 노래하다.
4월 17일, 다산 「사월십칠일유백련사(四月十七日遊白蓮寺)」를 짓다.
4월, 다산 「증혜장상인(贈惠藏上人)」, 「차운기혜장(次韻寄惠藏)」과 혜장
에게 차를 청하는 「기증혜장상인걸명(寄贈惠藏上人乞茗)」을 짓다. 혜장
에게 차를 요구하는 시와 색성이 차를 보내준 데 대해 감사하는 내용
의 시를 짓다.
5월, 다산이 혜장을 위해 「산거잡흥(山居雜興)」 20수를 짓다. 겨울, 다
산이 혜장에게 「걸명소(乞茗疏)」를 써서 보내다.

1808년(무진) 정학연, 「차관(茶罐)」 시를 짓다. 연행 인편에 선물로 받은 중국제 차관
에 차를 끓이는 운치를 노래했다.

1809년(기사)　초의가 다산을 처음 찾아와 인사하다.

봄, 다산이 백련사로 두어 차례 놀러 가다.

봄, 다산이 초당 주변을 대대적으로 정비하는 작업에 착수하다. 초봄
에 시작한 공사가 윤규노·윤규은(尹奎殷) 형제의 도움을 받아 여름 직
전에 완공되었다. 이 감격을 노래한 80운의 장시를 짓다. 이때 9단의
채마밭을 만들고 연못을 확장하여 꽃나무를 심고, 바위를 쌓아 가산을
만들고, 물길을 이리저리 돌려 샘물이 그 구멍을 통해 흐르게 했다.

6월, 다산이 「만일암실적(挽日菴實蹟)」을 쓰다.

소치(小癡) 허련(許鍊, 1809–1892)이 출생하다.

1810년(경오)　12월 4일, 다산이 장흥 정수칠에게 차를 너무 많이 마시지 말라는 내
용의 편지를 보내다.

세모, 다산이 장흥 정수칠에게 차를 보내주면서 차가 원기를 손상시키
므로 절대로 많이 마시면 안 된다는 내용의 편지를 보내다.

1812년(임신)　9월 12일, 다산이 제자 윤동, 초의와 함께 월출산 백운동에 놀러가 백
운동의 풍광을 13수의 시로 노래하다. 이때 지은 시가 『백운첩』에 남
아 있다. 앞뒤로 초의가 그린 「백운동도」와 「다산도」가 실려 있다.

1813년(계유)　8월 5일, 다산 「금의수상첩(錦衣繡裳帖)」을 쓰다.

가을, 다산 「제만일암지(題挽日菴志)」를 짓고 쓰다.

10월 19일, 다산이 초의에게 「시의순독서법(示意洵讀書法)」을 써주다.

1814년(갑술)　이유원(李裕元, 1814–1888)이 출생하다.

3월 4일, 문산(文山) 이재의(李載毅)가 다산 동암(東菴)으로 다산을 찾아
와 시를 창수하며 노닐다 가다. 두 사람이 친필로 쓴 『이산창화첩(二山
唱和帖)』이 남아 있다. 차와 관련된 내용의 시 3수가 실려 있다.

3월 25일, 문산 이재의와 함께 「다산십이승(茶山十二勝)」에 화운하여
『상심락사첩(賞心樂事帖)』을 만들다.

1815년(을해)　3월 10일, 다산이 호의에게 떡차 10덩이를 보내는 내용의 편지를 쓰
다. 다산이 당시 차를 생산하고 있었음을 알 수 있다.

겨울, 추사와 초의가 처음 대면하다. 초의의 회상은 이렇다. "옛날 을
해년(1815년)에 나는 해붕 노화상을 모시고 수락산 학림암에서 겨울을
지내게 되었는데 어느 날 완당이 눈길을 헤치고 찾아와 해붕노사와 공

각의 소생을 논하였다. 잠을 자고 돌아갈 때 해붕대사가 두루마리에 선
게를 한 수 지었다." 이 밖에 초의가 추사에게 보낸 편지가 남아 있다.

1816년(병자)   10월 4일, 다산이 청산도에서 다산(茶山) 송풍암(松風菴)으로 자신을 찾
아온 정씨 노인을 만나 「서증청산노인(書贈靑山老人)」을 지어주다.
12월 16일, 다산이 우이도로 떡차 50개를 보내는 내용의 편지를 쓰다.

1817년(정축)   12월 3일, 다산이 백운동에 사는 이시헌의 부친 이덕휘에게 보내준 물
건에 대해 감사하는 편지를 보내다.

1818년(무인)   3월 8일, 다산이 초의가 소장한 『석옥시첩(石屋詩帖)』에 제사(題辭)를 짓
고, 석옥과 자신과 초의의 차운시를 나란히 적다.
7월 16일, 아암의 문인 철경(擎鯨)이 석옥화상의 「산거잡영」시에 차운
한 6인의 시집 『육로산거영(六老山居詠)』을 엮고, 서문 「석옥선사율시
봉화서(石屋禪師律詩奉和序)」를 짓다.
8월 그믐, 다산이 제자들과 더불어 차에 관한 일을 말한 「다신계절목
(茶信契節目)」을 작성하다.
8월 18일, 다산이 해배 통보를 받고 9월에 두릉으로 돌아가다.

1820년(경진)   범해 각안이 출생하다.
완당 35세시, 금호(琴湖)의 경주김씨 별장에서 김경연, 김유근, 김재
원, 초의와 함께 만나 시회를 열었다.

1823년(계미)   4월, 다산이 서울로 찾아온 금계와 기숙에게 「다산제생서(茶山諸生書)」
를 써주다. 이른 차를 땄느냐는 질문이 나온다.
초의가 두륜산 금강곡 절벽 아래 띠집을 얽다.

1826년(병술)   완호가 입적하다.

1827년(정해)   봄, 신헌이 벗 변길(邊佶)이 보내온 차 7근을 받고 답례로 「사중유혜차
(謝仲猶惠茶)」를 짓다.

1828년(무자)   12월 12일, 다산이 황상에게 안부 편지를 보내 그리운 뜻을 전하다.

1829년(기축)   초의가 새로 도암(道菴)을 마련하다.

1830년(경인)　초의가 전해에 지은 도암을 새로 정비해 일지암의 현판을 달다.

3월 15일, 다산이 강진의 이시헌에게 차를 보내달라는 편지를 보내다. 떡차 만드는 방법이 상세히 설명되어 있다.

초의, 지리산 칠불선원에서 「다신전」을 초록하다.

11월 초, 초의가 스승 완호의 「삼여탑명」을 홍현주에게 받기 위해 취련(醉蓮)과 함께 상경하여, 다산과 추사를 방문하다. 이때 초의는 추사의 강권에 따라 용호(蓉湖)에 한동안 머물렀다.

11월 초, 초의가 「증교(證交)」시를 지어 박영보와 교제를 청하자 박영보가 즉각 화답하여 회면하다. 이때 초의가 꿈에서 자하를 만난 이야기를 해주므로 박영보가 「몽하편(夢霞篇)」을 지어 초의와 자하에게 보여주다.

11월 15일, 박영보가 초의에게 「남차병서(南茶幷序)」시를 써서 보내다. "남차는 호남과 영남 사이에서 생산되는 차이다. 초의선사가 그곳에서 운유하면서 다산과 추사와 문자로 교유했는데 경인년(1830) 겨울에 서울을 방문했을 때 손수 만든 차 한 포를 예물로 이산중이 얻어서 나에게 주었다. 차는 관인의 금루옥대와 같다. 나 또한 그러하다. 맑은 자리에서 한 잔 마시고 장편시 20운을 지어 선사께 보내니 혜안으로 바로잡고 겸하여 화답시를 구한다."

초의와 자하도 이때 처음으로 만나다. 자하는 초의를 위해 박영보의 시에 차운하여 「남차」시를 지어주었다.

11월 17일, 초의가 유산 형제 등 몇 사람과 함께 눈보라 속에 수종사로 놀러 가서 운길산방에서 눈 속에 머물며 노닐다. 이때 「수종시유첩(水鍾詩遊帖)」이 이루어지다(신헌(申櫶)의 『신대장군집(申大將軍集)』에 수록됨). 다산의 발문과 홍현주, 박영보, 이만용 등의 발문 및 제사(題辭)가 함께 수록되어 있다.

12월, 신위, 「원몽사편(圓夢四篇) 병서(幷序)」를 지어 초의에게 주다. 이때 「몽하편」에도 차운하여 시를 지어주다.

겨울, 초의가 해거도인 홍현주를 만나 「삼여탑명」을 청하다.

1831년(신묘)　1월 중순, 초의가 홍현주 등과 청량산방에서 시회를 갖다. 시회에는 두 사람 외에 윤경당, 정학연, 약인(約人), 저원(樗園) 등이 참석하다. 당시 초의는 금파(錦波)의 방에서 유숙하며 시를 몇 수 지었다.

2월 8일, 자하 신위가 초파일이 4월 8일이 아니라 2월 8일이 맞다는 취지로 장시를 쓰자, 초의가 이에 화운하는 시를 짓다.

봄, 초의가 신위가 박영보에게 준 시에 차운하자, 신위가 다시 차운하

여 시를 써주다. 이때 초의가 떡차 4개를 보냈는데, 직접 만든 보림백
모차였으므로 시에서 이에 대해 언급하다.

4월, 초의가 하전(夏篆) 김익정(金益鼎)과 용문산에 놀러 가다. 민화산
(閔華山)도 동행하다. 이때 노정 중에 「노탄모박(蘆灘暮泊)」, 「조과사천
(早過斜川)」, 「오입사나사(午入舍那寺)」, 「상숙수월암(上宿水月菴)」, 「등가
섭봉(登迦葉峰)」, 「윤필암(潤筆菴)」, 「모저상원(暮抵上院)」, 「지용문사(至龍
門寺)」 등의 시를 짓다.

4월, 초의가 능산(綾山) 구행원(具行遠)의 수연에 참여하여 시를 짓다.

4월, 초의가 이재의, 구행원과 함께 용호(蓉湖) 김매순(金邁淳) 직각(直
閣)의 집에서 모이다.

5월, 두릉(杜陵)으로 이동번(李東樊)이 배를 타고 와서 초의, 정학연 등과
시를 지으며 노닐다. 이때 함께 석호정(石湖亭)을 유람하며 시를 짓다.

여름, 초의가 초계(苕溪)에서 청허(淸虛) 영환(靈幻) 및 열상시사(洌上詩
社)의 여러 사백과 시회를 갖다. 서원(西園)에서 제공과 더불어 아집(雅
集)을 갖다.

8월 6일, 정학연이 호의가 보내준 차에 감사하는 편지를 보내다.(『유산
일문첩』 제3신.)

8월, 초의가 북선원으로 자하 신위를 배알하다.

8월, 초의가 금령과 헤어지며 「차운유별금령(次韻留別錦舲)」을 짓다.

8월, 초의가 어산장(漁山庄)으로 돌아와 하전 김익정과 유별하다.

1834년(갑오)   가을, 초의가 철선, 만휴, 취련 등과 함께 금강산 여행을 위해 상경하
다. 산천 김명희와 불등에 걸고 약속한 일이었는데, 김명희가 병이 심
해 산행을 하지 못한 채 그저 귀향하였다. 돌아오는 길에 초의는 금강
가 보운산(寶雲山)으로 금령 박영보를 찾아가 문상하였다.

가을, 귀향하는 철선에게 다산이 증언첩(일민미술관)을 써서 선물하다.

신헌이 「팽차(烹茶)」를 짓다.

1835년(을미)   2월 20일, 추사가 초의에게 안부 편지를 보내다. 이 시기 편지에는 차에
관한 내용은 보이지 않는다.(『벽해타운』 제16신, 『완당전집』 「여초의」 5)

12월 5일, 추사가 초의에게 안부 편지를 보내다.(『벽해타운』, 『완당전집』
「여초의」 6)

1836년(병신)   2월 5일, 추사가 초의에게 안부 편지를 보내다.(『벽해타운』, 『완당전집』
「여초의」 7)

2월 22일, 다산이 서거하다.

1837년(정유) 여름, 초의가 해거 홍현주의 요청에 부응하여 『동다송』을 짓다. 「상해
거도인(上海居道人)」을 올려 전후 경과를 설명하다.
여름, 변지화가 초의에게 편지를 보내, 서울로 올려 보낸 「동다행」에
오자가 많다며 개정을 요청하다.

1838년(무술) 봄, 초의가 수홍(秀洪)과 함께 금강산을 유람하고 서울로 돌아와 마장
병사로 홍현주를 방문하다. 이때 초의가 자신이 지은 「유금강산시」를
보여주자, 홍현주가 화답하여 시를 짓다.
4월, 초의가 자하에게 차를 선물하며 스승 완호(玩虎)의 사리탑기를 청
하다.
4월, 자하가 초의 차의 맛이 너무 심심하다면서 학원차(壑源茶)와 섞어
마시며 그 내용을 시로 짓다.
4월 8일, 추사가 초의의 차를 받고 감사의 답장을 쓰다. 차 맛이 너무
강해 정기가 삭는 느낌이니 화후를 잘 조절할 것을 당부하는 내용을
담다. (『완당전집』 2-172)
윤 4월 24일, 정학유가 호의에게 두륜진품(頭輪眞品)을 보내준 데 대해
감사하는 편지를 보내고, 답례로 차호(茶壺)를 선물하다. (『유산일문첩』)
유두일, 초의가 금선암(金仙庵)에서 독서하던 이시헌을 만나 대화를 주
고 받다. 『자이집(自怡集)』 권중(卷中)에 「증초의대사소서병오고(贈艸衣
大師小序並五古)」가 그 시다.
가을, 신헌이 「추려삼십수(楸廬三十首)」 연작을 짓다. 이 가운데 제24수
에 중국차를 마신 감회를 노래한 내용이 나온다.
9월, 신위가 북청에서 동정수의 물맛을 보고 「동정수」 2수를 짓다.

1839년(기해) 1월 9일, 추사가 초의에게 안부 편지를 보내다. (『벽해타운』, 『완당전집』
「여초의」 14)
가을, 초의가 백운동을 다시 찾아 그곳에 심겨 있던 백학령이란 국화
를 보고 시를 짓고, 한 그루를 나눠 받아 또 시를 짓다.

1840년(경자) 9월 20일, 추사가 제주도로 유배 가는 길에 일지암으로 초의를 방문하
여, 밤새 차를 마시며 대화하다.
9월 23일, 초의가 추사를 전송하며 「제주화북진도(濟州華北津圖)」를 그
려주다.

12월 26일, 추사가 초의가 보낸 장(醬)을 받고 사례하는 편지를 보내다.(『벽해타운』, 『완당전집』「여초의」 15)

1841년(신축)   8월 20일, 정학연이 호의에게 차를 부탁하는 편지를 보내다.(『유산일문첩』 제10신)

1842년(임인)   1월 11일, 정학유가 호의와 안익(安益)에게 차 보내준 것을 감사하는 편지를 보내다.(『유산일문첩』 제14신)
1월 12일, 정학연이 호의의 차를 받고 크게 기뻐 감사의 편지를 보내다.(『유산일문첩』 제13신)
3월 3일, 추사가 초의에게 편지를 보내다.(『벽해타운』, 『완당전집』「여초의」 16)
10월 6일, 추사가 초의의 차를 받고 사례하는 편지를 보내다.(『벽해타운』, 『완당전집』「여초의」 17)

1843년(계묘)   6월 13일, 정학연이 호의에게 차를 받고 감사의 편지를 보내다.
6월 14일, 정학유가 호의에게 차를 받고 감사의 편지를 보내다.
6월 15일, 정대림이 호의와 안익에게 차에 대해 감사하는 편지를 보내다.
윤 7월 2일, 추사가 초의의 안부와 허소치의 그림 공부에 대한 내용을 담아 편지를 보내다.(『벽해타운』, 『완당전집』「여초의」 18)
8월 9일, 추사가 초의가 보내준 벽돌차(茶甎)을 받고 감사하는 편지를 보내다.(『벽해타운』)
10월 10일, 추사가 초의에게 보내준 물건에 대해 사례하는 편지를 보내다.(『벽해타운』, 『완당전집』「여초의」 19)
11월 15일, 신헌이 전라우수사가 되어 해남에 내려오다. 신헌은 「증초의순공(贈草衣洵公)」과 「증초의상인(贈草衣上人)」 등의 작품을 지어 초의에게 인사를 건넸다. 초의는 답례로 수제차 2, 3봉지를 선물했다.

1844년(갑진)   1월 22일, 추사가 초의에게 신년 인사 편지를 보내다.(『벽해타운』, 『완당전집』「여초의」 21)
5월 15일, 추사가 제주에서 초의에게 차를 보내줄 것을 청하는 편지를 보내다.(『벽해타운』 제12신) 이를 전후하여 추사는 잇달아 초의에게 편지를 보내, 무더위에는 차를 보내지 말고, 보낼 때는 항아리에 담아 밀봉해서 보내줄 것을 요청했다.

10월 6일, 추사가 초의에게 안부 편지를 보내다.(『벽해타운』, 『완당전집』 「여초의」 20)

1845년(을사) 봄, 신헌이 대둔사로 초의를 찾아가 「춘유두륜(春遊頭輪)」과 「초암제증 초사(草庵題贈草師)」를 지어주다. 초의도 이 시에 화답하여 10수의 시를 지었다.
가을, 정학연이 초의에게 시를 보내고, 초의가 이에 화답하다.

1847년(정미) 유두일. 추사가 초의의 차떡을 다 먹고 나서 더 보내달라는 편지를 쓰다.(완당전서 2-184면)
6월 4일, 추사가 초의에게 안부 편지를 보내다.(『나가묵연』, 『완당전집』 「여초의」 26)

1849년(기유) 7월, 신헌이 죄를 입어 녹도(鹿島)로 귀양 와 5년간 머물다. 이 기간 동안 초의는 두 차례 신헌을 찾아가 시문을 창화하며 위로하였다.
겨울, 황상이 초의를 일지암으로 찾아가 대면하고 「초의행(艸衣行)」 한 수를 지어 보내오다. 초의가 화답하여 「일속암가(一粟菴歌)」를 짓다.

1850년(경술) 2월 화조절(花朝節)에 추사가 초의에게 편지를 보내다.(『나가묵연』, 『완당전집』 「여초의」 33)
3월 24일, 정학유가 호의에게 차를 보내준 데 대해 감사하는 편지를 보내다.
7월 16일, 추사가 소치에게 초의의 편지가 없다고 투덜대며, 소치가 보내온 다편(茶片)에 감사하는 편지를 보내다.
김명희가 초의에게 「사차(謝茶)」시를 지어 보내자, 초의가 답시로 「봉화산천도인사다지작(奉和山泉道人謝茶之作)」을 지어 보내다. 『동다송』에 이은 제2의 다송(茶頌)이라 하기에 손색이 없을 만큼 차에 대한 본격적인 논의를 담았다.

1851년(신해) 7월, 추사가 함경도 북청으로 유배 가다.
9월, 신헌이 녹도 유배지로 찾아온 초의를 위해 『초의시고』에 발문을 써주다.

1852년(임자) 8월 13일, 추사가 북청에서 해배되어 돌아오다.
8월 19일, 추사가 소치에게 다포(茶包)를 잘 받았다며 이 차를 동정수

(東井水)로 끓여 마셔본 소감을 적은 편지를 보내다.

가을, 범해 각안이 대둔사 남암에서 차를 먹고 병이 나은 뒤 차의 공효에 대해 찬양한 「차약설(茶藥說)」을 짓다.

12월 19일, 초의에게 편지를 보내, 가야사 탑에서 나온 용단승설 한 덩이를 얻었으니, 구경하러 오라고 말하다.

1855년(을묘)　정학유가 서거하다.

1856년(병진)　초의가 추사에게 해붕 스님의 찬을 부탁하여 받다.
10월 10일, 김정희가 서거하다.

1857년(정사)　신헌이 유배에서 풀려 상경하다.

1858년(무오)　2월, 초의가 상경하여 과천 과지초당을 찾아 직접 법제한 춘명(春茗)을 영전에 헌다(獻茶)하며 분향하고 「완당김공제문」을 짓다.
봄, 초의가 한강 가 창랑정으로 신헌을 방문하다.

1859년(기미)　1월, 정학연이 1805년의 두륜산 여행을 떠올려 「억석유(憶昔遊)」 4수를 짓자, 초의가 이에 화답하여 같은 제목의 시 4수를 짓다.
5월, 정학연이 서거하다.
이유원이 거처를 남양주시 가오곡으로 옮기다. 이곳에 장서각과 다옥을 짓고, 「가곡다옥기(嘉谷茶屋記)」를 짓다. 이전 한강 가에 살 때도 춘풍철명지대(春風啜茗之臺)란 다옥을 경영했다.

1862년(임술)　윤 8월, 초의가 추사에게서 받은 편지 10통을 묶어 『주상운타(注箱雲朶)』로 제목을 달고, 전후 경과를 적은 발문을 짓다.

1865년(을축)　8월 5일, 우선 이상적이 서거하다.

1866년(병인)　7월 2일, 초의가 대둔사 쾌년각(快年閣)에서 입적하다.

1868년(무진)　호의가 입적하다.
초의의 의발이 진불암(眞佛庵)에 보관되다.

1871년(신미)　초의탑이 건립되다.

1872년(임신) 1월 15일, 이유원이 고경선사가 가져온 보림차를 마시다. "내가 임신
년(1872) 대보름날 사시향관(四時香館)에 고경선사(古鏡禪師)와 함께 보
림차를 마셨다. 대화가 초의에게 미치자 탑명 서문을 적어 서로 보았
다. 초의는 박금령과 가장 마음이 맞았다. 보림차는 강진의 대밭에서
나는데, 우리나라에서 가장 으뜸가는 차다."

1875년(을해) 10월, 신헌구가 대둔사를 방문하여 초의의 제자 월여(月如)의 요청으
로「일지암시집발」을 짓다.

1877년(정축) 신헌구가『동다송』뒤에 붙은 제시를 짓다.

1878년(무인) 범해 각안이「초의차」를 짓다. 초의차가 잣나무 틀에 네모지거나 둥글
게 찍어내서 대껍질로 포장한 사실을 밝혔다.

1888년(무자) 범해 각안이 대둔사 보련각에 들러「재입보련각무자춘(再入寶蓮閣戊子
春)」을 짓다.

미주

1

일곱 가지 향차 이야기 27-40

1 정민, 「이덕리 저 『동다기』의 차 문화사적 자료 가치」, 『문헌과해석』 통권 36호 (2006년 가을)에 상세한 해제와 원문이 수록되어 있다.

2 황윤석의 『이재난고』는 초서의 난필로 된 책이다. 한국정신문화연구원에서 매년 1 책씩 탈초하여 활자화한 『이재난고』를 출판해왔다. 『부풍향차보』는 『이재난고』 제1 책 172쪽과 173쪽에 실려 있다. 이미 10년 전에 공간되었음에도 불구하고 이 자료에 대해 학계에서 주목한 바 없다. 2009년 전북 고창의 이재 후손가를 방문하여 원본을 촬영했다. 대조해본 결과 현재 『이재난고』의 탈초본에는 몇 글자의 중요한 오류가 있었다.

3 황윤석, 『이재난고』, 1776년 5월 14일 추기: "右李弼善運海知扶安縣, 與其季前正言 重海及從叔, 曾游寒泉門下者. 商確譜製者也. 余亦爲其有用, 錄來今二十年, 尙在巾衍, 而 弼善兄弟, 俱作古人, 哀哉. 姑志下方, 以示兒輩. 丙申五月十四日, 頤翁. 其從叔之子一海 進士, 與趙裕叔同硯云."

4 『승정원일기』 영조 28년(1752) 2월 10일 자 기사에 나온다. 이에 앞서 1월 5일 기 사에는 이천보가 이운해를 두둔한 기사가 실려 있다.

5 이운해, 「부풍향차보서」: "扶風之去茂長, 三舍地. 聞茂之禪雲寺有名茶, 官民不識採 啜, 賤之凡卉, 爲副木之取, 甚可惜也. 送官隷採之. 適新邨從叔來, 與之參. 方製新, 各有 主治, 作七種常茶. 又仍地名, 扶風譜云. 自十月至月臘月連採, 而早採者佳."

6 이운해, 「茶本」: "苦茶一名雀舌. 微寒無毒. 樹少似梔. 冬生葉, 早採爲茶, 晩爲茗. 曰茶 曰檟, 曰蔎曰茗曰荈, 以採早晩名. 臘茶謂麥顆. 採嫩芽, 搗作餠, 並得火良. 葉老曰荈, 宜 熱. 冷則聚痰, 久服去人脂, 令人瘦."

7 이운해, 「茶名」: "風 甘菊·蒼耳子, 寒 桂皮·茴香, 暑 白檀香·烏梅, 熱 黃連·龍腦, 感 香薷·藿香. 嗽 桑白皮·橘皮, 滯 紫檀香·山査肉. 取点字爲七香茶, 各有主治."

8 이운해, 「製法」: "茶六兩, 右料每各一錢, 水二盞, 煎半. 拌茶焙乾, 入布帒, 置燥處. 淨

水二鍾, 罐內先烹, 數沸注缶, 入茶一錢, 盖定濃亟熱服.'

9 이운해, 「茶具」: "爐可安罐, 罐入二缶, 缶入二鍾, 鍾入二盞, 盞入一合, 盤容置缶鍾盞."

10 예를 들어 제주도의 해외 표류민들을 인터뷰한 책인 『탐라문견록』의 경우도 마치 전체 책을 베껴 쓴 것처럼 되어 있지만, 실제로 베껴 쓴 내용은 전체의 일부뿐이다. 자세한 내용은 정민, 『탐라문견록―바다 밖의 넓은 세상』(휴머니스트, 2008)을 참조하기 바란다.

11 정약용, 「차」, 『아언각비』(『여유당전서』 잡찬집, 권 24): "茶者冬靑之木. 陸羽茶經, 一曰茶, 二曰檟, 三曰蔎, 四曰茗, 五曰荈. 本是草木之名, 非飮淸之號. 周禮有六飮六淸. 東人認茶字, 如湯丸膏飮之類. 凡藥物之單煮者, 總謂之茶. 薑茶橘皮茶木瓜茶桑枝茶松節茶五果茶, 習爲恒言, 非矣. 中國似無此法. 李洞詩云: '樹谷期招隱, 吟詩煮柏茶.' 宋詩云: '一盞菖蒲茶, 數箇沙糖粽.' 陸游詩云: '寒泉自換菖蒲水, 活火閒煮橄欖茶.' 斯皆於茶錠之中, 雜以柏葉菖蒲橄欖之等, 故名茶如此. 非單煮別物, 而冒名爲茶也. 東坡有寄大冶長老, 乞桃花茶栽詩. 此亦茶樹之別名, 非以桃花冒名爲茶也."

2

마침내 찾은 우리 차 문화 고전 40-54

1 관련 논의는 정민, 「이덕리 저 『동다기』의 차 문화사적 자료 가치」, 『문헌과해석』 통권 36호(2006년 가을호)를 참조할 것. 전체 원문의 영인도 이 책에 수록되어 있다.

2 이덕리, 「記茶」: "江心之義未詳. 此一冊所錄辭文及詩, 乃李德履沃州謫中所作."

3 이덕리, 「기다」: "余以丙申四月, 恩配于沃州. 居城外桶井里尹家 …… 三年移住井西李家……."

4 이덕리, 「기다」: "右十數條, 皆漫錄茶事. 而未及其裨國家裕生民之大利. 今方挽入正事."

5 이덕리, 「기다」: "我東産茶之邑, 遍於湖嶺. 載輿地勝覽, 攷事撮要等書者, 特其百十之一也. 東俗雖用雀舌入藥, 擧不知茶與雀舌, 本是一物. 故曾未有採茶飮茶者. 或好事者, 寧買來燕市, 而不知近取諸國中. 庚辰舶茶之來, 一國始識茶面. 十年爛用, 告乏已久, 亦不知採用, 則茶之於東人, 其亦沒緊要之物, 不足爲有無, 明矣. 雖盡物取之, 無権利之嫌. 舟輪西北開市處, 以之換銀, 則朱提鍾燭, 可以軼川流而配地部矣. 以之換馬, 則冀北之駿良駃騠, 可以充外閑而溢郊牧矣. 以之換錦段, 則西蜀之織成綺羅, 可以袪士女而變旋幟矣. 國用稍優, 而民力自紓, 更不消言. 則向所云得於荒原隙地, 自開自落之閑草木, 而可以裨國家裕民生者, 殆非過言."

6 박제가 저, 안대회 역, 『북학의』(돌베개, 2003), 176면 참조.

7 이덕리, 「기다」: "中國之茶生於越絶萬里之外. 然猶取以爲富國禦戎之奇貨. 我東則産於笆籬墻阰, 而視若土炭無用之物. 並與其名而忘之. 故作茶說一篇, 條列茶事于左方, 以爲當局者建白措施之地云爾."

3

18세기 차 문화의 실상은 어땠나? 55-70

1 이덕리, 「기다」 본문 11조: "同福小邑也. 頃聞一守令採八斗雀舌, 用以煎膏. 夫八斗雀舌, 待其成茶而採之, 則可爲數千斤. 又八斗採掇之勞, 足當數千斤蒸焙之役. 其多少難易懸絶, 而不得用以利國, 則豈不惜哉."

2 이덕리, 「기다」 본문 4조: "而向時一貴家宴席, 用蜜和茶而進, 一座讚頌, 不容口. 眞所謂鄕態沃蜜者也. 正堪撥去吳中守陸子羽祠堂."

3 이덕리, 「기다」 본문 7조: "余於癸亥春, 過尙古堂, 飮遼陽士人任某所寄茶, 而葉小無槍, 想是孫樵所謂聞雷而採者也. 時方春月, 庭花未謝. 主人設席, 松下相待. 傍置茶爐, 爐罐皆古董彝器. 各盡一杯."

4 김광수의 생애와 수장벽에 대해서는 이덕수(1673-1744)가 지은 「상고당김씨전(尙

古堂金氏傳)」이 남아 있고, 본인이 쓴 「자명(自銘)」이 규장각에 소장된 『상고서첩(尙古書帖)』에 친필로 전한다. 김경미, 「탐닉과 몰두에의 자부－상고당 김광수」, 『문헌과해석』통권 18호(문헌과해석사, 2002년 봄호), 164-178면에 관련 내용이 자세하다.

5 박제가, 「희방왕어양세모회인육십수(戲倣王漁洋歲暮懷人六十首)」(『정유각집』권 1) 제6수의 3, 4구. 성중(成仲)은 김광수의 자이다. 송풍성은 소나무에 바람이 이는 소리이고, 회우성은 전나무에 빗방울이 떨어지는 소리다. 모두 찻물이 끓을 때 나는 소리다. 송풍성이 회우성으로 바뀌면 화로에서 물을 분리해야 한다.

6 해당 원문은 송희경, 『조선 후기 아회도』(다홀미디어, 2008), 284면

7 이덕리, 「기다」 본문 10조: "茶之生多在山中多石處. 聞嶺南則家邊多竹林, 處處有之. 竹間之茶, 尤有效. 亦可於節晚後採得, 以其不見日故也."

8 이덕리, 「기다」 본문 11조: "茶之採, 宜於雨餘, 以其嫩淨故也. 坡詩云: "細雨足時茶戶喜."

9 조여려, 『북원별록』: "採茶之法, 須是侵晨, 不可見日. 侵晨則夜露未晞, 茶芽肥潤. 見日則爲陽氣所薄, 使芽之膏腴內耗, 至受水而不鮮明. 故每日常以五更, 撾鼓集羣夫."

10 이덕리, 「기다」 본문 1조: "茶有雨前雨後之名. 雨前者雀舌是已. 雨後者卽茗蔎也. 茶之爲物, 早芽而晚苗. 故穀雨時茶葉未長, 須至小滿芒種, 方能苗大. 蓋自臘後至雨前, 自雨後至芒種, 皆可採取. 或以葉之大小, 爲眞贗之別者, 豈九方相馬之倫也."

11 이덕리, 「기다」 본문 2조: "茶有一槍一旗之稱. 槍卽枝而旗卽葉也. 若謂一葉之外, 不堪採, 則荊州玉泉寺茶, 以大如掌, 爲稀奇之物. 凡草木之始生一葉, 大於一葉, 漸成其大, 豈有一葉頓長如掌者乎. 且見舶茶, 莖有數寸長葉, 有四五連綴者. 蓋一槍者謂初苗一枝, 一旗者謂一枝之葉也. 此後枝上生枝, 則始不堪用矣."

12 이덕리, 「기다」 본문 3조: "茶有苦口師·晚甘侯之號. 又有以天下之甘者, 無如茶. 謂之甘草. 茶之苦, 則夫人皆能言之. 茶之甘則意謂嗜之者之說. 近因採取, 遍嘗諸葉, 獨茶葉以舌舐之, 有若淡蜜水漬過者, 始信古人命物之意, 非苟然也. 茶是冬靑. 十月液氣方盛, 將以禦冬. 故葉面之甘, 尤顯然. 意欲於此時採取煎膏, 不拘雨前雨後, 而未果然也. 煎膏實東人之臆料硬做者, 味苦只堪藥用云. 倭國香茶膏, 當以別論. 我國所造最鹵莽."

13 이덕리,「기다」 본문 14조: "茶書文有片甲者, 早春黃茶. 而舶茶之來, 擧國稱以黃茶. 然其槍枝已長, 決非早春採者. 未知當時漂來人, 果傳其名如此否也. 有自黑山來者, 言丁酉冬漂海人指兒茶樹, 謂之黃茶云. 而兒茶者, 圻內所謂黃梅也. 黃梅花黃, 先杜鵑發. 葉有三角如山字形, 有三筋莖葉. 皆帶薑味. 峽人之入山也, 包飽以食. 各邑取其嫩枝煎烹, 以待使客. 且其枝截取, 二握爲主材. 和茶煎服, 則感氣傷寒及無名之疾, 彌留數日者, 無不發汗神效. 豈亦一種別茶耶."

4

떡차 마시는 법과 우리 차의 우수성 71-84

1 이덕리,「기다」 본문 4조: "古人云, 墨色須黑, 茶色須白. 色之白者, 皆謂餅茶之入香藥造成者. 月兎龍鳳團之屬是也. 宋之諸賢所賦, 皆餅茶, 而玉川七椀, 則乃葉茶. 葉茶之功效已大. 餅茶不過以味香爲勝. 且前丁後蔡以此招譏. 則不必求其法而造成者也."

2 채양,『다록』: "茶色貴白, 而餅茶多以珍膏油其面, 故有靑黃紫黑之異. 善別茶者, 正如相工之睎人氣色也, 隱然察之於內, 以肉理潤者爲上. 顔色次之, 黃白者受水昏重, 靑白者受水鮮明, 故建安人鬪試, 以靑白勝黃白."

3 육정찬,『속다경』: "茶色白味甘鮮香氣撲鼻, 乃爲精品. 茶之精者, 淡亦白, 濃亦白. 初潑白, 久貯亦白."

4 문진형,『장물지』: "其時法用熟碾, 爲丸爲挺, 故所稱有龍鳳團小龍團密雲龍瑞雲翔龍. 至宣和間, 始以茶色白者爲貴. 漕臣鄭可聞始創爲銀絲冰芽, 以茶剔葉取心, 淸泉漬之, 去龍腦諸香. 惟新胯小龍, 稱龍其上, 稱龍團勝雪. 當時以爲不更之法."

5 정백이,『품다요록보』: "茶之品莫貴於龍鳳團. 凡八餅重一斤. 慶曆間, 蔡君謨爲福建運使, 始造小片龍茶. 其品絶頂, 謂之小龍團. 凡二十餅重一斤, 其價直金二兩. 然金可有而茶不可得. 每因南郊致齋, 中書樞密院各賜一餅, 四人分之. 宮人往往縷金其上, 其貴重如此. 龍團始於丁晋公, 成於蔡君謨. 歐陽永叔嘆曰: '君謨士人也, 何至作此事.'"

6 이덕리, 「기다」 본문 5조: "茶之味, 黃魯直咏茶詞, 可謂盡之矣. 餠茶以香藥成合後, 用渠輪硏末入湯, 另是一味, 似非葉茶之比. 然玉川子兩腋習習生淸風, 則亦何嘗用香藥助味哉. 唐人亦有用薑塩者, 坡公所哂. 而向時一貴家宴席, 用蜜和茶而進, 一座讚頌, 不容口. 眞所謂鄕態沃蜜者也. 正堪撥去吳中守陸子羽祠堂."

7 이덕리, 「기다」 본문 6조: "茶之效, 或疑東茶不及越産. 以余觀之, 色香氣味, 少無差異. 茶書云: '陸安茶以味勝, 蒙山茶以藥用勝.' 東茶盖兼之矣. 若有李贊皇陸子羽, 其人則必以余言爲然."

8 이덕리, 「기다」 본문 7조: "適有老傔患感者, 主人命飮數盃曰: '是可以療感氣.' 距今四十餘年. 其後舶茶之來, 人又爲泄痢之當劑. 今余所採者, 非但遍試寒暑感氣, 食滯酒肉毒胸腹痛皆效. 泄痢者尿澁欲成淋者之有效, 則以其和水道故也. 痎瘧者之無頭疼, 有時截愈. 則以其淸頭目故也. 或後病瘧者, 初痛一二日, 熱啜數椀, 而病遂已. 病瘧日久, 不得發汗者, 飮輒得汗. 則古今人之所未論. 而余所親驗者也."

9 이덕리, 「기다」 본문 9조: "茶能使人少睡. 或終夜不得交睫. 讀書者, 勤於紡績者, 飮之可爲一助. 禪定者亦不可少是."

10 이덕리, 「기다」: "茶能使人少睡, 或終夜不能交睫. 夙夜在公, 晨昏趨庭者, 咸其所需, 而鷄鳴入機之女, 墨帳勤業之士, 俱不可少. 是若夫厭厭無歸, 頷頷罔夜之君子, 則有不暇奉聞焉."

11 이덕리, 「기다」 본문 8조: "余頃於飮濁酒數盃後, 見傍有冷茶, 漫飮半盃入睡. 喉痰卽盛, 唾出十餘日始瘳. 益信冷則反能聚痰之說. 聞漂人之來到也, 於缾中瀉出勸客, 豈非冷者耶. 又聞北譯徐宗望之食兒猪炙也, 一手持小壺, 且啗且飮, 是必冷茶也. 想熱食之後, 冷亦不能作祟也."

1 이덕리, 『상두지』(『여유당전서보유』 제3책(경인문화사, 1989), 466면: "茶者天下之所同嗜. 我東之所獨昧, 雖盡物取之, 無権利之嫌. 政宜自國家始採. 而嶺南湖南, 處處有茶. 若許一斗米代納一斤茶, 或以十斤茶代納軍布, 則數十萬斤不勞可集. 舟輪西北開市處, 依越茶印貼之價, 一兩茶取二錢銀, 則十萬斤茶可得二萬斤銀, 而爲錢六十萬. 不過一兩年, 而可置四十五屯之田矣. 別有茶說, 附見于下."

2 이덕리, 「기다」 서설: "布帛菽粟, 土地之所生, 而自有常數者也. 不在於官, 必在於民. 少取則國用不足, 多取則民生倒懸; 金銀珠玉, 山澤之所產, 而孕於厥初, 有減而無增者也. 觀於秦漢之賞賜, 黃金率以百千斤爲樊, 至於宋明之際, 白金以兩計, 古今之貧富, 於斯見矣. 今若有非布帛菽粟之爲民所天, 金銀珠玉之爲國所富, 而得於荒原隙地, 自開自落之閑草木, 可以裨國家而裕民生, 則何可以事在財利, 而莫之言也."

3 이덕리, 「기다」 서설: "茶者南方之嘉木也. 花於秋而芽於冬. 芽之嫩者曰雀舌鳥嘴, 其老者曰茗蔎檟荈, 著於神農, 列於周官. 降自魏晉浸盛. 歷唐至宋, 人巧漸臻, 天下之味, 莫尙焉. 而天下亦無不飲茶之國. 北虜最遠於茶鄉, 嗜茶者, 無如北虜. 以其長時餧肉, 背熱不堪故也. 由是宋之撫遼夏, 明之撫三關, 皆用是以爲餌."

4 이덕리, 「기다」 다조: "籌司前期, 馳關湖嶺列邑, 使開報有茶無茶, 而有茶之邑, 則使守令查出貧人之無結卜, 及有結卜而不滿十員以下者, 及疊納軍役者, 以待之."

5 이덕리, 「기다」 다조: "籌司前期出郎廳帖百餘張, 揀選京城藥局人精幹者, 待穀雨後, 給夫馬草料, 分送于茶邑. 詳探茶所, 審候茶時, 率本邑查錄之貧民, 入山採掇, 敎以蒸焙之法, 務令器械整齊. 焙器銅篩第一, 其餘當用簾. 而諸寺焙佐飯筍. 浸去油氣, 入飯後竈中, 則可一竈一日焙十斤. 揀擇精美, 蒸焙得宜, 斤兩毋濫, 通計一斤茶償錢五十文. 初年則梢五千兩. 取萬斤茶, 貿倭紙作貼, 分送于都會. 官舟送于西北開市處, 亦須郞廳中一人押解納庫, 仍爲償勞之典."

6 이덕리, 「기다」 다조: "曾見舶茶, 帖面印寫價, 銀二戔. 而貼中之茶, 乃一兩也. 況鴨江以西, 去燕京數千里, 豆滿江北, 去瀋陽又數千里. 則一貼二戔, 恐以太廉見輕. 然第以一貼二戔論價, 則萬斤茶價, 銀當爲三萬二千兩. 爲錢九萬六千兩. 年年加採百萬斤, 費錢五十

萬, 爲國家經費, 而少紓民力, 則豈非大利也."

7 이덕리, 「기다」 다조: "議者必謂彼中若知我國有茶, 則必徵貢茶, 恐開弊於無窮. 而此與愚民畏縣官之日採, 塡魚池而種芹者, 何異? 今若輪與數百斤, 使天下昭然知東國之有茶, 則燕南趙北之商, 擧將轔轔跞跞, 蹜柵門而東矣. 向欲以萬斤茶爲限者, 誠恐遠地之耳目不長, 一隅之財貨未集, 有滯貨之患故也. 若使有售無滯, 雖百萬斤, 可以優辦, 而崇陽之種, 亦將不拔而益洲, 此實不易得之機也. 何可以此爲限也."

8 이덕리, 「기다」 다조: "旣開茶市, 則須別擇監市御史譯官京譯官押解官之屬, 至於隨行人, 皆以幹事者, 差定, 不可如前, 只許灣人赴市. 盖灤俗獥腸狗態, 輸情於彼人. 有不可信者故也. 且茶市罷後, 優加賞給, 使視作已事然後, 方可久行無弊. 香餌之下, 必有死魚云者, 政謂是也."

9 이덕리, 「기다」 다조: "以我國之素儉, 若暴得數百萬於當稅之外, 則何事不可做. 但財用旣優, 則撓奪多滯. 若上下齊心, 而於本錢雜費, 紙價船價之屬, 償勞之外, 不許遷動一毫. 雖所需無得相關, 只用於西邊. 修築城邑, 池及路傍左右五里, 減田租之半, 俾專力築城館開溝洫, 使千里之路, 如繭管之窄, 使路傍之溝, 如地網之密. 今年未盡者, 明年繼行. 又募西邊材力之士, 取以於屯城之日習射聽, 一屯城, 置數百人, 射砲. 中極者, 優數償賽, 使可以畜妻子, 則是常時有數萬莫强之兵, 豈不足以禦暴客而威隣國哉."

6

역대 중국의 차 전매제도 103-118

1 『조선왕조실록』 세종 12년(1430) 12월 8일 기사: "御經筵, 講至推茶法曰: '中國何好茶, 而嚴其禁乎? 我國闕內, 亦不用茶, 好尙各異, 亦如是也.' 侍講官金鑌曰: '中國之人, 皆食膏肉, 故飮茶令下氣. 且當對客, 必先茶後酒.'"

2 『조선왕조실록』 선조 29년(1596) 11월 4일: "今見濟州牧使啓本, 都體察使行移, 五十馬艱得以捉出云云. 近年濟州馬匹, 多數出來, 其勢然矣. 今雖更爲行移, 加數捉出, 必無可用之馬矣. 前代中國, 以茶易虜馬, 今中朝亦開市貿換, 誠以吾無用之物, 易彼追風之足,

可以資戰場而收武功也."

3 정약용, 『경세유표』 권 2, 「동관공조(冬官工曹)」 임형시(林衡寺) 항목: "案南方諸縣, 產茶極美. 臣以所見海南康津靈巖長興, 凡沿海諸邑, 莫不產茶. 臣謂凡產茶之山, 令地方官封植, 禁民樵牧, 待其茂盛, 歲以茶幾斤輸于林衡, 送于滿河省, 以市良馬, 頒于牧場, 亦足以瞻國用也."

4 정약용, 「각다고」: "宋制榷茶有六務, 江陵蘄州等. 十三場, 蘄州黃州等. 又買茶之處, 江南湖南福建總數十郡. 山場之制, 領園戶, 受其租, 餘悉官市之. 又別有民戶折稅課者."

5 정약용, 「각다고」: "凡茶有二類, 曰片曰散. 片茶蒸造, 實捲摸中串之. 惟建劍則旣蒸而研, 編竹爲格, 置焙室中, 最爲精潔, 他處不能造."

6 정약용, 「각다고」: "後世以茶易虜馬, 始見於此. 蓋自唐世, 回紇入貢, 已以馬易茶. 蓋虜人多嗜乳酪, 乳酪滯膈, 而茶性通利, 能蕩滌之故也. 宋人始制茶馬司."

7 정약용, 「각다고」: "臣謹案: 茶之爲物, 其始也蓋藥艸之微者也. 及其久也, 連輻車而方舟舶, 則縣官不得而征之. 然是亦商販之一物, 量宜收稅, 斯足矣. 何至官自爲商, 禁民私賣, 至於誅殺而不已乎?"

8 정약용, 「각다고」: "臣歷觀前古財賦之制, 雖其損益得失, 代各不同. 大較有道之世, 其賦斂之薄, 而其財用必裕. 無道之世, 其賦斂必重, 而其財用必匱. 此已然之跡, 昭昭然者也. 由是觀之, 裕財之術非一, 而其大利無過乎薄斂也. 匱財之術非一, 而其大害無踰乎重斂也. 嗚呼! 天下之財有限, 而其用無限, 以有限之財, 應無限之用, 其何以堪之? 故聖人制法曰: '量入以爲出.', 入者財也, 出者用也. 量有限以節無限, 聖人之智也, 興隆之道也. 縱無限以竭有限, 愚夫之迷也, 敗亡之術也. 凡制賦稅者, 勿先計國用, 惟量民力揆天理. 凡民力之所不堪, 天理之所不允, 卽毫髮不敢加焉. 於是通計一年之入, 參分之以其二, 支一年之用, 留其一爲來年之蓄. 所謂三年耕, 有一年之食也. 如有不足, 自祭祀賓客, 而下乘輿服飾一應百物, 皆減之爲儉約, 期與相當而後已焉. 此古之道也, 無他術也."

7

아홉 번 찌는 구증구포의 제다법 119-138

1   정약용, 「康津白雲洞李大雅書几敬納」: "轉眄之頃, 三霜奄過. 伏惟孝思廓然, 靡所逮及. 消息頓絕, 思路遂渺, 耿耿之懷, 無以悉喩. 比來起居佳勝. 又當科年, 雖曰無意於榮名, 亦當留神於佔畢. 所做何工? 戚記年固巍矣. 病實苦哉. 委頓不能出戶外. 精神津液都已耗盡, 所存菫一縷耳. 尙何云生世也. 向惠茶封書, 間關來到, 至今珍謝. 年來病滯益甚, 殘骸所支, 惟茶餅是靠, 今當穀雨之天, 復望續惠. 但向寄茶餅, 似或粗末, 未甚佳. 須三蒸三曬, 極細硏, 又必以石泉水調勻, 爛搗如泥, 乃卽作小餅然後, 稠粘可嚥, 諒之如何. 試邑定是何邑? 慶科時, 似必上來, 袖傳爲好, 否則或夏或秋, 入送于蓮池金千摠仁權之家, 必卽傳來耳. 泥峴族姪, 年前出宰靑陽, 京中無可付之處耳. 不宜轉付於風便也. 姑略不宣. 謹狀. 庚寅三月十五日, 戚記逋頓首." 이 편지는 2005년 7월 강진군이 펴낸 「다산정약용선생유물특별전」 도록 8쪽 하단에 사진이 실려 있다.

2   이 편지는 도록에는 수록되지 않은 이효천 선생 소장의 또 다른 유묵이다. 해당 부분의 원문은 이렇다. "高友及令胤功夫, 俱甚勤篤, 無用加勉. 但所食極薄, 恐致痠病, 是爲悶然. 楚辭一冊, 杜詩一冊. 可讀者送之如何. 惠來鷄芛, 山廚動色. 深荷深荷. 藥油謹受, 而其滓則作丸服. 如已棄之, 更求數十枚, 惠之如何."

3   정민, 「한국교회사연구소 소장 다산 친필 서간첩 『매옥서궤(梅屋書匭)』에 대하여」, 『교회사연구』 제33집(한국교회사연구소, 2009. 12), 555면 수록. 『매옥서궤』는 다산이 호의에게 보낸 13통의 편지가 수록된 친필 서간첩이다.

4   이 편지는 2006년 10월에 간행된 제2회 「다산정약용선생유물특별전」 10쪽 하단에 해당 편지의 사진이 실려 있다. 50개나 보낸 것으로 보아 크기가 작은 전차(錢茶)였음을 알 수 있다.

5   이규경, 「도차변증설」, 『오주연문장전산고』(동국문화사 영인본, 1955) 권 56(제4책, 809면): "今茶之爲名者, 出於嶺南竹田, 名以竹露茶. 出於密陽府衙後山麓產茶, 名密城茶. 嶠南康津縣, 有萬佛寺出茶. 丁茶山謫居時, 敎以蒸焙爲團, 作小餅子, 名萬佛茶而已. 他無所聞. 東人之飮茶, 欲消滯也."

6   조재삼, 「황차」, 『송남잡지』(규장각 영인본), 1480면: "羅史興德王時, 宰相大廉, 得種

於唐, 種智異山. 香味優於唐云. 又海南古有黃茶, 世無知者. 惟丁若鏞知之, 故名丁茶又南茶."

7 석용운 편, 「다신계절목」, 『한국차문화강좌』(초의학술재단, 2002), 119면: "穀雨之日, 取嫩茶, 焙作一斤. 立夏之前, 取晚茶, 作餅二斤. 右葉茶一斤, 餅茶二斤, 與詩札同封."

8 정약용, 「여금계기숙」: "來時, 摘早茶付晒否? 日未及." 윤영상 소장.

9 정약용, 「차운범석호병오서회십수간기송옹(次韻范石湖丙午書懷十首簡寄淞翁)」, 『국역다산시문집』 3책 15면. 번역은 필자가 새로 한 것임.

10 이유원 저, 「호남사종(湖南四種)」, 『임하필기』(성균관대 대동문화연구원 영인본, 1991), 808면: "康津寶林寺竹田茶, 丁冽水若鏞得之. 教寺僧以九蒸九曝之法. 其品不下普洱茶. 而穀雨前所採尤貴. 謂之以雨前茶可也."

11 이유원, 위 같은 글에서 호남의 네 가지 명물로 보림사의 죽전차와 해남에서 나는 박달나무 기름, 제주도의 수선화와 황차를 꼽았다. 이 시의 내용으로 보면 추사가 제주도에서 만들어 마셨다는 황차는 빈랑 잎으로 만들었던 듯하다.

12 이유원의 『임하필기』 중 「삼여탑」(위 같은 책, 804면)에 보면 초의 스님이 스승인 완호대사의 삼여탑을 세우면서 시는 홍현주에게 부탁하고, 서문은 신위에게 부탁했는데, 이때 예물로 보림차를 가져왔다고 적고 있다. 양연(養硯)은 신위의 별호다.

13 이유원의 위 「삼여탑」 항목 끝에 이런 기록이 보인다. "내가 임신년(1872) 대보름날 사시향관(四時香館)에 고경선사와 함께 보림차를 마셨다. 대화가 초의에게 미치자 탑명 서문을 적어 서로 보았다. 초의는 박금령과 가장 마음이 맞았다. 보림차는 강진의 대밭에서 나는데, 우리나라에서 가장 으뜸가는 차다.(余於壬申上元, 在四時香館, 與古鏡禪, 啜寶林茶. 話及草衣, 錄塔銘序相視. 草衣最有契於朴錦齡. 寶林茶產康津竹田, 爲東國第一品.)

14 황산곡이 쌍정차를 끓여 소동파와 작별하며 「쌍정차송자첨(雙井茶送子瞻)」이란 시를 지어준 일을 두고 한 말.

15 운각(雲脚)은 차의 별칭이다. 또는 차를 끓일 때 구름발이 내려앉듯 끓는 물이 아래로 내려가는 상태를 가리키는 뜻으로 쓴다. 유화(乳花)는 수면 위로 떠오르는 거품이다. 명나라 육수성의 『다료기』에 "운각이 점차 내려앉고 유화가 표면에 떠오르면

맛이 가장 좋다.(雲脚漸垂, 乳花浮面則味全)"고 한 데서 따왔다. 여기서는 차 맛이 가장 좋다는 뜻으로 쓴 것임.

16 이유원, 「죽로차」, 『가오고략』(민족문화추진회 한국문집총간 315책-137면).

17 諸岡存 · 家入一雄 공저, 김명배 역, 『조선의 차와 선』(보림사, 1991), 208면. 원문에 '일주야(一晝夜)'라 한 것을 김명배의 번역에서는 '일주일'로 잘못 옮겨놓았다. 조판 과정의 오식으로 보인다. 일본어 원문을 참조하여 번역문을 조금 손보았다.

18 諸岡存 · 家入一雄 공저, 김명배 역, 『조선의 차와 선』(보림사, 1991), 208면.

8

스님! 차 좀 보내주소 139-152

1 이에 관한 논의는 정영선, 「한국 다문화의 중흥조론(中興祖論)」, 『다문화연구지』 제7권(한국다문화연구소, 1998), 5-31에서 충분히 정리된 바 있다.

2 정약용, 『국역 다산시문집』 제1책, 62면(민족문화추진회 편, 솔출판사, 1996). 번역은 필자가 새로 한 것임. 이하 같음.
3 정약용, 『국역 다산시문집』 제1책, 56면.

4 그 자세한 용례는 정영선, 앞의 논문과 김명배, 「다산 정약용의 다도에 관한 연구」, 『증보판 다도학논고』(대광문화사, 1999), 190-227면을 참고하기 바란다.

5 이때 일은 다산이 지은 「아암장공탑명(兒菴藏公塔銘)」에 자세하다. 문집 권 5에 「사월십칠일유백련사(四月十七日游白蓮寺)」란 시는 다산이 처음 백련사를 찾은 것이 4월 17일이었음을 증언한다.

6 혜장선사의 『아암집(兒菴集)』에 동천(東泉)이란 글자가 들어간 수십 편의 시와 편지는 모두 다산이 수신자다. 그 밖에도 「산거잡흥(山居雜興)」 20수 등 다산의 시에 차운

한 시들도 많다.

7 정약용, 『국역 다산시문집』제2책, 325면.

8 『국역 다산시문집』제2책, 412면에 실린 「승발송행(僧拔松行)」이란 시의 첫 구에 "백련사의 서편에 석름봉이 있는데(白蓮寺西石廩峰)"라고 했다. 지금 다산초당에서 백련사로 넘어가는 산자락이다. 최근 이곳에 차밭이 대규모로 조성되었다.

9 정약용, 『국역 다산시문집』제2책, 326면. 11구와 12구는 각각 고사가 있다. '언충자(彥沖瓷)'는 송나라 때 유일지(劉一止)가 학사 유언충(劉彥沖)의 시에 차운한 「차운건안유언충학사기다일수(次韻建安劉彥沖學士寄茶一首)」와 관련이 있고, '미명정(彌明鼎)'은 당나라 한유의 「석정연구시서(石鼎聯句詩序)」에서 적고 있는 형산(衡山) 도사 미명(彌明)의 석정 고사에서 취해온 것이다.

10 정약용, 『국역 다산시문집』제2책, 326면.

11 제목도 1989년에 간행된 『다향선미(茶香禪味)』제2권에는 「걸명소(乞茗疏) 을축동(乙丑冬) 증아암선사(贈兒菴禪師)」로 되어 있고, 용운 스님이 2002년에 펴낸 『한국차문화강좌』교재에는 「이아암선자걸명소(貽兒菴禪子乞茗疏) 을축동재강진(乙丑冬在康津)」으로 되어 있다. 이 밖에 김대성, 『동다송』(동아일보사, 2004), 354면의 「다산이 차를 구걸하는 걸명소」란 글에 김두만 선생이 젊은 시절 해남 고물상에서 팔려 나가는 것을 베껴 적었다는 「걸명소」 필사본 사진이 실려 있다.

12 정약용, 「걸명소」: "旅人近作茶饕, 兼充藥餌. 書中妙辟, 全通陸羽之三篇, 病裏雄蠶, 遂竭盧仝之七椀, 雖浸精瘠氣, 不忘萁母哭之言, 而消壅破癥, 終有李贊皇之癖. 泊乎朝華始起, 浮雲晶晶於晴天, 午睡初醒, 明月離離乎碧澗, 細珠飛雪, 山燈飄紫筍之香, 活火新泉, 野席薦白菟之味, 花瓷紅玉繁華, 雖遜於潞公, 石鼎青烟澹素, 庶乏於韓子. 蟹眼魚眼, 昔人之玩好徒深, 龍團鳳團, 內府之珍頒已罄. 玆有采薪之疾, 聊伸乞茗之情, 竊聞苦海津梁, 最重檀那之施, 名山膏液, 潛輸瑞草之魁. 宜念渴希, 毋慳波惠."

13 기모경, 「차 마시는 것을 나무라는 글(伐茶飮序)」에서 차의 폐해를 이렇게 말했다. "체한 것을 풀어주고 막힌 것을 풀어주는 것은 하루의 이로움이 잠시 좋은 것이고, 정기를 수척케 하고 소모시키는 것은 평생의 누가 됨이 자못 큰 것이다. 이익을 얻으면 그 공을 차의 힘에 돌리고, 병이 생기면 차의 재앙을 탓하지 않는다. 이 어찌 복은 가까워서 쉬 알고, 화는 멀기 때문에 잘 살피지 못하는 것이 아니겠는가?(釋滯消壅, 一日之

利暫佳, 瘠氣耗精, 終身之累斯大. 獲益則歸功茶力, 貽患則不咎茶災. 豈非爲福近易知, 爲禍遠難見歟.)" 문헌에 따라 「휴다음서(休茶飮序)」로 된 곳도 있다. 같은 뜻이다. 다산은 「다산사경첩(茶山四景帖)」 중 「다조(茶竈)」시의 7, 8구에서 "정기를 수척케 함 마침내 경계하여, 단로(丹爐)를 만들어서 신선 됨을 배우리.(侵精瘠氣終須戒, 且作丹爐學做仙)"라고 하여, 기모경의 위 언급을 의식한 발언을 한 바 있다. 기모경의 언급은 후대에도 지속적으로 적지 않은 영향을 미쳤다.

14 이찬황은 본명이 이덕유다. 당나라 때 재상을 지냈고, 차에 남다른 조예가 있었다. 그는 특히 차를 끓일 때 혜산천 물만을 고집해 벽이 있단 말을 들었다. 『지전록(芝田錄)』과 『사문유취(事文類聚)』에 물맛 감별에 얽힌 고사가 실려 있다. 고기를 먹고 체한 독은 차가 풀어준다고 해서, '소옹파반(消癰破瘢)'을 말했다 한다. 이찬황과 관련된 고사의 언급은 김명배, 앞의 논문, 196면과 김대성, 『동다송』(동아일보사, 2006), 138면을 참조할 것.

9

우리 차 문화 중흥의 산실 153-174

1 정민. 「다산의 초당 경영과 공간 구성」. 『문헌과해석』 통권 39호(문헌과해석사, 2007년 여름호), 13-32면을 참조할 것.

2 이 시기에 지은 다산의 시로 문집에 누락된 것은 1812년 9월 22일, 다산이 초의와 제자 윤동을 데리고 월출산 백운동에 놀러 갔다가 지은 『백운첩』에 실린 12수와 「다암시첩」에 실린 다산 12경을 노래한 12수, 그리고 문산 이재의와 수창한 「이산창수첩」의 12수 등 36수 외에도 다산 친필의 「다산사경첩」 등 적지 않은 작품들을 확인할 수가 있다. 이 밖에 한국학중앙연구원에 소장된 다산과 문산이 창수한 「상심락사첩」 10수가 있는데, 실제 여기에 수록된 다산의 친필 시 10수는 「다암시첩」에 실린 12수 중의 10수이다. 「상심락사첩」은 실제 그 내용으로 보아 「다산십이승첩(茶山十二勝帖)」이 바른 이름이다.

3 「이산창수첩」은 당시 영암군수로 있던 아들 이종영(李鍾英)에게 와서 머물던 이재

의가 다산초당의 아름다운 풍광에 대한 소문을 듣고 백련사 유람길에 초당을 찾아오
면서, 서로 주고받은 각 12수씩의 시를 하나로 묶은 창수첩이다. 두 사람의 친필로 적
혀 있다. 앞의 6수는 서로의 정회를, 뒤의 6수는 육경과 관련된 내용이다. 이 작품은
원본이 일반에 공개된 적이 없다. 1996년 실시학사경학연구회에서 펴낸 『다산과 문
산의 인성논쟁』(한길사 간)에서 이 창수첩에 수록된 시들이 번역 소개되었으나, 차계에
서는 따로 주목한 바 없다. 이때도 다만 원문만 탈초하여 해석했을 뿐 원본 다산 친필
은 공개되지 않았다. 금번에 한상봉 선생이 자신이 오래전부터 보관해온 사본을 필자
에게 선뜻 제공해주어 함께 소개한다. 두터운 뜻에 감사를 표한다. 현재 원본은 개인
소장으로 정확한 소재를 알 수 없는 상태다.

4 『다산시문집』 6권 217면 참조.

5 2009년 2월, 한상봉 선생의 주선으로 개인 소장의 이 자료를 검토할 수 있었다. 후
의에 감사드린다.

6 정약용, 「與某」: "日前奉手字, 審旅履無恙, 慰釋良深. 戚依舊窮山歲暮, 作杜門看古文
生活而已. 洪疏批旨隆至, 光明有倍前日. 伏地感泣, 尙復何言. 茶少許送之. 但此物大損元
氣, 戚非食肉作滯, 未嘗輕服, 愼之愼之. 姑不宣式, 病戚頓首."

7 정약용, 「冠城回敬」: "伏承手存, 恭審棣履佳勝, 深慰想念. 累人閉門冒衾, 唯以書史遣
日. 近者巖阿, 雪色甚淸, 有時開戶, 足以怡暢. 是可幸也. 季方所敎, 今玆撿方贐去, 本無
所知, 謬爲人所困如此, 自笑而已. 此後幸勿相恩, 受賜厚矣. 盧仝七碗, 此是夸談, 李供奉
未必日飮三百. 爲我傳語, 愼勿過啜也. 窄屋茶囊, 礙於起居, 可苦之甚. 而不敢奉獻, 庶諒
衷悃. 不宣. 十二月四日, 累人拜謝."

8 정약용, 「봉사예려(奉謝汭旅)」: "書來知庭信久曠, 室憂新添, 身亦榮衛漸損, 令人悒然.
戚滿山氷雪, 閉門却掃. 近以鍾律考校爲業, 操觚握籌, 不知歲月之去來. 家兒去, 益覺淸
楚, 何足介懷也. 何以則致尊此中, 與之賞雪. 不具謝儀. 廿一日, 戚頓首."

9 모로오카 다모츠 · 이에이리 가즈오 공저, 『조선의 차와 선』(김명배 역, 보림사, 1991),
255면에 당시 초당의 윤주채 노인의 증언으로 "선생에게는 그 무렵에 한 사람의 부인
이 동암에 있었는데 딸이 있었다. 부인은 강진군 동면 석교리의 사람인데 정(鄭)씨 부
인이라 불리고 있었다."고 했다. 또 김대성, 『차 문화 유적답사기』 중권(불교영상, 1994),
204쪽에도 관련 내용이 보인다. "윤재찬 씨는 10년 전인가 방의 벽을 도배하다 뜻밖
에 다산의 편지를 한 장 발견했다. 다산이 이곳에서 유배 생활을 하면서 딸 하나를 낳

았다는 사실이다. 전부터 석교리에 살고 있는 과수댁과의 사이에 딸이 하나 있다는 얘기가 심심찮게 전해 내려오긴 했으나 이 편지를 보고야 윤씨도 빙긋 웃었다. 가장자리 깨끗한 종이를 바르기 전 두 겹 세 겹 바르는 안쪽에 도배가 되어 있는 것을 새로 도배하기 위해 뜯다가 발견했다. 제자에게 보내는 이 편지는 딸 이름이 홍임으로 되어 있고, 홍임 모녀의 안부를 묻고는 그가 강진에 와 있는 동안 홍임 모녀를 알게 된 내용과 함께 제자들이 다산 대신 홍임 모녀를 잘 돌봐달라는 부탁을 쓰고 있었다고 했다."

10 「남당사」 16수에 관한 내용은 임형택, 「신발굴자료 「남당사」에 대하여: 다산초당으로 돌아온 여자를 위한 노래」, 『민족문학사연구』 20권(민족문학사학회, 2002), 438-448면에 자세하게 실려 있어 여기서 다시 소개하지는 않겠다.

11 다산은 아들 학유가 떠날 때 노자 삼아 써준 「신학유가계(贐學游家誡)」(「다산시문집」 8-28)에서 "내 아내는 흠잡을 데가 없지만 아량이 좁은 것이 흠이다."라고 말한 적이 있다.

12 임형택, 앞 논문, 440면.

13 「다신계절목」 관련 내용은 김명배 편역, 『한국의 다서』(탐구당, 1983), 11-20면에 실려 있다.

14 『국역 다산시문집』 제3책 3쪽.

10

주머니에 담아둔 찻잎 175-188

1 『견월첩』에 관한 논의는 정민, 「다산과 혜장의 교유와 두 개의 『견월첩(見月帖)』」, 『한국학논집』 제43집(한양대 한국학연구소, 2008. 5), 129-156면에서 상세히 논하였고, 『연파잉고』는 2008년 성균관대학교 대동문화연구원에서 펴낸 『다산학단자료총서』 전 8책 중 제2책에 수록되어 있다.

2 혜장, 「답동천(答東泉)」: "左顧既蹹所望, 惠牘又蒙存向, 兼賜筆墨, 珍瑰可玩. 不勝感謝之至. 藏懶散如昨, 無以副厚意也. 晚茗恐已老蒼, 但其焙曬如佳, 謹玆奉獻也. 不備."

3 이 『견월첩』은 김민영 선생 소장으로 24장 분량이다. 혜장이 다산과 윤금호(尹錦湖)와 윤공윤(尹公潤) 등에게 준 편지 17통이 실려 있다. 편지의 글씨는 다산의 친필은 아니고, 아들 정학연이 베껴 쓴 것이다. 동국대 중앙도서관 편, 『불서를 통해 본 조선 시대 스님의 일상』(동국대학교, 2007)에 수록되어 있다.

11

차 맷돌을 빙글빙글 돌려 189-208

1 이 친필 서첩은 2010년 4월에 공화랑에서 개최한 「문심과 문정」전에 출품되었다. 사진 속의 전체 원문은 전시 도록에 필자의 전문 풀이가 수록되어 있다. 『육로산거영』의 서문과 내용이 비슷하나 다산이 직접 짓고 쓴 글이다.

2 이 작품에 대해서는 정민, 「새로 찾은 다산의 산거잡영 24수」, 『문헌과해석』 통권 42호(문헌과해석사, 2008년 봄호), 11-28면을 참조할 것. 『육로산거영』은 김민영 선생 소장본이다.

3 철경, 「石屋禪師律詩奉和序」: "吾東禪系, 屢續屢斷. 高麗之末, 太古普愚和尙, 身入中國, 得法於淸珙. 嗣玆以降, 七葉蟬聯, 以至於芙蓉, 雙枝駢出, 遂如是蕃茂. 豈不休哉. 余見外典, 報本之禘, 其祖之所自出. 太古既僧家之大祖, 則石屋非所宜禘乎? 非曰禮同, 理則然耳. 長洲顧嗣立, 選石屋詩三十餘首, 流傳海外. 其山居雜詩長短各十二首, 心趣淸敻, 音調瀏亮. 一日謁茶山, 議共和之. 茶山曰: '吾與若皆山居者也. 山居之樂, 居者知之.' 因次韻成帙. 學人在菴者, 從而和之, 選其佳者, 又錄若干. 戊寅秋七月既望, 兒菴門人掣鱷題."

4 편지 원본 사진과 내용은 정민, 앞의 글을 참조할 것.

12

적막히 스님 하나 찾아오누나 209-225

1 용운 편, 『초의선사전집』(아세아문화사, 1985), 19면.

2 이 책은 『신헌전집(申櫶全集)』 상하 2책으로 아세아문화사에서 1990년 영인 간행되었다. 「금당기주」는 상책 613-693면에 수록되어 있다.

3 「금당기주」에는 초의에 관한 여러 사람의 글이 뒤섞여 있고, 시기도 전후로 상당한 간격이 있다. 중간 중간에 적혀 있는 "이 첩은 바로 탁옹께서 백련사 승려 의순에게 써준 것이다.(是帖卽籜翁之書贈白蓮寺僧意恂者也)"와 같은 언급은 이 책이 초의가 지녔던 여러 두루마리를 순서 없이 베껴 쓴 것임을 말해준다. 다만 필사자의 수준이 낮았던 듯 오자와 탈자가 적지 않다.

4 『초의선사전집』, 앞의 책, 22면.

5 「금당기주」에 다산이 초의에게 준 증언(贈言)이 무려 30개 항목에 걸쳐 실려 있다. 이 가운데 제27칙에 위 시가 수록되어 있는 것으로 보아, 초의를 위해 지어준 작품임이 확인된다. 『다산시문집』에는 이 30개 항목 중 단 4개 항목만 추려 「위초의승의순증언(爲草衣僧意洵贈言)」이란 제목 아래 실려 있다.

6 『초의선사전집』, 앞의 책, 23면.

7 정약용, 「금당기주」, 앞의 책, 637면: "余觀佛書, 如狗子無佛性, 祖師西來意, 庭前栢樹子, 吸盡西江水, 多般話頭, 無非要人起疑. 其究竟法, 則都歸於寂滅. 何益於身心哉. 必也自無疑而有疑, 自有疑而無疑, 然後可謂讀書也. 此儒釋之所以分也."

8 정약용, 「금당기주」, 앞의 책, 643면: "人世甚忙, 汝每動作遲重. 所以終歲書史之間, 而勤績甚少也. 今授汝魯論, 汝其始自今. 如承王公嚴詔, 刻日督迫, 如有將帥在後, 麾旗前驅, 遑遑汲汲. 如爲虎狼蛟龍所逼迫, 一瞬一息, 無敢徐緩. 唯義理尋索, 必潛心精研, 乃得眞趣." 「금당기주」에는 제목이 「다옹시순독서(茶瓮示洵讀書)」라 했고 「다산친필행서첩」에는 「시의순독서법」으로 나온다.

9 정약용, 「금당기주」, 앞의 책 같은 곳: "黃驍綠驍之間, 有山萃然揷空, 是爲龍門, 龍門之北, 萬壑千峰, 如牛朧然. 其回抱周密, 無門不入. 如武陵桃源者, 日米原古縣. 古縣有山, 秀色蟠空, 是爲小雪. 小雪者太古普愚和尙所嘗棲隱也. 舊有蘭若, 今頗圮廢. 草衣居士, 宜修葺, 爲精藍一區, 以終古焉. 自小雪庵, 沿溪下數里, 卽遇綠驍之水. 乘小航, 順流下二十餘里, 至兩水交袷之處. 是爲酉山別墅. 其間水色山光, 洲渚沙汕之容, 皆淸澄徹骨, 明晶奪目. 每三月桃花盛開, 從流上下. 賦詩彈琴, 以遊乎蕭閑之域, 斯亦人世之至愉也. 善男子, 豈有意乎? 如其有意, 其從我. 茶山老樵書."

10 정약용, 「금당기주」, 앞의 책, 654면: "余平生有讀書之願. 故及遭流落, 始大肆力, 匪爲有用而然也. 僧徒每云, 績文無用處, 任其懶散, 自暴自棄, 孰甚於此. 讀書之便, 莫如比丘. 切勿推三阻四, 着力前進也. 法身者, 吾家所謂大體也, 色身者, 吾家所謂小體也. 道心汝家所謂眞如, 人心汝家謂之無明. 尊德性汝以爲定, 道問學, 汝以爲慧. 彼此相當, 互不相用. 但汝家近日巫風太張, 是可惡也."

11 정약용, 「중씨께 올림」 1811년 겨울, 『다산시문선』 8책 230면 참조.

12 초의, 『초의선사전집』 앞의 책, 265면 참조: "伏以先生慈愛隆深, 以仁容物, 所以當世人物, 莫不翕然蘄向. 故以小釋之愚蒙, 叨忝敎府, 仰累鞭策. 幸於前秋之夜, 特蒙不鄙之惠, 許以易學會, 令翻抄一部. 自以至愚極陋之微生, 獲此盛德之賜, 自玆以後, 感服高義, 悚佩至今. 然而近者, 山僧妖怪, 或以小禪之守歲松巖也, 將有回觸儒林之兆, 言及師僧, 師師亦從而疑之. 在小僧則可無攸懼, 而誠恐以此成言, 仰累盛德. 遂今往來稀疎, 致使心地荒澁, 雖復時來侍側, 又緣左右之喧嘩嘩, 未陳所蘊. 謹玆覼縷此紙, 仰塵淸覽."

13

풀옷 스님의 이름 내력 229-242

1 용운 편, 『초의선사전집』(아세아문화사, 1985), 332면: "稍長就依碧峯和尙珉聖, 祝髮雲興寺. 時年十六"

2 각안 편, 『동사열전』(민창문화사 영인본, 1994), 269면: "十五忽有出家之志, 投南平雲

興寺, 剃染于碧峯敏性"

3 국립중앙박물관 편, 『추사 김정희 학예일치의 경지』(국립중앙박물관, 2006), 39면 도판에 초의가 청나라 섭지선(葉志詵)의 글씨를 예서로 임서한 것이 있는데, 여기 찍힌 도장은 '초의(艸衣) 의순(意恂)'이다. 반면 유홍준의 『완당평전』 2권 751면에는 추사의 「해붕대사화상찬」 글씨에 붙인 1861년에 쓴 초의의 발문이 친필로 적혀 있는데, 여기에는 '의순(意恂)'이라 서명하고, 막상 도장은 '의순(意洵)'으로 새겨진 것을 찍었다. 박영희, 『동다정통고』(호영, 1985), 부록 사진에 이들 도장의 실물이 실려 있다.

4 곽의진, 『초의선사』(동아일보사, 2004), 39면 참조.

5 박영보, 『서령하금집(西泠霞錦集)』(필사본, 『아경당초집(雅經堂初集)』 권 4), 장 14a.

6 박영보, 「草衣禪師得余南茶詩, 委來證交二首」 협주: "草衣師之師玩虎所命號也. 李太白太白胡僧歌序, 太白中峯有胡僧, 衣以草葉. 嘗有鬪虎, 以杖解之."

7 이백, 「太白胡僧歌序」: "太白中峰絕頂, 有胡僧, 不知幾百歲. 眉長數寸, 身不制繒帛, 衣以草葉. 恒持楞伽經. 雲壁逈絕, 人跡罕到. 嘗東峰有鬪虎, 弱者將死, 僧杖而解之. 西湫有毒龍, 久而爲患, 僧器而貯之. 商山趙叟, 前年采茯苓, 深入太白, 偶値此僧, 訪我而說. 予恒有獨往之意, 聞而悅之, 乃爲歌曰."

8 범해 각안, 『범해선사시집』 2권(『한글대장경 초의집 외』(동국역경원, 1997), 572면 참조. 번역은 필자가 새로 한 것임.

9 신헌, 「금당기주」(『신헌전집』), 638면.

10 정약용, 「題草衣禪偈後」: "詩云: '衣錦褧衣, 裳錦褧裳.' 惡其文之以著也. 塵土腸胃, 所貯不芳. 被之以羅綺, 餙之以珠翠. 吾知所聞非藴. 且也石火一閃, 歸于北邙, 至竟賢愚貴賤, 都以草根被體. 則無一而非草衣者也. 奚唯意洵是嗔哉. 不縛於佛律, 不拘於儒法, 任運肆志, 逍遙乎萬物之表, 沈浮乎四瀛之內, 人唯見其草衣褊褆, 而豈榮名祿利之所能繫者哉. 嘉慶甲戌茶山."

11 정약용, 「행서첩」: "中孚者, 虛中之卦也. 本無一物, 何用拂塵, 亦虛中也. 利涉大川, 勖到彼岸, 斯之謂心空及第耶?"

12 이백, 「答族侄中孚贈玉泉仙人掌茶」병서: "余聞荊州玉泉寺, 近淸溪諸山. 山洞往往有乳窟. 窟中多玉泉交流. 其中有白蝙蝠, 大如鴉. 按仙經, 蝙蝠一名仙鼠, 千歲之後, 體白如雪. 棲則倒懸. 蓋飮乳水而長生也. 其水邊, 處處有茗草羅生, 枝葉如碧玉. 惟玉泉眞公常采而飮之. 年八十餘歲, 顔色如桃李. 而此茗淸香滑熟, 異於他者. 所以能還童振枯, 扶人壽也. 余遊金陵, 見宗僧中孚, 示余此數十片, 擧然重疊, 其狀如手, 號爲仙人掌茶. 盖新出乎玉泉之山, 曠古未睹. 因持之見遺兼贈詩, 要余答之. 遂有此作. 後之高僧大隱, 知仙掌茶發乎中孚禪子及靑蓮居士李白也."

13 홍애(洪涯)는 황제(黃帝)의 신하였다는 전설적 신선의 이름이다. 진나라 곽박(郭璞)의 「유선시(游仙詩)」제3수에 "왼편으로 부구선인 소매를 잡고, 오른편으로 홍애의 어깨를 치네.(左挹浮丘袖, 右拍洪崖肩)"이라 한 데서 따왔다.

14

나뭇가지 하나로도 편안하다네 243-262

1 신헌, 「금당기주」, 『신헌전집』(아세아문화사, 1990), 638면: "沙門意洵, 字中孚. 托胎於務安縣張氏之家. 薙毛於雲興寺民聖之房. 私淑於蓮潭, 得佛法. 親炙於茶山, 聞傳道. 冥會於寒山拾得."

2 「금당기주」, 앞의 책, 658-660면: "洵云: '這箇是前生善果否?'師云: '那箇是未來惡因. 邐邐首座, 要做功課. 晝夜擊鐸數珠, 細察其情飯也. 敏捷講主, 要行指導, 夏臟竪拂譚經, 密驗其飯也. 得便宜處落便宜, 失機緣處湊機緣.'洵云: '世間只有恁麼持守否持'師云: '擧火焚空, 撈水捉月.'"

3 다산은 불제자들과의 강학에서 선문답을 즐겨 썼다. 자세한 내용은 정민, 「다산의 선문답」, 『문헌과해석』통권 45호(2008년 겨울호)를 참조할 것.

4 신헌, 「금당기주」, 앞의 책, 628면: "自國朝中葉以來, 敎講盛而禪講度. 俊慧者專治經敎, 支離文義, 徵繞訓詁, 作學究, 經生模樣. 推鹵捆屨之輩, 晚年皆稱首座. 洵病之, 學旣成, 棄之日: '巫婆兒誤我爺娘, 薙髮毛爲僧, 旣一死矣. 又誰能摧眉屈首, 就書卷裏, 蠹死

螢乾?'搜其笈, 凡疏鈔箋釋之抄取者, 悉焚之. 唯取拈頌・傳燈錄二部・寒山拾得詩各一卷・高麗眞靜國師天頤詩共幾卷, 與同學人作別, 赴海南縣頭輪山中, 於藤蘿磧石中, 縛一廬, 扁之曰一枝庵."

5 용운 편, 『초의선사전집』(아세아문화사, 1985), 69면.

6 초의는 『군방보(群芳譜)』를 초록해 자신이 확인한 내용을 추가로 적는 등 화초에도 관심이 많았다. 그가 남긴 장서 목록 중에도 『화초보(花草譜)』가 있다.

7 1976년 일지암복원추진위원회에서 쓴 「일지암복원취지문」에는 일지암이 1826년에 세운 것으로 되어 있다.

8 『초의선사전집』 53면: "聞我巖居靜, 披雲到松軒. 掬泉烹雷笑, 焚香演道言."

9 신위의 「원몽」 및 박영보의 「몽하편」에 얽힌 이야기는 따로 소개한다. 시는 신위의 『경수당전고』(한국문집총간 291책) 359면 참조.

10 국립중앙박물관 편, 『추사 김정희 학예일치의 경지』(국립중앙박물관, 2006), 43면 도판 참조. 초의가 지은 『선문염송선요소(禪門拈頌選要疏)』에도 스스로 '자우주석(紫芋註釋)'이라 쓴 예가 있다.

11 '일지선방은 『선문염송선요서』에 용례가 보이고, '죽향실'은 정학유가 초의에게 써준 시에 "죽향실 가운데서 더딘 해를 보다가, 금강암 가에서 이른 바람 맞누나.(竹香室中見日遲, 金剛巖畔迎風早)"라 한 것이 있다.

12 용운 편, 『초의선사전집』(아세아문화사, 1985), 69면.

13 허련 저, 김영호 역, 『소치실록(小癡實錄)』(서문당, 1976), 70면: "乙未年入大屯寺之寒山殿, 訪草衣. 欵曲仍借榻留寓. 往來數載, 氣味相同, 至老不改. 其住處則乃頭輪絕頂之下也. 松深竹茂處, 縛箇數楹草室. 垂柳拂簷, 玆花滿砌, 掩映交錯. 庭中鑿上下池, 榮下設大小槽. 自詩云: '鑿沼明涵空界月, 連竿遙取濕雲泉.' 又曰: '磑眼花枝劖却了, 好山多在夕陽天.' 此等句語甚多. 而清高澹雅, 非烟火口氣也. 每雪晨月夕, 沈吟耐興, 香初茶半, 逍遙過趣. 寂寂小欄, 聽啼鳥而相對, 深深曲徑, 怕客來而潛韜. 連架綠袟, 盡是蓮花貝葉. 滿箱玉軸, 罔非法書名畫. 我乃工畫學筆, 吟詩解經, 得其所哉. 況日日對話, 都是物外高情, 我雖凡胎濁骨, 安得不和其光, 而同其塵乎."(번역은 필자가 새로 한 것임.)

14 초의의 유품 중 친필의 『천수범서(千手梵書)』란 필사본이 있다. 범자로 『천수경』을 쓴 것인데, 여기에도 "도광(道光) 3년(1823) 5월일 대둔사 한산전에서 초의 쓰다."라고 적혀 있다. 『천수범서』 사진은 박영희, 『동다정통고』(호영, 1985) 부록 사진에 실려 있다.

15 "盖聞哲人博於物, 而事記書籍之上. 勝區得其主, 而名擅江湖之間. 長卿遊龍門而眼界豁然, 子瞻題鈷鉧而胸襟灑落. 匡廬閒雲, 采石清風以外, 勝界何限於人間, 而鮮能知貴焉. 今夫長春洞處在海南之南二十里. 頭崙一脉, 分作龍虎. 山繞十匝, 溪廻九曲. 大芚一刹, 儼然於溪山之間. 緇徒紛紜, 悅若關市. 華盖絡繹, 爭留玉帶. 則但知梵宇之玲瓏, 人物之全盛, 而不覺山水爲絶勝矣. 沙溪有意洵比丘者, 號草衣, 本是羅州人. 棲跡山門, 年今五十四歲. 涉獵五七, 博究八萬, 詞藻唫咏, 雖宏儒碩士, 無不却筆讓頭. 而素以淡泊棲心, 蕭灑出塵之想. 十數年前, 鳩聚屌工, 不顧資潤, 北菴之南, 南菴之北, 山腰一庄草菴數間卜築, 碧岫下清溪上, 雲山之邊, 烟樹之間. 菴之爲名, 幽闃寥夐, 不染塵跡之謂也. 而飄然精舍, 若掛雲中. 居人則只是意洵一人, 及闍梨一人. 而蘿月松風, 迭爲賓主. 則物與主而相隨, 無人知於深林. 於其大廳卓床上, 有金盆裡金佛一座, 朝夕供斯, 晨暮篦鐸, 靡不勤摯. 念玆在玆, 觀諸衆樹之藜蔓, 竹林之榛榛. 果園樹後, 場圃築前. 清水一源, 從石間而溶溶流出于場圃之前. 而場邊鑿得一池塘, 灌漑流下, 冽冽清釀, 不羨金谷. 且於池上, 設置木架, 數莖葡萄, 蔓葳其上. 左右土階, 種得奇花異草, 孫弄春色, 若笑塵人. 而菴後有彌勒石峰, 菴前有池塘清流. 登高而望, 臨流而滌, 樂山樂水. 今之意恂, 可謂兼之於古之長卿子瞻之清趣矣. 至若西菴雲捲, 東山日出, 暑氣薰人, 則解裂婆裟掩經卷. 亭亭老釋; 左手懶撓黃蕘扇, 右手住執碧梧杖, 逍遙於兩美之間, 人世養志, 雖仙境無以過此. 俗愚居蟄塵埃, 飽聞久矣. 是年六月, 有事大芚之路, 渡溪經谷, 披草攀蘿, 筇箆然如訪武陵. 入其菴, 與之語而肝膽照應, 觀其物而胸膈灑落. 形骸清淨, 初無一点之物慾, 眞可謂名不虛得. 問其年, 亦吾同庚. 故瞥眼間拾得所見, 遂爲之記. 黃猪流火 沃州龍村 俗愚堂 稿." 원본은 아모레퍼시픽미술관에 원본이 소장되어 있다. 김두만 역, 『동다송·다신전』(태평양박물관, 1982)이나 그 밖에 한두 곳에 이 글의 본문이 소개된 바 있는데, 오자가 무수하여 문맥이 통하지 않는다. 귀한 자료의 원본 열람과 촬영에 협조해준 아모레퍼시픽미술관 측에 감사의 뜻을 표한다.

16 각안 편, 『동사열전』(민창문화사 영인본, 1994), 269면: "同治四年乙丑七月初二日, 示寂于快年閣. 始搆隱身之巢, 一枝庵也; 後結容膝之窟, 龍馬庵也; 復立終身之幕, 快年閣也."

17 쾌년각은 응송 박영희의 『동다정통고』(호영, 1985), 239면에 따르면 현 대흥사의 대광명전(大光明殿) 자리에 있었다. 초의 당시의 규모는 분명치 않다. 용마암은 위치

를 알 수 없다.

15

남녘 차의 짙은 향기 263-274

1 원본은 박영희, 『동다정통고』(호영, 1985) 뒤에 실린 「저자 소장 초의선사 유품」에 사진으로 실려 있다. 이를 전사한 필사본은 신헌, 『신헌전집』(아세아문화사, 1990), 1책 677면에 수록되었다. 이 자료는 정영선, 「고전에 수록된 차」, 『차 문화 연구지』(한국차 문화연구소, 1996. 1) 제5권, 25-28면에 처음 소개되었다.

2 박영보의 문집은 그간 세상에 전혀 알려지지 않았다. 금번 필자는 고령박씨 대종회 금령공의 현손이신 박용기(朴鏞期) 선생의 후의로 종택에 진장된 박영보의 문집 50여 책을 제공받아 그의 차 관련 시문을 꼼꼼히 살펴볼 수 있었다. 감사드린다.

3 박영보, 「남차병서」 친필본 병서: "南茶湖嶺間産也. 草衣禪師, 雲遊其地, 茶山承旨及秋史閣學, 皆得以文字交焉. 庚寅冬, 來訪于京師, 以手製茶一包爲贄. 李山中得之, 轉遺及我. 茶之關人, 如金縷玉帶, 亦已多矣. 淸座一啜, 作長句二十韻, 以送禪師, 慧眼正之, 兼求郢和."

4 판향(瓣香): 선승이 사람을 축복할 때 피우는 오이씨처럼 생긴 향이다. 상대를 존경하여 사숙하는 의미로 쓴다.

5 병석(甁錫): 물 항아리와 석장(錫杖). 병(甁)은 승려가 손을 씻기 위해 물을 담아두는 항아리. 여기서는 승려의 조촐한 행장을 가리킨다.

6 삼충(三蟲): 삼시충(三尸蟲)이다. 인간의 몸속에 살면서 인간의 죄과(罪過)를 기록해 두었다가 옥황상제에게 고자질해서 수명을 감축시킨다는 벌레. 여기서는 차에 인이 박혀 뼛속까지 사무쳐 있다는 뜻으로 썼음.

7 걸도화(乞桃花): 소동파가 대야장로(大冶長老)에게 자신의 정원에 도화차(桃花茶)를

심어달라고 부탁하며 「문대야장로걸도화차재동파(問大冶長老乞桃花茶栽東坡)」란 시를 지어준 일을 가리키는 말.

8 국제(菊虀): 국화로 무친 나물. 고사가 있으나 분명치 않다. 초의차를 받고 답례로 따로 줄 물건이 없어 손이 부끄럽다는 뜻으로 한 말인 듯하다.

9 시는 박영보, 앞 같은 책, 14a에 수록됨.

10 소동파의 「과영락문장로이졸(過永樂文長老已卒)」이란 시에 "전당으로 향해 가서 원택 스님 찾아가 갈홍천 물가에서 늦가을을 기다리리.(欲向錢塘訪圓澤, 葛洪川畔待秋深)"라고 한 구절에서 따온 말. 송나라 때 이원(李源)이 혜림사(惠林寺) 승려 원택(圓澤)과 방외의 사귐을 맺고, 13년 뒤에 갈홍천 물가에서 만날 약속을 했던 데서 나온 고사. 소동파의 「승원택전(僧圓澤傳)」에 전후 내용이 상세하다. 여기서는 후생(後生)에 다시 만날 약속을 했던 두 사람과 달리 하루빨리 만나자는 다짐의 뜻으로 썼다.

11 박영보, 앞의 책, 15a: "草衣禪師新結茅頭輪西麓. 移居之夕, 夢人呼曰: 紫霞道人來矣. 卽見一靑衫秀才, 年可四十許, 問姓笑不應. 而書名示之. 少頃, 展冷金箋, 行草作堂扁曰蕭齋, 又隸書作對耐二字. 書至耐字寸邊, 令草衣足之. 草衣辭不敢, 遂復援毫畢書. 且以雪色紙, 製方山冠, 四邊畵淡墨山水者, 名曰文殊冠, 以贈師. 是果何祥也? 草衣今年來京師, 對余誦以夢如此. 海南千里, 能致紫霞入夢, 非徒紫霞禪悅所幻, 師亦異人哉. 爲作長句紀之."

12 호승국(胡僧國)은 인도를 가리키나, 여기서는 초의가 이백의 「태백호승가」에 나오는 호승의 환생임을 말한 것이다.

13 자첨(子瞻)은 소동파이니, 평생 소동파를 사모하여 당호를 소재(蘇齋)라 했던 신위를 소동파에 견주고, 두륜산 대흥사를 여산에 견줘 말한 것이다.

14 흡진서강(吸盡西江): 불가의 말로 방거사가 마조선사에게 "만법(萬法)과 더불어 벗 삼지 않는 사람은 어떤 사람입니까?"라고 묻자, "네가 한입에 서강의 물을 다 마셔버리길 기다려 네게 말해주리라."라고 한 데서 나온 말. 일기가성(一氣呵成), 관통만법(貫通萬法)의 의미로, 여기서는 초의의 문장과 선학(禪學)이 대단한 경지에 이른 것을 두고 한 말이다.

15 사석한불륵(沙石寒不泐): 인장 재료 중 으뜸으로 꼽는 수산석(壽山石)이 지기(地氣)

에 엉겨 붙어 추위에도 갈라지지 않는 가장 좋은 돌이 된 것을 두고 하는 말. 여기서는 초의의 글씨가 군세고 힘찬 것을 높인 것이다.

16 미가산(米家山): 송대 화가 미불(米芾) 풍의 점묘 산수를 나타냄. 방산관 사면에 그려진 산수화가 미불 풍의 산수화임을 말한 것임.

17 진계상(陳季常): 소동파의 친구로 그의 아내 유씨가 워낙 사나웠으므로 동파가 '하동사자후(河東獅子吼)'에 견준 일이 있다. 여기서는 그 기세가 대단함을 말함.

16

차 끓여 박사 이름 얻으셨구려 275-296

1 신위, 『경수당전고』 16책(민족문화추진회 한국문집총간 291책 359면): "海南縣大芚寺僧草衣, 名意洵, 詩僧也. 新結茅頭輪山西麓, 號曰九蓮社⋯⋯ 今年草衣來京師, 見錦舲而咏其事如此. 錦舲卽爲七言長歌, 以記之曰夢霞篇, 而轉示余. 余亦爲詩四篇, 復令錦舲草衣皆和之, 以結海上名藍千里墨緣."

2 박동춘, 『초의선사의 차 문화관 연구』(일지사, 2010)에 원본 사진과 원문 및 역문이 수록되어 있다. 번역은 새로 해서 싣는다. 원본 사진의 게재을 허락해준 박동춘 선생께 감사드린다.

3 신위, 「남차시 병서」(친필 미정고, 박동춘 소장): "南茶湖嶺間所產也. 勝國時人, 以中州茶種, 播諸山谷之間, 種種有萌芽者. 然後之人, 以蓬蒿之屬視之, 不能辨其眞贗. 近爲土人採之, 煎而飮之, 乃茶也. 草衣禪師, 親自蒸焙, 以遺一時名士. 李山中得之, 分于錦舲, 錦舲爲余煎嘗, 因以南茶歌, 示余, 余亦和其意焉."

4 신위, 『경수당전고』 제17책(문집총간 291-368면) 수록. 이 시에 초의가 차운한 시가 『일지암시고』에 수록된 「북선원알자하노인(北禪院謁紫霞老人)」이다. 초의의 이 시는 1831년 8월에 지은 것이다. 이때 초의는 자하와 첫 대면했고, 자하는 초의를 위해 시집의 서문을 써주었다.

5 이유원 시의 전문은 앞 절 「다산의 구증구포설」에서 자세히 소개했다.

6 신위, 「三如塔銘序」: "星來而來, 眞去而去. 此生與死之二夢也. 主盟叢林, 講華嚴者, 一十九年. 莊嚴金碧, 雕玉像者, 一千有三. 此二夢中間, 空花事業也. 大師示寂後, 見門人 之夢曰: '過去如, 現在如, 未來亦復如.' 門人遂以三如爲師諡. 書其塔曰三如之塔."

7 신위, 「與草衣」: "湖上山中, 屢枉瓶錫, 談禪談藝, 得未曾有. 且蒙頃損札, 今又承荐存, 非不爲慰. 但告以行期, 何恨如之. 顧此拙瘃, 間有差效, 近更餘毒肆氣, 比前越添, 委吶呻 痛, 殆天之所廢, 亦任之而已, 奈何. 今不能任意起坐, 長時委枕, 動近筆硏, 則末由也. 間 果寫得塔銘, 而更見則字樣太小, 不堪他日入鐫刻也. 再謀稍展字樣, 而因病有意莫遂. 諸 餘書本, 亦不得生意把筆. 更俟幾時, 此病少減, 可以都完就了矣. 小竢之如何. 文字翰墨, 亦有成就緣合時, 亦不可如意期必, 小遲亦何妨耶. 茶餠紙束兼領情, 多謝. 茶味極佳, 製法 中度可喜. 未知從此雲遊飛錫, 嘗在何間, 無由面別, 只有耿然掛心而已. 唯願未見間, 證悟 加境, 爲道珍重, 或有北來僧俗之便, 以時寄音, 以慰饑渴, 幸甚幸甚. 臨紙沖悵. 不宣此覆. 草衣禪師心印. 八月卄三, 緯和南."이 편지는 현재 원본의 소재를 알 수 없고, 예전 월 간 『다담』 1990년 9월호 50쪽 하단에 사진이 실린 바 있다.

8 신위, 『경수당전고』 제25책(문집총간 291-557면) 수록.

9 신위, 『경수당전고』 제25책(문집총간 291-558면) 수록.

10 신위, 『경수당전고』 제27책(문집총간 291-602면): "代書答草衣師 幷序. 往在庚寅 冬, 大屯僧草衣, 訪於紫霞山中. 以己師玩虎三如塔銘, 乞余幷序書. 序則成而書未成. 旋余 湖海竄逐, 文字散亡. 序稿亦失, 甚恨之. 今年辛丑春, 草衣書來, 幸致其副本之在鉢囊中而 搜出者. 十二年之久, 而重讀之, 如得汲冢古書. 始可以成書上石, 庶畢草衣之願也. 先以一 詩賀之, 且謝佳茗之充信也."

11 신위, 『경수당전고』 제27책(문집총간 291-606면) 수록.

12 신위의 차시는 권경렬 편역, 『다옥에 손님 오니 연기가 피어나네』(너럭바위, 1998) 에 잘 정리되어 있다.

17

차의 역사를 말씀드립니다 297-310

1 초의, 「上海居道人書 丁亥夏」: "千株松下, 對明月而煎秀碧湯. 湯成百壽, 則未嘗不思持獻道人. 思則便與明月爲侍座側而爲勝. 此其所以不相隔碍之道理也. 非別有個神通妙術而然也. 近有北山道人承敎, 垂問茶道. 遂依古人所傳之意, 謹述東茶行一篇以進獻. 語之未暢處, 抄列本文而現之, 以對下問之意. 自愧陳辭亂煩, 冒瀆鈞聽, 極切主臣. 如或有句可存者, 無惜一下金篦之勞."

2 변지화, 「여초의(與艸衣)」: "東茶行送京時, 使人急謄, 今覽多誤. 懸標質疑, 而此外似又錯誤, 故爲付呈. 幸望逐處改定, 回便還投, 是望耳." 이 편지는 박동춘, 『초의선사의 차문화 연구』(일지사, 2010), 78면에 원본 영인과 함께 수록되어 있다.

3 초의, 「선문염송선요소」, 『초의선사전집』(아세아문화사, 1985), 342면: "頌者頌宣其義, 選其要妙, 疏通源流."

4 염부단금: 인도의 염부나무 아래로 흘러가는 하천에서 채취한 황금으로 적황색에 자줏빛 불꽃의 기운을 띤 빛깔이다. 『지도론(智度論)』에 "이 고을에 숲이 있는데, 숲 속에 하천이 있다. 그 아래 금모래가 있는데, 이름하여 염부단금이라고 한다."고 적혀 있다. 여기서는 차꽃의 황금빛 꽃술을 가리킨다.

5 염제께서……: 염제의 저술로 전해지는 『식경』에 "차를 오래 먹으면 사람이 힘이 생기고 기분이 좋아진다."고 했다.

6 제호감로: 육우의 『다경』에 신안왕 자란(子鸞)과 예장왕 자상(子尙)이 팔공산에서 담재(曇濟) 도인을 만나 차 대접을 받고 차를 감로(甘露)라 칭한 예가 보인다. 남송 사람 나대경(羅大經)의 『학림옥로(鶴林玉露)』에도 "한 주발의 춘설차가 제호(醍醐)보다 낫구나.(一甌春雪勝醍醐)"라 한 구절이 보인다.

7 술 깨우고 잠을 줄임: 주공(周公)이 지은 것으로 알려진 『이아(爾雅)』를 확대한 『광아(廣雅)』에 "형파(荊巴) 지역에서 잎을 따서 마시면 술을 깨게 하고 사람의 잠을 적게 한다."고 적혀 있다.

8 차나물 곁들인 밥: 육우의 『다경』에 『안자춘추』의 인용으로 나온다. 제나라 안영이 거친 밥에 차나물을 곁들여 먹었다고 했다.

9 우홍은 제물 바쳐……: 『신이기(神異記)』에 관련 기록이 있다. 우홍이 산에 들어가 단구자란 도사를 만나 차 있는 곳을 소개받고, 돌아오는 길에 차를 올려 그에게 바치자 그 뒤로 늘 차를 쉽게 얻을 수 있었다는 고사.

10 모선은 진정 끌어……: 선성(宣城) 사람 진정(秦精)이 무창산에 들어가 차를 따다가 털보 신선을 만났는데, 신선이 그를 안내하여 차 덤불이 있는 곳을 알려주었다는 고사.

11 땅속 귀신 만전 돈을……: 육우의 『고저산차기(顧渚山茶記)』에 인용된 내용. 진무(陳務)의 아내가 차를 즐겨, 차를 마실 때마다 집안의 오래된 무덤에 먼저 차를 올렸는데, 꿈에 한 사람이 나타나 은혜에 감사하며 보답하겠노라고 했다. 이튿날 뜰에서 돈 십만 금을 얻었다.

12 육청(六淸): 육청은 고대의 여섯 가지 맑은 음료인데, 진나라 안평 사람 장맹양(張孟陽)은 그의 「등루시(登樓詩)」에서 "좋은 차 육청 중에 으뜸이라네.(芳茶冠六淸)"라고 노래한 바 있다. 판본에 따라 육정(六情)으로 된 곳도 있으나 잘못이다.

13 수문제 두통 나은……: 『속다경(續茶經)』에 『잠확유서(潛確類書)』에서 권서문(權紓文)이 한 말로 나온다. 수나라 문제가 즉위 전에 두통을 심하게 앓았는데, 한 승려가 산속의 차를 달여 마시면 나을 것이라 하므로, 차를 마시자 두통이 낳았다는 고사. 이후로 사람들이 다투어 차를 마시기 시작했다고 한다.

14 자영만을 기록했지: 『속다경』에 나온다. 당소악(唐蘇鶚)의 『두양잡편(杜陽雜編)』에서 인용했다. 당나라 덕종이 동창공주(同昌公主)에게 음식을 하사하면서, 차를 녹화자영(綠花紫英)이라 불렀다고 했다.

15 도인께서……: 도인은 부대사(傅大士)로, 그는 제나라 동양군(東陽郡) 사람이다. 본명은 부옹(傅翁). 몽산(蒙山) 정상에 암자를 짓고 차를 심어 삼 년 만에 성양화와 길상예라는 좋은 차를 얻어 황제께 바친 일이 있다.

16 옛사람은……: 이덕리가 지은 『동다기』에 나오는 내용이다. 여기서 옛사람은 이덕리를 가리킨다.

17 환동진고(還童振枯): 마른 형해를 떨쳐 젊음을 되찾는다는 뜻. 이백의 「족질 중부가 옥천산의 선인장차를 준 데 답례하여(答族侄中孚贈玉泉仙人掌茶)」란 시에 형주 옥천산 종유동굴에서 나는 선인장차를 마시고 옥천진공(玉泉眞公)이 나이 팔십에도 얼굴빛이 복사꽃 같았다고 한 내용이 보인다. 초의의 자 '중부'도 여기서 따온 것이다.

18 수벽백수탕: 당나라 소이의 「십육탕품」에 나온다. 제3품이 백수탕이고, 제8품이 수벽탕이다. 백수탕은 백발탕(白髮湯)이라고도 하는데, 물이 십비(十沸)를 넘긴 노숙(老熟)한 상태를 가리키고, 수벽탕은 천지의 수기(秀氣)를 간직한 돌그릇으로 끓인 물을 말한다.

19 구난사향(九難四香): 차의 아홉 가지 어려움과 네 가지 향. 구난(九難)은 조(造)·별(別)·기(器)·화(火)·수(水)·자(炙)·미(味)·자(煮)·음(飮)이다. 차 만들기에서 차 마시기까지의 여러 가지 고려 사항들이다. 『다경』에 나온다. 사향(四香)은 진향(眞香)·난향(蘭香)·청향(淸香)·순향(純香)이니 『만보전서』에 설명이 있다.

20 옥부대 위: 지리산 화개동 옥부대 아래 있는 칠불선원에서 좌선하던 승려들을 가리킨다. 화개동의 그 훌륭한 차밭을 곁에 두고도 다도를 몰라 먹을 수 없는 차를 끓여 마시는 그들을 보며 안타까운 뜻을 피력했다.

21 조정에 들자마자: 앞 구에서 '구중궁궐'을 말했으므로 이어 말한 것이다. 여기서 조정에 든다 함은 심군(心君)에게 입조(入朝)한다는 의미이니, '마시자마자'의 의미와 같다.

22 막혀 체함: 차에 소옹석체(消壅釋滯), 즉 막힌 것을 뚫어주고 체한 것을 풀어주는 효용이 있음을 말했다.

23 뛰놈 신발……: 육우의 『다경』에서 좋은 차의 표면에 나타나는 여러 종류의 무늬 모양을 묘사한 데서 끌어왔다.

24 맑은 밤이슬……: 차를 채취할 때 너무 이른 새벽에 따면 이슬을 덜 머금어 맛이 온전치 못하고, 너무 늦으면 다신(茶神)이 흩어진다 하였다. 이슬을 흠뻑 빨아들인 상태에서 제때에 따낸 좋은 찻잎을 가리킨다.

25 삼매 솜씨: 소동파의 「송겸사(送謙師)」시에 "도인이 이른 새벽 남병산에 나가더니, 삼매에 든 솜씨로 시험하여 차 끓인다.(道人曉出南屏山, 來試點茶三昧手)"라 했다. 좋은

찻잎을 훌륭한 솜씨로 덖어 차를 만들어 법에 맞게 끓이니 향기가 기막히다고 말한 것이다.

26 상청경(上淸境): 도교에서 신선이 거처하는 공간을 삼청(三淸)이라 하는데 상청(上淸)·중청(中淸)·하청(下淸)이 그것이다. 상청경에 옥황상제가 거처하는 백옥경이 자리 잡고 있다. 마치 신선이 되어 선계를 노니는 듯하다는 느낌을 표현한 것임.

27 승 삼으리: 혼자 마시는 것을 신(神)이라 하고, 손님이 둘이면 승(勝), 3, 4명이면 취(趣), 5, 6명이면 범(泛), 7, 8명이면 시(施)라 한다. 구름과 달을 두 명의 손님으로 맞아 독(神)이 아닌 승(勝)으로 삼겠다는 뜻. 장원의 『다록(茶錄)』에서 인용했다.

28 이에 대해서는 김명배, 「초의다서의 출전고」, 『다도학논고』(대광문화사, 1999)에 자세하다.

18

찻일은 차와 물의 조화 311-324

1 초의, 「書茶神傳後」: "戊子雨際, 隨師於方丈山七佛啞院, 謄抄下來. 更欲正書, 而因病未果. 修洪沙彌, 時在侍者房. 欲知茶道, 正抄, 亦病未終. 故禪餘强命管城子成終. 有始有終, 何獨君子爲之. 叢林或有趙州風, 而盡不知茶道. 故抄示可畏 庚寅中春, 休菴病禪, 虛窓擁爐, 謹書."

2 초의, 『동다송』 협주: "智異山花開洞, 茶樹羅生四五十里. 東國茶田之廣, 料無過此者. 洞有玉浮臺, 臺下有七佛禪院. 坐禪者常晩取老葉晒乾. 然柴煮鼎如烹菜羹, 濃濁色赤, 味甚苦澁. 政所云: '天下好茶, 多爲俗手所壞.'"

3 김호, 「19세기 조선의 일상, 그 지혜의 보고: 만보전서언해」, 『문화와 나』(삼성문화재단, 2005. 가을), 40-43면 참조.

4 초의, 「다신전」: "蔡君謨湯用嫩而不用老. 蓋因古人製茶, 造則必碾, 碾則必磨, 磨則必

羅. 則茶爲飄塵飛粉矣. 于是和劑, 印作龍鳳團, 則見湯而茶神便浮. 此用嫩而不用老也. 今時製茶, 不假羅磨, 全具元體. 茶湯須純熟, 元神始發也. 故曰 '湯須五沸, 茶奏三奇.'"

5 초의, 「다신전」: "茶者水之神, 水者茶之體. 非眞水, 莫顯其神, 非精茶, 莫窺其體."

6 초의, 「다신전」: "過於文, 則水性柔, 柔則水爲茶降. 過於武, 則火性烈. 烈則茶爲水制. 皆不足於中和, 非烹家要旨也."

7 초의, 「다신전」: "探湯純熟, 便取起, 先注少許壺中, 祛湯冷氣, 傾出然後, 投茶葉. 多寡宜酌, 不可過中失正. 茶重則味苦香沉, 水勝則色淸味寡. 兩壺後, 又用冷水蕩滌, 使壺凉潔. 不則減茶香矣. 礶熱則茶神不健, 壺淸則水性當靈. 稍候茶水冲和然後, 冷釃布飮, 釃不宜早, 飮不宜遲. 早則茶神未發, 遲則妙馥先消."

8 초의, 『동다송』: "採盡其妙, 造盡其精, 水得其眞, 泡得其中. 體與神相和, 健與靈相倂, 至此而茶道盡."

19

찌든 속을 씻겨주오 325-340

1 정민, 「삶을 바꾼 만남: 정약용과 강진 시절 제자 황상」, 『미쳐야 미친다』(푸른역사, 2004), 177-194면과, 「다산과 황상」, 『문헌과해석』(문헌과해석사, 2006), 통권 36호, 11-26면, 그리고 『다산선생 지식경영법』(김영사, 2006) 중 41절 「성의병심법」(481-495면)에 황상과 다산에 관한 논의를 정리한 바 있다.

2 정학연, 「유산서별지(酉山書別紙)」(황상의 『치원유고(巵園遺稿)』 320면): "在耽時, 有一人示一詩, 不問可知爲茶山高弟. 故問其名, 曰黃某. 味其詩, 卽杜髓而韓骨. 歷數茶山弟子, 自鶴也以下, 皆無以敵此人. 而且聞, 黃某非但詩文直逼漢唐, 其爲人可謂當世高士, 雖古之隱逸, 無以加此. 故出陸訪之, 則曰上京云. 故恨望而歸."『치원유고』는 성균관대 대동문화연구원에서 간행한 『다산학단문헌집성』(2008) 5책에 수록되어 있다.

3 이 자료는 박동춘 선생 소장 자료로 낱장에 초고 형태로 적은 것이다.

4 해당 글자 한 자가 잘려 나가 판독되지 않는다. 앞뒤 문맥으로 보아 초의가 이때 잠깐 승복을 벗고서 초당에 머물고 있었다는 의미 같은데, 분명치 않다.

5 황상, 「초의가 병서」: "余幼年學習於茶山夫子. 艸衣逈時衣姑未□(*1字缺)也. 參尋而至夫子, 余一見而罷歸, 耕於白磧山伽倻野, 晦跡韜光, 已四十餘春秋矣. 或逢陳州來人, 得於髣髴者, 不忘于中. 今年己酉, 自洌上還, 訪艸衣於大屯之草菴. 雪髮皺皮, 乃無始來未覩之人也. 聽其言跡其行, 果艸衣無疑也. 丐見秋史先生所贈手墨, 竹爐茗禪之畵, 玉環飛燕之態, 非鈍根者流所敢規則也. 明燭至曙, 留期以歸. 作艸衣行而寄之."

6 초의, 「일속암가」: "己酉冬, 訪余敍舊, 旣歸以艸衣行一篇寄來. 用其韻, 作一粟山房歌以射." 이 작품은 초의의 『일지암시고』 끝 부분에 실려 있다.

7 이 작품은 정민, 「차를 청하는 글―다산의 걸명시문」, 『문헌과해석』 통권 37권(2006년 가을호) 24면에서 한 차례 소개한 바 있다. 이 작품이 소개된 후 「명선」의 진위를 둘러싼 한 차례의 소동이 있었다. 이에 대해서는 따로 지면을 두어 논의하기로 한다.

8 황상, 「걸명시」, 『치원유고』 124면.

9 황상, 「기초의상인(寄艸衣上人)」, 『치원유고』 243면.

20

소나무 아래서 수벽탕을 달입니다 341-358

1 석용운 편, 『초의선사전집』(아세아문화사, 1985), 86면 참조.

2 이때 쓴 해거의 친필 시축(詩軸)이 응송 박영희의 『동다정통고』 부록 사진 자료에 실려 있다. 해거의 이 시는 『초의선사전집』 87면에 실려 있다.

3 석용운 편, 『초의선사전집』(아세아문화사, 1985), 92면에 실린 「又賦四言」이 그것이다.

4 『초의선사전집』 위 같은 책, 91면을 참조할 것.

5 석용운 편, 『초의선사전집』(아세아문화사, 1985), 597면, 「上海居道人書 丁亥夏」: "草衣山人某, 謹再拜上書于海居道人隱机座前. 仰惟尊候萬安. 憶昔辛卯, 獲奉巾拂於淸涼松軒, 猥以微賤, 蒙恤過情, 深感. 香火緣深, 翰墨恩重. 嘗聞草木之萌芽, 難忘于故土. 人生發軔, 每回首于恩門. 雖鏟迹消聲於窮谷, 豈草木無知之不若. 但雲泥分隔, 山海程遙, 愴枯謁之無緣, 時獻訊而未達. 古語有之, 情聯則共一室而相忤, 道合則隔千里而彌親. 與其慽慽於言相之難求, 寧任坦蕩於道理之易親. 所以心香一炷, 凝然不散於性天. 張志和云: 以天地爲籧蘆, 日月爲燈燭, 與四海諸公, 其處未相鬲, 此雖達人之見, 未免猶滯言象之跡. 古亦有言. 眼皮盖盡三千界, 鼻孔盛將百億身. 如此鼻眼, 人人本具, 天地日月, 在此眼中, 運旋出沒, 未嘗爲碍眼光, 況此一四海之內, 焉有防碍而相隔也. 千株松下對明月, 而煎秀碧湯. 湯成百壽, 則未嘗不思持獻道人. 思則便與明月爲侍座側而爲勝. 此其所以不相隔碍之道理也. 非別有個神通妙術而然也. 近有北山道人承敎, 垂問茶道. 遂依古人所傳之意, 謹述東茶行一篇以進獻. 語之未暢處, 抄列本文而現之, 以對下問之意. 自你陳辭亂煩, 冒瀆鈞聽, 極切主臣. 如或有句可存者, 無惜一下金篦之勞."

6 신헌의 「금당기주」에 정학연이 초의에게 써준 금강산 시가 실려 있다. 그 제목에 「두 선사가 산천과 더불어 금강산에 놀러 가기로 약속하고, 불등을 가리키며 증거로 삼았다. 천 리 길을 달려와 약속에 맞췄는데, 산천이 병이 있어서 마침내 그만두고 말았다. 다만 거사의 병을 살피며 수십 일 동안 경전을 강설하니, 그 돌아감이 몹시 허둥지둥하였다. 기산(起山)이 차에 사례하는 장구(長句)를 지었고, 또 거듭 앞서의 운자를 사용하여 스님을 전송하는 시를 지었으므로, 인하여 그 운자를 차운하여 붓을 내달려 장구를 완성하였다.(二禪師與山泉約遊金剛, 指佛鐙爲證. 及千里赴約, 山泉有疾, 遂已之. 但聽病居士, 說經數句, 其歸甚悵悵. 起山有謝茶長句, 又有再用前韻, 送師之作, 仍次其韻, 走成長句)」라 하였다.

7 이때 지은 다산의 시 8수는 『다산시문집』에는 누락되고 없다. 이때 다산의 시에 여러 사람이 화답한 시를 적은 시축이 초의에게 있었고, 이 시축을 신헌이 자신의 문집 가운데 「금당기주」에 그대로 옮겨 적었다.

8 정민, 「일민미술관 소장 「다산송철선증언첩」에 대하여」, 『문헌과해석』 통권 51호 (문헌과해석사, 2010년 여름호), 229〜264면 참조.

9 신헌, 「금당기주」 674면: "曾於十年前, 夢逢一佛於海岸, 贈余一偈曰: '雲外雲, 夢中夢, 點點山, 一點靑'云."

10 홍현주, 「瑪莊丙舍, 逢草衣師, 拈韻共賦」 小跋: "戊戌夏, 草衣師, 自南海上來都, 轉入金剛, 飫賞內外諸勝而還. 宿我東郊丙舍, 示以遊山長句. 且跽我手製法茗. 以拙藁一本謝之, 復和元韻, 以請斤正. 海道人."

21

눈을 녹여 차를 끓였네 359-373

1 홍현주의 차시와 음차 생활에 대해서는 박윤수, 「홍현주의 음차 생활 고찰」, 「차문화연구지」 제12권(한국차문화연구소, 2003. 5), 27–72면에 대단히 꼼꼼하게 정리되어 있다. 본고의 작성에 큰 도움이 되었다. 홍현주의 문집은 미정고 상태인 채로 현재 규장각에 『해거재시집(海居齋詩集)』과 『해거재문집』, 『해거재시집초』 등 다양한 제목으로 전한다.

2 [원주] 왕성 가까운 곳에 두 샘물의 이름. 맛이 몹시 맑아서 도성 사람들이 다투어 길어 간다.(王城近地, 兩泉名. 味甚淸, 都人爭汲之)

22

차의 삼매경을 깨달았구려 377-392

1 김정희, 「여권이재(與權彝齋)」 17, 『완당전집』, 1–239면: "茶品果是勝雪之餘馥膹香. 曾於雙碑館中, 見如此者, 東來四十年, 再未見之."

2 추사가 초의에게 보낸 편지글은 『완당전집』 제5권에 모두 38통이 실려 있다. 국립 중앙박물관 소장의 『나가묵연(那迦墨緣)』첩에는 친필 편지 17통이 남아 있는데, 이 가운데 6통은 전집에 실려 있지 않은 내용이다. 이 중 3통이 차와 관련된 내용을 담고 있다. 『나가묵연』에 실린 차 관련 편지는 원본과 역문이 2006년에 개최된 특별기획전 도록인 『추사 김정희 학예일치의 경지』(국립중앙박물관, 2006), 40–53면에 실려 있다. 또한 필자는 최근 추사가 초의에게 보낸 또 다른 친필 서간첩인 『벽해타운』과 『주상운타(注箱雲朶)』를 살펴볼 기회가 있었다. 『벽해타운』에는 제주 유배 전인 1835년부터 제주 유배기인 1844년까지 보낸 총 20통의 편지가 수록되었는데, 13통은 문집에 실려 있고, 나머지 7통은 문집에 누락되고 없는 내용이다. 『주상운타』에는 모두 10통의 편지가 실려 있다. 이 중에도 차와 관련된 흥미로운 내용이 포함되어 있다. 이 글에서 함께 살펴보겠다.

3 이때 다산이 초의에게 준 여러 글은 신헌의 「금당기주」에 실려 있다. 구체적인 관련 내용은 정민, 「다산이 초의에게 준 당부」, 『문헌과해석』 제41호(2007년 겨울호)를 참조할 것.

4 미공개 소치 허련의 『운림묵연(雲林墨緣)』에 정학연의 「억석유(憶昔遊)」 4절과 여기에 차운한 초의의 「차운봉화억석유사절(次韻奉和憶昔遊四絕)」이 초의의 친필로 수록되어 있다. 1815년 초의가 상경해서 정학연을 찾았을 때, 정학연은 마침 강진으로 다산을 뵈러 떠난 상태였다. 초의의 제4수 하단 주석에 "유산이 돌아왔을 때는 이미 10월이었다. 운길산은 높고 추워 겨울을 지내기가 어려워, 나를 수락산의 학림암으로 옮겨 지내게 했다. 삼동과 봄여름 사이에 쉴 새 없이 두릉을 왕래하였다. 酉山還歸, 已迪孟冬. 雲吉高寒, 難於過冬, 使之移栖於水落山之鶴林庵. 其於三冬春夏之間, 源源往來於杜陵."고 적혀 있다.

5 초의, 「해붕대사화상찬발(海鵬大師畵像贊跋)」, 『완당과 완당바람』(동산방/학고재, 2002), 44면: "昔在乙亥, 陪老和尙結臘於水落山之鶴林菴. 一日阮堂披雪委訪, 與老師大論空覺之能所生. 經宿臨歸, 書壹偈於老師行軸曰: '君從宅外行, 我向宅中坐. 宅外何所有, 宅中元無火.' 可想也龢尙再傳之燈."

6 2011년 2월에 화봉책박물관에서 개최한 『명선초의전』 도록에 편지 원본이 처음 공개되었다.

7 초의의 「불국사회고」 제9수의 제목 아래 "김추사가 영남 감영에 근친(觀親) 왔다가 옛 고적을 찾는 걸음을 한다기에, 내가 이 절에 머물며 기다렸다.(金秋史觀親於嶺營, 作

訪古之行, 余止此寺候之.)」라 하였다. 하지만 추사는 4월 29일에 이미 경주에 들렀고, 6월 8일에는 벌써 서울로 올라가 조인영과 함께 북한산비를 찾아 비문을 조사하고 있었다. 뒤에 추사는 「제초의불국사시후(題艸衣佛國寺詩後)」라 하여, 초의의 「불국사회고」 시에 차운한 시 한 수를 문집에 남기고 있다.

8 이 부분은 필자의 「조선 후기 걸명(乞茗) 시문을 통해 본 한국 차인의 멋」, 「한국차학회지」 제13권 3호(한국차학회, 2007. 12)에 발표했던 내용 일부를 손질하여 실었다.

9 김정희, 「여초의(與艸衣)」 8, 『완당전집』(솔출판사, 1996), 2책-172면: "茶品荷此另存, 甚覺醒肺. 每炒法稍過, 精氣有鎖沈之意. 若更再製, 輒戒火候, 如何如何. 戊戌 佛辰." 번역은 필자가 새로 한 것임. 이하 같음. 이 편지는 1838년에 썼다.

10 김정희, 「여초의」 17, 위 같은 책, 178면: "茶包果是佳製, 有能透到茶三昧耶." 『벽해타운』에 따르면 이 편지는 제주 귀양 이후인 1842년 10월 6일에 보낸 편지다.

11 김정희, 「초의선실(艸衣禪室)」, 『벽해타운』 제16신: "間因舊濟判官隷回, 獲見禪械. 是不過數日來近信, 頭輪翠色, 落在几案間, 恰有尺咫之勢. 且審瓶錫間頗游歷蓮界, 得甚好消息歟. 爲之翹誦. 秋事已晏, 團蒲厚安, 燈火靑熒, 禪誦無輟, 念念此狀, 尙以口鼻作苦, 苦處自苦, 不苦處亦自不苦, 苦不苦, 隨境任之耳. 茶瓶儘佳, 恨不得與師重續竹爐舊緣也. 泡瀹頓發, 病胃且感且感. 留續不宣. 八月卄九, 那翁." 날짜만 나와 있는데, 앞뒤를 헤아려볼 때 1843년 8월 29일에 보낸 것으로 보인다.

12 김정희, 「우사선탑(芋社禪榻)」, 『벽해타운』 제12신: "茶候已過, 製得幾銙. 色香無欠, 瘴天寄來, 終有慮損. 必須量裁如何如何." 1844년 5월 15일에 부친 편지다.

13 김정희, 『벽해타운』 제13신: "木櫨念珠三串, 是仙茶所充淨供者也. 收領如何. 茶候尙早耶. 抑已始採耶. 甚庸翹懸. 一爐香室扁, 當覓送於安便耳. 今年則製茶後, 必勿付送於炎溽中. 待秋凉送之, 甚佳甚佳. 入於缸中, 堅裹送之." 겉봉이 없다. 1844년에 부친 것이다.

14 김정희, 「초의선실」, 『벽해타운』 제19신: "茶封切勿遽付於瘴濕之時如何." 1844년에 부친 편지로 보인다.

15 김정희, 「여초의」 26, 위 같은 책, 184면: "前惠茶餠, 已喫盡. 無厭之求, 其望大檀越. 都留不宣. 丁未流頭."

16 이 편지는 『완당전집』에는 실려 있지 않고, 국립중앙박물관 소장 『나가묵연』7(앞의 책, 44면) 수록: "原書亦以茶懇矣. 此中茶事甚艱, 師所知耳. 師之自製法茶, 當有年例, 不必更言. 寺中所造小團三四十片, 稍揀其佳, 惠及切企. 坡公所云龗芽茶, 亦足充淨供耳. 若待朴生再來時, 恐有太婉晩之慮. 先圖信便. 於金瑢性處速付, 如何如何." 이 편지첩이 연대순으로 실려 있다는 전제 아래 앞뒤 차례를 두었다.

17 『나가묵연』8(앞의 책, 44면): "茶事前書亦有縷及. 而小團數十片, 恐不支幾時供. 限百圓可以買取則似好. 再深商之, 如何如何."

18 김정희, 「여초의」29, 위 같은 책, 187면: "病枕連見禪械, 是一續慧命之神符. 灌頂甘露, 何以多乎? 茶惠夬醒病胃, 感切入髓. 況際此沈頓之中耶? 自欣向熏之各有遠貽, 其意良厚. 爲我代致款謝也. 熏衲之另贈朴生之葉茶, 恐不下於坡公龗茶芽. 香味絕佳, 幸更爲我, 再乞一包如何. 當於病間, 另以拙書爲雀環之報. 並及此意於熏衲, 而卽圖之."

19 김정희, 「여초의」32, 위 같은 책, 189면: "六茶可以霑此渴肺, 但太略. 又與熏衲曾有茶約丁寧, 不一槍一旗相及, 可歎. 須轉致此意, 搜其茶篋, 以送於春磦, 爲好爲好. 艱草便忙, 不式. 新茶何以獨喫於石泉松風之間, 了不作遠想耶? 可以痛棒三十矣."

20 김정희, 「여초의」34, 위 같은 책, 191면: "有書而一不見茶, 想山中必無忙事, 抑不欲交涉世諦. 如我之甚切, 而先以金剛下之耶? 第思之, 老白首之年, 忽作如是, 可笑. 甘做兩截人耶? 是果中於禪者耶? 吾則不欲見師, 亦不欲見師書. 唯於茶緣, 不忍斷除, 不能破壞. 又此促茶, 進不必書, 只以兩年積逋並輪. 無更遲悞可也. 不然馬祖喝德山棒, 尚可承當. 此一喝此一棒, 數百千劫, 無以避躱耳. 都留不式." 본문 중 첫 구는 문집에는 '有書而一不見答'이라 되어 있으나, 친필 초고에는 '有書而一不見茶'로 되어 있어, 원본에 따라 고쳤다.

21 김정희, 「여초의」35, 위 같은 책, 192면: "新茗摘來幾斤. 留取將與我來耶. 欣熏諸衲處, 一一討出, 並寄速便. 或專送一衲, 未爲不可耳. 金世臣亦安, 念念. 節箽寄去, 分之留之." 이 편지의 원본은 선문대 박물관에 소장되어 있다. 문집에 '기편(幾片)'은 원본에 '기근(幾斤)'으로 되어 있어 이에 바로잡는다. 원본 도판은 국립중앙박물관, 앞의 책, 275면에 수록되어 있음.

22 김정희, 「여초의」36, 위 같은 책, 192면: "僧來得草緘, 又得茶包. 此中泉味, 是冠岳一脈之流出者, 未知於頭輪, 甲乙何如, 亦有功德之三四. 亟試來茶, 泉佳茶佳, 是一段喜懽緣. 是茶之使, 而非書之使. 茶甚於書耶. 且審近日連住一爐香, 有甚勝緣. 何不破諸藤

葛, 一筇遠飛, 共此茶緣也. 且於近日頗於禪悅, 有蔗境之妙, 無與共此妙諦, 甚思師之一與掀眉. 未知以遂此願耶? 略有拙書寄副, 收入也. 雨前葉, 揀取幾斤耶? 何時續寄, 鎭此茶饞也. 日以企懸. 不宣. 向熏許一紙, 幸轉付."

23 김정희, 「여초의」 37, 위 같은 책, 193면: "賤痒間經糠寫, 眞元敓下, 世趣之苦, 乃如是耶. 幸因茗力, 得延煖觸. 是一四方空之無量福德. 秋後繼寄, 是無厭之望. 熏製亦使隨及爲可. 適因轉磩, 略及不能恨皇, 姑不宣."

23

차로 인해 물맛을 알고 393-406

1 김정희, 『완당전집』(한국고전번역원, 1988), 2책 353면.

2 김정희, 『완당전집』 앞의 책, 3책 204면.

3 "艸衣寄來自製茗, 不減蒙頂露芽, 書此爲報. 用白石神君碑意, 病居士隷." 추사의 「명선」을 두고 권돈인의 글씨라는 주장도 있고, 아예 수준 낮은 위작이라는 강우방의 주장도 있다. 본문의 예서가 추사의 일반적 예서와 다른 느낌을 주기 때문인데, 이는 추사가 밝혔듯 '명선'이란 두 글자가 한나라 때 고비(古碑)인 백석신군비의 서체를 따라서 썼기 때문이다. 실제 백석신군비의 서체와 비교해보면 분명히 알 수 있다. 뿐만 아니라 그 옆의 방제 글씨는 일 점 일 획도 추사의 획 아닌 것이 없다.

4 정민, 「차를 청하는 글―다산의 걸명 시문」, 『문헌과해석』 통권 37호(문헌과해석사, 2006년 겨울호), 11-27과 앞절, 「초의와 황상」 참조.

5 김정희, 「여권이재」 17, 『완당전집』, 1-239면: "茶品果是勝雪之餘馥膰香. 曾於雙碑館中, 見如此者, 東來四十年, 再未見之. 嶺南人得之於智異山僧, 山僧亦如蟻聚金塔, 實難多得. 又要明春再乞, 僧皆深秘, 畏官不易出. 然其人與僧好, 尙可圖之. 其人甚愛拙書, 有轉轉兌換之道耳."

3 『추사 김정희 학예일치의 경지』(국립중앙박물관, 2006), 50면 도판과 『붓 천 자루와 벼루 열 개를 모두 닳아 없애고-추사의 작은 글씨』(과천문화원, 2005), 91면 도판을 참조할 것.

4 『추사체의 진수-과천 시절 추사글씨탁본전』(과천시 한국미술연구소, 2004), 139면 도판 참조.

5 정민, 「차를 청하는 글」, 『문헌과해석』(문헌과해석사, 2006) 통권 37호(2006년 겨울호), 11-27면.

6 2007년 3월 5일사에 그의 일향한국미술사연구원 홈페이지에 「정민 교수의 말, 그리고 그의 안목」이란 글에서 학자들이 문제의 소지를 아직 발견하지 못하고, 언론도 영문을 모르고 있다고 하며 위와 같은 논지를 펼쳤다.

7 관련 논의는 일향한국미술사연구원 홈페이지 자유게시판에 2007년 9월 4일자로 쓴 '추사의 대표작, 「茗禪」은 위작이 분명'이란 글이 그것이고, 이 글을 바탕으로 동아일보 2007년 9월 11일자 문화면 기사에 '추사 「명선」 위작 논쟁 2라운드'란 기사가 작성되었다.

8 황상, 「걸명시」, 『치원유고』(필사본) 51면.

9 황상, 「초의가 병서」: "余幼年學習於茶山夫子. 艸衣洒時衣姑未□也. 參尋而至夫子. 余一見而罷歸, 耕於白磧山伽倻野, 晦跡韜光, 已四十餘春秋矣. 或逢陳州來人, 得於髣髴者, 不忘于中. 今年己酉, 自洌上還, 訪艸衣於大屯之草菴. 雪髮皺皮, 乃無始來未覿之人也. 聽其言跡其行, 果艸衣無疑也. 丐見秋史先生所贈手墨, 竹爐茗禪之畫, 玉環飛燕之態, 非鈍根者流所敢規則也. 明燭至曙, 留期以歸. 作艸衣行而寄之."

10 정민, 「삶을 바꾼 만남: 정약용과 강진 시절 제자 황상」, 『미쳐야 미친다』(푸른역사, 2004), 177-194면과, 「다산과 황상」, 『문헌과해석』(문헌과해석사, 2006), 통권 36호, 11-26면, 그리고 『다산선생 지식경영법』(김영사, 2006) 중 41절 「성의병심법」(481-495면), 그리고 「다산여황상서간첩의 내용과 자료 가치」, 「다산학」 13호(다산학술재단, 2008. 12), 307-351면에서 다각적으로 황상과 다산에 관한 논의를 정리한 바 있다.

11 "艸衣寄來自製茗, 不減蒙頂露芽, 書此爲報. 用白石神君碑意, 病居士隷."

12 翁方綱,「兩漢金石記」: "是碑書法專主方整, 在漢隸中最爲潔齊者, 然風骨遒勁, 似優在『校官碑』隸法之上."

13 김정희,「권돈인에게 주다」제23신,『완당전집』(솔, 1995), 1책, 254면.

14 유홍준,『완당평전』(학고재, 2002), 3책 345면, 연보에 자세한 언급이 있다.

15 신위,「題漢隸凡得十首」,『경수당전고』제25책(한국문집총간, 291책 556면): "幽讚陰陽育物時, 恩仁威武兩兼之. 倘推白石神君例, 濟北穀城何不碑." 시문의 내용은 비문의 서체 아닌 비문의 내용을 가지고 읊었다.

27

차 만드는 법을 논함 459-470

1 「다법수칙」은 송재소·유홍준·정해렴 공편의『한국의 차 문화 천년』(돌베개, 2009) 제2책 189-191면에「찻잎을 따서 덖는 방법」이란 제목으로 처음 소개되었다. 다만 초서 원본의 수십 글자를 빈칸으로 남겨두거나 잘못 읽어 전혀 앞뒤 없는 글이 되고 말았다. 정해렴 선생께 원 자료를 제공받아 전문을 바로잡았다. 귀한 자료를 제공해주신 정해렴 선생께 감사드린다. 또 이 책에서는 향훈의 별호인 '견향(見香)'을 '견다(見多)'로 잘못 읽어 이 글의 수신자가 향훈인 사실도 밝혀내지 못했다. 이 글은 산천의 독창적 저작이 아니라, 기존 중국의 다서에서 초록한 내용이다. 바로잡는다.

2 김명희,「다법수칙」: "茶法數則, 書贈見香, 要依此製茶, 以利衆生, 無非佛事耳. 山泉居士."

3 김명희,「다법수칙」: "擷茶以黎明, 見日則止. 用爪斷芽, 不以指揉, 慮氣汚薰漬, 茶不鮮潔. 故茶工多以新汲水自隨, 得芽則投諸水. 凡芽如雀舌穀粒者爲鬪品, 一槍一旗爲揀芽, 一槍二旗爲次之, 餘斯爲下." 원 출전은『大觀茶論』중「采擇」.

4 김명희,「다법수칙」: "采茶之法, 須是侵晨, 不可見日. [侵]晨則夜露未晞, 茶芽肥潤, 見

日則爲陽氣所薄, 使芽之膏腴內耗, 至受水而不鮮明." 원 출전은 『北苑別錄』 중 「探茶」.

5 김명희, 「다법수칙」: "淸明穀雨, 摘茶之候也. 淸明太早, 立夏太遲. 穀雨前後, 其時適中. 若肯再遲一二日期, 待其氣力完足, 香烈尤倍, 易於收藏. [梅時不蒸], 雖稍長大, 故是嫩枝柔葉也." 원 출전은 『茶疏』 중 「採摘」.

6 초의, 『동다송』: "予驗之, 東茶穀雨前後太早, 當以立夏後爲貴. 及其時也, 徹夜無雲, 浥露採者爲上. 日中採者次之, 陰雨中不宜採."

7 김명희, 「다법수칙」: "采茶不必太細. 細則芽初萌而味欠足. 不必太靑, 靑則茶已老而味欠嫩. 須在穀雨前後, 覓成梗帶葉, 微綠色而團且厚者爲上." 원 출전은 『茶箋』 중 「探茶」.

8 김명희, 「다법수칙」: "生茶初摘, 香氣未透, 必借火力, 以發其香. 然性不耐勞, 炒不宜久. 多取入鐺, 則手[力]不勻, 久于(於)鐺中, 過熟而香散[矣]. 甚且枯焦, 何堪烹點. 炒茶之器, 最忌(嫌)新鐵. 鐵腥一入, 不復有香. 尤忌脂膩, 害甚于(於)鐵. [須預取一鐺, 專用炊飯, 無得別作他用.] 炒茶之薪, 僅可樹枝, 不用幹葉. 幹則火力猛熾, 葉則易炎[燄]易滅. 鐺必磨瑩, 旋摘旋炒. 一鐺之內, 僅容(用)四兩. 先用文火[焙軟], 次加武火催之. 手加木指, 急急炒[鈔]轉, 以半熟爲度. 微俟香發, 是其候矣." 원 출전은 『茶疏』 중 「炒茶」.

9 김명희, 「다법수칙」: "炒時須一人從傍扇之, 以去熱氣. 熱則黃色, 香味俱減." 원 출전은 聞龍, 『茶箋』.

28

어찌 이리 웅장한가? 471-482

1 박철상, 「유산 정학연이 책력에 남긴 사연」, 『문헌과해석』 2009년 10월 16일 발표문에 당시 일과 관련된 내용이 보인다.

2 계설: 향 이름. 정향나무의 꽃봉오리를 말린 것으로 약재로 쓰인다. 여기서는 향 이

711

름으로 쓰였다.

3 신헌의 「금당기주」에 정학연이 초의에게 써준 금강산 시가 실려 있다. 그 제목에 「두 선사가 산천과 더불어 금강산에 놀러 가기로 약속하고, 불등을 가리키며 증거로 삼았다. 천 리 길을 달려와 약속에 맞췄는데, 산천이 병이 있어서 마침내 그만두고 말았다. 다만 거사의 병을 살피며 수십 일 동안 경전을 강설하니, 그 돌아감이 몹시 허둥지둥하였다. 기산이 차에 사례하는 장구를 지었고, 또 거듭 앞서의 운자를 사용하여 스님을 전송하는 시를 지었으므로, 인하여 그 운자를 차운하여 붓을 내달려 장구를 완성하였다.(二禪師與山泉約遊金剛, 指佛鐙爲證. 及千里赴約, 山泉有疾, 遂已之. 但聽病居士, 說經數句, 其歸甚悵悵. 起山有謝茶長句, 又有再用前韻, 送師之作, 仍次其韻, 走成長句)」라 한 내용이 보인다.

4 김명희, 「謝茶詩跋」: "病癖渴甚, 乞靈茗椀. 近日燕肆購來者, 錦囊繡包, 徒尙外飾, 麤柯梗葉, 不堪入口. 此時得艸衣寄茶, 鷹爪麥顆, 儘雨前佳品也. 一甌未了, 頓令滌煩解渴. 顧氏之胄, 已退三舍矣. 麗朝令植茶, 土貢內賜, 皆用茶. 五百年來, 不識我東有茶. 採之焙之, 妙入三昧, 始於艸衣得之. 功德眞無量矣. 山泉老人試病腕."

5 차비(此婢)는 지금 그가 끓여 마신 가짜 중국차를 미인과 견주어 한 말임.

29

반드시 스님이 만든 차라야 합니다 483-500

1 2008년 3월, 성균관대학교 대동문화연구원에서 간행한 『다산학단 문헌집성』(전 9책)의 제2책과 3책에 일본 등지에 남아 있는 유일본 정학연의 시문집 및 기타 저술을 한자리에 모아 펴냈다.

2 영남대학교 동빈문고 소장 『유산일문기대둔사제선사간찰첩』은 모두 27통의 편지가 수록되어 있다. 이 중 정학연의 편지가 16통, 정학유의 편지가 4통, 정대림의 편지가 7통이다. 또 일산 원각사 정각 스님이 소장한 『다암서첩』에도 유산 일문의 편지 8통이 수록되었다. 정학연이 2통, 정학유가 1통, 그리고 정대림이 3통, 정유상이 2통이

다. 자료의 소재를 알려준 계명대학교 김영진 교수와, 자료 제공을 도와준 한중연 옥영정 교수, 그리고 『다암서첩』을 제공해주신 정각 스님께 고마운 뜻을 표한다.

3 정학연, 『종축회통』 「차」: "四時類要曰: '熟時收取子, 和濕沙土, 拌筐籠盛之, 穰艸蓋不爾, 卽凍不生, 至二月中出, 種之於樹下, 或北陰之地, 開坎圓三尺, 深一尺, 熟劚著糞和土, 每坑中種六七十顆子. 蓋土厚一寸强, 任生艸不得耘. 相去二尺, 種一方. 旱時以米泔澆. 此物畏日, 桑下竹陰地, 種之皆可. 二年外, 方可耘治. 以小便稀糞蠶沙, 澆壅之, 又不可太多, 恐根嫩故也. 大槪宜山中帶坡峻, 若於平地, 卽於兩畔, 深開溝壟洩水, 水浸根必死. 三年後收茶.' ○花鏡曰: '藏茶須用錫缾. 則茶之色香, 雖經年如故.' ○玄扈先生曰: '收藏者必以篛籠剪篛, 雜貯之, 則久而不浥.'"

4 현재 게와 서문은 전하지 않고, 각안 스님이 엮어 펴낸 『동사열전』에 관련 사실이 적혀 있다.

5 관련 논의는 정민, 「교회사연구소 소장 다산 친필 서간첩 『매복서궤』에 대하여」, 『교회사연구』 제33집(한국교회사연구소, 2009, 12), 539~584면 참조.

6 이 편지는 예용해 전집 3, 『차를 찾아서』(대원사, 1997) 196면에 실린 「차에 관한 두 서간」이란 글에 사진과 함께 수록되어 있다. 편지 끝에 '가돈(稼頓)'으로 서명했는데, 예용해 선생은 정학연의 초명이 학가(學稼)인 것을 모르고, 다산의 숙부인 정재진(丁載進)의 편지로 잘못 오인하였다. 이번에 바로잡는다. 이 편지는 호의의 스승인 완호를 수신자로 하는 듯한 다산의 편지와 합철되어 있다.

7 정학연, 「與人」: "當世茶知己, 斗室太史是已. 斗室太史緣我飮長春茶數碗, 謂余曰: '余自少也, 遍嘗中國名茶. 茶品評騭, 自以爲莫我若也. 何物槍旗, 乃産於遐陬, 今始著名也. 浙岕銅沆眞品儘多, 而東國之人, 鮮得嘗焉. 與其喫中國糠粃, 有寧取長春茶.' 此言甚好, 爲師誦之. 明年谷雨, 其能留念否. 恐致山人一場煩惱也. 昨年花發時, 欲與艸衣上人, 共坐臨淸亭下, 古松樹間, 酒壺筆硏, 嘯詠終日, 俗冗如藕絲, 竟敗人意, 虛廢花辰, 當今恨之. 今此重還, 儘是幻世奇緣. 旣望適近, 欲以一葉漁舟, 溯洄于鈔鑼潭上, 以償前春未了之債. 第猶隔一旬, 未知又能諧否也. 恨不與大師共之, 漫此書報. 七月四日, 稼頓." 이 편지는 고 예용해 선생이 소장했던 것으로 직지사 흥선 스님의 주선으로 원본을 촬영할 수 있었다. 감사의 뜻을 표한다.

8 정학연, 『유산일문첩』 제3신: "賴有草衣在, 絡續承字, 每令人襟懷爽亮. 第溢幅相憶纏綿有情之辭, 尤使我黯然銷魂. 審新凉禪定多味, 肢體淸健, 深符所懷. 拙者親癠, 春夏至

秋, 身痾又若此, 殆無展眉開口之日, 自憐自憐. 書帖若使我閒居多悰, 則試捴奚止是也. 奈此憂愁滾汨, 無片隙可乘何哉. 只以一幅詩句, 數片貼塊奉付, 以代千里面目而已, 書云乎哉, 硯滴一坐伴去, 每一滴時輒思我一回也. 惠茶儘是奇貺, 不欲辭矣. 後便亦念此渴望, 優惠甚幸耳. 襞積不能, 万一都留. 不宣. 辛卯八月六日, 學淵頓首."

9 정학연이 편지에 학가(學稼)로 서명한 것은 1819년 7월 편지가 있고, 1827년 편지에 학연(學淵)으로 서명한 것이 처음 보인다. 그러니까 학연으로 개명한 것은 1820년에서 1826년 사이다.

10 정학연, 『유산일문첩』 제10신: "秋來梵履淸安. 寒山落葉, 鍾聲燈影, 覺夢寐惺警, 恨不得臺公縮地術, 以一筇尋師也. 宗末衰相日深, 今夏所經言之, 尙覺骨冷. 幸賴秋風吹起, 懦動如舊, 而眠食不如人, 唯作房牖間物耳. 一詩奉示, 覽可悉薏. 凡茶則是爲遼東豕也. 必經草衣與師手製者, 乃佳. 幸以一大包, 寄送於牧軒徐雅士如何. 徐雅亦當入長春洞, 必訪師矣. 付茶之託, 似不難耳. 臨便恩恩, 不万一緬. 惟禪鑒. 辛丑八月卄日, 宗末學淵頓首."

11 "李靑蓮太白族僧中孚禪師, 於玉泉寺, 采茶葉如碧玉, 淸香滑熟, 異于他者. 中孚以數十包, 寄李白, 仍命仙人掌茶. 中孚居金陵, 與李白常往來也."

12 정학연, 『유산일문첩』 중: "照鏡觀自己面貌, 衰白如此, 揣知老師, 雖無十使之膏煎, 夏臘自高, 此障不得處安, 能如昔時相對樣子耶. 此世甚短, 兩皆癃廢, 則見面無策, 唯有仰屋咄咄也. 承手畢, 是隔歲音信, 計日則織三十, 奇喜奇喜. 新年法履淸安. 流溯南雲, 只增穎結. 寄惠佳茗, 手解封絨, 都是情曲, 不待汲泉手煮, 已覺心香, 沁于包裏. 當惜如眞珠, 爲過春之資矣. 但茶疳已入膏肓, 如洪爐默雷, 是爲無廉也. 徐雅雖還京, 此牧官未遞, 則茶書傳逮無慮. 第恨老師無以便便續惠耳. 宗記老病漸深, 兄弟相對噢咻, 頓無好心懷, 奈何奈何. 無物佈悃, 尤切愧忸. 只待草衣北上, 而何可望也. 臨穎神馳, 不莊不備. 壬寅上元前三日, 宗人學淵頓首."

13 정학연, 『유산일문첩』 중: "今忽崎嶇寄音, 兼惠頭綱淸味, 曼陀寶液. 千里挽輪, 實賴老師心力遠及, 其感鐫已難量. 而欽歎尤深也."

30

포장을 열자마자 맑은 향기가 501-514

1 정학유, 『유산일문첩』 제9신: "海山迢迢, 音墨實之望外, 唯未盡消磨者, 潁然懷往. 不意艸衣至, 兼得手墨, 其欣釋可知. 比日始熱, 山居淸適否. 還復馳念, 拙頑縷不斷, 忍以衣冠對人. 曾木石之不若自悼自怛而已. 手製佳茗, 開苞已覺淸香沁髓, 顧此十數年痼痞, 賴頭輪眞品, 祛得十之三四者. 獲此之後, 庶冀霍然之喜, 其受惠可量. 銘謝銘謝. 草衣山行纔還, 又此冒熱登程, 臨別自覺凄斷. 病中力書, 不客言. 戊戌閏月卄四日, 病拙泐具謝. 瓷壺一坐送之."

2 정학유, 『유산일문첩』 제14신: "病懶不能奉函, 惠書先問, 惘悑溢紙, 只增愧悚. 謹審臘寒, 法履輕安, 可知禪悅老益有味, 慰釋之極, 如接軟語. 游癃痼轉甚, 只存形骸, 不復有省覺, 恐致悲憐, 此不覼縷. 寄惠珍茶, 不見此味, 已爲一年, 想來如度索仙味, 虛勞夢想而已. 意外情緘一闋悅若, 沈痾頓祛, 銘佩無已. 力疾亂艸, 唯冀爲泉自嗇. 不宣. 壬寅元月十一日, 游頓."

3 정학유, 『유산일문첩』 제17신: "迢迢海山, 夢想益苦, 手書及於病棄之人, 是爲慈悲異凡也. 以審法履淸迪, 可知精進日勝, 深慰遠懷. 拙病與年深, 只是槁木形骸, 宛轉乎突宦之間而已. 艸衣海行, 未遂雅願. 地雖不在天, 事亦非由人. 噫此奈何. 身病之尤苦者, 卽咳喘, 方其劇時, 努眠如蟾蜍, 吐沫如蟛蟹, 有如晷刻悶塞者. 此時百藥皆無用, 唯頭輪眞茶, 一兩旗入口嚥下, 則始爲帖平, 雖非拔本之妙劑, 可爲捄憂之良方. 前後諸法侶寄惠, 不爲不多, 以一年所呑, 不下累十劰, 此豈可繼之術耶. 但此生到十分地, 貽勞於近人, 亦恐不長. 今春雨前佳品, 必爲此一瘁人勉矣焉, 則其爲鐫感當如何. 艸衣並覽此紙, 初欲各幅矣. 迷倦不能. 姑此不客. 壬寅元十一日, 游頓."

4 정학유, 『유산일문첩』 제16신: "參商馳想, 老去益復難堪. 得奉手墨, 以審山居淸適, 禪味多悅, 慰釋如接軟語也. 宗記衰朽轉甚, 加以舍伯, 跨歲大瘇, 形神幻脫, 屛試藥石, 不見效應, 煎悶無可言. 寄惠佳茗, 認是手製情貺, 先汲門前江水, 試烹一盌, 頓覺病喉開爽, 千里叩謝, 無言可言. 風便寄音, 難盡心曲. 唯竢後褫. 力疾荒艸. 不宣. 癸卯流月十四日, 宗末學游頓首."

5 정대림, 『유산일문첩』 제21신: "每念中孚仙人掌茶故事, 不覺叫奇. 每懷不實矣. 因官便獲見法緘, 如對禪楊, 已不勝欣快. 況審邇來道履淸適, 尤切慰沃. 宗末老親以病患, 十朔沈重,

僅自數旬向減, 而寢餗之節, 姑未復常度, 焦灼遣日, 無足奉聞. 品茗品油, 依來呈納堂上耳."

6 정학유, 『다암시첩』: "昨夏岸上人歸時事, 如隔晨, 而彈指之間, 已一周矣. 安得不頴然流懷. 卽於妙總來, 奉惠書, 以審春閣法履淸適, 爲之能釋; 如獲把臂, 一敍行復. 思之頭輪道場, 百花成陰, 新竹齊抽, 我以靑鞵藤杖, 往來於挽日北庵之間三紀. 肺疾將見, 霍然祛身, 顧安所遂願. 只自愧歎. 自撿病狀, 如奔車下阪, 到今年不能移步於房戶, 唯線息尙存. 所賴惠手製珍品, 猶不乏絕, 以此爲沃焦之甘露. 艸衣情睨, 今又繼至, 非兩師愛我之心, 如何及此. 臨書殊益惘惘. 臂弱不宣. 庚戌三月卄四日, 宗末學游頓首."

차의 원류를 묻는다 515-528

1 이규경, 「도차변증설」, 『오주연문장전산고』 권 56(동국문화사 영인본, 1958), 807면: "茶字自中唐始變作茶. 其說已詳于唐韻正 · 困學紀聞. 荼有三, 誰謂荼苦, 苦菜也. 有女如荼, 茅秀也. 以薅荼蓼, 陸草也. 爾雅荼荈字凡五見, 而各不同."

2 이규경, 「도차변증설」, 위 같은 곳: "釋木曰: 檟苦荼注云: '樹小如梔子, 冬生葉, 可煮作羹飮. 今呼早采者爲荼, 晚取者爲茗, 一名荈. 蜀人名之苦荼.'"

3 이규경, 「도차변증설」, 위 같은 곳: "本草衍義, 晉溫嶠上表, '貢茶千斤, 茗三百斤.' 是知自秦人取蜀而後, 始有茗飮之事. 王褒僮約, 前云'烹茶盡具', 後云'陽武買茶', 注云: "以前苦菜, 後爲茗." 唐書, "陸羽嗜茶, [自此後, 茶字減一畫爲茶.] 著經三篇, 天下益知飮茶矣. 時回紇入朝, 始驅馬市茶." 至明代, 設茶馬御史. 大唐新語言: "右補闕綦母㷩性不飮茶, 著茶飮, 序曰: '釋滯消壅, 一日之利暫佳, 瘠氣侵精, 終身之害斯大.'"

4 이규경, 「도차변증설」, 위 같은 곳: "今燕都茶品之藉藉盛行者, 普洱茶爲第一, 白毫茶爲第二, 靑茶爲第三, 黃茶爲第四. 而黃茶每多流入我東, 爲日用所飮. 然惟在士大夫家及富豪者所用, 而不如中原之以爲恒用也. 東之無癖於茶, 又可知也. 然東人飮茶, 亦自新羅爲始. 東國通鑑: '新羅興德王三年戊申, 卽唐文宗太和二年也. 遣大廉如唐, 得茶子來. 王命植于智異山.' 崔孤雲桂苑筆耕 · 謝探請料錢狀: '今有本國使船過海, 某欲買茶藥, 寄附

家信'云云, 則足可爲證者. 宋孫穆雞林類事・方言: '高麗人稱茶曰茶', 則高麗人亦飲茶矣. 今茶之爲名者, 出於嶺南竹田, 名以竹露茶. 出於密陽府衙後山麓産茶, 名密城茶. 嶠南康津縣, 有萬佛寺出茶. 丁茶山鏞謫居時, 敎以蒸焙爲團, 作小餠子, 名萬佛茶而已. 他無所聞. 東人之飲茶, 欲消滯也. 奚暇如張又新煎茶水記: '粉槍末旗, 蘇蘭薪桂'云云乎哉."

5 이규경, 『시가점등』(아세아문화사 영인본, 1981). 정해렴 외 옮김, 『한국의 차 문화 천년』(돌베개, 2009) 2책, 212면 재인용: "竹露茶我東嶺南晋州牧河東府等處, 竹田中生焉. 沾竹露而長養故名. 嶺人沈寅龜, 嘗採其葉, 蒸乾爲茶以惠焉. 煎飮无艸氣味. 澹香如中原茶. 下氣消滯, 而其名甚雅, 堪入吟詠者也."

6 이규경, 「도차변증설」, 위 같은 곳: "萬寶全書: 二月間種, 每坑下子數十粒, 待長移栽. 常以糞水灌之, 三年可採. 茶有一旗二槍之號, 言一葉二芽也. 凡早採爲茶, 晚爲荈, 穀雨前後收者爲佳, 粗細皆可. 惟在採摘之時, 天色暗明. 炒焙適中, 盛貯如法. 茶宜箬葉而畏香藥, 喜溫燥而忌冷濕. 故收藏家以篛葉封裹, 入焙中兩三日. 一次用火, 當如人體溫. 溫則去濕潤. 若火多則茶焦, 不可食. 古今祕苑: 茶性惡水, 宜斜陂陰地中走水處, 用糠與焦土種之. 每一圈, 可用六七十粒, 覆土厚寸, 出時不要耘草. 旱以米泔水澆之, 常以小便糞水或蠶砂壅之, 水浸根必死. 三年後可採. 凡種茶, 相離二尺一叢. 藏茶法, 將便灰放瓶底, 將茶葉不拘大小包. 好撞在上面, 潮氣自然收入灰內, 不用烘. 至八月間, 另換灰. 或用曬乾代灰亦可. 我人取種於中國, 如法種植, 則亦可需用, 而無人智心得來."

7 이규경, 「種茶薏苡靑蘘辨證說」, 『오주연문장전산고』 권 19(상권 573면): "三年後每科取得八兩, 每畝計一百四十科, 計得茶一百二十斤. 茶未成開四面, 不妨種雄麻苧及雜粟黍稯等. 收茶子法, 茶熟時, 收取子和濕沙土, 拌於筐籠之中盛之, 著牆角堆而得. 仍須以好穰草蓋覆, 至二月出種之. 不爾刨乾, 仍凍不生. 餘詳另論五洲種樹書補及居家必用."

8 이규경, 「도차변증설」, 위 같은 곳: "日本人亦有所記, 可考也. 日本良安尙順和圖會: 凡投茶於器有序. 先茶後湯, 謂之下投; 湯半下茶, 復以湯滿者, 謂之中投; 先湯後茶, 謂之上投. 春秋中投, 夏上投, 冬下投."

9 이규경, 「煎果茶湯辨證說」, 『오주연문장전산고』 권 10(상권 359면): "杞菊茶. 神隱. 用野菊花一兩, 枸杞四兩, 茶芽五兩, 芝麻半斤, 同研爲細末篩過. 如喫時, 用一匕入鹽少許, 酥油不拘多少, 以一滾沸湯調服. 枸杞茶. 必用. 神隱. 至深秋, 摘紅枸杞子, 同乾麪和成劑, 捍作餠樣, 曬乾硏爲細末. 每茶一兩, 枸杞末二兩和勻, 入煉化酥油三兩, 香油亦可. 旋添湯攪成稠膏子, 用鹽少許. 入鍋煎熟飮之, 甚有益明目. 淸泉白石茶. 用桃核松子肉和眞粉, 成小塊如石狀, 置茶中. 倪雲林方. 薑橘茶. 橘仁三錢, 生薑五片, 雀舌一錢, 同煎如

茶法, 和蜜飮之. 善開食積. 出新方."

32

그 운치 참으로 얻기 어렵네 529-544

1　정민, 「초의의 눈보라 속 수종사 유람」, 『문헌과해석』 2007년 가을호, 통권 40호, 12-26면. 정민, 「초의에게 준 다산의 당부」, 『문헌과해석』 2008년 봄호, 통권 42호, 185-209면. 정민, 「다산의 선문답」, 『문헌과해석』 2008년 겨울호, 통권 45호, 13-31면. 정민, 「신헌의 금당기주와 다산의 일문」, 『문헌과해석』 2009년 가을호, 통권 48호, 151-170면.

2　신헌, 「草衣禪師畵像贊」 병서: "余曾出梱蓮營, 與師遊. 後謫居鹿苑, 師跋涉嶺海而從焉, 亦再遭. 旣歸京師之翌年, 訪余於滄浪亭, 其厚於余, 而終不遺, 又可感也. 師深於玄典, 嘗與我論禪敎本無二致, 師甚是之. 示余以自著禪門辨異之說. 余亦有所答. 師長於詩文, 盖受於茶山公. 又工於書畵. 喜與士大夫游. 紫霞秋史諸公, 尤善焉. 亦近世之惠遠貫休流也. 嘗居頭輪之光明精藍, 臘八十. 其高足善機等, 委送師之影, 而求余言. 師之邃學淸範, 不可得以形似, 亦不可得以復起今之世. 噫遂爲之書."

3　신헌, 『위당집』(평산신씨 문중, 1984), 131면 수록. 신헌의 문집은 서울대 규장각에 미정고 상태의 『신대장군집(申大將軍集)』이 남아 있는데, 이를 1990년 아세아문화사에서 『신헌전집』(2책)으로 영인한 바 있고, 이 밖에 연세대 중앙도서관에도 4책의 『신대장군집』이 남아 있다. 문중에서 펴낸 『위당집』은 규장각본을 저본으로 삼아 새롭게 정리한 것이다. 본문의 인용은 이에 따랐다. 한편, 『문헌과해석』 2009년 가을호(통권 48호)는 위당 신헌 특집호로 발간되었다. 필자를 포함한 4인이 신헌의 삶과 시세계, 그리고 그의 국방론 및 초상화 관련 논의를 정리한 바 있다.

4　신헌, 『위당집』(평산신씨 문중, 1984), 132면.

5　신헌, 『위당집』(평산신씨 문중, 1984), 354면.

6 신헌, 「금당기주」, 「초의」: "余曾在蓮營任所, 與大芚寺僧艸衣意恂仲孚, 遊頭輪山, 拈韻賦二律, 因贈艸衣. 其後六七年, 艸衣訪余於謫居中, 持其詩卷, 而請跋之. 搜其卷, 得和余韻十首, 卽余初見者. 尤知艸衣惓惓於余. 且其詩爲淵泉洪先生, 海居洪先生, 紫霞申先生所許."

7 신헌, 『위당집』(평산신씨문중, 1984), 22면.

8 신헌, 『위당집』(앞의 책), 58면.

9 신헌, 『위당집』(앞의 책), 52면.

10 신헌, 『위당집』(앞의 책), 140면.

33

다품 중의 으뜸 545-558

1 이 내용은 황현의 『매천야록』 권1 상의 「남인유배(南人流配)」 항목에 나온다. 그 내용은 이러하다. "午人宰相子弟, 年少名宦, 爲雲峴私人者, 不可摟數. 而韓耆東 · 崔鳳九 · 蔡東述 · 權鼎鎬 · 鄭顯德其尤也. 甲戌初, 內賜秘封, 使城外開見, 及開則命邊遠閒住, 並北人申獻求亦列其中. 三四年後, 稍稍召還, 皆改頭換面, 虯附諸閔, 遴致通顯." 대개 대원군이 자신에게 비우호적인 그룹을 선별해서 일종의 유배를 보낸 후, 3, 4년 뒤에 차례로 불러 씀으로써 자신의 사람으로 순치시켜 나간 사실을 적고 있다.

2 신헌구의 생애 관련 사실은 김영봉, 「추당잡고 해제」, 『연세대학교 중앙도서관 소장 고서해제』 2-285-292면을 참조할 것. 다만 신헌구의 해남행의 이유와 경과에 대해서는 언급하지 않았다. 한국학중앙연구원 장서각에 『백파만고(白坡漫稿)』 1책이 더 있다.

3 신헌구, 「차설」: "余觀物之生, 遇則遺, 不遇則晦. 不在桃李之門, 人不知, 不入終南之徑, 材不市. 悲夫! 海陽之玉川茶, 氣味芳烈, 雪花雲腴, 未之或勝. 而退俗恂愁, 視之若稊

稗. 洛中士大夫見土産, 則卑夷之, 非從建陽之丹山碧水, 不齒爐篆. 彼固生長荒僻, 倖免樵
丁之鎌, 則終混爲腐草槁枡, 安能試百壽湯乎? 近始得啜於大芚山房, 曾是上人草衣所品製
也. 昔傳大士結菴蒙頂, 分種聖楊花吉祥蕊, 覺林僧志崇辨三品香, 以驚雷笑自奉, 萱草帶
供佛, 紫茸香待客, 遂名於天下. 草衣卽其流. 靈心慧眼, 采擇於草菜中, 得其芳味之雋永,
亦物之有遭歟? 然蒙頂覺林, 多入於當世之名士, 題品以之著. 草衣之茶, 獨擅空門, 而世未
之稱. 此由於士大夫遺視太高, 誰肯蒐羅以續陸羽經乎? 嗟夫! 余之爲此說, 不獨爲草衣茶,
竊恨南土人士, 含英蘊華, 多有不遇之歎也."

4 신헌구, 「향차」: "茶木成叢, 如瓜蘆, 葉如梔子. 經冬不凋. 秋始花, 如白薔薇. 心黃如
金. 穀雨前後, 采新葉如雀舌, 爲茶品第一, 功效甚多. 僧草衣博識有雅致, 深得炒煎之法,
作茶頌頗詳, 比諸覺林之驚雷笑紫茸香, 蒙頂之聖楊花吉祥蕊, 以爲東坡山谷之雪花雲腴,
丹山碧水之雲澗月龕, 皆不及此."

5 만일암 관련 논의는 정민, 「다산과 은봉의 교유와 만일암지」, 『문헌과해석』, 2008
년 가을호(통권 44호), 11-27면을 참조할 것.

34

돌샘물로 반죽해서 진흙처럼 이겨서 559-576

1 백운동 별서에 대해서는 김수진 · 정해준 · 심우경, 「강진 백운동 별서 정원에 관한
기초 연구-입지와 공간 구성을 중심으로」, 『한국전통조경학회지』 Vol 24, No 4(한국
전통조경학회, 2006. 12), 51-61면에서 최초로 소개했다.

2 『백운세수첩』은 2001년 이효우의 편집으로 연담문고에서 비매품으로 출간되었다.

3 이담로, 「白雲洞名說」: "洞在月出古白雲寺之下麓, 前有石臺, 登臨, 後有層嵓玉立. 松
竹迷途, 淸流映帶, 引以爲九曲, 循除而鳴. 澗畔石上, 又有白雲洞三字刻, 仍舊名而揭之,
以誌其幽." 탈초와 번역은 필자가 한 것이다.

4 이담로, 「白雲洞幽棲記」: "月出之陽, 千佛之麓, 有洞焉. 地偏而幽, 水淸而淺. 層嵓壁

立而峰嶸, 白雲滿壑而玲瓏, 亦勝界也. 永叔之於滁, 子厚之於愚, 有見于是否. 余之卜之, 非徒卜其幽趣而已. 引激湍而流觴, 爲其類蘭亭也, 臨風韻而聞鍾, 爲其倣孤山也. 夫閑居而養志, 文墨而寄娛者, 亦可因此而有助矣. 於是水以蓮, 以愛其天然, 園以梅, 以尙其淸標. 菊取節, 以顧其凌霜, 松取操, 以試其後彫與其斐. 澳有竹, 托其契, 庭有蘭, 籠有鶴, 唳於月. 架有琴, 鳴於風. 此其爲白雲洞之經濟也歟. 遂爲之記.”

5 이하곤, 『두타초』(문집총간 191책 376면) 수록.

6 이하곤, 『두타초』 권 18(문집총간 191책 540면): “行十五里, 至月南村. 在月出之南, 故曰月南. 舊有月南寺頗勝, 今廢民人居之. 又西五里爲白雲洞. 承文院正字李彦烈別業也. 洞壑幽邃, 其木多多栢, 方開花爛然. 庭中引山泉爲曲水, 盖舊日流觴之所. 彦烈死亦廢久矣. 南有小岡癵然, 列植長松. 下爲壇, 可以坐見九井諸峰, 尤奇.”

7 정약용, 『여유당전서』 잡찬 제24권, 『아언각비』 권 1(문집총간 제281책, 514면) 참조: “余謫康津, 見白雲洞李氏山莊, 有丹楓數株, 高大拂雲, 可中棟梁. 問之主人, 亦未見開花結實, 可異也.”

8 이시헌, 「의운곡잡영부득백운십사경(擬雲谷雜詠賦得白雲十四景)」, 『자이당집(自怡堂集)』 권 상, 장 38.

9 『초의시집』 권 3에 「백운동에서 백학령을 보고 느낌이 있어 짓다(白雲洞見白鶴翎感而有作)」와 잇달아 실려 있는 「한 그루를 빌려 나누고 또 짓다(借分一株又疊)」가 그것이다. 현재 모든 번역서에는 백학령이 국화의 품종 이름인 것을 모르고 흰 학이 나는 것을 보고 지었다고 번역되어 있고, 그 결과 그다음 작품은 전혀 엉뚱하게 차나무 한 그루를 얻고 쓴 차시로 둔갑되어 있다. 바로잡는다.

10 정약용, 「白雲帖跋」: “嘉慶壬申秋, 余自茶山, 游白雲洞, 一宿而反. 餘戀久而未衰, 令僧洵作白雲圖, 續之以十二勝事之詠, 以遺之. 尾附茶山圖, 以見優劣. 九月卄二日.”

11 정약용, 「與李時憲」: “年來病滯益甚, 殘骸所支, 惟茶餠是靠, 今當穀雨之天, 復望續惠. 但向寄茶餠, 似或粗末, 未甚佳. 須三蒸三曬, 極細硏, 又必以石泉水調勻, 爛擣如泥, 乃卽作小餠然後, 稠粘可嚥, 諒之如何?”이 편지는 2005년 7월 강진군이 펴낸 「다산정약용선생유물특별전」 도록 8쪽 하단에 실려 있다.

12 정약용, 「與李時憲」: “戚記委頓如昨, 近添風漸, 項部不運, 尤不可堪也. 茶事旣有宿

約, 兹以提醒. 優惠幸甚."

13 이시헌, 「簟亭宦遊三載, 歸覲還鄕云. 拈放翁韻以寄」(『자이당집』 권 상, 장 60) 5수 중 다섯 번째 시다.

35

돌솥의 푸른 차 연기 577-598

1 이상적의 차시에 관한 앞선 연구로는 김현정, 「국제적 다가(茶家)로서의 이상적 연구」(성신여대 석사논문, 2005)가 있다.

2 이상적, 『은송당집』 시권 1(한국고전번역원 간, 한국문집총간 312책 170면). 이하 면수만 밝힘.

3 이상적, 『은송당집』 시권 1(위 같은 책 171면).

4 이상적, 『은송당집』 시권 1(위 같은 책 171면).

5 이상적, 『은송당집』 시권 6(위 같은 책 192면).

6 이상적, 『은송당집』 시권 8(위 같은 책 198면).

7 이상적, 『은송당집』 시권 7(위 같은 책 195면).

8 이상적, 『은송당집』 시권 10(위 같은 책 204면).

9 이상적, 『은송당집』 속집 시권 3(위 같은 책 263면).

10 이상적, 『은송당집』 시권 9(위 같은 책 199면).

11 이상적, 『은송당집』 속집 시권 4(위 같은 책 268면).

12 이상적, 『은송당집』 속집 권 7(위 같은 책 288면).

13 이상적, 『은송당집』 속집 시권 1(위 같은 책 252면).

14 이상적, 『은송당집』 속집 시권 1(위 같은 책 252면).

15 금속영(金粟影): 금속영여래(金粟影如來)의 준말로 부처의 이름. 이백의 시에 "금속여래는 바로 나의 후신이라네.(金粟如來是後身)"라는 구절이 있다.

16 이상적, 『은송당집』 시권 2(위 같은 책 174면).

17 정민, 『비슷한 것은 가짜다』(태학사, 2000), 223−236면에 수록된 「지황탕 위의 거품」을 참조할 것.

18 이상적, 『은송당집』 시권 9(위 같은 책 201면).

19 용육(龍肉): 용단차를 가리킨다.

20 [원주] (죽로는) 차 이름이다(茶名).

21 부스럼 딱지 먹듯: 기가(嗜痂)는 부스럼 딱지를 즐긴다는 말이니, 남달리 특별한 벽을 가리킨다. 예전 유옹(劉邕)이란 사람이 부스럼 딱지 먹기를 좋아해서 창가벽(瘡痂癖)이 있단 말을 들었는데, 일반적으로 엽기적인 기호를 나타낼 때 쓰는 표현이다.

22 불함산의 일강차를……: 불함산은 백두산의 별칭이니, 백두산에서 나는 고급 첫물차[一綱], 즉 백산차를 가리킨다.

23 인삼만큼 효과 있네: 인삼의 잎이 세 갈래여서 삼아(三椏)는 인삼을 가리킨다.

24 중령수(中泠水): 중국의 이름난 샘물 이름. 중유(中濡)라고도 한다. 강소성 진강시(鎭江市) 금산(金山) 아래 장강(長江) 중에 있다. 이 샘물로 차를 끓이면 가장 좋다 하여 '천하제일천(天下第一泉)'의 명성이 있다. 소동파도 이 샘물을 예찬한 시를 남긴 바 있다.

25 충사(蟲沙)는 전쟁에서 죽은 병사를 가리키는 말이다. 여기서는 아무 쓸모없게 되었다는 의미로 썼다.

26 박작(泊汋)은 남쪽 하남성 작릉(汋陵)과 교역하는 배를 가리키는 듯하다.

27 [원주] 정치형(程穉蘅)의 「다화도(茶話圖)」를 말한 것이다.(謂程穉蘅茶話圖)

28 이상적, 『은송당집』 속집 시권 1(위 같은 책 254면).

29 정민, 「이유원의 차시와 차 생활」, 『문헌과해석』 통권 43호(2008년 여름호, 문헌과 해석사), 206-210에 「죽로차」 시의 전문과 풀이가 수록되어 있다.

30 정민, 「박영보의 남차병서와 몽하편」, 『차의세계』 2007년 12월호, 54-61면 참조.

31 이상적, 『은송당집』 속집 시권 7(위 같은 책 289면).

32 이상적, 『은송당집』 속집 시권 2(위 같은 책 261면).

33 이상적, 『은송당집』 속집 시권 2(위 같은 책 261면).

36

작은 용이 꿈틀꿈틀 서려 597-610

1 이상적, 『은송당집』 속집 문권 1(한국고전번역원 간, 한국문집총간 312책, 225면): "龍團一銙, 面作團龍形, 鱗鬣隱起, 側有勝雪二字, 楷體陰文. 度以建初尺, 方一寸厚半之. 近者石坡李公省掃于湖西之德山縣, 訪高麗古塔, 得小銅佛泥金經帖舍利子沈檀珍珠之屬, 與龍團勝雪四銙焉. 近余獲其一而藏之. 按歐陽公歸田錄, 慶歷間, 蔡君謨始造小品龍茶以進, 謂之小團. 潛確類書, 宣和庚子, 漕臣鄭可簡創爲銀線氷芽. 以制方寸新銙, 有小龍婉蜒其上, 號龍團勝雪. 又按高麗圖經, 高麗土俗茶味苦澁, 不可入口. 惟貴中國蠟茶幷龍鳳賜團. 自錫賚之外, 商賈亦通販. 故邇來頗喜飮茶, 亦治茶具. 盖仁宗時, 已有小龍團. 惟勝雪之

名, 昉於徽宗宣和二年, 而徐兢卽宣和五年癸卯, 奉使東來者. 其於中外俗尙及物產, 固已
殫見洽聞. 故言之如是. 且麗僧義天指空洪薳如可輩後先航海, 問道求經, 往來宋朝者, 項
背相望, 文獻有徵. 于時此類必爭購名茶, 以供佛事. 甚至錮諸石塔, 歷七百有餘年而復出
於世, 吁亦奇矣. 然凡物之最易腐敗澌滅者, 莫先於飮食之需. 而迺有頭綱一種, 流傳東土,
壽齊白鷹之畫, 珍逾瘦金之泉.[余舊藏宣和畫鷹及崇寧重寶數枚, 卽徽宗御書瘦金體者.] 至
今爲藝林雅賞, 豈有神物護持, 陰相余嗜古之癖歟. 爰證故實, 以公同好.”

2 鄭培凱 편, 『中國歷代茶書匯編』 교주본 상(상무인서관, 2007), 117면: “宣和庚子歲, 漕
臣鄭公可簡, 始創爲銀線水芽. 盖將已揀熟芽再剔去, 秖取其心一縷, 用珍器貯淸泉漬之,
光明瑩潔, 若銀線然. 其製方寸新銙, 有小龍蜿蜒其上, 號龍團勝雪.”

3 황현, 『매천야록』(국사편찬위원회, 1971), 권 1 상(5면): “南延君球有四子, 興善其季
也. 初南延卒, 興善年方十八. 隨地師, 至德山大德寺, 師指一古塔曰: ‘彼大吉壤, 貴不可
言.’ 興善卽返, 盡賣其產, 得錢二萬兩, 携其半, 賂寺之住持僧, 使火之. 於是寺盡焚. 興善
奉喪至, 掃灰而停焉. 夜半, 諸兄皆蹶起話夢, 有白衣老叟, 怒罵曰: ‘我塔神, 汝何奪我居.
若遂葬, 未虞卒, 四兄弟暴亡. 速可去.’ 乃三人一夢也. 興善奮曰: ‘果爾則誠吉矣. 命有主
焉, 神何能崇. 且宗室日替, 我兄弟棲棲. 與其日曳裾壯金之門, 冀添丐以苟活, 毋寧一時溘
然爲快乎? 諸兄皆有子矣, 無一塊血者我而已. 然死則無畏. 諸兄毋多談.’ 詰朝打塔, 則址
皆石也. 使斧之, 斧輒自躍. 遂自荷斧, 向空大喝, 斧不復躍. 旣窆, 恐後或遷也, 鎔鐵數萬
斤錮之, 重加莎土焉. 因携僧還京, 渡水原大浦津, 僧於舟中忽大呼 ‘救火’, 搶頭作灼爛狀,
須臾躍入水以死. 其與衆稱南延君墓, 爲伏雉形. 後十四年, 今上誕焉. 甲子後, 以國力刱一
寺於大德之陰, 名報德. 而土木金碧, 極其壯麗. 賜與土田貨寶甚厚. 丙寅冬, 洋寇自江華
遁, 我民之染邪者, 導之至德山, 欲發墓, 而錮不可開. 但火其塋而走. 大院君嘗於李建昌,
以葬時事曰: ‘塔旣折, 中有二白磁·團茶二餠·舍利珠三枚. 珠如小豆, 甚明瑩. 沈水以呑
之, 靑氣貫水, 如縷炯.’云.”

4 관련 언급은 인터넷 상의 여러 글을 참고하였다.

5 “自北而歸, 與師似近, 尙是千里之遠耳. 忽又書至, 是何天涯比隣之較量也. 且其喜甚者
茶耳. 第山中艸木之年, 似勝於塵土形骸, 未可以携得熏衲飛錫一來耶. 一爐香室移處, 團
蒲有甚方便. 念切. 賤狀蒙恩而歸, 感隕靡極. 大雪來, 而茶適至, 烹雪試品, 恨不與師共耳.
間得宋製小龍團一膀, 是奇寶也. 如此可觀, 非一二, 不欲來見耶. 試圖之. 呵呵. 不多具.
坡辰果丁.” 편지의 원본은 아모레퍼시픽미술관에 소장되어 있다.

6 윤봉조, 『圃巖集』 권 1(한국문집총간 193책, 127면) 참조.

37

내 다옥 나 홀로 좋아할밖에 611-634

1 유영혜, 「귤산 이유원의 생애와 교유」, 『문헌과해석』 통권 42호(2008년 봄호), 67-83면 참조.

2 밀운룡은 소동파가 아껴 마시던 차의 이름이다. 소동파의 「행향자(行香子)」란 사(詞)에 나온다. 당시 소동파 문하의 황정견(黃庭堅)·진관(秦觀)·장뢰(張耒)·조보지(晁補之) 네 사람을 '소문사학사(蘇門四學士)'라 일컬었는데, 소동파가 이들이 오기만 하면 아껴두었던 밀운룡차를 내오게 했다는 데서 나온 고사. 『속다경(續茶經)』에 나온다.

3 이유원, 「가곡다옥기」, 『가오고략』 문집총간 315-483면: "余性素嗜茶. 得四方名茶, 輒走好山水烹飮. 居漢水上, 築小屋曰春風啜茗之臺, 葉遂翁東卿題贈. 後移卜嘉梧谷. 鑿退士潭, 得聖水. 煮湖南之普林茶, 眈羅之橘花茶. 近自燕京還, 周自菴贈龍井雨前眞茶. 汲潭水和煎, 列鐺碗於松陰竹影之間, 不知日之夕. 傳手灌來, 猶不免爲塵霉沙石之侵. 乃支木爲架, 覆之以板, 起於堂隅. 宛是一屋子. 長可五尺, 廣跨二尺. 中排有範尊爐, 以銅索錘罐, 掛之於環. 納獸炭於爐坎, 用扇受風. 風至颼颼, 作松鳴聲. 蟹眼纔過, 魚眼又生. 聽之神往, 聽之神醒. 東坡所藏密雲龍, 安知非余所得龍井雨前. 而但恨四學士無厚待之期, 物之神品恒有. 而人之知心不常有, 以我屋吾自好之."

4 이유원, 『임하필기』(성대 대동문화연구원, 1991), 868면: "採茶欲細, 藏茶欲溫, 烹茶欲熱. 採不細則苦, 藏不溫則霉, 烹不熱則洩. 尤貴其潔, 不可見日, 味奪."

5 이유원, 「옥경고잉기」, 『가오고략』 총간 315-576면.

6 이유원, 「시신차」, 『가오고략』 문집총간 315-180면.

7 이유원, 「정향수하청향억명차」, 『가오고략』 총간 315-169면.

8 이유원, 「한좌」, 『가오고략』 총간 315-177면.

9 이유원, 「죽로차」, 『가오고략』 총간 315-137면. 이 작품의 상세한 의미는 앞의 「다산의 떡차론과 구증구포설」에서 상세히 다룬 바 있으므로, 구체적인 내용은 여기에

미룬다.

10 이유원, 「호남사종」, 『임하필기』: "康津普林寺竹田茶, 丁冽水若鏞得之, 敎寺僧以九蒸九曝之法. 其品不下普洱茶. 而穀雨前所採尤貴, 謂之以雨前茶可也."

11 이유원, 「삼여탑」, 『임하필기』, 804면: "余於壬申上元, 在四時香館, 與古鏡禪, 啜寶林茶. 話及草衣, 錄塔銘序相視. 草衣最有契於朴錦齡. 寶林茶產康津竹田, 爲東國第一品."

12 이유원, 「걸차신판추」, 『가오고략』 총간 315-186면.

13 이유원, 「죽전차」, 『임하필기』, 526면. 이 내용은 김종직의 『점필재집』(총간 12-284면)에 실린 「다원(茶園)」 2수의 병서 내용을 간추려 적은 것이다.

14 이유원, 「사정은상공증밀양황차」, 『가오고략』 총간 315-183면.

15 이유원, 「사혜귤차」, 『가오고략』 총간 315-181면.

16 이유원, 「우전차」, 『임하필기』 700면: "燕市茶品不一. 必以雨前茶爲貴, 穀雨前所採也. 茶市最大者, 惟瀋陽. 而瀋近北鄙部落, 明末榷茶市, 補用於軍需. 其時胡人强盛, 茶費甚鉅. 明儒之言, 胡人常喫羶酪, 故善飮茶湯. 盖產於江南, 而貿遷則專靠於胡地. 此風未已, 今亦衕衕深谷, 擧有茶肆."

17 이유원, 「벽려신지(薜荔新志)」, 『임하필기』 886면: "普洱茶滇南產, 有數種. 曰木邦, 曰普耳. 木邦作團. 冒普名以販, 其地相近也. 普茶珍品, 有毛尖, 有芽茶, 有女兒等號. 毛尖卽雨前所採者, 不作團. 芽茶稍長採成團, 以二兩四兩爲率. 滇人重之. 女兒茶亦芽類. 取於穀雨後, 以一觔至十觔, 爲一團. 夷女換銀貨, 以積爲奩資故名. 餘曰粗普, 葉皆散. 賣滇中. 取粗者, 熬膏成餅. 摹印儲饋遺. 亦曰藥珠茶, 能治熱疾, 不殊杭之龍井. 惟香過烈, 性又極寒, 味近苦. 無龍井中和之氣. 其餘採槐柳之寄生以代之. 余再入燕京, 詳聞於茶肆人. 上品龍井, 其次普茶之不作團, 其次二四兩作團. 外他觔團熬膏, 皆無足論."

18 이유원, 「벽려신지」, 『임하필기』 887면: "茶名不一. 日本茶亦有雅致者. 其中綾森 · 鷹爪 · 柳露 · 梅露 · 菊露 · 初摘白 · 文明昔 · 明月 · 淸風 · 薄紅葉 · 老樂 · 友白髮 · 南山壽等名最佳."

19 이유원, 「영산본원차종」, 『가오고략』 총간 315-177면: "日本東京有山本園, 産茶

處也. 其品不一, 其名亦多. 余或見或不見, 取其佳者品題."

20 산본원에 관한 내용은 청말 중국 사람 황준원의 『일본국기(日本國記)』에 자세하다 하나, 원본은 직접 보지 못하였다.

38

참기 어려운 차 생각 635-648

1 범해 각안, 「차약설」: "百藥雖良, 不知不用, 百病爲苦, 不救不生. 不救不生之際, 有救之生之之術, 不知不用之中, 有知之用之之妙, 非人感之天應之, 藥與病, 爲無可奈何也. 予壬子秋住南庵, 以痢疾委四肢, 忘三時, 奄及旬朔, 自知其必死矣. 一日同入室號無爲兄, 自侍親而來, 與同禪懺名富仁弟, 自侍師而至. 擧首左右, 三台分位, 自知其必生矣 俄爾兄曰: '我以冷茶救母幾危之際, 急煎用之.' 弟曰: '我藏芽茶, 以待不時之需, 何難用之?' 如言煎之, 如言用之, 一椀腹心小安, 二椀精神爽塏, 三四椀渾身流汗, 淸風吹骨快然, 若未始有病者矣. 由是食飮漸進, 振作日勝, 直至六月, 往參母氏忌祭 於七十里本家. 時乃淸咸豊二年壬子七月二十六日也. 聞者驚之, 見者指之. 吁! 茶在地, 人在天, 天地應歟! 藥在兄, 病在弟, 兄弟感歟! 何神效之如此. 以茶救母, 以茶活弟, 孝悌之道盡矣. 傷心哉! 病不甚重, 何知必死. 情不甚厚, 何知必生哉. 可知其平生情分之如何. 而記示其後來有可救之道, 而不可救之流."

2 소식(蘇軾)의 「노옹정시(老翁井詩)」에 "공이 옴은 자취 없고 갈 적에도 흔적 없어, 우물에는 동글동글 물꽃만 피어나네.(公來無蹤去無迹, 井面團圓生水花)"라 한 것이 있다. 우물물 표면에 피어난 꽃이란 밑에서 솟는 물이 우물 표면에 동글동글한 꽃무늬 물결을 짓는 것을 말한다.

3 상저옹(桑苧翁)은 육우의 호다. 육우의 『다경』에서 일비 이비를 지나 삼비에 이르러 차를 넣는 방법대로 했다는 의미다.

4 서석(瑞石)은 무등산의 별칭이다. 창기(槍旗)는 일창일기(一槍一旗)를 줄여 말한 것이다. 끝에 창처럼 솟은 것을 창(槍)이라 하고, 그 아래 깃발처럼 펴진 잎을 기(旗)라 한

다. 일창일기는 곡우 이전 첫 잎을 따서 만든 고급 차다.

5 설취(舌嘴)는 차의 여린 잎이 작설(雀舌), 즉 참새 혀 같고 조취(鳥嘴) 곧 새의 부리같이 생긴 데서 나온 말. 역시 곡우 이전의 첫 잎을 따서 만든 고급 차다. 신(神)은 승려의 이름인 듯하나 분명치 않다.

6 덕룡산은 전남 나주시 다도면(茶道面)에 있는 산. 고려 때부터 왕실에 진상하던 뇌원차를 생산하던 곳이다. 이 산자락에 불회사(佛會寺)와 운흥사(雲興寺)가 있다. 조선시대에도 불회사의 용단승설차가 유명했다. '절교활(絕交闊)'은 말 붙이기가 까다롭다. 차맛이 아주 좋아서 벗과 절교하는 한이 있어도 아껴서 혼자 마시게 된다는 뜻으로 풀었다.

7 월출산 자락 성전면에는 넓은 대밭에서 나는 죽로차가 유명하다. 근세에도 백운옥판차와 금릉월산차 등이 생산된 곳이다. '조신경(阻信輕)' 또한 운자에 맞추려고 억지로 만든 말이다. 월출산에서 나는 차가 하도 귀해 이 때문에 가까운 벗과 신의에 문제가 생겨도 아무렇지도 않게 여길 정도란 뜻으로 쓴 듯하다.

8 중부는 초의의 자이다. 구거(舊居)는 대흥사의 일지암을 가리킨다.

9 리봉(离峯)은 낙현(樂玹, 1814-1890)의 별호. 삼교에 능통하였고, 조선 말기 선풍(禪風) 진작에 큰 공이 있어, 팔도대각등계보제존자도총섭(八道大覺登階普濟尊者都摠攝)의 승직을 받았다. 조계산 송광사에서 입적했다. 이 두 구절은 초의의 법맥이 리봉으로 옮겨 왔음을 말한 것이다.

10 무위(無爲)는 조선 말기의 선승 안인(安忍, 1816-1886)이다. 16세(1831) 때 해남 대둔사에서 호의선사 문하에서 수계하였다. 호남총섭표충수호(湖南總攝表忠守護)의 승직을 역임했다. 위 「다설」에 나왔다.

11 예암(禮庵)은 조선 말기의 선승 광준(廣俊, 1834-1894)의 법명. 16세(1850) 때 해남 대흥사로 들어가 응원(應元) 스님을 스승으로 만휴에게서 구족계를 받고, 범해에게서 보살계를 받았다. 대흥사 수좌를 거쳐 총섭의 직첩과 자헌대부의 교지를 받았다.

12 남파(南坡)는 조선 말기의 선승 교율(敎律)의 법호. 해남 대둔사 연파 혜장의 법맥을 이었다.

13 영호(靈湖)는 조선 말기의 선승 율간(栗間)의 법호. 해남 대둔사에서 초의의 문하로 대승보살계를 받았다.

14 당나라 때 승려 조주(趙州, 778~897)의 '끽다거(喫茶去)' 화두를 두고 하는 말.

15 제산(霽山)은 조선 말기의 선승 운고(雲皐)의 법호. 영남 사람으로 초의 · 해붕(海鵬) 스님 등과 이름이 나란했다. 생몰은 알 수 없고, 초의와 동시대 인물이다.

16 만일암(挽日庵)은 해남 대둔사에 있는 암자 이름. 다산 정약용이 『만일암지(挽日庵志)』를 엮고 「제만일암지(題挽日庵志)」를 지은 바 있다.

17 정사언질(正筍彦銍)은 의미를 알 수 없다. 정사는 대소쿠리를, 언질은 승려의 이름과 관련이 있는 듯하나 분명치 않다.

18 성학(聖學)은 찬민(贊敏) 스님의 법호이고, 태연(太蓮)은 법명을 알 수 없다. 두 사람 모두 이 시를 지은 범해 각안의 법제자다.

19 기정역서(奇正力書)는 기변(奇變)과 정법(正法)을 망라해서 힘껏 저술한 책.

20 율암(栗庵) 찬의(讚儀), 「범해선사행장」(이종찬 외 역, 『범해선사시문집』(동국역경원, 2006), 710면.

참고문헌

| 자료 |

각안 편, 『동사열전』, 민창문화사 영인본, 1994년.

강진군 편, 『다산정약용선생유물특별전』 도록(1-6), 2005-2010.

과천시 한국미술연구소, 『추사체의 진수-과천 시절 추사 글씨 탁본전』, 과천시, 2004년.

과천시, 『추사 글씨 귀향전-후지츠카 기증 추사 자료전』 도록.

과천시, 『추사 글씨 탁본전』, 한국미술연구소, 2004년.

과천향토사동호회, 『붓 천 자루와 벼루 열 개를 모두 닳아 없애고-추사의 작은 글씨』, 과천문화원, 2005년.

국립광주박물관, 『소치 허련 200년』 도록, 2008년.

국립중앙박물관 편, 『추사 김정희 : 학예일치의 경지』, 국립중앙박물관, 2006년.

김정희, 『국역 완당전집』, 솔출판사, 1996년.

김정희, 『나가묵연』, 국립중앙박물관 소장.

김정희, 『벽해타운(碧海朶雲)』, 개인 소장.

김정희, 『주상운타(注箱雲朶)』, 개인 소장.

동국대 중앙도서관 편, 『불서를 통해 본 조선 시대 스님의 일상』, 동국대학교출판부, 2007년.

범해 각안, 『범해선사시집』 2권, 동국역경원, 1997년.

성균관대 대동문화연구원 편, 『다산학단 문헌집성』(전 9책), 2008년 3월.

신위, 「남차시 병서」, 친필 미정고, 박동춘 소장.

신위, 『경수당전고』, 한국문집총간 291 책.

신헌, 『신헌전집(申櫶全集)』 상하 2책, 아세아문화사, 1990년.

신헌, 『위당집』, 평산신씨 문중, 1984년.

영남대학교 동빈문고 소장, 『유산일문기대둔사제선사간찰첩(酉山一門寄大芚寺諸禪師簡札帖)』.

예술의 전당 서예박물관, 『추사 문자반야』 도록, 예술의 전당, 2006년.

원각사 정각 스님 소장 『다암서첩』.

유홍준, 이태호 편, 『유희삼매』, 학고재, 2003년.

윤봉조, 『포암집(圃巖集)』, 한국문집총간 193책.

이규경, 『시가점등』, 아세아문화사 영인본, 1981년.

이규경, 『오주연문장전산고』, 동국문화사 영인본, 1955년.

이상적, 『은송당집』, 한국문집총간 312책.

이시헌, 『자이당집(自怡堂集)』, 필사본 3책.

이유원, 『가오고략』, 한국문집총간 315책.

이유원, 『임하필기(林下筆記)』.

이하곤, 『두타초』, 한국문집총간 191책.

이효우 편, 『백운세수첩(白雲世守帖)』, 연담문고, 2001년.(비매품)

전국도서관고적문헌총간, 『中國古代茶道秘本50種』(전 4책), 간행위원회, 2003년.

정약용, 『다산시문집』, 솔출판사, 1986.

정학연, 『종축회통』, 필사본.

陳祖槼 외편, 『中國茶葉歷史資料選集』(2책), 弘益齋, 1979년.

학고재 편, 『완당과 완당바람』, 동산방/학고재, 2002년.

허련, 『운림묵연』, 필사본.

홍현주, 『해거재시집』, 규장각 소장 필사본.

화봉책박물관, 『명선 초의전』 도록, 화봉문고, 2011년.

화봉책박물관, 『추사를 보는 열 개의 눈』 도록, 화봉문고, 2010년.

황윤석, 『이재난고』 친필 필사본.

황현, 『매천야록』, 국사편찬위원회, 1971년.

| 저서 및 논문 |

강우방, 『미술과 역사 사이에서』, 열화당, 2004년.

강우석, 「다반향초와 수류화개에 대한 고찰」, 『TEA & PEOPLE』 2006년 10월호, 108-117면.

강판권, 『차 한 잔에 담은 중국의 역사』, 지호, 2006년.

竟鴻 주편, 『茶痴』, 중국 上海中醫學大學出版社, 2006년.

곽의진, 『초의선사』, 동아일보사, 2004년.

關劍平, 『茶與中國文化』, 人民出版社, 2001년.

권경렬 편역, 『다옥에 손님 오니 연기가 피어나네』, 너럭바위, 1998년.

김경미, 「탐닉과 몰두에의 자부−상고당 김광수」, 『문헌과해석』 통권 18호, 문헌과해석사, 2002년 봄호, 164-178면.

김대성, 『동다송』, 동아일보사, 2004년.

김대성, 『차문화유적답사기』(상중하 3책), 차의세계, 2005년.

김명배 편역, 『한국의 다서』, 탐구당, 1983년.

김명배, 『다도학논고』, 대광문화사, 1999년.

김명배, 『증보판 다도학논고』, 대광문화사, 1999년.

김명배, 『한국의 차시 감상』, 대광문화사, 1988년.

김상현, 『한국의 차시』, 태평양박물관, 1987년.

김수진·정해준·심우경, 「강진 백운동 별서정원에 관한 기초 연구-입지와 공간 구성을 중심으로」, 『한국전통조경학회지』 Vol 24, No 4, 한국전통조경학회, 2006년 12월, 51-61면.

김영봉, 「추당잡고 해제」, 『연세대학교 중앙도서관 소장 고서해제』 2책 285-292면.

김운학, 『한국의 차 문화』, 이른아침, 2004년.

김현정, 「국제적 다가(茶家)로서의 이상적 연구」, 성신여대 석사논문, 2005년.

김호, 「19세기 조선의 일상, 그 지혜의 보고: 만보전서언해」, 『문화와 나』, 삼성문화재단, 2005년 가을호, 40-43면.

동국대 중앙도서관 편, 『불서를 통해본 조선 시대 스님의 일상』, 동국대학교출판부, 2007년.

모로오카 다모츠·이에이리 가즈오 공저, 김명배 역, 『조선의 차와 선』, 보림사, 1991.

박동춘, 『초의선사의 차 문화 연구』, 일지사, 2010년.

박영희, 『동다정통고』, 호영, 1985년.

박제가 저/안대회 역, 『북학의』, 돌베개, 2003년.

박철상, 「유산 정학연이 책력에 남긴 사연」, 『문헌과해석』 2009년 10월 16일 발표문.

범해 각안, 『범해선사시집』 2권, 동국역경원, 1997년.

徐傳宏 주편, 『茶百科』, 農村讀物出版社, 2006년.

석용운 편, 『한국차문화강좌』, 초의학술재단, 2002년.

석용운, 『韓國茶藝』, 초의, 1996년.

석지현 외, 『茶禪一味』, 차의세계, 2005년.

송재소. 「다산학단 연구서설」, 제10회 다산학학술회의, 『다산학단의 학문적 성격과 성과』 자료집, 다산학술문화재단, 2008년 4월 12일, 1-12면.

송재소·유홍준·정해렴 공편, 『한국의 차문화 천년』 2책, 돌베개, 2009년.

송희경, 『조선후기 아회도』, 다홀미디어, 2008년.

양광식. 「동문매반가(東門賣飯家)」, 강진문사고전연구소, 2003년.

여연, 『우리가 정말 알아야 할 우리 차』, 현암사, 2006년.

吳智和, 『明人飮茶生活文化』, 明史硏究小組印行, 1996년.

宛曉春 주편, 『中國茶譜』, 中國林業出版社, 2007년.

유홍준, 이태호 편, 『유희삼매』, 학고재, 2003년.

陸羽 원저, 『圖解茶經』, 중국 南海出版公司, 2007년.

이철희, 「다산 시학의 계승자 황상에 대한 평가와 그 의미」, 『대동문화연구』, 제53집,

성균관대 대동문화연구원, 2006년.

이태호 엮음, 『조선 후기 그림의 기와 세』, 학고재, 2005년.

임형택, 「신발굴자료 남당사에 대하여: 다산초당으로 돌아온 여자를 위한 노래」, 『민족문학사연구』 20권, 민족문학사학회, 2002년, 438－448면.

임형택, 「정약용의 강진 유배기의 교육활동과 그 성과」, 『실사구시의 한국학』, 창작과비평사, 2000년, 399－434면.

蔣星煜 편저, 『文人品茗錄』, 上海遠東出版社, 2007년.

정동주, 『한국인과 차』, 다른세상, 2004년.

정민, 「『다산여황상서간첩』의 내용과 자료가치」, 『다산학』 13호, 2008. 12, 307－351면.

정민, 「1805년 정학연의 두륜산 유람 시문」, 『문헌과해석』 2009년 여름호(통권 47호), 189－210면.

정민, 「다산 정약용의 이상주거론」, 『동아시아문화연구』 제47집, 한양대 동아시아문화연구소, 2010. 5, 125－150면.

정민, 「다산과 은봉의 교유와 『만일암지』」, 『문헌과해석』 2008년 가을호(통권 44호), 11－27면.

정민, 「다산과 이인행의 남북학술 논쟁」, 『다산학』 15호(2009. 12), 41－80면.

정민, 「다산과 혜장의 교유와 두 개의 『견월첩』」, 『한국학논집』 제43집. 한양대 한국학연구소, 2008. 5, 129－156면.

정민, 「다산의 선문답」, 『문헌과해석』 2008년 겨울호(통권 45호), 13－31면.

정민, 「다산의 평생구학론」, 『다산학』 14호, 2009. 6, 81－110면.

정민, 「대흥사 천불전 부처의 일본 표류와 조선 표객도」, 『문헌과해석』 49호, 문헌과해석사, 2009년 겨울호, 102－120면.

정민, 「삶을 바꾼 만남－정약용과 강진 시절 제자 황상」, 『문헌과해석』 25호, 문헌과해석사, 2003년 겨울호, 9－18면.

정민, 「새로 찾은 다산의 「산거잡영」 20수」, 『문헌과해석』 42호, 문헌과해석사, 2008년 봄호, 185－209면.

정민, 「신헌의 『금당기주』와 다산의 일문」, 『문헌과해석』 48호, 문헌과해석사, 2009년 가을호, 151－170면.

정민, 「이덕리 저 『동다기』의 차 문화사적 자료 가치」, 『문헌과해석』 제36호, 문헌과해석사, 2006년 가을호.

정민, 「조선 후기 걸명(乞茗) 시문을 통해 본 한국 차인의 멋」, 『한국차학회지』 제13권 3호, 한국차학회, 2007년. 12월.

정민, 「차를 청하는 글－다산의 걸명시문」, 『문헌과해석』 37호, 문헌과해석사, 2006년 겨울호, 11－27면.

정민, 「초의의 눈보라 속 수종사 유람」, 『문헌과해석』 40호, 문헌과해석사, 2007년 가을호, 12-26면.

정민, 「한국교회사연구소 소장 다산 친필 서간첩 『매옥서궤』에 대하여」, 『교회사연구』 제33집, 한국교회사연구소, 2009. 12, 539-584면.

정민, 「다산과 황상」, 『문헌과해석』 36호, 문헌과해석사, 2006년 가을호, 11-26면.

정민, 「다산의 초당 경영과 공간 구성」, 『문헌과해석』 39호, 문헌과해석사, 2007년 여름호, 13-32면.

정민, 「다산이 이강회의 이름으로 보낸 편지」, 『문헌과해석』 50호, 문헌과해석사, 2010년 봄호, 227-244면.

정민, 「초의에게 준 다산의 당부」, 『문헌과해석』 41호. 문헌과해석사, 2007년 가을호, 49-69면.

정민, 『다산선생 지식경영법』, 김영사, 2006년.

정민, 『미쳐야 미친다』, 푸른역사, 2004년.

鄭培凱 주편, 『中國歷代茶書匯編』 2책, 商務印書館, 2007년.

정영선, 「고전에 수록된 차」, 『차문화연구지』 제5권, 한국차문화연구소, 1996년 1월, 25-28면.

정영선, 「한국 다문화의 중흥조론(中興祖論)」, 『다문화연구지』 제7권, 한국다문화연구소, 1998년, 5-31면.

정영선, 『다도철학』, 너럭바위, 1996년.

정영선, 『한국의 차문화』, 너럭바위, 1990년.

진재교, 「다산학의 형성과 치원 황상」, 『대동문화연구』 41집, 성균관대학교 대동문화연구원, 2002년, 27-60쪽.

蔡鎭楚, 『中國名家茶詩』, 中國農業出版社, 2003년.

최계원, 『우리 차의 재조명』, 삼양출판사, 1983년.

최규용, 『금당다화』, 이른아침, 2004년.

치우치펑 지음, 김봉건 옮김, 『다경도설』, 이른아침, 2005년.

鮑思陶 찬주, 『다전(茶典)』, 산동화보출판사, 2004년.

品茶館 편, 『중국노차구전장도감(中國老茶具典藏圖鑒)』, 중국경공업출판사, 2007년. 학고재 편, 『완당과 완당바람』, 동산방/학고재, 2002년.

허련 저, 김영호 역, 『소치실록(小癡實錄)』, 서문당, 1976년.

혜우, 『찻물기행』, 초롱, 2007년.

黃純艷, 『宋代茶法研究』, 雲南大學出版社, 2002년.

효동원, 『다향선미』 1, 비봉출판사, 1986년.

효동원, 『다향선미』 2, 보림사, 1989년.

찾아보기

서명

작품명

748

• 24, 100, 226, 374, 456쪽에 사용된 사진은 『차의 세계』에서 제공해주었습니다.

• 이 책에 사용된 사진과 자료는 출처 및 저작권을 확인하고 절차를 밟아 사용하였습니다. 부득이하게 누락된 부
  분은 연락이 닿는 대로 절차를 밟아 허락을 구하도록 하겠습니다.

정민

충북 영동 출생. 한양대 국문과를 졸업하고, 모교 국문과 교수로 재직 중이다. 한국한문학 전공. 옛글을 현대적 언어로 풀어내는 일에 몰두해 왔다. 문학을 넘어 문화사 전반으로 사유를 확장 중이다. 최초의 차 저술인 『동다기』의 발굴을 계기로 차 문화 연구에 빠져들었다. 다산, 초의, 추사를 중심으로 한 시대를 풍미한 차 문화의 융성을 이 책으로 집대성했다. 『다산선생 지식경영법』, 『비슷한 것은 가짜다』, 『미쳐야 미친다』, 『18세기 조선 지식인의 발견』, 『고전문장론과 연암 박지원』 등의 책을 펴냈다. 『한시미학산책』, 『정민선생님이 들려주는 한시이야기』, 『꽃들의 웃음판』 등 한시 관련 저술과, 『마음을 비우는 지혜』, 『내가 사랑하는 삶』, 『한서 이불과 논어 병풍』, 『돌 위에 새긴 생각』, 『다산어록 청상』, 『성대중 처세어록』, 『죽비소리』 등 청언 소품집을 펴냈다. 수필집 『책 읽는 소리』, 『스승의 옥편』 외에 연구서로 도교적 상상력을 다룬 『초월의 상상』, 새의 기호학적 의미를 문학과 회화 작품을 통해 읽어본 『한시 속의 새, 그림 속의 새』 등을 출간하였다.